Generis

PUBLISHING

AF720228

# LA DIMENSION ECONOMIQUE DES CONSTITUTIONS DES ÉTATS D'AFRIQUE FRANCOPHONE

*AKAMEYONG Blaise Dramane*

Title: **LA DIMENSION ECONOMIQUE DES CONSTITUTIONS DES ÉTATS D'AFRIQUE FRANCOPHONE**

ISBN: 979-8-89966-672-8

Author: AKAMEYONG Blaise Dramane

Cover image: https://pixabay.com/

Publisher: Generis Publishing
Online orders: www.generis-publishing.com
Contact email: info@generis-publishing.com

# DEDICACE

Au **Dr Djomika Jacques Teerenstra**, tu es pour moi un modèle.

A **Abili Charlène**, mon épouse. C'est grace à toi que j'ai pu.

A mes enfants **Joseph Emmanuel**, **Calixte Nolwenn, Claire Azaëlle et Charlènne Maëlle Akameyong**, les sources de mon énergie

# REMERCIEMENTS

A mon directeur de thèse, le Professeur **Pekassa Ndam Gérard Martin**, pour avoir accepté de diriger cette thèse avec rigueur, libéralisme et subtilité. Cher maître, éternelle gratitude.

A tous mes enseignants de l'école privée catholique Saint Aloys de Yokadouma ; des lycées technique et classique de Yokadouma ; du lycée bilingue et de l'université de Ngaoundéré et de l'université de Yaoundé II, en particulier au Professeur **Biakan Jacques** qui a dirigé mes travaux de DEA.

A ma mère, **Mempouri Claire**, pour ton amour, tes prières et tes nombreux sacrifices.

A mon regrèté papa, **Membouomb Ruffin**, pour la chance que tu m'as donnée dans la vie et tes conseils que je n'oublirai jamais.

A ma famille, mes mamans **Sidonie**, **Jacquette, Jacqueline, Laurentine**, **Judith Thérèse,** mes fères et sœurs, pour votre amour et tout ce que vous avez fait pour moi.

A mon père, **Akameyong Lazare,** pour tes prières.

A mes oncles **Nkali Jacob**, **Nkali Gaston** et toute la grande famille Nkali, éternelle reconnaissance.

A mon grand frère-ami **Abono Abner** et son épouse **Abono Clodia,** je n'oublierai jamais ce que vous avez fait pour moi.

A mon ami, frère et compagnon de tous les temps **Messi Alexandre** tu m'as toujours encouragé et soutenu.

Aux hauts magistrats qui m'ont encouragé, je pense au Procureur Général **Ntamack Jean Fils Klebert,** au Président **Anaba Mbo Alexandre,** à mon grand frère **Ndanga Dogoua Christian**, et à **Ndema Max Lambert.**

A **Nguelé Otélé Raissa,** tu connais ce que je te dois.

A mes amis **Biloa Blanche, Ngo Bong Christine** et **Mbi Edwin Tabe** pour votre soutien.

A mes promotionnaires de DEA, une mention spéciale à **Mekongo Marie Louise,** au Dr **Nga Ngono Achile** et au Dr **Amyé Elouma Lazare.**

A la **PEKASSA Law Team**, pour l'encadrement, les échanges et la documentation.

A **Demanou Jeanne D'arc**, pour l'accompagnement technique.

A mes collègues magistrats en particulier **Maimouna Ousmanou**, **Atangana Kouba Roger**, **Koua Eric Samuel**, **Ndoman Onana Parfait**, **wallid Abdoulaye** et **Ngo Pondi**.

A vous tous nombreux, qui m'avez toujours soutenu et encouragé.

Au Cameroun, mon pays.

## PRINCIPALES ABREVIATIONS

**A.D.D**: Avant dire droit.
**A.E.F**: Afrique équatoriale française.
**Al.** Alinéa.
**A.O.F**: Afrique occidentale française.
**Art.** Article
**B.A.D**: Banque africaine de développement.
**B.A.I**: Banque africaine d'investissement.
**BCA**: Banque centrale africaine.
**B.C.E.A.O**: Banque Centrale des Etats de l'Afrique de l'Ouest.
**B.E.A.C** : Banque des Etats de l'Afrique Centrale.
**Bull.** Bulletin.
**BVerfG**: Bundesverfassungsgericht (Cour constitutionnelle fédérale allemande).
**BVerfGE**: Entscheindungen des Bundesverfassungsgericht (Receuil des décisions du BVerfG).
**C.** Contre.
**C.A** Cour d'appel.
**C.C.F**: Conseil constitutionnel français.
**C.E**: Conseil d'Etat.
**C.S**: Cour suprême.
**C.E.A**: Communauté économique africaine.
**C.E.D.H**: Cour européenne des droits de l'homme.
**C.E.M.A.C**: Communauté économique et monétaire de l'Afrique centrale.
**U.E.M.O.A**: Union économique et monétaire ouest africain.
**P.I/B**: Produit intérieur brut.
**U.E**: Union européenne.
**UNESCO**: Organisation des nations unies pour l'éducation, la science et la culture.
**C.E.E.A.C**: Communauté économique de l'Afrique centrale.
**C.E.R**: Communauté économique régionale.
**C.F.A**: Communauté financière en Afrique.
**C.J.C.E**: Cour de justice des communautés européennes.
**C.N.U.D.E.D**: Conférence des nations unies pour le commerce et le developpement.
**Coll.** Collection.
**COMESA**: Common market for easter and southern Africa.
**Concl.** Conclusion.
**D.E.A**: Diplôme d'études approfondies.
**Déc.** Décision.
**Dir.** Direction (sous la).
**Ed.** Edition.

**Fas**: Fascicule.
**FMA**: Fonds monétaire africain.
**FMI** : Fons monétaire international.
**Ibid** : Au même endroit.
**In**. Dans.
**Infra.** Plus bas.
**L.G.D.J**: Librairie générale de droit et de jurisprudence.
**M.A.P**: Millenium african plan.
**NEPAD**: New Partnership for Africa's development.
**O.U.A**: Organisation de l'unité africaine.
**Obs**: Observation.
**OHADA**: Organisation pour l'harmonisation en afrique du droit des affaires.
**OMC**: Organisation mondiale du commerce.
**OMD**: Objectifs du millénaire pour le developpement.
**Op. Cit**. Opere citato (cité précedemment).
**P.** Page.
**P.U.F**: Presses universitaires de France.
**R.A.D.S.P**: Revue africaine de droit et de science politique.
**R.B.S.J.A**: Revue béninoise des sciences juridiques et administratives.
**R.I.D.E**: Revue internationale de droit Economique.
**R.A.S.J**: Revue africaine des sciences juridiques.
**R.C.D**: Revue camerounaise de droit.
**R.D.C**: République démocratique du Congo.
**Rec**. Receuil.
**R.F.D.C**: Revue fraçaise de droit constitutionnelle.
**R.F.F.C**: Revue fraçaise de finances publiques.
**R.I.D.C**: Revue internationale de droit comparé.
**Sect.** Secetion.
**T.A** : Tribunal administratif.
**T.C**: Tribunal des conflits.
**Trad**. Traduction.
**U.A**: Union africaine.
**UMA**: Union du maghreb arabe.
**Vol**. Volume.
**ZLEC**: zonne de libre échange continental.

# RESUME


Depuis leurs indépendances, les pays africains ont adopté un certain mode d'organisation constitutionnelle de l'Etat. C'est ainsi que tous se sont dotés de constitutions, comme normes fondamentales de leur ordre juridique. Les constitutions africaines ainsi élaborées et ayant fait l'objet de plusieurs mutations, se présentent, à l'instar de celles des Etats occidentaux, comme la base de l'organisation de la vie de l'Etat dans tous ses aspects. Seulement, en Afrique ces chartes fondamentales n'ont jusqu'ici été étudiées que sous les angles politique et juridique, occultant ainsi l'optique économique. Or, l'économie étant un domaine important de la vie étatique, les constitutions africaines ne pouvaient pas l'ignorer. C'est alors que se pose le problème de l'articulation, mieux de la prise en compte de l'économie dans les constitutions africaines, objet de notre recherche.

De façon générale, il se dégage de cette étude que la prise en compte de l'économie s'est faite dans les constitutions africaines tant de manière explicite, qu'implicite.

Explicitement, les constitutions des Etats africains se présentent comme de véritables cadres d'aménagement de l'activité économique en leur sein. Cela se perçoit à travers la consécration des droits et libertés économiques, dont le droit de propriété, liberté économique dérivée, et la liberté d'entreprendre, véritable liberté économique, constituent les piliers. Dans la même logique, afin que le jeu économique soit mené dans l'ordre et de manière efficiente, elles ont prévu des mécanismes de garanties des droits et libertés consacrés et ont introduit des exigences de bonne gouvernance.

Implicitement, ces constitutions offrent un formidable cadre aux interventions économiques. D'abord parce qu'elles laissent libre cours à l'adoption de certains modèles économiques, de telle sorte qu'elles permettent de légitimer les actions indirectes des personnes publiques dans l'économie qui traduisent le libéralisme, et leurs actions directes, qui reflètent l'interventionnisme. Elles permettent aussi de déterminer les institutions publiques participant à la conduite des affaires économiques de l'Etat qui peuvent être des institutions étatiques, qui sont variées à la mesure de la diversité des institutions de l'Etat, et des institutions internationales qui se sont développées du fait de la mondialisation.

Somme toute, l'économie innerve véritablement les constitutions des Etats africains, de telle sorte qu'on peut dire que si toutes les constitutions ne sont pas économiques, l'économie est dans toute la constitution dans l'espace francophe d'Afrique.

# ABSTRACT

Since their independence, African countries have adopted a certain mode of state organization. Thus, all have adopted constitutions as fundamental norms of their legal order. The African constitutions thus elaborated, which have undergone several changes, are, like those of the Western States, the basis for the organization of the life of the State in all its aspects. However, in Africa, these fundamental charters have so far only been studied from a political and legal perspective, thus obscuring the economic perspective. However, since the economy is an important field of state life, African constitutions could not ignore it, and this is when the problem of articulation arises, better taking into account the economy in African constitutions, the subject of our research.

Generally speaking, it emerges from this study that the economy was taken into account in the constitutions of the French-speaking African States, both explicitly and implicitly. Explicitly, the constitutions of African States present themselves as real frameworks for the development of economic activity. This can be seen through the recognition of economic rights and freedoms, of which the right of ownership, which is a derived economic right, and the freedom to undertake, which is a true economic freedom, constitute pillars. In the same vein, in order to ensure that the economic game Is conducted in and orderly and efficient manner, they have provided for mechanisms to guarantee enshrined rights and freedoms and have introduced requirements for good governance.

Implicitly, these constitutions provide a formidable framework for economic interventions. First, because they give free rein to the adoption of certain economic models, in such a way that they make it possible to validate indirect actions in the economy that reflect liberalism and to rehabilitate indirect actions that reflect interventionism. They also make it possible to determine the public institutions involved in the conduct of the State's economic affairs which can be State institutions, and are varied to reflect the diversity of State institutions, or international institutions, which have developed as a result of globalization.

All in all, the economy truly innervates African constitutions in such a way that it can be said that while not all constitutions are economic, the economy is in the entire constitution in French-speaking Africa.

# INTRODUCTION GENERALE

Peut-on procéder à une lecture économique des constitutions des Etats d'Afrique francophone?[1] Une telle préoccupation revêt une importance capitale au moment où les réflexions scientifiques sur les rapports constitution et économie foisonnent en occident[2]. Constamment renouvelée et enrichie, l'étude de l'étonnant[3] couple constitution-économie en occident puise ses sources en Allemagne[4] avant de connaître une expansion dans d'autres pays d'Europe[5], puis aux Etats-Unis[6] où elle va connaitre un succès retentissant.

En occident, l'assemblage structurel constitution et économie soulève généralement une double réflexion. La première, qui du reste est la plus datée, a trait à la place qu'occupe l'économie dans les constitutions des Etats démocratiques[7]. La ligne de recherche de cette première logique d'analyse est celle de l'existence d'un « *ordre économique* »[8] dans les constitutions, qui aboutit à la problématique de la « *constitution économique* ».[9]

[1] Un tel souci est inspiré des remarquables travaux de Ch. Abeard dans son ouvrage, *An Economic Interpretation of the constitution of the United States*, New York, The free press 1913, trad. Française, *Une lecture Economique de la constitution des Etats-Unis*, Economica, Coll. « Droit Public Positif » 1988, 345 pages.

[2] Sur ce foisonnement, il convient de signaler utilement sans être exhaustif ; la tenue de plusieurs colloques à l'instar de celui organisé par la faculté de Droit de l'Université de Liège en 1971 sur « *la fusion des communautés européennes* », ou de la 2e rencontre du GIEPI à Bruxelles en 2008 sur le thème : « La constitution économique de l'Union Européenne » ; la rédaction des thèses de Doctorat (Marie-Laure DUSSART, Constitution et économie ; Thèse de Doctorat en Droit Public, Université Paul Cézanne-Aix Marseille III-2015). Des articles (Cherot J.Y « *Constitution et économie* » in Traité International de Droit Constitutionnel, tome 3, 310 Troper (M.) et Chagnollaud, Paris Dalloz 2012, P. 529-561.

[3] L'attelage Constitution-économie a suscité l'étonnement du Président Lagronge rédacteur du Traité CECA qui écrivit : « ces deux mots accouplés, sans aller jusqu'à me choquer, ne me sont guère habituels ». M.Lagrange in *La constitution économique européenne* (actes du Ve Colloque sur la fusion des Communautés européennes), Liège, Coll « Faculté de Droit, Université de Liège » 1971, p.195.

[4] M. Fromont et A. Rieg , *Introduction au droit allemand* (République Fédérale) tome 2, Droit Public, Droit Pénal, Paris, Cujas, 1984, 428 pages. Voire aussi Mongouachon « *Les débats sur la constitution économiqueen Allemagne* », RFDC, 2012 n°2 pp 303-334.

[5] En France lire : H. Rabault « La constitution économique de la France », *RFDC* n°44, 2000, pp 707-745. En Suisse, C-A. Junod « Problèmes actuels de la Constitution économique suisse », in *Rapport et communication de la société suisse des juristes,* Basel, Vertag Helbing Guchtennahn, 1970. Au Portugal, M-L. Marques « La constitution économique portugaise après 1989 », *RIO éco* 1990, pp. 211-240.

[6] L. Henkin « Les droits économiques dans la constitution américaine » *RIDC,* 1993, pp. 421-450. T. Daintith « The constitutional protection of economics rights », *International Journal of constitutionnal Law*, 2004 n°2, pp 56-90.

[7] Sur cette préoccupation, lire utilement l'excellente thèse de M-L. Dussart Constitution *et* économie op cit. ou D-J. Gerber « Constitutionalizing the Economy German Neo-liberalism competition law and the ''New Europe'' », AJCL, *402-442, 1994, pp 25-84.*

[8] Voir *infra*.

La seconde réflexion, la plus récente, procède de l'analyse économique du Droit[10]. Elle relève d'une « *interrogation* »[11] de la science économique sur le droit en général et ce faisant, sur la constitution[12] en particulier. L'idée est révolutionnaire et intéressante, il s'agit comme le relève formidablement le Professeur Jean Yves Cherot,[13]« *d'utiliser les outils et les méthodes de la science économique (individu rationnel et maximisateur, marché, cout-avantage...) pour analyser les phénomènes juridiques* ».

En Afrique, le couplage du droit en général et de la constitution en particulier à l'économie, n'est guère familier aux juristes, qui sont des « *gens prudents* »[14]. Les recherches fécondes ailleurs sur ce couplage, sont ici d'une rareté consternante[15]. A la vérité, en Afrique, depuis les indépendances qui se sont accompagnées de l'élaboration des premières constitutions, dans le sens moderne « *c'est uniquement dans le domaine du droit et des conceptions politiques que (la doctrine) en a cherché et trouvé les principes fondamentaux* »[16]. Pourtant, la collusion entre droit et économie dans les Etats d'Afrique n'est pas à démontrer, car certains impératifs économiques ont joué un rôle important dans la réforme des droits africains post coloniaux[17]. Cela est d'autant plus vrai que les constitutions des Etats d'Afrique issues du dynamisme constitutionnel des années 1990, ont été marquées par un fort tropisme économique.

De fait, le vent du renouveau démocratique qui a soufflé au début des années 1990 en Afrique francophone[18], et généré des réformes politiques et institutionnelles importantes, est certes dû aux impératifs politiques, mais aussi

---

9 Sur la notion de « *constitution économique* », lire J-L. Constantinesco « La constitution économique de laRépublique Fédérale Allemande », *Revue éco* 1960, Vol. 11, pp 269-270.

Ce courant de pensée est né aux Etats-Unis, voir E. Mackandy et S. Rousseau, *Analyse économique du Droit,* Paris, Dalloz, 2008, 730 pages.

11 J-J. Sueur, « Pour une autre analyse économique du Droit », *RIEJ, n*°68, 2012, p. 110.

12 R. Lanneau, « La constitution et l'analyse économique » in Troper et Chagnollaud, *op cit., p. 530.*

13 J-Y. Chérot « Trois thèses de l'analyse économique du droit », RRJ *1957*, n°2, p. 447.

14 G. Farjat, « La constitution économique de l'Europe et le couplage droit-économie », in *la constitution économique de l'union européenne,* 2e rencontre du GIEDI, Bruxelles, Bruylant, 2008, p. 60.

15 La seule étude que nous avons pu trouver sur cette question est un article du Professeur A. GADJI, « L'économie dans les nouvelles constitutions des Etats d'Afrique francophone », in *La constitution béninoise du 11 décembre 1990 : un modèle pour l'Afrique*, Mélanges en l'honneur de Maurice Ahanhanzo-Glélé, L'Harmattan, 2014. PP. 759-790.

16J-L. Constantinesco, « La constitution économique de la République Fédérale Allemande », *Revue économique* 1960 Vol II, pp 260-290.

17 M. Ondoa, « Ajustement structurel et réforme du fondement théorique des droits africains post coloniaux : l'exemple du Cameroun », *RASJ,* vol 2, n°1, 2001, pp. 75-115.

18 Cf. A. Bourgi, « *L'évolution du constitutionnalisme en Afrique : du formalisme à l'effectivité* », *RFDC,* 2002, n°52, pp 721-748.

d'une manière considérable aux nécessités économiques. Il faut reconnaitre dans cette logique, avec le Professeur Gadji Abraham, que « *La crise économique qui a frappé les Etats africains à la fin des années 1980 avec la thérapie désastreuse des programmes d'ajustement structurel imposés par la Banque Mondiale et le Fonds Monétaire International (FMI) a servi de ferment aux revendications politiques et sociales* »[19].La prise en compte de ces revendications a entrainé, sinon une révolution du moins une évolution politique et socio-économique remarquable. Cela s'est traduit sur le plan juridique par l'élaboration de nouvelles constitutions[20] tranchant avec l'ordre constitutionnel monolithique[21] ancien, au point où une certaine doctrine a parlé d'un « *nouveau constitutionnalisme en Afrique* »[22].

La question économique ayant été un ferment voire une source[23] des constitutions des Etats d'Afrique francophone, il s'avère utile de s'interroger sur la prise en compte de l'économie par ces normes fondamentales. C'est en cela que se justifie une réflexion sur la dimension économique des constitutions des Etats d'Afrique francophone, car un tel sujet est loin d'être débattu par la doctrine qui se doit de jouer un rôle important dans la diffusion des droits africains[24]. Pour mener une réflexion scientifique sur ce sujet, il importe en guise de préalable de fixer le cadre de l'étude (**I**), de déterminer son intérêt et son objet (**II**), de relever la problématique, l'hypothèse et de présenter la méthode envisagée (**III**).

## Section I-Le cadre de l'étude

Une étude sur la dimension économique des constitutions des Etats d'Afrique francophone ne saurait être menée sans respecter un certain nombre d'exigences méthodologiques, qui permettent justement de transformer un sujet en objet de recherche véritable[25]. Ces exigences se déclinent

---

[19]A. Gadji, *op cit.*, p 759.

[20] Constitutions du Bénin de décembre 1990 ; du Togo d'octobre 1992 ; du Cameroun de janvier 1996, *etc.*

[21]J-P. Kombila, *la Problématique constitutionnelle dans les régimes politiques des Etats d'Afrique francophone monopartistes.* Thèse de Doctorat d'Etat en Droit Public, Université de Droit, faculté d'économie et de sciences sociales de Paris 2 Panthéon, Novembre 1982, 561 pages.

[22] Kossi Somali : *Le Parlement dans le nouveau constitutionnalisme en Afrique : Essai d'analyse comparée à partir des exemples du Bénin, du Burkina Faso et du Togo*, Université de Lille 2, 2009, 467 pages.

[23]G. Ripert, *Les forces créatrices du Droit,* Paris, LGDJ, 2e éd. 1951, 354 pages.

[24]G-M. Pekassa Ndam, « Doctrine et diffusion du Droit dans l'espace africain francophone », in Fabrice Hourquebie, *La doctrine dans l'espace africain francophone,* Bruxelles, Bruylant, 2014, pp. 273-290.

[25]M. Grawitz, *Méthodes des sciences sociales*, Dalloz, Paris 2001, 11e éd. p.102.

principalement en la détermination du cadre de l'étude qui est une phase primordiale dans un travail de recherche[26], car celle-ci participe à situer le thème de réflexion afin d'éviter des égarements ou débordements vers lesquels il peut entrainer[27]. Le cadre de recherche se présente sous une triple dimension contextuelle (**Paragraphe I**), géographique (**Paragraphe II**) et scientifique (**Paragraphe III**).

## Paragraphe I : Le cadre contextuel du sujet

La réflexion sur la dimension économique des constitutions des Etats d'Afrique francophone, s'inscrit dans un cadre contextuel qu'il convient de préciser pour mieux cerner le sujet. Ce contexte est double : il est sociopolitique (**A**) et également temporel(**B**).

### A-Le contexte sociopolitique

Le contexte sociopolitique d'une étude sur la dimension économique des constitutions des Etats d'Afrique francophone, est univoque malgré le spectre des Etats qui sera retenu dans le cadre de la présente étude[28]. Si de façon générale en effet, ce contexte est celui de la réforme de l'Etat dans cet espace qui s'est accompagnée par plusieurs mutations sociopolitiques, il faut dire que ce mouvement a des spécificités selon que l'on se trouve dans l'Afrique noire francophone (1) que dans l'Afrique blanche francophone plus spécialement le Maghreb (2) par rapport à son ressort.

#### 1-Le contexte de l'étude dans l'Afrique noire francophone

Le mouvement des réformes de l'Etat prend prends corps dans l'espace francophone d'Afrique noire au début des années 1990. Ces réformes sont la résultante des crises multiformes que vont traverser ces pays sous la pression des facteurs tant externes qu'internes. Sur le plan externe les catalyseurs des réformes de l'Etat dans l'Afrique francophone sont notamment la sévère crise économique, résultant de la chute des matières premières et de la dépréciation des termes d'échanges qui va nécessiter l'intervention des bailleurs de fonds étrangers[29], et du discours de la Baule de François Mitterrand qui va

---

[26] *Ibid.*

[27] *Ibidem.*

[28] Voir *infra*, le cadre géographique de notre étude.

[29] Kiavi Liman Tanguiri, « Crise économique et ajustement structurel *(1982-1988)* », *RNSJ,* 1990, pp. 77.

conditionner l'aide de la France au libéralisme, avec l'instauration des régimes sensibles aux impératifs de l'Etat de droit, de la démocratie et de la bonne gouvernance[30].

Sur le plan interne, ces réformes vont se présenter comme les réponses aux aspirations populaires à la liberté, au mieux-être et au développement économique. Ces aspirations ont été formulées avec plus au moins de violence dans certains pays. De façon générale, la prise en compte de ces revendications va se faire dans le cadre des conférences nationales souveraines[31] qui apparaissent comme une « *invention* » africaine voire une *« contribution africaine à la théorie de la démocratisation »*[32].

Quoi qu'il en soit ce mouvement va se solder dans tous les pays par l'instauration du multipartisme, du libéralisme politique économique et syndicale et la rédaction de nouvelles constitutions et leur adoption par préférence par voie de référendum. Ce sont ces nouvelles constitutions qui sont en vigueurs de nos jours dans ces Etats, même comme certaines ont subi des révisions « *consolidantes* » ou « *déconsolidantes* »[33].

Si la réforme de l'Etat a commencé à s'opérer dans l'Afrique noire francophone dans le début des années 1990, ce n'est que dans les années 2010 que l'on va véritablement observer ce mouvement dans la partie blanche de l'Afrique.

## 2-Le contexte de l'étude dans l'Afrique blanche d'expression française

Si le début des années 1990 a été une période charnière pour les Etats d'Afrique noire francophone dans leur réforme de l'Etat, cela n'a pas été le cas dans les Etats de l'Afrique blanche d'expression française ou du Maghreb. C'est que, le vent de l'est n'a pas particulièrement frappé ces Etats qui vont connaitre une certaine stabilité politique et économique. Toutefois, depuis le début des années 2010 cet espace du continent africain, va s'inscrire dans la

---

[30] Ce discours a été prononcé à La Baule le 20 juin 1990, à l'occasion du sommet France-Afrique. Le Président François Mitterrand va déclarer que, « la France liera tout son effort de contribution aux efforts qui seront accomplis pour aller vers plus de liberté… ».

[31] Babacar Guèye, « La démocratie en Afrique : succès et résistance », *Pouvoirs, 2009/2*, N°129, pp. 5 et s.

[32] Ibid., p. 6.

[33] I Madior Fall. *La réforme constitutionnelle du 20 mars 2016 au Sénégal. La révision consolidante record.* L'Harmattan, *2017.* 200 p.

dynamique de la réforme de l'Etat de facture libérale. Un tel changement de cap ou un tel mouvement est la résultante de ce que l'on a appelé les « *printemps arabes* » ou de « *révolution arabe* »[34].

Ce mouvement inédit de contestation populaire, appelé printemps arabe, est né en Tunisie à la fin de l'année 2010 et va se répandre rapidement, comme une trainée de poudre, durant le printemps de l'année 2011 dans d'autres Etats du Maghreb et du Moyen orient. Ce mouvement est la résultante de la contestation des gouvernements autoritaires, installés depuis des lustres au pouvoir et surtout la protestation contre la pauvreté, le chômage et la corruption[35]. Ainsi, comme dans les Etats d'Afrique noire francophone en son temps, la problématique économique va occuper une place importante dans ce mouvement populaire.

C'est pour répondre à ces revendications que les Etats de cet espace vont engager des réformes de facture libérale. Celles-ci seront traduite principalement par des réformes constitutionnelles dont la dimension économique n'est pas négligeable[36]. Ainsi, le mouvement de réforme de l'Etat en Afrique francophone a épousé l'air du temps.

## B-Le contexte temporel

Le temps est une donnée importante dans l'analyse des phénomènes juridiques, car comme le relève Jean Louis Bergel, « *le phénomène juridique se situe dans le temps* »[37]. Parce que structurant le droit, le temps ne saurait être ignoré dans l'articulation et l'analyse des phénomènes juridiques, puisque « *il existe une certaine ambivalence entre le temps et le droit* »[38]. Cela dans la mesure où les deux sont intimement liés, car aussi bien que le droit est

---

[34] Malik Boumediene, « Révolutions arabes et renouveau constitutionnel : une démocratisation inachevée », in Omar Bendourou, Rkia El mossadeq, et Mohammed Madani (S/D), *La nouvelle constitution marocaine à l'épreuve de la pratique*, actes du colloque organisé les 18 et 19 avril 2013, Friedrich Ebert Stiftung, 2014, pp. 101 et s.

[35] Sur ces printemps arabes lire, *Le monde arabe dans la longue durée : le printemps arabe ?* Temps des cerises, 2011, 452 pages.

[36] Najib Akesbi, « La constitution à l'épreuve des faits, la dimension économique de la nouvelle constitution à l'épreuve des faits », in Omar Bendourou, Rkia El mossadeq, et Mohammed Madani (Dir.), *La nouvelle constitution marocaine à l'épreuve de la pratique*, actes du colloque organisé les 18 et 19 avril 2013, *op cit.*, pp. 255 et s.

[37] J. L Bergel, *Théorie générale du droit,* Paris, Dalloz, 5e éd.,2012, p.13.

[38] L.C. P Nkouayep, *Les pouvoirs parlementaires d'autorisation budgétaire en droit camerounais*, thèse de doctorat droit public université de Yaoundé II, 2017-2018, p. 10 ;

saisi par le temps, le temps est également saisi par le droit. Il est donc important de préciser le cadre temporel de la présente étude.

Notre étude, à cet effet, a pour point de départ les années 1990, date des réformes constitutionnelles qui ont été le début d'un nouveau constitutionnalisme africain marqué par le sceau du libéralisme jusqu'à nos jours. Le choix de cette temporalité s'inscrit dans la même logique que celle du contexte sociopolitique plongé dans le mouvement des réformes de l'Etat de ces années ayant abouti à la libéralisation politique et économique. Comme on le sait, la libéralisation économique des Etats d'Afrique francophone dans cette période est la conséquence de la crise économique, et surtout depuis une date récente de la recrudescence des inégalités sociales dues à la pauvreté des populations de ces Etats. C'est ainsi que depuis lors des reformes et actions seront menées dans l'optique d'inscrire ces Etats dans la voie du développement et surtout l'amélioration des conditions de vie, gage d'une stabilité politique.

Le cadre contextuel étant précisé, il importe maintenant de déterminer le cadre géographique.

## Paragraphe II : le cadre géographique

Dans un travail de recherche, il est indispensable de réduire tout sujet dans les limites d'une aire géographique précise[39]. La présente ne se dérobera pas à cet exercice. La nécessité de circonscrire ce cadre géographique a deux raisons principales. Premièrement, étudier la dimension économique des constitutions dans un champ d'observation aussi vaste que *« les Etats d'Afrique francophone »,* apparait comme prétentieux, voire comme une aventure périlleuse. Secondement un sujet de ce calibre ne saurait être traité dans l'abstrait. En dépit de son caractère théorique, le concours du droit positif comme matériau principal, est indispensable. Pour cela, il faut dire que l'ambition, certes grande, de mener une étude globale et synoptique n'est pas impossible, mais celle-ci sera subsidiaire dans le cadre de cette recherche (**A**). Principalement, la présente étude compte faire recours aux Etats témoins (**B**).

[39]J-J-C. Memono, *Les incidents de procédure dans le contentieux administratif camerounais*, Thèse de Doctorat PhD en Droit Public, Université de Yaoundé II, 2015, p. 23.

## A-La globalité des Etats d'Afrique francophone comme cadre subsidiaire

D'une manière instinctive, en raison de son intitulé, la présente recherche doit être menée dans le cadre global des Etats d'Afrique francophone. Le « *tabernacle* »[40] que désigne généralement cette expression renvoie à un vaste champ géographique et complexe. Aussi désignés par l'appellation « *Afrique d'expression française* »[41], les Etats d'Afrique francophone sont sur le plan géographique, pour l'essentiel, situés au sud du Sahara. Ils sont constitués globalement de deux blocs : les Etats de l'Afrique de l'Ouest, issus des anciens territoires de l'Afrique Occidentale Française (AOF),[42] et les Etats de l'Afrique Centrale provenant de l'ex Afrique Equatoriale Française (AEF)[43]. A côté de ces deux grands blocs, il convient d'ajouter l'Afrique du Nord, notamment certains Etats du Maghreb[44], et Madagascar qui ont connu peu ou prou une domination française. Ce qui a eu pour conséquence l'instauration d'une unité juridico politique profonde dans cet espace tenant à la langue et à l'histoire[45].

Au regard de l'étendue de cet espace, tous les Etats qui s'y trouvent ne sauraient être retenus puisqu'une telle entreprise serait risquée et osée. Une telle démarche, comme le souligne avec force d'arguments le Professeur ONDOA Magloire, expose au risque d'aboutir à des généralisations « *abusives et nocives* »[46]. Celle-ci par ailleurs mobilise généralement d'extraordinaires énergies ou une équipe importante, puisque consistant à embrasser, au moyen d'un large tour d'horizon, la quasi-totalité des Etats entrant dans cette aire géographique et à les étudier simultanément.

Toutefois, l'étude globale des constitutions de cet espace géographique peut être menée et aboutir à des résultats intéressants. Une approche permet de décrire les phénomènes juridiques observés dans chaque Etat et d'en tirer des

[40] M.Ondoa, *Le Droit de la Responsabilité publique dans les Etats en développement, contribution à l'étude de l'originalité des droits africains post coloniaux,* Paris, L'Harmattan, 2010, p. 39.
[41] *Ibidem.*
[42] Mali, Sénégal, Niger, Cote d'Ivoire, Burkina Faso, Benin et Guinée Conakry.
[43] Cameroun, Tchad, Congo, Gabon, République Centrafricaine.
[44] Algérie, Tunisie, Maroc et Mauritanie.
[45] M.Ondoa, *op cit.*, p.46-47.
[46] *Ibid.,* p.45.

conclusions est scientifiquement féconde, puisqu'elle postule à la fois la description immédiate des phénomènes et la comparaison[47].

C'est en raison de ces vertus qu'une telle démarche ne sera pas complètement abandonnée, l'on fera donc recours aux Etats d'Afrique francophone, mais de façon subsidiaire car notre étude s'appuiera sur des Etats témoins.

## B-La détermination des Etats d'Afrique francophone témoins

Pour que cette étude soit rigoureuse et riche, il est nécessaire de la mener dans le cadre de quelques Etats témoins choisis sur la base des critères élaborés. Il s'agit donc, à travers une démarche d'échantillonnage dont la valeur est indéniable en sciences sociales[48], de retenir quelques Etats.

Relativement aux critères, trois fondamentaux, en dépit de leurs caractères subjectifs puisque construits, vont permettre de retenir quelques Etats :

*-Le premier critère est celui de la langue et de la tradition constitutionnelle.* Ce critère permet de choisir des pays totalement ou partiellement d'expression française, car la langue véhicule important de la culture, permet la communication. Comme le relève un auteur, dans la plupart des cas, la langue dans les Etats francophones, véhicule une tradition juridique née du phénomène colonial[49]. C'est ainsi que les Etats retenus ont quasiment suivi une dynamique constitutionnelle identique établie sur trois cycles. Le premier qui débute dans les années 1960 avec les indépendances est caractérisé par des constitutions de facture libérale. Le deuxième qui prend naissance à partir des années 1964-1965 et s'étend jusqu'à 1990 ; il est marqué par l'abandon du modèle libéral au profit d'un schéma autoritaire. Le troisième cycle s'accompagne de l'avènement de la démocratie aux orées des années 1990[50].

---

[47]*Ibidem*

[48]M. Grawith, *Méthodes des sciences sociales,* Paris, Dalloz, 2001, 11e éd, op cit.

[49]M. Ondoa, op cit., P.47.

[50] Sur ces différents cycles lire, L. II Amye Elouma, *L'écriture des constitutions au Cameroun*, thèse de doctorat en droit public, Université de Yaoundé II, 2015-2016, pp.5-16.

Au surplus, sur le plan de la tradition constitutionnelle, ces pays ont été retenus selon qu'ils consacrent ou pas d'une manière formelle des titres ou rubriques dédiées aux droits économiques et sociaux.

*-Le deuxième critère est économique.* L'intitulé du thème place cet élément au cœur des critères retenus. Pour qu'un Etat soit retenu, il faut qu'il soit classé dans le rang des pays sous-développés et qu'il soit donc à la quête du développement, du moins de l'Emergence. Bien plus ces pays se doivent de disposer plus ou moins d'importantes ressources naturelles.

*-Le troisième critère est historique.* Pour faire partie des Etats témoins, il est nécessaire que l'Etat postulant fasse partie de l'un des blocs de l'Afrique francophone, dont les contours ont été déterminés. Il est aussi question d'avoir subi la colonisation française, soit totalement, partiellement ou pas du tout. Mais ces deux derniers éléments ne sont valables qu'à condition de remplir les critères sus évoqués.

Sous le fondement de ces critères, sept Etats représentatifs ont été retenus : le Cameroun et la République Démocratique du Congo pour l'Afrique Centrale, le Niger et le Bénin pour l'Afrique de l'Ouest. Au-delà de ces Etats, il convient d'ajouter le Maroc et l'Algérie en Afrique du Nord et enfin Madagascar en Afrique australe.

Cela dit il faut maintenant présenter le cadre scientifique de l'étude.

## Paragraphe III : Le cadre scientifique

Le cadrage scientifique qu'il convient d'effectuer à ce niveau a trait à la détermination du champ matériel d'une réflexion sur « *la dimension économique des constitutions* ». La question qui se pose alors est celle de savoir dans quelle discipline scientifique on peut ranger un tel sujet d'étude. A la vérité, un tel sujet ne se laisse pas facilement circonscrire. Il peut faire appel à une pluralité de disciplines (**B**) même comme, pour être rigoureux, il s'inscrit d'une manière stricte dans le champ du droit constitutionnel (**A**).

### A – Le droit constitutionnel comme cadre scientifique strict

S'il est indéniable que l'étude relative à la dimension économique des constitutions des Etats d'Afrique francophone intéresse au premier chef le droit public dans son ensemble, il faut dire que le sujet s'enracine en particulier dans le droit constitutionnel, comme le relève le sous-titre.

Le mot « *constitution* » contenu dans notre sujet d'étude, indique, d'une manière irréfutable, que le droit constitutionnel sera mobilisé dans le cadre scientifique de cette étude. Discipline prééminente du droit public, le droit constitutionnel fait l'objet de plusieurs définitions[51]. De ces définitions, une observation mérite d'être faite, c'est que plusieurs auteurs ne se donnent plus la peine de définir la discipline scientifique qu'est le droit constitutionnel, mais se bornent à définir le terme « *constitution* » dont l'adjectif constitutionnel en est la dérivée.

Certes, le mot constitution est au cœur de la discipline qu'est le droit constitutionnel. Il en est même l'objet principal. Mais ignorer le mot « *droit* » qui précède l'adjectif constitutionnel est, de notre point de vue, une erreur. Car c'est lui qui donne un sens au droit constitutionnel en tant que discipline. A cet égard, certains auteurs[52] font observer dans leur ouvrage que le terme « *droit* » peut revêtir plusieurs significations. On peut designer par cette expression « *un ensemble de norme* » ou « *la science qui étudie ces normes* »[53]. Aussi peut-on définir le droit constitutionnel comme « *l'ensemble des normes générées par la constitution* » ou « *l'étude des normes constitutionnelles* ». C'est dans cette logique que Louis Favoreu[54] écrit : « *le mot droit en lui-même et à lui seul et plus encore dans les expressions telles que droit civil, droit constitutionnel, droit administratif est constamment employé en une double acception avec passage fréquent de l'un à l'autre. Tantôt il désigne un corps de règles, les règles ou certaines règles de droit. Tantôt il désigne la ou les disciplines dont ces règles sont l'objet ; il est l'étude même ou science de ce corps de règles. Cette dualité de sens se rencontre en particulier pour l'expression droit constitutionnel* ».

Il faut cependant souligner qu'il existe une corrélation entre « *le corps de règles* » et « *la discipline dont ces règles sont l'objet* ». Or, de ce point de

[51] Sur les définitions du droit constitutionnel, lire utilement, J. Barthelemy et P. Duez, *Traité de droitconstitutionnel*, Paris, Dalloz, 1933, Panthéon Assas 2004, PP 95-99 ; Ch. Debbach, *Droit constitutionnel,* Paris, Litec 2005, 262 pages ;P. Pactet, *Institutions politiques, droit constitutionnel*, 15e éd, Armand Collins 1996, 507 pages ; B. Chantebout, *Droit constitutionnel et science politique*, Paris, Armand Collins 10e éd, 2011, 622 Pages.

[52]G. Burdeau, F. Hamon et M. Troper(M) *Droit constitutionnel*, Paris, LGDJ, 1996, p.2.

[53]*Ibid.*

[54]L. Favoreu « Le droit constitutionnel, droit de la constitution et constitution du droit », in *le droit constitutionnel recueil d'articles*. Pp. 73-74.

vue, il est évident que l'objet du droit constitutionnel s'est considérablement élargi. En sus de l'étude des institutions le droit constitutionnel étudie, de nos jours, le système des sources ou systèmes normatifs et la protection des libertés et droits fondamentaux[55].

Au regard de ces considérations le droit constitutionnel en tant que science ou discipline est au cœur de notre étude. Cette discipline sera néanmoins enrichie par d'autres sciences.

## B- L'interdisciplinarité comme cadre scientifique large

Une recherche sur la dimension économique des constitutions des Etats d'Afrique d'expression française, ne saurait être féconde si elle se cantonnait à une discipline précise. Cela est d'autant plus vrai que son cadre strict, le droit constitutionnel, est une science ouverte. Au-delà, les termes du sujet d'analyse révèlent que l'on doit faire recours nécessairement et utilement au droit public économique (**1**) et à la science économie (**2**).

### 1-Le droit public économique

Relativement jeune, le droit public économique est une de ces disciplines en Afrique qualifiées par le Professeur Pekassa Ndam Gérard Martin de *« périphériques »*[56] au regard du « *peu d'intérêt* »[57] porté par la doctrine à ce champ disciplinaire.

Encore appelé *« droit économique »*[58], le droit public économique est à la recherche d'une définition[59]. Plusieurs auteurs ont essayé d'en élaborer une définition en se fondant sur la détermination du critère autour duquel la matière s'organise : excroissance du droit des affaires, droit commercial confronté à la puissance publique pour le Doyen Savatier[60] ; droit de l'intervention de l'Etat dans l'économie pour Jeantet[61] ; droit cristallisé autour de la notion

---

[55] *Ibid.*
[56] G-M. Pekassa Ndam, « Doctrine et diffusion du droit dans l'espace africain francophone », *op cit.*, P.283.
[57] *Ibid.*
[58] G. Farjat, *L'ordre économique*, Paris, Dalloz, 1963, P.26.
[59] M. Cliquennois, *Droit public économique*, Paris, Ellipses 2001, P.16.
[60] R. Savatier, « *La nécessité de l'enseignement d'un droit économique* », cité par Cliquennois, op cit p.17.
[61] Ch. Jeantet, « Aspect du droit économique » cité par Cliquennois, *op cit.*, P.17.

d'entreprise pour Champaud Claude[62]. Pour le Doyen Savy[63], c'est *« le droit de l'intérêt économique général s'efforçant de rechercher l'équilibre entre les intérêts privés des agents économiques et l'intérêt général »*. Dans la même veine, De Laubadere le définit comme étant *« le droit applicable aux interventions des personnes publiques dans l'économie et aux organes de ces interventions »*[64].

Bien que séduisantes, ces différentes approches du droit public économique ne sont pas satisfaisantes. De notre point de vue, la définition la plus élaborée est celle proposée par Jean-Philippe Colson et Pascale Idoux[65]. Pour eux, *« le droit public économique n'est pas autre chose que le nom que l'on donne aux règles du droit public appliquées à la présence publique dans l'économie »*. Le droit public économique, ajoutent-ils, *« ne régit pas nécessairement toutes les activités ayant une incidence économique, mais seulement celles qui manifestent une présence de la puissance publique, signe que le domaine économique ne saurait échapper à l'intérêt général dont l'Etat a la charge »*.

Le droit public économique apparait donc comme une branche du droit public qui réglemente la présence de la puissance publique ou des organismes publics dans l'économie. Il s'évertue à étudier les principes, les actions ainsi que les acteurs publics de l'économie. Les sources du droit public économique sont diverses et variées ; au cœur de ces sources se trouve la constitution qui lui offre des bases constitutionnelles[66]. Certes ces bases sont insuffisantes, mais elles sont assez pour retenir l'attention et sont en plein développement avec l'élargissement du bloc constitutionnalité.

Pour Martine Cliquennois[67], le droit public économique doit apparaitre en dernier ressort comme *« le Droit des rencontres »* entre plusieurs disciplines. Cela est d'autant plus vrai que le droit public économique est une discipline carrefour[68]. Au-delà, l'on fera également appelle à la science économique.

---

[62]Cl. Champaud, *La Constitution à la définition du droit économique,* Paris, Dalloz, 1967, p.15.
[63]R. Savy, « La notion de droit public économique en droit français », *AJDA,* 1971, p.132.
[64]A. De Laubadere (A. De), *op cit., p. 8.*
[65]J-Ph. Colson et P. Idoux, *Droit public économique*, Paris, LGDJ 5e éd, 2010, p. 30-31.
[66] Ibid., p.59.
[67] M.CliquennoiS, *op cit, p.5.*
[68] H-G. Hubrecht, *Droit public économique*, Paris, Dalloz 1997, p.23.

## 2-La science économique

La science économique est une discipline des sciences sociales. A l'instar de toute discipline scientifique, son contenu a évolué et continue d'être discuté[69]. En tant que science, plusieurs auteurs ont essayé de lui conférer une définition précise. Ainsi, selon la conception canonique de Lionel Robbins, *« C'est la science qui étudie l'allocation des biens rares à des fins alternatives »*[70]. Cette définition qui fait de la ''*rareté*'' un critère distinctif de la science économique a été enrichie et développée par Raymond Barre[71]. Pour cet économiste et responsable politique français, *« La science économique est la science de l'administration des ressources rares. Elle étudie les formes que prend le comportement humain dans l'aménagement de ces ressources ; elle analyse et explique les modalités selon lesquelles un individu ou une société affecte des moyens limités à la satisfaction de besoins nombreux et illimités ».*

En tant que science, la science économique peut être appliquée dans plusieurs domaines. Celle-ci a une diversité de méthode, mais complémentaires à la mesure de la complexité du réel[72]. Cependant, celle-ci est toujours fondée sur la construction de la comparaison, car l'explication des phénomènes économiques repose en effet sur la pluralité des motivations et des comportements des agents économiques.

L'on ne saurait comprendre un sujet sur la dimension économique des constitutions des Etats d'Afrique francophone sans aussi faire recours à l'histoire économique. A la croisée de l'histoire et de l'économie, elle s'attache à présenter et à comprendre l'évolution des formes et des contenus économiques. En tant que discipline historique, « *elle utilise la chronologie et exige de constantes références à l'histoire générale et à l'histoire des faits économiques* »[73]. En tant que discipline économique, elle ne peut s'affranchir « *des auteurs eux-mêmes dont il faut connaître les doctrines* »[74].

Ainsi, notre étude s'inscrit dans un cadre contextuel, géographique et scientifique bien déterminé. Il importe maintenant de relever l'intérêt d'une telle étude et surtout d'en déterminer l'objet.

---

[69] P. Monier (P*), L'économie générale*, Paris, Gualino 7e éd, 2013, P 20-21.
[70]Th. De Montbrial et F. Fouchart, *Introduction à l'économie*, Paris, DUNOD 4e éd, 2009, p.24.
[71]*Ibid.*
[72] J. Sluman et A. Wride, *Principes d'économie*, Paris, Pearson 7e éd, 2009, P 7-12.
[73]H. Denis, *Histoire de la pensée économique*, Paris, Thémis, 1966, 340 Pages.
[74] H. Denis, *op cit.*, P.14.

## Section II : L'intérêt et l'objet de l'étude

La détermination de l'intérêt de cette étude (**Paragraphe I**) précèdera la fixation de son objet (**paragraphe II).**

### Paragraphe I- L'intérêt de l'étude

L'intérêt renvoie à l'utilité, à l'importance qu'une recherche pourrait apporter. Dans le cadre de notre étude, cet interêt est double. Il est d'abord scientifique dans ce sens qu'elle nous amène à mener une réflexion sur les fondements constitutionnels de l'économie en Afrique (**A**). Il est aussi, et c'est le moins que l'on puisse dire, pratique, dans la mesure où il intéresse le droit public dans son ensemble ou le droit constitutionnel en particulier comme instrument du développement(**B**).

#### A-Les bases constitutionnelles de l'économie en Afrique comme intérêt scientifique

Depuis la célèbre étude de George Vedel sur les bases constitutionnelles du droit administratif[75], plusieurs études et réflexions ont été menées sur les fondements constitutionnels d'autres branches du droit ou des aspects de la société régis par le droit. L'économie étant un aspect important de la vie en société, il est important de voir le fondement constitutionnel de cette activité sociale qui est aussi importante que l'activité politique. Si en Europe et en Amérique l'on est coutumier des études portant sur les rapports entre la constitution et l'économie[76], en Afrique, ce champ de recherche n'a pas encore véritablement captivé l'attention des chercheurs et même de la doctrine. De fait, l'on trouve difficilement des études abordant les rapports entre constitution et économie dans ses doubles perspectives que sont l'analyse économique de la constitution et la lecture économique des constitutions. C'est donc dire que ce champ scientifique est *« peu fréquenté par les chercheurs au regard de la production doctrinale relative »*[77].

---

[75] G. Vedel, « Les bases constitutionnelles du droit administratif », in *Etudes et documents du conseil d'Etat*, 1954.

[76] Voir, M-L Dussart, *Constitution et économie, op cit.* ; Ch. Abeard dans son, *An Economic Interprétation of theconstitution of the United States*, New York, The free press 1913, trad. Française, *Une lecture Economique de laconstitution des Etats-Unis*, Economica, Coll. « Droit Public Positif » 1988, 345 pages.

[77] G-M. Pekassa Ndam, « Doctrine et diffusion du droit en Afrique », *op cit.*, P. 283.

La présente étude apparait alors comme une ambition de contribuer à cette recherche scientifique et surtout d'apporter le regard d'un chercheur africain sur les fondements constitutionnels de l'économie. Cela dans le but de *« valoriser les droits africains dans cette mondialisation qui exalte la concurrence, la compétition et invite les peuples au rendez-vous du donner et du recevoir »*[78]. Pour ce faire, elle entend démontrer l'existence d'un droit constitutionnel économique africain non pas singulier mais original[79] puisque comportant certaines particularités[80].

L'idée d'une étude de la place de l'économie dans les constitutions permet d'éclairer celle du droit constitutionnel économique qui accompagne juridiquement l'activité économique des personnes publiques[81]. Si c'est le rôle de la constitution qui est étudié, c'est parce qu'il permet de fonder et de comprendre véritablement la fonction qu'assume l'Etat dans l'économie que les autres branches sont « *incapables* »[82] de saisir seules. Ce faisant, elle permet aussi de voir le rôle que l'Etat joue en matière de développement.

## B-Le développement comme intérêt pratique

C'est une lapalissade de dire que les Etats d'Afrique francophone sont des pays sous-développés[83]. Depuis leurs indépendances, ces pays sont à la recherche des modèles de développement. Dans cette quête, le droit, ou le droit constitutionnel spécialement, se présente comme « *un instrument de politique économique* »[84]indispensable. La constitution étant la norme fondamentale, il est donc important de faire ressortir les possibilités que cette norme offre pour asseoir l'intervention des personnes publiques dans l'économie.

En effet, repenser les économies africaines pour le développement, c'est repenser le rôle que doit jouer l'Etat. Ce rôle est fondamental car l'expérience historique des nations qui ont connu le développement dans le passé et celles

---

[78] Ibid., op cit., p. 286.

[79] Voir, M. Ondoa, *Le droit de la Responsabilité publique dans les Etats en développement, op cit.*, p.251.

[80] NZOUANKEU, « Remarques sur quelques particularités du droit administratif sénégalais *», in Revue des institutions politiques et administratives du Sénégal,* Jan-Mars 1984, n°9, pp. 1-36.

[81] M-L Dussart, *op cit.*, p.8.

[82]C. Jamin, « Economie et droit », in Dallond et S. Rials (Dir), *Dictionnaire de la culture juridique,* Paris, PUF, 2003, p.580.

[83] J-C. Boungou Bazikaet Abdelali Bensaghir Nacir « Les économies africaines et l'impératif de nouvelles alternatives pour le développement », in *Repenser les économies africaines pour le développement*, Boungou Bazika (J-C) et Abdelali Bensaghir Nacir (dir.), Dakar, Cadesra 2010, p.4.

[84]G-A. kouassigan, « Quelle est ma loi », cité par M. Ondoa, *op cit.*, p.81.

qui sont en cours d'émergence, renseigne que l'Etat y joue un rôle déterminant en tant que superstructure dotée du pouvoir politique réglementaire[85]. Ce n'est qu'à travers des instruments juridiques, au premier rang desquels se trouve la constitution, que l'Etat peut réguler les activités économiques et sociales, impulser le développement agricole, protéger les producteurs nationaux…[86]

Bien plus, l'une des conditions d'attractivité des Etats pour les investisseurs est aujourd'hui la sécurité juridique. Cette dernière trouve principalement sa signification dans les garanties que la constitution offre aux citoyens et aux investisseurs notamment étrangers. Car le rôle que ces derniers jouent dans le développement économique n'étant plus à démontrer[87]. Au surplus, les Etats sont jugés actuellement à l'aune de leur système et de leur performance économique, l'une des conditions d'appréciation du caractère démocratique des Etats étant justement leur capacité à assurer à leur population de meilleures conditions économiques.

Ces deux déclinaisons de l'intérêt de cette étude permettent de mieux cerner son objet

## Paragraphe II : L'objet de l'étude

C'est le point central d'une introduction de travail de recherche. Il permet de fixer les bornes du sujet et de préciser les frontières conceptuelles, ce qui sera déterminant dans la compréhension du sujet. Il s'agit donc de manière prosaïque de clarifier les termes du sujet. Cette clarification conceptuelle est une phase importante dans tout travail de recherche. Plusieurs auteurs ont relevé, à juste titre, le caractère indispensable de cet exercice. Jean Louis Bergel écrit : *« Le facteur premier de la praticabilité d'un droit consiste dans une suffisante définition »*[88]. Ainsi, *« le savant doit d'abord définir les choses dont il traite afin que l'on sache et qu'il sache bien de quoi il est question »*[89].

---

[85]J-C. Boungou Bazika (J-C), « L'Etat et la construction de l'économie nationale », in *Identity culture and politic an Afro-Asian dialogue,* Vol 5, n°1 et 2, P. 19, Codesria, 2004.

[86]J-C Boungou Bazika, « Le rôle de l'Etat dans le développement économique : une comparaison Afrique-Asie-Amérique Latine », in *Repenser les économiques africaines pour développement, op cit.,* P.3.

[87] E. Betmi Tchoutal *Investissement étranger et développement économique.* Mémoire Licence Economie.1974-1975, p. 57.

[88]J-L. Bergel, *Théorie générale du Droit,* Paris, Dalloz, 4e éd, 2003, pp. 195-196.

[89] E. Durkheim, cité par M. Grawith, M*éthodes des sciences sociales, op cit.,* p.383.

Dans le cadre de notre étude, la compréhension du sujet, la dimension économique des constitutions des Etats d'Afrique noire francophone passent par « *la définition des notions clés* »[90]. Ces notions sont distinctement « *dimension* », « *économique* » et « *constitution* » (**A**). Toutefois, de telles définitions ne permettront pas, aussi intéressantes soient-elles, de cerner avec exactitude le sens de notre sujet. Il sera important, en guise de complément logique, de comprendre le concept de « *dimension économique des constitutions* » d'une manière générale (**B**).

## A-Le triptyque « dimension », « économique » et « constitution »

Les mots « *dimension* », « *économique* » *et* « *constitution* » sont au cœur de notre sujet. Sans leur clarification la compréhension du sujet ne sera pas aisée.

### 1-La dimension

Le terme dimension n'est pas familier au juriste. Son usage n'est donc pas très commun dans la science du droit. Ce mot trouve son terrain d'élection en physique. Dans cette science, le mot ''dimension'' renvoie à « *l'étendue d'un corps que l'on peut mesurer* »[91]ou à « *la grandeur qui permet de mesurer la longueur, la largeur, la hauteur ou la profondeur* »[92]. Dans son sens courant, ce mot fait référence à la proportion, à la taille, à la mesure, au format[93].

La notion de « *dimension* » doit être distinguée des notions voisines couramment usitées dans la science du droit. Ces notions sont « *considération* »[94], « *préoccupation* »[95] et « *aspect* »[96]. D'abord, le concept de « *considération* »[97] qui vient du latin *consideratio* et qui renvoie à l'opinion qu'on a sur quelque chose, ou le fait de faire entrer quelque chose en ligne de

---

[90] J-C. Aba'a Oyono, *La compétence de la juridiction administrative en droit camerounais.* Thèse de Doctorat, Nantes, 1994, p.13.
[91] Dictionnaire Encyclopédique, AUJOU 2012.
[92]*Ibid.*
[93] Dictionnaire LAROUSSE 2015.
[94] Exemple : M. Riofrio Piché, *Les considérations environnementales dans l'arbitrage d'investissement sous l'égide du CIRDI, Mémoire* de Maitrise en droit des affaires, Université de Montréal, 2014. 128 pages.
[95] Exemple : J-C. Tcheuwa, « Les préoccupations environnementales en droit positif camerounais », *Revue juridique de l'environnement,* n°1, 2006, pp.21-42.
[96] Exemple : S. Melone, A. Minkoa She et L. Sindjoun (S/Dir), *La réforme constitutionnelle du 18 janvier 1996 au Cameroun. Aspects juridiques et politiques,* Fondation Friedrich Ebert, 1996. 416 pages.
[97] Les définitions que nous donnons de cette expression sont issues du dictionnaire Larousse 2018.

compte, ne saurait être assimilé au concept de « *dimension* » qui va au-delà d'un simple regard sur la prise en compte ou d'une simple opinion. La notion de « *dimension* » ne saurait non plus être confondue à celle de « *préoccupation* »[98], qui exprime un souci vif qui absorbe l'esprit, car celle-ci ne se porte pas à un tel souci, mais va un peu plus loin. Enfin il y a une distinction entre le concept de « *dimension* » et celui d' « *aspect* »[99] qui fait référence à la manière dont quelque chose se présente, à son apparence, toute chose qui n'épuise pas le concept de dimension.

De fait le concept de dimension dans le cadre de cette étude se rapproche un peu plus de celui d'analyse. Car il s'agit ici d'une mesure, ou de l'étude qui consiste à dégager les éléments qui constituent un ensemble pour l'expliquer, ou l'éclairer. C'est d'une manière prosaïque l'opération par laquelle l'esprit décompose un ensemble constitué, pour en déceler l'autonomie des parties, pour mieux en apprécier la congruence ou la finalité voire tout simplement rendre accessible chacun de ses éléments.

En clair le concept de dimension renvoie en dernière analyse à la signification et à la portée d'un chose, d'un fait ou d'un phénomène. Ceci étant, il faut maintenant clarifier le concept d'économie.

## 2-L'adjectif « Economique »

Il dérive du mot économie. Etymologiquement, le mot économie a pour racine grecque « *eco* » qui signifie maison, milieu, et « *nomie* » qui renvoie à la loi ou à une règle. Sous ce fondement, ce mot signifie étrangement « *celui qui tient la maison* »[100].

Au-delà de cette approche étymologique, le mot « *économie* » peut revêtir deux sens[101]. Il peut d'abord faire référence à une science, la science économique. Il peut ensuite renvoyer à un système ou ordre. C'est cette dimension qui nous intéresse.

En tant que système ou ordre, l'économie renvoie à un ensemble cohérent de structures économiques, institutionnelles, juridiques, sociales et mentales organisées en vue d'assurer la réalisation de certains objectifs

---

[98] *Idem.*
[99] Les définitions que nous donnons de cette expression sont issues du dictionnaire Larousse 2018.
[100] G. Mankiw, *Principe de l'Economie*, Paris, Economica, Nouveaux 1998, p. 4.
[101] Lexique d'économie, Dalloz, 11e éd, 2010.

économiques (équilibre, croissance, répartition des biens). Pour le lexique d'économie, *« un système économique est la combinaison d'un mode de régulation de l'activité économique et d'un mode d'appropriation des moyens de production »*[102].

Le mode de régulation a pour but d'assurer l'adaptation de la production aux besoins, tandis que le mode d'appropriation peut être privé (la libre entreprise) ou collectif (les entreprises appartiennent à l'Etat)[103]. De là, quatre systèmes économiques peuvent être dégagés : 1) l'économie capitaliste caractérisée par un mode d'appropriation privé des moyens de production et l'instauration d'une économie de marché ; 2) l'économie socialiste planifiée du centre dans ce cadre il y a un mode d'appropriation collective des moyens de productions et une planification centralisée ; 3) le socialisme de marché, avec un mode d'appropriation collective des moyens de production mais une économie du marché. Et 4) le capitalisme planifié dont les traits sont l'appropriation privée des moyens de production mais une planification étatique.

On comprendra alors par « *économie* » ici le système d'activités génératrices des biens et services. Ce système intègre le mode de production d'allocation des biens et services ainsi que les différents acteurs qui interviennent.

Ce second concept étant cerné, il convient à présent de s'intéresser à celui de constitution.

### 3-Le concept « *Constitution* »

La notion de constitution est l'une des notions les plus définies en droit public[104]. De ces définitions variées et riches, il ressort deux idées force : la constitution est *« la norme fondamentale de l'Etat »*[105], et ensuite il y a élargissement du « *bloc de constitutionnalité* ».

En tant que « *norme fondamentale* », la constitution est généralement cernée sous les angles formel et matériel. Envisagée sous l'angle de sa forme,

---

[102] *Ibid.*

[103] P. Monier, *L'économie générale*, Paris, Gualino, 7e éd, 2013, p. 22-26.

[104] Sur la définition du mot « *constitution* », lire utilement. Barthelemy (J) et Duez (D), *Traité de droit constitutionnel*, Paris, Dalloz, 1933, Panthéon Assas, 2004, 955 pages ; Debbach (Ch), Chantebout (B), *Droit constitutionnel et sciences politiques*, Paris, Armand Collins, 622 Pages.

[105] H. Kelsen, *Théorie pure du Droit*, Paris, Dalloz, 1964, p. 299.

la constitution désigne un acte écrit[106]. Cette approche n'emporte pas l'adhésion de certains auteurs[107] qui la perçoivent plutôt comme « *l'ensemble des normes qui ont une valeur supérieure à celle des autres normes, qui peuvent servir de fondement de validité à d'autres normes et qu'elles-mêmes ne sont fondées sur aucune norme juridique* ». En revanche prise au sens matériel, c'est-à-dire de son contenu, la constitution est l'ensemble des normes juridiques suprêmes relatives à l'organisation de l'Etat[108].

Toutefois, l'organisation de l'Etat semble réduire l'objet de la constitution puisque sous l'angle matériel, la constitution c'est l'ensemble des règles appliquées aux institutions politiques[109]. A cela il convient d'ajouter la protection des droits et libertés fondamentaux qui est au cœur du constitutionnalisme moderne. La constitution, de ce point de vue, apparait comme une norme qui concilie les libertés à l'autorité dans le cadre de l'Etat[110].

Une autre dimension de la constitution est son analyse en tant que source du système normatif. Celle-ci révèle que la constitution est la source de l'ordre juridique et donc des autres branches du droit[111]. Il y a actuellement comme une constitutionnalisation progressive de diverses branches du droit comme en témoignent les études nombreuses sur les rapports entre constitution et autres disciplines juridiques[112]

Dans son sens absolu, qui nous intéresse, la constitution renvoie à la structure globale concrète de l'unité politique et de l'ordre social d'un Etat précis[113], car chaque Etat « *connait une unité politique et un ordre social, tels ou tels principes d'ordre et d'unité* »[114]. Dans cette optique, la constitution apparait comme l'âme, la vie concrète et l'existence de l'Etat. C'est, au demeurant, le « *principe d'ordre donnant unité et sens* » à l'Etat[115].

---

[106] M. Devilliers et A. Le Divelles, *Dictionnaire du Droit constitutionnel,* Paris, Sirey, 7e éd, 2009, p.77.
[107] G. Burdeau, F. Hamon et M. Troper, *Droit constitutionnel*, Paris, LGDJ, 24e éd, pp.21-32.
[108] *Ibid.*
[109] Eisenmann (Ch), *Cours de droit constitutionnel comparé 1950-1951* cité par Favoreu *op cit.*, p.75.
[110]M. Hauriou, *Précis élémentaire de droit constitutionnel*, paris, Sirey, 1930, p.1-2.
[111] L. Favoreu, *op cit.,* p. 75.
[112] Voir par exemple G. Vedel, « *Les bases constitutionnelles du droit administratif* » ; J. Mbendang Ebongué « La constitution du 18 janvier 1996 et le droit du travail » in *La reforme constitutionnelle du 18 janvier 1996, Aspect juridiques et politiques.* Fondation Friedrich Ebert p-104-126.
[113] C. Schmith, *Théorie de la constitution*, Paris, PUF, 1993, p.132.
[114] *Ibid.*
[115] D. Rousseau, « Question de constitution », in *Mélanges en l'honneur de Gérard* CONAC, op cit., p.5.

La notion de constitution ne se réduit pas de nos jours à sa forme ou au statut technique de ses dispositions, car même s'il existe un texte constitutionnel écrit, la constitution est fécondée par d'autres normes ou éléments. Ce qui aboutit d'une manière inéluctable à un élargissement du « *bloc de constitutionnalité* »[116]. D'autres normes complémentaires aux normes constitutionnelles stricto sensu y trouvent dorénavant leur place. Celles-ci peuvent être explicites ou écrites, à savoir le préambule[117] et les textes auxquels il renvoie[118], ou implicites ou non écrites, c'est le cas des principes fondamentaux reconnus par les institutions de la République[119].

Les trois notions clés du sujet clarifiées, il convient maintenant de saisir le concept de « *dimension économique des constitutions* ».

## B- La « dimension économique des constitutions »

Le concept de dimension économique des constitutions dans son ensemble est porteur de sens. Ce sens provient des idées qu'il suscite et qui ont structuré un débat sur la question de l'existence d'une « *constitution économique* » (**1**). Au-delà de ce débat, ce concept soulève aussi la problématique de « *l'ordre économique* » (**2**).

## 1- Le débat sur l'existence d'une constitution économique

Ce débat oppose les tenants de l'existence d'une constitution économique aux partisans de la neutralité économique des constitutions.

### *a) L'idée d'une constitution économique : l'école ordolibérale*

L'ordolibéralisme désigne la pensée économique qui, tout à fait originale dans sa formulation, nait à Fribourg en Allemagne à partir des années 1930[120]. Elle postule que l'Etat doit créer un cadre légal et institutionnel à l'économie, et maintenir un niveau sain de concurrence. C'est une riposte à la doctrine « *du laisser-faire* »[121] prédominant à l'époque et qui se fondait sur le fait curieux que l'ordre économique devait obéir aux lois naturelles. Bien

---

[116] J. Pascal, *Bloc de constitutionnalité*, édition J.A, fascicule 2014. p.23.
[117] CCF. D.C du 16 juillet 1971, liberté d'association.
[118] CCF D.C du 27 décembre 1973, Taxation d'office.
[119] CCF D.C du 14 juillet 1999, mode d'élection des conseillers régionaux.
[120] F. Bilger, « La pensée économique libérale dans l'Allemagne contemporaine », in Commun (P*)*, *l'ordo libéralisme allemand. Aux sources de l'économie sociale de marché*, Cergy-Pontoise, CIRAC, p.17 et s.
[121] *Ibid.*

qu'antérieure à cette école, la notion de constitution économique, dérivée de l'Allemand « *Wirtschaftsverfassung* »[122], a beaucoup été influencée par les ordolibéraux.

Le concept de constitution économique ne doit pas être confondu avec la notion juridique de constitution. Il procède de l'exigence que le droit doit établir les éléments de l'ordre économique, « *cela signifie que le droit doit élaborer les principes juridiques et établir les institutions adéquates à l'ordre économique* »[123], c'est alors de la responsabilité des Etats de « *transposer* » en principes juridiques les institutions et facteurs déterminants pour le fonctionnement de l'ordre économique. Dans cette optique, la constitution économique apparait comme étant « *l'ordre fondamental de la vie économique juridiquement réglée* »[124]. Rabault Huges[125] considère dans la même logique la constitution économique comme étant « *la base juridique fondamentale du fonctionnement du système économique en d'autres termes l'ordonnancement juridique structurant le système économique* ».

L'une des illustrations de la constitution économique, du moins de son existence, est souvent donnée au travers de la constitution de WEIMAR[126]. Celle-ci comportait une rubrique dédiée à l'ordre fondamental économique[127]. Cette « *constitution économique* » tentait de mettre ensemble les droits et libertés économiques avec les principes d'une économie collective et étatisée à travers des articles économiques.

Au demeurant, la « *Wirtschaftsverfassung* » est une formulation juridique des substances et données fournies par l'ordre économique « *Wirtschaftsverfordung* »[128]. Aussi séduisante qu'a été l'idée d'une constitution économique, celle-ci sera âprement combattue par les tenants de la neutralité économique des constitutions.

---

[122] L-T. CONTANTINESCO, « La constitution économique de la République Fédérale Allemande », *op cit.*, P. 273.
[123] *Ibid.*
[124] *Ibidem.*
[125] H. Rabault, « la constitution économique de la France », *RFDC*, n°44, 2000, p.709.
[126] La Constitution de WEIMAR du 11 Août 1919.
[127] Art 151-165 de la constitution de WEIMAR.
[128] Contantinesco, *op cit.*, p.274.

### *b) L'idée d'une neutralité économique des constitutions : les affaires LOCHNER et aide à l'investissement*

L'idée d'une neutralité économique des constitutions nait d'une « *erreur* »[129] restée célèbre. Cette erreur part de l'attribution d'une identité économique à l'Etat par la « *Old court* » des Etats Unis à travers une décision majeure et emblématique d'une période de la Jurisprudence de la Cour Suprême américaine[130]. En effet, dans l'arrêt Lochner vs New York[131], la haute juridiction fédérale impose à l'Etat sous peine d'inconstitutionnalité d'être économiquement neutre et de respecter l'ordre économique prévu par la constitution. Seulement, cette opinion majoritaire ne va pas recevoir l'adhésion de « *justice* » Olivier Holmes qui va, dans une opinion dissidente, poser les fondements de l'idée de neutralité économique de la constitution.

Dans ses célèbres opinions, le juge Holmes écrit : « *une constitution n'est pas conçue pour incorporer une théorie économique particulière, qu'il s'agisse du paternalisme, de l'organicisme politique ou du laisser-faire* »[132]. Pour lui, la constitution laisse une liberté totale à l'Etat d'opter pour un ordre économique. C'est pour cela qu'il écrira d'une manière ironique que *: « La question de savoir si la législature prend pour manuel Adam Smith, Herbert Spencer, Lord Keynes, ou quelque autre, n'est pas notre affaire »*[133]. Ces propos prophétiques seront suivis quelques années plus tard pour devenir la doctrine majeure aux Etats Unis[134].

La question de savoir si la constitution opte pour un ordre économique déterminé s'est aussi posée en Allemagne avec un relief accusé[135]. Pressée par le succès de l'école ordolibérale et portée par le spectre de l'affaire Lochner, la cour constitutionnelle fédérale allemande va consacrer l'idée d'une neutralité économique dans l'importante affaire « *Aide à l'investissement* »[136]. Dans cette espèce, la cour décide : « *contrairement à la constitution du Weimar, elle (la constitution fédérale) ne prévoit pas (...) des principes*

[129] Balkin « Wrong the day was decided: Lochner and constitutional historicism », Boston University, Law review, vol. 55, 2005, p. 672.
[130] E. Lambert, *Le gouvernement des juges et la lutte contre la législation sociale aux Etats Unis, l'expérience américaine du contrôle judiciaire de constitutionnalité des lois*, cité par Marie-Laure Dussart, *op cit.*, 109.
[131] U.S Sup. Court, Lochner vs New-York, 1905.
[132] Cité par Marie-Laure Dussart, *op cit.*, P.119.
[133] *Ibid.*
[134] U.S Sup. Court Adkins vs Children Hospital, 261.
[135] Constantinesco, *op cit.*, p 267.
[136] BURFG, 20 juillet 1954, Aide à l'investissement.

*constitutionnels concrets relatifs à l'organisation de la vie économique* ». Le juge constitutionnel fédéral allemand ajoute : « *la loi fondamentale n'impose pas une économie sociale du marché régulée exclusivement par des moyens respectant les mécanismes du marché et qui souligne que la neutralité de la loi fondamentale en matière économique consiste seulement en ce que la constitution ne s'est pas prononcée en faveur d'un système économique* ». Par cette décision, la juridiction constitutionnelle a rejeté d'une manière cinglante l'idée d'une constitution économique défendue par les ordolibéraux[137].

Ce débat étant restitué, il importe de saisir maintenant l'idée « *d'ordre économique* » que couve le concept de dimension économique des constitutions.

## 2-L'idée de l'ordre économique

La dimension économique des constitutions peut faire référence à l'idée d'« *ordre économique* ». Celui-ci est tiré du mot allemand « *wirtschafordung* ». Il est généralement défini comme étant « *un système cohérent et ordonné qui intègre facteurs et fonctions économiques, selon les normes et principes donnant un sens à la vie économique d'une communauté* »[138]. Celui-ci résulte des formes, éléments et fonctions par lesquels se réalise le processus économique d'un pays. L'ordre économique apparait en dernière analyse comme l'ensemble des règles définissant les activités économiques d'une société, qu'elles soient volontairement établies ou spontanément acceptées par les agents économiques. Dans le cadre de cette étude, ces règles dérivent de la constitution au sens large du terme.

La clarification terminologique étant opérée, il reste important de formuler la problématique et l'hypothèse de recherche de notre sujet.

# Section III : la problématique, l'hypothèse du sujet et la méthode

Il importe de décliner en toute logique la problématique et l'hypothèse de la recherche d'une part (**paragraphe I**) avant de présenter la méthode (**paragraphe II**).

---

[137] M-L. Dussart, *op cit.*, p.120.

[138] W. Eucken, *Die drundlagen der national economie*, DENA, Gustave Fischer 1940 p 52.

## Paragraphe I : la problématique et l'hypothèse de l'étude

La formulation de la problématique est la phase la plus cruciale d'un travail de recherche, en ceci qu'elle consiste, parmi plusieurs possibilités à identifier la question centrale que soulève le sujet. C'est, à la vérité, la trame du sujet. Celle-ci doit se décliner en une question pouvant faire l'objet d'une démonstration juridique. C'est la raison pour laquelle il convient de la dégager absolument (A). De celle-ci dépendra l'indication de l'hypothèse de la récherche (B).

### A- La problématique de l'étude

Dans le cadre de cette étude il importe de rappeler que de manière trompeuse l'on aurait pu s'interroger sur l'existence d'une une dimension économique dans les constitutions des Etats d'Afrique francophone comme problématique. Quoique séduisante cette question ne permet pas de ressortir la qualité du thème abordé, car elle appelle fatalement une réponse affirmative, puisqu' *« il y a entre la constitution juridique et l'ordre économique d'un Etat une dépendance nécessaire et inéluctable »*[139], les deux éléments s'influençant et se conditionnant réciproquement.

Il faut d'abord souligner à cet égard que le droit en général et l'économie ne sauraient être séparés lorsqu'on sait avec Karl Marx que l'économie constitue le facteur de l'organisation sociale, le droit n'en présentant que la « *super structure* »[140] formelle. Ensuite, il faut noter à grand trait que *« la relevance économique »*[141] de la constitution n'est plus contestable car l'on ne saurait comprendre que ladite norme juridique fondamentale ignore cet élément essentiel de la vie sociale.

Ce double constat bat en brèche l'idée de la « *neutralité économique* » des constitutions. Si, en effet, neutralité il y a, celle-ci est « *relative* »[142]. C'est pourquoi Miranda[143] écrit que : *« Parce que l'économie est une des dimensions de la société et parce que le pouvoir politique ne peut lui être étranger il*

[139]L-J. Constantinesco, *op cit.*, P.271.
[140] K. Marx, cité par Constantinesco, *op cit.*, P.274.
[141]J. B AUBY, « Quelques observations sur la constitution économique », *Petites affiches*, 22 janvier 2009, Sirey, n°16, p.5.
[142]T. Dainth et M. Sah « Privatization and the economic neutrality of constitution », in public law review, p.466-470.
[143]J. Miranda, « Constitution économique », in *Etudes de Droit constitutionnel franco-portugais*, Economica, 1992, P.83.

*n'existe pas de constitution qui explicitement ou implicitement, directement ou indirectement, ne s'en soucie point ou ne cherche point à maintenir en état ou à transformer ce sur quoi elle pèse. Il n'y a donc pas de constitution au sens matériel qui ne soit pas une constitution économique, même si la constitution au sens formel semble l'ignorer »*.

La question de fond de notre thème de recherche est la suivante *:* ***« comment s'articule la dimension économique des constitutions des Etats d'Afrique francophone ? »***

Une telle problématique est une invite à analyser l'insertion, mieux la prise en compte de l'économie dans les constitutions des Etats d'Afrique francophone. D'une manière concrète, il s'agit d'analyser la signification et la portée des normes constitutionnelles en matière économique. Mieux l'habillage constitutionnel de l'économie. De ce point de vue, cette problématique nous parait globalisante et intégrative parce que permettant de faire des développements sur le fondement constitutionnel de l'économie en Afrique. Cette ambition osée, même si elle n'est pas atteinte, a pour objectif modeste d'inscrire notre sujet dans le champ scientifique retenu, et pour répondre à cette question, il importe de décliner l'idée directrice devant orienter les analyses.

## B- L'hypothèse

Dans tout travail scientifique il est important de formuler l'hypothèse de la recherche. Celle-ci se veut être *« une réponse anticipée que l'on formule à la suite de la question spécifique de recherche »*[144]. Ainsi, l'hypothèse est l'idée à démontrer. D'une manière simple, il s'agit d'une proposition de réponse à la question principale c'est-à-dire à la problématique[145]. Celle-ci, tout au long de l'étude, doit être vérifiable en étant traduit dans le plan. Cela dit, pour mener à bien notre réflexion, cette hypothèse tiendra lieu de fil conducteur : ***les constitutions des Etats d'Afrique francophone sont caractérisées par une dimension ambivalente de l'ordre économique***.

Cette observation sera davantage étayée suivant une méthode.

[144] G. Mace et F. Petry, *Guide de l'élaboration d'un projet de recherche en sciences sociales*, Laval, P.U.L.,2000, p.24.
[145] M. Grawitz, *Méthodes des sciences sociales,* Paris, Dalloz, 11e éd.,2001, p.398.

## Paragraphe II : La méthode

C'est la conduite à suivre pour atteindre des objectifs donnés. Pour Jean Louis Bergel[146], la méthode renvoie à un « *cheminement* », un « *enchainement raisonné de moyens* » ou « *une manière de conduire la pensée* ». Elle est indispensable en science car comme le relève le Professeur Kamto « *la démarche méthodologique conditionne le travail scientifique car la méthode éclaire les hypothèses et détermine les conclusions* »[147]. Dans le cadre de nos travaux, la méthode juridique sera la méthode principale (**A**), toutefois pour enrichir notre étude, on lui adjoindra celle comparative (**B**).

## A-La méthode juridique

C'est une étude de la science juridique non dans sa politique, mais dans sa technicité. Elle fait référence aux moyen et méthodes que le législateur, le juge, le praticien et l'universitaire utilisent pour respectivement élaborer la loi, rendre un jugement, exposer ou enseigner le droit. La méthode juridique est généralement constituée de la dogmatique et de la casuistique. L'adoption de cette méthode sied particulièrement à notre étude, car comme Huges Rabault le souligne l'analyse constitution et économie « *est généralement traité par les juristes sur un mode qu'il est loisible de qualifier de juridico-exégétique* »[148].

## 1-La dogmatique

La dogmatique est une déclinaison de la méthode juridique qui provient de « *l'école de l'exégèse* »[149] ou de « *l'école des interprètes du Code Civil* »[150]. Elle consiste selon des auteurs[151] « *... dans l'interprétation et la systématisation des normes juridiques valides* ». Cette interprétation consiste à rechercher minutieusement la pensée du constituant ou du législateur, quand il s'agit d'une constitution ou d'une loi, en rapprochant et en combinant les solutions précises fournies par le droit positif.

---

[146] J-L. Bergel, « Ebauche d'une définition de la méthodologie juridique », *cahier de méthodologie juridique*, n°5, 1990, RDJ, P.265.

[147] M. Kamto, *Pouvoir et droit en Afrique : Essai sur les fondements du constitutionnalisme en Afrique noire francophone,* Paris, LGDJ, P. 41.

[148] H. Rabault, « La notion de constitution économique : élements d'introduction », Politea, n°3 (2018), p.207.

[149] R. Cabrillac, Dictionnaire du vocabulaire juridique, P. 159.

[150] *Ibid.*

[151] A. Peczenik, *The basic of legal justification lund*, 1983, cité par M. Troper, La théorie du droit, le droit, l'Etat, Paris, PUF, 2001, p.75.

Cette approche méthodologique trouve son terrain d'élection ou un terreau fertile dans cette étude. En effet, les Etats d'Afrique francophone en général et singulièrement nos Etats témoins, ont opté pour une constitution écrite depuis leurs indépendances. Il sera donc question à travers une analyse et une interprétation des dispositions constitutionnelles de faire parler économie à ces normes constitutionnelles. Concrètement, il s'agit d'interroger les constitutions de ces Etats sur l'économie.

Ce pan de la méthode juridique sera renforcé par un autre, la casuistique.

## 2- La casuistique

C'est un autre pan de la méthode juridique « *qui repose sur l'étude des décisions de justice* »[152]. D'une manière prosaïque, c'est l'étude de la jurisprudence en l'occurrence constitutionnelle. Cette analyse est actuellement incontournable[153], car c'est elle qui permet d'élargir le bloc de constitutionnalité et de vivifier la constitution. Le fait est que les décisions d'un juge ordinaire ou bien d'un juge spécialisé dans la protection des règles constitutionnelles, modifient d'une manière substantielle, le contenu et la signification des constitutions écrites. En Occident, ce rôle du juge constitutionnel est important, surtout en matière économique[154].

En Afrique, comme nous le verrons, il y a une certaine aridité de la jurisprudence constitutionnelle et singulièrement en matière économique. Cela est sans doute la résultante de la « *crise de normativité de la constitution en Afrique* »[155]. Toutefois, il sera question, à travers cette démarche d'interroger les décisions du juge, en particulier le juge constitutionnel, en matière économique.

L'adoption de l'approche juridique pour tenter de répondre à la question de l'articulation de l'économie dans les constitutions des Etats d'Afrique noire francophone est d'une évidence incontestable. Cependant, cette méthode se

---

[152]M. Ondoa, *Cours polycopié de méthodologie de la recherche*, Université de Yaoundé II, DEA Droit Public 2010.

[153]B. Mathieu, *Contentieux constitutionnel des droits fondamentaux*, Paris, LGDJ, 2002, 791 Pages.

[154] N. Mandoloni, *Conseil Constitutionnel et droit public économique. Etude sur la reconnaissance par le juge constitutionnel du droit public économique*. Thèse de Doctorat, Droit Public, Paris I, 2007, 437 Pages.

[155] F-J. Aivo, « La crise de normativité de la constitution en Afrique », *RDP*, 2012, n° 4, pp. 142-186.

doit d'être complétée par la méthode sociologique afin de gagner en dynamisme.

## B- La méthode comparative

Une réflexion sur la dimension économique des constitutions des Etats d'Afrique francophone, ne saurait être menée utilement sans faire recours à la méthode comparative[156]. Le Professeur Joseph Marie Bipoum-Woum reconnait à cette méthode d'incontestables vertus et un caractère indispensable dans la recherche juridique en Afrique. Il soutient alors fort opportunément que « *la recherche en matière africaine ne peut se passer du recours à l'analogie et à la comparaison* »[157]. Il n'est pas d'ailleurs le seul auteur qui loue cette méthode. Jean louis Bergel la considère comme « *un instrument d'intelligence et de progrès du droit* »[158], pouvant « *inspirer les améliorations du droit positif* »[159]. Le Doyen Magloire Ondoa, pour affirmer l'importance de cette méthode comparative, écrit que « *privée de cet indispensable complément, l'étude s'affadit et perd l'une de ses dimensions fondamentales* [160]».

En effet, l'analyse de la dimension économique des constitutions des Etats d'Afrique francophone appelle une double approche comparative. La première consiste à comparer les ordres constitutionnels de ces Etats en vue de dégager les convergences et les divergences. Car s'il est vrai que du fait de leur appartenance au continent africain, les Etats étudiés sont souvent concernés par la communautarisation[161] des droits l'on pourra se rendre aussi compte qu'une certaine particularité existe dans chacun d'eux. La seconde approche met en perspective l'ordre juridique des Etats d'Afrique francophone et l'ordre juridique français vitrine par excellence pour la plupart des pays d'Afrique, puisque leur appartenance à l'espace francophone pourrait laisser présupposer une identité normative, découlant de l'identité de l'inspiration française.

---

[156]La comparaison se fait généralement entre systèmes juridiques : le système romano-germanique, le système de la Common Law… la méthode comparative permet de ce fait d'établir les particularismes entre différents systèmes de droit. En outre, elle permet d'établir les particularismes les divers droits nationaux à l'intérieur d'un système de droit.

[157] J-M. Bipoun-Woum, *Le droit international africain*. Paris, LGDJ,1970, p.5.

[158] J-L. Bergel. *Théorie générale du droit*, Paris Dalloz, Col. « Méthodes du droit » 2002, p.138.

[159]*Ibid.*

[160] M. Ondoa, *Le droit de la responsabilité publique dans les Etats en développement : contribution à l'étude del'originalité des droits africains*. Op cit. P 32.

[161] G-M. Pekassa Ndam, « Les comptes spéciaux du trésor dans les Etats d'Afrique francophone », in *revue université de N'Gaoundéré,* 2008, p.203-236.

En définitive, la comparaison est un moyen extraordinaire de dialogue entre les systèmes juridiques, qui permettra dans notre étude de voir la prise en compte de l'économie dans les systèmes juridiques africains. Pour cela, elle participera à mettre en exergue les détachements et les rapprochements dans l'articulation ou formulation constitutionnelle de l'économie dans les constitutions africaines.

Sur la base des considérations méthodologiques sus-indiquées, la réflexion sur la dimension économique des constitutions des Etats d'Afrique francophone, à partir de l'hypothèse formulée commande un mouvement à double détente. Celui-ci consiste à démontrer que les constitutions des Etats d'Afrique francophone fixent un cadre normatif explicite régissant l'activité économique (**Première Partie**), et, qu'elles prévoient également un cadre normatif implicite fondant les interventions économiques (**Deuxième Partie**).

# PREMIERE PARTIE :

# LA FIXATION CONSTITUTIONNELLE EXPLICITE D'UN CADRE REGISSANT L'ACTIVITE ECONOMIQUE

« *La relevance économique* »[162] explicite des constitutions des Etats d'Afrique d'expression française ne saurait souffrir d'un doute. Une analyse des normes fondamentales de ces Etats démontre à suffisance que ceux-ci ont intégré d'une manière variable mais générale dans leur armature constitutionnelle des « *dispositions* » économiques c'est-à-dire des « *articles économiques* »[163] formels disséminés dans les textes constitutionnels. Certes, et c'est le moins que l'on puisse dire, cette insertion des dispositions relatives à l'ordre économique ou du moins à l'économie ne s'est pas opérée d'une manière univoque dans les constitutions des Etats concernés, car l'on observe ici et là des différences fondamentales dans le traitement de l'économie. Cette différentiation s'apprécie singulièrement au niveau formel, qui permet de dégager deux mécanismes d'insertion expresse des normes constitutionnelles relatives à l'activité économique.

Le premier mécanisme est leur consécration directe dans le texte constitutionnel. En effet, ces Etats, fidèles à leur héritage juridique français, ont tous opté pour des constitutions écrites. Celles-ci se présentent comme des « *documents solennels* »[164], dans lesquels sont réservées les règles fondamentales relatives à l'Etat. Ces documents constitutionnels ont généralement une facture classique. On a d'une part un préambule, et d'autre part un corpus ou dispositif constitutionnel.

Les préambules des constitutions des Etats d'Afrique francophone sont le cadre réservé à l'affirmation de leurs grandes valeurs philosophique[165], le lieu de l'exposé des motifs ayant gouverné l'édiction de ces constitutions[166] ou la partie vouée à la proclamation des droits et libertés fondamentaux[167]. Dans ces Etats, le débat juridique sur la valeur du préambule n'a plus d'importance,

---

[162] J-B. Auby, « Quelques observations sur la « constitution économique », *Petites aff. 22 janvier 2009,* n°16, p.5.

[163] M-L. Dussart, *Constitution et économie, op cit.,* p. 143.

[164] D. Chagnollaud, *Droit constitutionnel contemporain*, Tome 1 théorie générale les régimes étrangers. Dalloz 6è édition 2009. p. 25.

[165] C'est le cas de la constitution de la République démocratique du Congo du 18 février 2006, de la constitution du Niger du 25 novembre 2011, d'une bonne partie de la Constitution du Cameroun du 18 janvier 1996, la constitution du Royaume du Maroc du 29 juillet 2011, etc.

[166] C'est le cas de la constitution du Benin qui fonde ses motifs sur l'« *évolution constitutionnelle et politique mouvementée depuis son accession à l'indépendance* » ; de la République du Niger dont la constitution a pour objectif de « *consolider les acquis de la République et de l'indépendance nationale proclamés respectivement le 18 décembre 1958 et le 3 aout 1960 ainsi que ceux de la conférence nationale souveraine* », ou de l'Algérie dont le préambule de la Constitution relate les différentes phases d'émancipation du peuple algérien.

[167] La constitution Camerounaise du 18 janvier 1996 est le prototype de ces constitutions dont le préambule, du moins pour une grande frange, est réservé à la consécration des droits et libertés fondamentaux aux citoyens.

étant entendu qu'il est désormais établi que « *le préambule fait partie intégrante de la constitution* ».[168]

Le corpus constitutionnel quant à lui ne soulève pas de débat particulier, celui-ci est la partie réservée aux articles constitutionnels. La densité de ce corpus varie selon les Etats. Dans cette logique, il convient de distinguer les Etats prolixes dont les constitutions ont plus d'une centaine d'articles[169], de ceux peu diserts qui en ont moins[170].

Ainsi sous le prisme, de la consécration directe des règles relatives à l'économie dans les constitutions, l'on peut faire ressortir trois modalités d'aménagement. La première est celle où les Etats ont consacré formellement les règles applicables à l'économie seulement dans le préambule, le corpus constitutionnel ayant marginalisé ces considérations[171] ; la deuxième option est celle où les constitutions de ces Etats ont dédié des rubriques, titres ou chapitres entiers « *aux droits économiques et sociaux* »[172], au « *développement économique, social et culturel* »[173] ,aux « *droits et libertés fondamentaux* »[174]voire à « *la bonne gouvernance* »[175], le préambule ne traitant pas explicitement de l'économie. A ces deux modalités, il importe d'en rajouter une troisième, qui consiste à traiter des questions économiques d'une manière expresse tant au niveau du préambule que du corpus constitutionnel[176].

Le second mécanisme de consécration expresse des règles économiques dans les constitutions, s'opère de manière indirecte. Ce caractère indirect vient du fait que les Etats d'Afrique d'expression française réceptionnent[177], dans leur constitution, les normes relatives à l'économie consacrées par des

[168] Article 65 de la constitution du Cameroun. Voir aussi la fin du préambule de la constitution de l'Algérie et du Maroc qui prévoit que « *ce préambule fait partie intégrante de la constitution* ». En France C.E 16 juillet 1971 liberté d'association décision qui pour la première fois en France vise le préambule comme partie de la constitution.
[169] La constitution de la république démocratique du Congo 229 articles, La Constitution de l'Algérie 218 articles, la constitution du Niger 185 articles, la Constitution du Maroc 180 articles, La constitution de Madagascar 168 article.
[170] Le Cameroun 69 69 articles.
[171] C'est le cas de la Constitution du Cameroun.
[172] Chapitre 2 articles 34 à 49 de la constitution de la République Démocratique du Congo.
[173] Titre VII articles 146 à155 de la Constitution de la République du Niger
[174] Titre II articles 19 à 59 de la Constitution de la Royaume du Maroc et le Chapitre IV articles 32 à 73 de la constitution de la République d'Algérie.
[175] Titre XII articles 154 à 160 de la Constitution du Royaume du Maroc.
[176]C'est le cas de la constitution du Maroc et celle du Niger.
[177] G-J. Fouda, *L'application des normes internationales dans les ordres juridiques étatiques africains, thèse de Doctorat en droit public*. Université de Bordeaux IV, 1999.390 pages.

instruments juridiques internationaux. A une exception[178]près, ces Etats proclament leur « *attachement* »[179] à plusieurs instruments juridiques internationaux dont la relevance économique est patente[180]. Si, comme on le verra, la force juridique de certaines règles relatives à l'économie dans ces instruments juridiques internationaux n'est pas clairement établie, il faut remarquer que certains Etats ont fait leur ces instruments. Et, ce faisant, leur valeur constitutionnelle est incontestable.

La constitution béninoise de 1990 est emblématique à cet égard, elle qui a annexé la Charte Africaine des Droits de l'Homme et des Peuples dans son bloc constitutionnel[181]. Cette constitution affirme d'ailleurs sans équivoque que : « *les dispositions de la Charte Africaine des Droits de l'Homme et des Peuples font partie intégrante de la présente constitution et du droit béninois ».*[182]

L'analyse des normes constitutionnelles expresses des Etats d'Afrique francophone ayant une incidence économique[183], montre que celles-ci ont vocation à encadrer l'activité économique au sein des Etats. S'il est vrai que le terme « *activité économique* » varie selon le contexte, l'on peut l'entendre comme étant les « *activités de production, de distribution et d'allocation des biens et de services* »[184] impliquant des échanges marchands et parfois non-marchands. Ces activités économiques sont menées à titre principal par des personnes privées. Toutefois, il est aussi admis aujourd'hui que celles-ci peuvent être effectuées par des personnes publiques[185].

Quoiqu'il en soit, que ces activités soient menées par des personnes publiques ou privées, elles sont régies par des normes juridiques qui se présentent comme un cadre de régulation des activités économiques. Le droit

---

[178] La constitution de Madagascar n'a pas de cette disposition.

[179] Les formulent exprimant cet attachement sont quasiment similaires : La République Démocratique du Congo affirme son « *adhésion et [son] attachement...* », le Cameroun, le Benin et le Niger proclament ou affirment leur « *attachement* », tandis que le Maroc s'engage à *« accorder aux conventions internationales dument ratifiées...la primauté sur le droit interne ».*

[180] C'est le cas à titre illustratif du Pacte International relatif aux droits économiques, sociaux et culturels, adopté et ouvert à la signature, à la ratification et à l'adhésion par l'Assemblée générale dans sa résolution A/RES/2200 A (XXI) du 16 décembre 1966.

[181] Cette Charte a été adoptée par la dix-huitième Conférence des Chefs d'Etats et de Gouvernement de l'Organisation de l'Unité Africaine le 18 Juin 1981 à Nairobi au Kenya.

[182] Neuvième alinéa du Préambule de la Constitution du Benin du 11 décembre 1990.

[183] G. Marcou, « L'ordre public économique aujourd'hui : un essai de redéfinition », *Annales de la Régulation, 2009*, n°17, p.102.

[184] S. Destours, *La soumission des personnes publiques au droit interne de la concurrence*, Paris, Litec, Bibliothèque droit de l'entreprise, 2000, P. 45

[185] CE SECT.30 mai 1930, Chambre syndicale de commerce en détail de Nevers.

en général et la constitution en particulier apparaissent ainsi comme de véritables instruments de l'action économique au sein des Etats.[186]

C'est donc dire que les constitutions des Etats d'Afrique d'expression française regorgent de normes qui ont véritablement une incidence sur« *l'organisation et le fonctionnement de la vie économique* »[187] et ainsi fixent« *un cadre, non pas seulement à la vie économique de l'Etat, mais a la vie économique tout entière* »[188]. Ces normes constitutionnelles offrent ainsi une formidable assise à cette activité. L'exploitation des articles économiques des constitutions des Etats d'expression française montre que ces constitutions sont des lieux d'affirmation ou de reconnaissance des droits et libertés essentiels ayant un caractère économique (**Titre I**) et des socles de protection de l'activité économique (**Titre II**).

[186] T. Kirat et L. Vidal, « Le droit et l'économie : études critiques des relations entre les deux disciplines et ébauches de perspectives renouvelées », *op cit.*, pp. 1-25.
[187] M-L. Dussart, *Constitution et économie*, *op cit.*, p. 183.
[188] *Ibid.*

# TITRE I :

# L'AFFIRMATION CONSTITUTIONNELLE DES DROITS ET LIBERTES A CARACTERE ECONOMIQUE

Initialement, les constitutions étaient définies et présentées exclusivement comme étant des codes de pouvoirs[189]. Avec le constitutionnalisme moderne, les constitutions se veulent également être *« une charte »* des droits et libertés. Car au-delà de l'aménagement des pouvoirs, la constitution est le cadre idoine de protection des droits et libertés des citoyens. C'est d'ailleurs la conjonction de ces deux objectifs de conciliation de l'autorité à la liberté qui donne tout son sens à la constitution[190]. L'article 16 de la déclaration française des droits de l'homme et du citoyen de 1789 déclarait fort à propos, en son temps que : *« toute société dans laquelle la garantie des droits n'est pas assurée, ni la séparation des pouvoirs déterminée n'a point de constitution »*.

La nécessité de consacrer des droits et libertés dans les chartes fondamentales est de nos jours une exigence quasi universelle[191]. Car la formulation des droits et libertés dans ces textes juridiques inscrit les Etats qui y souscrivent dans la catégorie privilégiée « *d'état de droit* »[192], même si cette formulation n'est pas une fin en soi. Puisque consacrer un droit ou une liberté est une chose, l'appliquer en est une autre.

En Afrique, l'urgence d'une affirmation constitutionnelle des droits et libertés s'est manifestée avec un relief accusé au début des années 90. Le phénomène ou le vent du libéralisme qui va s'abattre sur les Etats de ce continent, notamment ceux d'expression française va s'accompagner de la reconnaissance tous azimuts des droits et libertés de facture libérale. Cela tant dans le domaine politique, social qu'économique. C'est ainsi que l'on va connaitre une production normative densifiée en matière de droits de l'homme en général, mais singulièrement en matière de droits et libertés dans ces Etats[193].

Ainsi, c'est tout à fait naturellement que les constitutions des Etats d'Afrique d'expression française vont consacrer en leur sein des droits et

---

[189] G. Burdeau, F. Hamon, et M. Troper, *Droit constitutionnel*, Paris, Sirey, 7ème éd, 20009, pp. 21.

[190] M. Hauriou, *Précis élémentaire de droit constitutionnel*, paris, sirey,1930, pp. 1-2.

[191] Y. Madiot, *Considération sur les droits et devoir de l'homme*, Bruxelles, Bruylant, 1998,264pages.

[192] Sur cette notion lire M. Nguélé Abada, *Etat de droit et démocratisation : contribution à l'étude de l'évolution politique et constitutionnelle au Cameroun*. Thèse de Doctorat droit public, Université de Paris I Panthéon sorbonne,1995, 522 pages.

[193] C'est dans ce sens que les Etats d'Afrique francophone vont édicter des lois à caractère libéral. Au Cameroun on peut mentionner les lois n°90/53 portant sur la liberté d'association ; loi n°90/55 portant régime des réunions et des manifestation publiques, loi n°90/52 relative à la liberté de communication sociale.

libertés de nature économique. Il convient de dire que cette nature est fonction du droit ou de la liberté consacrée. C'est ainsi que si certains droits formellement consacrés par ces constitutions ont une nature économique dérivée à l'instar de la propriété (**Chapitre I**), pour d'autres leur caractère économique est évident, c'est le cas de la liberté d'entreprendre (**Chapitre II**).

# CHAPITRE I :

# LE DROIT DE PROPRIETE, UN DROIT ECONOMIQUE DERIVE

« *Qu'est-ce que la propriété* » ?[194] A cette célèbre question de Joseph Proudhon, il convient de répondre que c'est l'un des droits fondamentaux les plus universellement reconnus dans le monde contemporain[195]. Elle est comme l'a pensé le professeur Rials, la « *matrice des droits subjectifs modernes* »[196], et est considérée comme le « *prolongement* »[197] *et le « symbole le plus fort et le plus significatif* »[198]du libéralisme. Le Doyen Pauliat relevait alors en son temps qu' « *être propriétaire, n'est-ce pas, en premier lieu disposer d'une sphère propre ; où l'on puisse effectivement se dire libre* ? »[199]. C'est donc le droit de propriété lui-même et en premier lieu, tel que revêtu des attributs d'un droit fondamental, qu'il faut analyser pour démontrer la consécration des droits et libertés à caractère économique dans les constitutions des Etats d'Afrique d'expression française.

Fondamental, le droit de propriété l'est assurément. Il se définit de façon générale comme étant « *le droit de disposer et de jouir des choses de la manière la plus absolue, pourvu qu'on n' en fasse pas un usage prohibé par la loi* ».[200]Sa reconnaissance et sa consécration ont fait l'objet d'une quête séculaire de la part des citoyens. Selon sa date d'inscription dans les textes juridiques fondamentaux des Etats, ce droit peut être considéré comme un droit de la première génération[201] ou de deuxième génération[202]-un droit

[194] Cette question est le titre d'un célèbre chef d'œuvre de P-J Proudhon publié en 1840 à la librairie Prévost, Paris, intitulé d'une manière complète : *Qu'est-ce que la propriété ? ou recherches sur le principe du droit et du gouvernement.*

[195] Le Droit de propriété est consacré par la plupart des instruments juridiques nationaux et internationaux (constitutions des Etats, déclaration universelle des droits de l'homme du 10 décembre 1948, la charte africaine des droits de l'homme et des peuples…).

[196] S. Rials, *La déclaration des droits de l'homme et du citoyen,* Paris, Hachette, coll. « Codes bleus »,2012, XXVII-p.344.

[197] J. Morange, « La déclaration et le droit de propriété », *Droit,* n°8,1988, p.101.

[198] E. Biet, *La propriété privée et les servitudes administratives,* thèse de doctorat en droit, Université de Montpellier,1957, p.209.

[199] L. Sermet, « (Droit de -) propriété et biens », in J. Andriantsimbazovina et al., DICTIONNAIRE DES DROITS DE L'Homme, Paris, PUF, coll. « Quadrige dicos poche », 2008, p.815.

[200] Article 544 du Code Civil Français repris dans tous les Codes Civils des Etats d'Afrique Francophone. Cette définition ne s'éloigne pas aussi de la définition retenue dans le préambule de la constitution camerounaise : *« la propriété est le droit d'user, de jouir et de disposer des biens garantis à chacun par la loi ».*

[201] Ce sont des droits et libertés les plus fondamentaux : sureté, liberté d'aller et venir, liberté de conscience, égalité devant la loi…. L'ensemble de ces droits se caractérise avant tout par la nature et la qualité de leurs titulaires : tout homme en dispose de par sa naissance et a normalement le droit d'en jouir, sous des conditions et dans des limites elles-mêmes dument définies. Une autre caractéristique distinctive de ces droits est de consister en des libertés, des « *facultés d'agir* » déterminant une sphère d'autonomie individuelle et supposant, en conséquence, l'abstention de la puissance publique dans les domaines qu''elles protègent, le rôle des pouvoirs publics se bornant à en assurer la garantie et à protéger la liberté générale.

[202] Ils correspondent, chronologiquement, aux droits nouveaux proclamés à partir du préambule de la constitution française de 1848 : droit au travail et à l'emploi droit de grève… les droits de la

économique et social- dont la force est atténuée. De ce point de vue, le juge constitutionnel français a montré que le droit de propriété était « *un droit-liberté* »[203], au même titre que les autres droits affirmés à l'article 2 de la déclaration française des droits de l'homme et du citoyen de 1789. C'est ainsi que dans les textes juridiques, le droit de propriété revêt un double caractère, d'abord celui de droit fondamental au regard de sa consécration et de sa protection, et ensuite il a un caractère social très prononcé.

En sa qualité de « *droit fondamental élémentaire* »[204], le droit de propriété n'a pas été ignoré par les Etats d'Afrique francophone. Ceux-ci, héritiers indirects des lumières du fait de la colonisation, ont tous consacré dans leur armature constitutionnelle ce droit Cette consécration est sans doute la résultante de l'intérêt du droit de propriété en tant que droit qui permet l'épanouissement et la liberté de l'homme dans la société, mais aussi de son importance dans la vie sociale, et partant dans la vie économique. C'est la raison pour laquelle la compréhension du caractère économique de ce droit nécessite d'abord l'analyse de son articulation et de sa consistance constitutionnelle (**Section I**). Car, le droit de propriété, au-delà de son caractère de norme fondamentale, a aussi une portée économique, si elle n'est pas principale, elle est tout au moins dérivée (**Section II**).

## Section I : La constitutionnalisation générale du droit de propriété

Originairement, le droit de propriété est apparue dans la tradition juridique française comme un droit naturel, sacré et imprescriptible de l'homme[205]. Celle-ci va ensuite être positivée[206], en recevant une consécration normative. Cette consécration s'est opérée par sa constitutionnalisation dans la plupart des Etats modernes. Le phénomène de constitutionnalisation est un phénomène très important en droit. Il peut être défini comme le changement

---

deuxième génération sont reconnus à tous, mais le plus souvent en tant que membres de catégories déterminées par des critères en rapport avec le système de production ou en fonction d'une situation sociale. En outre ces droits supposent non une abstention, amis une intervention de la puissance publique.

[203] C.E 16 janvier 1982 Nationalisation.

[204] BVerfG, 18 décembre 1968, Digues de Hambourg. Cf. M. Fremont, « le droit de propriété et la constitution en Allemagne et en France », in *L'interventionnisme économique de la puissance publique : Etudes en l'honneur du Doyen Georges Péquino*t, Montpellier, CERAM 1985, p.271

[205] Article 2 de la déclaration française des droits de l'homme et du citoyen de 1789

[206] Entendue ici comme le passage du droit naturel au droit positif. Sur le positivisme lire utilement H. Kelsen, *Théorie pure du droit.* Paris, LGDJ, coll. « la pensée juridique »,1999,604p

de valeur normative d'une norme préexistante qui dévient constitutionnelle[207]. En plaçant ces normes au sommet de la pyramide de Kelsen[208], la constitutionnalisation opère d'une manière alchimique : elle transfigure juridiquement les valeurs propres à une société donnée à un instant « *i* » en leur conférant l'*imprimatur*e suprême. Par cette métamorphose, la valeur reçoit le caractère fondamental.

Dans sa contribution remarquable sur « *la constitutionnalisation du droit* » dans l'ouvrage relatif à *la constitutionnalisation des branches du droit*[209], le doyen Louis Favoreu attribue la responsabilité de la constitutionnalisation au juge constitutionnel. Cependant dans le cas du droit de propriété en Afrique francophone au contraire de la France, c'est le constituant qui est à l'œuvre dans l'élévation des valeurs ou du droit dans le champ constitutionnel.

En France, la consécration d'un fondement constitutionnel au droit de propriété est l'œuvre du juge constitutionnel. C'est en effet dans une décision restée célèbre que ce juge se référant à l'article 2 de la déclaration de 1789, va reconnaitre le caractère constitutionnel du droit de propriété[210]. Tirant les conséquences de la référence à la propriété dans la déclaration des droits de l'homme et du citoyen, il va déclarer que : « *les principes même énoncés par la déclaration des droits de l'homme ont pleine valeur constitutionnelle tant en ce qui concerne le caractère fondamental du droit de propriété…* »[211].

Dans les Etats d'Afrique francophone en revanche, la constitutionnalisation du droit de propriété est l'œuvre du constituant. Dès les premières constitutions de ces Etats le Caractère fondamental du droit de propriété a été affirmé par les normes suprêmes de façon explicite[212].

D'une manière générale et par des formules variables, les constitutions des Etats d'Afrique d'expression française consacrent sans ambiguïté le droit de propriété. Elles affirment aussi le caractère sacré et inviolable de la propriété

[207] V. Barbé et F-X, Millet, « contribution à l'étude de l'effectivité de la constitutionnalisation en droit de l'environnement », in *revue trimestrielle de droit (78*/2009), p. 467-506.
[208] H. Kelsen, *Théorie pure du droit, op cit. p.215.*
[209] B. Mathieu et M. Verpeaux, *La constitutionnalisation des branches du droit*. Actes de l'atelier du III Congrès de l'Association française des constitutionnalistes, paris, Economica, 1999, 204P.
[210] C.E 16 Janvier 1982 Nationalisation.
[211] *Ibid.*
[212] Constitution Camerounaise de 1960, Constitution du Niger de 1960, Constitution de Madagascar de 1960.

de façon constante[213]. Néanmoins, il faut reconnaitre que ces normes fondamentales, en consacrant le droit de propriété, sont restées pour la plupart très imprécises sur les contours du droit de propriété ainsi consacrée. Deux questions majeures relatives à ces contours s'imposent. Quel est le champ d'application du droit de propriété ? Et quels en sont les titulaires dans la constitution ?

D'emblée, il importe de souligner qu'il existe une connexion entre ces deux questions dans la mesure où le détenteur ou le titulaire d'un droit de propriété doit en connaitre la consistance. Cela dit, l'analyse des dispositions constitutionnelles des Etats d'Afrique d'Expression française montre trois attitudes dans la détermination de la consistance ou des contours du droit de propriété. La première attitude est celle qui consiste à consacrer d'une manière générale le droit de propriété sans distinguer son caractère privé ou public ainsi que son champ. La deuxième attitude est celle consistant pour les Etats à consacrer distinctement la propriété publique et la propriété privée sans distinguer son champ d'application. Et enfin, la troisième consiste à distinguer la propriété publique de la propriété privée, tout en consacrant des éléments pouvant entrer dans le champ de la propriété.

Quoiqu'il en soit, cette distinction n'est pas très utile puisqu'il est de jurisprudence[214] établie que la « *propriété ne concerne pas seulement la propriété privée des particuliers mais aussi, à titre égal, la propriété de l'Etat et des autres personnes publiques* ». Ainsi, les normes constitutionnelles relatives au droit de propriété dans les Etats d'Afrique francophone sont indifféremment applicables au propriétaire privé (**paragraphe I**) et au propriétaire public (**paragraphe II**), étant entendu que ceux-ci exercent le même droit sur le plan substantiel.

## Paragraphe I : La consécration unanime de la propriété privée

La propriété privée est sans aucun doute, la forme de propriété unanimement consacrée dans les constitutions des Etats d'Afrique francophone[215]. Un tel état des choses n'est pas propre à l'Afrique, car même

---

[213] L'article 34 de la Constitution de la république démocratique du congo dispose à cet égard que : la propriété privée *est sacrée* », article 28 de la constitution du Niger : « *Nul ne peut être privé de sa propriété...* », Article 14 de la CADHP : « *il ne peut y(propriété) etre porté atteinte* ».

[214] C.C.F décision 86-207 DC des 25 et 26 juin 1986, Privatisation, C.C.F décision 86- 217 du 18 septembre 1986, liberté de communication, C.C.F décision 94-346 du 21 juillet 1994, Inaliénabilité du domaine public.

[215] Sans exception toutes les constitutions des Etats étudiés traitent du droit de propriété.

les instruments juridiques internationaux lorsqu'ils traitent du doit de propriété c'est principalement de la propriété privée qu'il s'agit. Ainsi, la Déclaration universelle des droits de l'homme du 10 décembre 1948 en proclamant en son article 17 que : « *toute personne, aussi bien seule qu'en collectivité, a droit à la propriété* », pense d'abord et avant tout au propriétaire privé. Il en est de même de la Charte africaine des droits de l'homme et des peuples qui prévoit que : « *le droit de propriété est garanti* »[216].

Dans les constitutions des Etats d'Afrique noire francophone, le caractère privé de la propriété est consacré soit de manière expresse, soit alors de manière implicite dans les articles ou dispositions traitant de la propriété. De façon expresse, la Constitution de la République Démocratique du Congo et la constitution algérienne sont les plus symboliques, elles consacrent formellement « *la propriété privée* ».[217]

Le caractère privé de la propriété consacré dans les constitutions des Etats d'Afrique francophone, peut également s'inférer de leur cadre de consécration ainsi que leur formulation. Relativement à leur cadre, le droit de propriété garanti s'opère dans la sphère de la constitution affectée aux droits et libertés fondamentaux reconnus aux citoyens au sein des Etats[218]. Or, il est reconu en droit que seules les personnes prises individuellement ou collectivement sont les bénéficiaires de ces droits et liberté fondamentaux[219]. Ainsi, en logeant le droit de propriété dans les titres[220], chapitres[221] ou parties du préambule[222] des constitutions réservées à la formulation des droits et libertés, ces constitutions font de celui-ci un droit qui ne peut être revendiqué que par une personne, en l'occurrence privée.

En ce qui concerne leur formulation, il faut observer que les constitutions concernées introduisent rapidement après la consécration de la propriété les mécanismes pouvant permettre de leur porter atteinte[223]. Seulement, ces mécanismes sont, au premier chef, ceux qui participent à la remise en cause de la propriété privée. On en déduit alors que les Constituants

---

[216] Article 14 de la CADHP.

[217] Article 34 de la constitution de la République démocratique du Congo, et article 52 de la constitution de l'Algérie.

[218] Sur les droits et libertés lire utilement : L. Favoreu et al., droit des libertés fondamentales, Paris, Dalloz, 4ème edition 2007. 620 p.

[219] J. Morange, *Droit de l'homme et libertés fondamentales,* Paris, PUF, 5 édition,2000, pp 22-28.

[220] Titre II Constitution du Niger et Titre II Constitution du Sénégal.

[221] Chapitre 2 de la Constitution de la République Démocratique du Congo.

[222] Le préambule de la constitution du Cameroun.

[223] Article 34 de la constitution de la République Démocratique du Congo.

africains, en consacrant le droit de propriété, ont d'abord et avant tout, à l'instar du législateur international, consacré la propriété privée[224].

Toutefois, s'il est acquis que ces constitutions consacrent la propriété privée, cette reconnaissance constitutionnelle de la propriété privée soulève une autre question importante relative à la personne privée concernée. Est-ce une personne privée physique ou morale ? Cette question ne reçoit pas une réponse constitutionnelle évidente. A la vérité, s'il ne fait pas l'ombre d'un doute que la personne privée physique est d'abord le premier destinateur de ce droit, pour la personne privée morale le doute peut demeurer. Toutefois, lorsque l'on analyse la généralité avec laquelle ces constitutions traitent de la propriété, ce doute ne peut persister. On peut donc conclure que les personnes privées morales peuvent être, en tout état de cause, les bénéficiaires du droit de propriété au même titre que les personnes physiques.

Cela étant, le droit de propriété privée ou du moins la propriété privée telle qu'articulée dans les constitutions d'Afrique francophone, reste caractérisée par une certaine plasticité. Cela peut s'observer au regard de la consistance ou du champ de cette propriété dans les Constitutions de référence (**A**) ainsi que sur sa portée relative (**B**)

## A- La consistance de la propriété privée consacrée

Les contours du droit de la propriété privée, dans les constitutions des états d'Afrique d'expression française, ne sont pas aisés à circonscrire. Cette difficulté tient avant tout à la généralité des formules consacrant la propriété privée dans ces normes constitutionnelles. En droit privé, le concept de la propriété correspond au droit d'user, de jouir et de disposer d'une chose de manière propre, exclusive et absolue sous des restrictions établies par la loi[225]. Ainsi, cette expression est d'abord applicable aux choses ou *res* qui sont généralement matérielles ou corporelles. Une telle conception de la propriété est aujourd'hui largement dépassée, le droit de propriété s'appliquant également aux biens incorporels ou immatériels.

L'analyse des dispositions constitutionnelles traitant de la propriété privée montre que les Etats d'Afrique francophone ont plus ou moins intégré dans leur aménagement de la propriété, l'évolution du champ matériel de la

---

[224] Voir *infra* la relativité de la propriété consacrée

[225] Cette définition de la propriété est commune à tous les dictionnaires et lexiques des termes juridiques.

propriété privée. A cet égard l'on peut ressortir deux tendances dans la détermination du champ de la propriété : d'une part la généralité des Etats qui ont consacré le champ de la propriété privée au bien matériel ou corporel (**1**) et d'autres part, d'autres Etats très restreints qui ont étendu formellement la propriété privée au bien immatériel ou incorporel en l'occurrence la propriété intellectuelle (**2**)

## 1-La tendance générale a la consécration de la propriété privée corporelle

La formulation formelle du droit de propriété privée dans les constitutions des Etats d'Afrique d'expression française concerne de prime abord la propriété privée matérielle. Celle-ci s'entend comme la propriété qui s'exerce sur un objet qui a une existence physique. Ce faisant cet objet obtient la qualification de bien. Selon l'article 516 du code civil français tel que reçu dans les Etats ayant subi une influence française « *tous les biens sont meubles ou immeubles* ».

Tous les Etats d'Afrique francophone consacrent dans leur armature constitutionnelle ce type de propriété privée relative au bien. La formule retenue par la constitution camerounaise est la plus illustrative et la plus explicite. En effet dans son préambule elle prévoit que : « *la propriété est le droit d'user, de jouir et de disposer des biens garantis à chacun par la loi* ». Ainsi est visé sans ambiguïté le concept de *bien* dans le sens civiliste du terme. Au-delà des expressions formelles, le caractère de la propriété privée matérielle se déduit de l'analyse des dispositions constitutionnelles sur la propriété. Au regard de celles-ci, la propriété privée matérielle consacrée dans tous ces textes fondamentaux a trait en premier lieu à la propriété immobilière et en second lieu à la propriété mobilière.

La propriété immobilière désigne le fait pour une personne d'être légalement reconnue comme le propriétaire d'un immeuble. Cette propriété a donc pour socle un immeuble. Aux termes de l'article 517 du Code civil les biens sont immeubles par leur nature, leur destination ou l'objet auquel ils s'appliquent.

Sont immeubles par nature les biens corporels répondant aux critères de fixité et d'adhérence à terre. Autrement dit, il s'agit des choses qui sous le fondement de leur nature ne sauraient se déplacer ni être déplacées. Le sol est l'immeuble par excellence. Les immeubles par destination sont des choses mobilieres que la loi considère comme immeubles sous certaines conditions, au regard du lien qui les unit à un immeuble par nature, et dont ils constituent un accessoire, suivant le bon vieux principe « *l'accessoire suit le principal* ». Les immeubles par l'objet auquel ils s'appliquent sont l'usufruit des choses immobilières, les servitudes et les actions qui tendent à la revendication d'un immeuble[226].

Traitant de la propriété immobilière, c'est avant tout à l'immeuble par nature, en l'occurrence la propriété sur le sol, que le constituant des Etats d'Afrique d'expression française pense en premier lieu. Ce droit est envisagé généralement sous l'appellation de droit foncier.Ce dernier occupe une place singulièrement importante au regard de la considération que l'on accorde à la terre en Afrique[227]et dans l'épanouissement individuel.

Dans les constitutions étudiées, la formulation de la propriété privée sur la terre ou la traduction du droit foncier, se fait d'une manière soit explicite soit implicite. De manière explicite, c'est la constitution Malgache qui vise directement le droit foncier dans sa consécration de la propriété individuelle. L'article 34 de cette constitution se lit comme suit : *« l'Etat garantit le droit à la propriété individuelle...l'Etat assure la facilité d'accès à la propriété foncière à travers des dispositifs et institutions appropriés* ». Une telle disposition est semblable à l'article 15 de la constitution du Sénégal.[228]

Implicitement, le caractère immobilier, mieux foncier de la propriété consacré dans les constitutions, s'infère de l'institutionnalisation du mécanisme par excellence d'atteinte à la propriété foncière, qui est l'expropriation. Que ce soit la constitution Marocaine, Nigérienne, ou Béninoise toutes ont prévu explicitement l'expropriation comme modalité d'atteinte à la propriété les autres l'ayant fait d'une manière implicite. En optant pour ce mécanisme l'on consacre implicitement la propriété immobilière.

---

[226] F. Terré, Ph. Simler et Y. Lequette, *Droit civil : les obligations,* Dalloz, 2013. 1608 pages.

[227] C'est au regard de cette importance que John N. hazard écrit dans la préface qu'il donne à l'ouvrage, *Le droitde la terre en Afrique (au sud du Sahara)* que : « *Land is the primary source of life and power for the peoples of africa as it is for peoples in early stages of development on other continents* »

[228] Article 15 constitution du Sénégal : « *le droit de propriété est garanti par la présente constitution...l'homme et la femme ont également le droit d'accéder à la possession et à la propriété de la terre* ».

En érigeant la propriété immobilière, en l'espèce la propriété foncière, au rang de droit fondamental dans les constitutions, les Etats concernés font œuvre utile en octroyant une sécurité juridique à une question qui est au cœur de plusieurs problèmes sociaux.

Toutefois, la garantie de la propriété privée par ces constitutions ne se limite pas à la propriété immobilière, elle intègre aussi la propriété mobilière. Contrairement à la propriété immobilière dont la consécration est directement ou indirectement formulée par les normes constitutionnelles des Etats d'Afrique francophone, la propriété mobilière n'a pas connu pareil sort. Généralement, c'est de façon déductive que l'on retrouve la traduction de la propriété mobilière dans les constitutions étudiées. Cette déduction se fonde sur la généralité avec laquelle le droit de propriété est formulé dans ces constitutions. Les formules retenues ici et là ne sont guère différentes substantiellement : « *l'Etat garantit le droit à la propriété* »,[229] « *Le droit de propriété est garantie* »[230], « *La propriété privée est garantie* »[231]. Ces formules bateau couvrent aussi bien la propriété immobilière que celle mobilière.

Toutefois les constitutions du Cameroun et de la République Démocratique du Congo semblent être celles dont le caractère mobilier de la propriété peut se déduire aisément des dispositions constitutionnelles. En effet, le paragraphe du préambule de la constitution camerounaise qui traite de la propriété, la conçoit comme étant « *le doit d'user, de jouir et de disposer des biens...* ». En visant les biens, l'on peut déduire rapidement que les biens meubles, qui donnent naissance à la propriété mobilière, sont visés au regard de la définition que l'article 516 du code civil donne aux biens. La constitution Congolaise quant à elle prévoit, après avoir consacré la propriété privée, que « *Nul ne peut être saisi en ses biens qu'en vertu d'une décision prise par une autorité judiciaire compétente* »[232]. Si à l'instar de la constitution camerounaise, le fait que cette disposition vise les biens conduit à la déduction selon laquelle ces biens sont forcément meubles ou immeubles, elle apporte en outre un élément nouveau qui participe à conforter cette analyse. C'est que, comme mode d'atteinte à la propriété des biens elle prévoit la « *saisie* » qui,

[229] Art. 34 de la constitution de la RDC.
[230] Art. 14 de la constitution du Benin.
[231] Art. 35 de la constitution du Maroc.
[232] Art. 34 de la constitution de la RDC.

comme nous le verrons, en droit est un mode de privation du droit de propriété sur un bien meuble.

La propriété mobilière dont le socle est le bien meuble, se définit en principe d'une manière négative par rapport à la propriété immobilière. Ainsi pour plusieurs auteurs, sont meubles tous les biens et droits qui n'entrent pas dans la catégorie des immeubles. On distingue généralement trois catégories de meubles : les meubles par nature, les meubles par détermination de la loi, et les meubles par anticipation[233].

Il apparait ainsi que les constitutions des Etats étudiés traitent de la propriété privée matérielle ou corporelle, qui donne à la chose la valeur de bien qui peut être mobilier ou immobilier et fonder donc la propriété. Cependant, le champ de la propriété consacré dans ces constitutions déborde largement du cadre de la propriété matérielle et intègre dans certaines constitutions la propriété immatérielle.

## 2-La tendance restreinte a la consécration formelle de la propriété immatérielle : la propriété intellectuelle

Dans la pensée classique, le concept de propriété et le droit qui en dérive ne devaient que s'appliquer au bien matériel et particulièrement à la propriété immobilière. En effet, originellement, la propriété telle que visée par l'article 17 de la Déclaration française des droits de l'homme et du Citoyen de 1789, et par l'article 544 du Code Civil, était impropre aux nouveaux objets apparus bien après. Avec l'évolution de la société, des domaines et objets nouveaux sont apparus et le droit de propriété a connu un élargissement considérable à des champs nouveaux. Un tel développement du droit de propriété à fait dire à plusieurs auteurs qu'il y a de nos jours une « *conception extensive de la propriété* »[234].

Tous les Etats d'Afrique francophone n'ont pas intégré dans leurs textes constitutionnels des dispositions qui traitent expressément des nouveaux champs de la propriété. L'extension de la propriété au-delà des biens mobiliers et immobiliers s'est donc opérée à travers l'interprétation des dispositions constitutionnelles traitant de la propriété dans sa généralité. En cela, l'élargissement de la propriété s'est effectué à travers l'office du juge. En

233 F. Terré, Ph. Simler et Y. Lequette, *Droit civil : les obligations*, Dalloz, 2013. 1608 pages.

234 J-P. Colson et P. Idoux, *Droit public économique*, Paris, LGDJ, 2010, p.123.

France, en effet, le juge constitutionnel a joué un rôle important dans cet élargissement. Dès la décision du 16 janvier 1982, le Conseil Constitutionnel a relevé, au nombre d'évolutions qu'a connu le droit de propriété depuis 1789, « *une notable extension de son champ d'application à des domaines individuels nouveaux* »[235].

Cela dit, peu d'Etats ont consacré formellement la propriété immatérielle qui est un champ nouveau d'intervention du droit de propriété. Car le droit de propriété s'applique ici sur des biens incorporels, ce qui n'était pas le cas lors de « *l'invention de la propriété* »[236]. Ainsi, dans certaines constitutions un objet singulier d'application du droit de propriété est apparu c'est : le droit à la propriété intellectuelle.

En dépit du caractère restreint des Etats qui en font référence dans leur constitution de façon claire, le droit à la propriété intellectuelle est, sans aucun doute, le seul bien incorporel consacré dans les constitutions analysées. Cette consécration est faite par des formules variées dans les constitutions des trois Etats étudiés qui traitent expressément de ce type propriété. La constitution malgache la formule en ces termes : « *L'Etat, avec le concours des collectivités territoriales décentralisées, garantit le droit de propriété intellectuelle* ».[237] La constitution de l'Algérie a retenu cette formule : « *La liberté de création intellectuelle, artistique et scientifique est garantie au citoyen. Les droits d'auteurs sont protégés par la loi* »[238].De ces formules de consécration de la propriété intellectuelle ainsi restituées, la formulation de la constitution malgache est la plus heureuse. En effet, elle consacre sans ambiguïté la propriété intellectuelle au sens général du terme. La constitution algérienne ne vise pas la propriété intellectuelle mais l'une de ses composantes qu'est le « *droit d'auteur* ».

Le droit de la propriété intellectuelle, d'apparition récente, est une déclinaison du droit de propriété qui protège les fruits de l'activité créatrice de l'homme[239]. Il englobe quatre domaines distincts à savoir les marques,[240] les

---

[235] *Ibid.*, p, 124.

[236] G. Madjarian, *L'invention de la propriété. De la terre sacrée à la société marchande,* Paris, Harmattan ; 2012, 313 pages.

[237] Art. 26.

[238] Art. 44.

[239] Deborah E. Bouchoux, *La propriété intellectuelle, le droit des marques, le droit d'auteur, le droit des brevets d'invention et des secrets commerciaux*, Paris, Nouveaux horizons, 2007, 427 pages.

[240] Par marque on désigne un mot, un logo, une phrase, un nom un symbole ou un procédé servant à déterminer l'origine, la qualité et la propriété d'un produit ou d'un service. Sur le plan technique, la marque de commerce ou de fabrique se rapporte à un identifiant d'un produit.

droits d'auteur[241], les brevets d'invention[242] et les secrets commerciaux[243]. Certains Etats, notamment la France, divisent la propriété intellectuelle en deux grandes catégories : le droit d'auteur, qui couvre les œuvres littéraires et artistiques ; et la propriété industrielle, qui comprend le droit des brevets et des marques et tout ce qui touche au commerce. Quoiqu'il en soit, la protection de la propriété intellectuelle revêt une grande importance au regard de son utilité sociale. Elle est un véritable stimulant et catalyseur du développement de la créativité[244].

C'est donc eu égard à cette importance que cette propriété a été recouverte d'un manteau constitutionnel dans les Etats Africains d'une manière expresse. En optant pour une telle formulation, le constituant a sans doute voulu souligner l'importance de la propriété intellectuelle, comme l'illustre aussi la prolifération d'organismes responsables de son enregistrement ainsi que des accords internationaux y relatifs.[245]

Toutefois, l'absence d'une telle formulation ne saurait être interprétée comme étant une ignorance du caractère constitutionnel de la propriété intellectuelle. En France, c'est le juge constitutionnel qui a attribué le caractère constitutionnel à la propriété intellectuelle, cela en affirmant la protection constitutionnelle des doits d'auteurs et des droits voisins et la propriété industrielle et commerciale[246],sous le fondement de l'article 17 de la Déclaration des Droits de l'homme et du citoyen. Une telle déduction peut très bien être effectuée dans les Etats d'Afrique Francophone en se basant sur la généralité des normes constitutionnelles consacrant la propriété.

---

[241] C'est un droit protégeant les créations d'un auteur et notamment, les oeuvres littéraires, musicales, théâtrales, artistiques et autres, contre une production, une vente, une distribution ou une exposition non autorisées.

[242] C'est un titre octroyé par une institution permettant au bénéficiaire, pendant une période limitée, d'empêcher des tiers de fabriquer, de vendre ou d'exploiter une invention.

[243] Il s'agit de toute information commerciale de qualité qui, connue d'un concurrent, lui procurerait un gain ou un avantage.

[244] Deborah E. Bouchoux, *La propriété intellectuelle, le droit des marques, le droit d'auteur, le droit des brevets d'invention et des secrets commerciaux*, Paris, Nouveaux horizons, 2007, p.12.

[245]On peut citer : pour les organisations, l'international trademark association (association international des marques) *INTA* ; l'organisation mondiale de la propriété intellectuelle (*OMPI*) ; pour les accords, la Convention de Berne, le protocole de Madrid, la Convention de paris ou meme l'accord général sur les tarifs douaniers et le commerce.

[246] C.C.F.,8 janvier 1991, n°90-283 DC, AJDA 1991. 382, note P. Wachsmann ; RDSS 1991. 204, études J-S. Cayla, *Loi relative à la lutte contre le tabagisme et l'alcoolisme*. Et C.C.F. 21 janvier 1992, n091-303 DC, RTD civ. 1992.456, étude F. Auque, *Loi renforçant la protection des consommateurs*.

En somme, le champ de la propriété privée consacré dans les constitutions des Etats d'Afrique francophone est large et élastique. Large dans ce sens qu'il comprend aussi bien la propriété corporelle et incorporelle, et élastique en ceci que les formules consacrant cette propriété peuvent être la base de toute sorte de propriété, au regard de la généralité de cette formulation. Il faut signaler néanmoins que cette plasticité peut aussi être appréciée au regard de la portée de cette propriété.

## B-La portée relative de la propriété privée consacrée

De tous les droits et libertés consacrés par les textes fondamentaux des Etats d'Afrique francophone, le droit de propriété apparait en toute évidence comme le droit le plus sacralisé[247], mais paradoxalement, le plus fragile également. En effet, pivot du libéralisme, la propriété est le moteur de l'individualisme et de l'épanouissement de l'homme. C'est fort de cette considération que le législateur révolutionnaire français a fait de lui le droit le plus *« absolu »*[248], un droit naturel imprescriptible de l'homme.

Les constituants des Etats francophones d'Afrique, influencés par cette idéologie ont tous, dans leur constitutionnalisation de la propriété privée, posé soit son caractère « *inviolable* »[249], *« sacré »* [250]soit indiquer qu'il *« ne peut lui être porté atteinte »*[251]. De telles dispositions s'expliquent au regard de l'étendue des pouvoirs que le propriétaire exerce sur son bien matériel ou immatériel. Relativement à ces pouvoirs, certaine constitution[252] et le code civil qui a le mérite en premier de les décliner, indique que le propriétaire a le pouvoir d'user, de jouir, et de disposer de son bien. Ces trois composantes sont connues en droit civil comme étant les « *démembrements du droit de propriété* »[253]. De ces éléments le pouvoir de disposer de son bien est le plus important car ne pouvant être exercé en tout état de cause que par le propriétaire légitime.

Cependant, et c'est là qu'apparait la fragilité du droit de propriété, tous les textes juridiques qui consacrent la propriété la relativisent en même temps.

---

[247] La constitution de la RDC dispose à cet égard, en son article 34 que : « *la propriété ... est sacrée* ».
[248] Art 17 de la déclaration des droits de l'homme et du citoyen de 1789.
[249] Art. 37 de la constitution du Benin.
[250] La constitution de la RDC dispose à cet égard, en son article 34 que : « *la propriété ... est sacrée* ».
[251] Art.34 de la constitution de Madagascar.
[252] C'est le cas de la constitution camerounaise qui prévoit dans son préambule que : « *la propriété est le droit d'user, de jouir et de disposer des biens garantis à chacun par la loi* ».
[253] Cf. F. Terré et Ph. Simler, *Droit civil. Les Biens,* Paris, Dalloz, 2018, p.892.

C'est que les normes constitutionnelles traitant de la propriété sont rédigées de manière contradictoire, puisque si elles garantissent la force de la propriété, elles fixent aussi ses frontières voire les moyens de son atteinte. Ce faisant, la portée du droit de propriété consacré est relative. Cela se révèle tant dans les mécanismes permettant de limiter l'exercice du droit de propriété (**1**) que dans les moyens pouvant conduire à sa privatisation (**2**) instaurés dans les constitutions étudiées.

### 1-Les limitations de l'exercice du droit de propriété privée

La reconnaissance constitutionnelle de la propriété privée s'est accompagnée des prescriptions modérant la jouissance de ce droit. C'est que le caractère absolu du droit de propriété consacré apparait beaucoup plus formel que réel. En effet, l'exercice du droit de propriété doit cohabiter avec un certain nombre de sujétions. Ces sujétions, sans remettre en cause le droit de propriété, participent à le rationnaliser ou à le limiter. C'est dans ce sens que Martine Cliquennois écrit : *« Le droit de propriété n'est pas absolu et le législateur peut limiter, encadrer la propriété sans pouvoir la supprimer totalement »*[254]. Si c'est en principe de la compétence du législateur habilité par la constitution de certains Etats à limiter cet exercice[255], il faut dire que d'autres Etats ont fait le choix de prévoir cette limitation dans leurs constitutions d'une manière directe.

La constitution Camerounaise est de celles-là qui prévoient directement la possibilité de limiter l'exercice du droit de propriété d'une manière claire. Le préambule de cette constitution est très éloquent à cet égard : *« Le droit à la propriété ne saurait être exercé contrairement à l'utilité sociale ou de manière à porter préjudice à la sureté, à la liberté à l'existence ou à la propriété d'autrui »*. La Constitution marocaine tout en confiant la compétence de la limitation de ce droit au législateur prévoit des raisons pouvant justifier que l'exercice du droit de propriété soit édulcoré en ces termes : *« Le droit de propriété est garanti.la loi peut en limiter, l'étendue et l'exercice si les exigences du développement économique et social du pays l'exigent »*[256]. La Charte Africaine des Droits de l'Homme et des Peuples, reçue par toutes les constitutions des Etats d'Afrique francophone, dans une formule laconique

[254] M. Cliquennois, *Droit public économique*, *op cit.*, p. 52.
[255] L'aménagement du droit de propriété dans les Etats d'Afrique francophone ressorti du domaine de la loi. Voir dans ce sens art.26 du Cameroun ; art ; 122 de la RDC ; art. 99 de la constitution du Niger…etc.
[256] Art. 35.

admet également la possibilité de restreindre le droit de propriété pour « *nécessité publique ou dans l'intérêt général de la collectivité* »[257].

Au regard de ces dispositions, trois raisons sont susceptibles d'être évoquées pour justifier la limitation de l'exercice du droit de propriété : l'ordre public[258], l'intérêt social [259]et le droit de propriété d'autrui. Cela dit, cette limitation s'opère généralement par des mécanismes classiques tels que la saisie[260], les réquisitions[261] ou les sanctions pour trouble de jouissance[262]. Seulement, ces mécanismes ne doivent pas être mis en branle d'une façon arbitraire, au regard du caractère fondamental du droit de propriété. On comprend alors que la constitution de la République démocratique du Congo subordonne la « *saisie* » à une autorisation judiciaire en ces termes : *« Nul ne peut être saisi en ses biens qu'en vertu d'une décision prise par l'autorité judiciaire compétente ».*[263]

Les mesures de limitation de l'exercice du droit de propriété ne dénaturent pas tous les pouvoirs du propriétaire, elles restreignent pour la plupart des cas le droit d'user, ou de jouir sans frapper le droit de disposer. Lorsque ce dernier droit est visé, nous sommes dans l'hypothèse d'une privation de la propriété.

## 2-La privation de la propriété privée

Les constitutions des Etats d'Afrique francophone, tout en sacralisant la propriété offrent un cadre important à la privation de celle-ci. Cette dernière est le fait pour l'Etat de s'approprier d'une manière autoritaire la propriété privée. En cela, la privation de la propriété s'assimile à une dépossession dans la mesure où tous les attributs de la propriété sont enlevés, il y a en fait transfert de la propriété au détriment du propriétaire. Cette atteinte à la propriété privée étant la mesure la plus grave pouvant frapper le propriétaire, elle a été très

[257] Art. 14.
[258] L'ordre public renvoie d'une manière classique au tryptique sécurité, tranquillité et salubrité publique.
[259] L'intérêt social vise sans doute l'intérêt général.
[260] C'est une voie d'exécution forcée par laquelle un créancier fait mettre sous-main de justice les biens de son débiteur, alors même qu'il serait détenu par des tiers, ainsi que les créances conditionnelles, à terme ou à exécution successives, en vue de les faire vendre aux enchères publiques et de se payer sur le prix. (*Lexique des termes juridiques Dalloz 2018).*
[261] C'est un procédé permettant à l'administration, moyennant indemnisation, de contraindre les particuliers à lui accorder leur service, l'usage de meuble ou immeuble, la propriété des meubles, dans des hypothèses énumérées par les textes. (*Lexique des termes juridiques Dalloz 2018*).
[262] Cette infraction est prévue par le code civil notamment en son art. 1719, et surtout par le code pénal des Etats d'Afrique francophone.
[263] Art. 34.

encadrée. En droit français, la privation de la propriété privée est dominée par deux textes qui en définissent les principes les plus fondamentaux.

L'un est la Déclaration des droits de l'homme de 1789 qui énonce en son article 17 : « *La propriété étant un droit inviolable et sacré, nul ne peut en être privée si ce n'est lorsque la nécessité publique, légalement constatée, l'exige évidemment, et sous la condition d'une juste et préalable indemnité* ». Ce principe ainsi énoncé a depuis reçu une valeur constitutionnelle[264]. Le second texte, qui est la réplique aménagée du précèdent, est l'article 545 du Code civil ; « *Nul ne peut être contraint de céder sa propriété, si ce n'est que pour cause d'utilité publique et moyennant une juste et préalable indemnité* ».

Faisant écho à ces textes, les constitutions des Etats d'Afrique d'expression française, ont, à une exception près[265], prévu avec des formules quasiment identiques la possibilité de remettre en cause la propriété privée[266]. A l'analyse, le régime constitutionnel de la privation de la propriété privée dans les Etats francophones d'Afrique, est similaire tant en ce qui concerne les modalités de cette privation que de ses conditions.

Instituant les possibilités de privation de la propriété privée peu de Constitutions des Etats d'Afrique francophone déclinent à la suite, des modalités pouvant permettre cette privation. Seuls, parmi les constitutions étudiées, le Maroc et Madagascar visent consécutivement à la prévision d'une possible privation de la propriété privée « l'*expropriation* » comme modalité de cette privation[267]. Toutefois, en analysant le dispositif constitutionnel traitant des compétences du législateur dans toutes ces constitutions, l'on constate que le constituant a prévu l'expropriation et/ou la nationalisation qui sont deux modalités de privation de la propriété[268].

- *L'expropriation*. C'est le moyen le plus connu de privation de la propriété. C'est une procédure déclenchée par l'Etat qui permet de contraindre une personne privée (ou une personne publique, en ce qui concerne son domaine privé) à céder à une personne publique ou privée la propriété d'un

[264] Voir dans ce sens, décision n°81-132 DC du 16 janvier 1982 du CCF loi de nationalisation ; décision n°96-373 Dc du 9 avril 1996 transfert de propriété immobilière en Polynésie française.

[265] La constitution algérienne ne prévoit pas d'une manière expresse la possibilité d'atteindre à la propriété privée. L'article 41 énonce simplement que : « *la propriété est garantie* ».

[266] Le préambule de la constitution du Cameroun, art. 34 de la constitution de la RDC, art. 35 de la constitution du Maroc… *etc*.

[267] Art. 35 de la Constitution du Maroc ; art 34 de la constitution de Madagascar.

[268] Art. 122 de la constitution de la RDC ; art.99 de la constitution du Niger ; art. 98 de la constitution du Benin ; art. 95 de la constitution de Madagascar et l'art ; 71 de la constitution du Maroc.

immeuble ou à renoncer à un autre droit réel immobilier. Comme le relève René Chapus *« L'expropriation a essentiellement pour objet de réaliser le transfert forcé de la propriété d'un immeuble »*[269]. L'expropriation a donc un lien fort étroit avec les droits réels immobiliers. Ce n'est, en effet de façon tout à fait exceptionnelle, qu'il arrive que le recours à l'expropriation soit ouvert en matière mobilière. C'est ainsi que les brevets d'invention qui participent à la propriété intellectuelle, intéressant la défense nationale peuvent être expropriés[270].

L'expropriation peut être limitée. Autrement dit elle peut ne concerner qu'une fraction de la surface de l'immeuble ou son tréfonds.

- *La nationalisation*. En matière de privation de la propriété privée, la nationalisation est le moyen le moins connu et le moins usité. Il s'agit pourtant d'un mécanisme de transfert de la propriété privée à la nation, une substitution de la propriété publique à la propriété privée. Le terrain de prédilection de la nationalisation est l'entreprise, c'est pour cela que des auteurs[271] la définissent comme « *un mode autoritaire d'entrée d'une entreprise du secteur privé dans le secteur public* ». C'est un mode régalien de dépossession forcée de la propriété économique. Elle conduit à remplacer sous le contrôle direct de la personne publique une activité économique antérieurement exercée par le secteur privé ou une personne privée.

Parce que remettant en cause un droit fondamental, la privation de la propriété privée a été subordonnée dans les constitutions des états d'Afrique francophone à des conditions participant à la protection de celle-ci. Trois conditions sont donc généralement exigées par les constitutions pour que cette mesure grave soit légitime.

-*L'utilité publique*. L'intérêt général ou l'utilité publique est bien la « *justification des atteintes au droit depropriété depuis 1789* »[272]. Sans exception, les textes constitutionnels qui prévoient la possibilité de priver la propriété privée, la fondent sur « *l'utilité publique* ». L'utilité publique est donc la base de l'expropriation et de la nationalisation. Notion très controversée, l'utilité publique renvoie à l'intérêt général ou aux nécessités de service public.

---

[269] R. Chapus, *Droit administratif général,* Paris, Montchrestien, tome 2, 2000, p. 695.
[270]*Ibid.,* p.696.
[271] A. de Laubadere et P. Delvolvé, *Droit public économique,* Paris, Dalloz, 5éd.,1986, p.727.
[272] G. Merland, *L'intérêt général dans la jurisprudence du Conseil Constitutionnel*, Paris, LGDJ,2004, p. 62-64.

Pour la constitution marocaine, cet intérêt public renvoie aux « *exigences du développement économique et social* »[273]. Traitant spécialement de la nationalisation, le préambule de la constitution française de 1946 prévoyait dans le même sens que : « *tout bien, toute entreprise dont l'exploitation a ou acquiert les caractères d'un service public national ou d'un monopole de fait doit devenir la propriété de la collectivité* ».

*-L'indemnisation juste et préalable*. L'exigence d'une indemnisation juste et préalable afin d'exproprier ou de nationaliser, est une condition et une garantie importantes. Elle est prévue comme une contrepartie de toute privation de propriété. Si son terrain d'élection est l'expropriation, elle est également valable en matière de nationalisation[274].

L'indemnisation consacrée en vue de déposséder le propriétaire de son bien doit revetir deux caractères : elle doit être juste et préalable. L'exigence du caractère préalable est une constante dans les constitutions et textes juridiques internationaux traitant de la privation de la propriété privée. Il signifie que le versement de l'indemnité doit être connu et versé avant la dépossession du propriétaire. En d'autres termes, le bénéficiaire d'une mesure de privation de la propriété ne saurait prendre possession du bien tant qu'il n'a pas versé l'indemnité ou la provision adéquate.

Le caractère juste de l'indemnité, exigé également dans les textes juridiques, est une notion controversée ; en effet, sa détermination est quelque peu laissée à l'appréciation des autorités administratives et du juge. Jean Rivero écrit que : « *la détermination du caractère juste de l'indemnité relève donc, non de l'appréciation subjective mais du constat : y-a-t-il équivalence entre la valeur du bien et la somme qui le remplace dans le patrimoine du propriétaire dépossédé ?* »[275]. Ainsi, pour qu'une indemnisation soit juste, il faut que celle-ci couvre l'intégralité du préjudice direct, matériel et certain.

*-La compétence du législateur*. Qui est compétent pour porter atteinte au droit de propriété ? Au regard de sa gravité, la privation de la propriété ne saurait être effectuée par n'importe quelle autorité. C'est la raison pour laquelle

[273] Art. 35.
[274] J. Rivero, « Ni lu, ni compris », commentaire de la décision du 16 janvier 1982, *AJDA* 1982, p.209 et s.
[275] *Ibid.*, p.211.

toutes les constitutions attribuent cette compétence au législateur[276]. En effet, seul ce dernier est habilité à poser les règles principales c'est-à-dire les normes primaires encadrant la privation de la propriété. Les atteintes à la propriété constituent donc une réserve de la loi, le règlement n'intervient que pour exécuter la loi. Les constitutions des Etats analysées sont unanimes sur cette question : la privation du droit de propriété est du ressort de législateur seul.

Ainsi, les constitutions des Etats d'Afrique francophone consacrent de façon générale le droit à la propriété privée tout en prévoyant des mécanismes permettant de la restreindre. Cette logique est aussi suivie dans la consécration de la propriété publique.

## Paragraphe II : La consécration originale de la propriété publique

L'idée de la reconnaissance d'une propriété publique n'est pas nouvelle. Dans les droits antiques existait déjà une propriété publique distincte de la propriété privée[277]. Généralement, la propriété publique se définit négativement par rapport à la propriété privée, il s'agit du patrimoine des personnes publiques composé des biens meubles ou immeubles, ou des biens qui peuvent être corporels ou incorporels.[278]Le Doyen Maurice Hauriou définit cette propriété comme étant : *« les biens soumis à la propriété des personnes publiques et affectés à l'usage du public »*.[279]La reconnaissance de la propriété publique a été effectuée en France par des textes divers, mais toutefois c'est le juge constitutionnel qui lui a reconnu une valeur constitutionnelle.

En Afrique francophone, la reconnaissance d'une propriété publique s'infère en principe d'abord de l'interprétation des dispositifs constitutionnels relatifs à la propriété dont la généralité dans la formulation laisse le champ libre à cette analyse. Cependant, il faut souligner qu'au contraire de la constitution française, modèle des constitutions des Etats d'Afrique francophone, il existe certains Etats qui visent d'une manière explicite la propriété publique. La Constitution de la République Démocratique du Congo

[276] L'aménagement de la propriété dans les constitutions des Etats d'Afrique francophone ressorti du domaine de la loi, voir art. 26 de la constitution du Cameroun, art. 122 de la constitution de la RDC… etc.

[277] Ph. Yolka, *La propriété publique, élément pour une théorie*. LGDJ. 1997. P 12.

[278] E. Langelier et H-B. Pouillaude, *Traité de la propriété publique*. Le Moniteur. 2015, p. 22.

[279] M. Hauriou, *Précis de droit administratif*, Paris, Dalloz, 13 éd. 1933, p. 804.

est la plus illustrative elle indique en son article 67 que : « *tout Congolais a le devoir de protéger la propriété, les biens et intérêts publics* ». Sans viser expressément la propriété publique, les constitutions du Niger et du Benin prévoient que : « *les biens publics sont sacrés et inviolables* [280]».Au-delà, il existe aussi des références constitutionnelles relatives, aux entreprises publiques, au domaine national ou à la privatisation expressions qui ont un lien étroit avec la propriété publique.

Cela étant, la propriété publique, telle qu'envisagée dans les constitutions, renvoie à la notion plus connue du domaine des personnes publiques (**A**), du fait de son appartenance à la personne publique, celle-ci bénéficie d'une protection différenciée tenant à sa consistance(**B**).

## A-Le domaine des personnes publiques

Les personnes publiques, Etat, collectivité territoriale décentralisée ou établissement public sont titulaires d'un domaine constitutionnellement reconnu. Ce domaine « *est constitué des biens mobiliers et des biens immobiliers qui contribuent à composer leur patrimoine* »[281]. Les biens composant ce domaine sont l'objet d'un titre de propriété et permettent aux personnes publiques de s'acquitter des missions de tous ordres qui leur incombent. En droit, les biens composant le domaine des personnes publiques se répartissent en deux catégories. On a d'une part ceux du domaine public (**1**) et d'autre part ceux du domaine privé (**2**).

### 1-La traduction constitutionnelle du domaine public

Le domaine public des personnes morales n'est pas clairement visé par les constitutions des Etats d'Afrique francophone. Sa valeur constitutionnelle n'est pas pour autant inexistante[282], elle procède de la consécration de la « *propriété publique*» ou des « *biens publics* »[283]. Toutefois, il existe des références constitutionnelles régulières dans plusieurs constitutions rélatives au « *domaine de l'Etat* »[284]. Ce domaine de l'Etat renvoie sans aucun doute au domaine public. La formulation de ce domaine dans la constitution de la République démocratique du Congo milite en cette faveur : « *l'Etat exerce une*

---

[280] Art.41 de la constitution du Niger et art. 37 de la constitution du Benin.

[281] R. Chapus, *Droit administratif général*, Paris Montchrestien, tome 2, 2000, p. 651.

[282] J-P. Amadei, « Vers la constitutionnalisation du domaine public », *LPA*, 8 Aout 1995, p. 19.

[283] Voir art. 41 de la Constitution du Niger ; art. 67 de la constitution de la RDC et art. 37 de la constitution du Benin.

[284] Art. 9 de la constitution de la RDC.

*souveraineté permanente notamment sur le sol, le sous-sol, les eaux et forêts, sur les espaces aérien, fluvial, lacustre et maritime congolais ainsi que sur la mer territoriale congolaise et sur le plateau continental »*[285]. La constitution du Niger a une disposition similaire[286].

Pour qu'un bien entre dans cette catégorie privilégiée de domaine public, il faut qu'il remplisse deux conditions cumulatives. Il faut tout d'abord que ce bien soit la propriété d'une personne publique. Par la suite, dès lors qu'un bien appartient à une personne privée, il est exclu qu'il puisse relever de la domanialité publique. Cette exigence est de jurisprudence constante[287]. Secondement, il est nécessaire que ce bien soit affecté à l'utilité publique. Il faut comprendre par là que le bien doit être dédié à l'usage direct du public ou aux besoins d'un service public[288].

Les dépendances du domaine public de l'Etat, des collectivités territoriales décentralisées ou des établissements publics, sont en principe constituées essentiellement des biens immobiliers. C'est dans ce sens que l'on présente généralement le domaine public en domaine public naturel[289], constitué d'éléments de la nature tels qu'énoncés par la constitution de la République démocratique du Congo ; et le domaine public artificiel[290] qui est constitué des biens immobiliers dont l'existence est la conséquence de l'intervention de l'homme. Pour que ceux-ci entrent dans la domanialité publique, ils doivent faire l'objet d'un aménagement spécial[291]. L'appartenance des biens mobiliers au domaine public s'est fait avec beaucoup d'hésitation, la doctrine a d'ailleurs été très hostile à cette reconnaissance[292]. Néanmoins, des biens mobiliers dont le caractère irremplaçable ou difficilement remplaçable est avéré peuvent bénéficier de ce statut[293]. En revanche, ces biens peuvent aisément être intégrés dans le cadre de la domanialité privée.

---

285 Article 9 de la constitution de la RDC.
286 Article 149 : « *l'Etat exerce sa souveraineté sur les ressources naturelles et du sous-sol* ».
287 CE Sect. 8 mai 1970, Soc. Nobel-Bozel.
288 CE 28 juin 1935, Mougamadou sagnetoullah.
289 C. Lavialle, *Existe-t-il un domaine public naturel* ? CJEG 1987, p.627.
290 J. Singer, *La propriété des dépendances des voies publiques*, AJ 1965, p. 637
291 F. Hervet, « L'utilité de la notion d'aménagement spécial dans la théorie du domaine public », *RDP* 1983, p.135.
292 Sur la façon de concevoir le domaine public mobilier, voir : F. Reymond, « *Le domaine public mobilier* », RDP 1960, p. 49 ; D. Artus, « Les œuvres d'art et l'inaliénabilité du domaine public mobilier », *LPA* 23 décembre 1994, p. 8.
293 CE 29 novembre 1996, syndicat général des affaires culturelles CFDT.

## 2-Le fondement constitutionnel du domaine privé

A l'instar du domaine public, le domaine privé des personnes publiques est déduit des dispositions constitutionnelles traitant soit de la propriété en générale soit de la propriété publique ou du domaine de l'Etat en particulier. En effet lorsque la constitution vise « *les biens* » publics, ces biens peuvent aussi bien constituer le domaine public que le domaine privé de l'Etat et des autres personnes morales de droit public. Il n'en saurait aussi être autrement lorsqu'on sait que les personnes publiques, Etats et autres personnes morales de droit public peuvent avoir un domaine public et un domaine privé sur lesquels elles exercent un véritable droit de propriété.[294]Ainsi, la reconnaissance générale d'un droit de propriété entraine incidemment l'admission d'une domanialité privée aux personnes morales de droit public.

Traditionnellement, il n'existe pas une définition standard du domaine privé des personnes morales. Sa détermination se fait presque toujours de façon négative par rapport au domaine public. Est réputé du domaine privé, l'ensemble des biens appartenant à l'Etat à l'exclusion de son domaine public[295]. Ce domaine est constitué de tous les biens meubles ou immeubles qui ne relèvent pas du domaine public, ou qui sont définis comme tels par la loi. Eu égard à cette définition, la domanialité privée peut procéder d'une part de l'insuffisance des critères de la domanialité publique, et d'autre part d'une détermination de la loi.

Le fondement constitutionnel de cette domanialité peut par conséquent être indirect. Car la qualification de la domanialité publique ou privée est, dans les constitutions étudiées, du ressort du législateur. La constitution camerounaise dans cette logique indique : « *... sont du domaine de la loi : le régime de la propriété mobilière et immobilière, ... le régime domanial, foncier et minier* »[296], celle de Madagascar prévoit : « *la loi fixe les règles concernant : le régime juridique de la propriété...* ».[297]Quoiqu'il en soit le domaine privé des personnes morales est distinct de leur domaine public. Cette distinction se répercute sur leur régime de protection.

---

[294] M. Chouquet, *Le domaine privé des personnes publiques : contribution à l'étude de droit public des biens publics.* LGDJ, 2017. 579 p.

[295]R. Chapus, *Droit administratif général,* Paris Montchrestien, tome 2, 2000, p. 654.

[296] Article 26 de la Constitution du Cameroun.

[297] Article 95 de la Constitution de la République Malgache.

## B-La protection différenciée de la propriété des personnes publiques

Du fait de leur appartenance à une personne publique, la propriétédes personnes publiques jouit d'une grande protection. Sans discriminer entre domaine publique et domaine privé les normes constitutionnelles qui traitent de cette propriété pose le principe de protection des biens publics. La constitution nigériane est la plus expressive à cet égard, l'article 41 de lit comme suit : « *Les biens publics sont sacrés et inviolables. Toute personne doit les respecter scrupuleusement et les protéger* ». La constitution Congolaise n'est pas plus éloquente, elle se borne à prescrire que : « *tout Congolais a le devoir de protéger la propriété, les biens et intérêts publics* »[298]. Certes, ce régime de protection s'applique autant au domaine publique qu'au domaine privé, toutefois il n'a pas la même intensité selon le domaine **(1),** bien plus il est possible de porter atteinte à la propriété des personnes publiques (**2**).

### 1-Le régime de protection différenciée du domaine public et du domaine prive des personnes publiques

Selon que la dépendance domaniale est publique ou privée, son régime de protection sera différent.

A en croire René Chapus, le régime de protection du domaine public « *tend à garantir que les dépendances domaniales répondront toujours, et le mieux possible, aux besoins auxquels elles sont affectées* »[299]. Cette affectation est l'utilité publique ou le service public. Afin d'assurer cette protection, les biens du domaine public des personnes publiques bénéficient de l'inaliénabilité et de l'imprescriptibilité.

Le principe d'inaliénabilité est consubstantiel à la notion de domaine public[300]. Il existe de domaine public dans la mesure où les dépendances de ces domaines sont frappées du sceau de l'inaliénabilité. En droit administratif, le principe de l'inaliénabilité des biens signifie que les dépendances du domaine public ne sauraient faire l'objet d'une aliénation ou vente, qu'elle soit volontaire ou forcée. De même, les droits réels civils ne peuvent être constitués

---

[298] Article 64 de la Constitution de la république Démocratique du Congo.

[299] R. Chapus, *Droit administratif général,* tome 2, Paris, Montchrestien, 2001, p. 422.

[300] Ce principe a été consacré en France par la jurisprudence administrative (CE 1 mars 1986, Béro.) et par les textes ainsi la loi des 22 novembre-1 décembre 1790 dite Code domanial, prévoit en son art.8 que : « *le domaine national et les biens qui en dépendent sont et demeurent inaliénables...* ».

sur ces biens au profit des particuliers. C'est donc dire que ces biens sont en quelque sorte « *hors du commerce* »[301].L'inaliénabilité du domaine public tient beaucoup plus à son affectation. C'est en fait parce que le bien a été affecté à l'utilité publique qu'il ne peut être dans le commerce, il devient en quelque sorte sacré.[302] Si en France, l'inaliénabilité du domaine public n'a pas encore reçu une valeur constitutionnelle[303], dans un Etat comme le Niger, cette valeur peut s'assoir sur le caractère « *sacré* » des biens publics tel qu'indiqué dans sa Constitution[304].

Le principe de l'imprescriptibilité du domaine public quant à lui est une conséquence de celui de l'inaliénabilité[305]. Celui-ci participe à protéger le domaine public contre tous les mécanismes de prescriptions acquisitives. Autrement dit, les particuliers ne peuvent engager une action possessoire contre la personne publique propriétaire du simple seul fait de l'occupation. Il fait donc obstacle à ce que les personnes publiques soient dépossédées à leur insu de certains de leurs biens, et les protège contre leur propre négligence[306].

Au-delà de ces principes de protection, le domaine public est régi par le droit public et ce faisant son contentieux ressortit de la compétence du juge administratif.

Au contraire du domaine public, le domaine privé des personnes publiques relève d'un régime de droit privé[307]. C'est la raison pour laquelle son régime de protection est moins important. Néanmoins en tant que bien de la propriété publique, il bénéficie de plusieurs mesures de protection. A part les mesures de protection civiliste dont bénéficie toute propriété, le domaine privé de l'Etat est insaisissable. Ainsi les procédures de contrainte et les voies d'exécution de droit privé sont exclues[308].

---

301 R. Chapus, *Droit administratif général, op cit.,* p.424.

302 Sur cette question lire, H. Saugez, *L'affectation des biens à l'utilité publique : contribution à la théorie générale du domaine public,* Thèse de doctorat en droit public, Université d'Orléans, 2012, 441 pages.

303 C'est ce qu'affirme R. Chapus lorsqu'il écrit que : « *Quant à la question de savoir si le principe (de l'inaliénabilité) a valeur constitutionnelle... on est fondé à répondre par la négative. A chaque occasion, le conseil constitutionnel s'est montré défavorable à lui reconnaitre une telle valeur* ». In, *Droit administratifgénéral,* tome 2, Paris, Montchrestien, 2001, p. 423.

304 Art.41.

305 Voir CE sect. 10 juillet 1970, Soc. Civ. Du domaine de suroit.

306 R. Chapus, *op cit.*, p. 427.

307 R. Chapus, *Droit administratif général,* tome 2, Paris, Montchrestien, 2001, p.529 et s.

308 J. M Auby, *Contribution à l'étude du domaine privé de l'administration,* EDCE 1958, n°12, p.35.

La souplesse de la protection du domaine privé procède sans doute du fait que celui-ci n'est pas affecté à l'utilité publique. Et son mode de gestion n'est pas une gestion publique, mais bien une gestion privée,[309] d'où le contentieux qui peut en découler est de la compétence du juge civil. Toute chose qui impacte sur ses mécanismes de rémise en cause.

## 2-L'atteinte à la propriété des personnes publiques

En principe, il est interdit de porter atteinte à la propriété des personnes publiques. Cette prohibition n'est valable que pour les tiers, les personnes publiques pouvant elles-mêmes atteindre leur propriété. Les possibilités de cette atteinte varient selon le domaine public ou privé de la propriété de la personne publique.

Pour le domaine public, il est quasiment impossible de l'atteindre à travers une aliénation. Pour que l'Etat puisse effectuer une telle opération il faut au préalable que cette dépendance soit désaffectée à l'utilité publique ou au service public[310]. Ainsi l'inaliénabilité du domaine public a une portée non pas absolue mais relative, car elle tient seulement à son fondement qu'est l'affectation ; il suffit dès lors que cette affectation cesse, ce qui était du domaine public intègre le domaine privé et se trouve soustrait au principe de l'inaliénabilité. Le domaine public peut faire l'objet d'une concession de la part de l'Etat à une autre personne. Au Congo, la concession est visée d'une manière expresse par le constituant : « *Les modalités de gestion et de concession du domaine de l'Etat... sont déterminées par la loi* » [311]. Ainsi, ce mode d'édulcoration de la propriété publique qu'est la concession[312] a un fondement constitutionnel concret. Dans d'autres constitutions, ce fondement est discret.

En ce qui concerne le domaine privé, les possibilités de son atteinte sont plus ouvertes. Car celui-ci peut faire l'objet d'une façon aisée d'aliénation. Seulement, l'exigence est que les biens relevant du domaine privé ou public ne

---

[309] R. Chapus, *op cit.*, pp.531-533.

[310] . Saugez, *L'affectation des biens à l'utilité publique : contribution à la théorie générale du domaine public*, Thèse de doctorat en droit public, Université d'Orléans, 2012, pp. 141-148.

[311] Art. 9 de la constitution.

[312] La concession est un mode de gestion d'un service public consistant à confier la gestion à un concessionnaire recruté contractuellement agissant à ses risques et rémunéré par des perceptions prélevées sur les usagers. Dans le cadre du domaine public, la concession, en l'occurrence d'occupation du domaine publique, se perçoit comme un contrat par lequel son bénéficiaire a le droit d'utiliser privativement une partie plus ou moins étendue du domaine public.

doivent pas être aliénés à vil prix[313]. Cela dit, le mécanisme d'atteinte à la propriété publique le plus consacré est la privatisation.

D'une manière stricte, la privatisation peut s'entendre comme le transfert d'une entreprise du secteur public au secteur privé. Il s'agit donc d'un mécanisme de privation de la propriété publique, en l'occurrence le domaine privé, au bénéfice d'une personne privée[314]. Elle se présente comme le pendant de la nationalisation[315]. La valeur constitutionnelle de la privatisation dans les constitutions des Etats d'Afrique francophone est incidente. Elle se fonde sur les dispositions constitutionnelles habilitant le parlement à fixer le régime de cette opération[316]. Ainsi d'une façon générale, les constitutions de ces Etats prévoient que le législateur est compétent pour transférer une entreprise du secteur public au secteur privé.

Somme toute la propriété occupe une place importante dans les constitutions africaines. Celle-ci a reçu dans cet espace l'imprimenture constitutionnelle, au contraire d'un Etat comme la France où la valeur constitutionnelle du droit de propriété est l'œuvre du juge constitutionnel. Cette importance de la propriété derive aussi de la place qu'elle a dans la société au régard de sa valeur économique.

## Section II : La nature économique dérivée du droit de propriété

La propriété et le droit qui en résulte occupent une place importante dans l'épanouissement de l'homme et dans l'affirmation de sa liberté. C'est sans doute, ce qui justifie son caractère fondamental ainsi que sa consécration universelle et unanime dans les Etats d'expression française. Néanmoins, l'importance de la propriété ne saurait se réduire à l'individu, elle se manifeste également au niveau social. En effet, de tout temps, la propriété a charrié des débats important et a été à l'origine de plusieurs luttes. En plus les dimensions individuelle et sociale de la propriété sont inextricables. C'est que la propriété

---

[313] R. Chapus, *op cit.*, pp.531-533.

[314] J. Biakan, *L'expérience camerounaise dea privatisation des entreprises publiques*. Thèse de doctorat droit public, Université de Montpellier I,1994, 516 p. Voir aussi notre deuxième partie titre I chapitre I.

[315] Le lexique des termes juridiques définit la nationalisation comme une expropriation législative, subordonnée à une juste et préalable indemnisation, des propriétaires ou actionnaires de formes industrielles ou tertiaires.

[316]Art. 26 au Cameroun, art ; 99 en RDC…*etc.*

qui unit le propriétaire à ses biens ne saurait être dissociée. C'est la raison pour laquelle l'on a souvent confondu la propriété au droit de propriété.

Socialement, le concept de propriété est aujourd'hui « *riche d'une dimension économique à la fois importante et incontestable* ».[317]Pour Geneviève Koubi, « *la propriété est inévitablement un concept économique dès lors qu'elle s'attache à des biens matériels* »[318]. Cette considération de la propriété n'est pas unanimement partagée. C'est ainsi que pour Marie-Laure Dussart, la nature économique de la propriété n'apparait pas de prime abord, car, économique, la propriété ne l'est jamais que par son domaine, mais pas par sa nature.[319]Ainsi le débat sur la nature économique de la propriété oppose deux grands groupes. On a d'une part ceux qui dénient la nature économique du droit propriété (**Paragraphe I**) et ceux qui affirment que la propriété a une dimension économique (**Paragraphe II).**

## Paragraphe I : L'absence originelle d'une nature économique au droit de propriété

Plusieurs auteurs[320] qui se sont intéressés à l'analyse du droit de propriété nient toute considération économique a ce droit. Les arguments soulevés sont d'une grande pertinence. ils tiennent pour l'essentiel à la conception originelle du droit de propriété dans les Etats. Pour mieux comprendre cette thèse, il importe de relever le cadre géographique d'analyse de la propriété de cette étude. La propriété est ici analysée dans le contexte africain, singulièrement dans les Etats d'expression française du continent. Ce qui subodore que le régime juridique ou la considération que l'on fait de la propriété a reçu un fort tropisme tant de la tradition africaine que la tradition française ou occidentale[321]. La thèse déniant une nature économique à la propriété se fonde par conséquent sur la conception initiale de la propriété dans les pensées occidentale (**A**) et africaine (**B**) qui n'appréhendent pas la propriété en termes économiques.

---

[317] M-L Dussart, *op cit.*, p. 236-237.

[318] G. Koubi, « De l'article 2 à l'article 17 de la déclaration de 1789 : la brèche dans le discours révolutionnaire », in G. koubi (dir), *Propriété et révolution*, Toulouse, PUSS, 1990, p. 67.

[319] M-L Dussart, *op cit.*, p. 237.

[320] On peut citer : Abdou Salam Kane, « Du régime des terres chez les populations du Fouta sénégalais », *Bulletin du comité d'études historiques* de l'AOF, 1935 ; G-A Kouassigan, L'homme et la terre, O.R.S.T.O.M, 1966, 291 pages.

[321] Cette imbrication est véritablement visible au Cameroun en matière foncière où cohabitent la coutume et les lois modernes issues du fait colonial.

## A-Le déni du caractère économique au droit de propriété dans la pensée occidentale

En occident, plus particulièrement en France, la consécration du droit de propriété ne serait aucunement liée à des impératifs économiques. Cette reconnaissance s'inscrit en prémier lieu dans le cadre de l'émancipation de l'homme qui passe du statut de sujet à celui de Citoyen. En effet, les révolutionnaires, en reconnaissant la propriété, pensent d'abord à assurer la sécurité des individus dans la société, en réaction *« contre l'idée de propriété féodale »*[322], et leur garantir un espace de liberté. En cela, dans la conception originelle de la propriété en occident, celle-ci est essentiellement un droit de l'homme et du citoyen d'une part (**1**) et une liberté d'autre part (**2**).

### 1-Le droit de propriété comme droit de l'homme et du citoyen

Dans l'histoire juridique française, le premier grand texte qui traite de la propriété est la Déclaration des Droits de l'Homme et du Citoyen de 1789. Il ressort de l'analyse de ce texte que le droit de propriété dans la tradition juridique occidentale apparait comme un droit naturel, et imprescriptible de l'homme et comme un droit du Citoyen [323].

Le droit de propriété est présenté comme un droit naturel et imprescriptible de l'homme, dans ce sens que la Déclaration des droits de l'Homme et du Citoyen le proclame comme telle. L'article 2 de ce texte important prévoit en effet que : *« le but de toute association politique est la conversation des droits naturels et imprescriptibles de l'homme. Ces droits sont la liberté, la propriété... »*. Au regard de cette disposition, le droit de propriété est d'abord un droit naturel de l'homme. Par là il faut entendre un droit inné et inaliénable que chaque individu possède par naissance et par nature, sans avoir besoin de le tenir d'un acte, ni le pouvoir les aliéner et donc les gouvernants sont tenus d'assurer le respect. La propriété est donc consubstantielle à la nature humaine et opposable à l'Etat. Elle est ensuite imprescriptible autrement dit sa non jouissance ne saurait faire perdre ledit droit.

---

[322] F. Zénati-castaing, « La propriété, mécanisme fondamental du droit », in *RTD* civ, 2006, p.446.

[323] Sur la question de la propriété comme droit de l'homme et du citoyen lire. S. Herbillon, *Fondement et régime de la propriété*, Mémoire de Master II droit des contentieux, université de Montpellier,2015. 163 pages

Comment comprendre cette proclamation ?

Il semble qu'en proclamant ainsi le droit de propriété, les révolutionnaires ont voulu protéger l'homme, abstraction faite de ses origines, lui assurer sa sécurité et son égalité dans la société[324]. En octroyant ainsi une dimension droit-de-l'hommiste à la propriété, les révolutionnaires font de l'homme un créancier de ce droit vis-à-vis de l'Etat, celui-ci devant toujours agir dans le sens de sa protection. On comprend pourquoi ce texte parallèlement consacre le caractère « *inviolable* » et « *sacré* »[325]. Le droit de propriété entre donc dans le cadre des droits de la première génération.

La conception de la propriété comme droit naturel de l'homme est critiquable. Cette formulation est en toute logique paradoxale : ce qui est naturel s'oppose à ce qui est artificiel. Le droit positif est-il un droit naturel ou artificiel ? Cela renvoie à la question de savoir si le droit est descriptif ou prescriptif de la réalité. Descriptif il est naturel et on pourrait dire l'homme nait propriétaire, et le droit ne vient que constater cette situation. Prescriptif de la réalité, il déforme la nature sous son prisme et devient un élément artificiel. Il faut retenir cette dernière notion, car la propriété n'est pas inhérente à la nature de l'homme. Les individus ont des possibilités, des facultés mais pas des droits naturels.

En effet, le droit de propriété est une construction sociale, il n'est pas inhérent au genre humain. Dans cette logique, Jean Jacques Rousseau montre bien que l'établissement de la propriété va de pair avec celui de la société civile, notamment au travers d'une célèbre phrase : *« le premier qui, ayant enclos un terrain, s'avisa de dire, ceci est à moi, et trouva des gens assez simples pour le croire, fut le vrai fondateur de la société civile »*[326]. C'est que le droit de propriété suppose la reconnaissance de ce droit, car pour « *jouir et disposer des choses de la manière la plus absolue* », il faut bien évidemment que des semblables vous laissent jouir de ce droit. Le droit de propriété apparait ainsi indissociable de la société, ce qui enlève tout son caractère inné.

Le droit de propriété est aussi un droit du citoyen dans la mesure où il existe un lien intrinsèque entre la propriété et le citoyen, en ceci que la propriété permet à l'Etat d'être le souverain sur la terre du citoyen[327]. Deux

[324]J. Morange, « La déclaration et le droit de propriété », *Droit,* n°8, 1988, pp.101-110.
[325] Article 17.
[326] J-J Rousseau, *Du contrat social, éd. Livre de Poche, 2011. P. 25.*
[327] Ibid., p. 65.

aspects sont à souligner à ce niveau : la propriété est un droit du citoyen en tant que membre de la société, et à ce titre s'y rattachent des devoirs. Comme droit du citoyen et membre d'une société, les droits du citoyen ont pour contrepartie des devoirs. Par conséquent, la propriété en tant que droit protégeant un intérêt privé doit dans son exercice satisfaire l'intérêt général[328].

La propriété comme droit du citoyen doit être protégée par l'Etat, ce faisant il devient un droit subjectif de propriété. Sortant en effet du cadre des droits de l'homme dont seul l'individu est le créancier « *la propriété, en tant que droit du citoyen, est le droit subjectif de propriété qui permet l'accès à celle-ci si l'individu remplit les conditions juridique et matérielles pour y accéder* »[329].

Ainsi, la propriété, dans la première considération occidentale a une double déclinaison, elle est un droit inhérent à l'homme puisque devant bénéficier à tout homme en tant que sujet inscrit dans l'universel. Elle est aussi un droit du citoyen dans la mesure ou son bénéficiaire exerce ce droit dans une cité. Cette conception de la propriété comme droit de l'homme et du citoyen a cédé la place à une considération de la propriété comme étant une liberté.

## 2-La propriété comme une liberté

Le droit de propriété apparait également, dans la pensée des pères de la révolution française de 1789 comme « *une liberté fondamentale* »[330]. Fortement imprégnés de l'idéologie de John locke, les révolutionnaires ont toujours considéré le droit de propriété comme un prolongement de la liberté[331], voire une condition de celle-ci. Dans la pensée de Locke, le concept *property*[332] n'englobe pas seulement la propriété de soi-même, mais aussi la propriété des choses qui ne lui est pas séparable par la part de soi-même que le travail met dans les choses. Aussi « *le travail comme ses fruits est la première des propriétés d'un individu souverain qui n'appartient à personne* »[333]. C'est de cette façon que les lumières conçoivent la propriété, comme une garantie de

---

[328] S. Herbillon, *Fondement et régime de la propriété,* Mémoire de Master II droit des contentieux, université de Montpellier,2015. P.125.
[329] Ibid.
[330] J-L Mestre, « La propriété, liberté fondamentale pour la constitution de 1789 », *RFDA,* 2004, p.1-5.
[331] *Ibid.*
[332] Pour une synthèse sur la notion de *property*, cf. F. Bluche, S. Rials, et J. Tulard, *La révolution française*, PUF, coll. « Que sais-je », Paris, 6è éd., 2009, p.37.
[333] M-L Dussart, *op cit.,* p. 37.

l'espace privé et le résultat naturel et imprescriptible de l'épanouissement de l'Etre.

En tant que forme de la liberté, la propriété entretient un lien étroit avec la liberté individuelle. Elle constituerait de fait la « *sphère extérieure* »[334] de la liberté. C'est dans ce sens que la Cour constitutionnelle fédérale allemande dira dans sa célèbre décision Digues de Hambourg : « *la propriété est un droit fondamental élémentaire qui se trouve en rapport intime avec la liberté personnelle* »[335]. Pour un auteur, la propriété est « *l'expression la plus vive* »de la liberté individuelle.[336] Il y a donc une dépendance entre la liberté et la propriété. Cette dernière dans l'histoire apparait en effet comme la première des libertés, car elle offre à l'individu un espace de sécurité, qui lui permet de se sentir libre.

Au demeurant, le concept de la propriété dans la pensée occidentale n'a rien à voir avec des considérations économiques, le droit de propriété étant un droit naturel de l'homme ou mieux, une liberté. La conception africaine traditionnelle de la propriété participe aussi à ce déni mais avec des arguments tout autres.

## B-Le refus d'une nature économique au droit propriété dans la pensée traditionnelle africaine

La considération de la nature du droit de propriété en Afrique doit être située sur trois périodes : la période précoloniale, la période coloniale et la période post coloniale. La période post coloniale est marquée par une conception du droit de propriété sous le double prisme occidental et coutumier, avec une prédominance du premier sur le second. La Période coloniale est caractérisée par une conception du droit de propriété qui est le reflet de la société coloniale. La propriété dans la pensée traditionnelle africaine qui nous concerne ici, est celle qui se situe dans la période précoloniale. Elle est donc celle des droits coutumiers. Sa compréhension fait appel à une approche anthropologique, consistant à traiter le droit comme un phénomène socio-

---

[334] B. Schidlin, « Le mien, le tien et le nôtre. Quelques réflexions philosophiques sur les limites du droit fondamental de la propriété », in *présence et actualité de la constitution dans l'ordre juridique*. Mélanges offerts à la société suisse des juristes pour le congrès 1991 à Genève, Bale, Het L, coll. « genevoise », 1991, p. 141.

[335] BVerfG,18 décembre 1968. Cf. M. Fromont, « Le droit de propriété et la constitution en Allemagne et en France » *op cit.*

[336] R. Savy, « La constitution des juges », *Droit.* 1983, p.107.

culturel spécifique, comme un ensemble articulé ayant sa logique propre et comme un système ayant sa dynamique particulière[337].

Dans la pensée traditionnelle africaine, le débat sur la nature économique du droit de propriété ne se pose pas en termes généraux[338]. Ce débat concerne fondamentalement la propriété de la terre ou les droits fonciers. En effet, la conception que l'on fait de la propriété dans la tradition africaine est intimement liée à l'interrogation sur le propriétaire de la terre[339]. C'est cette réflexion qui permettra d'éclairer la nature du droit de propriété dans l'Afrique traditionnelle. Selon les auteurs qui ont étudié le système de propriété (de la terre) dans l'Afrique post coloniale la propriété a un caractère collectif (**1**) et n'a pas de considération marchande (**2**). Au regard de ces éléments l'on a tôt fait de conclure qu'initialement il n'y a pas une dimension économique à la propriété dans la tradition africaine.

## 1-Le caractère collectif du droit de propriété

Toute réflexion sur le droit de propriété, notamment agraire, dans l'Afrique traditionnelle aboutit à une seule conclusion : le caractère collectif de la propriété. De fait, les droits qui portent sur la terre ont certains caractères spécifiques qui se retrouvent à travers toutes les coutumes en Afrique au sud du Sahara[340] et même au Maghreb[341]. Ces traits particuliers tiennent au fait que la terre ou le bien, selon les systèmes juridiques traditionnels, n'est « *pas susceptible d'appropriation privée individuelle* »[342]. Ainsi la notion de propriété au sens occidental du terme, qui renvoie à une appropriation

---

[337] G-A kouassigan, *L'homme et la terre. Droits fonciers coutumiers et droit de la propriété en Afrique occidentale*. Paris, ORSTOM, 1966, pp.7-13.

[338] En fait pour certains auteurs, les Africains ignorent même le concept de propriété au sens occidental du terme. H. Labouret écrit dans son ouvrage *Paysans d'Afrique occidentale* que : « *le mot de propriété, dont nous usons, bon gré mal gré, à notre insu, au sens romain, avec ses attributs si crument dessinés, ne convient pas ici : son seul emploi serait souvent source d'erreur. Celui dépossession ou de droit possessif exprime mieux la relation conçue de l'homme avec son bien* ». Page 58. Il faut aussi ajouter que plusieurs langues africaines ignorent le concept de propriété ainsi dans les langues Mvong-Mvong ou Mbimou pratiquées à L'Est du Cameroun, cette expréssion n'est pas connue. Le concept de propriété est en général traduit par les périphrases « *est à moi* », « *m'appartient* ». Ce constat peut etre généralisé.

[339] Voir dans ce sens, G-A kouassigan, *L'homme et la terre. Droits fonciers coutumiers et droit de la propriété en Afrique occidentale. Op cit.*

[340] G-A kouassigan, *L'homme et la terre. Droits fonciers coutumiers et droit de la propriété en Afrique occidentale, op cit.*

[341] Négib Bouderbala, « Les systèmes de propriété foncière au Maghreb. Le cas du Maroc » in A-M. Jouve, et N. Bouderbala (dir) *Politiques foncières et aménagement des structures agricoles dans les pays méditerranéens* : à la mémoire de Pierre Coulomb, CIHEAM ; n°36, 1999, pp.47-66.

[342] G-A kouassigan, *L'homme et la terre. Droits fonciers coutumiers et droit de la propriété en Afrique occidentale. Op cit.*, pp. 53.

individuelle, n'existe pas dans la coutume africaine. Le bien appartient à une famille, à une communauté… mais jamais à un individu à titre privatif ou exclusif. Tous les membres d'une société ou communauté ont des droits strictement égaux. Cette réalité peut être généralisée sans peur d'être contredite.

Toutefois, les auteurs s'opposent sur l'interprétation de ce caractère collectif de la propriété dans la société traditionnelle africaine.

Pour un certain nombre de penseurs, l'ignorance de la propriété individuelle, notamment sur la terre, tient au fait que les relations entre la terre et les aïeux de la tribu sont assez puissantes pour faire obstacle à l'apparition de la notion de droits de propriété exclusifs et privatifs sur la terre.[343] Les véritables propriétaires, seraient les aïeux et les vivants ne tiendraient de ceux-ci qu'un simple droit de jouissance. Ainsi, le défaut du droit de propriété aurait un fondement quasi mystique ou sacré. Cette idée de base, commune à toutes les traditions Africaines, est réitérée par le président Keba M'Baye[344] : « *la terre est insusceptible d'appropriation. Les lois de la cosmogonie africaine n'admettent cette appropriation pour aucun des éléments (ciel, air et mer) qui ont servi à la création de l'univers et qui la soutiennent. La terre étant à Dieu, aux dieux et aux ancêtres, aucun être humain ne peut se l'approprier, car ce serait commettre un acte réservé à la seule divinité* ».

Pour d'autres, l'absence d'un droit de propriété singulièrement foncière est due au nomadisme des peuples traditionnels africains. C'est que l'extrême mobilité de certaines tribus a empêché chez elle, la developpement d'un droit de propriété foncière. C'est ainsi d'ailleurs que Jean Binet, pour expliquer l'absence de la notion de propriété individuelle sur la terre chez certaines populations camerounaises écrit : « *il semble que la majeure partie des peuples (camerounais) n'ait pas utilisé la notion de propriété du sol. Cela va de soi pour les populations conquérantes, toujours en marche vers de nouveaux territoires. On connait les modes de conquête des peuples Fang, ... Dans ces tribus, aucune organisation supérieure au clan patriarcal ne s'est formée… dans ces conditions, on comprend que la notion de propriété de la terre n'ait*

[343] C'est la thèse défendue par M. Delarozière, « Institutions politiques et sociales des populations Bamiléké » in *études Camerounaise*, n°25, 1949. P. 24.
[344] K. M'Baye, « *Le régime des terres au Sénégal* » in J-L Clavier (Dir), *Le droit de la terre en Afrique (au sud du Sahara)* ; Etudes préparées à la requête de l'Unesco, Paris, Maisonneuve et Larose, 1971. P. 214.

*pas pu naitre »* [345].Cet argument est particulièrement juste. On conçoit mal la naissance d'un droit sur un bien que l'on n'occupe que de manière temporaire. La permanence de l'installation sur la terre est une condition nécessaire, mais pas exclusive, à l'apparition d'un droit.

Le caractère collectif de la propriété dans la coutume africaine, doublé du fait qu'elle se fonde sur le caractère sacré de la terre, militerait pour son dénuement d'une nature économique. D'où d'ailleurs son caractère non marchand.

## 2-Le caractère non marchand du droit de propriété

Dans la tradition africaine, la propriété, notamment foncière, est insusceptible de cessation. C'est en effet « *un lieu commun de dire que la terre en Afrique est un bien...inaliénable* »[346]. Tous les auteurs qui ont étudié d'une manière systématique ou incidente le droit coutumier de propriété dans les territoires d'Afrique sont arrivés à la conclusion que les titulaires, individu ou collectivité, de droits sur la terre ne peuvent s'en dessaisir définitivement au profit d'autres[347]. Il s'agit là d'un principe absolu et constant dans le droit coutumier des Etats africains. Les biens qui ont pour socle la terre sont inséparables de ceux qui l'exercent. Lorsque l'on se dessaisit d'un bien, celui-ci retourne dans le patrimoine de la collectivité d'origine. La force des liens entre le propriétaire et son bien est telle que la rupture des liens parait inconcevable.

La propriété est donc présentée comme étant une *res extra commercium.* En droit, en effet, les choses sont classifiées en *res extra commercium* et en *res in commercio*[348]. Cette classification est génératrice d'effets juridiques. Seules les choses susceptibles de commerce, peuvent faire l'objet d'actes juridiques susceptibles d'appropriation. La terre est, dans la tradition africaine, de ces biens insusceptibles d'actes juridiques, notamment commerciaux.

Comment comprendre l'inaliénabilité de la propriété ou son caractère « *hors ducommerce* » dans l'Afrique traditionnelle ? Trois réponses ont été proposées. La première fonde l'inaliénabilité sur le caractère collectif de la

---

[345] J. Binet, *Droit foncier coutumier au Cameroun,* cité par G-A kouassigan, *L'homme et la terre. Droits fonciers coutumiers et droit de la propriété en Afrique occidentale. Op cit,* p.55.

[346] G-A kouassigan, *op cit.,* p.79.

[347] *Ibid.,* p. 89.

[348] Les *res extra commercium sont* les biens insusceptibles d'entrer dans le commerce ou de vente, en revanche les *res in commercio* sont ceux à même de faire l'objet d'un commerce ou de vente.

propriété[349]. Celle-ci apparait comme étant une conséquence de la nature collective des droits exercés sur le bien. La nature collective de ces droits s'oppose à ce qu'une personne seule puisse en disposer au détriment des intérêts de la collectivité dont il est membre. La terre, bien collectif, ne s'individualise pas malgré les droits individuels qui s'y exercent[350]. Cette interdiction est aussi valable pour la communauté. Mais pour quelle raison ? D'où la deuxième réponse.

La deuxième explication se base sur la conception « *négro-africaine* » de l'ordre social. Celui-ci est très global et général puisqu'il englobe pèle-mêle pas seulement les vivants, les morts, mais aussi les personnes à naitre. L'on ne saurait alors aliéner la propriété qui appartient à cette « *chaine sans fin* ». Traitant du régime de la terre de la vallée du Sénégal au Fouta antérieurement à l'occupation française, Henri Gaden écrit : «*la possibilité d'une aliénation même partielle, par consentement unanime des copropriétaires, apparait donc comme une conception purement théorique et contraire à l'esprit des coutumes qui voulaient que chaque génération transmit intact à la suivante le patrimoine commun : il est donc permis de conclure que la terre.... était toujours inaliénable* »[351]. C'est un avis que partage Henri Fréchou[352].

Une troisième réponse se focalise sur des considérations d'ordre religieux.[353]Pour ces auteurs, la terre est inaliénable parce qu'elle fait l'objet d'une sorte de culte ; elle est une divinité par elle-même et de ce fait l'homme ne peut en disposer. C.K. Meck[354] pense alors que les relations particulières qui unissent les collectivités négro-africaines à leur terre exclue toute idée d'aliénation. Source de richesse, la terre fait l'objet d'adoration. Marcel Delafosse écrit alors que « *la terre est considérée comme une divinité. Elle s'appartient à elle-même et par conséquent n'appartient à personne. De par sa nature, elle ne peut se donner véritablement ; elle ne peut être prise, car*

---

[349] Pour ce courant de pensée, la nature collective du droit de propriété s'oppose à ce qu'un individu titulaire des droits fonciers puisse en disposer en les aliénant au mépris de la collectivité.

[350] G-A kouassigan, L'homme et la terre. Droits fonciers coutumiers et droit de la propriété en Afrique occidentale. *Op cit.,* pp. 91.

[351] H. Gaden, « Du régime des terres de la vallée du Sénégal au Fouta antérieurement à l'occupation française », in *Bulletin du Comité d'études de l'AOf,* 1935,

[352] H. Fréchou, *Droit fonciers des susu*, Mémoire ORSTOM,1936.

[353] G-A kouassigan, *L'homme et la terre. Droits fonciers coutumiers et droit de la propriété en Afrique occidentale. Op cit.,* pp. 93.

[354] C.K Meck, *A Sudanese kingdom, Kegan* Paul, London, 1933; in, Land, *law and custom in the colonies*, Oxford university Press, p.151 et s.

*comme dit un proverbe de la Cote d'Ivoire « ce n'est pas l'homme qui possède la terre, c'est la terre qui possède l'homme »*[355].

Une seule de ces réponses est insuffisante pour expliquer le caractère inaliénable de la propriété. C'est à la vérité la conjugaison de ces raisons qui justifie cet état de chose.

En somme, tant dans la pensée occidentale que dans la pensée africaine la propriété n'était pas originellement considérée comme ayant une nature économique. Cependant le défaut de considération ne doit pas signifier l'absence d'une nature économique. En effet, à bien analyser, la propriété avait une valeur économique importante, qu'il convient de démontrer.

## Paragraphe II : L'attribution d'une nature économique dérivé au droit de propriété

Une analyse du concept de propriété et du droit qu'elle génère montre qu'il existe une relation intime entre la propriété et l'économie. En effet, du fait qu'il repose sur une chose ou un bien, la propriété revêt un caractère économique. Genevieve Koubi ne dit pas autre chose lorsqu'elle écrit que « *la propriété est inévitablement un concept économique dès lors qu'elle s'attache à des biens matériels* »[356]. La propriété porte donc en elle une véritable dimension économique. Cette valeur économique de la propriété impacte sur le droit qu'il génère. Il n'est donc pas vrai, comme l'affirme Marie-Laure. Dussar,t que « *si la propriété est un concept économique, le droit de propriété lui ne l'est pas* »[357]. Certes, le droit de propriété est une prérogative, un droit subjectif. Il n'est donc pas économique en soi. Seulement, ce droit est basé sur l'existence d'un bien ou d'une chose qui constitue la propriété. Celle-ci ayant une valeur économique, cette valeur va déteindre automatiquement sur le droit qui en résulte. Une telle conclusion est mathématiquement soutenable[358]. Ainsi peut-on dire que la nature économique du droit de propriété dérive de la nature même de la propriété. Mieux, il est difficile de dissocier la propriété du droit de propriété, les deux termes étant très souvent interchangeables[359].

---

[355] M. Delafosse, *Civilisation négro africaine*, Paris, stock, 1925, p.97.

[356] G. Koubi, « De l'article 2 à l'article 17 de la déclaration de 1789 : la brèche dans le discours révolutionnaire », in G. koubi (dir), *Propriété et révolution*, Toulouse, PUSS, 1990, p. 67.

[357] M-L Dussart, *op cit.,* P.240.

[358] C'est une corrélation mathématique que l'on formule de la sorte : si A=B et B=C alors A=C.

[359] Dans la pratique, l'on utilise généralement les concepts de propriété et de droit de propriété sans grande nuance.

Quoiqu'il en soit, l'attribution d'une valeur économique à la propriété est de nos jours incontestable au regard des considérations tant théoriques **(A)** que pratiques **(B).**

## A-La reconnaissance théorique d'une valeur économique au droit de propriété

Il est déjà établi que le droit de propriété tient son caractère économique de la propriété, dont il constitue le lien entre la personne et son bien. Au-delà, la valeur économique du droit de propriété a été démontrée par certaines théories. En fait de théorie, il s'agit des idéologies qui structurent la vie économique des Etats, et qui mettent au centre de l'activité économique la question de l'appropriation de la propriété d'une part (1), d'autre par il y a des théories qui ont été élaborées et qui accordent un primat au droit de propriété dans la vie économique : c'est la théorie économique des droits de propriété (2).

### 1-La valeur économique de la propriété dans les idéologies économiques

Une idéologie économique peut se définir comme étant un système prédéfini d'idées, appelée aussi catégorie, à partir desquelles la réalité économique est analysée. Deux idéologies économiques fondamentales offrent une valeur économique à la propriété. On a d'une part l'idéologie socialiste dans laquelle la valeur économique de la propriété est très prononcée et d'autre part l'idéologie capitaliste et libérale, toutes deux reconnaissent une valeur économique au droit de propriété dans une moindre mesure.

La pensée socialiste est structurée autour de la question de l'appartenance du droit de propriété. Car la propriété est l'institution fondamentale de la société socialiste[360]. Dans cette pensée, basée essentiellement sur le mode d'appropriation de l'appareil de production, le droit de propriété joue un rôle déterminant et fondamental. Le socialisme exige que les moyens de production économique ne soient pas entre les mains des individus, puisque la propriété privée de ces moyens conduit inéluctablement à l'exploitation du travail d'autrui. Or, l'objectif du socialisme est de mettre fin à cette exploitation, en réalisant l'égalité de tous les membres de la société

[360] A. Ionasco, « Les types et les formes de propriété en droit socialiste », *Revue internationales de droit comparé*, 1969, pp. 499-508.

à l'égard des moyens de productions et en assurant le bien-être de tous. C'est pourquoi les moyens de production doivent appartenir à la collectivité[361]. Karl Marx, le célèbre théoricien de cette pensée, écrit que : *« à l'origine, le droit de propriété nous apparaissait comme fondé sur le travail personnel. Du moins il nous fallait admettre cette hypothèse. En effet, les propriétaires qui se faisaient face avaient, tous, les mêmes droits… »*[362]. Actuellement, ajoute-il, la propriété nous apparait « *chez les capitalistes, comme le droit de s'approprier sans payement le travail d'autrui ou le produit de ce travail ; chez l'ouvrier, comme l'impossibilité de s'approprier son propre produit »*[363].

Dans cette vision purement économique du droit de propriété, le socialiste va établir une typologie de la propriété[364] caractérisée par une dichotomie entre d'une part la propriété de l'Etat socialiste[365] et la propriété coopérative[366], qui sont magnifiées, et d'autre part la propriété privée, qui est honnie. Pour comprendre cet état des choses il est important d'expliquer sommairement la conception marxiste de la propriété tant sous le prisme économique que juridique.

En tant que notion économique, « *dans un sens large, la propriété est l'ensemble des relations sociales de production, et dans un sens restreint, c'est la prémisse et la condition de la production,autrement dit, la position de l'individu et de la collectivité à l'égard des moyens de production, considérées, selon l'expression de K. Marx, « comme leur étant propres »*[367]. La notion économique de la propriété et du droit qu'elle génère a toujours existé, même avant l'apparition de l'Etat. K. Marx disait déjà que l'on ne peut parler d'aucun mode de production, donc d'aucune société, là où il n'existe aucune forme de propriété[368].

Sous le prisme juridique, les socialistes présentent la propriété comme la réglementation des relations économiques de propriété par le droit, sous la

[361]*Ibid.*, p.499.
[362] K. Marx, *Le capital*, Paris, éd. Alfred Coste, 1946, t. IV, pp.35-36.
[363]*Ibid.*
[364] Sur cette typologie lire, A. Ionasco, « Les types et les formes de propriété en droit socialiste », op cit., pp. 500-501.
[365] La forme de de la propriété socialiste d'Etat représente la socialisation des moyens de production à l'échelle de la société tout entière. Ainsi l'Etat socialiste est propriétaire des principaux moyens de production et aussi de tout autre bien ;
[366] La forme de la propriété coopérative représente la socialisation des moyens de production au niveau d'un groupe de personne.
[367] A. Ionasco, « Les types et les formes de propriété en droit socialiste », *op cit.*, pp. 501.
[368]*Ibid.*

forme de droit de propriété. Elle suppose l'apparition de l'Etat et du droit[369]. Le type de propriété dépend conséquemment de la nature des relations économiques de propriétés, déterminées à leur tour par le développement des forces de production. On comprend pourquoi un auteur écrit que : « *le droit de propriété est la base de tous les autres droits patrimoniaux qui ne sont que les moyens civils, à l'aide desquels la vie économique se déroule* »[370]. Car « *de même que le processus de production est, économiquement, l'élément fondamental et initial, déterminant le contenu et la forme des autres processus économiques dérivés et secondaires, de même la forme du droit de propriété, droit fondamental, condition juridique nécessaire dans le processus de production, commande le contenu et l'aspect de tous les autres droits réels* ».[371]

Ainsi, dans la pensée socialiste, le droit de propriété a une incidence économique véritable ; il est même au cœur de cette idéologie.

Son opposée, l'idéologie capitaliste attribue aussi une valeur, non moins importante, à la propriété. Le droit de propriété est au cœur de la pensée capitaliste et libérale[372]. En effet, le libéralisme et le capitalisme sont deux termes très proches voire inséparables, au point de considérer le capitalisme comme le « *compagnon de route* »[373] du libéralisme au niveau économique plus que politique. Cette proximité, mieux cette confusion entre libéralisme et capitalisme, provient sans aucun doute de la place que ces deux idéologies accordent non seulement pas à la liberté mais beaucoup plus à la place qu'elles donnent à la question de la propriété dans le domaine économique[374].

Le système de pensée libérale et capitaliste est en effet basé sur un lieu commun : la célébration de la propriété privée ou individuelle. Le libéralisme « *reconnaissant la propriété privée comme un droit individuel, comporte donc une facette économique* »[375]. Cette facette est formidablement traduite par la

---

[369]*Ibidem.*

[370] A. Ionasco, « Considérations générales sur le droit de propriété socialiste d'Etat et sur le régime juridique préférentiel de sa défense par la voie de la revendication », *Revue des sciences sociales*, série économie-science juridique, n°2, Bucarest, t ; T III, 1959, p.285.

[371]*Ibid.*

[372] Sur ces deux concepts, lire S. Groyeur, *Capitalisme et économie de marché*, Thèse de doctorat en philosophie, Université de Paris I Panthéon-Sorbonne, 2015, 459 pages. Plus précisément les pages 16-18.

[373] R. Boudon, *Pourquoi les intellectuelles n'aiment pas le libéralisme*, Paris, Odile Jacob, 2004, p.14.

[374] C. Audart, *Le libéralisme*, Paris, Gallimard, 2009, P. 9 et s.

[375] S. Groyeur, *Capitalisme et économie de marché,* Thèse de doctorat en philosophie, Université de Paris I Panthéon-Sorbonne, 2015, p. 17 ;

pensée capitaliste, qui depuis la chute de l'URSS il y a bientôt 30 ans est la pensée économique dominante dans le monde contemporain[376]. A l'instar du socialisme, la réflexion capitaliste est gouvernée par la problématique de l'appropriation des moyens de production économique. C'est un principe de base de l'économie classique, que l'on retrouve chez Adam Smith[377], Stuart Mill[378] et Karl Marx [379]: le capitalisme repose sur la propriété privée des moyens de production ; c'est-à-dire un principe d'appropriation exclusive. Le droit de propriété est donc un déterminant économique puissant qui, dans la pensée capitaliste, impacte sur le développement.

Dans la pensée capitaliste en effet, si les agents économiques n'ont pas une garantie solide qu'ils bénéficieront des fruits de leur travail et de leur investissement, leur effort sera moindre, ils seront moins riches et l'économie dans son ensemble moins prospère[380]. Il est donc nécessaire de protéger la propriété qui confère une sécurité aux agents économiques vis-à-vis d'autres agents et surtout de l'Etat. Dans cette logique, la propriété notamment privée apparait comme la source de bonheur collective, puisque chacun en poursuivant son bonheur propre participe à celui de toute la collectivité[381]. La propriété est ainsi articulée à un marché des biens de capital et au-delà à un marché du capital.

La propriété n'a pas seulement une valeur économique sur le plan idéologique, car meme sur le plan théorique, celle-ci a une importance éconoique.

## 2-La théorie économique du droit de propriété

L'importance de la propriété, mieux sa valeur économique, n'a pas été ignorée par les économistes qui lui ont réservé une grille d'analyse théorique : la théorie économique du droit de propriété[382]. Cette théorie qui s'inscrit

---

[376] F. Fukuyama, *Le dernier homme et la fin de l'histoire, op cit.*
[377] A. Smith, *Recherches sur la nature et les causes de la richesse des nations* : tome IV, Chicoutimi, 2002.
[378] J. S. Mill, *Principles of political economy*, London, Longmans, 1909, reprint: A.M Kelly, 1987.
[379] K. Marx, *Le capital*, Paris, PUF, 1993.
[380] Lire dans ce sens J. Carbonnier, *Droit civil*, t. 3, les biens, PUF, 7 éd. 1973 ; p.5 et s.
[381] . Smith, *Recherches sur la nature et les causes de la richesse des nations op cit.*, p ; 123.
[382] C'est une branche de l'analyse économique du droit qui a pour ligne de recherche les incidences économiques des droits de propriétés. Plusieurs auteurs se sont intéressés à cette discipline on peut citer entre autre : Eirik G. Furubotn et Svetozar Pejovich, « *Property rights and economic theoriy : a Survey of recentliterature* », journal of economic literature, vol.10 n°4, 1972, PP.1137-1162 ; A Berle and G. Means, *The modern corporation and private property,* New York, Macmillan, 1932.

globalement dans le cadre de l'analyse économique du droit[383] se préoccupe des incidences économiques du droit de propriété. Pour ces analystes, les différents types et systèmes de droit de propriété ont une conséquence sur le comportement des agents économiques, et par là sur le fonctionnement et l'efficience du système économique. C'est dire que la valeur économique du droit de propriété est incontestable et indubitable.

Pour l'école de la théorie économique du droit de propriété, le droit de propriété est le centre de tout rapport économique. Car tout échange entre agent économique ou toute relation économique quelle qu'en soit sa nature, peut être considérée comme échange de droit de propriété sur les biens et services[384]. Dans cette logique, le droit de propriété, tant dans ses caractères que son essence, est riche d'une véritable dimension économique. C'est ainsi que ses attributs sont fondamentalement présentés sur une perspective économique : le droit de propriété serait donc le doit d'user d'un actif (usus), d'en tirer un revenu (fructus) et de le céder de manière définitive à autrui (abusus).

La définition du droit de propriété dans la théorie économique du droit est intimement liée à l'économie. Certains auteurs vont alors le présenter comme « *un droit socialement validé à choisir les usages d'un bien économique* »[385], « *un droit assigné à un individu spécifié et aliénable par l'échange contre des droits similaires sur d'autres biens* »[386]. Ce faisant, l'accent est mis soit sur le droit au « *rendement résiduel* »[387] soit sur le « *droit au contrôle* »[388]. Relativement au droit au rendement résiduel, le droit de propriété se présente comme la possibilité donnée au propriétaire de détenir la production et de bénéficier du profit. Quant au droit de contrôle, c'est celui qui lui est reconnu de prendre des décisions concernant l'utilisation de ses biens avec pour seule limite les spécifications légales. Cette utilisation permet de valorier le droit de propriété économiquement.

---

[383] Sur l'analyse économique du droit, voir Ejan Mackaay et S. rousseau, *Analyse économique du droit*, Paris, Dalloz 2008.

[384]M. Amin et J. Haidar, « The cost of registering property: does legal origin matter », *Empirical economics, Springer* ,2012, vol. 42 (3), pp.1035-1050.

[385]B. Coriat, O. Weinstein, *Les nouvelles théories de l'entreprise,* Paris, LGDJ, 1995 ;

[386] A. Alchian et S. Woodward, « Reflections on the theory of the firm », journal of institutional and theoretical economics, 1987, pp 1200-10053.

[387] Le droit au rendement résiduel est le droit de propriété sur l'actif, il s'agit concrètement de bénéficier d'un profit. Dans le cadre de l'analyse de la firme c'est le propriétaire de l'entreprise qui doit bénéficier de ce rendement.

[388] C'est le droit de prendre toutes les décisions concernant l'utilisation de l'actif d'une propriété avec pour seule limite les spécifications légales ou contractuelles.

## B-La valorisation économique du droit de propriété en Afrique francophone

Le droit de propriété est aujourd'hui en Afrique un puissant instrument de développement économique. C'est qu'ici plus qu'ailleurs, l'idée d'une valorisation économique de la propriété connait un très grand succès. Le concept de valorisation économique ainsi évoqué n'a pas de signification juridique déterminée, il relève davantage de l'économie que du droit. Cette idée de valorisation, de façon génrale, désigne le fait de mettre en avant des atouts et de tirer profit de ces derniers [389]. Il s'agit concrètement de « *conférer une valeur plus grande à une chose, de mieux l'exploiter, de la rendre plus utiles plus rentable* »[390]. Appliquée au droit de propriété, la valorisation consiste à rechercher des mécanismes juridiques à même de rendre payant ou plus rentable, de tirer ou de générer un revenu d'un bien dont dispose un propriétaire. Elle participe du souci de l'optimisation de la gestion de la propriété.

De fait, dans les économies africaines qui se sont arrimées à la logique capitaliste et au regard du souci des Etats à se développer, la valorisation économique du droit de propriété devient un impératif catégorique. Elle valorisation concerne aussi bien le propriétaire privé **(1)** que le propriétaire public (**2**).

### 1-La valorisation économique de la propriété privée

Pour le propriétaire des Etats d'Afrique d'expression française, le droit de propriété revêt une importance capitale. C'est un instrument qui lui permet de faire face à la crise économique et financière qui sévit dans ces Etats le droit de propriété étant devenu « *une valeur refuge* ». Dans cette optique, les individus propriétaires et les Etats ont mis sur pied des mécanismes juridiques et institutions pouvant participer à offrir un cadre idoine pour l'exploitation de la propriété[391]. Ce souci de valorisation de la propriété peut s'observer dans presque tous les domaines dans lesquels le droit de propriété est applicable : la

---

[389] H. Saugez, *L'affectation des biens à l'utilité publique : contribution à la théorie générale du domaine public*, Thèse de doctorat droit public, université d'Orléans, 2012, p. 299.

[390] *Dictionnaire Le Robert* 2018.

[391] Il faut dire dans ce sens que plusieurs Etats d'Afrique francophone ont aujourd'hui réformé leurs régimes domaniaux pour les rendre plus adaptés avec l'objectif de la valorisation économique. En outre, on peut signaler le développement du bail, des hypothèques dans plusieurs Etats africains.

propriété commerciale, la propriété intellectuelle, la propriété immobilière…etc.

D'une manière concrète, la valorisation économique du droit de propriété privée s'est opérée à travers l'encadrement de l'exploitation des utilités des démembrements de ce droit[392], ainsi que de l'encadrement de son aliénation pour préserver sa valeur.

La technique de démembrement du droit de propriété est très importante et efficace dans le cadre de la valorisation économique de la propriété. Elle permet de transmettre des utilités du droit de propriété à un tiers moyennant un prix ou une rente, sans faire disparaitre le droit de propriété originel. Le code civil avait, en son article 543, prévu une telle possibilité[393]. Le terrain d'élection de cette technique de démembrement est le bail, qui se développe d'une manière exponentielle en Afrique avec le boom urbain. Les possibilités qu'offrent le démembrement du droit de propriété, font que les Etats ont édicté des règles pour protéger le nu-propriétaire. On comprend pourquoi une auteure a écrit que ces démembrements du droit de propriété « *assuraient une valorisation de la propriété en permettant une meilleure exploitation des biens* »[394].

L'une des possibilités de valorisation économique de la propriété privée est la capacité d'aliéner son droit de propriété ou de faire entrer son bien dans le commerce. En effet mis à part la possibilité de céder sa propriété à titre gratuit, le propriétaire privé qui veut tirer le plus de bénéfice de son bien, le met dans le commerce ou l'exploite à titre onéreux. D'ailleurs, toute mesure d'aliénation, même forcée, est subordonnée au payement d'un prix ou une indemnité juste[395].

Si les personnes privées peuvent ainsi valoriser leur propriété, les personnes publiques peuvent également le faire en se qui concerne leur propriété publique.

---

[392] Ces démembrements sont l'usus : qui est le droit d'utiliser, de consommer ou de faire usage ; le Fructus : c'est le droit d'exploiter économiquement et d'en tirer une rémunération ; et l'abusus qui est le droit d'aliéner ou de céder.

[393] Art. 543 : « *On peut avoir sur les biens, ou un simple droit de propriété ou un simple droit de jouissance, ou seulement des services fonciers à prétendre* ».

[394] H. Saugez, *L'affectation des biens à l'utilité publique : contribution à la théorie générale du domaine public, op cit.*, p. 300.

[395] C'est le sens de la consécration de l'indemnisation juste et préalable. Voir nos développements *supra.*

## 2-La valorisation de la propriété publique

La question de la nécessité de la valorisation économique de la propriété publique se pose en Afrique avec acuité. Depuis le début de la crise économique dans les années 1980, la disette budgétaire à laquelle bon nombre d'Etats sont confrontés, fait en sorte que la propriété publique, notamment la domanialité publique, puisse connaitre une valorisation économique[396]. Dans les Etats d'Afrique francophone plus particulièrement, le droit de la domanialité publique est un sujet controversé. On lui reproche parmi d'autres raisons, son inadaptation au contexte actuel, malgré sa forte valeur économique. Pendant longtemps, les pays Africains fidèls soucieux d'assurer le service public, n'ont pas considéré leur domaine public comme un moyen pouvant renflouer les caisses de l'Etat.

Depuis le début des années 1990, les personnes publiques africaines, notamment l'Etat ont pris conscience de leur richesse et de l'intérêt économique que pouvait avoir leur patrimoine. Cette valorisation, dictée par l'intérêt économique et le souci derentabilité, n'est possible que si l'on consent à porter une attention minutieuse à la gestion de ce domaine. C'est dans ce cadre que plusieurs textes vont être élaborés pour encadrer la gestion efficace des biens publics et les valoriser économiquement[397]. Dans cette optique deux soucis semblent guider l'action des pouvoirs publics sur leur propriété. Le premier est la mise en valeur voire le développement de son domaine. Les Etats Africains vont donc chercher les mécanismes idoines leur permettant de mettre en valeur leur domaine. Le second souci vise la recherche de la rentabilité financière du domaine public. C'est ainsi qu'à l'heure où la priorité est l'amélioration des ressources fiscales non pétrolières, les ressources domaniales doivent être suffisamment mobilisées.

Cette valorisation économique de la propriété publique se déroule matériellement par l'instauration généralisée d'une utilisation privative du domaine public[398], qui pouvant permettre aux individus de retirer certains bénéfices, fait en sorte que les Etats ont instauré la possibilité d'y prélever un impôt. Ainsi, ces utilisations privatives vont concourir à la valorisation de la

---

[396] Voir dans ce sens, O. schrameck, préface à « La valorisation économique des personnes publiques », in *Droits et débats,* n°3, actes du colloque organisé par le Conseil d'Etat le 06 juillet 2011 à l'Ena, La documentation française, Paris, 2012, p.7 et s.

[397] En Algérie on peut citer la loi n°08-14 du 20 juillet 2008 modifiant et complétant la loi n°90-30 du 1 décembre 1990 portant loi domaniale, au Benin on a la loi n°2017-15 modifiant et complétant la loi n°2013-01 du 14 aout 2013 portant code foncier et domanial de la République du Benin ;

[398] H. Saugez, *op cit.,* p. 300.

propriété publique et créer les richesses. D'autres part, les Etats Africains cherchent à exploiter soit directement soit indirectement les ressources notamment du sol, du sous-sol, de manière efficace.

## CONCLUSION

Somme toute, le droit de propriété dans toutes ses déclinaisons et toute sa consistance a reçu une consécration constitutionnelle génerale dans les Etats de l'espace francophone d'Afrique. Malgré le déni initial du caractère économique de ce droit de propriété ainsi consacré, il n'en démeurent pas moins vrai que la propriété et le droit qu'elle génère à une dimension économique incontestable, car au cœur de la réalisation des rapports économiques. Ainsi le droit de propriété a une nature économique dérivée. Tel n'est pas le cas de la liberté d'entreprendre qui a une nature économique intrinsèque.

# CHAPITRE II :

# LA LIBERTE D'ENTREPRENDRE, UNE LIBERTE ECONOMIQUE PAR ESSENCE

De tous les droits et libertés consacrés dans les constitutions des Etats d'Afrique d'expression française, la liberté d'entreprendre est celle qui sans doute concerne directement l'économie. Dans une remarquable étude[399], Grégory Marson la présente comme étant « *la liberté matricielle* » des libertés économiques. Liberté économique, la liberté d'entreprendre l'est par essence. Elle est en effet bâtie autour de deux prérogatives juridiques principales, l'accès et l'exercice d'une activité économique, qui constituent l'essence même de la catégorie juridique de ces libertés[400], étant entendu que les libertés économiques sont ces faisceaux de prérogatives ou d'intérêts attribués par le droit positif qui permettent l'accès ou l'exercice de toute activité consistant à offrir des biens ou des services sur un marché donné.

Cette catégorisation de la liberté d'entreprendre dans le cadre des libertés économiques, est une constante en occident au regard de leur formulation diversifiée dans les constitutions de certains Etats : « *liberté d'exercer une activité lucrative* » en Autriche[401] ; « *liberté de la profession* » en République fédérale d'Allemagne[402] ; *« liberté de l'activité économique privée* » en Italie[403]. Dans les constitutions africaines, la consécration de la liberté d'entreprendre n'a pas reçu le même sort partout. Si certains Etats la consacrent formellement sous le vocable de « *liberté d'entreprendre* »[404] ou sous un autre vocable renvoyant néanmoins à la même réalité[405], d'autres en revanche l'ignorent totalement[406].

L'absence d'une consécration formelle de la liberté d'entreprendre n'est pas une exception de ces quelques Etats Africains. En France, la reconnaissance de la liberté d'entreprendre comme une liberté constitutionnelle est l'œuvre du juge constitutionnel. Puisque la constitution française, lato sensu, *« ne consacre pas expressément la liberté d'entreprendre*

---

[399] G. Marson, *Le juge administratif et les libertés économiques : contribution à la définition des libertés économiques au sein de la jurisprudence administrative*, RDLF, thèse n°11, p ;12. 452 p.

[400] H. Sala, *La liberté d'entreprendre et Uber : Analyse comparative des droits français et américain*, Mémoire de Mater II, Université de Paris II Panthéon-Assas, 2016, pp.13-21. C'est aussi le sens de la décision du CCF décision n°2012-285 QPC du 30 nov. 2012 Storms, dans cette décision le conseil que la liberté d'entreprendre comprend : « *non seulement la liberté d'accéder à une profession ou à une activité économique mais également la liberté dans l'exercice de cette profession ou cette activité* ».

[401] Art. 12.

[402] Art.6 (1).

[403] Art ; 41.

[404] Art. 37 de la constitution de Madagascar ; et art. 35 al. 3 de la constitution du Maroc.

[405] Ainsi la constitution de la RDC parle du *« droit à l'initiative privée* » (art ;35 al. 1).

[406] C'est le cas des constitutions du Cameroun, du Benin ou du Niger.

*en tant que principe constitutionnel »*[407]. Le Conseil constitutionnel Français a déduit cette liberté de l'article 4 de la Déclaration des droits de l'homme et du citoyen et lui a donné une valeur constitutionnelle. Cela s'est d'abord opérée timidement dans sa décision loi de la nationalisation[408], ensuite d'une manière forte lorsqu'il clamera que la « *liberté d'entreprendre qui découle de l'article 4 de la Déclaration des droits de l'homme et du citoyen de 1789... »*.[409]

La diversité de la formulation de la liberté d'entreprendre trahit quelque peu la difficulté à cerner le concept même de liberté d'entreprendre. En fait, cette liberté n'est pas clairement définie par le droit. C'est la doctrine qui a pu lui donner une définition intéressante : *« liberté d'exercer une activité professionnelle, commerciale ou industrielle et donc d'accéder à ces types d'activités »*[410]. Cette définition comporte deux éléments : le libre exercice d'une activité économique et la libre création de cette activité ou son accès. Au regard de ces éléments, la liberté d'entreprendre peut en dernier ressort se concevoir comme étant la liberté conférée aux personnes d'exercer une activité économique et donc de la créer ou d'y accéder, de gérer matériellement, de l'exploiter économiquement et d'y mettre un terme.

Cela ainsi perçue, la liberté d'entreprendre est le « *pilier* » des économies modernes. Celle-ci n'a pas été ignorée par les constitutions des Etats d'Afrique francophone qui l'ont constitutionnalisé par des formules diverses (**Section I**). Cette constitutionnalisation n'a pas également ignoré les implications de cette liberté qui participent à donner tout son sens à celle-ci (**Section II**).

## Section I : La traduction constitutionnelle diversifiée de la liberté d'entreprendre

Au contraire de la France, la liberté d'entreprendre a une assise constitutionnelle, lato sensu, dans les Etats d'Afrique francophone. Depuis leur indépendance, les Etats africains ont dans leurs textes fondamentaux consacrés des dispositions normatives traitant de cette liberté économique importante. Seulement, cette consécration s'est faite avec des formules variées. Des constitutions étudiées, c'est la constitution du Maroc qui vise expressément

---

[407] L. Favoreu et al. *Droit des libertés fondamentales, Paris*, Dalloz, 2007, p .247.

[408] Décision 81-132 DC du 16 janvier 1982, Nationalisation.

[409] CCF décision du 13 janvier 2000, à propos de la liberté d'entreprendre et la liberté personnelle des salariés.

[410] D. Ferrier, *Libertés et droits fondamentaux,* Paris,Dalloz 2011, p.770.

cette liberté : « *l'Etat garantit la liberté d'entreprendre* »[411] ; la constitution Malgache, avec une formule plus proche, vise quant à elle « *la liberté d'entreprise* »[412]. A part ces Etats, les autres, sans parler de cette liberté, vise la même réalité lorsqu'ils parlent de « *la liberté d'investissement et de commerce* »[413], de la garantie à « *l'initiative privée* »[414] ou de « *la liberté d'établissement et d'investissement* »[415].

Ces différentes traductions de la liberté d'entreprendre montrent que ce concept en tant que liberté économique a un contenu large. Pour Grégoire Marson en effet, la liberté d'entreprendre telle qu'aujourd'hui perçue, contient des libertés économiques aussi variées que la liberté de commerce et d'industrie, la libre gestion des entreprises, la liberté du travail…[416]Ces dernières « *ne constituent en réalité que des déclinaisons formelles de la liberté d'entreprendre, lesquelles varient en fonction du contexte dans lequel elles sont invoquées et qui n'ont de ce fait aucune existence autonome* »[417]. La liberté d'entreprendre sous ce prisme, apparait comme une expression générale qui désigne plusieurs autres libertés économiques[418].

Ainsi, dans leur traduction constitutionnelle de la liberté d'entreprendre, les Etats d'Afrique francophone visent d'abord la liberté de commerce et d'industrie qui est à l'origine même de celle-ci (**Paragraphe** I) avant de se préoccuper de ses autres déclinaisons que l'on logera dans le cadre de la liberté des activités économiques (**paragraphe II).**

## Paragraphe I : Le traitement de liberté du commerce et de l'industrie dans les constitutions

A une exception près[419], les constitutions des Etats d'Afrique francophone ne consacrent pas d'une manière explicite la liberté de commerce et d'industrie. Celle-ci se déduit de la consécration explicite de la liberté d'entreprendre. Il existe en réalité un lien intime entre la liberté d'entreprendre

---

[411] Article 35.
[412] Article 37.
[413] Article 43 de la Constitution de l'Algérie.
[414] Article 35 de la constitution de la République démocratique du Congo.
[415] Préambule de la constitution du Benin.
[416]G. Marson, *Le juge administratif et les libertés économiques : contribution à la définition des libertés économiques au sein de la jurisprudence administrative*, RDLF, thèse n°11, p ;12. 452 p
[417] Ibid.
[418] P. Delvolvé, *Droit public de l'économie*, Dalloz 1998, p. 108.
[419] Des constitutions étudiées, seul l'article 43 de la constitution algérienne consacre la liberté de commerce.

et la liberté de commerce et d'industrie. Généralement, la doctrine minoritaire considère que la liberté de commerce et d'industrie est un principe englobant la liberté d'entreprendre[420]. Une telle perception n'est pas partagée par une grande frange de la doctrine qui considère que la liberté d'entreprendre est l'appellation moderne de la liberté de commerce et d'industrie[421]. La jurisprudence a fait sienne cette dernière perception. Ainsi, dans le cadre du référé liberté, le Conseil d'Etat français a explicitement considéré la liberté de commerce et d'industrie comme une *« composante de la liberté fondamentale d'entreprendre ».*[422]

Telle qu'ainsi consacrée en Afrique, la liberté de commerce et d'industrie a des origines anciennes. Celle-ci puise ses sources de la France dans plusieurs textes. C'est d'abord l'Edit de Turgot de 1776 qui va en premier évoquer, à la fin de l'ancien régime, la liberté individuelle de pouvoir exercer la profession de son choix[423], puis le décret d'Allarde[424] qui va la consacrer. Cependant avant ces textes une réflexion sur la nécessaire liberté de commerce et d'industrie avait déjà était menée par plusieurs auteurs de renom. C'est ainsi que dès le XVII siècle, Thomas Hobbes dans son célèbre ouvrage le Léviathan évoque la liberté pour un sujet de vendre, d'acheter, de passer contrat, ou encore la liberté de choisir son métier[425]. Or, vendre, acheter, contracter... sont les composantes de ce que l'on nomme le commerce.

Ces deux activités (commerce et industrie) sont au centre de l'activité économique. En cela la liberté et de commerce et d'industrie dont l'étendue est limitée (**A**), a une place importante en matière économique (**B**).

---

[420] Voir par exemple, J-Y Chérot, *Droit public économique,* Economica, 2002, p.44 ; H-G Hubrech, *Droit public économique,* Dalloz, 1997, p.86.

[421] A. Laubadaire et P. Delvolvé, *Droit public économique,* Dalloz, 1998, p. 108.

[422] Ord. 12 nov. 2001, n°239840, « commune de Montreuil-Bellay ». Voir aussi l'analyse de Mme Jacquinot : « *en effet, le Conseil d'Etat, en choisissant de faire de la liberté de commerce et d'industrie une composante de la liberté d'entreprendre (...) et non l'inverse, a pris le contre-pied de la position généralement retenue* », N. Jacquinot « La liberté d'entreprendre dans le cadre du référé-liberté : un cas à part ? », *AJDA* 2003, p. 658.

[423] L'extrait majeur de cet édit est le suivant : « *Toutes personnes françaises ou étrangères sont libres d'embrasser et d'exercer dans tout notre royaume et notamment dans notre bonne ville Paris, telle espèce de commerce et telle profession d'art et métiers qui bon leur semblera et même d'en réunir plusieurs* ».

[424] L'article 2 du décret d'Allarde prévoit : « *il sera libre à toute personne de faire tel négoce ou d'exercer telle profession, art ou métier qu'elle trouvera bon ; mais elle sera tenue de se pourvoir auparavant d'une patente* ».

[425] T. Hobbes, *Le Léviathan,* troisième partie, p.186.

## A-La consécration limitée de la liberté de commerce et d'industrie

Depuis le décret d'Allarde qui pose les fondements de la liberté de commerce et d'industrie en France, tous les textes juridiques qui consacrent cette liberté spécifiquement, ou la liberté d'entreprendre en général, se caractérisent par la fixation du cadre d'exercice de cette liberté économique. Les dispositions constitutionnelles des Etats d'Afrique Francophone se sont inscrites dans cette logique. En effet, certaines constitutions, après avoir consacré la liberté d'entreprendre mieux la liberté de commerce et d'industrie, précisent qu'« *elle s'exerce dans le cadre de la loi* » d'autres lui assignent des « *limites* » *(2)*. Cependant la constante ici et là est que cette liberté n'est pas définie *(1)*.

### 1-Le contenu indéterminé de la liberté de commerce et d'industrie

La liberté de commerce et d'industrie est l'une de ces libertés économiques qui ne bénéficient pas d'une définition constitutionnelle[426]. Les constitutions des Etats d'Afrique francophone qui la consacrent se bornent à dire que « *l'Etat garantit* » cette liberté. Cette absence de définition soulève deux préoccupations qui ont trait aux composantes (**a**) et aux bénéficiaires (**b**) de celle-ci.

#### *a) Les composantes de la liberté de commerce et d'industrie*

Il n'existe pas une définition standard de la liberté de commerce et d'industrie. Sous le fondement de la définition que la doctrine a pu lui donner, à savoir *« liberté d'exercer une activité commerciale ou industrielle et donc d'accéder à ce type d'activité »*[427], l'on peut tirer deux composantes de la liberté de commerce et d'industrie : la liberté de créer ou d'accéder à une activité économique et la liberté de l'exercer.

Le principe de la liberté de commerce et d'industrie apparait d'abord comme la faculté offerte aux personnes de créer une activité économique et d'y accéder. Cela se comprend lorsque l'on sait qu'originellement les textes

---

[426] U. Olanguena Awono, *La liberté du commerce et d'industrie au Cameroun*, Thèse de doctorat troisième cycle, Université d'Orléans, 1982, 321 p.

[427] H. Sala, *La liberté d'entreprendre et Uber : Analyse comparative des droit français et américain, op cit.*, p.13.

consacrant la liberté de commerce et d'industrie en France, avaient pour objectif de supprimer « *les privilèges professionnels* »[428] ou les corporations et de reconnaitre « *une égalité juridique et sociale entre tous les citoyens, qui sont désormais libres d'accéder et d'exercer chacun en tant que citoyen, une activité économique* »[429].Concrètement, le citoyen pourra créer, acquérir ou organiser une entreprise, ce qui inclut le libre choix de la forme de l'entreprise et le libre choix dans cette création de s'associer ou de ne pas s'associer. De même, on peut parler de la liberté d'établissement ou d'installation, ce qui va inclure le libre choix du lieu d'installation, y compris l'absence de lieu fixe (commerce ambulant). Cette liberté inclut aussi le libre choix de l'activité commerciale ou industrielle à mener.

Relativement à la liberté d'exercice de l'activité économique, la liberté de commerce et d'industrie s'entend comme la liberté de gérer ou d'exploiter sans entraves. Il s'agira par exemple de définir la stratégie commerciale, de choisir ses partenaires, ses prix, ou encore de constituer une clientèle et de l'étendre. Plus précisément, cette liberté est, selon Michel Guibal, multiforme et « *recouvre en effet une multitude de possibilités de choix variés : des méthodes de gestion, des procédés de fabrication, des matières premières, des produits à utiliser, des outils, des techniques de vente, des réseaux de distribution, des modalités de commercialisation, etc. Elle concerne tout à la fois la liberté de décision, la fixation du bénéfice, la possibilité de faire ou de ne pas faire crédit, d'accepter ou non d'être payé autrement qu'en espèces, de faire ou non de la publicité, la diversification des activités, la modernisation, ou l'informatisation, l'arrêt de la production, etc.* »[430]. Cette liste peut être prolongée sans peine. Toutes ces parcelles de libre arbitre, variables selon les secteurs et d'importance inégale selon les intéressés, sont évidemment intégrées à la liberté du commerce et de l'industrie. Et cette liberté ne peut etre mise en œuvre que par certaines personnes.

### *b) Les bénéficiaires de la liberté de commerce et d'industrie*

Dans leur consécration constitutionnelle de la liberté de commerce et d'industrie, les constituants des Etats d'Afrique francophone font de cette liberté une liberté fondamentale qui ne peut en principe être revendiquée que par une personne privée. C'est ce qui ressort explicitement dans la constitution

[428] M-L Dussart, *op cit.*, p. 195.
[429] J-J. Sueur, « Les conceptions économiques des membres de la constituante (1789-1791) », *RD. publ.* 1989.p. 807
[430] M. Guibal, « Commerce et industrie », *in répertoire de droit commercial*, Dalloz, février 2003.

Congolaise : « *l'Etat garantit le droit à l'initiative privée tant aux nationaux qu'aux étrangers. Il encourage l'exercice du petit commerce ...* »[431]. Et, implicitement à travers leur insertion dans le cadre des droits et libertés économiques réservés aux citoyens[432]. En faisant de la liberté du commerce et d'industrie une liberté qui appartient aux personnes privées le constituant s'aligne sur une position largement adoptée par la doctrine et la jurisprudence.

En effet, pour une grande frange de la doctrine, la liberté de commerce et d'industrie « *appartient aux personnes physiques et morales de droit privé exerçant une activité économique en leur nom et pour leur compte* »[433]. Une telle conception est partagée par Michel Guibal, qui pense qu'« *ici la liberté des personnes privées ne semble pas s'arrêter là où commence la liberté des personnes publiques. En revanche la liberté des personnes privées semble être un obstacle à la liberté des personnes publiques. Bref, la liberté de commerce et d'industrie, individuelle ou collective, est bien une liberté publique c'est-à-dire des droits et prérogatives accordés aux personnes privées* »[434].

La jurisprudence a initialement aussi soutenu le caractère privé de la liberté de commerce et d'industrie. Le standard en la matière est la jurisprudence *Chambre syndicale de commerce en détail de Nevers* qui avait consacré le fait que « *les entreprises ayant un caractère commercial restent, en règle générale, réservées à l'initiative privée* »[435]. Le commissaire du gouvernement Detton partage l'avis de cette décision dans ses conclusions, lorsqu'il écrit : « *s'il est vrai que les dispositions [du décret d'Allarde] sont conçues en termes tels qu'elles paraissent autoriser les personnes publiques comme les autres à pratiquer un commerce, il n'en reste pas moins que l'exercice d'une activité commerciale par une personne publique risque de paralyser partiellement ou entièrement l'usage de cette liberté chez les particuliers. C'est pourquoi invoquant la vieille loi révolutionnaire, vous vous en tenez à cette règle générale que toute entreprise commerciale est en principe réservée à l'initiative privée* »[436].

---

[431] Art. 35.

[432] C'est le cas dans les constitutions marocaine, malgache et congolaise.

[433] T. Bertrand, *La protection de la santé comme limite à la liberté d'entreprendre*, Mémoire de Master II, Droit de la coopération économique et des affaires internationales, Université Montesquieu Bordeaux IV, 2012, p.23.

[434] M. Guibal *op cit.*, p. 12.

[435] CE, sect., 30 mai 1930, Chambre syndicale du commerce en détail de Nevers.

[436] M. Detton, conclusion sur CE, ass., 24 nov.,1934, la Solidarité ternoise, cité par M-L Dussart, *op cit.*, p.202.

Il faut dire que cette exclusivité de la liberté de commerce et d'industrie aux personnex privées est aujourd'hui datée. En effet depuis la survenance de grandes crises économiques, la légitimité de l'action de l'Etat en matière commerciale et industrielle est admise. Déjà, même la jurisprudence *Chambre syndicale du commerce en détail de Nevers* avait ouvert cette fenêtre[437]. Il apparait que dès lors qu'il y a carence de l'initiative privée, les personnes publiques sont fondées à mener de telles activités. Aristote faisait déjà référence à une telle possibilité dans son *Ethique à Nicomaque* : la Cité n'est légitime à intervenir que pour répondre aux besoins que les hommes ne parviennent pas à satisfaire eux-mêmes[438]. Ainsi, en dehors des missions de service public, l'intervention économique directe des personnes publiques tant en ce qui concerne le commerce que l'industrie, est en principe légale dès lors qu'elles agissent dans la limite de leur compétence et qu'elles justifient de l'intérêt public[439]. Dans son avis contentieux *Sté Jean-Louis Bernard Consultants*, le Conseil d'Etat français avait déjà affirmé qu'*« aucun texte ni aucun principe n'interdit, en raison de sa nature, à une personne publique, de se porter candidate à l'attribution d'un marché public »*[440].

Cela dit, la consécration constitutionnelle de la liberté de commerce et d'industrie dans les Etats étudiés ne saurait être interprétéecomme la reconnaissance exclusive de ce droit à la personne privée. Les personnes publiques- Etat ou collectivité territoriale décentralisée- en Afrique, sont fondées à jouer un rôle important, comme nous le verrons, en matière économique ce faisant dans le cadre du commerce et de l'industrie. Toutefois, reconnue aux personnes cette liberté est limitée.

## 2-Les limites à la liberté de commerce et d'industrie

La liberté de commerce et d'industrie est loin d'être une liberté absolue. Sa consécration est généralement accompagnée par l'institution de ses mécanismes de limitations, à tout le moins de son encadrement. Cela se comprend, lorsque l'on sait que la limitation à cette liberté était déjà contenue dans le décret d'Allarde des 2 et 17 mars 1791, généralement présenté comme

---

[437] Cette fenêtre est contenue dans ce paragraphe de la décision : « *les entreprises ayant un caractère commercial restent, en règle générale, réservée à l'initiative privée et que les conseils municipaux ne peuventériger des entreprises de cette nature en services publics communaux que si, en raison de circonstances particulières de temps et de lieu, un intérêt public justifie leur intervention en cette matière* ».

[438] M-L Dussart, *op cit.*, p. 200.

[439] *Ibid.*, p.303.

[440] CE, avis, sect., 8 novembre 2000, n°222208, Sté Jean Louis Bernard Consultants.

à l'origine de la liberté de commerce et d'industrie. Celui-ci, après avoir proclamé qu' : « *il sera libre à toute personne de faire tel négoce...* » ajoutait : « *mais elle sera tenue auparavant de se munir d'une patente* », instaurant par la une conditionnalité à l'exercice de cette liberté.

Les constitutions des Etats d'Afrique francophone se sont inscrites dans cette logique. En consacrant la liberté de commerce et d'industrie, elles ont prévu que celle-ci est limitée ou peut être encadrée. Relativement aux limites, c'est la constitution de Madagascar qui semble la plus illustrative. Après avoir consacré implicitement cette liberté, elle prévoit que celle-ci s'exerce : « *dans les limites du respect de l'intérêt général, de l'ordre public et des bonnes mœurs et de l'environnement* »[441]. Les autres constitutions, à l'instar de celle du Cameroun[442], de l'Algérie[443], et du Congo[444] se bornent à indiquer que la liberté de commerce et d'industrie doit s'exercer dans le cadre ou les conditions fixé(es) par la loi. Au regard de ces dispositions l'on peut dire que la liberté de commerce et d'industrie peut faire l'objet d'une limitation règlementaire et des atteintes.

***a) La règlementation de la liberté du commerce et d'industrie***

En considérant les dispositions constitutionnelles sus évoquées, la liberté de commerce et d'industrie, en tant que liberté fondamentale, peut faire l'objet d'une règlementation. Cette règlementation est en principe l'œuvre du législateur qui peut poser les garanties fondamentales de la liberté de commerce et d'industrie, à savoir étendre ou restreindre le domaine dans lequel elle s'exerce. C'est sans doute la raison pour laquelle dans toutes ces constitutions, la liberté de commerce et d'industrie fait partie du domaine de la loi[445]. Mais, cela n'implique pas une compétence exclusive du législateur pour réglementer directement toutes formes de son exercice. En effet, le législateur peut seulement fixer aux autorités administratives des limites à l'intérieur desquelles ces autorités auront compétence pour encadrer l'exercice de cette liberté.

Ainsi, s'il existe de nombreuses limitations à la liberté de commerce et d'industrie, elles ne sont possibles que par habilitation législative, la loi étant

---

[441] Art. 37.
[442] Préambule de la constitution.
[443] Art. 43.
[444] Art. 35(3).
[445] Art. 26 de la constitution du Cameroun ; art ;122 de la constitution de la RDC ; art. 99 de la Constitution du Niger... *etc.*

garante de cette liberté. Le Conseil constitutionnel français, parlant de la liberté d'entreprendre qui implique la liberté de commerce et d'industrie indique fort à propos que cette liberté qui n'est ni générale ni absolue ne peut « *exister que dans le cadre d'une réglementation instituée par la loi...* »[446].

Ce faisant, les limitations règlementaires à la liberté de commerce et d'industrie sont devenues de plus en plus nombreuses. Elles concernent tant l'accès à cette liberté que son exercice même. Ainsi on peut relever que l'accès à cette liberté est subordonné quelque fois à certaines conditions (capacité commerciale, obtention d'un diplôme pour un pharmacien, obtention d'une licence ou d'un agrément...), et à certaine procédure comme l'obligation dans certains cas de déclarer l'existence de cette activité (inscription au registre de commerce et de société). Quant à son exercice, on peut évoquer la nécessaire prise en compte de certains impératifs sanitaires et environnementaux[447]. A défaut d'être limitée par une réglementation, la liberté de commerce et d'industrie peut être atteinte.

***b) Les atteintes à la liberté de commerce et d'industrie***

Sans le dire clairement, les constitutions des Etats d'Afrique francophone ont, en prévoyant la possibilité de règlementation de la liberté de commerce et d'industrie, laissé la possibilité de pouvoir atteindre cette liberté. Ces atteintes sont des possibilités de remise en cause totale ou partielle de la liberté de commerce et d'industrie. Toutefois, du fait de la fondamentalité de cette liberté, cette atteinte ne peut être justifiée que si elle est basée sur un certain nombre de raisons légitimes[448]. En règle générale, la justification des atteintes à la liberté de commerce et d'industrie trouve son fondement dans la préservation de l'ordre public et un motif complémentaire qui peut être d'ordre économique[449]. Néanmoins, la préservation de l'ordre public seul envisagée dans toutes ses composantes classiques- sécurité, tranquillité et salubrité publiques- que nouvelles- ordre public économique, écologique- apparait parfois comme un motif suffisant[450].

---

[446] CCF, décision n°2000-433 DC, du 27 juin.2000.

[447] Voir dans ce sens, T. Bertrand, *La protection de la santé comme limite à la liberté d'entreprendre, op cit.*

[448]M. Guibal, « La justification des atteintes à la liberté du commerce et de l'industrie », *AJDA*, 1972, p. 330.

[449] CE, 13 mars 1968, Ministre de l'intérieur c/ Leroy.

[450] J-Ph Colson et P. Idoux, *Droit public économique*, *op cit.*, p. 130.

La constitution malgache prévoit expressément ces motifs en proclamant que la liberté de commerce et d'industrie peut être limitée suite aux exigences de « *l'ordre public, et desbonnes mœurs et de l'environnement* ». En France, le Conseil d'Etat a admis la légalité d'un arrêté municipal ordonnant la fermeture d'un marché à fin de préserver la sécurité des commerçants et du public, en dépit de l'existence du principe de liberté de commerce et d'industrie expressément rappelé par la décision[451].

Cependant, comme le rappellent des auteurs[452], « *l'équilibre est ... de mise* » en matière d'exercice de pouvoir de police dans le cadre des atteintes à la liberté de commerce et d'industrie. Le Conseil d'Etat l'a aussi rappelé dans une de ses décisions emblématiques : « *dès lors que l'exercice du pouvoir de police est susceptible d'affecter des activités de production, de distribution ou de service, la circonstance que les mesures de police ont pour objectif la protection de l'ordre public, ou, dans certains cas, la sauvegarde des intérêts spéciaux que l'administration a pour mission de protéger ou de garantir n'exonère pas l'autorité investie de ces pouvoirs de police de l'obligation de prendre en compte également la liberté de commerce et d'industrie* »[453].

Ainsi, si le principe de liberté de commerce et d'industrie est solidement ancré dans les constitutions africaines, celui-ci comporte un certain nombre de limites. Malgré cela la liberté de commerce et d'industrie a une place importante en matière économique.

## B- La place de la liberté de commerce et d'industrie dans l'économie

La liberté de commerce et d'industrie est, à l'instar de la liberté d'entreprendre, une liberté économique fondamentale. Elle est donc au cœur même du système économique moderne à côté du droit de propriété. La liberté de commerce et d'industrie apparait dans tous les cas comme au centre du développement économique ; elle est même l'instrument par excellence des activités économiques contemporaines. En cela, elle est aussi bien une véritable liberté dans l'économie (1) qu'une liberté économique (2).

[451] CE, 8 avril 1994, Société anonyme « supermarché aux puces » c/ commune de vaulx-en Velin.
[452] J-Ph Colson et P. Idoux, *Droit public économique, op cit.*, p. 131.
[453] CE, 15 ami 2009 société Compagnie des bateaux-mouches.

## 1-Une liberté dans le domaine économique

Initialement, la consécration de la liberté et de commerce et d'industrie apparait comme une simple reconnaissance de la liberté personnelle dans le domaine économique. C'est ce que traduit Pierre Rosanvallon, en affirmant que le libre exercice d'une activité économique constitue une liberté sociale avant d'être revendication économique[454]. Ou du moins, elle n'est économique que dans la mesure où elle est sociale. Cela se comprend aisément quand on sait que dans la pensée des concepteurs de cette liberté et des révolutionnaires, il n'y avait pas une réflexion économique et ils n'envisageaient pas l'homme « *dans sa dimension économique* »[455]. Ceux-ci voulaient simplement « *libérer l'homme des liens féodaux* »[456].

En effet, la liberté de commerce et d'industrie est consacrée originellement pour lutter contre les corporations et abolir certains privilèges. Ainsi, la loi le Chapelier qui mit fin aux corporations[457] et le décret d'Allarde qui institutionnalisa le droit de tout un chacun d'exercer la profession de son choix, visent d'abord et avant tout l'émancipation du citoyen. Le professeur Sueur observera alors que la consécration de la liberté d'activité économique est à peu près complétement indépendante de toute référence économique[458]. Et, Francis Burdeau de renchérir « *proclamant la liberté de commerce et de l'industrie, ce n'est pas une technique optimale de développement qu'ont consacrée les révolutionnaires, mais un droit de l'homme* »[459].

C'est donc l'homme, en tant que citoyen évoluant dans une société, que l'on vise en consacrant cette liberté. L'homme n'est pas appréhendé ici comme un acteur économique. La liberté de commerce entend donc libérer l'homme de certaines contraintes à travers l'affirmation de ses droits « *naturels et imprescriptibles* », d'un espace privé indépendant de l'Etat, dans lequel l'activité, notamment économique, peut être menée[460]. C'est donc dire que la

[454] Pierre Rosanvallon montre qu'à la fin du XVIIIe siècle, les revendications en faveur d'une liberté dans la vie économique étaient sociales avant d'être économiques (*L'Etat et le marché en France de 1789 à nos jours*, Paris, Seuil, coll ; « Points Histoire », 1990).

[455] J-J. Sueur, « Les conceptions économiques des membres des membres de la constituante (1789-1791) », *RD pub.* 1989. P. 791.

[456] M-L Dussart, *op cit.*, p.194.

[457] S. L. Kaplan, *La fin des corporations*, Fayard,2001, 740 p.

[458] J-J Sueur, « Les conceptions économiques des membres de la constituante (1789-1791) », *op cit.*, 807.

[459] F. Burdeau, « Interventionnisme et droit commun. Esquisse d'une histoire », *EDCE, 2002*, n°53, p.392.

[460] S. Rials, *La déclaration des droits de l'Homme et du citoyen, op cit.*, p. 387.

liberté de commerce et d'industrie n'est qu'une liberté qui permet l'épanouissement de l'individu dans la vie économique sans être une liberté économique en soi. Une telle conclusion n'est pas totalement juste, car la liberté de commerce est une véritable liberté économique.

## 2-Une liberté économique

Il n'y a pas l'ombre d'un doute, la liberté de commerce et d'industrie est de nos jours une véritable liberté économique. C'est d'ailleurs l'un des moteurs de l'enrichissement de la société et de l'homme, et elle constitue l'essence du système économique libéral.

La liberté de commerce et d'industrie a été présentée par plusieurs penseurs comme le catalyseur du développement. Déjà, Turgot, contrôleur général des finances, mettait en exergue dans le cadre d'un arrêt du Conseil d'Etat le rôlei mportant de cette liberté en matière économique en écrivant que : « *plus le commerce est libre, animé, étendu, plus le peuple est promptement et abondamment pourvu* »[461]. Dans la même veine, Condorcet dans un article du *Journal de la société* de 1789 vantait la liberté de commerce et d'industrie comme une source idéale d'égalité adaptée aux « *vœux de la nature* » et aux « *besoins des hommes* »[462].

Ainsi, il ne saurait avoir de véritable création des richesses au sein des Etats sans la garantie minimum d'une liberté de commerce et d'industrie. C'est ce qu'ont certainement compris les Etats d'Afrique francophone, en constitutionnalisant la liberté de commerce et d'industrie et en adoptant une législation abondante dans ce sens. Bien plus, cette liberté déborde aujourd'hui largement du cadre des législations nationales et intègre les législations internationales et communautaires comme nous le verrons[463].

La liberté de commerce et d'industrie est aussi, comme le soutenait Savy, au « *fondement de l'ordre économique* »[464]. Il s'agit en l'espèce de l'ordre économique libéral. Le fait est que, parce qu'elle a la vie économique pour domaine spécifique et qu'elle protège par sa nature l'individu de l'Etat, la liberté de commerce et d'industrie est habituellement regardée comme « *le*

---

[461]CE, 13 septembre 1774, commerce du grain.
[462] Numéro VI du 10 juillet 1790, p. 12.
[463] Voir nos développements, deuxième partie, titre II, chapitre II.
[464] R. Savy, « Les pouvoirs économiques exceptionnels », *Pouvoirs,* n°10, 1979, p.80.

*fondement individuel du libéralisme* »[465]. De fait, la liberté de commerce et d'industrie en tant que déclinaison de la liberté d'entreprendre, est « *au cœur même de la conception libérale du rôle de l'Etat* » [466]dans l'économie, et traduit « *la crainte du trop d'Etat* »[467]. Ainsi, en consacrant la liberté d'entreprendre dans sa déclinaison liberté du commerce et d'industrie, les constitutions des Etats africains consacrent un élément majeur « *de protection d'une économie libérale* »[468]. Cette liberté n'étant en tout état de cause que la traduction juridique du fameux principe de l'économie libérale « *du laisser-faire et du laisser aller* ».

En définitive, la liberté de commerce et d'industrie apparait comme la première déclinaison constitutionnelle de la liberté d'entreprendre dans les constitutions des Etats d'Afrique francophone. Celle-ci charrie une dimension économique véritable en ceci qu'elle est une liberté dans l'économie et une liberté économique de premier plan dans un système économique libéral. Elle n'est toutefois pas la seule déclinaison de la liberté d'entreprendre dans les constitutions, il en existe d'autres qui peuvent être présentées sous le vocable de liberté de l'activité économique.

## Paragraphe II : La liberté d'activité économique

La liberté d'entreprendre peut prendre le visage de la liberté d'activité économique. Il s'agit en fait de la possibilité offerte aux personnes de mener une activité ayant une incidence économique. C'est pourquoi la terminologie de la liberté d'activité économique est retenue dans certaines constitutions des Etats occidentaux[469]. Les activités économiques dont il s'agit sont à la vérité les autres déclinaisons de la liberté d'entreprendre hormis la liberté de commerce et d'industrie. Dans les constitutions des Etats d'Afrique d'expression française, la liberté d'investissement (**A**) et la liberté de travail (**B**) sont les déclinaisons de la liberté d'entreprendre que l'on peut loger dans le cadre de la liberté d'activité économique.

---

[465] G. Clamour, « Libertés professionnelles et liberté d'entreprise », *JurisCl. Libertés*, 2017, fasc. 1340.

[466] J-P. Théron, « Sur un postulat libéral :la liberté d'entreprendre, limite à l'intervention publique », *in Propriété et Révolution*, Toulouse, ed. Du CNRS 1991. P. 215.

[467]Ibid., p. 218.

[468] G. Drago, « Droit de propriété et liberté d'entreprendre dans la jurisprudence du Conseil constitutionnel : une relecture », *CRDF*, n°9, 2011, p.37.

[469] Art. 38 de la constitution de l'Espagne.

## A-La liberté d'investissement

Le concept d'investissement est de nos jours au centre des discours économiques dans les Etats. Celui-ci est au cœur des stratégies de développement des Etats d'Afrique francophone. Selon le dictionnaire Robert, le mot investissement désigne à la fois « *l'action d'investir* »et les « *biens d'investissement* ». En d'autres termes, le mot investissement s'applique aussi bien à l'acte d'investir qu'au résultat de cet acte[470]. Le droit à l'investissement (ou la liberté d'investissement) a une très forte connotation économique et il ne peut pas être compris en dehors de cette dimension **(2).** Au regard de cette importance, celui-ci a été consacré dans les constitutions des Etats d'Afrique d'expression française **(1).**

### 1-La formulation constitutionnelle de la liberté d'investissement

La quasi-totalité des Etats d'Afrique francophone sont en quête de leur développement. Dans cette perspective, l'investissement occupe une place charnière. Ce faisant ceux-ci du moins, la majorité ont consacré dans leur constitution la liberté ou le droit d'investissement qui est un droit économique majeur.

La constitution de la République d'Algérie est dans cette logique ; en effet, son article 43 prévoit que : « *la liberté d'investissement... est reconnue. Elle s'exerce dans le cadre de la loi. L'Etat veille à améliorer le climat des affaires. Il encourage, sans discrimination, l'épanouissement des entreprises au service du développement économique nationale* ». Ainsi la liberté d'investissement est expressément consacrée. Si d'autres constitutions ne sont pas aussi claires, elles contiennent aussi des articles ou dispositions qui traitent explicitement ou implicitement de l'investissement comme un droit ou une liberté. S'inscrivant dans le sillage de la constitution algérienne, celle de la République Démocratique du Congo prévoit que l'Etat « *encourage et veille à la sécurité des investissements privés nationaux et étrangers* »[471], celle de Madagascar va dans le même sens lorsqu'elle dispose que : « *l'Etat garantit la sécurité des capitaux et des investissements* »[472]. Le préambule de la

[470] Economiquement, l'investissement se définit comme l'engagement des ressources dans le présent pour une éventuelle rentabilité dans le temps, les ressources et les emplois. Elle suppose tout emploi permanent des ressources supplémentaires qui générera des revenus dans des périodes plus ou moins longues, dans l'espoir d'assurer sa rentabilité. Voir aussi, Mourad Hafouf, *La protection des investissements en Algérie*, Mémoire de DEA en Droit Privé, Université de Perpignan,2007.

[471] Art. 34.

[472] Art. 38.

constitution camerounaise traite également de la liberté d'investir. Dans sa traduction constitutionnelle ainsi restituée, le droit d'investissement a deux pans : un étranger et un autre national.

L'investissement, en tant que droit économique, a d'abord une forte dimension internationale. En effet, l'une des premières mentions du terme « *investissement* » figure à l'article 12 de la Charte de la Havane. Notion relativement récente, elle date de la deuxième guerre mondiale et appartient pour l'essentiel au droit des traités. On comprend dès lors que le droit d'investissement trouve son champ d'excellence en droit international[473], cela parce qu'il s'agit d'imaginer les règles de traitement et de protection des étrangers aux biens dont ils sont propriétaires et aux droits dont ils sont titulaires. En somme, la liberté et le droit d'investissement cherchent à conférer de prime abord la sécurité juridique aux investisseurs économiques, notamment étrangers dans un autre Etat. Ce faisant, il y a investissement étranger ou international lorsque le ressortissant d'un Etat effectue un investissement sur le territoire d'un autre Etat[474]. Le rattachement d'un investissement à une économie nationale et à un Etat repose donc en principe sur le critère de nationalité pour les personnes physiques et celui de l'incorporation et du siège social pour les personnes morales.

Les constitutions étudiées ne visent pas seulement un investissement étranger, elles consacrent aussi l'investissement national. C'est ce que fait expressèment la constitution du Congo lorsqu'elle vise « *des investissements privés nationaux* ». D'autres constitutions de manière implicite traitent de cette forme d'investissement qui peut résulter des acteurs ou agents économiques nationaux.

Quoiqu'il en soit, les investissements revêtent d'une importance capitale en Afrique dans sa quête de développement.

## 2-L'importance de l'investissement en économie

Le droit d'investissement a incontestablement une forte inclinaison économique. Pour Dierlerten : « *l'investissement se trouve au cœur de la vie*

[473] Mourad Hafouf, *La protection des investissements en Algérie*, Mémoire de DEA en Droit Privé, Université de Perpignan,2007.

[474] P. Schaufelberger, « La protection juridique des investissements internationaux dans les pays en voie de développement », in *études suisse de Droit international,* éd. Zurich Sculthess polygraphischer Verlag, p.53.

*économique, théorie monétaire, théorie de fluctuation, théorie de croissance, théorie de l'intérêt, théorie bien entendue, de l'entrepreneur de l'épargne, du capital du revenu, théorie de la prévision et des choix aléatoires, nul domaine où il n'entre en ligne de compte* »[475]. Ainsi l'on peut dire que de manière générale, l'investissement charrie d'importantes vertus. C'est un facteur de croissance économique, une source d'accumulation de capitaux et de progrès techniques. Pour les économistes, l'investissement a trois effets positifs majeurs pour l'économie : - un effet multiplicateur qui joue un rôle positif sur la croissance économique ; - un effet accélérateur résultant de la variation de la demande globale ; - un effet régénérateur qui va permettre de moderniser l'offre[476].

Dans les Etats d'Afrique francophone, les investissements, notamment étrangers sont au centre des politiques économiques des Etats qui élaborent des politiques pour que leurs Etats soient attractifs. Ces investissements sont désormais au centre de la problématique de leur développement. Ils occupent une place de choix dans la plupart des pays d'Afrique du fait de la convergence de deux préoccupations : celle des entreprises cherchant à s'internationaliser et celles des gouvernants qui cherchent à attirer de plus en plus de capitaux. Le fait est que l'investissement joue un rôle primordial dans la croissance économique et le développement d'un pays. Il contribue, au-delà des apports en capitaux vers le pays d'accueil, à une amélioration des capacités de production, des transferts de technologies et de savoir-faire, l'accès à des nouveaux marchés, des créations d'emplois et ainsi une meilleure intégration dans l'économie mondialisée[477].

On comprend pourquoi ceux-ci, dans leur quête de croissance économique et leur développement ont axé leur politique économique sur l'investissement. Ainsi ces Etats ont adopté des politiques attractives et ont mis en place des cadres juridiques et des institutions destinés à protéger, promouvoir et faciliter les investissements. C'est aussi dans cette optique que la réforme du marché du travail a été effectuée.

---

[475] Cité par B. Mouloudi, *L'investissement et stratégie de développement,* OPU, 1988, p.15.

[476] Mourad Hafouf, *La protection des investissements en Algérie*, Mémoire de DEA en Droit Privé, Université de Perpignan,2007. P.21.

[477]*Ibid.*, p.22.

## B-La liberté de travail

La liberté d'entreprendre une activité économique peut également revêtir le visage de la liberté de travail. Pour un auteur en effet, la liberté de travail est l'une des déclinaisons de la liberté d'entreprendre. De fait, le travail en soi, au-delà de la liberté qui lui est reconnue, constitue une activité économique majeure de l'homme et participe pleinement à son enrichissement personnel ainsi qu'à celle des Etats. Sous ce rapport, la liberté de travail fait partie des droits économiques individuels fondamentaux. Dans les constitutions des Etats d'Afrique francophone, cette liberté areçue une consécration générale (**1**) au regard sans doute de la place que le travail, matrice de cette liberté, occupe en tant que facteur de production économique (**2**).

### 1-La consécration généralisée de la liberté de travail dans les constitutions africaines

La liberté de travail est sans doute, le droit le plus unanimement consacré dans les chartes fondamentales des Etats d'Afrique française. Seulement dans cette consécration, la liberté de travail a reçu une formulation paradoxale, qui ne doit pas occulter les garanties ou protections que ces constitutions accordent à cette liberté.

La constitutionnalisation de la liberté de travail est incontestable dans les constitutions des Etats africains. Ceux-ci sans aucune exception la reconnaissent à leurs citoyens. Toutefois, dans sa formulation constitutionnelle, la liberté de travail est consacrée très souvent comme un droit, c'est le cas au Benin[478], au Niger [479]et en Algérie [480], et en même temps comme un droit qu'un devoir, à l'exemple de la RDC[481], du Cameroun[482] et de Madagascar[483],.

Consacrer la liberté de travail sous la logique d'un droit revient à faire de cette liberté une prérogative subjective dont tout citoyen peut se prévaloir et ce devant la justice. Ce faisant, le droit au travail apparait comme un

[478] Art. 15 : « *Toute personne a droit le de travailler dans les conditions équitables et satisfaisantes et de percevoir un salaire égal pour un travail égal* ».
[479] Art. 33 : « *L'Etat reconnait à tous les citoyens le droit au travail…* ».
[480] Art. 69 : « *Tous les citoyens ont droit au travail* ».
[481] Art. 36 : « *Le travail est un droit et un devoir sacrés pour chaque congolais* ».
[482] Préambule de la constitution du Cameroun : « *Tout homme a le droit et le devoir de travailler* ».
[483] Art. 27 : « *Le travail et la formation professionnelle sont pour tout citoyen un droit et un devoir* ».

véritable droit, opposable à l'Etat. Pour adopter une approche droite-de-l'hommiste, le droit au travail peut être inclus dans le cadre des droits de la deuxième génération, des droits créances[484]. Il s'agit des droits reconnus à tous en tant que catégorie déterminée par des critères en rapport avec le système de production. Ils sont selon une formule de George Burdeau, des droits de « *l'homme situé* ». Le droit au travail exige alors une intervention de l'Etat non seulement pour le garantir, mais aussi pour assurer sa mise en œuvre effective.

Au-delà de sa consécration comme un droit, certaines constitutions des Etats d'Afrique d'expression française font aussi de la liberté du travail un « *devoir* ». La constitution de la RDC, dans cette logique, l'articule ainsi : « *le travail est ... un devoir sacré pour tous lesCongolais* »[485]. Cette présentation laisse songeur, car en droit le devoir se veut être une obligation juridique ou morale. Il constitue la contrepartie des droits des citoyens. La question est donc de savoir si ces constitutions font du travail une obligation juridique ou morale. En tout état de cause, le terme devoir, semble renvoyer, dans ces constitutions, à une réalité plus morale que juridique, qui doit guider le Citoyen dans son comportement au sein de l'Etat : il doit s'investir par son travail pour le développement. On comprend dès lors la raison pour laquelle la constitution congolaise demande à tout congolais de « *contribuer par son travail à la construction et à la prospérité de la nation* »[486].

La seconde constante dans la consécration de la liberté de travail comme droit économique dans les constitutions des Etats d'Afrique francophone, est que cette consécration s'accompagne de prévisions ayant trait à la protection de la rémunération du travailleur et la garantie des conditions saines de travail par l'Etat.

Relativement à la rémunération du travail, les dispositions constitutionnelles traitant de la liberté du travail ajoutent rapidement que le travail donne droit à une rémunération ou un salaire juste garanti par l'Etat. Que ce soit la constitution de la RDC[487], celle du Niger[488], du Benin[489] ou de Madagascar[490], toutes reconnaissent au Travailleur « *la juste rétribution de sesservices ou de sa production* ». Cette obligation pour l'Etat de garantir la

[484] L. Favoreu et al. *Droit des libertés fondamentales, op cit.*, p.47et s.
[485] Art. 36.
[486] Art. 36 (4).
[487] Art. 36 (2).
[488] Art. 33.
[489] art. 15.
[490] Art. 27.

juste rétribution du travail est assortie de celle interdisant la discrimination entre les travailleurs. Une telle interdiction est formulée de manière constante : « *Nul ne peut être lésé dans son travail en raison de ses origines, de son sexe, de ses opinions, de ses croyances ou de ses conditions socio-économiques* »[491] pour la RDC, et c'est quasiment la même formule qui est retenue à Madagascar[492], ou encore « *Nul ne peut être victime de discrimination dans le cadre de son travail* » dans la Constitution Nigérienne[493]. Au-delà donc des discriminations salariales, ces constitutions prohibent également les discriminations ayant trait au genre, aux origines et aux convictions.

Pour ce qui est des conditions de travail, la plupart de ces constitutions exigent que le travail doit bénéficier de conditions saines. Des constitutions étudiées, c'est celle de l'Algérie qui formule le plus explicitement l'exigence de ces conditions de travail. Elle impose « *l'hygiène au travail* » et garantit « *le droit au repos du travailleur* »[494].

Quoiqu'il en soit, la consécration de la liberté de travail dans les constitutions des Etats Africains est garantie unanimement. Une telle unanimité résulte sans doute de l'importance que le droit au travail revêt en tant que droit économique.

## 2-Le travail comme facteur de production économique

Le droit au travail est un droit économique majeur. En effet, la doctrine[495] s'accorde à présenter le travail comme étant fondamentalement une activité économique. De fait, le travail est une activité rémunérée ou non, qui permet la production des biens et des services. Il apparait donc que le travail, avec le capital, constitue dans les économies modernes un facteur de production économique[496]. Du point de vue économique, les facteurs de production sont des moyens mis en œuvre par une organisation ou une personne pour produire et commercialiser sur le marché des biens et des services. Ils ont pour finalité la satisfaction des besoins de l'homme. Il existe donc une relation inextricable entre le travail et l'économie, en ceci que le

[491] Art. 36 (3).
[492] Art. 27.
[493] Art. 33.
[494] Art. 69.
[495] Voir, J. Mbendang Ebongue, « La constitution du 18 janvier 1996 et le droit du travail », in S. Melone, A. minkoa She et L. Sindjoun (dir), *La réforme constitutionnelle du 18 janvier 1996 au Cameroun. Aspects juridiques et politiques*, op cit., pp.104-143.
[496] En économie, le travail comme le capital est un facteur de production.

travail permet de participer à la production collective. Le travail est donc la principale cause des richesses des nations[497]. Seulement, la qualité du travail est déterminante pour l'efficacité productive et partant le développement économique. C'est la raison pour laquelle les Etats modernes accordent une place importante à la régulation du travail.

La liberté de travail et la liberté d'investissement consacrées dans les constitutions des Etats d'Afrique d'expression française, apparaissent comme des libertés économiques majeures dérivant de la liberté d'entreprendre. Cette dernière, pour qu'elle soit effective, nécessite certains éléments qui peuvent être perçus comme des incidences de cette liberté.

## Section II : Les incidences plurielles de la liberté d'entreprendre

Dans les systèmes économiques contemporains, la liberté d'entreprendre apparait comme une liberté fondamentale dans ce sens qu'elle est au cœur du libéralisme économique. Seulement, pour que cette liberté soit parfaite dans son opérationnalité, elle a besoin d'autres libertés secondaires, mais indispensables. Ces libertés qui viennent renforcer la liberté d'entreprendre sont les préconditions à la réalisation de celle-ci. Elles peuvent aussi apparaitre dans une certaine mesure comme étant les implications de cette liberté économique majeure. Ces libertés sont la liberté de concurrence, la liberté contractuelle et le principe d'égalité.

Ces différentes libertés sont liées à la liberté d'entreprendre, et dans ce sens sont aussi des libertés économiques au regard de leur place en économie. Parmi elles celle de concurrence apparaît comme étant véritablement économique et se trouve aussi au cœur de la liberté d'entreprendre (**Paragraphe I**). La liberté contractuelle et le principe d'égalité bien que n'étant pas par essence des libertés économiques, jouent un rôle important en matière de liberté d'entreprendre (**Paragraphe II**).

---

[497] A. Smith, *Recherche sur la nature et les causes de la Richesse des nations,* 1776, Paris, PUF ; Coll. « Pratiques théoriques », 1995, 1512pages.

## Paragraphe I La formulation constitutionnelle de la liberté de concurrence comme garantie à la liberté d'entreprendre

La liberté de concurrence occupe une place majeure au sein des économies de libre marché. Basée sur le fameux principe de John Menard Keynes du « *laisser aller et du laisser-faire* », elle a pour objectif de garantir le respect de la liberté d'entreprendre dans toutes ses composantes. D'une manière stricte, la liberté de concurrence vise pour l'essentiel les pratiques anticoncurrentielles (entente et abus de position dominante), le contrôle des concentrations ainsi que le contrôle des aides d'Etat.

Cette liberté économique importante n'a pas été ignorée par les constitutions des Etats d'Afrique francophone, même si leur traduction dans ces normes fondamentales est plus ou moins expresse **(A).** Il faut aussi dire que dans sa matérialisation la liberté de concurrence soulève un certain nombre de problèmes qui ont trait aux acteurs en concurrence **(B).**

### A- L'affirmation constitutionnelle de la liberté de concurrence

La liberté de concurrence est le moteur de la compétition économique dans les Etat modernes. En Afrique francophone spécifiquement, la liberté de concurrence n'est généralement pas consacrée d'une manière explicite dans les constitutions[498]. On la déduit très souvent de la liberté d'entreprendre dont elle apparait comme une composante (1). Cette liberté justifie l'intervention de l'état dans sa régulation (2).

### 1- La liberté de concurrence : une composante de la liberté d'entreprendre

La liberté de concurrence semble intimement liée à la liberté d'entreprendre. Pour un certain nombre d'auteurs, elle constitue un « *aspect*»[499] voire une « *seconde branche* »[500]de la liberté de commerce et d'industrie. Dans la jurisprudence tant administrative que constitutionnelle en France, les juges ont fait de la liberté de concurrence une composante majeure de la liberté d'entreprendre. En fait, il est démontré depuis que le principe de

[498] Des constitutions étudiées, seule celle du Maroc consacre expressément cette liberté en son article 35 qui se lit comme suit : « *l'Etat garantit la liberté d'entreprendre et la libre concurrence* ».
[499] J-P. Colson et P. Idoux, *Droit Public Economique, op cit.*, p. 131.
[500] F. Dreyfus, *La liberté du commerce et de l'industrie,* paris, Berger-Levrault, 1973, 275 p.

la liberté d'entreprendre semble exprimer l'exigence d'une liberté de concurrence[501].

Cela étant, les constitutions des Etats d'Afrique française en reconnaissant la liberté de commerce et d'industrie, voire la liberté d'entreprendre dans son ensemble, participent à la consécration de la liberté de concurrence. Une telle conclusion est aussi défendue par plusieurs auteurs. Pour Linotte, en l'absence de disposition expresse dans la constitution, le principe (de la liberté de concurrence) est régulièrement conçu comme un « *avatar* »[502] des principes combinés de liberté et d'égalité, ou comme l'un des volets de la liberté d'entreprendre[503] . Le conseil constitutionnel français valide cette analyse. Ainsi comme le remarque une auteure,[504] derrière « *le principe de liberté d'entreprendre* », le conseil constitutionnel apprécie les situations de monopole, en vérifiant par exemple qu'elles sont justifiées par une exigence de valeur constitutionnelle.

Dès lors que la liberté d'entreprendre est consacrée, il s'ensuit que la liberté de concurrence l'est également. Car, la liberté d'entreprendre ne saurait être effective sans cette dernière. C'est la raison pour laquelle elle est garantie.

## 2-La garantie de la liberté de concurrence

« *L'Etat garantit...la liberté de concurrence* ». Cette disposition expresse de la constitution du Maroc[505] fait de l'Etat le garant ou le régulateur de cette liberté. Un tel rôle peut être aussi déduit dans d'autres constitutions des dispositions qui assignent à l'Etat la responsabilité de garantir la liberté d'entreprendre, la liberté d'investissement ou la liberté de travail. Ce rôle régulateur de la concurrence par l'Etat se trouve légitimé par l'erreur qui fut celle de l'Etat libéral de croire que le « *laisser-faire* » ou « *la main invisible* » conduirait inéluctablement à une concurrence pure et parfaite. Certains auteurs ont fait remarquer, fort à propos, que « *le mythe de la main invisible et d'un marché autorégulé et séparé de l'Etat, est aujourd'hui largement dépassé* »[506]. Dans la même veine, Madame Dussart écrit que « *la concurrence pure et*

[501] M-L. Dussart *op cit.* p 210.
[502] D. Linotte, « Existe-t-il un principe général du droit à la concurrence ? », *AJDA 2005*. P.1549-1553.
[503] M. Lombard, « Actualité du droit de la concurrence et de la régulation » *AJDA 2011*.P 649.
[504] M.L Dussart *op cit.,* p. 211.
[505] Art. 35.
[506] M-A Frisson-Roche et M-S Payet, *Droit de la concurrence*, Paris, Dalloz, coll. « Précis » ; 2006, p.3.

*parfaite des néoclassiques n'existe pas, et n'est pas en tout état de cause en mesure d'assurer elle-même le bien-être collectif. Le marché a besoin du droit pour fonctionner* »[507]. C'est ainsi qu'apparait la nécessité d'une régulation du marché par une certaine règlementation, cette dernière envisagée comme *« l'ensemble des règles par lesquelles l'Etat influe sur l'organisation, la conduite et les modalités de fonctionnement de l'économie* »[508].

L'Etat est donc amené à développer une politique active de la concurrence, cela dans la perspective d'assurer « *l'ordre public économique* »[509] et de garantir l'intérêt économique général[510]. Ces deux éléments peuvent justifier une limitation de la libre concurrence par l'Etat. Cette limitation est, en France, contrôlée, notamment lorsqu'elle est opérée par voie législative par le juge[511].

Les Etats africains, notamment ceux de L'Afrique Francophone, ont compris la nécessité de la régulation de la concurrence pour les activités économiques[512]. Celle-ci s'intègre globalement dans le cadre sous régional comme nous le démontrerons.[513]

En somme, la liberté de concurrence est garantie par les constitutions des Etats Africains francophones. Cette garantie s'accompagne du rôle important qu'on a assigné à l'Etat en fin de réguler la concurrence. Ce qui engendre un problème lorsqu'on sait que l'Etat est aussi un entrepreneur économique.

## B- La problématique de la concurrence entre le public et le privé

La consécration soit explicite soit implicite de la liberté de concurrence dans les constitutions des Etats d'Afrique française, ne renseigne pas

---

[507] M-l Dussart, *Constitution et Economie*, op cit., p 215.

[508] P. Badura, *Wirtschaftsverfassung un Wirtchaftverwaltung*, Tubingen, Mohr Siebeck, coll.4éd., p.9.

[509] La notion d'ordre public économique a été consacré en France par plusieurs décisions du Conseil Constitutionnel. CCF décision n°2011-126 QPC du 13 mai 2011, sté système U centrale Nationale, rec. P 235note J. Barthélemy ; décision n°2012-280 QPC du 12 octobre 2012, Sté Groupe Canal Pluset autre, rec. P.529, note Bazex.

[510] A. Antoine, *Prérogatives de puissance publique et droit de la concurrence*, Paris, LGDG, 2009,546 page.

[511] CCF décision n°2013-3 du 1 octobre 2013, Concurrence en Nouvelle-Calédonie, JO du 4 octobre 2013, p. 16505.

[512] L. Boy, « Quel droit de la concurrence pour l'Afrique francophone subsaharienne ? », *Revue Internationale de droit Economique 2010*, p.263-280.

[513] Voir chapitre II du Titre II Deuxième partie.

suffisamment sur les acteurs en concurrence. Car dans les économies modernes, et en Afrique plus qu'en occident, le secteur public incarné par l'Etat est un acteur économique important à côté du secteur privé. Le problème est alors de savoir si les personnes publiques désireuses de se livrer à des activités de production, de distribution ou de service dans un secteur concurrentiel peuvent se prévaloir de la liberté de concurrence[514]. La réponse à cette question a évolué ; de fait si initialement la libre concurrence entre le privé et le public était admise d'une manière conditionnée (1), de nos jours l'égalité de concurrence est acquise (2).

## 1-La problématique de la libre concurrence entre le public et le privé

La pertinence de la liberté de concurrence ne s'est montrée jusqu'à une période très récente qu'entre les acteurs du secteur privé. C'est que traditionnellement le principe de la libre concurrence ne s'interprétait que comme une règle de non concurrence entre le secteur privé et le secteur public[515]. Cette règle de protection de l'initiative privée s'est systématiquement maintenue. Elle trouvait son fondement dans la conception libérale de l'économie qui prônait le désengagement de l'Etat du domaine économique. Ce dernier ne devait intervenir dans le secteur économique que pour le réguler ou palier à une carence du secteur privé.

C'est justement sur cette logique que l'intervention de l'Etat ou des personnes publiques dans l'économie sera conditionnée par « *la carence de l'initiative privée* »[516]. Cette position a été consacrée en France par le Conseil d'Etat dans la jurisprudence *Chambre Syndicale du Commerce en détail de Nevers*[517]. Par cette décision, le Conseil d'Etat rappelle que les entreprises ayant un caractère commercial restent, en règle générale, réservées à l'initiative privée et que les collectivités publiques ne peuvent intervenir dans le domaine économique que si, en raison des circonstances particulières de temps et de lieu, un intérêt public justifie cette intervention. Au regard de cette décision, il faut dire que la concurrence entre le secteur public et le secteur

[514] D. Loschak, « Les problèmes juridiques posés par la concurrence des services publics et des activités privées », *AJDA* 1971. 261 P.
[515] L. Idot, « La liberté de concurrence en France », petites aff., 23 mars 2000, n°59, p. 5 et suivant.
[516] J-Ph. Colson et P. Idoux, *Droit public économique, op cit.*, p.132.
[517] CE, 30 mai 1930, Chambre Syndicale du commerce en détail de Nevers.

privé était subordonné à la réunion de deux conditions essentielles : l'existence d'un besoin public et l'absence de l'initiative privée[518].

Au-delà de ces conditions, l'une des exigences pour admettre la concurrence entre le secteur public et le secteur privé était que l'action de la personne publique ne vienne pas troubler la libre concurrence des différents opérateurs économiques du secteur considéré en prenant appui sur des financements publics ou des droits exclusifs dont ces opérateurs ne bénéficient pas[519].

Ce conditionnement initial de la libre concurrence a laissé place de nos jours à une égale concurrence.

## 2-L'admission de l'égalité de concurrence entre le secteur public et le secteur privé

La tendance favorable à la consécration d'un principe d'égale concurrence entre le secteur privé et public a été impulsée par la doctrine[520]. L'idée est née progressivement dans la doctrine que plutôt d'imposer une non concurrence de la personne publique envers la personne privée, il est judicieux, dès lors que la finalité est industrielle et commerciale, d'imposer aux personnes publiques et privées les mêmes règles lorsqu'elles interviennent dans le marché. Cette idée va concourir à la banalisation des actions publiques dans l'économie et amener à mettre sur un pied d'égalité les opérateurs publics et privés. C'est ainsi que l'on va assister à un assouplissement des règles encadrant les interventions publiques en matière économique.

Dans l'admission de cette égale concurrence entre le secteur privé et le secteur public en France, le conseil d'Etat va jouer un rôle important[521] sous l'influence de la législation communautaire. Son arrêt du 31 mai 2006 *Ordre des avocats au barreau de Paris* est considérée comme le nouveau *« vade-mecum de l'intervention économique des personnes publiques »*[522] et partant celui qui consacre véritablement la liberté de concurrence entre les acteurs économiques privés et ceux du public. Cette décision vient mettre

[518] TA de Toulouse, 26 juin 1994, « M. Migairou et autres », commentaire du jugement par G. Durand, in *Droit public éconmique*, corrigés d'examen, J-Ph Colson (dir), LGDJ, 1996 ; p. 30.
[519] CE, 23 juin 1965, Société aérienne de recherches minières.
[520] D. Loschak, *op cit.*
[521] Voir utilement CE 25 mars 2000 compagnie méditerranéenne d'exploitation des services d'eau ; CE Avis du 8 novembre 200. Société Jean louis Bernard consultant.
[522] J-Ph. Colson et P. Idoux, *Droit public économique op cit.,* p 134.

explicitement un terme, non à l'existence même du principe de la liberté d'entreprendre qui se trouve au contraire renforcée, mais à l'interprétation qui tendait à faire des règles encadrant les interventions économiques des personnes publiques des règles de non concurrence. Selon les termes de cette décision, la carence de l'initiative privée cesse d'être condition incontournable des initiatives publiques en matière économique[523]. Et partant, il sera dorénavant de jurisprudence constante que le principe de libre concurrence s'applique aussi bien au secteur privé qu'au secteur public. Cette logique d'égale concurrence semble dérivée aussi du principe d'égalité et de la liberté contractuelle.

## Paragraphe II : Les principes constitutionnels d'égalité et la liberté contractuelle comme élements de la liberté d'entreprendre

La liberté d'entreprendre une activité économique exige, dans son opérationnalité un certain nombre d'éléments dont la liberté de concurrence est l'un des majeurs. A côté de celle-ci, la liberté contractuelle et le principe d'égalité constituent aussi des prérequis à une véritable liberté d'entreprendre. Ces différents éléments sont le socle des principes de l'économie de marché. Ils permettent un bon fonctionnement des économies modernes. C'est la raison pour laquelle les deux principes d'égalité **(A)** et de liberté contractuelle **(B)** occupent une place importante en tant que droit ou liberté économique.

### A- Le principe constitutionnel d'égalité dans l'économie

Le principe d'égalité est bien connu en droit. Il s'agit d'un de ces principes universellement acquis et qui a une valeur constitutionnelle. Le principe d'égalité tel qu'envisagé et protégé en droit public a plusieurs variantes. Dégagées naguère dans une célèbre analyse du professeur Jean

[523] Le principal considérant de cette décision est ainsi libellé : « *considérant que les personnes publiques sont chargées d'assurer les activités nécessaires à la réalisation des missions de service public dont elles sont investies et bénéficient à cette fin des prérogatives de puissances publiques ; qu'en outre, si elle entendent, indépendamment de ces missions prendre en charge une activité économique, elles ne peuvent légalement le faire que dans le respect tant de la liberté de commerce et de l'industrie que du droit de la concurrence ;qu'à cet égard, pour intervenir dans un marché, elles doivent non seulement agir dans la limite de leurs compétences, mais également justifier d'un intérêt public, lequel peut résulter notamment de la carence de l'initiative privée ;qu'une fois admise dans son principe, une telle intervention ne doit pas se réaliser suivant des modalités telles qu'en raison de la situation particulière dans laquelle se trouverait cette personne publique par rapport aux autres opérateurs agissant sur le même marché, elle fausserait le libre jeu de la concurrence sur celui-ci* » , CE 31 mai 2006 Ordre des avocats au barreau.

Rivero[524], ces variantes reviennent pour l'essentiel à établir une distinction désormais largement usitée entre l'égalité abstraite et l'égalité réelle. Jean Rivero remarque que « *l'égalité à laquelle s'attache le droit public français est une égalité juridique et non une égalité de fait* »[525]. En matière économique, le principe d'égalité pose pour l'essentiel la préoccupation fondamentale de l'interventionnisme public et de la définition même d'une politique économique. D'où, le problème de son application en matière économique **(2).** Cela dit, ce principe a reçu une traduction constitutionnelle imparfaite dans les Etats d'Afrique d'expression française **(1).**

## 1- L'articulation constitutionnelle du principe d'égalité

Consacré formellement dans la totalité des constitutions des Etats d'Afrique francophone, le principe de l'égalité est relatif.

Le principe d'égalité est le principe le plus universellement reconnu dans le monde. Principe écrit, du moins lorsqu'il revêt la forme de l'égalité juridique, l'égalité est dans les autres cas considérée comme un principe général du droit applicable sans texte[526]. Ce principe dans les Etats d'Afrique francophone, est formellement consacré par les normes constitutionnelles tant directement qu'indirectement. Directement, en ceci que l'on retrouve dans ces chartes constitutionnelles affirmé d'une manière expresse le principe d'égalité. Avec des formules quasiment similaires, ces constitutions proclament, en s'inspirant de la déclaration universelle des droits de l'homme, que « *Tous les êtres humains naissent libres et égaux en droit* »[527]. Indirectement, dans ce sens que les Etats d'Afrique d'expression française ont adhéré ou ont fait leur les instruments juridiques internationaux consacrant le principe d'égalité. La Charte Africaine des droits de l'homme et des peuples, qui constitue l'un de ces instruments, la consacre ainsi : « *Toutes les personnes bénéficient d'une totale égalité devant la loi* »[528].

[524] J. Rivero, « Les notions d'égalité et de discrimination en droit public français », in *Les notions d'égalité et de discrimination en droit interne et en droit international*, travaux de l'association Henri-Capitant, tome XIV, Paris , Dalloz,1965,p 343-360.
[525] *Ibid.*, p.349.
[526] E. Dubout, « Principe d'égalité et droit de la non-discrimination », *Jurisclasseur, les libertés,* fasc. N°500,2009, p.23.
[527] Art. 11 de la constitution de la RDC.
[528] Art. 3 de la CADHP.

Cette consécration formelle du principe d'égalité soulève généralement deux questions majeures ayant trait à la dimension de l'égalité consacrée et à l'identité de ses bénéficiaires.

Relativement à la première préoccupation, il convient de dire que l'égalité consacrée par ces instruments juridiques a plusieurs facettes. Se fondant sur la pensée de Jean Rivero[529], certaines analyses distinguent trois facettes de l'égalité : l'égalité formelle et abstraite, qui s'exerce devant la loi ; l'égalité dans la règle de droit, plus concrète et réelle, qui tient compte des différences de situations ; et enfin l'égalité par la règle de droit, manifestation la plus volontariste, correctrice et concrète de l'égalité[530]. Il s'agit toujours d'opposer l'égalité formelle à l'égalité réelle, mais au sein de cette dernière, on est plus nettement conduit à reconnaitre la singularité des différenciations positives légales[531]. Aussi peut-on présenter cette égalité d'une manière trilogique, à savoir l'égalité formelle, l'égalité réelle et l'égalité correctrice.

En ce qui concerne la seconde préoccupation qui a trait à l'identification des bénéficiaires du principe d'égalité, la formulation constitutionnelle de celle-ci est malheureuse, car discriminatoire. En effet, les constitutions africaines semblent réserver le principe d'égalité qu'aux seules personnes physiques. C'est ce qu'attestent les référents de ce principe dans les constitutions : « *L'Etat assure l'égalité de tous les citoyens* »,[532] « *Tous les êtres humains naissent égaux* »[533], « *Tous les nigériens naissent .... Egaux* »[534] ou encore « *L'homme et la femme jouissent,à égalité des droits...* »[535], ou que confirme le fait que le principe d'égalité est logé dans les parties réservées aux droits et libertés reconnus aux citoyens dans ces constitutions. Ainsi l'on peut conclure allègrement que l'égalité constitutionnelle ne concerne que les personnes physiques, les personnes morales étant écartées.

Une telle conclusion doit être relativisée. Car il est admis aujourd'hui, notamment en droit public économique, que le principe d'égalité peut

---

[529] *J.* Rivero, « *Les notions d'égalité et de discrimination en droit public français* », *op cit.*

[530] M. Borgetto, « Egalité, solidarité...équité », in *Le préambule de la constitution de 1946 : antinomies juridiques et contradictions politiques*, *CURAPP*, PUF, 1996, p. 2396279 ? SP2C, p. 244.

[531] C. Mongouachon, « Le principe d'égalité et concurrence dans la jurisprudence du conseil constitutionnel », *la revue des droits de l'homme, centre de recherche et d'études sur les droits fondamentaux (Nanterre),*2017. « hal-01685093 ».

[532] Préambule de la constitution du Cameroun.

[533] Art. 11 de la constitution de la RDC.

[534] Art. 10 de la Constitution du Niger.

[535] Art. 37 de la constitution du Maroc.

également s'appliquer aux personnes publiques[536]. Cella notamment lorsque ceux-ci se dépouillent de leurs prérogatives exorbitantes. C'est ainsi que le Conseil d'Etat français, se référant aussi bien au texte de la constitution de 1958, qu'à celui de la Déclaration de 1789 ou au préambule de la constitution de 1948 a tiré le fondement de l'application de l'égalité aux personnes publiques.[537]

En dépit de sa consécration constitutionnelle générale, le principe d'égalité a une portée relative. Elle tient au fait que l'égalité requise ne saurait être absolue et que celle-ci doit céder le pas devant l'intérêt général.

Le principe d'égalité ne peut être absolu. Celui-ci est généralement confronté à un certain nombre de discriminations tant légales que jurisprudentielles. Ces discriminations sont légitimes puisque, comme le pense Rivero : « *s'engageant dans la voie de l'égalité réelle, le législateur et le juge ont différencié les règles selon les situations qu'il s'agissait de régir* »[538]. Ces discriminations ne heurtent donc pas l'égalité, mais au contraire la servent. Il faut comprendre, dit Rivero, qu'« *à légalité cherchée dans la généralité se substitue une égalité par la différenciation* »[539]. C'est ainsi que vont naitre des discriminations positives « *qui traduisent des politiques publiques visant à compenser des inégalités socio-économiques* »[540]. Sous ce rapport, le juge constitutionnel français va valider cette relativité du principe d'égalité en décidant que « *le principe (égalité) ne fait pas obstacle à ce qu'une loi établisse des règles non identiques à l'égard des catégories de personnes se trouvant dans des situations différentes* »[541].

Au-delà de ces discriminations, le principe d'égalité est aussi édulcoré par la nécessité de sauvegarder l'intérêt général. Tantôt cet intérêt est utilisé pour porter atteinte à l'égalité, en motivant par exemple au profit d'un opérateur économique public ou privé une différence de traitement, voire un véritable privilège. Tantôt il est usité pour établir une égalité menacée dans des conditions jugées inacceptables. L'intervention publique vient alors protéger l'égalité en recourant, si besoin est, à des égalités compensatrices. Ce second

---

[536] J-Ph. Colson et P. Idoux. *Droit public économique.* op cit., p 141-148.
[537] L. Favoreu et al. *Droit des libertés fondamentales.* Dalloz 2007. P 344-347.
[538] J. Rivero, « Les notions d'égalité et de discrimination en droit public français ». Op cit., p.343-360
[539] Ibid.
[540] A. Levade, « Discrimination positive et principe d'égalité en droit français », *pouvoirs*, n°111,2004, p.55-71.
[541] CCF, décision n°81-132 DC, 16 janvier 1982, *loi de nationalisation.*

motif de relativisation du principe d'égalité trouve donc son terrain d'élection dans l'application de ce principe au domaine économique.

## 2- L'application du principe d'égalité en matière d'action économique

L'application du principe d'égalité en matière d'action économique ne va pas de soin. Celle-ci s'opère beaucoup plus lorsque la cohabitation d'actions de la puissance publique et de l'initiative économique privée est en cause. C'est que l'interventionnisme économique de la personne publique « *est, par nature inégalitaire : il entend favoriser les activités conformes à l'intérêt général économique. D'où une altération générale du concept d'égalité* ».[542] Concrètement l'application du principe de l'égalité en matière économique entend rationaliser l'intervention directe ou indirecte, c'est-à-dire comme régulateur de la puissance publique en matière économique, cella en renforçant la liberté d'entreprendre et celle de la concurrence.

Il convient de rappeler que dans sa première variante libérale et abstraite, le principe d'égalité en matière économique n'est venu qu'en renfort à la liberté d'entreprendre. Le principe d'égalité sert ici l'existence d'une liberté d'entreprise puisque celle-ci suppose une égalité juridique entre les compétiteurs[543], du moins pour l'accès au marché. En combinaison avec la liberté d'entreprendre, le principe d'égalité permet alors de mettre en évidence l'inégalité suscitée par les personnes publiques par leur législation, que çe soit dans l'accès à l'activité économique ou dans les modalités d'exercices qui sont les deux aspects de la vie économique protégés par la liberté d'entreprendre.[544] Si le principe d'égalité est ainsi invoqué simultanément avec la liberté d'entreprendre, c'est parce que toute activité économique risque par principe de rompre l'égalité formelle entre les opérateurs économiques.

Dans sa seconde variante, le principe d'égalité se veut être le socle de la liberté de concurrence. Dès le milieu des années 1980, le principe d'égalité est perçu« *comme condition nécessaire et corollaire obligé du principe de*

---

[542] R. Savy, « Le contrôle juridictionnel de la légalité des décisions économiques de l'administration », *AJDA*, 1972, p.4.
[543] C. Mongouachon, « Le principe d'égalité et concurrence dans la jurisprudence du conseil constitutionnel », *la revue des droits de l'homme, centre de recherche et d'études sur les droits fondamentaux (Nanterre),2017*. « Hal-01685093 ».
[544] CCF, déc.2012-285 QPC, 30novembre 2012 Christian S.

*concurrence »*[545].Du fait que le principe d'égalité suppose que les personnes physiques ou morales qui veulent accéder au même marché pertinent soient placées dans des conditions garantissant l'absence de discrimination *a priori* entre elles pour l'accès au marché, il nécessite un environnement concurrentiel. C'est ainsi que le Conseil Constitutionnel Français va se fonder sur le principe d'égalité pour protéger les conditions de la concurrence. Il va considérer dans une de ses décisions, que dans certaines hypothèses, notamment en matière de commande publique[546], le respect du principe d'égalité *« implique la libre concurrence »*[547].

Il est donc manifeste qu'il existe une corrélation entre le principe d'égalité et celui de la liberté de concurrence voire celle d'entreprendre. C'est alors que ce principe apparait comme un principe économique, comme l'entend être la liberté contractuelle.

## B- La liberté contractuelle

Avec le tropisme de libéralisme, la liberté contractuelle apparait de nos jours comme une liberté fondamentale. Celle-ci se conçoit comme le postulat selon lequel toutes les personnes doivent être libre de définir elles même les termes de leurs propres contrats, sans aucune interférence d'autrui. Sous ce rapport, la liberté contractuelle est la manifestation par excellence des interactions individuelles. En droit public économique, la liberté contractuelle apparait comme une liberté importante, du fait de ses enjeux, dans l'exercice des activités économiques (2) ; seulement ses fondements ou sa valeur constitutionnelle n'est pas certaine dans les constitutions des Etats d'Afrique francophone (1).

### 1-La valeur constitutionnelle de la liberté contractuelle

La liberté contractuelle, dans les Etats d'Afrique d'expression française comme en France ne bénéficie pas d'un fondement constitutionnel clair. Concrètement, il ne peut être trouvé dans les normes constitutionnelles de ces Etats aucune référence directe à cette liberté. Le Conseil Constitutionnelle français, dans une décision du 3 aout 1994[548], avait tôt fait d'affirmer alors

---

[545] D. Linotte, « Principes d'égalité, de liberté de commerce et d'industrie et droit de la concurrence », *opcit.*, p. 19

[546] CCF. Déc. n°2007-556 DC du 16 aout 2007, service minimum, Rec., p. 319.

[547]CC F, déc. n°2001-451 DC du 27 nov. 2001, couverture des non-salariés agricoles, Rec., 145.

[548] CCF. 94-348 dc du 3aout 1994, loi relative à la protection sociale complémentaire des salariés, RFDC 1994, p.832.

qu'« *aucune norme constitutionnelle ne garantit le principe de liberté contractuelle* », position qu'il confirmait dans une décision du 20 mai 1997[549] en énonçant que « *le principe de la liberté contractuelle n'a pas en lui-même valeur constitutionnelle* ».

Ce déni d'un fondement clair à la liberté contractuelle ainsi que cette position du juge constitutionnel doivent être reconsidérés. Car s'il est vrai que dans la plupart des constitutions des Etats il n'existe pas des dispositions expresses relatives à la liberté contractuelle, cette absence ne saurait signifier une carence de valeur constitutionnelle à la liberté contractuelle. Dans un remarquable article[550], le professeur Christophe Lajoye démontre que la valeur constitutionnelle de la liberté contractuelle est claire malgré une jurisprudence constitutionnelle ambiguë à cet égard. Reprenant quelques éléments de son analyse, il apparait que le fondement constitutionnel de la liberté contractuelle peut s'assoir sur la liberté individuelle et l'autonomie de la volonté d'une part et sur la propriété et la liberté d'entreprendre d'autre part.

Lareconnaissance de la liberté individuelle qui implique l'autonomie de la volonté est un préalable à tout système d'organisation politique et juridique des Etats libéraux.

La liberté individuelle postule que l'homme prime sur la collectivité, sa liberté est, ce faisant, une priorité absolue. Cette liberté ayant pour principale menace les actions du pouvoir politique, il faut par conséquent protéger l'individu contre les agissements de l'Etat en limitant les interventions de ce dernier[551]. C'est que l'homme doit pouvoir conduire sa vie à sa guise, les seules bornes étant le respect de la liberté des autres et l'interdiction d'attenter à la société. Fort de cela, la liberté individuelle va bénéficier d'une protection constitutionnelle. En France, ce sont les articles 4 et 5 de la Déclaration des Droits de l'Homme et du Citoyen qui « *constituent... les textes de base, et qui plus est à valeur constitutionnelle, de (notre)droit relatif à la liberté individuelle* »[552]. Dans les Etats d'Afrique d'expression française, la liberté individuelle est formellement consacrée dans les constitutions. Avec des formules différentes, celles-ci affirment que « *tous les hommes sont libres* ».

---

[549] CCF. 97-388 DC du 20 mars 1997, *Plans d'épargne retraite.*
[550] Ch. LAJOYE, « De la valeur constitutionnelle de la liberté contractuelle », *CRDF*, n°1/2002. P. 118-132.
[551] *Ibid.*, p. 122.
[552] Ch. LAJOYE, *op cit.*, p.122.

Si l'homme se voit ainsi reconnaitre et même garantir une liberté d'action dans le management de sa vie dans toutes ses dimensions, il doit aussi jouir de la liberté contractuelle. Il doit donc pouvoir décider en toute liberté de contracter ou non, fixer les conditions du contrat, choisir son cocontractant. C'est dire que, si les constitutions des Etats reconnaissent et protègent la liberté individuelle qui « *consiste à pouvoir faire ce qui ne nuit pas à autrui* »[553], cela intègre nécessairement la liberté contractuelle. Autrement dit, il ne peut y avoir liberté individuelle sans liberté contractuelle. Ce faisant, la liberté individuelle bénéficie d'une valeur constitutionnelle.

L'autonomie de la volonté participe également, selon le professeur Christophe Lajoye[554], à offrir un fondement constitutionnel à la liberté contractuelle. La théorie de l'autonomie de la volonté résulte du libéralisme politique et économique. Elle part du fait que si la liberté individuelle est placée au-dessus de tout et qu'elle doit être protégée de toute intervention arbitraire, c'est la volonté des individus qui doit être la source des obligations auxquelles ils sont liés. Des lors, l'individu doit consentir aux limitations de sa liberté d'action soit directement dans le cadre du contrat, soit indirectement dans le cadre de la loi[555].

L'autonomie de la volonté fonde donc la liberté contractuelle des personnes privées. Pour les personnes publiques, notamment les entités décentralisées, leur liberté contractuelle est basée sur le pendant de l'autonomie de la volonté qu'est le principe de la libre administration[556].

La valeur constitutionnelle de la liberté contractuelle dérive également de la propriété et de la liberté d'entreprendre.

Pour Lajoye, la liberté contractuelle tient sa valeur constitutionnelle de la propriété[557]. Il indique à cet égard que la liberté contractuelle étant une composante de la liberté individuelle, elle est le corollaire du droit de propriété. Car c'est en raison du fait que la propriété est un droit sacré et inviolable en vertu de l'article 17 de la Déclaration des Droits de l'Homme et du Citoyen,

---

553 Selon les termes de l'article 4 de la Déclaration des droits de l'Homme et du Citoyen.

554 Ch. LAJOYE, *op cit.*

555 Cf. en ce sens G. Marty et P. Raynaud, *Droit civil, Les Obligations*, tome1, Les source, Sirey 2ed. 1988, P ; 28 qui écrivent « *...puisque l'homme est essentiellement libre, l'obligation ne peut venir que de lui-même* ». D'ailleurs, en vertu de la théorie du contrat social initiée par J. Locke et par J.J Rousseau, le contrat est à l'origine de la création de la société politique.

556 Lire sur ce point Ch. LAJOYE, *op cit.*, P.119-122.

557 Ch. Lajoye, *op cit.,* p.122.

« *dont la conservation constitue l'un des buts de la société politique* » selon les expressions du Conseil constitutionnel[558], que « *tout homme doit pouvoir librement contracter pour pouvoir se constituer un patrimoine, le faire fructifier et évoluer* »[559].

Le lien entre la liberté contractuelle et la liberté d'entreprendre apparait d'une manière évidente. C'est que la liberté d'entreprendre est le fondement de la liberté contractuelle. De fait, la liberté d'entreprendre et la liberté contractuelle ont des liens si étroits qu'il est possible de voir en la seconde un moyen fondamental, une condition de la première. De même, la liberté contractuelle peut trouver un fondement dans le prolongement de la liberté d'entreprendre qu'est la liberté de commerce et d'industrie. Celle ci apparait comme une condition d'effectivité de celle-là. On ne peut donc pas garantir la liberté d'entreprendre ou celle du commerce et de l'industrie sans garantir la liberté contractuelle. Autrement dit, l'introduction parmi les principes à valeur constitutionnelle de la liberté d'entreprendre induit celle de la liberté contractuelle[560].

C'est donc dire, en se fondant sur le droit de propriété et de la liberté d'entreprendre, qui bénéficient d'un fondement constitutionnel dans les Etast d'Afrique francophone, que la liberté contractuelle qui en dérive a une valeur constitutionnelle. Celle-ci est un véritable gage des activités économiques.

## 2-La liberté contractuelle comme instrument des activités économiques

La liberté contractuelle constitue, à côté de la liberté d'entreprendre un pilier du libéralisme, notamment dans sa version économique. Car, bien que la majorité des contrats ne se rangent pas directement derrière une finalité économique, le contrat n'en demeure pas moins l'« *instrument [idéal ] des relations économiques* »[561]. Cela dans la mesure où, concrétisation d'un échange, il fait « *entrer les choses dans le mouvement du commerce* »[562]. Voilà donc pourquoi l'outil contractuel fut d'abord pensé avec la propriété comme figurant au nombre des éléments essentiels au développement du système

[558] Décision du 13 aout 1993. *Op cit.*

[559] Ch. Lajoye, *op cit.*, p. 122.

[560] *Ibid.*

[561] M.Hauriou, *Principes de droit public à l'usage des étudiants*, Paris, Sirey, 2ed.,1916, p.196.

[562] *Ibid.*

économique libéral. Incontestablement, la liberté contractuelle permet le développement efficace de l'économie contemporain.

D'une manière concrète, comme nous l'avons fait observer il existe une corrélation forte entre la liberté contractuelle et la liberté d'entreprendre, surtout dans sa déclinaison de liberté de commerce et d'industrie. Car l'exercice de la liberté d'entreprendre une activité économique nécessite que l'entrepreneur puisse quotidiennement, dans le cadre de son activité professionnelle, contracter, choisir son cocontractant et fixer librement les conditions du contrat. La liberté contractuelle est donc un véritable gage de la liberté d'entreprendre. Elle impacte aussi plus singulièrement la liberté de commerce et d'industrie.

A l'instar de la liberté d'entreprendre, la liberté contractuelle est un moyen fondamental de la liberté de commerce et d'industrie, puisque le droit de créer une activité commerciale ou industrielle dans tous les secteurs de l'économie nationale, comme le droit de concurrencer toute entreprise, suppose celui de conclure des contrats de toute nature et de pouvoir négocier librement le contenu de ces contrats avec des partenaires commerciaux et clients. Sans cette possibilité, la liberté de commerce et d'industrie ainsi que la liberté d'entreprendre plus généralement seraient réduites à néant.

## CONCLUSION

Il convient de rémarquer en définitive que la liberté d'entreprendre dans ses déclinaisons liberté du commerce et d'industrie, liberté d'investissement et liberté de travail ont une nature économique patente. Dans sa mise en ouevre, la liberté d'entreprendre nécessite la liberté de concurrence, la liberté contractuelle et le principe d'égalité. Ces différentes déclinaisons de la liberté d'entreprendre ainsi que ses incidences ont un fondement constitutionnel clair dans les Etats d'Afrique francophone. Avec le droit de propriété, la liberté d'entreprendre constitue la matrice de l'activité économique quelqu'en soit le sytème économique rétenu. Seulement leur seule consécration ne suffit pas pour que les activités économiques soient ménées sereinement et efficacement. Pour que le droit de propriété et la liberté d'entreprendre en tant que fondement de l'actvité économique soient effectifs il leur faut un régime de protection constitutionnelle.

# TITRE II :

# LA PROTECTION CONSTITUTIONNELLE DU CADRE DE L'ACTIVITE ECONOMIQUE

Les constituants des Etats d'Afrique d'expression française ont, dans leur prise en compte de l'économie, instauré un cadre de protection ou de garantie à l'activité des acteurs économiques sur leur territoire. En effet, les actions économiques étant les différentes interventions des opérateurs dans la sphère économique, ou plus concrètement : « *l'ensemble des relations qui existent entre les unités en interaction économique »*[563], il était important que ces actions soient protégées. De fait, dans leur armature constitutionnelle, les constitutions des Etats d'Afrique francophone ne se bornent pas seulement à offrir ou à fixer un cadre normatif important à l'activité économique, elles vont au-delà en posant les mécanismes de protection de cette activité.

La protection de l'action économique dans les Etats d'Afrique francophone s'inscrit dans un double cadre : normatif et matériel.

Le cadre normatif renvoie à l'ensemble des normes constitutionnelles qui offrent un fondement à l'activité économique ; il s'agit comme nous l'avons vu des droits et libertés économiques consacrés dans les constitutions de ces Etats[564]. Si cette inscription constitutionnelle apparait d'abord comme le premier socle de protection de l'activité économique,[565] il reste néanmoins que cette garantie n'est pas suffisante, car le problème de l'application ou de l'invocabilité directe de ces droits et liberté conditionne l'effectivité de ces normes. Puisque *« c'est seulement dans la mesure où l'ensemble des droits constitutionnellement garantis pourront être mis en œuvre, par certains organes que la proclamation constitutionnelle sera pleinement efficace.* »[566].C'est conscient de cet état des choses qu'il existe dans les constitutions des Etats d'Afrique d'expression française des garanties des droits et libertés économiques étoffées (**Chapitre I**).

La protection matérielle de l'activité économique revêt également une dimension importante dans les constitutions des Etats étudiés. En effet, les interactions économiques par les différents acteurs sont aussi organisées par les constitutions de ces Etats, comme nous le verront[567]. Ces interactions sont encadrées et protégées par les exigences de la bonne gouvernance, qui sont

---

[563]T. Parsod, *Economies and society,* London, Routledge and Regan Paul, 1956. P.14.
[564] Lire nos développements plus haut sur l'affirmation constitutionnelle des droits et libertés économiques.
[565]L. Favoreu démontre que l'inscription constitutionnelle des droits et libertés participe à leur protection. In *Droit des libertés fondamentales, op cit., PP. 123-156.*
[566] L. Favroreu, *op cit.,* p. 130.
[567] Voire Deuxième partie.

contenues dans ces constitutions et, constituent du reste le second socle de protection des activités économiques (**Chapitre II**).

# CHAPITRE I :

# LA GARANTIE CONTRASTEE DES DROITS ET LIBERTES ECONOMIQUES

La formulation constitutionnelle des droits et libertés économiques dans les constitutions des Etats d'Afrique francophone, élève ceux-ci en « *droits et libertés fondamentaux* »[568]. Ce faisant, ils nécessitent une protection ou une garantie renforcée. C'est que l'idée de « *protection* » ou de « *garantie* » affecte consubstantiellement la notion de « *droit et liberté fondamental* ». L'article 16 de la Déclaration française des Droits de l'Homme et du Citoyen de 1789 ne considérait-il pas à ce propos que, toute société dans laquelle les droits ne sont pas garantis n'a point de constitution ?

De fait, c'est un lieu commun de dire que la seule existence d'un catalogue de droits et libertés, aussi complet soit-il, n'est pas à même d'assurer les droits de la personne humaine. A la vérité, ce n'est qu'au moment où les droits et libertés se trouvent assortis de mécanismes de protection de nature à garantir leur effectivité, qu'ils peuvent se réaliser. C'est ce qu'exprime fort justement le professeur Pierre Bon, lorsqu'il affirme que la simple proclamation des droits et libertés « *les laisse à l'état de virtuel. Pour qu'il s'agisse de droits réels et effectifs et non pas de droits formels et virtuels, il faut que la constitution définisse un certain nombre de règles juridiques et mette sur pied un certain nombre de mécanismes destinés à les garantir* »[569]. D'un tel constat, il s'infère que « *les libertés ne valent que ce que valent leur garantie* »[570].

Cela acquis, il reste la lancinante question qu'avait posée en son temps le Professeur Robert Duffar, à savoir : « *Contre qui importe-t-il de protéger les libertés ?* » [571] En premier lieu et essentiellement contre l'Etat, c'est-à-dire spécifiquement le législateur et l'administration, dans le cas d'une menace verticale contre les droits et libertés des citoyens[572]. En second lieu, il convient de protéger les individus contre les individus dans le cadre des menaces horizontales qui sont celles qui pèsent sur les rapports entre les particuliers[573].

---

[568] Lire utilement à ce propos : J. Fialaire, E. Mondielle, *Droits fondamentaux et libertés publiques,* Paris, Ellipses 2005, coll. Universités Droit.558 P ; X. Latour et B. Pauvert, *Libertés publiques et droits fondamentaux,* Levallois-Perret, Studirama, 2006. 336 P.
[569] P. Bon, « La protection constitutionnelle des droits fondamentaux : aspects de droit comparé européen », in D. Maus et P. Bon (Dir), *La nouvelle république brésilienne*, économica, P.U.A.M., coll. Droit Public positif, Paris, 1991. P.223.
[570] M. Dran « Le contrôle juridictionnel et la garantie des libertés publiques » op cit., P.8.
[571] J. Robert et J. Defar, *Droit de l'homme et libertés fondamentales*, Paris, PUF.,1996, P.21.
[572] Zbigniew Paul Dime Li Nlep, *La garantie des droits fondamentaux au Cameroun*, Mémoire de DEA en droit international des droits de l'homme, Université Abomey-Calavi 2004. P. 66.
[573] *Ibid.*

Conscient de cet enjeu de protection des droits et libertés fondamentaux en général contre ces menaces plurielles, les Etats d'Afrique francophone, ont mis sur pied des dispositifs ou mécanismes étoffés, mais contrastés, de protection de ces droits et libertés fondamentaux, singulièrement économiques. Si ce dispositif de protection s'opère d'abord par une armature juridictionnelle dont l'efficacité semble relative (**Section I**), il se décline aussi par des mécanismes non juridictionnels qui quant à eux sont diversifiés (**Section II**), et utiles à bien des égards pour la garantie pratique de ces droits et libertés économiques.

## Section I : Une garantie juridictionnelle relative

En tant que normes juridiques, les droits et libertés économiques consacrés par les constitutions des Etats Africains d'expression française sont protégés par la sanction qui s'attache à leur violation. C'est le juge qui, au sein des Etats modernes, a le pouvoir de constater les violations de droit et le cas échéant les sanctionner en vue d'en assurer la protection. Le Professeur Vignon déclare à ce propos *« La sanction normale de la règle de droit réside dans le recours au juge »*[574]. Le juge a ainsi un rôle important à jouer dans la protection des droits et libertés économiques proclamés au sein des ordres juridiques africains. Il inscrit ses missions dans le cadre des prérogatives reconnues au pouvoir judiciaire, selon le principe de séparation des pouvoirs[575], de trancher les litiges nés des rapports au sein des Etats, qu'ils surviennent entre l'Etat et les particuliers ou qu'ils soient interindividuels.

Dans le cas de la protection juridictionnelle des droits et libertés économiques, c'est d'abord au juge constitutionnel qu'incombe la mission de les protéger du fait, sans doute, de leur valeur constitutionnelle établie (**Paragraphe I**). Les juges ordinaires, en l'occurrence administratif et judiciaire, sont aussi mobilisés de façon complémentaire dans cette protection (**Paragraphe II**). Seulement, en matière des droits et libertés économiques dans les Etats d'Afrique francophone, cette protection est timorée.

### Paragraphe I : L'intervention mesurée du juge constitutionnel

L'intervention de la juridiction constitutionnelle dans la protection des droits et libertés économiques est une évidence. De fait, la reconnaissance de

[574] Y.B. Vignon, « La protection des droits fondamentaux dans les nouvelles constitutions africaines », *Revue nigérienne de droit,* n°3, déc. 2000, p. 90.
[575]Sur la séparation des pouvoirs lire, Montesquieu, *De l'esprit des lois, op cit.*

ces droits et libertés dans les constitutions des Etats d'Afrique francophone, les élève en droit fondamental. Dans les systèmes juridiques d'inspiration française, c'est d'abord aux juridictions constitutionnelles qu'incombe la mission de protéger les droits et libertés consacrés dans la constitution[576]. Au-delà de cette mission, dans un Etat comme la France, la juridiction constitutionnelle a joué et joue un rôle important dans la constitutionnalisation des droits et libertés économiques[577].

En Afrique francophone, la juridiction constitutionnelle n'a pas encore acquis la dimension de son homologue français dans la garantie des droits et libertés économiques fondamentales, son intervention étant mesurée. Cela est certainement dû à une émergence récente de la justice constitutionnelle dans l'armature institutionnelle de ces Etats (A) et surtout à ses missions limitées dans la protection de ces droits et libertés(B).

## A-L'émergence récente du la juridiction constitutionnelle dans l'armature institutionnelle de protection des droits et libertés économiques

En tant que juridiction spéciale chargée de la justice constitutionnelle[578], l'émergence de la juridiction constitutionnelle est récente dans l'espace francophone d'Afrique. Cette émergence dans ces Etats est liée à une évolution[579] qui a abouti aujourd'hui à la création des juridictions constitutionnelles spécifiques (1). C'est ainsi que la quasi-totalité des Etats d'Afrique d'expression française disposent actuellement, dans leurs dispositifs constitutionnels d'une juridiction constitutionnelle spécifique, investie de plusieurs fonctions importantes (2) et qui ont donné lieu à plusieurs études florissantes[580].

---

[576] J-M. Pontier, *Droit fondamentaux et libertés publiques,* Paris, hachette, coll. Les fondamentaux, 2 éd., p.89.

[577] Il existe une littérature abondante sur l'apport du juge constitutionnel dans la constitutionnalisation des droits et libertés économiques en France. A titre utile on peut signaler : J-Y, CHEROT, « la protection de la propriété dans la jurisprudence du conseil constitutionnel », in *Mélange Christian Mouly*, paris, Litec, 1998, t.1, pp405-420 ; G. DRAGO, « Droit de propriété et liberté d'entreprendre dans la jurisprudence du Conseil constitutionnel : une relecture », *CRDF,* n°9,2011, pp.31-39.

[578] J. AIVO, « La Cour constitutionnelle du Benin », *RFDC 2014*, n°99, p .717.

[579] F. MODERNE, « L'évolution des juridictions constitutionnelle dans les Etats d'Afrique francophone et la République malgache », in G. CONAC (Dir) *Les institutions constitutionnelles des Etats d'Afrique et de la République Malgache*, Paris, Economica 1979, p. 85 et s.

[580] Ahmed Salem Ould Boubout, « Les juridictions constitutionnelles en Afrique : Evolution et enjeux », *Annuaire international de justice constitutionnelle* , XIII-1997, p.30-54.

## 1-L'évolution de la juridiction constitutionnelle dans les Etats d'Afrique francophone

L'histoire des juridictions constitutionnelles dans les Etats d'Afrique d'expression française a connu un double développement[581]. Ces développements qui traduisent l'évolution de cette juridiction dans les Etats africains, a connu son premier mouvement à la suite des indépendances. Celui-ci traduit la période de naissance de la juridiction constitutionnelle. Le second mouvement fait suite au vent de libéralisme dans les années 1990 et correspond à l'institutionnalisation des véritables juridictions constitutionnelles.

L'idée de l'introduction d'une juridiction constitutionnelle dans les Etats d'Afrique française prend corps juste après les indépendances. Les premières constitutions issues de cet accès à la souveraineté internationale, vont instaurer le contrôle de constitutionalité des lois. C'est que ces Etats *« nés de la décolonisation s'étant souvent inspirés des constitutions de leurs « anciens maitres », il apparait alors normal que le principe de contrôle de constitutionnalité s'y retrouve même si ce n'est pas toujours en des termes identiques à ceux du modele inspirateur »*[582]. Certains auteursn'hésitent pas alors à voir en cela « un *effet secondaire* » [583]du mimétisme global dont font montre les africains[584]. Quoiqu'il en soit, qu'il soit par imitation ou d'une manière autonome[585] , *« les premiers constituants africains ont quasi-unanimement accepté le principe d'un contrôle de constitutionnalité »*[586].

Cette adhésion au contrôle de constitutionnalité ne s'est pas matérialisée par la création, pour la quasi-totalité de ces Etats, d'une juridiction constitutionnelle spécifique. Travestissant ainsi un élément important du modèle centralisé européen de contrôle de constitutionnalité[587]. A la vérité, la plupart des Etats francophones ont préféré organiser leur contrôle de

---

[581]*Ibid.*, p. 35.

[582] J-L. Atangana Amougou, « La constitutionnalisation du droit en Afrique : l'exemple de la création du Conseil Constitutionnel Camerounais », *Annuaire international de justice constitutionnelle,2004*, p. 45.

[583]*Ibid.*

[584584] G. Conac, « Le juge constitutionnel en Afrique, censeur ou pédagogue ? », in *Les cours suprêmes en Afrique, Tome 2*, économico, 1989, P. 6.

[585]Sur l'autonomie des droits africains, lire M. Ondoa op cit.

[586] G. Conac, *op cit.*,p.6.

[587] Le modèle européen de contrôle de constitutionnalité est caractérisé entre autres par l'existence d'une juridiction spécialisée chargée de la justice constitutionnelle. C'est donc une logique contraire au modèle Américain ou le contrôle de constitutionnalité est décentralisé, puisque toutes les juridictions au sein de l'Etat peuvent opérer ce controle.

constitutionalité dans une chambre constitutionnelle de la cour suprême placée au sommet de l'ordre juridictionnel. C'est le cas notamment du Dahomey[588], du Niger[589], etdu Congo[590].Le Cameroun et la République Malgache vont connaitre une trajectoire quelque peu différente.

Le Cameroun, contrairement aux autres Etats, va initialement ignorer le contrôle de constitutionalité. La première constitution du 4 mars 1960, en effet, ne va contenir aucune disposition relative à la juridiction constitutionnelle ou au contrôle de constitutionnalité[591]. Cet état de choses va évoluer avec la constitution fédérale qui prévoit que le contrôle de constitutionnalité revient à la Cour Fédérale de justice[592]. La constitution issue de l'unification va conforter cette position en confiant le contrôle de constitutionnalité à la Cour Suprême qui succède à la Cour Fédérale de Justice[593]. Seulement, contrairement aux Etats susmentionnés, il n'existe pas, dans ces hautes juridictions des chambres spécialisées vouées au contrôle de constitutionnalité des lois.

La République malgache se démarque des autres Etats en matière de contrôle de constitutionnalité. Andrianaivo Ravelona Rajoona fait observer à cet égard que *« le principe de l'existence d'une institution chargée du contrôle de la constitutionnalité des lois a toujours prévalu à Madagascar »*[594]. En fait, dès l'indépendance, la république Malgache va créer sa première juridiction constitutionnelle. Les dénominations de celle-ci vont différer selon les Républiques : Conseil Supérieur des Institutions sous la première République[595], Haute Cour Constitutionnelle sous la deuxième République[596]

---

[588] Art. 57de la constitution du 26 novembre 1960 ; Art.88 de la constitution du 29 juin 1970. Il faut rappeler à titre utile que le Dahomey est l'actuel Benin.

[589] Art. 57 de la constitution du 8 novembre 1960.

[590] Art. 58 de la constitution du 2 mars 1961.

[591] A. Kountchou Kouomegni, « Vers un nouveau modèle de contrôle de la constitutionnalité des lois au Cameroun », in *Les cours suprêmes en Afrique*, Economica, 1989, p. 46.

[592] Le Professeur Atangana Amougou dans l'article précité, note à cet effet que « *contrairement à ce qu'affirmait le professeur Franck Moderne, cette juridiction était bien compétente pour ce qui est du contrôle de constitutionnalité des lois* ». À ce propos d'ailleurs, l'article 14 de la constitution du 1 septembre 1961 disposait que : « *le président de la république fédérale saisit le Cour Fédérale de justice... lorsqu'il estime qu'une loi fédérale est contraire à la présente constitution ou* qu'une loi des Etats fédérés est prise en violation des dispositions de la constitution ou d'une loi fédérale »

[593] J. Owona, « *La* nouvelle constitution camerounaise du 2 juin 1972 :de l'Etat fédéral à l'Etat unitaire », *RJPIC,* 1973, p. 3 et s.

[594] Andriananaivo Ravelona Rajaona, « La juridiction constitutionnelle à Madagascar », *Annuaire international de justice constitutionnelle,* Economica, 1994, p. 111.

[595] La Première république va de 1960 à 1972.

[596] La deuxième république va de 1975 à 1991.

et Cour Constitutionnelle dans la troisième République[597].A chacune de ces mutations, la nature de l'institution sera fortement marquée par les vicissitudes de l'événement politique, donnant la pleine mesure de son rôle.[598]

Quoiqu'il en soit, malgré cette existence plus ou moins avérée des mécanismes de contrôle de constitutionnalité intégrés dans les juridictions de droit commun, la constante ici et là est que le bilan, de ces juridictions en matière de contrôle de constitutionnalité des lois, est mitigé, puisque caractérisé par une absence des possibilités juridiques de garantie de respect de la loi[599]. On comprend pourquoi le Professeur Frank Moderne, dressant un bilan de vingt ans de l'existence de ces juridictions, avait constaté que « *les conflits politiques se sont dénoués la plupart du temps sans leur intervention et leur action régulatrice des pouvoirs publics s'est heurtée à trop d'obstacles pour être efficace* »[600]. C'est peut-être la raison pour laquelle, en considérant cette inefficacité, les Etats Africains, profitant des bouleversements socio-politiques intervenus dès le début des années 1990 vont opter pour l'institutionnalisation de véritables cours constitutionnelles.

Depuis les mutations socio-politiques ayant eu cours dans les Etats africains aux orées des années 1990 suite au vent du renouveau démocratique, des nombreux pays africains ont institués de véritables organes de contrôle de constitutionnalité des lois. C'est ainsi que ce soit en République Démocratique du Congo[601], au Benin[602], au Maroc[603] au Niger[604], au Cameroun[605] ou à Madagascar[606], il existe des juridictions constitutionnelles spécialisées. C'est donc dire que des deux modeles de justice constitutionnelle qui existe de par le monde, à savoir le modèle américain[607] et le modèle européen[608], la presque totalité des Etats d'Afrique francophone ont fait le choix du second. Comment des lors expliquer cet attrait vers ce modèle ?

---

597 La troisième république va de 1992 à 1997.
598 Andriananaivo Rajaona, op cit., P.111.
599 A. Kounctchou Kouomegni, op cit., p.45.
600 F. Moderne, « Les juridictions constitutionnelles en Afrique », in G. Conac(Dir*), Les Cours suprêmes en Afrique, Tome II, Economica, paris 1989, p* 3 et s.
601 Section IV, Paragraphe 5, article 157 à 169.
602 Titre V. article 114à 124.
603 Titre VIII, article 129 à 134.
604 Titre VI section II de la Constitution (Article 120 à 135).
605 Titre VII, article 46 à 52.
606 Sous-titre IV, chapitre II, article 114 à 120.
607 Sur ce modèle lire G. Burdeau, F. Hamon Et M. Troper, *Droit constitutionnel et institutions politiques*, Paris ? LGDJ, 27 éd, 2004, *op cit.*
608Ibid.

Cet état de choses trouve son explication assurément dans l'héritage français de ces Etats comme évoqué plus haut. Le Doyen Louis Favoreu trouve une autre explication à ce phénomène qui tient aux avantages de ce modèle. Il soutient que la diffusion rapide du modele européen de cour constitutionnelle dans des contextes nationaux divers, tient « *en particulier à l'institutionnalisation d'une juridiction unique, plus rapide à mettre en place et à l'autorité absolue de la chose jugée des décisions rendues permettant d'éviter les interprétations divergentes entre tribunaux »*[609].

Les cours constitutionnelles ainsi instituées s'inscrivent largement dans le mouvement de développement de la justice constitutionnelle dans le monde. De ce développement, un auteur écrira alors qu' « *on ne conçoit plus aujourd'hui de système constitutionnel qui ne fasse place à cette institution »*[610]. Même si, arrivées en Afrique francophone sur le tard, ces juridictions constitutionnelles en dépit de leur dénomination variée[611], répondent à la définition de la notion de cour constitutionnelle, à savoir : « *une juridiction créée pour connaitre spécialement et exclusivement du contentieux constitutionnel, situé hors de l'appareil juridictionnel ordinaire et indépendante de celui-ci comme des pouvoirs publics* ».[612]C'est d'ailleurs cela qui établit la différence entre celles-ci et les institutions que ces Etats ont connu au lendemain des indépendances. Au-delà, l'un des éléments de leur différenciation est l'étendue de leur compétence.

## 2-Les compétences de la juridiction constitutionnelle dans les Etats d'Afrique d'expression française

L'instauration des juridictions constitutionnelles dans les Etats d'Afrique francophone constitue un fait politique et juridique d'une importance capitale dans le processus de démocratisation engagé dans ces Etats au début des années 1990. Résultantes du vent de libéralisme qui a soufflé dans ces Etats pendant cette période, le constat est que ces juridictions apparaissent dans un contexte institutionnel somme toute différent de celui dans lequel elles sont apparues dans les pays occidentaux[613], notamment la

---

[609] L.FAVOREU, (coord.), *Droit constitutionnel,* 1999, Dalloz, 2 éd. 1999, p. 231.

[610] L. Favoreu, *Les Cours Constitutionnelles,* Paris, PUF 1989, Que sais-je ? p.3.

[611] Conseil Constitutionnel au Cameroun, Cour Constitutionnelle en République Démocratique du Congo, au Niger, au Benin… ou Haute Cour Constitutionnelle à Madagascar.

[612] L.Favoreu, *op cit.,* P.3.

[613] Pour de plus amples développements sur ce sujet, lire Louis FAVOREU, *Les Cours constitutionnelles*, PUF, Que sais-je ? *op cit.*

France. Relativement à ce dernier pays, le Professeur Luchaire fait remarquer que « *le conseil constitutionnel a été établi dans un but essentiel : surveiller le parlement* »[614]. Ce n'est que progressivement que la jurisprudence et les textes ont fait de lui « *le protecteur efficace des droits et libertés de l'homme et du citoyen* ».[615]

L'instauration de la juridiction constitutionnelle en Afrique répond à une logique contraire. C'est qu'enAfrique, « *ce n'est pas l'exécutif qui doit être défendu* »[616], sauf à faire perdurer sa position dominante sur le jeu institutionnel. C'est plutôt donc le pouvoir législatif qui doit être protégé, et dans ce sens la juridiction constitutionnelle devra « *essayer de rééquilibrer le jeu institutionnel et de contenir l'ancienne tendance du pouvoir exécutif à faire adopter par une assemblée godillot et des élus dociles des textes souvent manifestement anticonstitutionnels et attentatoires aux libertés* »[617]. Ainsi, au-delà de cette rationalisation des pouvoirs de l'exécutif, la juridiction constitutionnelle a pour mission originelle de garantir les droits et libertés des citoyens.

Dans cette perspective, les Constituants des Etats d'Afrique d'expression française ont investi leurs juridictions constitutionnelles de compétences quasiment analogues[618]. Celles-ci s'inscrivent généralement dans trois axes principaux : le contrôle de constitutionnalité des lois, larégulation du fonctionnement régulier des institutions publiques, et la connaissance du contentieux des élections. Au regard de ces compétences, le juge constitutionnel apparait comme un maillon essentiel dans la garantie d'un « *gouvernement de la constitution* » pour retenir la belle expression du Doyen George Vedel, et partant, de l'Etat de droit en Afrique. C'est aussi en cela qu'il joue un rôle important en matière de protection des droits et libertés en général et singulièrement des droits et libertés économiques. Seulement la protection de ceux-ci semble limitée.

---

[614] F. Luchaire, *Le Conseil constitutionnel,* Paris, Economica 1997, 2edition refondue, p. 21.

[615]*Ibid.*

[616] G. Conac, « Le juge constitutionnel en Afrique, censeur ou pédagogue ? », *op. cit.* P. XVI.

[617] L. Favoreu, Les Cours constitutionnels, *op cit.*, P. 3.

[618] J-L. Atangana Amougou, « La constitutionnalisation du droit en Afrique : l'exemple de la création du conseil constitutionnel Camerounais », *op cit.,* PP. 44-45.

## B-Le caractère limité de la protection des droits et libertés économiques par le juge constitutionnel

Contrairement à la juridiction constitutionnelle française qui a déjà eu à faire montre d'un certain dynamisme en matière de protection des droits et libertés économiques[619], le juge constitutionnel africain est resté jusqu'ici atone. On a beau chercher, il n'est pas aisé de rencontrer dans les Etats d'Afrique francophone une véritable jurisprudence constitutionnelle en matière des droits et libertés économique. Cette situation tient sans doute au fait que leur protection est intégrée dans la protection générale des droits et liberté fondamentaux, d'où son caractère diffus (1). D'autre part, la protection générale des droits et libertés fondamentaux étant timorée au regard d'un certain nombre d'obstacles, ceux-ci impactent aussi la protection des droits et libertés économiques (2)

### 1-Une protection diffuse des droits et libertés économiques

La protection constitutionnelle des droits et libertés publiques dans les Etats d'Afrique francophone, comme d'ailleurs en France, intègre le cadre général de la protection des droits et libertés fondamentaux. Cela se comprend lorsque l'on sait qu'il n'existe pas de droits et libertés économiques dans les constitutions qui seraient foncièrement différents de ces derniers. La juridiction constitutionnelle étant la gardienne des droits et libertés fondamentaux, on en déduit qu'elle protège aussi les libertés et droits économiques[620].

La compétence du juge constitutionnel dans la protection des droits et libertés fondamentaux dans la quasi-totalité des constitutions des Etats d'Afrique, n'est généralement pas consacrée d'une manière expresse. Des constitutions étudiées, seule celle du Benin prévoit d'une manière explicite que « *la cour Constitutionnelle ...garantit les droits fondamentaux de la*

[619]Le Conseil constitutionnel français a développé une jurisprudence abondante en matière de droits et libertés économiques. Pour une meilleure compréhension de cet office du juge constitutionnel français lire : H. Pauliat, « *Le droit de propriété devant le conseil constitutionnel et la Cour européenne des droits de l'homme* », RD publi. 1995. Pp. 1445-1494 ; J-L. Mestre, « Le Conseil constitutionnel, la liberté d'entreprendre et la propriété », D. 1984. Chron. 1-8 ; B. Goldman, « Les décisions du Conseil Constitutionnel relatives aux nationalisations et le droit international », *journal du droit international,* 1982, pp. 275-345 ; J-Y Cherot, « La protection de la propriété dans la jurisprudence du Conseil constitutionnel », in Mélanges Christian Mouly, Paris, Litec, 1998, t.1, pp.405-420.

[620] G. Drago Et M. Lombard, (dir), *Les libertés économiquess*, Paris, Presse de Science Po, col. « Amphi », 2004, 169 p.

*personne humaine et les libertés publiques* »[621]. A la vérité, la protection des droits et libertés fondamentaux dans les constitutions s'infère très souvent des dispositions qui consacrent le contrôle de constitutionnalité des lois, en dehors de celles expresses faisant du juge constitutionnel le garant des libertés politiques, notamment le droit fondamental aux élections libres et transparentes.

Le contrôle de constitutionalité des lois apparait donc comme le mécanisme par excellence de protection des droits et libertés fondamentaux et partant ceux économiques par le juge constitutionnel en Afrique. Ce contrôle vise globalement à vérifier la conformité d'un certain nombre de textes à la constitution[622]. Il se décline en deux modalités : le contrôle à priori et le contrôle à postériori. Le contrôle à priori est celui qui s'opère avant la promulgation du texte, il peut selon les cas être obligatoire[623] ou facultatif[624]. Le contrôle à posteriori, quant à lui, s'effectue après la promulgation du texte, il est en tout état de cause facultatif. Ces contrôles opérés par les juridictions constitutionnelles en Afrique ont donné de très rares occasions de pouvoir protéger certains droits et libertés économiques.

En effet, comme l'écrit le Professeur Abraham Gadji, si «*la jurisprudence constitutionnelle dans les Etats d'Afrique francophone est en efflorescence, en particulier en matière des élections présidentielles ou législatives, du contrôle de constitutionnalité des lois et des droits politiques et civils. En revanche, en matière économique, on y fait le constat d'un vide inquiétant en dehors de quelques décisions qui sont loin d'être des décisions de référence* »[625]. Sans être exhaustif, l'on peut citer ici et là quelques décisions qui ont trait à la protection de la propriété[626] et d'autres sur la liberté

---

[621] Art. 121 de la constitution du Bénin.

[622] Il peut s'agir des lois, des traités et accords internationaux ou des règlements intérieurs du parlement.

[623] Encore appelé contrôle ou intervention d'office (Ali Chabbia, « Fonctionnement, compétence et décisions du conseil constitutionnel algérien » , *Revue juridique de l'ouest,* 1994, pp.337-352.). Ce contrôle s'opère en matière de règlements intérieurs des chambres du parlement. Puisque la constitution exige qu'avant leur mise en application ces textes doivent d'abord donner lieu à un contrôle de constitutionnalité.

[624] Ce contrôle concerne généralement les lois et traités, il est facultatif dans ce sens que la constitution ne fait pas obligation de déférer ces textes devant la juridiction constitutionnelle avant leur mise en application.

[625] A. GADJI, « L'économie dans les nouvelles constitutions des Etats d'Afrique Francophone », *op cit.*, p. 784.

[626] Le Conseil constitutionnel du Sénégal s'est prononcé sur le droit de propriété dans la décision 21/96 sur l'exception d'inconstitutionnalité de la loi du 2 juillet 1976.

d'entreprendre[627]. Il y a donc lieu de dire, au regard de cet état de choses que la jurisprudence constitutionnelle en matière de droit et liberté économique est encore balbutiante et lacunaire. L'explication de cette situation peut être trouvée dans les obstacles qui pèsent sur la juridiction constitutionnelle.

## 2-Les obstacles à l'essor d'une jurisprudence sur les droits et libertés économiques

Le développement d'une véritable jurisprudence en matière des droits et libertés économiques fait face à un certain nombre d'écueils qui lui sont préjudiciables. Ces obstacles s'intègrent dans ceux généraux entravant le dynamisme d'une jurisprudence sur les droits et libertés fondamentaux. Ceux-ci sont en même temps institutionnels que culturels.

Sur le plan institutionnel, la juridiction constitutionnelle telle qu'imaginée dans l'espace africain francophone, est sujet à plusieurs critiques. La première réside dans le lien supposé ou existant entre les membres de ces juridictions et le pouvoir politique, comme l'atteste le mode de recrutement de leurs magistrats[628]. Ce mode jette une suspicion qui entraine de la méfiance quant à l'indépendance de ces membres. Le moins que l'on puisse dire est que l'influence politique exercée sur eux ou leurs accointances avec le politique nuit sur leur crédibilité et impacte sur leur office.

La deuxième critique se trouve dans le refus du constituant dans la plupart de ces Etats d'admettre l'exception d'inconstitutionnalité. Celle-ci aurait permis une saisine plus aisée des juridictions constitutionnelles, et partant, permettre une meilleure protection des droits et libertés fondamentaux en général, et des droits et libertés économiques en particulier. Car comme l'écrit à juste titre un auteur « *l'exception d'inconstitutionnalité rapproche les tribunaux, les avocats, et les plaideurs à l'intérêt pour la garantie des droits constitutionnels et à la mise en œuvre de leur protection* »[629].

Sur le plan culturel, l'un des facteurs expliquant le caractère embryonnaire d'une véritable jurisprudence constitutionnelle est l'absence

[627] La Haute cour constitutionnelle s'est prononcée sur la liberté d'entreprendre par la Décision n°01-HCC/D du 07 avril 2004 relative à une requête en exception d'inconstitutionnalité des dispositions de la loi n°98-005 du 19 février 1998 instituant une section de la chambre commerciale et une procédure particulière pour le recouvrement de certaines créances de banques nationales.

[628] De façon générale les membres du conseil constitutionnel en Afrique sont sélectionnés par les politiques, notamment le Président de la République et les membres du parlement.

[629] Zbigniew Paul Dime Li Nlep, *La garantie des droits fondamentaux au Cameroun*, *op cit.*, p 66.

d'une tradition du contentieux constitutionnel. Il convient de souligner à cet égard que le contentieux constitutionnel est récent, pour certains Etats à l'instar du Cameroun ce n'est que depuis une date très récente que la juridiction constitutionnelle est opérationnelle[630]. Généralement aussi, le rôle et la fonction des juridictions constitutionnelles sont encore perçus sous le prisme de la régulation des scrutins électoraux. Cette perception ne contribue pas à affermir une véritable jurisprudence constitutionnelle. Il faut ajouter à cela une absence de savoir-faire[631] évident et un manque d'audace[632] de la part de ces juges.

Il apparait donc que du fait de son émergence récente, la justice constitutionnelle joue un rôle encore balbutiant dans la protection des droits et libertés économiques. C'est la raison pour laquelle le renforcement de cette protection mobilise le juge ordinaire.

## Paragraphe II : La mobilisation insuffisante du juge ordinaire

Mis à part la juridiction constitutionnelle qui apparait comme étant une juridiction spécialisée, la protection des droits et libertés économiques peut faire appel aux juridictions ordinaires. Le fait est que les droits et libertés économiques étant très souvent aménagés par des textes infra constitutionnels, leur protection incombe au « *juge de tous les jours* » ou juge ordinaire. Dans la plupart des Etats africains francophones le juge ordinaire est celui qui fait partie du pouvoir judicaire, qui est un pouvoir constitutionnellement organisé[633] dont la mission est de trancher les litigesnés des rapports au sein de la société, qu'ils surviennententre l'administrationet les particuliers ou qu'ils concernent les particuliers entre eux[634]. Cette double dimension des litiges qui

[630] Le Conseil constitutionnel Camerounais prévu dans le titre VII de la constitution du 18 janvier 1996, n'est entré effectivement en fonction qu'en mars 2018.

[631] Les experts en droit public sont peu nombreux parmi les membres de cette juridiction en Afrique et d'ailleurs beaucoup ne disposent pas d'une expérience probante leur permettant de livrer une expertise de qualité ;

[632] Pour Elimane Mamadou Kane, « l'inertie dont souffre la justice constitutionnelle est liée à quelques nuances près à une absence évidente de dynamisme », in Les *obstacles structurels et culturels à l'épanouissement de la justice constitutionnelle en Afrique* » op cit., p. 3.

[633] Le pouvoir judiciaire faisant partie des trois grands pouvoirs issus du principe de la séparation des pouvoirs construit par John Locke et systématisée par Montesquieu, revêt d'une place importante dans les constitutions africaines. Celui-ci est perçu formellement comme un véritable pouvoir au contraire de la France qui le perçoit en tant qu'« *autorité* ».(Titre VIII, art.64-66 de la constitution française).

[634] Les litiges nés des rapports entre l'administration et les particuliers font en principe de ceux-ci du contentieux administratif, en revanche ceux opposant les particuliers sont du contentieux judicaire ou de droit commun.

peuvent naitre au sein de l'Etat, a conduit les Etats de l'espace francophone africain, s'inspirant du modèle français, d'instaurer un système de dualisme juridictionnel[635].

Spécificité française[636], le dualisme juridictionnel est un système d'organisation juridictionnelle ayant valeur constitutionnelle issu de la révolution française de 1789. Il postule la coexistence de deux ordres juridictionnels hiérarchisés et autonomes, l'ordre administratif et l'ordre judiciaire ayant à leur tête respectivement le Conseil d'Etat et la Cour de Cassation, tranchant des litiges en appliquant des règles de droit spécifique. Ce système d'organisation juridictionnelle a fait flores dans l'espace francophone africain[637]. Certaines constitutions de ces Etat ont en effet consacré un dualisme aussi bien fonctionnel qu'organique, avec l'existence d'un ordre administratif distinct de l'ordre judiciaire, et chacun chapeauté par une juridiction suprême spécifique. C'est le cas en République démocratique du Congo[638], au Niger[639] et en Algérie[640]. D'autres ont plutôt opté pour un dualisme juridictionnel à la base, avec l'existence des juridictions inférieures en matière de contentieux administratif, distinctes de celles compétentes en matière de contentieux judiciaire, et une unité juridictionnelle au sommet avec une seule haute juridiction pour les deux ordres juridictionnels. C'est le choix du Cameroun[641] et de Madagascar[642].

Ces deux juridictions administrative et judiciaire jouent un rôle important en matière de protection de droits et libertés en général[643] et spécifiquement en matière de droits et libertés économiques. Intervenant à des

---

[635] Sur le ce concept lire : Agathe Van Lang(dir), *Le dualisme juridictionnel*, limites et mérites, Paris, Dalloz 2007, 262 P.

[636] Dans la tradition anglo-saxonne, il n'existe pas de dualisme juridictionnel. Tous les contentieux sont connus par la même juridiction : c'est le système de la Common Law.

[637] Ahmed Salem Ould Bouboutt, « *Les juridictions constitutionnelles en Afrique : évolutions et enjeux* », *Annuaire international de justice constitutionnelle,* Paris, Economica, 1998, pp. 33 et s.

[638] Art. 149 à 154 de la Constitution.

[639] Art. 116 à 145 de la constitution.

[640] Art. 171. De la Constitution Algérienne, celle-ci au-delà et consacre l'existence d'une Cour de cassation, un Conseil d'Etat et même un Tribunal des conflits.

[641] Art. 38 de la Constitution :« *la Cour Suprême est la plus haute juridiction de l'Etat en matière judicaire administrative et du jugement des comptes. Elle comprend : - une chambre judicaire -une chambre administrative- une chambre des comptes* ».

[642] L'article 121 ; « *La cour suprême veille au fonctionnement régulier des juridictions de l'ordre judiciaire, administratif et financier. Elle comprend : -la Cour de cassation-le Conseil d'Etat-la Cour des comptes* »

[643] L'article : de la constitution Algérienne prévoit à cet effet que : « *Le pouvoir judiciaire protège la société et les libertés, il garantit à tous et à chacun la sauvegarde de leurs droits fondamentaux.* »

degrés variables le juge administratif (A) et son homologue judiciaire (B) sont donc des maillons de garantie de droits économiques.

## A-La juridiction administrative et la protection des droits et libertés économiques

L'existence de la juridiction administrative dans l'espace francophone est sans aucun doute la résultante de l'héritage français. Depuis les indépendances en effet, les Etats de cet espace ont reconduit tout en l'adaptant le système d'organisation juridictionnelle française dont l'un des marqueurs est la création de la juridiction administrative.Comme dans la tradition française, la création d'une juridiction administrative avait pour but de soustraire l'administration du contrôle judiciaire en le soumettant à un contrôle spécifique assuré par l'administration elle-même[644]. En cela, la juridiction administrative, qui va résulter de ce principe de séparation des autorités administratives d'avec les autorités judiciaires, posée au début de la révolution française[645],va apparaitre comme la juridiction de limitation des excès de l'administration par excellence. C'est ainsi que cette juridiction par l'office de son juge est amenée à jouer un rôle important en matière de protection des droits et libertés du citoyen. Cela de telle sorte que ce juge est désormais présenté comme l'un des gardiens des droits et libertés notamment économiques (1). Seulement la jurisprudence du juge administratif en matière de droits économiques reste aride au regard d'un certain nombre d'obstacles préjudiciables au développement de son office (2).

### 1-La sauvegarde des droits et libertés économiques par le juge administratif

Le juge administratif dans un Etat comme la France est apparu comme un véritable juge de l'économie, dans ce sens qu'il a joué un rôle important en matière de protection des droits et libertés économiques[646]. Ce rôle novateur peut inspirer le juge administratif dans l'espace francophone africain. Dans son rapport à l'économie, le juge administratif joue un rôle capital dans la

---

[644] Voir n° spéciaux : *AJDA* 1990,579, « *La juridictions administratives et juridictions judicaire,200 ans après la loi de 1790* » ; J. Laferriere, « La dualité de juridiction, un principe fonctionnel ? », in *Mélanges Drago*,1996, p.289 ;

[645] Lire à ce propos, J. Chevallier, *L'élaboration historique du principe de la séparation de la juridiction administrative et de l'administration active,* Paris, LGDJ 1970, p 423.

[646] G. Marson, *Le juge administratif et les libertés économiques : contribution à la définition des libertés économiques au sein de la jurisprudence administrative*, RDLF, thèse n°11, 452 p.

protection des libertés et droits économiques du citoyen à travers le contrôle de la validité des actes de l'administration (**a**) et la rationalisation des interventions de l'Etat en matière économique (**b**).

### *a) Le contrôle de la validité des actes de l'administration*

Le contrôle de validité des actes administratifs apparait comme une armeredoutable que les constitutions africaines offrent au juge administratif afin de garantir les droits et libertés fondamentaux des citoyens, notamment ceux économiques. Ces constitutions avec des formules variables habilitent la juridiction administrative à connaitre « *des recours pour violation de la loi, formés contre les actes, règlements et décisions des autorités administratives...* »[647], ou font d'elle la juridiction « *de l'excès de pouvoir des autorités administratives... ainsi que des recours ...en appréciation de la légalité des actes administratifs* »[648]. Le contrôle des actes administratifs est donc un mécanisme constitutionnel de contrôle de légalité de ces actes, en cela il est le pendant du contrôle de constitutionnalité des lois. Les deux mécanismes permettant d'assurant la cohérence de la hiérarchie[649] des normes juridiques et la protection des droit et libertés[650].

Le contrôle de validité des actes administratifs est généralement opéré par la procédure du recours pour excès de pouvoir. Ce recours est défini comme « *un recours contentieux par lequel toute personne intéressée peut demander au juge administratif d'annuler, en raison de son irrégularité une décision d'une autorité administrative* »[651]. Cette procédure a cours devant toutes les juridictions administratives de l'espace francophone d'Afrique. Ce recours est d'un intérêt primordial pour la protection des droits par le juge administratif ; le Professeur Gaston Jezela présente alors comme « *la plus merveilleuse création des juristes, l'arme la plus efficace, la plus économique, la plus pratique qui existe au monde pour défendre les libertés* »[652].

D'une manière concrète, le recours en annulation ou pour excès de pouvoir vise à annuler l'acte administratif irrégulier, qui doit disparaitre de

[647] Art.155 de la constitution de la République Démocratique du Congo.
[648] Art. 137 de la Constitution du Niger.
[649] Sur la théorie de la hiérarchie des normes juridiques lire H. Kelsen, *Théorie pure du droit*, op cit.
[650] J. Petit, « Les armes du juge administratif dans la protection des libertés fondamentales », Colloque : la guerre des juges aura-t-elle lieu ? RGD on line, 2016, numéro 23356. (www. Revuegeneral du droit. Eu/ ? p=23356)
[651] G. Dupuis, M-J. Guedon, P. Chretien, *Droit administratif*, Paris, Armand Collin 8 éd.,2002. P. 572.
[652] G. Jeze, Cité Par A-M. Flamme, *Droit administratif*, Bruxelles, Bruylant, 1989, p. 613.

l'ordonnancement juridique avec tous ses effets. C'est dire que le juge administratif, à travers ce recours, est en Afrique francophone, le véritable « *censeur de l'action de la puissance publique en matière de droits fondamentaux* »[653].

Dans le domaine économique plus spécifiquement, la juridiction administrative a joué un rôletrès important en matière de protection de la propriété. A travers son pouvoir de contrôle des actes administratifs, il a développé une jurisprudence abondante en matière de protection du titre foncier, qui est la certification de la propriété immobilière. Or, la place qu'a le titre foncier dans le développement économique notamment la sécurisation juridique des affaires, n'est plus à démontrer[654]. Ainsi à travers plusieurs recours en annulation devant les juridictions administratives, les citoyens ont eu l'occasion de protéger leur propriété. Au-delà de ce recours, le juge administratif est intervenu pour protéger le droit de propriété à travers son pouvoir de constatation de l'emprise[655]. Il l'a fait aussi bien au Cameroun, au Maroc, au Nigerqu'à Madagascar.

Le juge administratif ne se limite pas à protéger le droit de propriété, qui est un droit économique certain comme nous l'avons démontré, il régule aussi l'action économique de l'Etat.

***b) La rationalisation des interventions économiquesdes personnes publiques***

Les droits et libertés économiques garantis par des textes aussi bien constitutionnels qu'infra constitutionnels ont fait que l'économie soit devenue « *le patrimoine juridique commun* »[656] de tous les juges de droit public, notamment le juge administratif. L'office de ce dernier en matière économique va largement au-delà du contrôle des actes normatifscomme nous l'avons vu, et intègre aujourd'hui la rationalisation des interventions économiques de l'Etat ou des autres personnes publiques.

Cette nouvelle mission du juge administratif tient au fait que le principe de l'intervention publique sur le marché est aujourd'hui acquis. Cette intervention oscille en fonction des circonstances, entre tendances

---

653 R.G. Nlep, *op. cit.*, p. 145.

654Naren Prasad, *Régimes fonciers et développement économique dans le pacifique*, études et rapport de la section de recherche UNESCO, 1999, pp. 133.

655 L'emprise est une dépossession illégale d'un bien immobilier d'un particulier par l'administration à titre temporaire ou définitif, à son profit ou au profit des tiers.

656J. Caillosse, « Le droit administratif français saisi par le concurrence ? », *AJDA* 2000, p.100.

interventionnistes et libérales[657]. Ces interventions pouvant remettre en cause les grands principes de liberté de commerce et d'industrie, liberté de concurrence ou principe d'égalité, le juge administratif va intervenir pour garantir ces principes afin de protéger l'initiative privée tout en sauvegardant les intérêts de l'Etat. Ainsi, c'est en raison de cet interventionnisme économique auquel l'Etat n'a pu renoncer, que se pose le problème du contrôle du juge administratif sur la légalité de l'intervention des personnes publiques en rapport avec les droits et libertés économiques.

Dans un pays comme la France, le juge administratif a développé une jurisprudenceabondante contribuant à fixer le cadre de l'intervention de l'Etat dans la sphère économique[658]. C'est ainsi que plusieurs décisions emblématiques en matière de nationalisation[659], de la liberté de commerce et d'industrie[660] ou de la liberté de concurrence[661] ont été rendues par le juge administratif français. Dans les Etats d'Afrique francophone en revanche, la jurisprudence administrative économique est aride, le juge administratif ne s'étant pas encore prononcé sur l'interventionnisme de l'Etat en matière économique. Or, l'intervention des personnes publiques dans la sphère économique est aussi importante dans cet espace qu'en France comme nous le verrons[662]. Il semble néanmoins que cette situation se justifie par les limites de l'action de la juridiction administrative.

## 2-Les obstacles à une véritable protection des droits et liberté économiques par le juge administratif

L'efficacité de l'intervention du juge administratif en matière de protection des droits et libertés économiques est susceptible d'être confrontée à deux écueils majeurs. L'un, plus généralpuisque concernant la plupart des Etats d'Afrique francophone s'articule en écueils sociojuridiques. Et l'autre, plus spécifique puisque concernant seulement le Benin, se présente sous la forme d'une singularité du juge administratif.

[657] Voire notre deuxième partie et le titre I.
[658]Voir nos développement la deuxième partie ; ou lire utilement M Fromont Et R. Savygny, *L'intervention des pouvoirs publics dans la vie économique*, t. 1 : Institutions et politiques, Paris, PUF, coll. « *Publications de la faculté de droit et des sciences économiques de limoges* », 1978,518p.
[659] CE,24 novembre 1978, COGEMA.
[660] CE, Ass., 22 juin 1951, Daudugnac, GAJA, n°68 ; CE, 28 oct. 1960, « Martial de Loulaye », Rec. P. 570. CE. 18 juill. 2011 Fédération nationale des chasseurs.
[661] CE, Ass., 31 mai 2006, Ordre des Avocats au barreau de paris.
[662] Voir nos développements dans la deuxième partie.

*a) Les écueils sociojuridiques*

L'impotence de l'action du juge administratif dans la protection des droits et libertés économiques est la résultante des facteurs juridiques et sociologiques préjudiciables à la protection des droits et libertés fondamentaux en général dans l'espace francophone d'Afrique.

Ces obstacles juridiques d'abord s'analysent essentiellement à la règle de l'exigence d'un recours gracieux comme condition *sine qua non* de saisine du juge administratif, et à la persistance de la théorie de l'écran législatif. La règle du recours gracieux exigée ici et là, est très souvent perçue comme une « *protection précontentieuse de l'administration* »[663]. Elle se veutêtre « *une requête émanant d'un justiciable potentiel et adressée à une autorité administrative désignée à cet effet, pour lui demander de considérerle contenu ou la forme d'un acte administratif dont le bien-fondé est contesté* »[664]. Dans la quasi-totalité des législations organisant la procédure administrative contentieuse dans les Etats d'Afrique francophone, cette exigence est d'ordre public et sa violation entraine l'irrecevabilité du recours devant le juge[665]. Elle peut donc constituer une limite importante du point de vue de la protection des droits et libertés fondamentaux, et partant, des droits économiques lorsqu'on connais la rigidité du juge sur ce point[666].

Relativement à la théorie de la loi écran, elle constitue une inflexion au principe de la légalité d'administrative, en ce sens que le juge en l'occurrence administratif va se trouver dans une situation qui lui permet de valider un acte administratif liberticide qui tient son inconstitutionnalité de la loi[667].

---

[663] R-G. Nlep, *op. cit.*, p. 259.

[664] *Ibid., p.* 262.

[665] Art. 17 de la loi n° 2006/022 portant fonctionnement et organisation des tribunaux administratifs au Cameroun ; art. 68 (2) de l'ordonnance n°21/PR du 26 avril 1966 au Benin ; art. 88 de l'Ordonnance- Loin°82-017 du 31 mars 1982 en République Démocratique du Congo ; art. 21 de la loi n°41-90 instituant les tribunaux administratifs au Maroc ; art 50 de la loi organique n° 2004-50 du 22 juillet 2004 fixant l'organisation et la compétence des juridictions en République du Niger.

[666] Voire sur ce point notre mémoire de fin de formation à l'ENAM (section Magistrature administrative) intitulé : *« la recevabilité des actes devant la juridiction administrative : réflexion à partir des expériences au tribunal administratif de Montreuil et à la Cour Suprême du Cameroun* »,2015. 160 P.

[667] R. Odent définit l'écran législatif ainsi qu'il suit : « quand la légalité d'un acte administratif est contestée, pour des motifs tirés de la violation de la constitution, la position du juge administratif est totalement différente selon qu'une loi s'interpose entre la constitution et cet acte, auquel cas la loi constitue pour le juge un écran infranchissable, c'est en fonction de la loi seule qu'il apprécie la légalité de l'acte litigieux. Si au contraire aucune loi n'est intervenue en la matière, le juge administratif apprécie directement par rapport à la loi constitutionnelle la légalité discutée devant

Quant aux obstacles sociologiques, ils proviennent beaucoup plus du déficit de culture juridique de la part des citoyens, doublé de leur frilosité à défendre leurs droits et libertés particulièrement lorsqu'ils sont violés par les autorités publiques. Sur ces points, Achille Mbembe écrit « *nolens volens, la culture du droit à l'occidental, et des droits de l'homme en particulier, est essentiellement déficitaire dans une société [africaine] nourrie depuis des lustres de la sève de l'autocratie, de la répression et de l'asservissement de l'Homme* »[668]. Les administrés semblent avoir intériorisé dans leur subconscient la puissance écrasante d'une administration sans merci, dominatrice et toujours vainqueur. En appui, le professeur Conac relève des difficultés psychologiques : « *A la protection du juge, citadins et paysans peu familiers des mécanismes juridiques de l'Etat et rebutés par le formalisme administratif préféreront celle d'un parent ou d'un compatriote influent. S'ils en sont dépourvus, ils auront recours au notable traditionnel ou à un responsable local du parti, à moins que la peur ne les incite à l'inertie* » [669]. Il apparait donc normal pour eux de ne pas entrer en conflit avec l'administration, même lorsqu'il y va de la survie de leurs droits et libertés.

Au regard de ces quelques facteurs on comprend que la jurisprudence administrative en matière des droit et liberté économique soit quasi inexistence. Dans un pays comme le Benin cette situation a un autre fondement.

***b) La singularité de la juridiction administrative béninoise***

De toutes les juridictions administratives des Etats d'Afrique francophone étudiées, la juridiction administrative béninoise apparait singulière à plus d'un titre. En fait, au Benin, il n'existe pas un véritable dualisme juridictionnel au sens de la coexistence tant organique que fonctionnelle de deux ordres juridiques[670]. Car bien que sur le plan fonctionnel il y a une distinction entre le droit administratif et le droit commun, sur le plan

---

lui de l'acte administratif », in*Contentieux administratif,* paris, les cours de droit, 1977 Dalloz, pp32 et S.

[668] A. Mbembe, « Tradition de l'autoritarisme et problèmes de gouvernement en Afrique subsaharienne », *Revue Afrique et développement,* vol. XVI., n°1, 1992. P.23.

[669] G. Conac, « Le juge de l'Etat en Afrique francophone », *Afrique contemporaine* 1990, n° spécial, p.18.

[670] Art.49, L. n°2001-37 portant organisation judiciaire en République du Benin : « *les tribunaux de première instance sont juge de droit commun en matière pénale, civile, commerciale, sociale et administrative* » ; art. 66 : « *en matière administrative la cour d'appel est compétente pour connaitre en dernier ressort du contentieux de tous les actes émanant des autorités administratives de son ressort* »

organique, le contentieux administratif est connu par les chambres administratives des juridictions de l'ordre judiciaire.

Cette singularité est accentuée par le fait que le juge administratif béninois semble être aujourd'hui relégué à un rang insignifiant dans la protection des droits et libertés fondamentaux. Cette relégation est la résultante de l'émergence d'un juge constitutionnel. La professeur Gaye Alaye constate alors que *« si le juge administratif béninois n'a joué dans le passé qu'un rôle limité au regard des droits fondamentaux, ce rôle s'est estompé au profit du juge constitutionnel »*[671]. C'est qu'au regard des dispositions constitutionnelles béninoises[672], le juge constitutionnel est devenu un véritable juge administratif[673] à travers le contrôle de l'action administrative qu'il opère. Cette situation en Afrique de tradition française, est « *insolite* »[674], puisqu'en principe la justice constitutionnelle n'est pas chargée du contrôle des actes de l'administration[675]. La constitution béninoise innove donc en instituant uncontrôle de constitutionnalité de l'action administrative, lorsque celle-ci porte atteinte aux droits fondamentaux ou à une liberté publique.

Ainsi, la Cour constitutionnelle béninoise est habilitée àse *« prononcer d'office sur la constitutionnalité des lois et de tout texte réglementaire censé porter atteinte aux droits fondamentaux de la personne humaine et aux libertés publiques »*[676]. Dans la mêmeveine, tout citoyen peut déférer devant le juge constitutionnel, « *les lois, textes et actes présumés inconstitutionnels* »[677]. Sur cette base, plusieurs actes administratifs ont été connus par le juge constitutionnel. Ainsi, dans la décision DCC03-90 du 28 mai 2003, la cour constitutionnelle a annulé le décret n°94-9 du 25 avril 1994 portant destitutionde grade d'un officier des forces armées. Une telle situation entraine inéluctablement une concurrence de compétence entre le juge administratif et le juge constitutionnel et participe à fragiliser le premier[678]. Car d'ailleurs, les

---

[671] G. Alaye, « Le juge administratif béninois et les libertés », *in la Cour suprême de la République du Bénin,* Bulletin de droit et d'information ;

[672] Art. 114 à 124 de la constitution du Benin.

[673] C. Keutcha Tchapnga, « Le juge constitutionnel, juge administratif au Bénin et au Gabon », *RFDC,* N°75, 2008/3. PP551-583.

[674] Le mot est de M. Kpodar, « Réflexions sur la justice constitutionnelle à travers le contrôle de constitutionnalité de la loi dans le nouveau constitutionnalisme : le cas du Bénin, du Mali, du Togo et du Sénégal », *Béninoise des sciences juridiques et administrative 2006,* n°16, P.113

[675] P. Moudoudou, « Les tendances du droit administratif dans les Etats d'Afrique noire francophone », *Annales de l'Université Marien Ngouabi*, 2009,10(3), Sciences juridiques et politiques 33.

[676] Art. 121, al.2 de la Constitution du Bénin.

[677] Art. 122 de la Constitution du Bénin.

[678] C. Keutcha Tchapnga, *op cit.,* P. 25.

décisions du juge administratif, même rendues par la Cour Suprême peuvent être connues par le juge constitutionnel.

Malgré tous ces obstacles, le juge administratif joue un rôle appréciable en matière de protection des droits et libertés fondamentaux et partant économique. Cette protection peut être renforcée par l'intervention de son homologue judiciaire.

## B-Le juge judiciaire et les droits et libertés économiques

Lorsque l'on parle de justice dans l'espace francophone africain, c'est d'abord au juge judiciaire que l'on se réfère, l'existence de la juridiction constitutionnelle et administrative n'étant connue que d'une certaine élite. Ainsi, le juge judicaire apparait de prime abord comme l'incarnation du véritable pouvoir judiciaire dans les Etats Africains, et l'ordre judiciaire véritablement chargé de protéger le citoyen dans ses droits et libertés fondamentaux. Faisant partie de ses droits essentiels, les droits et libertés économiques trouvent, au juge judiciaire un gardien important au regard des champs de compétences qui lui sont dévolus (1), seulement dans l'exercice de ses compétences, son action est généralement sérieusement entravée par des obstacles atténuant fortement son œuvre protectrice de ces droits et libertés (2).

### 1-L'action du juge judicaire dans la protection des droits et libertés économiques

L'exercice des droits et libertés économiques est susceptible de se confronter à deux types de menaces : en premier lieu des menaces verticales lorsque celles-ci proviennent de l'administration et, en second lieu des menaces horizontales si elles émanent des particuliers. Du fait qu'il est « *le gardien de la liberté individuelle* »[679], le juge judiciaire est le protecteur traditionnel des droits et libertés économiques, lorsque ceux-ci sont menacés dans les rapports interindividuels. La connaissance des litiges nés des menaces verticales, c'est-à-dire des rapports entre particuliers et les pouvoirs publics, n'est pas en principe du ressort de ce juge. Cependant par exception à ce principe il peut advenir que le juge judiciaire intervienne.

---

679 Thérèse Nduhura Njabuka, *De la compétence des juges de l'ordre judiciaire dans les litiges relatifs aux actes ou activités de l'administration,* Mémoire de Graduat en Droit, Université catholique de Bukavu, 2006. P.6.

### a) *La protection des droits et libertés économiques dans les rapports interindividuels*

Qu'ils se déclinent en droit de propriété, liberté de commerce et industrie, droit à l'investissement, liberté de travail ou de concurrence, les droits et libertés économiques sont « *des espaces particuliers de liberté privée* »[680] reconnus au citoyen et « *permettant à l'individu de s'épanouir dans la vie économique* »[681]. Importants en matière économique, ces droits et libertés mettent avant tout en rapport les personnes privées entre elles, que ce soit dans la production ou la commercialisation des biens et services. Ces activités économiques pouvant générer des conflits, c'est au juge judiciaire qu'il appartient de les juguler. Dans cette perspective, consistant à protéger ces droits et libertés dans les rapports individuels, la compétence judiciaire apparait importante. C'est en effet devant les tribunaux judiciaires que sont sanctionnées les principales atteintes aux droits et libertés économiques, cela à travers des mesures aussi bien répressives[682]que pécuniaires[683].

Conscient de cette importance du juge judiciaire en matière de protection des droits et libertés en général ou dans la régulation des rapports sociaux, les Etats d'Afrique francophone ont mis sur pied un système judiciaire revêtant des aspects classiques et ayant structurellement une organisation similaire[684]. Ces juridictions judiciaires sont organisées d'une manière pyramidale, avec à la base les juridictions d'instance ou de premier degré, au deuxième degré les cours d'appel et au sommet une Cour suprême[685] ou une Cour de cassation[686] selon les cas. Dans cette architecture juridictionnelle, l'on trouve des tribunaux ou des chambres spécifiques voué(e)s à la liberté de commerce et d'industrie, ce sont des tribunaux de commerce[687] ou même au droit du travail.

De ces libertés, la liberté de commerce et la liberté de concurrence occupent une place tellement importante dans les Etats d'Afrique francophone,

---

[680] M-L. Dussart, Constitution et Economie, *op cit.*, p. 221.

[681]*Ibid.*

[682] La violation de certains droits et libertés économiques peut engendrer des peines privatives de liberté.

[683] Il s'agit généralement des condamnations au payement d'une somme d'argent, qui peut être aussi assorti d'une condamnation à des dommages-intérêts

[684] J-R. Keudjeu De Keudjeu, « L'effectivité de la protection des droits fondamentaux en Afrique subsaharienne francophone », *op cit.*, pp 131-132

[685] C'est le cas au Cameroun, art. 37 et suivants de la Constitution ; au Benin, art. 131 et suivants, à Madagascar, art.

[686] C'est le cas en République Démocratique du Congo, art 149 et 153 ; au Niger, art 136 et suivants.

[687] Il existe des tribunaux de commerce en Côte-d'Ivoire notamment à Abidjan et au Sénégal.

que sa protectiondébordelargement le cadre d'un seul Etat et revêtaujourd'hui une dimension communautaire. C'estce qui explique la mise sur pied d'une abondante législation communautaire en matière de droit des affaires dont la liberté de commerce et d'industrie, et la liberté de concurrence [688]sont des déclinaisons majeures. Dans l'optique de leur protection particulière, les Etats africains de l'espace francophone ont mis sur pied une juridiction spécialisée : la Cour Commune de Justice et d'Arbitrage d'Abidjan[689]. Celle-ci apparait comme une juridiction importante en Afrique francophone dans la protection de la liberté de commerce et de concurrence, comme l'illustrent de nombreuses décisions qu'elle a rendues dans ce cadre[690].

Ainsi le juge judiciaire qu'il soit national ou communautaire, joue un rôle important dans la protection des droits et libertés économiques, lorsque ceux-ci mettent en rapport des personnes privées. Il peut aussi intervenir exceptionnellement dans les rapports entre personnes privées et publiques.

### ***b) La protection des droits et libertés économiques dans les rapports entre personnes privées et personnes publiques***

En principe, fidèle à la tradition française du dualisme juridictionnel, le juge judiciaire ne participe pas à la protection des droits et libertés lorsque les litiges proviennent des rapports entre les particuliers et les personnes publiques. Ce principe très affirmé n'est pas absolu, dans ce sens qu'il peut arriver que le juge judiciaire intervienne pour sanctionner la personne publique pour violation des droits et libertés fondamentaux. Cette situation se comprend par le fait qu'initialement il existait une certaine suspicion qui pesait sur le juge administratif en matière de protection des droits et libertés des individus. Le juge judicaire apparaissait alors comme le meilleur garant de ces droits. Marcel Waline résume cette idée, affirmant qu' « *il existe une coutume jurisprudentielle qui fait de l'autorité judiciaire... la protectrice naturelle du citoyen contre les atteintes de l'administration ou du gouvernement contre ses droits les mieux garantis* »[691].C'est ce qui explique que l'on ait réservé des interstices pouvant permettre l'intervention du juge judiciaire dans la

[688] On peut citer les actes uniformes OHADA, sur les société commerciales et GIE, les Actes uniformes OHADA portant organisation des suretés, les actes uniformes sur les procédures et recouvrement de créances et les voies d'exécution, les actes uniformes portant sur le droit commercial général...

[689] D. Ndoye, *La cour commune de justice et d'arbitrage des pays de l'OHADA. Organisation, procédure et jurisprudence*, Edition Juridiques africaines-OHADA, 2009.n452 pages.

[690] Sur la jurisprudence de la CCJA lire D ; Ndoye, *op cit*.

[691] M. Waline, *Précis de droit administratif*, Paris, éd. Montchrestien, t.2, 1970.

protection des droits et libertés des citoyens contre l'action des personnes publiques. Dans les Etats d'Afrique francophone, cette intervention se fait dans les cas de l'emprise et de la voie de fait.

Que ce soit au Cameroun[692], au Maroc[693], en République Démocratique du Congo[694] ou à Madagascar[695], la compétence du juge judiciaire en matière de sanction de la voie de fait et de l'emprise est fortement affirmée. Celle-ci intéresse véritablement les droits économiques, en ce sens que le droit principalement atteint dans un cas comme dans un autre est la propriété. L'emprise s'entend en effet comme une prise de possession de la propriété immobilière par l'administration ; il s'agit concrètement d'une main mise de l'administration sur l'immeuble qui élimine le propriétaire et le prive de l'utilisation de bien[696]. Cette dépossession doit être irrégulière[697].

Cette situation se distingue quelque peu de la voie de fait qui est une action ou un agissement administratif tellement grossier et manifestement insusceptible de se rattacher à un texte législatif ou règlementaire et qui porte atteinte au droit de propriété ou à une liberté fondamentale[698]. En de telles situations de violation de la propriété par l'administration, le juge administratif s'est généralement déclaré incompétent à les sanctionner, même s'il les constate, car c'est le rôle du juge judicaire que de le faire. Il l'a déjà fait au Cameroun[699], au Maroc[700] et à Madagascar[701].

---

[692] P. E. Abané Engolo, *Traité de droit administratif du Cameroun : théorie générale et droit administratif* spécial, éd. L'Harmattan, Cameroun, 2019, 548 pages.

[693]Lire, Ousmane Bakary KABA, *Compétence juridictionnelle en matière de voie de fait administrative*, Mémoire de licence en Droit fondamental, Université Hassan II-Mohammedia, 2009, pp.120.

[694] Voir Thérèse Nduhura Njabuka, De la compétence des juges de l'ordre judicaire dans les litiges relatifs aux actes ou activités de l'administration, Mémoire de Graduat en droit, Université Catholique de Bukavu, 2006, pp.102.

[695] Pour Madagascar lire par exemple : Tahiry Andriamiarintsoa Rakotomalala, *La dualité juridictionnelle en Afrique subsaharienne : Cas de Madagascar*, Mémoire de Master en Administration public, parcours administration publique générale, université de Strasbourg, Ecole Nationale d'Administration, 2013-2014, pp. 86.

[696]P. Devolve et G. Vedel, *Le système français de protection des administrés contre l'administration*, Paris, Sirey 1991, P.255.

[697] Ibid.

[698] J.M Devillier, *Cours de droit administratif,* Paris, Montchretien 2005, P. 646.

[699] CFJ/AP arrêt n°10 du 17 octobre 1968, affaire MVE NDONGO Abraham ; CFJ/AP arrêt n°157 du 23 mars 1971, MEDOU Gaston.

[700] TA, Marrakech, 19 juin 2002, Benaouakrim, in REMALDn° 47, P ;111; note de BENABDALLAH.

[701] C.A de la Cour suprême ; arrêt du 05 octobre 1994, Sendika miaro ny zon'ireo efa trano syireo ho ravan-trano lemaka contre Fivondromampokotany Antanarivo renivohitra ; CA de la CS arrêt du 27 mars 1971 Razafimandimbi Roger Jean Francis contre Etat malagasy.

Il est donc manifeste que le juge judiciaire joue un rôle très important dans la protection des droits et libertés économiques, en les assurant tant contre des menaces verticales qu'horizontales. Seulement, ce rôle est affadi par un certain nombre de facteurs qui impactent sur son efficacité.

## 2-Les facteurs édulcorant la protection judiciaire des droits et libertés économiques

La protection des droits et libertés économiques par le juge judiciaire est fortement limitée par un certain nombre d'obstacles qui préjudicient son action, et limitent ainsi son efficacité dans la protection des droits et libertés économiques. Ces facteurs sont à la vérité très nombreux, mais, pour l'essentiel, ils s'analysent du point de vue de leur indépendance qui est menacée, et du tropisme que la société exerce sur ce juge.

### *a) Une indépendance menacée*

Dans l'optique de garantir au mieux sa fonction de protecteur des droits et libertés fondamentaux, le juge doit être indépendant. Dans les Etats de l'espace francophone d'Afrique, le principe de l'indépendance du juge est un principe constitutionnellement consacré[702]. Cette indépendance peut être perçue selon une définition donnée par Jean Marc Vacant dans le dictionnaire de la justice comme étant : « *la situation d'une collectivité, d'une institution ou d'une personne qui n'est pas soumise à une autre collectivité, institution ou personne. Il faut que son titulaire n'ait rien à attendre ou à redouter de personne. [Appliquée à la justice], l'indépendance se manifeste par la liberté du juge de rendre une décision non liée par une hiérarchie ou des normes préexistantes* »[703]. Exigence cardinale de l'Etat de droit, ce principe entraine comme corollaire que le juge ait une image dans la société caractérisée par *« la neutralité, l'objectivité, l'impartialité, la loyauté, l'honnêteté, la dignité, l'abnégation... »* [704].

Or dans l'espace francophone d'Afrique, *« le principe d'indépendance de la justice est le principe qui connait certainement le plus d'atteintes en dépit de la protection constitutionnelle et des protections périphériques dont il*

---

[702] Cart. 149 de la constitution de la RDC ; art. 116 de la constitution du Niger ; art.125 de la constitution du Benin

[703] J-M. Varaut, *Indépendance*, in L. Cadiet (dir), Dictionnaire de la justice, PUF, 204, pp. 622-623.

[704]Zbigniew Paul Dime Li Nlep, *la garantie des droits fondamentaux au Cameroun, op cit.* p. 66.

*bénéficie »*[705]. Deux types d'atteintes peuvent être relevées concernant l'Independence du juge notamment judiciaire dans les Etats concernés. On a d'abord la subordination des magistrats au pouvoir exécutif. Dans la quasi-totalité des constitutions étudiées le Président de la République ou le Roi est le garant de l'indépendance du pouvoir judiciaire[706] et dans bien des cas il préside le Conseil supérieur de la Magistrature[707]. Cette posture lui donne la faculté d'exercer une certainedomination sur ce pouvoir en l'habilitant à nommer ou révoquer les magistrats. De telles prérogatives remettent en cause l'indépendance du juge[708], impactent sur la mission de rendre justice, et ce faisant, sont préjudiciables à la garantie des droits et libertés en général par le juge judiciaire. Car, assujettis au pouvoir exécutif, même de façon partielle, on comprend alors que les juges ne s'opposent pas à lui de manière ouverte. Il serait donc souhaitable de sacraliser l'indépendance statutaire du pouvoir judiciaire.

Le juge judiciaire africain francophone se heurte aussi à un deuxième écueil dans sa mission de protection des droits et liberté, c'est celui de la contestation de son office. Le Professeur Hourquebie remarque à ce propos que *« le constat qui est fait depuis ces dix dernières années dans l'espace francophone est celui d'une contestation de plusen plus vive des décisions juridictionnelles »*[709]. C'est qu'ici et là l'on assiste à une critique acerbe des décisions de justice rendues par des juridictions et surtout au refus même de leur exécution. Le principe de la critique en soi est acceptable puisqu'étant une expression démocratique. Seulement lorsqu'elle est faite à des fins strictement politiques, de façon non justifiée elle contribue à fragiliser la justice[710]. En outre, le refus d'exécuter des décisions de justice, notamment par les membres de l'exécutif, peut entrainer des psychodrames et remettre en cause l'autorité de la chose jugée[711] qui est importante dans la protection des droits et liberté.

---

[705] F. Hourquebie, « L'indépendance de la justice dans les pays francophones », *Les Cahiers de la justice,*2012/2, n°2, p.53.

[706] Ce paradoxe constitutionnel qui permet à un pouvoir de garantir l'indépendance d'un autre se trouve dans la quasi-totalité des constitutions africaines. Ainsi l'art.37 de la constitution camerounaise prévoit en son alinéa 3 que : « le président de la république est le garant de l'indépendance du pouvoir judiciaire » ; voir art.42 de la constitution du Maroc.

[707] Art. 56 et 115 de la constitution de Maroc, voir aussi art. 37 de la constitution du Cameroun ;

[708] F. Hourquebie, « L'indépendance de la justice dans les pays francophones », *op cit.*, p. 53 et s.

[709]*Ibid.*, p.,56.

[710] F. Hourquebie, « L'indépendance de la justice dans les pays francophones » *op cit.*, p. 56.

[711] Pour le cas du Cameroun lire, J-M Nlaté, *les psychodrames consécutifs au boycott des décisions de la Cour suprême par l'Etat du Cameroun : étude de cas avec les affaires 1- CMC Sam Mbendè contre Etat du Cameroun (MINCULTURE), 2 Conseil de paroisse de l'EPCO- Ekounou contre Etat du Cameroun (MINATD),* Yaoundé, 2013, Les Editions Magolomakele, 222 pp.

Il est donc judicieux que les décisions de justice soient de plus en plus respectées pour une meilleure garantie des droits et libertés fondamentaux. Celle-ci passe aussi par une immunisation des juges contre le tropisme de la société.

***b) Le tropisme de la société sur le juge***

Le juge notamment judiciaire qui est chargé de protéger les droits et libertés fondamentaux des citoyens n'est pas une personne désincarnée. Il vit dans un milieu et celui-ci exerce une certaine influence sur lui et compromet son indépendance et même sa capacité a bien rendre justice[712]. De l'avis de Mme Djuidje, le juge judiciaire africain est prisonnier des contraintes liées aux notionx de solidarité et de famille élargie que l'on rencontre dans la majorité des sociétés africaines[713]. Le Professeur M. Kamto note à ce propos, relativement au juge camerounais, que « *l'indépendance du juge ...n'est pas menacée par le pouvoir politique. Elle l'est davantage par des pressions intempestives, des affinités tribales et des comportements irresponsables de certains citoyens* »[714]. Ces différentes contraintes sont susceptibles d'affecter son impartialité et son travail de protecteur des droits.

Au-delà de ces contraintes liées aux affinités du juge, la situation économique des Etats participe à fragiliser les juges dans leur mission de rendre justice. Le professeur Alioune Badara Fall écritfort à propos que : « *c'est la situation financière et matérielle même des magistrats qui ne leur épargne pas d'éventuelles pressions. Ils reçoivent une rémunération souvent très faible pour la fonction qu'ils occupent, même si l'on note, dans certains pays, un effort des pouvoirs publics pour améliorer leur situation. La faible rémunération des magistrats en Afrique les met dans une situation de précarité telle qu'ils jouissent de moins en moins de la notabilité auprès de ceux qui les saisiraient éventuellement pour rendre justice* »[715]. En plus de cette précarité salariale, il faut ajouter les conditions matérielles de travail déplorables. Une telle situation expose les juges à la corruption qui est une véritable gangrène

---

[712] Alioune Badara FALL, « *Les menaces internes à l'indépendance de la justice* », in *L'indépendance de la justice,* Nov. 2007, Dakar, Sénégal PP. sous-thème I, 2007, p. 67.
[713] B. Djuidje, « Le statut du juge judiciaire camerounais : un tableau contrasté », in *AFSJP/Uds*, Tome 3, Yaoundé, P.U.A., 1999, p.46.
[714] M. Kamto, « *Les mutations de la justice à la lumière du développement constitutionnel de 1996* », exposé tenu le 25 oct. 199 lors de l'ouverture des premières journées portes ouvertes de la justice. Extrait in « Cameroon Tribune » du 26 oct. 1999, p.4.
[715] Alioune Badara FALL, *op. cit.*, p 68.

dans certains Etats d'Afrique francophone[716]. Il est donc important de mettre sur pied une véritable « *gouvernance judiciaire* »[717] afin de prémunir les magistrats des influences diverses et de leur permettre de protéger plus efficacement les droits et libertés notamment économiques.

Somme toute, il apparait que les droits et libertés économiques dans les Etats d'Afrique d'expression française bénéficient d'une protection juridictionnelle importante mobilisant le juge constitutionnel et le juge ordinaire qui, selon les cas est administratif ou judiciaire. Cependant, pour des raisons tenant à chacune de ces juridictions ou des écueils du juge judiciaire que l'on vient d'exposer mais qui sont communs à toutes les juridictions, cette protection n'est pas optimale. C'est donc pour l'optimiser que l'on va faire appel aux mécanismes non juridictionnels de garantie de ces droits et libertés.

## Section II : Une garantie non juridictionnelle densifiée

L'idée communément admise selon laquelle l'efficacité de la protection des droits et libertés passe par la mise sur pied « *d'un système de recours à procédure contentieuse susceptible d'aboutir à des sanctions* » [718], semble de plus en plus perdre de sa pertinence. C'est que comme le fait observer une chercheure « *l'engouement contemporain pour des voies non juridictionnelles de garantie, notamment dans le domaine des droits fondamentaux, impose... de nuancer sensiblement le propos* »[719]. Un tel attrait pour les mécanismes non juridictionnels de protection des droits et libertés tient sans doute à l'insuffisance de la protection juridictionnelle dont le caractère juridiquement contraignant et très processuel ne saurait être aussi efficace qu'une première approche le laisserait penser, en ce sens que la protection offerte par le juge, « *aussi indispensable soit-elle ne permettrait pas toujours, compte tenu, notamment, de son manque de souplesse, de garantir une protection optimale des droits fondamentaux* »,[720] et fonde donc l'instauration des mécanismes destinés à défendre les droits et libertés par le biais des moyens incitatifs.

---

[716] *Ibid.*

[717] *Ibid. p. 70.*

[718] B. Delaunay, « Les protections non juridictionnelles des droits subjectifs des administrés », in *les droits subjectifs des administrés. Actes du colloque organisé les 10 et 11 juin2010 par l'association française pour la recherche de droit administratif au pôle universitaire de gestion de l'université de Bordeaux*, 2011, Litec, Paris. p. 211.

[719] D. Lohrer, *La protection non juridictionnelle des droits fondamentaux en droit constitutionnel comparé : l'exemple de l'ombudsman spécialisé portugais, espagnol et français,* Thèse de doctorat en droit public, université de Pau et des Pays de l'Adour 2013. P. 17.

[720] *Ibid.*

Ces moyens incitatifs, non juridictionnels, trouvent leur terrain d'élection en matière de droits et libertés économiques et surtout en Afrique. En fait, l'objet de la protection des droits et libertés économiques s'inscrivant dans le cadre des activités économiques, le recours généralement au juge n'est pas très encourageant du fait de sa rigidité, du manque de célérité dans la procédure et de la publicité qui est généralement faite à ses décisions. Or, l'activité économique ne s'accommode pas de telles procédures. Dans le contexte africain, le recours très important aux mécanismes non juridictionnels de protection des droits et libertés se justifie par le fait que les africains, culturellement préfèrent résoudre leurs litiges par des voies alternatives au juges. Ces mécanismes non juridictionnels sont nombreux et diversifiés. Ils bénéficient dans la plupart des constitutions des Etats d'Afrique francophone d'une consécration formelle.

De façon générale, ces mécanismes peuvent être subdivisés en deux types. On a d'une part les mécanismes issus de la volonté et de l'initiative des individus seuls, ou dans le cadre des groupes associatifs ou non. Il s'agit des garanties personnelles qui depuis un certain temps connais un certain dynamisme (**Paragraphe I**). D'autre part, on retrouve des mécanismes institués par l'Etat lui-même. Ceux-là se présentent comme étant des garanties impersonnelles qui sont renforcer de plus en plus (**Paragraphe II**). Quoiqu'il en soit, les mécanismes non juridictionnels, qu'ils soient personnels ou impersonnels contribuent à renforcer et à optimiser la protection des droits et libertés économiques.

## Paragraphe I : L'élan d'une protection personnelle

Depuis le début des années 1990, qui a été marqué par un vent de libéralisme en Afrique, les peuples africains, dans leur ensemble, ont pris conscience de la nécessité de protéger leurs droits et libertés. A partir de cette période en effet, l'on va constater une forme de prise de conscience collective de l'importance des droits et libertés, ce qui va se traduire par l'émergence de structures ou organisations plurielles mises sur pied par des individus pour protéger ces droits et libertés. Ces différentes organisations naissent sans doute de la suspicion que les citoyens ont à l'égard de leur système juridictionnel et surtout de la volonté de ceux-ci de ne plus laisser leurs droits et libertés bafoués par les autorités publiques. En cela ces organisations veulent opposer une résistance à l'oppression. La Déclaration française des droits de l'homme et du citoyen de 1789 légitime ce souci lorsqu'elle proclame que « *la résistance à l'oppression fait partie des droit naturels et imprescriptibles de l'homme* »[721].

C'est ce qui va amener les citoyens, dans tous ces Etats, à créer des cadres de défense de leurs droits ou intérêts soit d'une manière individuelle soit alors de manière collective, sans faire recours aux organes étatiques. Ces organisations issues de l'initiative des individus trouvent leur fondement dans les constitutions et de nombreux textes de loi. Elles sont amenées à jouer un rôle important dans la protection des droits et libertés fondamentaux en général, et singulièrement dans le domaine des droits et libertés économiques. Dans ce dernier domaine, l'on rencontre, dans les Etats Africains francophones, de nombreuses organisations de protection de ces droits et libertés qui bénéficient d'une assise constitutionnelle (A), celles-ci disposent dans leur action protectrice d'un certain nombre d'armes dont l'efficacitéest appréciable (B).

## A- Les organisations personnelles de protection des droits et libertés économiques

L'Afrique francophone a connu deux grandes périodes de réforme constitutionnelle qui ont impacté la protection des droits et libertés économiques des citoyens depuis ces trente dernières années. La première période est consécutive au vent de libéralisme qui a soufflé dans les Etats d'Afrique noire, et la seconde est due aux « *printemps arabes* »[722] dans la partie blanche de l'Afrique. Ces deux mouvements ont induit des réformes constitutionnelles réservant une place importante à l'initiative des citoyens dans la protection de leurs droits politiques et socio-économiques. C'est ainsi que dans les constitutions de ces Etats l'on retrouve ici et la consacré la liberté des citoyens de créer des organisations, des groupements de défense de leurs intérêts notamment économiques. Ces organisations peuvent être des syndicats (1) ou des organisations de la société civile (2).

---

[721] Art. 2.

[722]Encore appelé « *révolution arabe* » ou « *soulèvement populaire* », C'est un mouvement qui a vu le jour au début des années 2011 en Tunisie et s'est répandu comme une trainée de poudre dans le pays arabe. Dans ces différents pays en effet les citoyens se sont levés par des manifestations et ont bravé le pouvoir pour réclamer davantage de liberté, plus de justice sociale, une meilleure répartition des richesses et la fin de l'accaparemment, par une minorité, de l'économie nationale. Lire pour plus d'information, Malik Boumediene, « *Révolutions arabes et renouveau constitutionnel : une démocratisation inachevée* », in *La nouvelle constitution marocaine à l'épreuve de la pratique. Acte du colloque organisé les 18 et 19 avril 2013*, Friedrich Ebert Stiftung 2013, pp. 101-123.

## 1- Les organisations syndicales

En tant qu'« *association de personnes dont l'objectif est la défense d'intérêts professionnels communs* »[723], l'organisation syndicale est l'une des organisations personnelles de protection des droits et libertés économiques les plus repandues dans l'espace francophone d'Afrique[724]. Celle-ci apparait dans cet espace comme l'organisation par excellence des individus tendant à garantir leurs intérêts notamment économiques[725]. La reconnaissance de la liberté syndicaleunanimement proclamée dans toutes les constitutions des Etats Afrique francophone est à la vérité la plus vieille des libertés associatives accordées aux citoyens.

L'évolution du mouvement syndical dans les Etats d'Afrique francophone semble épouser les contours de l'évolution politique de ces états qui peut être articulée en trois phases.

La première phase correspond à la période coloniale. En effet, les premières organisations syndicales ont été créées pendant cette période. Ces premiers syndicats ducontinent se sont établis en tant que filiales des syndicats existant en France, afin de défendre exclusivement les intérêts des travailleurs français employés dans les colonies. Les législations, dans ce domaine remontent aussi loin que 1884 et 1904, en ce qui concerne les territoires d'outre-mer. C'est en 1937 qu'un nouveau décret va élargir les droits et règles relatifs à la création de syndicat dans les colonies. Grâce à cette nouvelle législation, les syndicats devenaient accessibles aux travailleurs africains[726]. De sévères restrictions étaient toutefois imposées en ce qui concerne les critères d'adhésion et de participation. Ces organisations syndicales de la première génération vont jouer un rôleimportant dans la défensedes intérêts des travailleurs et surtout la lutte contre le colonialisme. C'est d'ailleurs la raison pour laquelle les premiers responsables politiquesafricains vont faire leurs armes dans le mouvement syndical.

---

[723] G. Balaro, S.T. Dosssou et A.C Amoussou, *Etude sur le paysage syndical au Benin,* Friedrich Ebert Stiftung 2015, p. 19.

[724] B. Matip, « Le syndicalisme en Afrique noire : Aperçu des mouvements ouvriers dans les pays d'origine coloniale française », *Africa Rivista trimestrale di studi e documentazione dell' istituto italiano per l'africa e l'oriente ; Anno 1*4, No. 2, PP. 65-67.

[725] M. Moati, *La liberté syndicale face aux nécessités économiques en Europe, Apport jurisprudentiels récents*, Mémoire de Master 2, université Paris Dauphine 2012.

[726] Lire pour une vue générale : *Pluralisme syndical et prolifération des syndicats en Afrique francophone,* document du Bureau international du Travail, Genève 2010. P. 5.

La deuxième phase commence avec l'indépendance de ces Etats et l'introduction de projets dirigés par l'Etat, qui ont rapidement généré l'emploi public. Pendant cette période, les droits syndicaux formels étaient souvent protégés en théorie, mais dans la pratique les syndicats étaient assujettis au parti dominant[727]. Cette période caractérisée par un mono syndicalisme[728], va amener les syndicats à jouer un double rôle : tout d'abord être des adjuvants de l'Etat dans le développement national et représenter les intérêts leurs membres sur les questions du travail.

La troisième phase commence dans les années 1990 avec le libéralisme économique. Face à l'endettement général des Etats africains survenus au cours des années 1970-1980, ces Etats se sont retrouvés contraints par les bailleurs de fonds et les institutions financières internationales à faire de réformes politiques et économiques de facture libérale. Sur le plan économique spécifiquement, l'on va imposer à ces Etats des politiques d'ajustement structurel et d'austérité. Pendant cette période, l'on va réintroduire un pluralisme syndical et une redynamisation de l'action syndicale face aux réductions de salaire, aux privatisations et à la détérioration des services sociaux.

La constitutionnalisation de la liberté syndicale est un lieu commun pour toutes les constitutions des Etats d'Afrique francophone. Avec des formules quasi similaires ces constitutions consacrent « *la liberté syndicale* »[729] ou le « *droit syndical* »[730]. Le concept de liberté ou de droit syndical tel que le consacrent les constitutions de ces Etats, peut être défini selonla convention n°87 de l'Organisation Internationale du Travail, comme étant la possibilité pour *« les travailleurs et les employeurs, sans distinction d'aucune sorte...de constituer des organisations de leur choix, ainsi que de s'affilier à ces organisations, à la seule condition de se conformer aux statuts de ces dernières* »[731].Il ressort des dispositions constitutionnelles consacrant la liberté d'organisation syndicale, au regard de cette définition internationale, que les constitutions africaines consacrent une triple dimension de cette liberté. La

[727] B. Matip, *op cit.*, p. 66.
[728] E. Webster, « Syndicats et partis politiques en Afrique : Nouvelles Alliances, Stratégies et nouveaux partenariats » in *Document d'information n°3/2008,* Friedrich Ebert Stiftung, p. 6.
[729] Art. 38 de la Constitution de la RDC.
[730] Art. 34 de la constitution du Niger.
[731] Art. 2 de la convention n°48 de l'OIT de 1948.

première est la liberté de création des organisations syndicales, la deuxième la liberté d'adhésion à un syndicat, et la troisième le libre exercice de cette liberté.

Relativement à la liberté de création des organisations syndicales, elle constitue aujourd'hui ce qu'il est possible d'appeler « *un droit plein* »[732], lequel est reconnu par les constitutions et les instruments juridiques internationaux.[733] Ces constitutions ne précisent pas, pour la plupart, la forme qu'elle doit prendre, et permettent ainsi de créer aussi bien des syndicats des travailleurs que ceux des employeurs. La constitution marocaine valide cette compréhension puisqu'elle prévoit que « *« les organisations syndicales des salariés...et les organisations professionnelles des employeurs contribuent à la défense et la promotion des droits et intérêts économiques des catégories qu'elles représentent. Leur constitution et l'exercice de leurs activités dans le respect de la constitution et de la loi, sont libres* »[734]. Ainsi, c'est sur ce fondement que l'on justifie aujourd'hui dans la plupart des Etats africains, la montée en puissance des organisations professionnelles des employeurs[735] à côté de celles des salariés.

La liberté d'adhésion à un syndicat ne mérite pas qu'on s'y attarde outre mesure. Sauf à dire qu'elle s'entend, comme l'indique la constitution de la République Démocratique du Congo, de la possibilité de s'« *affilier librement* »[736] dans un syndicat. Toutefois cette affiliation entraîne l'obligation pour le syndiqué de se soumettre aux statuts dudit syndicat[737].

Enfin, la liberté d'exercice de ses actions est reconnue au syndicat. Celle-ci doit être manifeste tant dans la structuration de l'organe syndical que dans son fonctionnement. Au Maroc, le constituant exige que « *les structures et le fonctionnement de ces organisations doivent être conformes aux principes démocratiques* »[738]. Il y a donc là une exigence de l'instauration des principes démocratiques dans la conduite des activités syndicales.

---

[732] B. Venezia, « La liberté syndicale en droit comparé », *Annuaire International de justice constitutionnel*, N° 13-1997, Economica, 1998. P. 380.

[733] On peut citer le pacte international des droits économiques et sociaux de l'ONU de 1966, la Convention n°48 de OIT de 1948.

[734] Art. 12.

[735] On peut citer au Cameroun, le GICAM (Groupement Inter patronal du Cameroun) ; au Maroc on a la CGEM (confédération Générale des entreprises du Maroc) ; au Benin la CONEB (Conférdération Nationale des Employeurs du Benin).

[736] Art. 38.

[737] Art. 2 de la Convention n°48 de l'OIT.

[738] Art. 12.

Toutefois, la constitutionnalisation de la liberté d'organisation syndicale est atténuée par le fait que, dans tous les Etats, c'est au législateur qu'appartient la latitude de fixer le régime d'exercice de cette liberté. Si donc les organisations syndicales ont un fondement constitutionnel, elles disposent d'un statut législatif à l'instar des organisations de la société civile.

## 2-Les organisations de la société civile

Le concept de société civile est un concept qui fait flores dans les Etats d'Afrique d'expression française. Celui-ci qui aujourd'hui est à la mode, émerge dans les Etats africains au début des années 1990. Pourtant il n'est pas nouveau[739], en fait, il trouve son origine dans l'Antiquité grecque. Le célèbre philosophe Aristote faisait déjà allusion à la société civilequ'il désignait sous le nom de « *koinonia politke* », c'est-à-dire « *société citoyenne* ». Et plus tard, en latin, par l'expression « *societas civils* ».

De façon globale, le terme de société civile désigne un ensemble d'organisations ou d'associations plus ou moins indépendantes de l'Etat et à but non lucratif, qui animent la vie sociale et défendent les intérêts et les valeurs de leurs membres[740]. Il ne s'agit pas ici d'intérêts corporatistes, c'est dans ce sens qu'elles se distinguent des organisations syndicales. Concrètement, elles renvoient à un certain nombre hétéroclite de regroupements associatifs et d'organisations non gouvernementales intervenant dans la sphère publique.

Dans les constitutions des Etats africains, voire même celles des pays occidentaux, l'occasion est rare de voir figurer des entités comme la société civile. Dans la quasi-totalité des cas, celle-ci ne transparaît qu'indirectement à travers la liberté d'association. Sous ce rapport, les constitutions de ces Etats, d'une manière constante, garantissent au citoyen « *la liberté d'association* »[741].Cela est perceptible dans la constitution du Cameroun[742], celle du Niger[743], ou de Madagascar[744]. L'association est perçue ici comme un

---

[739] Nina Cvetek et Friedel Daiber, *Qu'est que la société civile ?* Friedrich Ebert Stiftung, Antananarivo 2009, p. 6.

[740] Ibid. p. 8-9.

[741] La liberté d'association est aussi garantie par l'article 10 de la charte africaine des droits de l'homme et des peuple, l'article 8 de la Charte africaine droits et du bien-être de l'enfant, et les articles 12(3), 27 (2) et 28 de la charte africaine de la démocratie, des élections et de la gouvernance.

[742] Préambule de la Constitution du Cameroun.

[743] Art. 32.

[744] Art. 14.

organisme indépendant, organisé et sans but lucratif qui repose sur le regroupement volontaire de personnes ayant un intérêt, une activité ou un objectif commun[745]. Si, ainsi définie, l'organisation associative peut inclure plusieurs formes d'organisations ou regroupements de la société civile, il faut dire que certains Etats distinguent de façon formelle les associations d'autres organisations à l'instar des ONG[746].

Dans cette logique, la constitution marocaine parait plus originale, puisqu'après avoir consacré la liberté associative, elle prévoit une disposition spécifique traitant de la société civile et des organisations non gouvernementales. L'article 12 de cette constitution se lit comme suit : « *les associations de la société civile et les organisations non gouvernementales se constituent et exercent leurs activités en toute liberté, dans le respect de la constitution et de la loi* ». Une telle disposition est novatrice, car dans un Etat comme le Cameroun, le constituant n'a pas pris le soin d'établir un distinguo entre les associations[747] au sens classique du terme et d'autres organisations à l'instar des ONG. C'est le législateur qui s'est attelé à cette tâche[748]. Bien plus, dans le contexte marocain les associations de la société civile et les ONG jouissent d'une protection importante, puisque les autorités publiques ne peuvent les suspendre ou dissoudre *«qu'en vertu d'une décision de justice »*[749]ce qui n'est pas le cas ailleurs.

Quoiqu'il en soit, les organisations de la société civile bénéficient d'une consécration constitutionnelle certaine. Elles jouent au côté des organisations syndicales un rôle appréciable dans la protection des droits et libertés économiques.

---

[745] In, ligne directrices sur la liberté d'association et de réunion en Afrique, Commission Africaine des droits de l'homme et des Peuples ; 2012. P. 9.

[746] L'ONG n'a pas toujours fait l'objet d'une définition académique à défaut d'une définition universelle. On peut néanmoins la concevoir simplement comme une organisation de la société civile, d'intérêt public ou ayant un caractère humanitaire qui ne dépend ni d'un Etat, ni d'une institution internationale. Lire pour ample connaissance : Bruno Koffi Ehui, *Qu'est-ce qu'une ONG* ? l'Harmattan 2014. 171 PP.

[747] Sur les Associations au Cameroun, lire C. Keutcha Tchapnga, *Le régime juridique des associations en droit public camerounais ;* l'Harmattan 2013. 202 pp.

[748] Au cameroun, il existe deux textes de loi traitant distinctement des associations et des ONG, il s'agit respectivement de la loi n°90-53 du 19 décembre 1990 relative à la liberté d'association, modifiée et complétée par loi n°99-011 du 20 juillet 1999 et la loi n°99-14 du 22 décembre 1999 régissant les organisations non gouvernementales.

[749] Art. 12.

## B-Les actions relatives de protection des droits et libertés économiques

Les organisations mises sur pied par les individus indépendamment de l'Etat sont des acteurs majeurs en matière de protection des droits et libertés économiques. Ce rôle s'intègre globalement dans le cadre de leurs missions ou de leurs fonctions, et des armes que celles-ci peuvent mobiliser pour protéger efficacement ces droits. Ces actions protectrices des droits et libertés économiques sont diverses à la mesure que sont ces organisations personnelles (**1**). Cependant malgré cette diversité de moyens d'action, le résultat reste mitigé (**2**).

### 1-La diversité de moyens de protection

Les organisations personnelles jouent un rôle éminemment important en matière de protection des droits économiques. Pour ce faire, chacune selon son domaine dispose d'armes ou de moyens d'action spécifiques. Généralement, ces moyens d'action ne sont pas indiqués dans les textes constitutionnels, ils dérivent du principe de « *libre exercice* »[750] qui est souvent reconnu à ses entités. Selon le mot de Bruno Venezia, le principe de « *liberté d'exercice* » renvoie au fait que « *les pouvoirs sociaux se donnent des normes de conduite et les respectent à travers les différents outils juridiques dont ils disposent* »[751]. Toutefois, il peut arriver que certaines constitutions indiquent les moyens d'intervention de ces organisations dans la sphère publique, notamment dans leurs rapports avec l'Etat. C'est le cas du Maroc, relativement aux organisations de la société civile[752].

En tout état de cause, qu'ils soient déclinés au pas dans les constitutions, les moyens d'action de ces organisations sont divers, et le simple fait de consacrer ces organisations entraîne ipso facto leur constitutionnalisation. Il y a donc lieu de distinguer les moyens d'action syndicale (a) de ceux des organisations de la société civile (b). Si ces moyens d'action permettant de protéger les droits et libertés se distinguent, il reste qu'il y a des moyens d'action communs puisque pouvant être mobilisés par ces organisations

[750] Ce principe qui est traduit aussi souvent par les expressions « *se gèrent librement* » ou « *exercent leurs activités librement* », accompagne toujours la consécration de ces organisations.
[751] B. Venezia, « *La liberté syndicale en droit comparé* », op cit., P.377.
[752] Art. 12.

indistinctement, voire même par un citoyen pris individuellement : ce sont le droit de grève et le droit de pétition (c).

***a) Les actions syndicales***

L'apparition de la liberté syndicale est directement issue de l'essor de l'industrialisation et de la concentration des entreprises qui ont marqué le début du XXème siècle en Europe[753]. Dans un contexte aussi dynamique économiquement, le développement d'un mouvement social visant à protéger les relations salariales est apparu comme nécessaire. Ainsi, il y a une connexion originelle entre l'action syndicale et le droit du travail, tous s'inscrivant dans le cadre de l'entreprise[754]. L'action syndicale s'insère alors dans cette double connexion : il y a d'une part la protection salariale des employés, c'est à dire la garantie du droit de travail, et d'autre part la sauvegarde des intérêts de l'entreprise, autrement dit la protection de la liberté d'entreprendre.

En toute logique, l'action syndicale est centrée sur la défense des intérêts professionnels ou économiques ou bien centrée sur les rapports avec les « *adversaires* » c'est-à-dire les chefs d'entreprises. Cette logique fait naître deux types d'action syndicale, à savoir le syndicalisme de classe et le syndicalisme gestionnaire, selon une typologie établie par Claude Durand[755]. Le syndicalisme de classe a pour référent central « *la contestation qui prend la forme d'une critiquedu capitalisme* »[756]. Lutte contre l'exploitation dans le travail, dénonciation de la plus-value et des profits capitalistes, telles sont les références de sa revendication. Le syndicalisme gestionnaire quant à lui est centré sur l'autogestion dans l'entreprise, mais met en relief les problèmes non seulement de l'entreprise mais aussi de la société[757]. C'est cette dernière forme de syndicalisme qui est en cours dans les Etats francophones d'Afrique.

Au-delà de ce cadre global de l'action syndicale, il faut reconnaître que dans les Etats d'Afrique francophone, l'action syndicale, en tant que moyen de lutte utilisable par les salariés pour défendre leurs intérêts, concerne d'une part l'action devant les tribunaux et d'autre part l'action négociatrice. Sur le

---

[753]M. Moati, « La liberté syndicale face aux nécessite économiques en Europe, apport jurisprudentiels récent », op cit., p. 11.
[754] P. Verge, « *La coexistence de la liberté d'entreprendre et de la liberté syndicale* », op cit., p. 65.
[755] C. Durand, « La signification politique de l'action syndicale », in *Revue Francaise de Sociologie* n°IX, 1968. PP.321-324.
[756] Ibid., p. 322.
[757]*Ibidem.*

premier point, il y a lieu de dire que toutes les législations du travail dans l'espace francophone d'Afrique, octroient aux syndicats la personnalité juridique et, à ce titre ils sont habilités à saisir les tribunaux pour défendre leurs intérêts propres et pour la défense de leurs intérêts collectifs[758]. Il est indéniable que cette action contentieuse devant les tribunaux participe efficacement à la défense des intérêts en cause. Sur le second point, l'action syndicale se décline beaucoup plus par cette possibilité reconnue au syndicat de procéder aux négociations avec les employeurs.

En effet, la négociation est l'instrument privilégié de l'action syndicale. L'article 211 du Code du travail malgache la définit comme étant « *une tentative des deux parties pour trouver un terrain d'entente sur les points de dissension, sans aucune intervention de tiers* ». C'est un moyen de gestion des relations professionnelles dans la mesure où elle concourt à la création des relations contractuelles, et a aussi pour objectif l'identification et la résolution des problèmes issus des relations contractuelles[759]. Elle participe à la création des relations contractuelles dans ce sens qu'elle peut être une source du droit de travail, lorsqu'elle porte sur la règlementation des conditions de travail dans l'entreprise, que cette négociation se fasse au niveau national, au niveau des branches ou dans le cadre de l'entreprise. En sus de cette possibilité, la négociation apparaît aussi comme un mode de résolution pacifique des conflits nés en entreprise, car sur le plan particulier des rapports collectifs de travail, la négociation est la règle et le conflit l'exception. C'est d'ailleurs pour cela que dans certains Etats africains, le législateur a institué une obligation de négociation préalable avant tout licenciement pour motif économique[760] ou avant le déclenchement de tout conflit[761].

L'importance des négociations déborde largement les relations employés employeurs, et se fait ressentir aujourd'hui dans le cadre des relations entre les entrepreneurs et l'Etat, dans le cadre de leur groupement patronal ou chambre professionnelle. C'est en effet le moyen le plus usité par

---

[758] A titre illustratif, voir l'art. 143 de la loi n°2003-004 portant Code du travail à Madagascar ; art. 17 du code du travail au Cameroun.

[759] A. Baloa, *L'expression collective des salariés*, Mémoire de DEA en droit Privé, Université de Yaoundé II, p. 46.

[760] Le licenciement pour motif économique est « *tout licenciement effectué par un employeur et résultant...consécutif à des difficultés économiques à des mutations technologiques ou à des restrictions interne* », article 40 du code du travail du Cameroun. Ce licenciement est assujetti à une obligation préalable de négociation comme l'impose l'art. 39 du Code du travail Camerounais ou l'art. 210 du code du travail Malgache.

[761] Art. 139 et 157 du Code du travail Cameroun ; art. 211 du code du travail Malgache.

ceux-ci pour résoudre les éventuels conflits avec les pouvoirs publics, et avec les employés. Ce mécanisme alternatif de résolution des litiges est propice à l'Afrique. Un auteur écrit à ce propos que : « *l'âme africaine montre un attachement profond à la négociation, et fait confiance aux vertus du dialogue pour régler les litiges. En témoigne le fait que tous les codes du travail africain réservent une place de choix préliminaire à la conciliation devant l'inspecteur du travail alors qu'aucune convention de l'OIT ne l'impose en matière de conflit individuel* »[762].

Au demeurant, l'action syndicale apparaît comme un moyen important de la protection et de la régulation des droits et libertés économiques, en l'occurrence la liberté d'entreprendre dans son acception générale ou plus spécifiquement le droit du travail. Cette protection peut être renforcée par l'action de la société civile.

***b) Les actions de la société civile***

En dépit de leur diversité sur le plan de la forme, les organisations de la société civile jouent de nos jours un rôle très important dans la consolidation de l'Etat de droit en Afrique et dans la garantie des droits et libertés économiques. Cette importance tient des fonctions que ces organisations sont appelées à occuper au sein de la société. On le sait, note un auteur, « *le renforcement de la capacité d'agir de la société civile en direction des pouvoirs publics n'est pas sans réduire le champ de l'arbitraire en matière de gestion économique* »[763]. L'action de la société civile organisée a toujours joué un rôle de premier plan pour moraliser l'action des gouvernements autant que pour protéger les intérêts des catégories sociales concernées. A la vérité, ce sont ainsi les jalons de « *l'état de droit économique qui se trouvent ainsi balisés* »[764].

Si d'une manière générale, l'action de la société civile en matière de protection des droits et libertés économiques s'infère de leurs fonctions classiques, celles-ci bénéficient, dans un Etat comme le Maroc, d'une reconnaissance constitutionnelle claire et formelle. A ce titre, l'article 12 de cette constitution prévoit que : « *les associations intéressées à la chose*

[762] J. Issa Sayeg, « Rôle et fonction de l'Etat dans les relations de travail » in *Revue tunisienne de droit social*. Cité par A. Baloa, *op cit.*, p.65.
[763] Abderrahim El Maslouhi, « Le droit de pétition au Maroc : un mécanisme de vigilance entre les mains de la société civile », in *Le printemps marocain* 2012, p. 86.
[764] *Ibid.*

*publique, et les organisations non gouvernementales, contribuent dans le cadre de la démocratie participative, à l'élaboration, la mise en œuvre et l'évaluation des décisions et des projets des institutions élues et des pouvoirs public* ». Plus encore, la mise en place de ce partenariat revêt le caractère d'une obligation à la charge des autorités qui doivent, en vertu de l'article 13 de ladite constitution, œuvrer « ... *à la création d'instance de concertation, en vue d'associer les différents acteurs sociaux à l'élaboration, la mise en œuvre, l'exécution et l'évaluation des politiques publiques* ». Cette clarté de la constitution marocaine ne doit pas être interprétée comme une exclusivité, car dans les Etats dont les constitutions n'ont pas assigné explicitement ce rôle aux organisations de la société civile, celles-ci jouent un rôle analogue.

D'une manière générale, la société civile joue sept fonctions fondamentales selon la typologie établie par Nina Cvetek et Friedel Daiber[765]. De ces fonctions, cinq concernent directement la protection des droits et libertés économiques. Il s'agit des fonctions de protection, de contrôle, de participation, d'articulation et de règlement des conflits sociaux.

La fonction de protection est celle qui consiste pour ces organisations à protéger les citoyens de l'arbitraire étatique. Par exemple, ces organisations vérifient les projets politiques concernant la sécurisation des droits fondamentaux du citoyen et, en cas de violation attirent l'attention des pouvoirs publics. Elle s'opère donc par les moyens de contrôle et d'évaluation des actions publiques. La fonction de participation se matérialise par la capacité qu'ont les organisations de la société civile à permettre « *une socialisation démocratique et participative* »[766] du citoyen, en aidant à la construction d'une solide culture politique. Cette fonction s'articule aussi en la formulation des projets de loi et autres réglementations ou décisions. La fonction d'articulation est très dépendante de celle de participation, en ce sens qu'elle se manifeste par la possibilité de contribuer à la production, au rassemblement et à l'articulation des valeurs communautaires d'intérêts socio-économiques. Les sujets sociaux sont ainsi abordés par la société civile et véhiculés auprès de l'opinion publique. Sous ce rapport, la société civile agit comme intermédiaire entre les citoyens et l'Etat. Enfin, la société civile joue un rôle majeur dans le règlementdes problèmes sociaux à travers sa médiation

---

[765] N. Cvetek et F. Daiber, *Qu'est-ce que la société civile ?* Friedrich Ebert Stiftung, Antananarivo 2009, pp. 10-13.

[766] *Ibid., p.10.*

ou ses bons offices. Elle peut aussi initier un mouvement de greve ou une pétition comme les organisations syndicales.

### *c) Les moyens d'action transversaux : le droit de grève et le droit de pétition*

Mis à part les moyens d'action syndicale ou de la société civile qui peuvent être mobilisés par des organisations non étatiques pour garantir les droits et libertés, il existe d'autres moyens permettant d'agir pour la même finalité. Il s'agit du droit de grève et du droit de pétition qui peuvent être utilisés aussi bien par ces organisations que par les individus.

**-Le droit de grève.** Défini comme le refus collectif et concerté par tout ou une partie des travailleurs d'une structure de respecter les règles normales de travail, en vue d'amener l'employeur à satisfaire leurs revendications, la grève est un droit individuel exercé collectivement, reconnu aux salariés comme moyen de lutte. Cette lutte peut se déclencher tant dans le secteur privé que dans le secteur public[767]. Elle est généralement consécutive à l'échec des négociations entre partenaires sociaux. C'est dans ce sens que l'article 228 du code du travail malgache l'appréhende comme « *un arrêt complet, concerté et collectif du travail décidé par des salariés d'une entreprise ou d'un établissement pour faire aboutir des revendications professionnelles qui n'ont pas été satisfaites* ». Dans les Etats d'Afrique francophone, la grève est une liberté ou un droit constitutionnellement garanti. La constitution de la République Démocratique du Congo affirme à cet effet que *« le droit de grève est reconnu et garanti »*[768]. C'est quasiment la même formule qui est retenue au Niger[769], au Maroc[770], au Cameroun[771]ou à Madagascar[772]. La grève est ainsi reconnue constitutionnellement aux salariés en raison de l'inégalité économique existant entre eux et l'employeur. Elle est de fait la face visible des conflits sociaux dans le cadre des entreprises, et apparait comme un moyen important de protection du droit de travail dans l'entreprise.

**-Le droit de pétition.** C'est l'une des originalités de certaines constitutions des Etats d'Afrique francophone. Mécanisme éprouvé de démocratie participative, le droit de pétition est formellement consacré par

[767] Lazre II Amye Elouma, « Le droit de grève des agents publics en droit Camerounais de la fonction publique », in *RADP*, Vol. VII, n°12, jan-juin 2018, pp. 73-97.
[768] Art. 39.
[769] Art. 34.
[770] Art. 29.
[771] Préambule de la constitution.
[772] Art. 34.

l'article 15 de la constitution du Maroc[773] et l'article 27 de la constitution de la République Démocratique du Congo[774]. Celui-ci permet aux citoyens, à titre individuel ou collectif, d'adresser des requêtes aux autorités nationales dans lavisée d'attirer leur attention sur des questions d'intérêt général. Saisi sous cet angle, le droit de pétition constitue un moyen de moralisation de l'action publique autant qu'un rempart contre des mesures supposées inopportunes sur le plan économique ou social.

Le mécanisme de pétition au Maroc, joue également dans le contexte local. Selon la constitution marocaine, les citoyens et la société civile ont le droit de présenter des pétitions à un Conseil régional en vue d'inscrire une question relevant de sa compétence[775]à l'ordre du jour de ses travaux. Plus encore, la capacité des citoyens à agir est étendue au domaine législatif. En vertu de l'article 14 de la constitution du Maroc : « *les citoyennes et citoyens disposent, dans les conditions et selon les modalités fixées par la loi organique, du droit de présenter des motions en matière législative.* » Ces motions peuvent inspirer la législation nationale y compris économique.

Somme toute, les actions non étatiques de protection des droits et libertés économiques sont importantes et diversifiées. Elle participe au renforcement de la protection de ces droits. La culture africaine ne favorisant pas le recours au juge, on comprend qu'il y ait un certain engouement vers ces mécanismes. Seulement, leur efficacité reste discutable.

## 2-L'efficacité limitée des actions personnelles dans la protection des droits et libertés économiques

La garantie des droits et libertés économiques par les organes non étatiques, ou par les individus eux-mêmes, aussi intéressante soit-elle, ne permet pas une protection efficiente de ces droits et libertés. Cette inefficacité tient d'abord et avant tout du caractère non coercitif des actions de protection qui sont mobilisées ici et là. Car contrairement aux modalités juridictionnelles, la force publique ne peut être sollicitée pour renforcer l'autorité ou la force de

---

[773] Art. 15 : « *Les citoyennes et les citoyens disposent du droit de présenter des pétitions aux pouvoirs publics* ».

[774] Art. 27 : « *Tout congolais a le droit d'adresser individuellement ou collectivement une pétition à l'autorité publique qui y répond dans les trois mois* »

[775] Art. 139 : « *Les citoyennes et les citoyens et les associations peuvent exercer le droit de pétition en vue de demander l'inscription à l'ordre du jour du Conseil d'une question relevant de sa compétence* »

leurs actions. En dehors de cela, chacune de ces actions a des limites consubstantielles.

### *a) Les limites aux actions syndicales*

Les limites les plus généralement évoquées à l'action syndicale sont la prolifération et la crise de la représentativité syndicale.

La prolifération syndicale est le mal le plus important dans les pays Africains francophones qui plombe l'efficacité de l'action syndicale[776]. Dans ces Etats, les mouvements syndicaux pullulent et sont totalement désunis. Dans un Etat comme le Benin, l'on observe, dans un secteur comme l'éducation, plusieurs syndicats dans le même domaine. Ainsi, dans le domaine de l'enseignement maternel et primaire, l'on peut compter quatre-vingts-huit (88) syndicats, et dans le domaine de l'enseignement secondaire soixante (60) syndicats[777]. Cette fragmentation syndicale nuit à l'efficacité de l'action syndicale. Dans cette période de mondialisation, et de politique économique difficile, la force et la pertinence du mouvement syndical dépend de sa capacité à unir ses forces, à fédérer ses actions et à se concentrer sur les objectifs communs. Dans ce processus, il faut trouver l'équilibre entre deux principes : parler d'une seule voix en tant que travailleurs et syndicats et éliminer les divisions ou fragmentations.

La crise de la représentativité est une conséquence de la prolifération syndicale. Il faut d'abord rappeler que la représentativité syndicale peut être perçue comme étant la compétence reconnue aux syndicats d'être des porte-parole des salariés, y compris de ceux qui ne sont pas leurs adhérents, et qu'ils ne représentent donc pas au sens du droit civil. Pour qu'un syndicat soit représentatif, il faut qu'il ait un certain nombre de membres. Or, avec le principe de liberté syndicale (qui s'entend négativement ici au droit de ne pas se syndiquer), la fragmentation des syndicats et le déficit de la culture syndicale en Afrique, rendent l'expression des salariés ineffective. Ainsi, la légitimité des actions syndicales est édulcorée et la protection du droit du travail, qui est un droit économique, se voit fragilisée. Cela d'autant plus que

[776] Bureau International du travail, *Pluralisme syndical et la prolifération des syndicats en Afrique francophone*, première édition 2010, p. 68.
[777] Voir G. Balaro. S. T. Dossou et A. C. Amoussou, *Etude sur le paysage syndical au Benin*, Friedrich Ebert Stiftung, 2015.PP. 90.

cette protection ne peut compter sur les actions de la société civile qui sont aussi limitées.

***b) Les tares de l'action de la société civile***

Si l'importance de l'action de la société civile est indéniable, en matière de protection de droits et libertés en général et singulièrement en matière économique, il faut admettre que cette action contient des tares préjudiciables pour son efficacité. En effet, il est évident que les organisations de la société civile, dans le domaine de la protection des droits économiques, se manifestent beaucoup plus par un rôle de promotion de ces droits et par une absence d'un véritable rôle protecteur[778]. La promotion des droits et libertés notamment économiques est certes importante, car elle suppose un ensemble d'actes afin d'empêcher les violations des droits. Ces actes s'entendent des campagnes d'éducation aux droits, telles que la vulgarisation des instruments juridiques. Elle a donc pour objectif essentiel la prévention, et apparait alors très limitée. Cela d'autant plus que ces organisations ne jouent pas un rôle protecteur véritable.

La protection des droits et libertés suppose la restitution de l'ordre des choses quand il est dérangé par un acte attentatoire. Elle a une finalité essentiellement curative et constitue un « *continuum* » de l'action de promotion. Elle nécessite alors des actions concrètes, et suppose donc qu'une fois que le danger de la violation des droits et libertés pèse ou est réalisé les organisations de la société civile doivent se mettre en branle pour le contrecarrer ou le juguler. Seulement, les organisations de la société civile ne disposent pas d'armes véritables pour mener ces différentes actions. L'on observe que celles-ci se limitent beaucoup plus dans une approche dénonciatrice qui semble d'ailleurs même s'essouffler. C'est dans ce sens que, relativement à l'action de la société civile pour les conditions des détenus, un magistrat camerounais constate qu' « *en l'état actuel du droit positif camerounais (...) aucune décision n'est connue sur une plainte par la société civile* ».[779]

En dehors de ces limites qui ont trait à leurs actions, il faut dire que les organisations de la société civile rencontrent d'autres limites qui ont trait à la restriction de la liberté qui leur est reconnue. C'est que le législateur de

---

[778] Zbigniew Paul Dime Li Nlep, *La garantie des droits fondamentaux au Cameroun*, op. Cit., P. 66.
[779] P. C. Akoa, « Société civile et amélioration des conditions carcérales », *Cahier africain des droits de l'homme*, n°4, p. 155.

l'espace francophone a édicté, sous le fondement de la constitution, plusieurs règles qui encadrent strictement soit la liberté associative soit celle des ONG. Ce cadre juridique apparait très souvent comme des méthodes « *sinueuses pourcontrarier ou étouffer l'action des ONG* »[780]. Ce qui a fait dire à un auteur, relativement à la liberté d'association, qu'il s'agit d'une « *liberté surveillée* »[781]. En outre, l'action des organisations de la société civile dans la protection des droits et libertés économiques est compromise par l'absence des ressources financières et matérielles. Or, comme le souligne Madame Ndine Mpessa, « *aucune action efficace ne peut être menée sans partenaires et sans moyens* »[782].

C'est donc dire que l'action de la société civile, à l'instar de celle des syndicats, rencontre des limites réduisant son efficacité dans la garantie des droits et libertés économiques. De telles limites peuvent être évoquées concernant le droit de grève et le droit de pétition.

***c) Les obstacles aux droits de grève et de pétition***

La protection des droits et libertés économiques par l'usage du droit de grève et du droit de pétition est, à l'instar des autres actions, limitées. Si les limites du droit de pétition ne méritent pas qu'on s'y attarde outre mesure, dans ce sens qu'elles peuvent se résumer au caractère non contraignant de la pétition, des développements particuliers méritent d'être réservés au droit de grève.

Dans les Etats d'Afrique francophone, le droit de grève tel que constitutionnellement consacré n'est pas absolu. Toutes les constitutions en effet, prévoient toujours la possibilité de le limiter. La constitution de la République Démocratique du Congo prévoit à cet effet que le droit de grève « *s'exerce dans les conditions fixées par la loi qui peut en interdire ou en limiter l'exercice...* »[783]. On rencontre une telle disposition, avec quelques

[780] S. Kuate Temeghe Et R. Loumingou Sambou, « L'Etat et l'internationalisation des activités non gouvernementales », Cahier *africain des droits de l'homme,* n° 4, op cit., p. 214.
[781] F. Onana Etoundi, « La pratique de la loi n°90/053 du 19. 1990 portant liberté d'association au Cameroun », *Cahier africain des droits de l'homme, n° 4,* p.231.
[782] Cité par Zbigniew Paul Dime Li Nlep, *op cit.,* p. 75.
[783] Art. 39.

nuances, dans la constitution du Niger[784], du Benin[785], du Maroc[786], ou de Madagascar[787]. La constitution de la RDC a beaucoup plus de clarté, dans ce sens qu'elle indique clairement que le droit de grève peut être interdit ou limité. Cette interdiction ou limitation concerne au premier chef « *toute activité ou tout serviced'intérêt vital pour la nation* »[788]. Car le droit de grève peut entrainer des excès qui peuvent impacter le secteur économique et paralyser le bon fonctionnement de l'Etat. C'est la raison pour laquelle les législateurs dans ces Etats ont prévu le maintien d'un service minimum, ou plus grave, la possibilité d'interdire la grève.

L'une des limites que rencontre le droit de grève dans l'espace francophone est la reconnaissance du droit de lock-out dans les législations africaines[789]. Le lock-out consiste en « *la fermeture de tout ou partie d'une entreprise ou d'un établissement par l'employeur à l'occasion d'une grève des salariés de son entreprise* »[790]. Il traduit donc la volonté de l'employeur de briser un mouvement de grève ou de répondre à une grève désorganisant l'entreprise. Parce que permettant de mettre une pression sur les salariés, la consécration formelle du lock-out relativise l'obligation de l'employeur de fournir du travail aux employés de son entreprise. C'est donc un moyen asymétrique du droit de grève permettant d'instaurer l'égalité des armes entre l'employeur et les employés. Il participe par conséquent à la remise en cause du droit de grève comme arme protectrice du travailleur.

Finalement, les moyens personnels permettent de fournir une protection considérable aux bénéficiaires des droits et libertés économiques, même si cette protection est relative. Au-delà, il existe des garanties impersonnelles qui participent au renforcement de la protection non juridictionnelle des droits et libertés économiques.

---

[784] Art. 34 : « *l'Etat reconnait et garantit...le droit de grève qui s'[exerce] dans les conditions prévues par les lois et règlements en vigueur* ».

[785] Art. 31 : « *l'Etat reconnait et garantit le droit de grève... le droit de grève s'exerce dans les conditions définies par la loi* »

[786] Art. 29 : « *le droit de grève est garanti. Une loi organique fixe les conditions et les modalités de son exercice* ».

[787] Art. 33 : « *le droit de grève est reconnu sans qu'il puisse être porté préjudice à la continuité du service public ni aux intérêts fondamentaux de la Nation* ».

[788]Art. 39 (2). De la constitution de la RDC.

[789] Code du travail du Cameroun, art. 15 ; code du travail de Madagascar art. 232 ; code du travail de l'Algérie art. 57.

[790] Art. 232 du code de travail malgache.

## Paragraphe II : Le renforcement des garanties impersonnelles

La protection des droits et libertés économiques au sein des Etats fait appel, au-delà des organes juridictionnels et personnels, aux organes impersonnels. Ceux-ci sont des organes de garantie que l'Etat met sur pied pour offrir un cadre parallèle à la protection juridictionnelle. Les organes de protection impersonnelle sont donc une émanation de la volonté des autorités publiques et participent à renforcer la protection des droits et libertés, en l'espèce économique.

Les Etats d'Afrique francophone à l'image de la plupart des systèmes démocratiques disposent de ces mécanismes traditionnels de garantie intervenant hors de l'organisation juridictionnelle. Dans les constitutions de ces Etats, cette protection est d'abord politique. Commune à tous les Etats de l'espace francophone, cette protection de nature politique est susceptible de participer activement à la sauvegarde des droits et libertés économiques (**A**). Elle s'inscrit en complémentarité de l'action du juge, et de ce fait favorise un système institutionnel de garantie relativement efficace. Elle est aussi administrative, à travers les autorités administratives indépendantes (**B**). Mais seulement, cette protection dans les constitutions ne fait pas l'unanimité, car spécifique à certains Etats d'Afrique francophone.

### A-La protection classique opérée par les organes politiques

C'est une protection qui s'effectue par les organes politiques de l'Etat. Ceux-ci sont donc soit des organes du pouvoir législatif, soit alors ceux du pouvoir exécutif. Si les constitutions des Etats francophones consacrent tous l'existence de ces organes de pouvoir, elles ne leur assignent pas expressément la mission de protéger les droits et libertés, notamment économiques. Cependant, dans les démocraties modernes le rôle des organes politiques en matière de garantie de ces droits est indéniable. A cet effet, si le rôle du parlement est considérable à cet égard (**1**), il faut dire que le pouvoir exécutif ne joue pas un rôle moins important (**2**).

#### 1-Le rôle considérable mais néanmoins limité du parlement

En tant qu'organe délibérant et représentation par excellence du peuple, le parlement dans les démocraties jouent un rôle considérable dans la garantie des droits et libertés économiques. Cela est vrai dans les Etats d'Afrique francophone, où l'organe parlementaire dispose d'importants moyens d'action. Seulement, ces actions sont limitées, d'où la protection timide de ces droits.

Du fait de son organisation collégiale et très souvent hétéroclite, puisque constitué de l'opposition politique et de la majorité[791], le parlement se veut être une instance de protection des droits et libertés économiques de premier plan. Un tel positionnement procède de sa capacité à sanctionner les atteintes à ces droits par ses prérogatives de contrôle de l'action du gouvernement, et sa participation à la procédure législative qui lui permet de mettre en échec des lois liberticides.

Relativement aux pouvoirs de contrôle du gouvernement par le parlement, John Stuart Mill écrit « *le véritable office d'une assemblée représentative n'est pas de gouverner, elle y est radicalement impropre ; mais bien de surveiller et de contrôler le gouvernement, de mettre en lumière tous ses actes, d'en exiger l'exposé et la justification...* »[792].Cette fonction de contrôle de l'action gouvernementale, expressément prévue par les constitutions des Etats d'Afrique francophone[793] , peut avoir une influence décisive dans la sauvegarde des droits et libertés économiques. Elle permet au parlement d'évaluer les politiques publiques entreprises par le pouvoir exécutif afin de s'assurer que le gouvernement et son administration font une bonne application des droits reconnus aux citoyens et, surtout, n'y portent pas atteinte. Pour jouer ce rôle, les constitutions des Etats francophones ont aménagé au bénéfice des parlementaires des techniques d'information et d'investigation diverses et variées. De telles techniques, susceptibles de se combiner, se traduisent en la procédure des questions ou interpellations des membres du gouvernement ou des commissions d'enquête.

La procédure des questions aux membres du gouvernement est commune à tous les Etats francophones et est consacrée par leur constitution[794]. Celle-ci peut prendre la forme des questions écrites ou orales que les parlementaires adressent aux ministres. Cette procédure est importante en ce

---

[791] En tant qu'organe délibérant, les parlements des Etats démocratiques modernes sont généralement pluri colores. On y trouve très souvent une représentation des forces politiques essentielles de l'Etat. En Afrique Francophone à date (2019), il n'existe pas un seul Etat ou le parti au pouvoir occupe tous les sièges du parlement.

[792] J. Stuart Mill, *Le gouvernement représentatif*, trad. M Dupont-White, Guillaumin, Paris, 3eme éd., 1877, p. 135.

[793] Art. 100 de la constitution de la RDC ; art. 90 de la constitution du Niger ; art. 79 de la constitution du Bénin ; art. 70 de la constitution du Maroc ; art. 68 de la constitution de Madagascar.

[794] Art. 113 de la constitution du Bénin ; art. 98 de la constitution du Niger ; art. 131 de la constitution de la RDC ;

sens qu'elle peut contraindre le gouvernement à communiquer davantage d'informations sur une situation donnée. Dans un pays comme la France, cette procédure est généralement utilisée comme le relève Vanessa Barbé, dans le domaine des droits fondamentaux[795], y compris donc des droits économiques. Le droit de créer des commissions d'enquête est aussi consacré par les constitutions des Etats francophones[796]. Ce droit s'appréhende comme la prérogative reconnu de créer des *« organes parlementaires collégiaux et temporaires... chargés de vérifier et d'analyser une question d'intérêt général en vue d'exiger la responsabilité politique ou d'aider à l'épuration d'une éventuelle responsabilité juridique »*[797]. Ces commissions d'enquête peuvent procéder aux études, auditionner les membres du gouvernement ou tout autre responsable, et exiger leur collaboration.

Lorsque le parlement utilise ces moyens de contrôle et se rend compte qu'une violation d'un droit ou d'une liberté a été réalisée, il peut faire recours à plusieurs moyens pour y mettre un terme. Le moyen le plus grave est la mise en jeu de la responsabilité politique du gouvernement par l'adoption d'une motion de censure[798], tous les Etats francophones ne consacrent néanmoins pas ce mécanisme[799]. Il peut aussi donner un écho à ce contrôle à travers le relais médiatique des débats, la publicité des auditions, ou la publication des rapports d'enquête.

En ce qui concerne la mise à l'échec des lois liberticides, deux armes importantes sont à la disposition du parlement pour sanctionner une disposition ou un texte portant atteinte aux droits et libertés économiques. Tout d'abord un moyen direct, consistant à faire obstacle à l'adoption de ce texte ou de la disposition. Le parlement alors, de sa propre initiative, rejette ou modifie le texte attentatoire aux droits et libertés. En somme, *« le procès fait à la loi n'attend... pas la saisine du conseil constitutionnel »*[800]. Ce moyen est très

[795] Dans son ouvrage, Le rôle du parlement dans la protection des droits fondamentaux. Etudes comparatives : Allemagne, France, Royaume-Uni, LGDJ., Bibliothèque constitutionnelle et de science politique, tome 131, Paris, 2009. Vanessa Barbé relève qu'en France, sur les 66524 questions écrites et orales posées du 1 octobre 2002 au 30 septembre 2005, 22723 soi 34% intéressent les droits et libertés. Quant aux questions au gouvernement, 724 des 2174 questions posées évoquent les droits des citoyens, soit 33% des questions.

[796] Art. 67 de la constitution du Maroc ;

[797] V. Barbé, *Le role du parlement dans la protection des droits fondamentaux. Etudes comparatives : Allemagne, France, Royaume-Uni, op cit.*, p. 35.

[798] Art. 34 de la Constitution du Cameroun ; art. 107 de la constitution du Niger

[799] La Constitution béninoise ne consacre pas cette responsabilité

[800] V. Barbé, *Le rôle du parlement dans la protection des droits fondamentaux. Etudes comparatives : Allemagne, France, Royaume-Uni, op cit.*, p. 134.

efficace dans la protection des droits et libertés économiques. Michel Levinet écrit à ce propos que : « *dans la démocratie représentative, le parlement constitue le défenseur naturel des droits et libertés. A cet effet, les élus peuvent mettre en œuvre les prérogatives propres à la législature... pour faire obstacle à l'adoption d'une loi liberticide* »[801]. Le rejet intégral d'un projet ou d'une proposition de loi prend généralement la forme d'un vote sur une motion de procédure, alors qu'en matière de rejet partiel d'un texte, le droit d'amendement joue un rôle majeur.

Le second moyen, indirect, est la possibilité reconnue au parlementaire de saisir la juridiction constitutionnelle des lois contraires aux droits constitutionnellement garantis[802]. Cette possibilité doit surtout être ouverte à la minorité lorsque celle-ci ne dispose pas des moyens de faire échec à la loi dans la procédure législative. Le Maître de Viennes Hans Kelsen préconisait à cet égard qu' : « *en ce qui concerne spécialement le recours contre les lois, il serait extrêmement important d'accorder également le droit de l'intenter à une minorité qualifiée du parlement. Et cela d'autant plus que la justice constitutionnelle... doit nécessairement servir, dans les démocraties parlementaires, à la protection des minorité* »[803]. Or, « *ainsi ouverte à une minorité qualifiée de parlementaires, c'est-à-dire à l'opposition politique, la saisine de la juridiction constitutionnelle permet au parlement de participer activement à la protection des droits fondamentaux contre l'action du législateur* »[804].Ce moyen permettant d'opérer un contrôle de constitutionnalité apparait comme un mécanisme ultime, dans les Etats qui n'ont consacré qu'un contrôle *a priori,* de faire échec à une loi oppressive.

Au demeurant, le parlement dans ses missions de contrôle de l'action du gouvernement ou de législateur, joue un rôle cardinal dans la protection des droits et libertés.

Chercher une planche de salut à d'autres modalités de protection des droits et libertés économiques, par le recours au parlement dans les Etats de

[801] M. Levinet, *Théorie générale des droits et libertés*, Bruylant, Coll. Droit et justice, paris 2éd. 2008, p. 413.

[802] Art. 47 de la constitution du Cameroun ; art. 160 de la constitution de la RDC ; art. 131 de la Constitution du Niger.

[803] H. Kelsen, « La garantie juridictionnelle de la constitution (la justice constitutionnelle) », *RDP.*, 1928. p.247.

[804] Dimitri Lohrer, *La protection non juridictionnelle des droits fondamentaux en droit constitutionnel comparé : l'exemple de l'ombudsman spécialisé portugais, espagnol et français,* thèse de Doctorat droit public, Université de Pau et des pays de l'Adour 2013. PP.820.

l'espace francophone, ne s'avère pas très efficace. C'est qu'en dépit de son apport considérable dans la garantie de ces droits sur le plan théorique, sur le plan pratique le rôle du parlement est très limité. La raison principale est que la fonction parlementaire de sanctionner les violations aux droits et libertés en général se caractérise par sa relativité et sa contingence. Cette relativité et cette contingence tiennent du fait que son office est tellement conditionné par des considérations politiques.

L'un des faits politiques majeurs qui porte préjudice à la protection parlementaire des droits et libertés économiques est la domination du pouvoir exécutif sur le parlement. A la vérité dans les Etats d'Afrique francophone malgré une séparation des pouvoirs constitutionnellement consacrée, « *dans la pratique, les faits se présentent de façon très différente, à tel point que c'est le gouvernement qui domine la vie du pouvoir législatif. Ceci est dû ...à la discipline du parti, impliquant que la majorité parlementaire est strictement soumise aux instructions du gouvernement étant donné que ce dernier est composé des dirigeants politiques qui forment cette majorité* ». [805]Pour ce fait, l'exercice du contrôle de l'action du gouvernement devient chimérique, le parlement n'étant qu'une caisse de résonnance du pouvoir exécutif. Car, l'obligation de solidarité gouvernementale et la discipline partisane réduisent à néant l'adoption de motion de censure, la moindre initiative de la mise sur pied d'une commission d'enquête voire même la simple possibilité de reconsidérer un projet de loi. Dans un tel contexte la garantie des droits et libertés économiques est illusoire.

Bien entendu, la saisine de la juridiction constitutionnelle des lois potentiellement liberticides demeure. Cependant, dans la plupart des Etats francophones qui ont consacré le contrôle à priori, la saisine de cette juridiction estréservée à un nombre qualifié de parlementaires[806]. Les parties politiques d'opposition ne disposent généralement pas du nombre de parlementaires requis, puisque le parti au pouvoir, à très souvent une « *majorité obèse* »[807]. D'autres part, pour un certain nombre de calculs politiques les élus se refusent très souvent àsaisir la juridiction constitutionnelle. Un auteur constate que « *la logique de la compétition politique et la conservation d'une clientèle politique*

[805]*Ibid.*, p. 214.

[806] Au Cameroun, la constitution en son art. 47 prévoit le tiers des députés ou des sénateurs ; en RDC il s'agit du dixième des députés ou des sénateurs selon l'art. 160 ; au Niger, il s'agit du dixième des députés conformément à l'article 131.

[807] A titre illustratif au Cameroun, pour une Assemblée Nationale de 180 députes, le RDPC, parti au pouvoir, dispose de plus de 150 députés et de 96 sénateurs sur 100 en date de 2019.

*à un moment donné, n'est pastoujours compatible aux yeux des élus avec la défense des droits de l'homme et de certaines libertés qui ne sont pas des causes populaires* »[808]. C'est ainsi que la nécessité de protéger les droits et libertés sera compromise. Peut-être cette protection ne peut trouver grâce qu'avec l'action du pouvoir exécutif.

## 2-La protection paradoxale du pouvoir exécutif

Si le pouvoir législatif apparaît à bien des égards comme étant un rempart contre la violation des droits et libertés économiques, le pouvoir exécutif joue aussi un rôle important. Celui-ci est d'autant plus important que dans les Etats de l'espace francophone, l'exécutif semble être le pouvoir dominant, et ce faisant, son intervention dans la protection de ces droits et libertés est un peu plus efficace, puisque ce sont ses décisions qui s'imposent. Le paradoxe dans le rôle protecteur des droits et libertés par l'exécutif est que celui-ci apparait dans tous ces Etats comme le premier violateur de ces mêmes droits et libertés, à travers son action quotidienne.

A l'exception du Bénin qui a un exécutif monocéphale[809], la plupart des Etats africains ont opté pour un exécutif bicéphale[810], et adopté un régime parlementaire[811]. Une telle architecture du pouvoir exécutif impacte la redistribution des rôles en matière de protection des droits et libertés économiques, entre le Président de la République et le gouvernement. C'est que lorsqu'il y a concordance, c'est-à-dire que le gouvernement procède du même parti que le Président de la République, celui-ci incarnant dans sa plénitude l'exécutif joue un rôle décision dans cette protection, comme si l'on n'avait un exécutif que monocéphale. En revanche, en cas de cohabitation, ce qui du reste est rare en Afrique[812], il y a une concurrence de compétence.

Parlant de la protection des droits et libertés en RDC par le Président de la République, un chercheur écrit que *« le Chef de l'Etat dispose à cet effet de*

---

808 Y Poimeur, Les parties politiques. Du XIX au XXI siècle en France, Paris, LGDJ, 2014 p. 335.
809Voir titre III de la constitution du Bénin, notamment les articles 41 et 54. Le Président de la République est en même temps Chef d'Etat et chef du gouvernement.
810 Que ce soit en Algérie, au Cameroun, à Madagascar, au Maroc, en RDC et au Niger l'exécutif est bicéphale c'est-à-dire constitué de deux organes le Président de la République ou le Roi qui est chef de L'Etat et d'un gouvernement.
811 Sur le régime parlementaire, lire Dominique Chagnollaud, Droit constitutionnel contemporain, paris Dalloz 6 éd, tomme 1, 2009. Pp.271-294.
812 Pour l'article 81 de la constitution du Niger la cohabitation c'est « *lorsque la majorité présidentielle et la majorité parlementaire ne concordent pas* ». C'est la seule constitution qui prévoit cette situation explicitement en Afrique francophone.

*peu de pouvoirs propres* »[813]. Une telle affirmation n'est pas particulièrement juste dans le contexte africain où la constitution et le jeu politique offre au Président de la République des armes importantes pour protéger les droits et libertés fondamentaux, singulièrement économiques. Sur le plan constitutionnel, les Président des Etats d'Afrique francophone sont au premier chef responsables de la protection des droits et libertés économiques formulés dans la constitution. Une telle position se déduit des dispositions constitutionnelles quasi unanimes qui font du président de la République « *le garant de la constitution* »[814]. À cet égard, il dispose d'armes administratives et institutionnelles lui permettant de jouer ce rôle. En s'appesantissant seulement sur le plan institutionnel, le Président de la République dans ces Etats peut demander une nouvelle délibération d'une loi qu'il estime dangereuse pour les droits et libertés économiques, saisir la juridiction constitutionnelle[815] ou faire appel au peuple pour approuver un texte par voie référendaire[816]. Sur le plan politique, le Président de la République étant dans la plupart des Etats africains le chef de la majorité politique celui-ci maitrise la procédure législative et de ce fait exerce une influence décisive sur les lois à adopter au parlement.

Le gouvernement joue un rôle secondaire dans la protection des droits et libertés économiques. Ce rôle vient en complément à l'action qui doit être menée par le président de la République, mais il ne doit pas être minoré, surtout lorsqu'il y a cohabitation au sein de l'exécutif. Pour assurer ce rôle, la constitution fait du gouvernement l'organe chargé de l'exécution ou de la mise en œuvre des lois[817]. Sous ce rapport, il détient le pouvoir réglementaire qui peut avoir des incidents sur la protection des droits et libertés. C'est que l'exécution des lois par le gouvernement lui donne la possibilité d'interpréter la loi pour son application dans certains aspects. En outre, à l'instar du Président de la République, certaines constitutions habilitent le gouvernement à saisir la juridiction constitutionnelle[818], cette possibilité lui donne une

[813] J. Baeni Shemitima, *De l'évolution de la protection des droits politiques des citoyens dans l'ordre constitutionnel de la 2 ème et 3 ème République en RDC*, Mémoire de licence en droit public, université de Goma 2011, p. 54.
[814] Art. 5 de la Constitution du Cameroun.
[815] Art. 47 de la constitution du Cameroun ; art. 161 de la Constitution de la RDC ; art. 131 de la constitution du Niger.
[816] Art. 36 de la constitution du Cameroun.
[817] Art. 12 de la constitution du Cameroun ; art. 73 de la constitution du Niger.
[818] Art. 161 en RDC ; 131 au Niger.

ouverture pour déférer devant cette juridiction les droits et libertés contraires à la constitution.

En somme, la protection des droits et libertés économiques par les organes politiques que sont le pouvoir législatif et le pouvoir exécutif, est un complément nécessaire, mais insuffisant. C'est pour renforcer cette protection que certains Etats africains ont mis sur pied des institutions administratives indépendantes spécialisées dans la protection des droits et libertés notamment économiques.

## B-La montée de la protection par les autorités administratives indépendantes

Les autorités administratives indépendantes sont aujourd'hui, dans des Etats démocratiques européens, des maillons importants dans la protection des droits et libertés. Inspirées du modèle anglo-saxon des « *agencies* »[819], ces autorités administratives indépendantes commencent à émerger véritablement dans l'espace francophone au début des années 1990 avec la création des conseils nationaux de droits de l'homme et des libertés. Elles se présentent comme une réponse adaptée au défaut d'impartialité et d'efficacité dont font preuves les organes politiques dans la protection des droits et libertés. Se situant dans cette crise de confiance affectant les organes de l'Etat, « *ces autorités ont en commun, selon une définition couramment admise [...], d'agir au nom de l'Etat sans être subordonnées au gouvernement et de bénéficier, pour le bon exercice de leurs missions, de garanties qui leur permettent d'agir en pleine autonomie, sans que leurs actions puissent être orientées ou censurées, si ce n'est par le juge* »[820]. Ces autorités sont appelées à jouer, « *en dehors du cadre administratif traditionnel et avec des garanties d'indépendance, des fonctions de médiation et de protection des droits fondamentaux* »[821].

---

[819] Les Independent regulatory agencies sont apparues aux Etats-Unis à la fin du XIX siècle. Comme le souligne Michel Gentot, « *la première d'entre elles est née en 1889 lorsque le congrès conféra un statut d'autonomie à l'Insterstate Commerce Commission (ICC) qui avait été créée deux ans plutôt au sein du département de l'intérieur a fin de réglementer les échanges commerciaux entre les Etats* » (M. Gentot, *Les autorités administratives indépendantes*, Montchrestien, Paris, 1991, p. 21.)

[820] C.E., *Réflexion sur les autorités administratives indépendantes*, Rapport public, la Doc. Fr. coll. Etudes et documents, paris 2001, p. 257.

[821] P. Gélard, *Les autorités administratives indépendantes*, Rapport d'information n°404 fait au nom de l'office parlementaire d'évaluation de la législation, tome I, 2006-2007, p.28.

Dans les Etats d'Afrique francophone, les autorités administratives indépendantes ont beaucoup plus un statut législatif que constitutionnel. Seuls quelques Etats ont prévu dans leurs dispositions constitutionnelles l'existence de ces autorités. Lorsqu'elles sont consacrées il en existe deux grands types, il y a d'une part des autoritéss indépendantes générales, c'est le cas de l'ombudsman ou du médiateur **(1)**, et d'autre part des autorités administratives indépendantes spécialisées, c'est le cas des commissions (**2**).

## 1-Le Médiateur de la République, un protecteur des droits et libertés économiques

Inspiré du modèle français, le Médiateur de la République dans l'espace francophone de l'Afrique, a acquis droit de cité dans les années 1990 à la faveur de l'émergence de la démocratie politique[822]. Répondant à un besoin de consolidation du système de garantie des droits et libertés, il se présente comme une autorité non juridictionnelle spécialement aménagée pour la protection des droits fondamentaux. Dans l'espace francophone, si la plupart des Etats ont opté pour son institutionnalisation à l'image de l'ombudsman ibérique[823], il faut dire que celui-ci bénéficie généralement d'un statut législatif[824]. Des constitutions étudiées, c'est celle du Maroc qui déroge à cette situation en consacrant l'existence constitutionnelle d'une telle autorité[825]. Celle-ci au regard de son statut privilégié (**a**), de ses prérogatives diversifiées (**b**) est amenée à jouer un rôle important dans la protection des droits et libertés économiques, même comme elle n'exerce essentiellement qu'une magistrature d'influence (**c**).

### *a) Un statut privilégié*

Institution unipersonnelle[826] dans la quasi-totalité des textes des Etats africains, le Médiateur de la République bénéficie d'un statut privilégié au

---

822 B. Boumakani, « Les médiateurs de la République en Afrique Noire francophone : Sénégal, Gabon et Burkina-Faso », RIDC 1999. N°51-2, p. 308.

823 Sur cette institution lire, J. Owona, le contentieux administratif de la République du Cameroun, Harmattan 2011 p. 10. Dimitri Lohrer, *La protection non juridictionnelle des droits fondamentaux en droit constitutionnel comparé : l'exemple de l'ombudsman spécialisé portugais, espagnol et français,* thèse de Doctorat droit public, Université de Pau et des pays de l'Adour 2013. PP.820.

824 Ordonnance n92-012 du 29 avril 1992 instituant un Médiateur, défenseur du peuple à Madagascar ; la loi n° 2009-22 du 11 aout 2009 instituant le Médiateur de la République au Bénin ; la loi n°2008-36 du 10 juillet 2008 instituant un Médiateur de la République au Niger.

825 Art. 162 de la constitution.

826 Dans tous les textes qui instituent le Médiateur, celui-ci apparait comme une institution unipersonnelle. Toutefois à Madagascar, il « *est assisté de deux médiateurs adjoints* » (art. 2 de la loi) qui sont assimilés aux hauts Conseillers de la Haute Cour Constitutionnelle. (Art 16 de la loi).

regard de la nature des différentes missions qui lui sont dévolues. A cet égard, il jouit de garanties tant organiques que fonctionnelles.

Sur le plan organique, le Médiateur de la République apparaît comme étant une autorité indépendante. Cette indépendance, caractéristique première de cette autorité administrative, est affirmée par la constitution marocaine[827] et le dahir créant l'institution du Médiateur[828]. Dans les autres Etats où cette institution n'est pas formellement consacrée par la constitution, leurlégislationconsacre aussi cette indépendance[829]. Celle-ci signifie que le Médiateur n'est sous l'autorité d'aucune autre institution. Cette indépendance est renforcée par le régime d'inamovibilité, celui des incompatibilités et des immunités dont il bénéficie. Dans les Etats de l'espace francophone, l'inamovibilité du Médiateur est entière. Il ne peut être mis fin à ses fonctions avant le terme de son mandat qui, du reste dans presque tous les Etats est unique[830], à l'exception du Maroc[831]. Seule une instance juridictionnelle peut permettre la révocation de cette autorité[832]. Au-delà de cette inamovibilité, le Médiateur jouit des immunités. Ainsi, il « *ne peut être poursuivi, recherché, arrêté, détenu ou jugé à l'occasion des opinions qu'il émet ou des actes qu'il accomplit dans l'exercice de sa mission* »[833]. Les incompatibilités complètent le registre de ses garanties organiques dans certains Etats[834]. Par ailleurs, sur le plan protocolaire, dans un Etat comme Madagascar, le Médiateur a rang et

---

Au Maroc, le Dahir 1-11-19 du mars 2011 Portant Création de l'Institution du Médiateur en son art. 3 : « *le Médiateur est assisté dans l'exercice de ses missions, de délégués spéciaux placés sous son autorité et des délégués régionaux qui en relèvent et dénommés médiateurs régionaux, ainsi que le cas échéant des délégués locaux…* ».

[827] Art 162 de la constitution du Maroc.

[828] Art. 1 du Dahir 1-11-19 du mars 2011 Portant Création de l'Institution du Médiateur.

[829] Ordonnance n°92-012 du 29 avril 1992 instituant un Médiateur, défenseur du peuple à Madagascar ; la loi n° 2009-22 du 11 aout 2009 instituant le Médiateur de la République au Bénin ; la loi n°2008-36 du 10 juillet 2008 instituant un Médiateur de la République au Niger.

[830] Art. 2 de l'Ordonnance n°92-012 du 29 avril 1992 instituant un Médiateur : « *le Médiateur est nommé pour six ans non renouvelable par décret en Conseil de Gouvernement* » ; art. 4 de la loi n° 2009-22 du 11 aout 2009 instituant le Médiateur de la République au Bénin : « *la durée de mandat du Médiateur de la République est de 05 ans… Son mandat n'est pas renouvelable* » ; art. 3 de la loi n°2008-36 du 10 juillet 2008 instituant un Médiateur de la République au Niger : « *le Médiateur de la République est nommé par décret pour une période de six ans non renouvelable* ».

[831] Le Dahir 1-11-19 du mars 2011 Portant Création de l'Institution du Médiateur en son art. 2 prévoit que : « le Médiateur est nommé par dahir pour une période de cinq ans, renouvelable une seule fois ».

[832] Cette juridiction est la Cour constitutionnelle au Niger, art 3 ; la Cour Suprême au Bénin, art 4 ; la Chambre administrative de la Cour Suprême à Madagascar, art. 2.

[833] Art 3 de l'ordonnance à Madagascar ; art. 6 de la loi au Bénin et art. 4 de la loi au Niger. Art. 52 du dahir au Maroc.

[834] Art. 5 de la loi au Niger : « *les fonctions de Médiateur sont incompatibles avec tout mandat électif* ».

prérogatives de président d'institution, notamment la Haute Cour Constitutionnelle[835].

Sur le plan fonctionnel, le statut privilégié du Médiateur se manifeste par le fait qu'il dispose de l'autonomie de gestion administrative et est affranchi de tout lien hiérarchique et de tutelle avec toutes les autorités publiques. Relativement à l'autonomie de gestion administrative, le Médiateur dispose des fonds propres nécessaires à l'accomplissement de ses missions. Les textes traitant de cette institution prévoient à cet effet que : « *les crédits nécessaires à l'accomplissement de la mission du Médiateur sont inscrits au budget national* »[836]. Ceci implique que le Médiateur gère son approvisionnement de manière autonome et *« cet approvisionnement n'est assujetti à aucun contrôle opérationnel ponctuel, ni à aucune formalité substantielle préalable autre que celle de l'ordonnancement global requis »*[837]. Dans la même veine, le Médiateur jouit de la liberté de recruter le personnel de son institution. En ce qui concerne l'exercice de sa mission, le Médiateur ne reçoit pas en principe des directives ou d'instructions d'autres autorités de l'Etat. Ses actes et actions ne sont soumis à aucun contrôle hiérarchique et de tutelle. Les législations nationales traduisent cette situation par la disposition selon laquelle : « *dans l'exercice de ses attributions, il ne reçoit d'instruction d'aucune autorité »*[838].

Le statut ainsi reconnu au Médiateur, se justifie sans doute par l'importance des prérogatives qui lui sont reconnues.

***b) Des prérogatives diversifiées***

Le Médiateur dans les Etats d'Afrique d'expression française dispose d'un champ de compétence très étendu et des moyens d'action importants.

D'une manière générale, son domaine d'intervention recouvre tout le terrain de dysfonctionnement de l'administration, des carences et des insuffisances du service public au sens large, de l'excès de pouvoir au détournement de pouvoirs et de procédure, en une expression la

[835] Art. 16 de l'ordonnance n°92-012 du 29 avril 1992 instituant un Médiateur.

[836] Art. 40 et 41 du dahir au Maroc ; art. 19 de la loi au Niger ; cette formule est quasiment identique avec les termes de l'art. 21 de la loi au Bénin et l'art. 15 de l'ordonnance à Madagascar.

[837] B. Boumakani, *« Les médiateurs de la République en Afrique Noire francophone : Sénégal, Gabon et Burkina-Faso »*, *RIDC* 1999. N°51-2. P. 325. Le dahir 1-11 19 du 03 mars 2011 fait du Médiateur l'ordonnateur principal du budget : « *Le Médiateur assure, en sa qualité d'ordonnateur, l'exécution du budget de l'institution…* »

[838] Art. 1 de l'ordonnance à Madagascar ; art. 2 de la loi au Bénin ; et art. 1 de la loi au Niger.

« *maladministration* » ou de la « *mésadministration* »[839] imputable aux responsables des administrations de l'Etat, des Collectivités locales et des Etablissements publics[840].Spécifiquement, en matière de protection des droits et libertés en général, ou des droits et libertés économiques en particulier, le Médiateur de la République est un véritable défenseur de droit[841]. Même si cela n'est pas explicitement affirmé dans les autres législations traitant de cette institution, il faut dire qu'au regard de son champ de compétence, les Etats africains ont *« retenu une conception suffisamment large de la fonction de l'ombudsman pour permettre à celui-ci de connaitre des atteintes portées à l'ensemble des droits humains, dont les droits économiques ... »*[842]. Ces fonctions s'articulent en missions de contrôle des administrations par rapport aux textes et à l'équité lorsqu'il a été saisi au moyen d'une réclamation[843], pour s'assurer que les droits et libertés n'ont pas été violés. Le contrôle par rapport aux textes consiste à vérifier si le service public a fonctionné convenablement dans le respect des règles administratives. Le contrôle par le moyen de l'équité quant à lui, consacré par la constitution marocaine[844], se justifie par le fait que « *summum jus, summa injuria* » (droit porté à l'extrême, extrême injustice). Ainsi, pour adoucir les effets pervers d'une très grande justice, le Médiateur peut régler de manière amiable les différends entres les administrations et les administrés[845]. Au-delà de cette mission de contrôle, le Médiateur de la République joue un rôle de promoteur de bonnes pratiques. La législation de plusieurs Etats lui reconnaît alors la possibilité de formuler « *toutes*

---

[839] Ces expressions ont été utilisées par A-S. Meschériakoff, « La place du Médiateur dans les institutions françaises : un bilan de dix ans d'existence », *R.F.A.P.*, 1983, p. 533. Ces expressions relativement récentes ont pour berceau le Grande Bretagne des années 1960 ;

[840] Art.1 du Dahir 1-11-19 du mars 2011 Portant Création de l'Institution du Médiateur ; art. 1 de l'ordonnance n°92-012 du 29 avril 1992instituant un Médiateur, défenseur du peuple à Madagascar ; art. 8 de la loi n° 2009-22 du 11 aout 2009 instituant le Médiateur de la République au Bénin ; article 1 de la loi n°2008-36 du 10 juillet 2008 instituant un Médiateur de la République au Niger.

[841] Cela transparait clairement de l'article du Dahir 1-11-19 du mars 2011 Portant Création de l'Institution du Médiateur : « *le Médiateur est une institution nationale, indépendante et spécialisée qui a pour mission... de défendre les droit* ».

[842] Dimitri Lohrer, *La protection non juridictionnelle des droits fondamentaux en droit constitutionnel comparé : l'exemple de l'ombudsman spécialisé portugais, espagnol et français, op cit.*, p. 364.

[843] Dans toutes les législations traitant du Médiateur de la République, c'est à travers une réclamation dont il est saisi. Cette saisine est gratuite et n'est assujettie à aucune formalité.

[844] Art. 162, il faut aussi ajouter l'art. 1 du dahir 1-11-19 du mars 2011 Portant Création de l'Institution du Médiateur.

[845] Art. 8 de l'ordonnance Malgache, Art. 9 de la loi Béninoise ; Art 2 de la loi nigérienne ; art. 17 du dahir au Maroc.

*propositions tendant à améliorer le fonctionnement de l'organisme concerné* »[846].

Pour permettre au Médiateur d'exercer les fonctions qui lui sont dévolues, les Etats d'Afrique lui ont accordé plusieurs moyens qui s'articulent en pouvoir d'instruction et pouvoir d'action.

Le pouvoir d'instruction est la capacité qui est reconnue au Médiateur, saisi d'un recours d'en examiner le bien fondé. A cette fin, il dispose d'un certain nombre de moyens. A Madagascar par exemple, la loi fait obligation aux autorités d'aider de façon urgente et préférentielle le Médiateur de la République dans ses enquêtes[847]. Il peut demander au pouvoir public de lui donner communication de tout dossier ou document en relation avec l'activité ou l'objet de son investigation[848]. Le caractère secret ou confidentiel des pièces réclamées ne peut lui êtreopposé. Ce refus peut d'ailleurs dans certaines législations entrainer des sanctions à l'autorité qui se refuse de s'exécuter[849]. Les termes de toutes ces dispositions relatives au pouvoir d'instruction du Médiateur à Madagascar sont repris presque littéralement au Maroc[850], au Benin[851] et au Niger[852].

Les pouvoirs d'action du Médiateur de la République, se déclinent généralement en pouvoir de recommandation ou de proposition, droit de poursuite et pouvoir d'information. En matière de recommandation, la législation Malgache sur le Médiateur ainsi que celle du Niger, précisent les pouvoirs du Médiateur qui, après instruction de la réclamation, constate son bien fondé : « *lorsqu'une réclamation lui parait justifiée, le Médiateur de la République fait toutes recommandations qui lui paraissent de nature à régler les difficultés dont il est saisi* »[853]. Le droit de poursuite quant à lui est la résultante de la possibilité reconnue au Médiateur de pouvoir provoquer des sanctions contre tout agent responsable d'un manquement ou d'une violation d'un droit ou liberté. L'article 9 de la loi sur le Médiateur ouvre cette faculté à Madagascar :« *à défaut de l'autorité compétente, le Médiateur peut, en lieu et*

---

[846] Art. 8 de l'ordonnance Malgache ; art. 14 de dahir au Maroc.
[847] Art. 11 de l'ordonnance Malgache.
[848] Art. 11 de l'ordonnance Malgache.
[849]Art. 12 de l'ordonnance Malgache.
[850] Art. 28 du dahir au Maroc.
[851] Art. 16 de la loi béninoise.
[852] art. 15 de la loi nigérienne.
[853] Art. 8 de l'ordonnance instituant un Médiateur, défenseur du peuple à Madagascar ; Art. 9 de la loi n°2008-36 instituant un Médiateur au Niger ; art. 14 du dahir 1-11-19 du mars 2011 Portant Création de l'Institution du Médiateur.

*place de celle-ci, engager contre tout agent responsable une procédure disciplinaire, ou le cas échéant saisir d'une plainte la juridiction répressive ».* Le Niger[854] prévoit une disposition identique. Le Médiateur dans l'espace francophone africain bénéficie aussi d'un pouvoir d'information. Il expose dans un rapport annuel le bilan de son activité et les résultats favorables ou défavorables. Il transmet ce rapport à certaines autorités étatiques[855].

Ainsi le Médiateur dispose d'importantes prérogatives et de moyens d'action diversifiés en matière de protection des droits et libertés économiques. Toutefois, l'efficacité de son action est sujette de doute lorsqu'on sait qu'il exerce une magistrature d'influence quelque peu limitée.

***c) Une magistrature d'influence limitée***

L'une des faiblesses importantes du Médiateur de la République ou du défenseur du peuple qui préjudicierait sa protection des droits et libertés économiques est le caractère non contraignant de ses prérogatives[856]. Cette absence de pouvoirs coercitifs susceptibles d'expliquer l'immunité juridictionnelle dont bénéficient la plupart des actes adoptés par l'institution, postule que le Médiateur ne saurait prononcer des sanctions à l'encontre des entités soumises à son contrôle, ni annuler ou modifier les normes juridiques attentatoires aux droits et libertés. En vérité, le Médiateur n'a pas d'autre autorité que morale. Il apparaît seulement comme un contrepouvoir dont le rôle est de convaincre, inciter les pouvoirs publics à reconsidérer leur attitude ou à remettre en cause des règles, des pratiques ou des décisions qui gagneraient à être modifiées ou améliorées. Il se contente de renvoyer la prise de décision à autrui. C'est pour cela qu'on assimile généralement son rôle à une magistrature d'influence, d'opinion ou encore de persuasion, dont l'efficacité repose essentiellement sur le prestige de l'institution et surtout sur la reconnaissance de son autorité morale, aussi bien par les gouvernants que les gouvernés[857]. En somme, le Médiateur poursuit une fonction de régulation, entendu dans le sens

[854] Art. 12 de la loi n° 2008-36 instituant un Médiateur.

[855] Art. 16 de la loi nigérienne ; Art. 20 de la loi béninoise ; Art. 14 de l'ordonnance Malgache ; art. 37 du dahir 1-11-19 du mars 2011 Portant Création de l'Institution du Médiateur.

[856] B. Boumakani, « Les médiateurs de la République en Afrique Noire francophone : Sénégal, Gabon et Burkina-Faso » op cit., P. 32.

[857] Dimitri Lohrer, *La protection non juridictionnelle des droits fondamentaux en droit constitutionnel comparé : l'exemple de l'ombudsman spécialisé portugais, espagnol et français, op cit.*, p. 384.

que lui donne le Doyen Carbonnier, c'est-à-dire de modalité d'action « *par persuasion d'un modèle* [858]».

En outre, au-delà de cette absence de force coercitive, l'action du Médiateur est limitée. Dans les législations aménageant sa compétence, l'on exclut des champs dans lesquels le Médiateur peut intervenir. L'article 7 de l'ordonnance malgache sur le Médiateur, repris dans d'autres pays[859], prévoit que : « *les différends qui peuvent s'élever entre les administrations et les organismes visés à l'article 1 et leurs agents ne peuvent faire l'objet de réclamation auprès du Médiateur* ». En principe donc, le Médiateur n'instruit que les plaintes mettant en cause l'administration vis-à-vis du public. Le législateur a estimé en effet que les fonctionnaires disposent déjà de nombreux moyens prévus par d'autres textes pour faire valoir leurs droits[860]. L'intervention du Médiateur dans la sphère judicaire est également limitée puisque les législations y afférentes prévoientt que *« le Médiateur ne peut intervenir dans une procédure devant une juridiction sauf pour accélérer le cours lorsqu'il y a un risque de déni de justice dû à une lenteur excessive. En aucun cas, il ne peut remettre en cause le bien-fondé d'une décision juridictionnelle* »[861]. La même disposition est quasiment reprise, à l'identique, dans d'autres législations[862].

Ainsi, au regard de son statut privilégié et de ses prérogatives importantes, le Médiateur de la République joue un rôle important dans la protection des droits et libertés notamment économiques. Seulement, l'efficacité de ce rôle est édulcorée par le fait que ses décisions n'ont pas une force contraignante. Dans un Etat comme le Maroc, il existe d'autres autorités administratives indépendantes spécialisées qui bénéficient d'une onction constitutionnelle et qui viennent renforcer la protection opérée par l'ombudsman : ce sont des conseils.

---

[858] J. Carbonnier, *Sociologie juridique*, Quadrige, PUF., Paris ? 2004, p. 146.

[859]Art. 10 de la loi n°2009-22 instituant le Médiateur de la République au Benin.

[860] Cette analyse est confortée par l'exposé des motifs de cette ordonnance : « *s'il est un problème auquel sont confrontées les démocraties, c'est bien celui du dénuement du citoyen seul contre les pouvoirs de l'Etat et surtout de la bureaucratie dont l'emprise sur la vie quotidienne ne cesse de s'étendre* ».

[861]Art. 10 de l'ordonnance Malgache, *op cit.*

[862] Art. 10 de la loi instituant le Médiateur au Benin ; Art. 13 de la loi n°2008-36 instituant un Médiateur de la République au Niger.

## 2-Les conseils spécialisés dans la protection des droits et libertés

Des constitutions des Etats d'Afrique francophone étudiées, la constitution marocaine est celle qui offre un cadre renforcé à la protection des droits et libertés fondamentaux et, ce faisant à la garantie des droits et libertés économiques déclinés dans la constitution. A part les garanties juridictionnelles classiques, et celles non juridictionnelles sus analysées, elle a prévu des institutions ou autorités administratives indépendantes dont la mission première est de protéger les droits et libertés des citoyens. Ces Autorités sont des « *conseils* » dont l'apport en matière de protection des droits et libertés économiques est intéressant à plus d'un titre. D'abord en ceci que ces conseils ont été institués l'un pour protéger les droits et libertés d'une manière générale, c'est le cas du Conseil National des Droits de l'Homme (a), l'autre pour protéger une liberté économique spécialement, c'est le cas du Conseil de la Concurrence (b).

### *a) Le Conseil National des droits de l'homme*

Parmi les instances de protection et de promotion des droits et libertés fondamentaux consacrées dans la constitution marocaine de 2011, se trouve en premier le Conseil National des Droits de l'Homme. L'article 161 de cette constitution le définit comme « *une institution nationale pluraliste et indépendante, chargé de connaitre de toutes questions relatives à la défense et à la protection des droits de l'homme et des libertés, à la garantie de leur plein exercice et à leur promotion...* ». Ainsi institué par le constituant, le CNDH qui remplace le Conseil Consultatif des Droits de l'Homme (CCDH)créé en 1990, a pour vocation d'être un maillon essentiel dans la protection des droits et libertés dont ceux économiques font partie. C'est dans ce souci que le Dahir[863] qui organise cette nouvelle institution a considérablement renforcé leurs missions et leurs prérogatives dans la garantie des droits et libertés. A cet égard, il faut signaler que le mouvement de renforcement de l'autorité administrative indépendante chargée de protéger les droits et les libertés de l'homme ne sont pas un apanage du Maroc, car malgré leur fondement législatif dans les autres Etats de l'Afrique francophone[864], l'on observe ce même mouvement depuis le début des années 1990.

---

[863] Dahir n° 1-11-19 du 1 mars 2011 portant création du Conseil National des Droits de l'Homme.

[864] Il existe, au Cameroun une Commission Nationale des Droits de l'homme et des libertés (CNDHL) créée par la loi n° 2004-16 du 22 juillet 2004 ; Au Bénin une Commission Béninoise des

Quoiqu'il en soit, le CNDH du Maroc, et ses démembrements au niveau local[865], apparaissent comme dotés de moyens garantissant leur indépendance et des prérogatives suffisamment larges pour assurer la protection des droits et libertés. En matière de protection de ces droits le CNDH du Maroc ainsi que ceux prévus dans les législations d'autres pays de l'espace francophone d'Afrique, mène deux types d'action. Il y a d'une part les actions de protection proprement dites et d'autre part des actions de promotion. En matière d'action de protection, le CNDH fait office de vigile, ou de surveillant. C'est dans ce sens qu'il veille à l'observation et au suivi de la situation des droits de l'homme au niveau national et régional[866], apporte une assistante aux pouvoirs publics dans la mise en œuvre des politiques de droits de l'homme...Dans le cadre de ses actions de promotion, il contribue à la promotion des principes de droits de l'homme,[867] contribue par tous les moyens à la promotion d'une culture des droits de l'homme et de la citoyenneté[868]...

Malgré cette pluralité de prérogatives en matière de droits et libertés, il faut reconnaitre que l'action des Conseils ou commissions de droit de l'homme n'est pas véritablement efficace au regard de l'absence de moyens coercitifs. A l'instar du Médiateur, ils jouent beaucoup plus une magistrature d'influence ou de veille. Tel n'est pas le cas du Conseil de la concurrence.

***b) Le Conseil de la concurrence***

Le conseil de la concurrence est sans aucun doute l'une des originalités de la constitution marocaine[869]. Au regard des textes qui l'aménagent, il apparait à l'instar de l'autorité française de la concurrence, comme une autorité de régulation des activités économiques, et ce faisant, « *contribue à la protection active des grandes libertés économiques* »[870]. D'après les termes de

Droits de l'homme (CBDH) créée par la loi n°2012-36 ; à Madagascar, une Commission Nationale Indépendante des droits de l'homme (CNIDH) créé par la loi n° 2014-007 du 22 juillet 2014.

865 Art. 1 du dahir n° 1-11-19 du 1 mars 2011 portant création du Conseil National des Droits de l'Homme.

866 Art. 13 à 24 du dahir n° 1-11-19 du 1 mars 2011 portant création du Conseil National des Droits de l'Homme.

867 Art. 28 à 31 du dahir n° 1-11-19 du 1 mars 2011 portant création du Conseil National des Droits de l'Homme.

868 Art. 25 à 27 du dahir n° 1-11-19 du 1 mars 2011 portant création du Conseil National des Droits de l'Homme.

869 Sur ce conseil de la concurrence lire, Walid Boudine, *le conseil de la concurrence au Maroc,* mémoire de licence en droit des contentieux, Université Mohamed V de Rabat 2014, pp. 65.

870 Dimitri Lohrer, *La protection non juridictionnelle des droits fondamentaux en droit constitutionnel comparé : l'exemple de l'ombudsman spécialisé portugais, espagnol et français*, *op cit.*, p.129.

l'article 166 de la constitution marocaine, « *le conseil de la concurrence est une institution indépendante chargée, dans le cadre de l'organisation d'une concurrence libre et loyale d'assurer la transparence et l'équité dans les relations économiques, notamment à travers l'analyse et la régulation de la concurrence sur le marché, le contrôle des pratiques anticoncurrentielles, des pratiques commerciales déloyales et des opérations de concentration économique et monopole* ».

Le conseil de la concurrence est donc un maillon essentiel, de « *la régulation de la gouvernance économique* »[871] au vu de cette disposition constitutionnelle. C'est ainsi qu'il joue un rôle de premier plan dans la protection des droits et libertés économiques, en l'occurrence la liberté de commerce et d'industrie et, surtout la liberté de concurrence et de prix. Partant de ces finalités, les prérogatives du conseil consistent d'une part, à lutter contre les pratiques anticoncurrentielles, d'autre part à contrôler les concentrations. Pour atteindre ce but, il a la latitude de mener des études sur le degré de concurrenciabilité des principaux secteurs économiques, de mener des actions de sensibilisation à la culture de la concurrence et enfin, c'est là où réside son rôle consultatif et sa fonction essentielle, le conseil est habilité à émettre des avis et recommandations suite à des consultations des acteurs du secteur économique[872].

Depuis la loi organisant le Conseil de la concurrence en 2013, ses compétences se sont énormément élargies. En effet dans la nouvelle loi, le Conseil s'est vu doter du pouvoir décisionnel, d'enquête et de sanction. Le pouvoir décisionnel permet de distinguer le Conseil rénové de celui où il n'était qu'un simple organe consultatif. Il est à même de prendre des décisions en matière de concentration et de pratiques anticoncurrentielles[873]. En vertu du pouvoir d'enquête, le conseil peut instruire et mener des investigations concernant les pratiques anticoncurrentielles et le contrôle des opérations de concentration économique[874]. Enfin, par le pouvoir de sanction, le conseil de la concurrence est fondé à prendre des mesures conservatoires et à prononcer des sanctions pécuniaires pouvant représenter jusqu'à 10% du chiffre d'affaires mondial ou national de l'entreprise contrevenante ou partie impliquée[875]. Par ces attributions le conseil participe à une protection un peu

[871] Walid Boudine, *le conseil de la concurrence au Maroc, op cit., p 3.*
[872] Art. 4 à 7 de la loi n° 20-13 relative au Conseil de la concurrence.
[873] Art. 2 de la loi n° 20-13 relative au Conseil de la concurrence.
[874] Art. 16 de la loi n° 20-13 relative au Conseil de la concurrence.
[875] Art. 17 et 39 de la loi n° 104-12 relative à la liberté des prix et de la concurrence au Maroc.

plus efficace de la protection des droits et libertés économiques. C'est pour cela qu'il est souhaitable qu'il puisse essaimer dans d'autres pays d'Afrique francophone.

Toutefois cette protection est également limitée, car malgré cette pleine compétence du conseil de la concurrence, l'on rencontre un certain nombre de restrictions. La première est que les autorités gouvernementales compétentes, sont habilitées à transiger pour les pratiques entravant la concurrence et n'affectant pas le marché national. Elles sont aussi fondées à enjoindre aux entreprises de mettre fin à ces pratiques. C'est donc dire que la compétence du Conseil n'est véritable que lorsque la pratique entrave le marché national. La seconde restriction est qu'à titre exceptionnel, le gouvernement peut une fois la décision du conseil de la concurrence rendu, évoquer une opération présentant un caractère stratégique pour le pays, au nom de considérations d'intérêt général autres que la concurrence pour remettre en cause une décision de ce conseil[876].

## CONCLUSION

En toute évidence, les droits et libertés économiques bénéficient d'une protection diversifiée et renforcée dans les Etats d'Afrique francophone. Les constitutions de ces Etats ayant prévu de granties juridictionnelles importantes qui mobilisent aussi bien le juge constitutionnel que le juge ordianire, en l'occurrence le juge administratif et le juge judicaire. Leurs actions étant néanmoins limitées, ces constitutions ont prévu également des garanties non juridictionnelles. Si certaines de ces dernières ne peuvent etre mises sur pied que par les benéficiaires de ces droits et libertés sans aucune intervention de l'Etat, c'est le cas des syndicats et des organisations de la société civile, d'autres en revanche sont la résultante de la volonté étatique, c'est dans ce cas que s'inscrivent les organes politiques, et certaines autorités indépendantes comme le médiateur de la république et certains conseils. Seulement, l'action économique de l'Etat mobilisent d'autres règles pertant d'assurer la bonne gestion, ce sont les règles de bonne gouvernance qui ont été également introduites dans les constitutions africaines.

[876] Art. 18 de la loi n°104-12 relative à la liberté des prix et de la concurrence

# CHAPITRE II :

# L'INTRODUCTION DES EXIGENCES DE BONNE GOUVERNANCE ECONOMIQUE

Le dispositif de protection de l'activité économique dans les constitutions des Etats d'Afrique d'expression française ne se limite pas seulement à garantir les droits et libertés économiques déclinés dans leurs normes fondamentales, il intègre aussi la protection de l'action économique même. C'est que l'activité économique menée au sein des Etats se doit de respecter une certaine orthodoxie pouvant assurer et préserver les intérêts économiques de ces Etats eux-mêmes, que ceux des personnes qui y vivent. C'est sous ce rapport qu'interviennent les exigences de la bonne gouvernance, notamment économique dans ces constitutions comme modalité supplémentaire de protection de l'action économique et, gage d'une bonne gestion économique. Ces exigences de bonne gouvernance transparaissent dans toutes les constitutions des Etats francophones africains[877], sans que ce concept soit consacré d'une manière explicite. Des constitutions africaines de référence, seules la constitution marocaine a réservé un titre spécifique à « *la bonne gouvernance* »[878]. Quoiqu'il en soit, les principes de la bonne gouvernance innervent les constitutions africaines.

Le concept de bonne gouvernance qui fait flores de nos jours est un concept ancien. Il est déjà présent dans l'œuvre d'Aristote où la bonne gouvernance est mentionnée dans la description d'un Etat dirigé par un gouverneur éthique et juste. Les origines du mot gouvernance qui est au cœur de ce concept remontent aussi bien au mot grec « *kybermân* » qu'au mot latin « *gubernare* », et il s'agit, dans les deux langues, du mot « *gouverner* », dans le sens de « *conduire un bateau* ». Le terme bonne gouvernance fait son entrée dans le discours scientifique et politique contemporain dès la fin des années 1970 après l'échec des politiques d'ajustement structurel et des dictatures de développement naguère soutenus par la Banque Mondiale et le Fonds Monétaire International[879]. Même si beaucoup d'auteurs le situent à tort ou à raison, au début des années 1990 et le lient d'une manière unanime à l'échec des « *PAS* »[880].C'est que, à la fin des années 1990, la Banque Mondiale a établi un lien entre la qualité du système de gouvernance d'un pays et sa capacité à promouvoir un développement économique et social durable[881]. D'après la Banque Mondiale, la gouvernance inclut tout à la fois, le type de régime

---

[877] A. Paluku kakule, *La constitution du 18 février 2006 : garantie de la bonne gouvernance en RDC*, Mémoire Licence en droit public, Université libre de Kinshasa 2011. P 23.

[878] Titre XII de la Constitution des articles 154 et suivants.

[879] O. Kask, « Sur les notions de « *Bonne Gouvernance* » et de « *Bonne Administration* », *in Etudes* n° 470/2008, Commission de l'Europe, pp. 3-4.

[880] C'est le cas de G. Diarra et P. Plane, « La Banque mondiale et la genèse de la notion de bonne gouvernance », *Monde en développement n°158*, 2012/2, pp. 51 à 70.

[881] P. Lamy, « La gouvernance, utopie ou chimère ? », *Etudes (février 2005)* n°4022, p. 154.

politique, le processus par lequel le pouvoir s'exerce dans la gestion des ressources économiques et la capacité des gouvernements à articuler et mettre en œuvre des politiques efficaces.

De ces considérations, la bonne gouvernance, bien que ne faisant pas l'objet d'une définition unanime peut être perçu comme « *une aventure acquise à la recherche de meilleurs systèmes de gestion des hommes et de leur biens, l'interrogation des processus de décision à celui de leur efficacité, mais aussi de leur légitimité* »[882]. A ce niveau, on peut retenir trois dimensions de la bonne gouvernance, à savoir une dimension politique[883], une dimension socio-culturelle[884] et une autre économique. La dimension mise en exergue par la Banque Mondiale et que nous retenons ici est celle économique. Elle s'attache à la transparence dans la gestion de la chose publique, la lutte contre la corruption sous toutes ses formes, l'orthodoxie dans la gestion des finances publiques, la transparence dans les gestions des ressources naturelles de l'Etat, la protection de l'environnement, la gestion participative… Sous ce prisme, la bonne gouvernance peut être assimilée à une « *bonne gestion du développement* »[885].

Les réformes constitutionnelles des Etats africains issues des changements connus à l'orée des années 1990, ont intégré la plupart de ces exigences dans les armatures constitutionnelles. Malgré leur diversité, ces exigences constitutionnelles de la bonne gouvernance peuvent être perçues selon qu'elles s'appliquent au gestionnaire des intérêts économiques de l'Etat (**Section I**) ou à la gestion de ces intérêts proprement dits (**Section II**).

---

[882]*Ibid.*

[883] La dimension politique de la Bonne Gouvernance est caractérisée par des éléments tels que la suprématie de la constitution, la protection des droits humains, l'Etat de droit, la tenue des élection régulières libres et transparentes, l'indépendance du pouvoir judiciaire, la responsabilité des gouvernants.

[884]Il s'agit dans ce domaine culturel, de la mise en œuvre d'une politique culturelle nationale en vue du développement durable, de la promotion de la diversité culturelle et du dialogue des cultures, gages de la paix interne et de la cohésion nationale. Sur le plan social, la Bonne Gouvernance exige l'amélioration des conditions de vie des personnes en leur offrant notamment un système sanitaire, et de sécurité sociale, sans oublier l'assurance. (Lire dans ce sens : Yoka Lye Mudaba, « La dimension culturelle dans le programme de gouvernance de la RDC, 2007-2011 », in *Congo-Afrique, Septembre* 2007, n°417, p. 559.)

[885] C. Santiso, *Bonne gouvernance et efficacité de l'aide : la Banque Mondiale et la conditionnalité*, cité par O. Kask, *Sur les notions de « Bonne Gouvernance » et de « Bonne Administration »*, *op cit.*, p. 4.

## Section I : L'imposition des exigences de bonne gouvernance aux gestionnaires publics

La sauvegarde des intérêts économiques des Etats passe par une bonne gouvernance des ressources de ces Etats. Conscient de cette vérité, les Etats Africains francophones ont intégré dans leurs constitutions un certains nombres d'exigences qui pèsent sur les autorités publiques, investies de la charge de gérer les intérêts des Etats. Ces gestionnaires publics appartiennent à toute la sphère étatique, des collectivités locales ou des établissements publics du moment où ceux-ci sont amenés à s'occuper d'un pan de la gestion des intérêts économiques de l'Etat. Ces exigences procèdent, à la vérité, du fait qu'en Afrique plus qu'ailleurs les gestionnaires publics constituent de véritables menaces pour les intérêts économiques des Etats au regard des maux tels que la corruption, le détournement des derniers publics, la concussion, bref la « *mal gestion* ». Pour juguler ou conjurer ces différents travers, trois valeurs principales de la bonne gouvernance ont été consacrées d'une manière éparse dans les constitutions des Etats africains de l'espace francophone. On a l'intégrité, la transparence et la responsabilité ou la reddition des comptes.

L'intégrité est l'un des termes les plus importants et le plus souvent cités parmi les valeurs de la bonne gouvernance. En tant que vertu, l'intégrité se réfère au caractère d'une personne qui a le sens de l'honnêteté et de la vérité en ce qui concerne les actes posés[886]. C'est aussi la conformité aux règles gouvernant la gestion du bien public[887]. La transparence, en tant qu'exigence de la bonne gouvernance, implique quant à elle l'ouverture, la communication et la responsabilité. Elle signifie que les gestionnaires publics doivent être aussi ouverts que possible sur toutes les décisions et les actes qu'ils prennent[888]. Cette exigence en Afrique est même consacrée par la charte de la fonction publique[889]. A côté de ces deux exigences, il y a la responsabilité. Concept abstrait et souvent utilisé d'une manière large, elle renvoie aux procédures par

[886] J. Ayee, *Ethics in the public service*. A paper delivered at the second Pan-African conference of the ministers of civil service, Rabat, Morocco 1998.

[887] R.A Chapman, *Ethics in Public Service*, Edinburgh University Press 1993. P.27.

[888] David K. W. Ssonko, « Ethique, Responsabilité, intégrité et professionnalisme dans la fonction publique : le cas de l'Ouganda », in *Atelier à l'intention du personnel chargé des Ressources humaines en Afrique sur le « Renforcement des capacités des Ressources humaines pour la réalisation des objectifs du millénaire pour le développement de l'Afrique* », Cotonou, Benin du 12 au 16 avril 2010. P. 5.

[889] Art. 12 de la Charte de la fonction publique en Afrique : *« les décisions administratives doivent toujours être prises conformément à des procédures transparentes, simples et compréhensible, tout en veillant à la responsabilité... ».*

lesquelles les gestionnaires « *doivent être en mesure de montrer qu'ils ont exercé leurs pouvoirs et se sont acquittés de leurs devoirs en bonne et due forme* »[890]. Celle-ci s'accompagne de l'exigence de « *rendre compte* »[891] ou de répondre des actes posés.

Toutes ces exigences qui participent à la protection de l'action économique sont imposées aux gestionnaires publics en Afrique. Les constituants des Etats d'Afrique francophone ont intégré ces valeurs, comme gage de la bonne gouvernance (**Paragraphe I**). Pour que les gestionnaires ne s'écartent pas de cette orthodoxie, ces constitutions ont prévu des instances en charge de veiller à la bonne gouvernance par ceux-ci (**Paragraphe II).**

## Paragraphe I : Les gages de la bonne gouvernance imposés aux gestionnaires

La gestion du bien public expose généralement les personnes qui sont amenées à s'en occuper à une forte tentation qui lorsqu'elle n'est pas maitrisée peut conduire à des dérives importantes à l'instar de la corruption, du détournement des deniers publics, de l'enrichissement illicite et des abus divers. C'est fort de cette réalité que les constituants des Etats francophones d'Afrique ont élaboré des exigences ou gages permettant de prémunir les gestionnaires contre les atteintes aux biens publics, ainsi que d'assurer la bonne gestion. D'une manière concrète, sans qu'elles ne soient formulées de façon identique ces gages peuvent apparaitre d'une part comme des mécanismes permettant de prévenir « *la mal gouvernance* » (**A**) et d'autre part comme ceux permettant d'assurer la bonne gouvernance (**B**).

### A-Les gages permettant de prévenir la « *mal gouvernance* »

Le souci d'instaurer une bonne gouvernance des biens publics a amené les Etats francophones d'Afrique à mettre sur pied des mécanismes ou des règles à même de prévenir la mauvaise gouvernance de la part du gestionnaire public. Si les règles élaborées ici et là dans cette perspective ne sont pas les mêmes, elles concourent néanmoins au même but. Ces règles participent à la promotion de la probité des gestionnaires publics (**1**) et à la prévention des

---

[890] D. Hulme et N. Sanderatne, *The toothless and the muzzled: Public Accountability, Public Expenditure Management and governance in Sri Lanka.* Cite par David K. W. Ssonko, op cit., p 4.
[891] Cette exigence est formellement consacrée dans la constitution marocaine. Art.156.

conflits d'intérêts à ces gestionnaires (**2**) toutes choses qui sont des gages de la bonne gouvernance.

## 1-L'exigence de probité

L'exigence de probité des gestionnaires publics est une exigence fondamentale qui participe à garantir la bonne gestion des biens publics. Elle a un fondement constitutionnel clair dans les Etats d'Afrique d'expression française qui formulent un certains nombres règles pour se rassurer de la probité des personnes susceptibles de gérer le bien public. Au Maroc, le concept de probité a un fondement constitutionnel indiscutable. L'article 155 de sa loi fondamentale dispose en effet que « *les agents des services publics exercent leurs fonctions selon les principes... de probité* ». Cette exigence est au centre des valeurs de la bonne gouvernance économique. De fait, parce que qualité de ce qui est probe, c'est-à-dire droit, honnête, et incorruptible[892], la probité a un lien très étroit, pour ne pas dire inextricable avec l'exigence fondamentale d'intégrité. Pour la garantir, les constituants des Etats d'Afrique francophone ont assujetti certains responsablesà l'obligation de la prestation de serment (**a**) et à la formalité de déclaration des biens et avoirs (**b**).

### *a) La prestation de serment*

L'obligation constitutionnelle quasi généralisée de prestation de serment imposée avant l'exercice de leurs fonctions à certains responsables[893] apparait comme un mécanisme prudentiel permettant d'engager le futur gestionnaire à la probité.

De fondement divin[894], le mot serment a pour étymologie latine « *sacrementum* » qui signifie sacré. Il correspond à l'affirmation solennelle d'une personne en vue d'attester la vérité d'un fait, la sincérité d'une promesse, l'engagement de bien remplir les devoirs de sa charge. Il peut ainsi être défini comme l'affirmation ou la promesse solennelle faite en invoquant un objet ou un être sacré, une valeur morale reconnue comme gage de sa bonne foi. Pour le lexique des termes juridiques il s'agit de *« l'engagement solennel donné*

---

[892] Larousse 2018.

[893] La quasi-totalité des constitutions des Etats Africains consacre cette formalité : art 7 de la Constitution du Cameroun ; art. 74 de la Constitution de la RDC ; art. 50 de la Constitution du Niger ; art.53 de la Constitution du Benin ; Art. 48 de la Constitution de Madagascar ; Art 89 et 90 de la Constitution de l'Algérie.

[894] M. Tankeu, *Les fondements divins du serment, le cas du magistrat,* Edition Clé, Yaoundé 2012. PP.155.

*selon les formes et devant l'autorité qualifiée de remplir au mieux sa mission* »[895]. La formalité qui entraine cet engagement est généralement une condition d'exercice de certaines fonctions[896].

La formule du serment dans la plupart des Etats d'Afrique francophone traduit l'engagement des responsables assujettis à cette formalité à faire preuve de probité dans la gestion des affaires publiques. La constitution béninoise est assez expressive à cet égard ; en effet le Président de la République, assujetti à cette formalité prêtel e serment suivant: « *Devant Dieu, les mânes des ancêtres, la nation et devant le peuple béninois, seul détenteur de la souveraineté : Nous... , Président de la République élu conformément aux lois de la république, jurons solennellement... de ne nous laisser guider que par l'intérêt général et le respect de la personne humaine, de consacrer toutes nos forces à la recherche et à la promotion du bien commun...* »[897]. Cet engagement de ne se laisser guider que par l'intérêt général et à rechercher la promotion du bien commun que l'on trouve également dans la formule du serment en RDC[898] est l'expression de l'engagement à la probité. Car en tout état de cause, le président élu s'engage à être droit, honnête, incorruptible et à ne privilégier que l'intérêt général. Cet engagement est traduit dans la constitution Nigérienne par la formule « *Nous...jurons solennellement sur le livre saint :...de nous conduire partout en fidèle et loyal serviteur de l'Etat* »[899], et au Cameroun par l'engagement à « *veiller au bien-être général* », bien que cette formule du serment n'éstt pas contenue dans la constitution.

La prestation de serment, quel qu'il soit, n'est nullement pas un acte banal. Les conséquences liées au respect du serment prêté sont énormes. Si son respect procure une certaine légitimité, son non-respect peut entrainer des

---

[895] Lexique des Termes Juridiques. 23éd. Dalloz 2015-2016.

[896] Le défaut de prestation de serment peut entrainer le constat d'un empêchement définitif à la charge.

[897] Art. 53.[897] Larousse 2018.

[897] La quasi-totalité des constitutions des Etats Africains consacre cette formalité : art 7 de la Constitution du Cameroun ; art. 74 de la Constitution de la RDC ; art. 50 de la Constitution du Niger ; art.53 de la Constitution du Benin ; Art. 48 de la Constitution de Madagascar ; Art 89 et 90 de la Constitution de l'Algérie.

[897] M. Tankeu, *Les fondements divins du serment, le cas du magistrat,* Edition Clé, Yaoundé 2012. PP.155.

[897] Lexique des Termes Juridiques. 23éd. Dalloz 2015-2016.

[897] Le défaut de prestation de serment peut entrainer le constat d'un empêchement définitif à la charge ;

[897] Art. 53.

[898] Art.74.

[899]Art. 50.

conséquences fâcheuses. Ces conséquences, notamment en ce qui concerne le manque de probité peuvent être de trois ordre. On peut d'abord avoir des sanctions morales ou spirituelles qui procèdent du fait que le serment étant généralement prêté sur un livre sacré[900], et en invoquant une divinité[901], même comme cette exigence semble aujourd'hui anachronique avec la laïcité de l'Etat[902], sa violation est constitutive d'un péché[903]. La sanction sur le plan politique, peut être la perte de la légitimité pour un responsable qui viole son serment. Et enfin, la violation du serment est généralement sanctionnée par des peines pénales importantes. Le parjure peut en effet entrainer dans un pays comme le Benin ou le Niger, la mise en jeu de la responsabilité pénale de l'auteur devant la Haute Cour de justice pour haute trahison[904].

Au regard de la force de cet engagement et des sanctions encourues en cas de violation, la prestation de serment peut être considérée somme un mécanisme préventif pouvant engager à la probité des gestionnaires publics. En cela, cette formalité participe à la garantie de la bonne gouvernance économique. Un autre mécanisme préventif qui concourt au même but est la déclaration des biens et avoirs.

### *b) La déclaration du patrimoine*

L'une des innovations majeures en matière de gouvernance observée dans les constitutions des Etats africains des années 1990, est incontestablement l'introduction de l'exigence de déclaration du patrimoine ou des biens et avoirs imposée aux gestionnaires publics[905]. Cette exigence fondamentale vise à prévenir le détournement à des fins personnelles des

---

[900] Celui-ci peut être selon les cas la Bible ou le Coran.

[901] A l'exception de la formule de serment malgache, toutes les formules de serment dans les Etats d'Afrique d'expression française font référence à Dieu ou à une Divinité.

[902] Le Principe de la Laïcité suppose un départ entre la religion et l'Etat. La référence à Dieu des lors dans la formule du serment peut susciter certains problèmes de consciences pour les non croyants ou même des controverses. Au Tchad par exemple, la prestation de serment des membres du gouvernement en 2018 a suscité une polémique et des situations fâcheuses. Un ministre a refusé de prêter serment puisque ses convictions religieuses l'en empêchaient, celui-ci a été demis sur le champ, une autre à refusé de faire référence à Allah puisqu'étant chrétienne contrairement à la formule sacramentaire, celle-ci a bénéficié de l'indulgence présidentielle et a été maintenu au gouvernement.

[903] Le péché est la transgression d'une interdiction religieuse.

[904] L'art.142 de la constitution nigérienne dispose à cet égard : « *il y a haute trahison lorsque le président de la République viole son serment* ». Cette disposition est identique à l'art. 74 de la Constitution du Bénin.

[905] Les constitutions, de l'Algérie et de Madagascar ne consacrent pas cette obligation. L'obligation de prestation de serment est une exigence législative dans ces Etats, il s'agit respectivement de la loi n° 06-01 du 20 février 2006 relative à la prévention et à la lutte contre la corruption, et la loi n° 2004-030 du 23 septembre 2004 relative à la lutte contre la corruption.

moyens publics mis à la disposition des administrations publiques et autres services de l'Etat, dans le cadre des missions de service public qui leur sont confiées. La déclaration des biens et des avoirs participe ainsi à l'exigence de probité qui pèse sur les autorités publiques. En tant que telle, elle est une matérialisation des principes de la transparence et de l'intégrité qui sont des exigences de la bonne gouvernance économique. C'est ce que traduit d'ailleurs la loi malgache n° 2004-030 du 23 septembre 2004 sur la lutte contre la corruption, en ces termes : *« l'obligation de déclaration périodique de patrimoine pour certaines catégories de hautes personnalités et de hauts fonctionnaires a pour objectif de promouvoir la transparence dans l'exercice des fonctions publique, de garantir l'intégrité des fonctionnaires de l'Etat et d'affermir la confiance du public envers les institutions »*[906].

L'obligation de déclaration du patrimoine dans les constitutions des Etats d'Afrique francophone est une exigence formellement organisée. La constitution de la République Démocratique du Congo l'aménage en ces termes : *« Avant leur entrée en fonction et à l'expiration de celle-ci, le président de la République et les membres du gouvernement sont tenus de déposer devant la cour constitutionnelle, la déclaration écrite de leur patrimoine familiale, énumérant leurs biens meubles, y compris actions, parts sociales, obligations autres valeurs, comptes en banque, leurs biens immeubles, y compris terrain non bâtis, forets, plantations et terres agricoles, mines et tous autres immeubles, avec indication des titres pertinents »*[907]. Cette disposition constitutionnelle qui se trouve, avec quelques nuances, dans les constitutions du Cameroun[908], du Niger[909], du Bénin[910] et du Maroc[911], a l'avantage de la clarté et de l'exhaustivité. Car les dispositions constitutionnelles traitant de l'obligation de déclaration du patrimoine dans les autres Etats ne renseignent pas suffisamment sur le patrimoine à déclarer, la

[906] Art.1.

[907] Art. 99.

[908] Art. 66 de la constitution : « *Le président de la République, le Premier ministre, les membres du gouvernements et assimilés ...tout gestionnaire des crédits et des biens publics, doivent faire une déclaration de leur biens et avoirs au début et à la fin de leur mandat ou fonction* ».

[909] Art. 51 de la Constitution : « *après la cérémonie d'investiture et dans un délai de quarante-huit heures, le président de La cour constitutionnelle reçoit la déclaration écrite sur l'honneur des biens du président de la République* »

[910] Art. 52 de la constitution dispose que le Président de la République et les membres du gouvernement « *Sont tenus, lors de leur entrée en fonction et à la fin de celle-ci de faire sur l'honneur une déclaration écrite de tous leurs biens et patrimoine...* ».

[911] Art. 158 de la constitution

temporalité, l'organe habileté à recevoir la déclaration et si cette obligation s'impose aux collatéraux.

Cette déclaration apparait en tout état de cause dans les constitutions de ces Etats comme un parangon permettant de veiller à ce que le gestionnaire ne puisse s'enrichir illicitement au détriment de la collectivité. C'est pour veiller à cette mission que la déclaration de patrimoine est dans la quasi-totalité des Etats africains effectuée devant les juridictions suprêmes qui ont pour mission de contrôler et d'apprécier cette déclaration. Ce pouvoir de contrôle et d'appréciation leur permet de pouvoir juger des variations que les biens des gestionnaires peuvent connaitre pendant l'exercice de leur fonction. Ainsi, si des écarts suspects existent entre la déclaration initiale et les mises à jour, voire si à la fin du mandat l'on constate qu'il y a eu déclaration frauduleuse ou soupçon d'enrichissement sans cause, des poursuites peuvent être engagée contre le gestionnaire.

La déclaration des biens et avoirs, avant et après l'entrée en fonction, voire même les mises à jour de cette déclaration en fonction, apparaissent finalement comme un mécanisme dissuasif contre des éventuelles tentatives d'atteinte au bien public. Avec la prestation de serment, elle constitue donc une véritable exigence préventive participant à la garantie de la probité. Cette exigence préventive est renforcée par des interdictions qui pèsent aussi sur le gestionnaire public et qui participent à lutter contre les conflits d'interets.

## 2-La prévention des conflits d'intérêt

Dans le souci de faire prévaloir les principes de bonne gouvernance économique, les constituants des Etats d'Afrique française ont élaboré un régime d'interdiction qui pèse sur les autorités publiques en vue de protéger préventivement les biens publics. Ces interdictions ont fondamentalement pour but de prévenir des conflits d'intérêts. Constitue un conflit d'intérêt « *toute situation d'interférence entre un intérêt public et des intérêts publics ou privés qui est de nature à influencer ou paraitre influencer l'exercice indépendant, impartial et objectif d'une fonction* »[912]. La prévention de cette situation est une résultante de l'obligation de s'assurer que les gestionnaires publics exercent leurs fonctions avec dignité, probité et intégrité. Dans les constitutions des Etats de l'espace francophone d'Afrique la prévention des conflits d'intérêt résulte du régime des incompatibilités auquel sont assujettis

[912] Lexique des termes juridiques. Dalloz 23 édition 2015-2016.

un certain nombre de responsables publics (**a**). Toutefois, certaines constitutions vont plus loin dans ce souci, en prohibant l'exercice des activités économiques privées à ces responsables (**b**).

### *a) Les incompatibilités*

Généralement présentées comme « *une modalité de protection* »[913] de la personne sur laquelle elles pèsent, les incompatibilités constituent un véritable mécanisme de prévention des conflits d'intérêts et ce faisant de la protection des biens publics. De fait, les incompatibilités sont des interdictions faites au titulaire d'un mandat électif ou de certaines fonctions de cumuler celui-ci ou celle-ci avec des fonctions qui pourraient en compromettre l'exercice[914]. Il s'agit à la vérité des gages d'indépendance du gestionnaire. Elles permettent entre autres, d'empêcher le gestionnaire d'être sous le contrôle, l'influence d'autres entités et ainsi de ne pas être corruptible. A la différence de l'inéligibilité, l'incompatibilité joue après l'accès au mandat ou à la fonction. Les inéligibilités constituent des obstacles à la candidature, alors que les incompatibilités ne constituent pas un empêchement à candidater[915]. Elles imposent seulement une fois accédé à la fonction un choix entre les deux fonctions.

Le régime des incompatibilités formulé dans les constitutions des Etats d'Afrique française au gestionnaire public au premier rang des quels se trouvent le président de la République et les membres du gouvernement démontre que celui-ci a un lien avec le souci d'imposer des assujettissements permettant de prévenir les conflits d'intérêts. Il existe une certaine concordance dans la formulation de ces incompatibilités dans les constitutions africaines de référence. Exception faite du Maroc donc la fixation du régime d'incompatibilité est renvoyée à une loi organique[916], toutes les autres constitutions[917] font des fonctions de président de la République et souvent celles de membres du gouvernement « *incompatibles avec l'exercice de tout autre mandat électif, de tout emploi public, civil ou militaire et de toute activité*

[913] Abel Paluku Kakule, *La constitution du 18 février 2006 : garantie de la bonne gouvernance en RDC, op cit.*, p 52.

[914] D. Jean, *La puissance quasi-illimitée du parlement et la fragilité de la suprématie de la constitution de 1987,* Mémoire de Licence, Université d'Etat d'Haïti 2009. p. 44.

[915] *Ibid.*

[916] Art. 87 de la Constitution.

[917] Art. 96 et 97 de la constitution de la RDC ; art. 55 de la Constitution du Niger, art 49 de la constitution de Madagascar et art. 7 de la constitution du Cameroun.

*professionnelle »*[918]. La généralité de cette interdiction autorise la lecture selon laquelle les gestionnaires publics soumis au régime d'incompatibilité ne sauraient exercer des fonctions qui les laisseraient sous influence, voire sous une certaine dépendance. Ce qui a contrario signifie que ceux-ci peuvent exercer des fonctions qui ne sauraient engendrer cette situation. On comprend pourquoi le constituant congolais, en soumettant le président de la République à un régime d'incompatibilité strict, autorise les membres du gouvernement bien que soumis au même régime d'incompatibilité, à pouvoir exercer des activités agricoles, artisanales, culturelles, d'enseignement et de recherche[919].

L'exigence du respect des incompatibilités est très affirmée par la constitution malgache. Aux termes de l'article 49 *in fine* : « *toute violation des dispositions du présent article [relatif aux incompatibilités], constatée par la Haute Cour Constitutionnelle, constitue un motif d'empêchement définitif du Président de la République* ». C'est donc dire que tout gestionnaire qui se trouve dans une situation d'incompatibilité doit être sanctionné par la révocation. Car la crainte pour qu'il se trouve dans une situation de conflit d'intérêt est très grande. C'est également pour conjurer cette situation que l'exercice des activités économiques a été prohibé à ces gestionnaires.

#### *b) La prohibition d'exercice des activités commerciales avec l'Etat*

Le régime des incompatibilités en tant que gage de la prévention des conflits d'intérêts est renforcé dans les constitutions de la République Démocratique du Congo, du Niger et du Bénin par celui de l'interdiction d'exercer des activités commerciales à certains hauts responsables de l'Etat. Le fait est que le régime des incompatibilités ne suffit pas à lutter contre les conflits d'intérêts en ceci que les incompatibilités se limitent à l'interdiction du cumul de certaines fonctions électives, professionnelles, militaires... avec celle de gestionnaire de biens publics. Cela laisse libre cours à ces gestionnaires d'entreprendre certaines activités commerciales avec les administrations publiques, qui n'entrent pas dans ce champ d'incompatibilité. Profitant ainsi de leur statut ou de leur position, ils peuvent se livrer au trafic d'influence, au délit d'initié[920] pour favoriser leurs intérêts aux dépens de celui collectif.

---

[918] Art. 51 de la constitution du Bénin.

[919] Art. 97.

[920] Le lexique des termes juridiques définit ce délit comme étant des : « *délits attentatoires à la transparence des marchés financier, consistant pour des personnes disposant, notamment à*

Conscients de cette possibilité, les constituants de certains Etats d'Afrique francophone ont consacré des régimes d'interdictions quasi identiques empêchant les gestionnaires de se livrer à des activités commerciales avec l'Etat, cela même par voie interposée. La constitution congolaise qui a le mérite d'être plus expressive, livre ces interdictions en ces termes : « *dans leurs fonctions, le président de la République et les membres du gouvernement ne peuvent par eux-mêmes ou par personne interposée, ni acheter, ni acquérir d'aucune façon, ni prendre en bail un bien qui appartient au domaine de l'Etat, des provinces ou des entités décentralisées* »[921]. L'alinéa 2 ajoute : « *ils ne peuvent prendre part directement au indirectement aux marchés publics...* ». Cette disposition est à quelque nuance près similaire à celle de la constitution du Niger[922]. La constitution béninoise quant à elle se limite à interdire au président de la République et aux membres du gouvernement de contracter avec l'Etat ou ses démembrements[923]. Ces dispositions qui interdisent à certaines autorités publiques d'entrer en commerce avec l'Etat apparaissent comme un véritable mécanisme préventif de protection des biens publics.

## B-Les gages permettant d'assurer la bonne gouvernance du gestionnaire

La bonne gouvernance du gestionnaire passe par un certain nombre de sujétions qui pèsent sur lui et qui permettent d'assurer au mieux les intérêts de la collectivité. Généralement, les mécanismes permettant d'assurer une bonne gestion par le gestionnaire dans les Etats ne sont pas consacrés par les constitutions. Ces dernières ne se limitent souvent qu'à prévenir, comme nous l'avons vu, la mauvaise gouvernance. Les constitutions de l'espace francophone d'Afrique, singulièrement celle du Maroc, s'inscrivent dans une logique contraire. En effet au-delà de la constitutionnalisation des mécanismes garantissant la probité et luttant contre les conflits d'intérêt celles-ci ont consacré des dispositions permettant d'assurer la bonne gouvernance du gestionnaire public. Ces mécanismes se déclinent en la responsabilité du

---

*l'occasion de l'exercice de leur profession ou de leur fonction, d'informations privilégiées sur les perspectives d'évolution de titres, d'instruments financiers ou d'actifs négociés ou admis sur un marché réglementé, de réaliser ou de permettre deréaliser, directement ou indirectement, une ou plusieurs opérations avant que le public ait connaissance de ces informations, ou encore de les communiquer à un tiers* ».

[921] Art. 98.

[922] Art. 52.

[923] Art. 52.

gestionnaire (**1**) et au principe de la reddition des comptes qui pèsent sur lui (**2**)

## 1-La responsabilité du gestionnaire

En Afrique en général, et singulièrement dans l'espace francophone, la gestion publique fait l'objet d'une remise en cause profonde et durable. Cette remise en cause est due aux dérives observées dans la conduite ou le management des biens publics par les gestionnaires. C'est fort de cela qu'il existe dans certaines constitutions des Etats d'Afrique des mécanismes permettant d'assurer la bonne gouvernance, cela à travers l'exigence de la responsabilité du gestionnaire. En tant qu'exigence de la gouvernance, la notion de responsabilité possède une ambivalence dans sa définition[924]. Elle peut être appréhendée soit comme étant une forme d'autonomie d'action ou comme la capacité à répondre des conséquences de ses actions, ces deux aspects n'étant pas nécessairement indépendants l'un de l'autre. S'il est complexe de déterminer avec certitude si l'autonomie emporte la capacité de répondre de ses actes ou l'inverse, ces éléments sont très souvent associés[925].

Le principe de la responsabilité du gestionnaire dans l'espace francophone a reçu une consécration constitutionnelle au Maroc. Aux termes de l'article 154 de cette constitution en effet, les responsables publics « *sont soumis aux normes…de responsabilité* ». Dans les autres Etats, cette exigence est d'origine législative[926].

Sauf à la réduire à une simple incantation, la notion de responsabilité dans le domaine de la gestion publique en Afrique suppose une série de conditions : la clarification des missions et objectif ; l'octroi d'une autonomie de pouvoir et de décision ; le développement des compétences nécessaires à la réalisation des objectifs ; l'existence d'indicateur de performances ; une pratique effective d'évaluation et de contrôle ; et l'existence de sanction positives et négatives[927]. Cette responsabilité exigée s'applique en matière de

[924] M. Bunod, « La responsabilité des fonctionnaires centraux chargés des finances publiques à l'ère du gouvernement ouvert », *Revue internationale des gouvernements ouverts 2007* on line. http://ojs.imodev.org/index.php/RIGO/article/view/207/344.
[925] Ibid.
[926] Il existe plusieurs lois qui traitent de la responsabilité des gestionnaires dans les Etats d'Afrique francophone.
[927] A. Eraly et J. Hindrink, « Le principe de responsabilité dans la gestion publique », in *Reflets et perspectives de la vie économique*, tome XLVI, 2007/1. P.199.

gestion aussi bien par l'ordonnateur que par le comptable[928]. C'est donc une question qui se pose à tous les niveaux de pouvoir.

Des conditions de la responsabilité du gestionnaire exposées, la pratique d'une évaluation et de contrôle et l'existence de sanctions positives et négatives occupent une place importante. La première, c'est-à-dire la pratique de l'évaluation et de contrôle, comme gage de la responsabilité, a reçu une consécration constitutionnelle au Maroc, cette constitution soumet les autorités « *aux obligations de contrôle et d'évaluation* »[929]. Le contrôle dont il s'agit ici est en tout état de cause, le contrôle de la gestion, qui est diffèrent du contrôle de gestion[930] en ce qu'il est la synthèse de l'audit financier et de l'audit opérationnel. Au-delà de s'assurer de la conformité ou de la régularité et de la sincérité des actes de gestion aux lois et à réglementation en vigueur, de déterminer l'efficacité et l'efficience de la gestion de l'entité, il s'agit aussi de déterminer si les objectifs stratégiques ont été atteints. La seconde, l'existence de sanctions positives et négatives est au centre de l'exigence de la responsabilité des gestionnaires. Aucune organisation ne peut durablement fonctionner sans l'une ou l'autre forme de reconnaissance du mérite et de la dissuasion de l'improductivité[931].

Ces deux piliers du principe de la responsabilité du gestionnaire sont généralement déclenchés par l'obligation de rendre compte ou le principe de la reddition des comptes qui est un corollaire de la responsabilité.

## 2-La reddition des comptes

Le principe de la reddition des comptes est un corollaire de celui de responsabilité managériale du gestionnaire public. Récemment introduit en matière de finances publiques, il est une traduction de l'obligation de rendre compte qui s'impose aux gestionnaires publics. En langage familier, rendre des comptes[932], ce n'est nécessairement pas produire une comptabilité, c'est « *être comptable* »[933] d'une action pour autrui et lui en faire un rapport oral ou écrit.

---

928 Sur la responsabilité de l'ordonnateur et du comptable lire, Abner Abono, *Le principe de la séparation de l'ordonnateuret du comptable en droit public camerounais*, mémoire de DEA en droit public, Université de Douala 2014. PP. 162.
929 Art. 156.
930 Le contrôle de gestion est un processus par lequel les dirigeants influencent les membres de l'organisation pour mettre en œuvre les stratégies de manière efficace et efficiente.
931 A. Eraly et J. Hindrink, « Le principe de responsabilité dans la gestion publique », *op* cit., p. 202.
932 L'expression anglo-saxonne la plus proche est celui de *reporting.*
933 C'est le sens en anglais d'*accountability.*

En droit civil, rendre des comptes pour un mandataire, c'est faire un rapport au mandant de l'exécution d'un mandat. Cette philosophie civiliste imprègne la conception de la reddition des comptes[934]. Celle-ci constitue à n'en pas douter une exigence majeure de la bonne gouvernance économique. Son terrain de prédilection est la gestion économique, notamment la gestion du budget public.

D'une manière simple, la reddition des comptes désigne l'opération qui découle de l'obligation de répondre de l'exercice d'une responsabilité[935]. Elle présuppose l'existence de deux parties : une partie qui attribue les responsabilités et une autre qui s'engage, en les acceptants à faire rapport de la façon dont elle les a assumées. Ainsi, la reddition des comptes comporte l'attribution des responsabilités, le devoir de déclarer le rendement et la surveillance du rendement par un tiers[936]. Dans le cadre des Etats, le gestionnaire est le mandant sur qui s'impose l'obligation de la reddition des comptes, et le peuple en est le mandataire à qui l'on doit rendre des comptes ou faire un rapport. Cette exigence a une base normative fondamentale dans les Etats d'Afrique francophone.

Dans l'espace d'Afrique francophone en effet, spécifiquement au Maroc, le principe de la reddition des comptes a été introduit dans l'ordre constitutionnel. L'article 154 de la constitution marocaine soumet ainsi les gestionnaires publics « *aux normes ...de reddition des comptes et de la responsabilité* », et l'article 156 les oblige à rendre compte de la gestion des derniers publics[937]. Cette disposition innovante qui offre un fondement constitutionnel au principe de la reddition des comptes avait déjà été consacrée par la Déclaration Française des Droits de l'Homme et du Citoyen en ces termes : « *Tous les citoyens ont le droit de constater, par eux-mêmes ou par leurs représentants, la nécessité de la contribution publique, de la consentir librement, d'en suivre l'emploi, et d'en déterminer la quotité, l'assiette, le recouvrement et la durée* »[938]. Elle ajoute que : « *La société a le droit de demander compte à tout agent public de son administration* [939]».

---

[934] J-C. Wathelet, « Reddition des comptes et gouvernance des collectivités territoriales françaises », *politiques et management public*, vol. 21, n°4, 2003. P.74.

[935] G. Verger, *La reddition des comptes*, SPID, 2010, p.12.

[936]F. Ouellet, *La reddition des comptes. Bureau du vérificateur interne,* Université de Laval. Novembre 2005. P 2.

[937] Cet article est ainsi libellé : « *les services publics sont à l'écoute de leurs usagers et assurent le suivi de leurs observations, propositions et doléances. Ils rendent compte de la gestion des deniers publics conformément à la règlementation en vigueur...* ».

[938] Art. 14.

[939] Art. 15.

En proclamant ainsi la reddition des comptes, les textes mettent à la charge des gestionnaires publics de faire la preuve de ce qu'ils ont fait tout ce qui « *était raisonnable avec les pouvoirs et les ressources dont [ils] disposaintt pour influencer sur l'atteinte des résultats* ». Cette exigence de la reddition des comptes est importante en matière de gouvernance. Elle porte essentiellement sur le rendement des programmes, des initiatives, des activités. Elle permet ainsi d'évaluer la performance des gestionnaires et d'informer le mandant sur l'efficacité[940], l'efficience [941]et l'économie[942] de la gestion du gestionnaire.

En définitive, les constitutions des Etats de l'espace francophone ont élaboré un dispositif normatif étoffé en vue de garantir la bonne gouvernance par les gestionnaires publics. Pour que cette bonne gouvernance soit effective, en quittant du formel au réel, les constituants ont également prévu des dispositifs institutionnels diversifiés.

## Paragraphe II : Les instances en charge de garantir la bonne gouvernance par le gestionnaire

Les exigences de la bonne gouvernance, notamment économique, par les gestionnaires publics, qu'ils soient ordonnateurs ou comptables, étant un souci majeur des citoyens et de l'opinion publique, il est nécessaire qu'un système de garantie rigoureux du respect de ces exigences soit élaboré. Car, la soumission aux principe de bonne gouvernance par les gestionnaires publics, ne va pas de soi[943]. Pour qu'elle soit réelle, les exigences de la bonne gouvernance nécessitent en effet des instances de veille ou de surveillance susceptibles de garantir celles-ci. C'est dans ce souci que la plupart des Etats de l'Afrique francophone ont institué des instances chargées de veiller à ce que le gestionnaire des biens publics pose des actes de gestion selon les règles de l'art.

---

[940] L'efficacité fait référence à l'atteinte des objectifs fixés pour une activité. Pour apprécier l'efficacité, les résultats doivent être mesurés aux objectifs par le biais des indicateurs.

[941] L'efficience introduit la notion d'optimisation des ressources. Il s'agit de produire le maximum de biens et services au moindre coût.

[942] L'économie porte sur l'acquisition de ressources à meilleures conditions de prix et de qualité compte tenu des quantités nécessaires.

[943] Plusieurs gestionnaires des Etats africains ne sont pas enclins à la bonne gestion des biens publics. Dans l'espace africain plus spécifiquement subsaharien les responsables publics sont très souvent convaincus de détournement de fond, concussion et de corruption. C'est dans ce sens que justifie le vaste mouvement d'assainissement de la gestion publique connu au Cameroun sous l'expression « *opération épervier* » initié par le Président de la République en 2006.

Ces instances chargées de veiller à la bonne gouvernance au sein des Etats sont nombreuses, elles vont des instances politiques, administratives, jusqu'aux organisations de la société civile. Les instances politiques, à savoir le pouvoir exécutif et le pouvoir législatif, peuvent jouer un rôle important en matière de sauvegarde de la bonne gouvernance, notamment économique. A cet égard le pouvoir de contrôle du parlement sur l'exécutif peut être assimilé à un mécanisme permettant à la représentation nationale de veiller sur la gestion du bien public par le gouvernement. Au niveau administratif, le pouvoir hiérarchique[944], le contrôle de tutelle[945] et l'action de certaines autorités administratives indépendantes[946] constituent de véritables moyens de préservation de la bonne gouvernance au niveau étatique. Enfin, le rôle de veille et de dénonciation des acteurs de la société civile est aussi un de mécanisme concourant à lutter contre la mal gouvernance.

Dans les constitutions des Etats d'Afrique d'expression française, le constituant à prévu, hormis certaines instances classiques dont le rôle dans la garantie de la bonne gouvernance est diffus, d'autres instances spécialisées dont la mission première est de préserver la bonne gestion des biens publics. La première de ces instances qui est généralisée dans les constitutions de cet espace, est la juridiction des comptes (**A**). A côté de cette instance, il existe d'autres instances singulières spécifiques à certains Etats (**B**).

### A-La juridiction des comptes, comme garante de la bonne gouvernance par le gestionnaire

Dans des contextes nationaux et internationaux de promotion d'une gestion publique efficace et transparente, bref de la bonne gouvernance, la juridiction des comptes en tant qu'institution supérieure de contrôle de finances quasi général[947] a un rôle primordial à jouer. Elle constitue à la vérité, l'instance primordiale de garantie de la bonne gouvernance par les personnes appelées à assurer la gestion des biens publics. Cette mission est clairement

---

[944] En droit administratif, le pouvoir hiérarchique est un pouvoir qui appartient de plein droit au supérieur et qui se déploie sur la personne et les actes de son subordonné. Il se décline en pouvoir de nomination, de révocation, d'instruction, de reformation, d'annulation… etc.

[945] Il s'agit, en droit administratif, d'un pouvoir qu'exerce entre une autorité de tutelle sur une autorité décentralisée qui permet à la première de contrôler la seconde en vue de sauvegarder l'intérêt général, la légalité et souvent le caractère unitaire de l'Etat. Il comporte des pouvoirs sur les organes et les actes, notamment des pouvoirs d'approbation et d'annulation administrative.

[946] On peut citer le Médiateur de la République, le conseil national de la concurrence… voir pour amples informations notre chapitre I du Titre II sur la garantie des droits et libertés économiques.

[947] Au Cameroun la juridiction des comptes n'est pas une ISC, alors que dans tous les autres Etats elle a ce statut.

établie par la constitution du Maroc qui assigne à la juridiction des comptes la mission de « *la consolidation et de la protection des principes et valeurs de bonne gouvernance, de transparence et de reddition des comptes de l'Etat et des organismes publics* »[948]. Bien que n'ayant pas reçu expressément cette mission dans les autres constitutions, les compétences dévolues à la juridiction des comptes dans l'espace francophone confortent ce postulat. Toutefois, dans son rôle de préservation de la bonne gouvernance, la juridiction des comptes a un statut ambigu (1) et un champ de compétence dense (2).

### 1-Le Statut ambigu de la juridiction des comptes dans la préservation de la bonne gouvernance

L'existence d'une juridiction des comptes dans les constitutions des Etats d'Afrique francophone est consacrée de façon unanime. Une telle constante est certainement la résultante de leur héritage juridique français. En fait, la juridiction des comptes, telle que nous la connaissons en Afrique, est d'abord née en France[949] avant de connaitre une expansion dans les pays africains du fait de la colonisation française pour certains[950], ou de l'occupation pour d'autres[951]. En France, la juridiction des comptes, en l'occurrence la Cour des comptes, est présentée comme l'héritière de la Cour Royale qui, au Moyen Age gérait les deniers du royaume[952]. Sous sa forme actuelle, elle est le fruit de la volonté de Napoléon 1er qui souhaitait que voit le jour, « *une institution qui le renseignerait sur la gestion des deniers publics et en permettrait ainsi le contrôle* », selon ses expressions[953]. La juridiction des comptes en France fut donc créée, afin de renseigner sur les finances réelles de l'empire et ainsi assurer une surveillance de leur gestion.

Depuis les indépendances, les Etats africains ont, s'inspirant du modèle français, créé des juridictions des comptes qui ont connu plusieurs mutations,

---

[948] Art.147.

[949] Lire pour ample connaissance : S. Flizot (s/d), *L'évolution des juridictions financières,* Actes du colloque des 1 et le 2 décembre 2011 organisé à la Cour des comptes-Grand' Chambre, GFP la Revue 2012. PP. 132.

[950] Des pays de référence dans cette étude, seuls le Maroc, l'Algérie, le Niger, le Benin et Madagascar ont été des colonies françaises.

[951] C'est le cas du Cameroun qui n'a pas été une colonie française, mais a été sous son occupation d'abord dans le cadre du Condominium franco-britannique, puis du mandat de la SDN et enfin de la tutelle avec l'ONU.

[952] D. Migaud, « Allocution d'ouverture du président de la Cour des comptes Grand' chambre », in S. Flizot (s/d), *L'évolution des juridictions financières, op cit.,* P. 9.

[953] Cité par D. Migaud, *ibid.*

que çe soit au Maroc[954], ou au Cameroun[955], pour ne prendre que ces deux pays. A partir de 1990, ces juridictions des comptes seront introduites dans leur ordre constitutionnel, cela pour affirmer l'importance que celles-ci ont dans le dispositif institutionnel de la gouvernance. La place que ces constitutions vont accorder à cette juridiction va varier selon les Etats. Si certains Etats vont faire d'elle une juridiction de contrôle des finances publiques faisant partie du pouvoir judiciaire (a) d'autres en revanche vont lui dénier cette qualité en faisant d'elle simplement une institution supérieure de finance publique à la marge du pouvoir judicaire (b). C'est en cela que s'aperçoit l'ambiguïté du statut de cette juridiction en Afrique.

***a) L 'option d'une juridiction des comptes dépendante du pouvoir judiciaire***

La tendance dans les Etats d'Afrique d'expression française depuis le début des années 1990, est d'introduire dans leur ordre constitutionnel des juridictions des comptes comme instances supérieures de contrôle des finances publiques[956]. C'est ainsi que va se retrouver dans ces normes fondamentales des Cours ou Chambre des comptes selon les cas[957]. Dans leur processus de constitutionnalisation de la juridiction des comptes, certains Etats à l'instar du Niger, du Cameroun et de Madagascar ont fait le choix de faire de cette instance une juridiction faisant partie intégrante du pouvoir judicaire[958]. De part et d'autre, la juridiction des comptes est présentéecomme « *la plus haute*

---

[954]L'institution d'une juridiction des comptes au Maroc, s'est faite d'une manière progressive marquée par quatre étapes essentielles : l'institution de la Commission Nationale des comptes en 1960, la création d'une cour des comptes en vertu de la loi n°12-79, et l'Elévation de la Cour des comptes au rang d'institution constitutionnelle en 1996. A ces trois étapes, il faut ajouter une quatrième qui est la loi n° 62-99 formant code des juridictions financières.

[955]Depuis l'avènement de l'indépendance, la juridiction des comptes a subi de profondes mutations : après 1960, la Chambre des comptes est créée au sein de la Cour suprême du Cameroun Oriental. En 1961, l'Etat devient fédéral et la Cour Fédérale des Comptes est créée par ordonnance n°62/OF du 07 février 1960. L'année 1969 marque un véritable tournant, la Chambre des comptes et la Cour Fédérale des Comptes sont supprimées et leurs missions transférées à l'Inspection Générale d'Etat (I.G.E), devenue plus tard Inspection Générale de l'Etat et de la Réforme Administrative (I.G.E.R.A) et enfin le Contrôle Supérieur de l'Etat (CONSUPE). Cette situation durera jusqu'à l'avènement de la loi constitutionnelle de 1996 qui a de nouveau institué une Chambre des comptes à la Cour suprême.

[956] La juridiction des Comptes a été réintroduite dans la constitution de 1996 (art.38) ; au Niger par la constitution de 1999 et au Maroc par la constitution de 1996.

[957] C'est ce sont ces deux appellations qui alternent dans les Etats d'Afrique d'expression française.

[958] Au Niger, la section 5 qui traite de la Cour des comptes fait partie du Titre VI intitulé « *Du pouvoir judicaire* » ; au Cameroun, la Chambre est une composante de la Cour suprême qui est l'incarnation première du pouvoir judicaire traitée au Titre V de la constitution et à Madagascar la Cour des comptes est une composant de la Cour suprême traité au chapitre III du Sous-titre IV Du juridictionnel.

*juridiction des finances publiques* »[959] ou comme faisant partie de l'une des composantes de la plus haute juridiction du pays[960].

En tant que juridiction, la juridiction des comptes en sus de ces éléments qui l'érigent en juridiction faisant partie du pouvoir judicaire répond à un certain nombre de préconditions qui font d'un organisme une véritable juridiction. Elle est en effet, selon une exigence du Conseil d'Etat français, créé par la loi ou la constitution, composée de magistrats indépendants, et statue en droit[961]. En plus, elle respecte les exigences de la CJCE et la CEDH, qui au-delà des critère saillants sus relevés, en rajoutent un autre, à savoir que les décisions qu'elle rend sont revêtues de la force de la juge jugée ou peuvent faire l'objet de recours[962].

Dans l'espace francophone d'Afrique, notamment ceux de la zone CEMAC et de l'UEMOA, les exigences communautaires font aussi de la juridiction des comptes une véritable juridiction. Dans la zone CEMAC par exemple, la directive relative aux financesprévoit que : « *le contrôle juridictionnel des opérations budgétaires et comptables des administrations publiques est assurée par une Cour des comptes qui doit être créée dans chaque Etat membre.* ». Elle ajoute que : « *cette Cour des comptes est une juridiction, et ses membres ont le statut de magistrat. Elle est indépendante par rapport au gouvernement et au parlement et autonome par rapport à toute autre juridiction* »[963]. Cette disposition n'est pas différente des exigences pertinentes du Traité de l'UEMOA du 10 janvier 1994. Celles-ci se bornent à poser le principe de l'autonomie, mais pas de l'indépendance de la juridiction des comptes par rapport à d'autres juridictions. Une telle situation est semblable à celle de la Cour des comptes française, mais s'en écarte dans la mesure où, contrairement à elle, ses décisions ne peuvent être connues par une autre haute juridiction. Cette option qui érige la juridiction des comptes en une véritable juridiction faisant partie du pouvoir judiciaire, n'est pas partagée par tous les Etats.

---

[959] Art 141 de la constitution du Niger. Dans cette constitution la Cour des comptes apparait comme une haute juridiction autonome à côté de la Cour de cassation, du Conseil d'Etat et de la Cour constitutionnel.

[960] Au Cameroun, au Benin et à Madagascar la juridiction des comptes est inféodée dans une Cour suprême.

[961] C. E. F, 12 décembre 1953, De Bayot.

[962] Voir dans ce sens, arrêt de la CJCE, 30 mars 1993, Corbard. Et arrêt de la CEDH, 22 octobre 1983 Cranck.

[963] Art. 72 de la Directive n°01/11-UEAC-190-CM-22.

***b) L'option d'une juridiction des comptes non inféodée dans le pouvoir judicaire***

Comme le Niger et Madagascar, le Maroc et la RDC disposent des cours des comptes comme instances de contrôle de la gestion des finances publiques. Seulement, à la différence de ces Etats, ces derniers ont choisi de ne pas faire de ces juridictions des comptes des juridictions inféodées au pouvoir judiciaire.

Au Maroc, la constitution, dans un titre singulier hors du champ du titre qui traite du pouvoir judicaire, prévoit que : « *la Cour des comptes est l'institution supérieure de contrôle des finances publiques du Royaume. Son indépendance est garantie par la constitution* »[964]. Cette prévision constitutionnelle octroie formellement le statut d'institution supérieure de contrôle des finances publiques à la Cour des comptes. Une telle disposition disqualifie cette Cour comme organe, entrant dans le cadre du pouvoir judiciaire[965]. Cette disqualification est confortée par sa qualification « *d'institution supérieure de contrôle des finances publiques* ».

Comment comprendre une telle qualification ? Il faut dire qu'en finance publique, les ISC sont des organismes dont l'indépendance totale en matière de contrôle des finances publiques est garantie[966]. Le positionnement institutionnel des ISC permet de distinguer deux groupes : l'institution d'Audit et la structure collégiale. Le premier positionnement est celui d'une institution d'Audit considérée comme une agence indépendante mais rattachée au pouvoir législatif. C'est l'exemple du GAO pour les Etats unis, du NAO pour le Royaume uni et de l'OAG pour le Canada. Chacune de ces ISC est rattachée à l'organe législatif[967]. Le deuxième positionnement institutionnel est celui de la structure collégiale correspondant à la Cour des comptes européenne et à la Cour des comptes française qui sont qualifiées d'institutions indépendantes.

---

[964] Art. 147.

[965] Au Maroc la Cour des comptes est traitée au Titre X de la constitution, Le pouvoir judiciaire au Titre VII.

[966] La Déclaration de Lima fait de l'indépendance d'une ISC un élément caractéristique. La section 5 de cette déclaration est éloquente à ce propos : « *les institutions supérieures de contrôle des finances publiques ne peuvent accomplir leurs taches de manière objective et efficace que si elles sont indépendantes du service contrôlé et si elles sont soustraites aux influences extérieures. Bien que les institutions de l'Etat ne peuvent être absolument indépendantes de celui-ci puisqu'elles en font partie, les institutions supérieures de contrôles des finances publiques doivent pouvoir jouir de l'indépendance fonctionnelle et organisationnelle nécessaire à l'accomplissement de leur tâche. L'établissement des institutions supérieures de contrôle des finances publiques et le niveau d'indépendance qui leur est nécessaire doivent être précisés dans la constitution ; les modalités peuvent être détaillées dans les textes législatifs* ».

[967] Le Congrès pour la GAO, la Chambre des communes pour le NAO.

Dans un article majeur, Monsieur Éric S. Koua relève qu'il existe trois grands modèles de ISC dans le monde, à savoir le modèle latin dans lequel l'ISC est généralement une Cour des comptes, le modèle anglo-saxon (dans ce cas l'ISC est une Autorité Administrative indépendante), et le modèle allemand qui est une conjugaison des deux précédents modèles[968]. A côté de ces trois exemples il pense, se fondant sur le décret portant cadre organique du Conseil supérieur de l'Etat au Cameroun, qu'il existe un quatrième modèle qui serait administratif. La cour des comptes au Maroc semble se rattacher au modèle allemand et, ce faisant, c'est ce qui justifie son indépendance du pouvoir judiciaire.

Le statut de la Cour des comptes est sujet à interrogation en RDC. En effet, aux termes de l'article 178 de sa constitution, « *il est institué en République Démocratique du Congo une Cour des Comptes. La cour des comptes relève de l'Assemblée nationale* ». Cette disposition qui rattache directement la Cour des comptes à l'Assemblée semble faire d'elle une institution d'audit à l'instar des modèles Anglo-saxons. Il faut dire que cette relevance à l'assemblée nationale de la Cour des comptes n'est qu'organique ; en effet, à l'instar du Bureau du Vérificateur Général qui est une ISC rattachée au parlement au Canada, le rattachement à un organe représentatif n'enlève en rien la qualité d'ISC à l'organe en question. Ce qui est vrai aussi ici est que ce rattachement exclut la chambre des comptes du cadre pouvoir judicaire. D'ailleurs cette institution supérieure de contrôle est traitée au paragraphe 3 du titre 5 de la constitution qui traite des finances publiques.

Quoiqu'il en soit, que la juridiction des comptes, telle que consacrée dans les constitutions, fasse partie du pouvoir judiciaire ou pas, celle-ci constitue dans tous les cas une institution supérieure de contrôle des finances publiques. Cependant ses compétences dans ce cadre sont denses.

## 2-La densité du champ de compétences

Les compétences dévolues aux juridictions des comptes ou à toute ISC, quel que soit leur statut, sont dictées par les exigences de la bonne gouvernance, la transparence et la démocratie. Ces institutions de contrôle jouent un rôle clé dans les systèmes démocratiques en étant les garants de la

[968] E. S Koua « La prescription de la cour des comptes comme institution supérieure de contrôle des finances publiques par le droit communautaire Cemac aux Etats-membres : le cas du Cameroun », *RAFIP,* numéro double (3 et 4), 2018, pp..43-68

bonne gestion publique et de la qualité de l'information financière diffusée[969]. Elles sont partie prenante du système de gouvernance des Etats, et leurs actions de contrôle permettent une prise de décision éclairée, renforcent et crédibilisent l'information diffusée et enfin responsabilisent et légitiment les gestionnaires qui doivent rendre compte de leur gestion. C'est fort de cela que les Etats d'Afrique francophone, en érigeant ces institutions supérieures de contrôle en institutions constitutionnelles leur ont confié d'importantes prérogatives en matière de jugement, de contrôle de gestion publique et d'assistance de certains organes de pouvoir. Ces missions sont denses en ce sens que ces ISC exercent en plus des missions de controle (**a**) celles d'assistance et d'information (**b**).

### *a) Les pouvoirs de contrôle*

Les compétences de contrôle des comptes en tant qu'institutions supérieures de contrôle des finances publiques pour la plupart se déploient sur les institutions Etatiques. En fait, cette compétence qui consiste à contrôler la gestion des gestionnaires publics, s'exerce sur les services d'Etat, les collectivités décentralisées, les établissements publics et les entreprises du secteur public[970]. C'est ainsi que, comme le consacre la constitution malgache, la Cour des comptes : « juge *les comptes des comptables publics, contrôle l'exécution de la loi de finance et des budgets des organismes publics, contrôle les comptes et la gestion des entreprises publiques »*[971]. Une telle disposition se retrouve avec quelque nuance dans les constitutions du Maroc[972] et du Cameroun[973]. En jouant ce rôle constitutionnel, la juridiction des comptes s'assure de la régularité des opérations de recettes et de dépenses des organismes soumis à son contrôle et en apprécie la gestion.

Dans l'optique d'appréhender la responsabilité des différents intervenants dans l'exécution des opérations financières publiques, -ordonnateurs, comptables ou contrôleurs- et d'aboutir à l'identification d'éventuels dysfonctionnements dans leur gestion, la juridiction des comptes est investie du pouvoir de vérification d'instruction et de jugement des comptes des services de l'Etat. A cet effet, les gestionnaires publics sont tenus de

[969] M. Portal, *La politique qualité de la certification des comptes public. Le cas de la Cour des Comptes.* Thèse de doctorat es Science de Gestion. Université de Poitiers, 2009. P 29.
[970]Les entités assujetties au contrôles de la juridiction des comptes varient selon les Etats, notamment en ce qui concernent l'intégration des entreprises publiques.
[971] Art. 128.
[972] Art. 147.
[973] Art. 38.

produire les comptes administratifs ou de gestion[974] desdits services dans les formes prévues par la loi, les pièces justificatives des mouvements financiers. Lorsque la juridiction veut avoir amples informations elle *« peut exiger de l'ordonnateur, du contrôleur, du comptable public ou tout autre responsable, toute précision et justification qu'elle juge nécessaire dans la limite des compétences de chacun et des documents qu'il est tenu de conserver en application des dispositions règlementaires »*[975]. La vérification ou le contrôle ne porte pas uniquement sur la régularité et la conformité des opérations financières publiques, mais également sur l'appréciation de la gestion. Ce contrôle s'opère sur place et sur pièce et donne lieu à un jugement, qu'il y ait ou non irrégularité.

La juridiction des comptes dans le prolongement de sa mission de contrôle exerce aussi une fonction en matière de préservation de la discipline budgétaire. Celle-ci se déploie à l'égard de tout responsable, fonctionnaire ou agent de l'un des organismes soumis au contrôle de la cour des Comptes qui viole les lois de l'orthodoxie financière. Dans cette logique, la juridiction des comptes fonctionne comme une juridiction ordinaire avec tout ce que cela exige comme garantie des droits de la défense. Dans ce dernier cas, le gestionnaire peut être condamné au débet ou à l'amende ou plus grave à la destitution.

Au-delà de ces missions de contrôle et de préservation de la discipline budgétaire, la Cour des Comptes, dans les Etats d'Afrique francophone, devient de plus en plus une juridiction d'appel des jugements rendus par les Cours régionales des comptes en matière de jugement des comptes publics. Cet office est la résultante de la déconcentration de la juridiction des comptes dans les Etats africains[976]. Cette dernière est aussi appelée à jouer un rôle important en matière d'assitance et d'information.

[974] La production des comptes administratifs est du ressort de l'ordonnateur alors que la production de compte de gestion est de la responsabilité du comptable.

[975] O. SOW, *le Contrôle juridictionnel des comptes des collectivités locales.* Mémoire maitrise en Droit Public, Université Gaston Berger Sénégal 2008. p.52.

[976] La création des Cours régionales des comptes est prévue aux articles 149 de la constitution du Maroc et 42 de la Constitution du Cameroun.

***b-Les compétences d'assistance et d'information***

Dans sa mission de consolidation de la bonne gouvernance par les gestionnaires publics, la juridiction des comptes est amenée à jouer un rôle important d'assistance et d'information.

La compétence de la juridiction des comptes en matière d'assistance des institutions publiques est constitutionnellement affirmée. Aux termes de l'article 128 de la Constitution de Madagascar, la Cour des comptes « *assiste le parlement et le gouvernement dans le contrôle de l'exécution de la loi de finance* ». Cette mission est un peu plus explicite et étendue dans la constitution marocaine qui la consacre en ces termes : « *La Cour des comptes assiste le parlement dans les domaines de contrôle de finances publiques. Elle répond aux questions et consultations en rapport avec les fonctions de législation, de contrôle et d'évaluation exercées par le parlement relatif aux finances publiques. La Cour des comptes apporte son assistance aux instances judiciaires. La Cour des comptes assiste le gouvernement dans les domaines relevant de sa compétence en vertu de la loi* »[977]. Avec moins de clarté, la compétence d'assistance de la chambre des comptes est également consacrée au Cameroun[978], et de façon laconique au Niger[979].

L'assistance de la juridiction des comptes aux institutions publiques constitutionnelles telle qu'ainsi consacrée, revêt une importance capitale en ceci que cette juridiction est une véritable adjuvante. Assister en effet « *c'est se mettre au service de, c'est soutenir, mais dans une position institutionnelle de déférence* »[980]. Cette compétence permet donc d'aider ces institutions à bien remplir leur mission constitutionnelle : au parlement, la mission d'assistance vise à lui permettre de mieux exercer sa fonction de législation et de contrôle du gouvernement et en particulier celle de contrôle de l'exécution des lois de finance ; au gouvernement, l'assistance est utile en ce sens qu'elle l'éclaire dans l'élaboration, et l'exécution des lois de finance, et en fin au pouvoir judiciaire, la mission d'assistance permet de mieux sanctionner. En tout cela elle assure une meilleure gestion des ressources de l'Etat.

---

977 Art. 148.

978 Art. 41.

979 Art. 141.

980 *P.* Desrousseaux, « Le bilan de la nouvelle relation Cour-Parlement » in S. Flizot (s/d), *L'évolution des juridictions financières*, op cit., P. 26.

La juridiction des comptes est aussi amenée à jouer un rôle non moins important en matière d'information du citoyen et des autorités étatiques. Informer le citoyen et les autorités publiques est une mission fondamentale de la juridiction des comptes[981]. La lecture de l'article 148 de la constitution du Maroc en atteste en prévoyant que la Cour des comptes *« publie l'ensemble de ses travaux y compris les rapports particuliers et les décisions juridictionnelles. Elle soumet au Roi un rapport annuel sur l'ensemble de ses activités, qu'elle transmet également au Chef du Gouvernement et aux présidents des deux chambres du Parlement. Ce rapport est publié au « bulletin officiel » du Royaume. Un exposé des activités de la Cour est présenté par son Premier président devant le parlement. Il est suivi d'un débat »*. Cette obligation d'informer qui s'impose aux juridictions des comptes a une longue histoire en France. Son point de départ est la disposition de la loi du 16 septembre 1807 qui établit la production d'un rapport annuel remis à l'empereur et à lui seul[982]. Celle-ci constitue, à n'en point douter, une conséquence des exigences de démocratie et de transparence.

Au regard de toutes ces missions on peut dire que la juridiction des comptes est une « *institution de la vigilance* »[983] dans l'Etat. A travers ces missions, elle garantit la bonne gestion des finances publiques et constitue la garante du crédit de l'Etat aux yeux des citoyens comme des marchés financiers, parce qu'elle certifie la sincérité des comptes publics, alerte sur l'état des finances publiques et veille au bon emploi des fonds publics. D'autres instances viennent consolider cette mission de la juridiction des comptes.

## B-L'existence d'autres instances de garantie de la bonne gouvernance

La garantie de la bonne gouvernance économique par les gestionnaires, comme indiqué, mobilise plusieurs institutions au sein de l'Etat. En plus de la juridiction des comptes introduite dans la quasi-totalité des ordres constitutionnels africains, certains Etats ont fait le choix de consacrer au sein de leur constitution d'autres instances qui jouent un rôle dans la préservation de la bonne gouvernance. Des Etats d'Afrique francophone de référence, les cas du Maroc et de la République Démocratique du Congo sont emblématiques

---

[981] J. Picq, « La Cour des comptes et l'information du citoyen » in S. Flizot (s/d), *L'évolution des juridictions financières,* op cit., P. 19.

[982] J. Picq. Op cit. p. 20.

[983] Ibid., p. 21.

en ce sens que leurs constituants ont prévu dans leur armature constitutionnelle deux instances que l'on ne rencontre pas dans les constitutions d'autres Etats et qui sont importantes en matière de bonne gouvernance. Il s'agit de la Banque centrale pour la République Démocratique du Congo (1) et de l'instance nationale de la Probité au Maroc[984] (2).

## 1-La Banque centrale et la préservation de la bonne gouvernance en RDC

L'une des originalités de la constitution de la République Démocratique du Congo est la consécration d'une Banque Centrale comme Institution d'émission jouissant de l'indépendance et de l'autonomie de gestion[985]. Si celle-ci sera analysée comme une institution économique étatique[986], il faut dire qu'elle est également un maillon essentiel en matière de préservation de la bonne gouvernance monétaire par l'Etat. Ce rôle s'infère des prérogatives que la constitution lui reconnait : « *La Banque Centrale est l'institution d'émission de la République Démocratique du Congo. A ce titre, elle a pour mission : ... le contrôle de l'ensemble de l'activité bancaire ; de conseil économique et financier du gouvernement* »[987]. Ainsi, le rôle de la Banque Centrale en matière de garantie de la bonne gouvernance s'articule en rôle de contrôle de l'activité bancaire et celui d'assistance au gouvernement.

Le contrôle de l'activité bancaire constitue l'une des exigences et des missions fondamentales de toute institution bancaire centrale. Ce contrôle se justifie par le fait que dans l'exercice de leurs activités, les établissements de crédit ou les banques supportent différents types de risques, en fonction de leur taille, et de la complexité de leurs activités. Ainsi, le système bancaire, au premier rang duquel se trouve la Banque centrale, doit mettre en place un dispositif de contrôle tant externe qu'interne des risques, à savoir les processus de détection, de mesure et de contrôle, voire des mécanismes de sanctions de ces différents risques. Le système de contrôle externe et interne est un élément indispensable pour l'activité bancaire, il fait partie intégrante de la mise en œuvre de la stratégie de la bonne gouvernance monétaire. C'est d'ailleurs dans

[984] L'appellation exacte est l'Instance Nationale de la Probité, de la Prévention et de la Lutte contre la Corruption.
[985] Art. 176 et 177 de la Constitution.
[986] Confère chapitre I du Titre II de la deuxième partie de notre étude.
[987] Art. 176.

ce sens que le comité de Bale[988] a mis sur pied un certain nombre de principes pour un contrôle bancaire efficace[989].

En République Démocratique du Congo, comme le veut la constitution, la Banque Centrale joue un grand rôle en matière de protection de l'activité bancaire. Elle est l'institution chargée d'exercer le contrôle externe du système bancaire, notamment la distribution du crédit par les institutions bancaires et non bancaires. L'article 6 de la loi relative à la constitution, à l'organisation et au fonctionnement de la Banque Centrale du Congo, lui attribue alors la mission d'« *élaborer la règlementation et contrôler les établissements de crédit, les institutions de micro-finance et autres intermédiaires financiers* »[990]. Ce rôle s'inscrit dans la logique de prémunir l'industrie bancaire contre tout risque majeur, dont les risques systémiques, mais aussi de veiller à sa solidité. Pour assurer ces missions, la loi n°003/2002 du 02 février 2002 relative à l'activité et au contrôle des Etablissements de crédit, a reconnu à la Banque Centrale plusieurs prérogatives. Ainsi, celle-ci est appelée à recevoir des « *participants* » qui sont les banques et autres organismes de crédit affiliés à la banque Centrale, les bilans, les comptes et la documentation de ces organismes de crédit en vue de suivre la situation financière des opérations économiques des bénéficiaires de crédit, elle enregistre toutes les données de renseignement tant financier que commercial des opérateurs économiques qui sont en relation d'affaire avec les institutions financières...Elle peut également déclencher la procédure de mise à l'index[991].

En sus de ce contrôle du système bancaire, la Banque Centrale joue le rôle de conseil économique et financier du gouvernement. En cette qualité, elle peut d'office ou à la demande du gouvernement émettre des avis ou conseils sur toute politique ou mesure que le gouvernement envisage de prendre en matière économique, monétaire et financière.

Ces missions conjuguées, l'on peut dire que la Banque Centrale participe pleinement à la bonne gestion monétaire en RDC. Une telle institution est une

---

988 Le comité de Bale sur le contrôle bancaire se compose de représentants des autorités de contrôle bancaire et des banques centrales des pays suivants : Afrique du Sud, Allemagne, Arabie Saoudite, Argentine, Australie, Belgique, Brésil, Canada, Chine, Corée, Espagne, Etats Unis, France, Inde, Indonésie, Italie, Japon, Luxembourg, Mexique, Pays-Bas, Royaume-Uni, Russie, Singapour, Suède, Suisse et Turquie.

989 Sur ces principes, lire : Comité de Bale sur le contrôle bancaire, Principes fondamentaux pour un contrôle efficace, septembre 2012. pp. 87.

990 Il s'agit de la loi n°005/2002 du 07 Mai 2002.

991 Cette procédure est organisée par la loi n°003/2002 du 02 février 2002 relative à l'activité et au contrôle des établissements de crédit, spécialement en son article 76.

originalité de la constitution congolaise. Le Maroc, dans le souci de la bonne gouvernance, a aussi une institution qui lui est originale, c'est l'instance nationale de la probité.

## 2-L'instance nationale de la probité, de la prévention et de la lutte contre la corruption au Maroc

La lutte contre la corruption et le souci de garantir la probité sont au cœur des préoccupations du constituant marocain en vue d'assurer la bonne gouvernance. Cette volonté est manifeste dans la constitution marocaine à partir des articles 36 et 167. Le premier procède à une incrimination des plusieurs fractions économiques : « *les infractions relatives aux conflits d'intérêts, aux délits d'initié et toutes infractions d'ordre financier sont sanctionnées par la loi ...* ». En vue de combattre ce cancer du siècle, le constituant a créé une instance nationale de la probité, de la prévention et de la lutte contre la corruption.

La corruption est une infraction difficile à cerner sur le plan définitionnel. Sémantiquement, le mot « *corruption* » vient du latin « *corruptio* », signifiant altération. Il faut donc dire qu'à l'origine il est utilisé pour décrire le changement de l'état de substance d'une chose. De nos jours, la corruption a pris le sens d'un phénomène social déviant, qui se manifeste de plusieurs manières, ce qui accroit la difficulté à le définir. Même s'il n'existe pas une définition communément admise de la corruption, celle-ci « *peut se comprendre comme le détournement d'un processus ou d'une interaction entre une ou plusieurs personnes, avec pour le corrupteur, l'objectif d'un avantagequelconque, mais aussi pour le corrompu, d'obtenir une rétribution en échange d'un service, que cela soit par une action ou une absence d'action* »[992]. Selon Transparency International[993], « *la corruption : c'est l'usage du pouvoir dont on est investi pour obtenir des gains personnels* ». Au Maroc, la corruption a une définition législative[994], bien que celle-ci ne renseigne pas suffisamment sur le contenu du mot. Quoiqu'il en soit, la création constitutionnelle de l'INPPLC entend combattre ce fléau.

---

[992] B. Serre, *La lutte contre la corruption à Madagascar,* thèse de doctorat en Droit public, université de Toulouse Capitole 2017.P. 14.

[993] C'est la principale organisation de lutte contre la corruption dans le monde.

[994] Art. 4 de Loi n° 113-12 relative à l'Instance nationale de la probité, de la prévention et de la lutte contre la corruption, promulguée par le dahir n°1-15-65 du 9 juin 2015.

L'article 167 qui définit cette instance se lit comme suit : « *L'instance nationale de la probité, de la prévention et de la lutte contre la corruption, créée en vertu de l'article 36, a pour missions notamment d'initier , de coordonner, de superviser et d'assurer le suivi de la mise en œuvre des politiques de prévention et de la lutte contre la corruption, de recueillir et de diffuser les informations dans ce domaine, de contribuer à la moralisation de la vie publique et de consolider les principes de bonne gouvernance, la culture du service public et des valeurs de citoyenneté responsable* ». Bien que cette disposition constitutionnelle soit éloquente, cette instance a été aménagée par le législateur[995]. Elle est l'héritière de l'Instance Centrale de Prévention de la Corruption. La création de cette nouvelle instance contribue à renforcer le dispositif institutionnel de la bonne gouvernance et l'instauration d'une culture de l'intégrité. Pour ce faire, l'INPPLC a vu ses prérogatives renforcées.

Les missions de cette instance dans la protection de la bonne gouvernance par la lutte contre la corruption sont détaillées à l'article 3 de la loi relative à cette instance. Aux termes de celle-ci, l'INPPLC est chargée de recevoir toutes les dénonciations, les réclamations et les informations en relation avec les cas de corruption et de vérifier la véracité des actes et des faits mentionnés, de procéder aux opérations d'enquête et d'investigation concernant les cas de corruption portés à sa connaissance. Elle doit aussi élaborer des programmes deprévention contre les crimes de corruption et contribuer à la moralisation de la vie publique. L'INPPLC peut aussi jouer le rôle de conseil et de consultant auprès du parlementet dugouvernement. Pour que cette instance joue véritablement son rôle, il lui a été reconnu la compétence d'auditionner et de faire des constatations nécessaires par les descentes sur les lieux et la consultation des documents dont elle a besoin pour investiguer[996]. En outre, elle peut saisir directement le ministère public pour qu'une action soit menée en justice[997].

Somme toute, l'exigence de bonne gouvernance imposée au gestionnaire apparait comme un véritable gage de la protection des biens publics. Celle-ci

[995] Loi n° 113-12 relative à l'Instance nationale de la probité, de la prévention et de la lutte contre la corruption, promulguée par le dahir n°1-15-65 du 9 juin 2015.
[996] Art. 23 de la loi n° 113-12 relative à l'Instance nationale de la probité, de la prévention et de la lutte contre la corruption, promulguée par le dahir n°1-15-65 du 9 juin 2015.
[997] Art. 22 de loi n° 113-12 relative à l'Instance nationale de la probité, de la prévention et de la lutte contre la corruption, promulguée par le dahir n°1-15-65 du 9 juin 2015.

est renforcée par la même exigence dans la gestion de ces biens proprement dit.

## Section II : La prise en comptes des exigences de bonne gouvernance dans la gestion

Les exigences de bonne gouvernance, innervent de nos jours toute l'activité économique au sein des Etats Africains. En effet, la conduite des Etats africains ainsi que la gestion des activités économiques, sont depuis le début des années 1990 inscrites dans cette logique. Le fait est qu'à la suite des premières évaluations des programmes d'ajustement structurel, les institutions de Brettons Wood et les bailleurs de fond se sont rendus compte que le mal des pays en voie de développement était un problème de gouvernance. C'est ainsi que le concept de bonne gouvernance ou de la gouvernance tout simplement « *est devenu un concept dominant voir incontournable de la gestion des affaires publiques* »[998]et apparait comme étant la condition d'un véritable développement des Etats.

Le concept de gouvernance a un lien intrinsèque avec celui de gestion. Par « *gouvernance* » on entend en effet l'action de piloter, de diriger et de gouverner les affaires d'une organisation. La gouvernance met l'accent sur les formes de coordination, de concertation, de participation et de transparence en matière de gestion notamment des biens publics, et surtout sur l'impératif d'un développement durable. Prise sous cet angle, la gouvernance renvoie à un nouveau paradigme de la gestion publique. Pour la Banque Mondiale, qui est l'une des premières institutions à percevoir l'importance de la bonne gouvernance, « *la gouvernance est une affaire de management* »[999]. Elle associe la notion de bonne gouvernance à une saine gestion du développement, assurant un cadre prévisible et transparent dans la conduite des affaires publiques. Le PNUD souligne pour sa part que « *la bonne gouvernance peut tout simplement signifier l'application de la gestion efficace... une gouvernance démocratique et participative* »[1000].

Mise en rapport avec la gestion des affaires publiques à l'époque contemporaine, la bonne gouvernance suppose donc au-delà d'une gestion efficace qui ne retiendra pas notre attention ici parce que non juridique, une

[998] K. Boutaleb, « Démocratie, Etat de droit et bonne gouvernance en Afrique : le cas de l'Algérie », in *Colloque de Ouagadougou sur la Bonne Gouvernance en Afrique*. P. 17.
[999] Banque Mondiale, « Governance and Development », Washington D.C., 1992.
[1000] Nzongola Ntalaja, « Gouvernance et développement », in FAFO, Oslo

gestion démocratique (**Paragraphe II**) et surtout l'intégration des préoccupations environnementales dans la gestion des biens publics (**Paragraphe I**).

## Paragraphe I : L'intégration des préoccupations environnementales dans la gestion comme exigence de la bonne gouvernance

« *Il y a peu d'années encore, les préoccupations écologiques apparaissaient comme un phénomène de mode, voire l'expression d'une conscience retardataire sur les progrès de l'humanité* »[1001]. Cette affirmation du Professeur Maurice Kamto traduit l'absence de la conscience écologique qui a animé l'humanité pendant longtemps dans sa quête du développement. Depuis un certain temps, cette logique a changé et « *la protection de l'environnement a fini par s'imposer à la conscience universelle comme une nécessité* »[1002]. C'est ainsi que les préoccupations environnementales ont été intégrées comme un principe de la bonne gouvernance des affaires publiques au sein des Etats.

Ce principe a été formulée pour la première fois par le principe 13 de la conférence de Stockholm de 1972 en ces termes : « *afin de rationaliser la gestion des ressources et ainsi d'améliorer l'environnement, les Etats devraient adopter une conception intégrée et coordonnée de leur planification du développement de façon que leur développement soit compatible avec la nécessité de protéger et d'améliorer l'environnement dans l'intérêt de leurs populations* ». Ce principe a été réitéré par la déclaration de Rio de 1992 : « *Pour parvenir à un développement durable, la protection de l'environnement doit faire partie intégrante du processus de développement et ne peut être considérée isolement* »[1003].

Selon Van Lang, « *le terme intégration peut (...) revêtir au moins deux significations différentes* »[1004], « *l'une consiste en l'intégration de la protection de l'environnement, c'est-à-dire en l'introduction du souci écologique dans un*

---

[1001] M. Kamto, *Droit de l'environnement en Afrique*. Edicef, 1996. p.15.
[1002] Ibid.
[1003] Prince 3 de la déclaration de Rio sur l'environnement et le développement, 5 juin 1992.
[1004] A. Van Lang, *Droit de l'environnement* ; cité par A. Sani, *les enjeux contemporains de la protection de l'environnement au Niger*, thèse de doctorat en droit public, université de Bordeaux, 2014. P. 159

*ensemble uniquement préoccupé de développementéconomique. La seconde prend la forme de la protection intégrée de l'environnement, née au début des années 1990* »[1005]. Ainsi, « *si la première version de l'intégration permet d'encadrer les incidences environnementales du développementéconomique, la seconde méthode* »[1006], « *agit à la source, c'est-à-dire sur les secteurs économiques considérés comme moteurs du changement en matière environnementale* »[1007]. Conséquemment, « *il ne s'agit plus de poser les limites du développement économique mais de le... réorienter en fonction des paramètres écologiques, ce qui explique le lien unissant la protection intégrée et le développement durable* »[1008]. C'est ce type d'intégration des préoccupations environnementales qui a été effectué en Afrique, et qui s'articule en souci de protection de l'environnement (**A**) et de promotion du développement durable (**B**).

## A-La protection de l'environnement

Si l'impératif international de la protection de l'environnement date de la conférence de Stockholm, il faut dire qu'en Afrique, « *la prise de conscience des préoccupations environnementales est perceptible dès l'accession de la plupart des Etats du continent à l'indépendance* »[1009]. Celle-ci se traduit concrètement par l'adhésion de ces Etats à plusieurs conventions en matière de protection de l'environnement, et surtout la signature de la Convention d'Alger élaborée sous l'égide de l'OUA et ayant pour objet la conservation de la nature et des ressources naturelles[1010]. Il faut cependant souligner que cette prise de conscience ne doit pas être interprétée comme un véritable engagement écologique[1011]. C'est en fait, après la conférence de Rio et sous l'action conjuguée de la société civile et de la communauté internationale qu'une véritable conscience écologique va prendre corps dans les Etats Africains notamment dans la conduite des affaires publiques. Cette prise de conscience va influencer le constituant des Etats africains francophones qui va, dans son souci de faire œuvre utile en matière environnementale, poser les principes du

[1005] C-M. Alves, *La protection intégrée de l'environnement en droit communautaire,* cité par A. Sani, *les enjeux contemporains de la protection de l'environnement au Niger*, thèse de doctorat en droit public, université de Bordeaux, 2014. P. 159

[1006] A. Van Lang, *op cit.*, p.123

[1007] *Ibid.*

[1008] A. Sani, *Les enjeux contemporains de la protection de l'environnement au Niger*, thèse de doctorat en droit public, université de Bordeaux, 2014. P. 159

[1009] M. Kamto, *op cit.,* p.16.

[1010] Cette convention date de 1968.

[1011] M. Kamto, *Droit de l'environnement en Afrique.* EDICEF, 1996. p.15.

droit à un environnement sain (**1**) qui doit nécessairement conduire à l'amélioration du cadre de vie (**2**). C'est ainsi que l'impératif de la protection de l'environnement est devenue une nouvelle donne en matière de gestion des ressources des Etats.

### 1-La constitutionnalisation généralisée du droit à un environnement sain

Avec l'instauration de l'Etat de droit et le renouveau démocratique en Afrique, les systèmes juridiques des Etats africains vont se tourner vers la protection des individus auxquels des droits fondamentaux sont reconnus par la constitution, parmi lesquels le droit à un environnement sain. Ce droit se matérialise par la consécration expresse par les constitutions de ces Etats d'un droit de la personne à un environnement sain, dont la portée est problématique.

C'est à la vérité avec l'avènement de l'ère démocratique dans les années 1990 et sous l'influence des déclarations issues des grandes conférences internationales que l'on va se mettre à observer en Afrique une introduction du droit à un environnement sain dans les ordres constitutionnels des Etats francophones du continent. De fait, les déclarations et les recommandations issues des grandes rencontres internationales consacrées à l'environnement, sont les premiers textes officiels à avoir fait référence à un droit de l'homme à l'environnement. Le plus ancien instrument juridique international à y avoir fait mention est la Déclaration de Stockholm de 1972, suivie de celle de Rio de 1986. Dans leur principe 26, les participants à cette conférence vont déclarer que : « *l'homme a un droit fondamental... à des conditions de vie satisfaisantes, dans un environnement dont la qualité lui permette de vivre dans la dignité et le bien-être* ». A la suite de cette conférence, plusieurs autres instruments juridiques internationaux vont évoquer un droit de l'homme à un environnement de qualité[1012].

En Afrique, ces instruments juridiques internationaux ont inspiré le droit régional africain dont certains outils ont valeur constitutionnelle[1013], et surtout les constituants des Etats d'Afrique francophone qui ont fait du droit à un environnement sain un droit fondamental.

[1012] La Charte mondiale de la nature d'octobre 1982 ; la résolution des Nations unies de 1990 sur la nécessité d'assurer un environnement salubre pour le bien-être de chacun.

[1013] C'est le cas de la CADHP, qui, aux termes de la constitution béninoise, fait partie intégrante de celle-ci. Elle est d'ailleurs annexée à cette constitution.

Au niveau régional africain, la Charte Africaine des Droits de l'Homme et des Peuples[1014] et la convention de Maputo[1015], apparaissent comme des instruments juridiques continentaux par excellence qui consacrent le droit à un environnement sain. La CADHP est « *le premier traité international à consacrer un droit de l'homme à l'environnement. Ce statut de précurseur s'inscrit dans une originalité qui est la caractéristique essentielle de la Charte* »[1016]. C'est qu'en 1981, cette Charte en son article 24 proclamait déjà que : « *tous les peuples ont droit à un environnement satisfaisant et global propice à leur développement* ». Cette disposition a été adoptée par renvoi par d'autres instruments juridiques africains[1017]. Sans renvoyer à la Charte, la convention de Maputo a repris la même formulation mais avec quelques nuances, faisant du droit à l'environnement un droit des peuples. En son article III, cette convention prévoit que « *...les parties seront guidées par : le droit de tous les peuples à un environnement satisfaisant qui favorise leur développement* ». Cette prévision va en droite ligne avec son préambule dans lequel les Etats partie réaffirment « *également que les Etats ont la responsabilité de protéger et de conserver l'environnement et leurs ressources naturelles, et les utiliser de manière durable, dans le but de répondre aux besoins de l'homme en accord avec les capacités limitées de l'environnement* ».

De façon générale, les Constitutions des Etats d'Afriquefrancophone consacrent le droit à un environnement sain. Des Etats de référence dans le cadre de cette étude, deux accordent des dispositions très importantes en matière de doit à un environnement sain dans leur constitution. Il s'agit du Niger et de la RDC. Au Niger en effet, « *depuis 1992, toutes les constitutions proclament un droit de l'homme à un environnement sain, et elles reprennent toutes la même formulation que la première de 1992, à l'exception de la*

---

[1014] La CADHP a été adoptée par l'OUA à Nairobi, au Kenya, en juin 1981, et est entrée en vigueur en octobre 1986.

[1015] La nouvelle convention africaine sur la conservation de la nature et des ressources naturelles a été adoptée à Maputo en Mozambique le 11 juillet 2013, par la conférence des Chefs d'Etats et de Gouvernement de l'Union africaine. Elle modifie la Convention d'Alger de 1968. Voir à ce propos : Doumbé-Bille, « La nouvelle Convention africaine de Maputo sur la conservation de la nature et des ressources naturelles », in *RJE*, n°1/2005, p. 5 et S.

[10161016] A. Sani, *Les enjeux contemporains de la protection de l'environnement au Niger*, thèse de doctorat en droit public, université de Bordeaux, 2014, p. 47.

[1017] On peut citer l'Acte constitutif de l'Union Africaine adopté à Lomé au Togo, en juillet 2000 et entré en vigueur en mai 2001, notamment ses articles 3 et 4; le Traité révisé de la Communauté Economique des Etats d'Afrique de l'Ouest, ce traité qui a été révisé le 24 juillet 1993 date du 28 mai 1975 et a été signé à Lagos au Nigéria.

*dernière de 2010 qui sans modifier cette formulation, la complète »*[1018]. L'article 35 de cette dernière constitution prévoit en effet que « *Toute personne a droit à un environnement sain. L'Etat a l'obligation de protéger l'environnement dans l'intérêt des générations présentes et futures* ». Cette constitution ajoute dans le même sillage à l'article 36 que « *l'Etat et les autres collectivités publiques veillent à la lutte contre la désertification* », et à l'article 37 que « *les entreprises nationales et internationales… sont tenues de protéger la santé humaine et de contribuer à la sauvegarde ainsi qu'à l'amélioration l'environnement* ». Ces articles ne sont pas les seuls qui, dans la constitution nigérienne, font référence à l'environnement[1019], en cela la constitution nigérienne apparait comme une véritable « *constitution écologique* »[1020]. Cela se comprend et s'explique sans doute par la situation géographique[1021] de ce pays et l'importance que les ressources minières et naturelles ont dans son développement[1022].

Tout aussi écologique, la constitution de la RDC l'est. Celle-ci en effet réserve également des dispositions importantes en matière de droit à un environnement sain. Aux termes de l'article 53, « *toute personne a droit à un environnement sain et propice à son épanouissement intégral. Elle a le droit de le défendre. L'Etat veille à la protection de l'environnement et à la santé des populations* ». Les articles suivants sont consacrés à la lutte contre la pollution[1023], à la gestion des ressources naturelle[1024]… Comme au Niger, l'importance des richesses naturelles justifie certainement que les préoccupations environnementales soient très accentuées dans ce pays[1025].

Sans être écologiques, les constitutions du Cameroun[1026], du Maroc[1027], et de Madagascar[1028]consacrent aussi un droit à un environnement sain.

---

[1018] A. Sani, *Les enjeux contemporains de la protection de l'environnement au Niger*, op cit., p. 47.
[1019] On peut également citer les articles 149 à 151.
[1020] Nous qualifions de « *constitution écologique* » ces constitutions qui ont un fort tropisme environnemental.
[1021] Le Niger est situé en zone Sahélienne.
[1022] Le Niger est le premier pays producteur d'uranium au monde. Il a aussi comme ressources naturelles l'or, le charbon et le pétrole.
[1023] Art. 54.
[1024] Art. 56.
[1025] La RDC est généralement présentée comme un scandale minier au regard des ressources naturelles dont elle regorge : Cobalt, Zinc, Diamant….
[1026] Préambule de la constitution du Cameroun : « *toute personne a droit à un environnement sain. La protection de l'environnement est un devoir de tous. L'Etat veille à la promotion de l'environnement* ».
[1027]Art. 31.
[1028] Art. 37

La consécration généralisée par des textes normatifs autant nationaux qu'internationaux du droit à un environnement sain peut laisser conclure que la nature juridique de ce droit ne fait aucun doute, ainsi que sa potentielle application. Mais, on sait qu'en droit positif, il ne suffit pas qu'un droit soit consacré par un texte pour qu'il soit considéré comme juridique et invocable. Il existe en effet dans la théorie du droit des normes non directement applicables[1029]. Ces normes ont pour principales caractéristiques d'être non prescriptives et dépouillées de toute sanction[1030]. C'est ainsi que se pose alors le principe de la justiciabilité du droit à un environnement sain dans les Etats africains.

Le problème qui est soulevé ici est celui de savoir si le droit à un environnement sain est effectif et peut dès lors s'imposer aux autorités ou aux responsables publics en matière de gestion des affaires de l'Etat, notamment économique. En clair il s'agit de savoir si ce droit est un principe constitutionnel ou un objectif constitutionnel. A ce propos, la majorité des auteurs s'accordent à considérer le droit à un environnement sain comme un simple objectif constitutionnel[1031]. Au soutien de cette thèse, l'argument selon lequel les Etats africains manquent cruellement de moyens pour le concrétiser. Et cela est d'autant plus vrai qu'il s'agit, selon les expressions du Professeur Doumbé-Bille, d'un « *droit-gigogne qui, à la manière des poupées russes, renferme divers autres droits qui servent à le concrétiser* »[1032], et le rendent par la même occasion onéreux à satisfaire pour l'Etat[1033]. Cette position doit cependant être relativisée, car on ne peut considérer le droit à un environnement sain comme un simple objectif constitutionnel au sens d'une déclaration d'intention dont l'application dépend de la volonté des autorités et des circonstances. S'il existe en effet des dispositions traitant de ce droit non directement applicables, d'autres en revanche le sont au regard de leur caractère prescriptif et des sanctions qui y sont attachées[1034].

---

[1029] M. Trienbach, *Les normes non directement applicables en droit public français*, thèse de doctorat en droit public, université de Strasbourg, 2002. PP. 789.

[1030] Ibid. pp. 33 et s.

[1031] A. Sani, *Les enjeux contemporains de la protection de l'environnement au Niger*, thèse de doctorat en droit public, université de Bordeaux, 2014. P. 54.

[1032] S. Doumbe-Bille, « La charte africaine des droits de l'homme et des peuples », *Annuaire International des droits de l'Homme*, vol. 1/2006 p. 144.

[1033] A. Sani, *Les enjeux contemporains de la protection de l'environnement au Niger*, op cit., p. 54.

[1034] C'est le cas dans la constitution de la RDC qui incrimine le pillage des ressources ou richesses naturelles en son article 56. Aux termes de l'article 57 de la meme constitution, si les actes constitutifs de pillage de l'article 56 sont « *le fait d'une personne investie d'autorité publique* », ils sont constitutifs d'une haute trahison.

Hormis le débat sur la justiciabilité du droit à un environnement sain, une autre préoccupation se pose relativement à son contenu. Le droit à un environnement sain n'est pas un droit à l'appropriation sur son objet qu'est l'environnement, mais un droit à la protection de l'environnement au sens de conservation et d'amélioration de cet environnement. Pour ce faire, elle mobilise tous les acteurs de la société pour la garantir[1035]. C'est la raison pour laquelle la protection de l'environnement se veut participative, entendue comme « *nécessité pour les populations et les différents acteurs d'être associés aux différentes mesures relatives à la gestion de leur environnement ou toute activité susceptible d'affecter leur milieu...* »[1036]. Pour que ce droit soit pleinement effectif, il faut que tous les acteurs soient bien informés, d'où l'effectivité de ce droit implique aussi le droit à l'information[1037]. Celui-ci est « *la faculté dont dispose chaque citoyen ou collectivité humaine de rentrer en possession de renseignements concernant l'état actuel ou futur de l'environnement* »[1038].

Ainsi, il apparait que le droit à un environnement sain est un droit qui bénéficie d'une base constitutionnelle dans tous les Etats d'Afrique d'expression française. Malgré la portée problématique sur sa justiciabilité et son contenu, ce droit fait partie des droits fondamentaux reconnus aux citoyens. C'est la raison pour laquelle il doit être pris en compte dans la conduite des affaires de la nation et impose alors aux décideurs une responsabilité environnementale. Cette responsabilité est d'autant plus grande que ceux-ci doivent, pour protéger l'environnement, lutter contre la pollution bref, améliorer la qualité de vie.

## 2-L'amélioration du cadre de vie

Hormis le fait qu'elle s'inscrit dans la logique écologique internationale de préservation de l'environnement, la constitutionnalisation de l'impératif de protection de l'environnement en Afrique est une expression du souci des

---

[1035] Ces acteurs sont selon le constituant congolais : l'Etat qui « veille à la protection de l'environnement » et le citoyen ou toute personne. Ces acteurs se retrouvent dans la constitution du Niger, celles du Cameroun et du Benin.

[1036] N. Gibril et A. Assemboni, « L'accès à l'information et la participation du public à la prise de décisions publiques en droit africain de l'environnement », in M. Paques et M. Faure (dir), *La protection de l'environnement au cœur du système juridique international et du droit interne : acteurs, valeurs efficacité*, op cit., p. 258.

[1037] Dans son ouvrage, *Droit de l'environnement en Afrique, opcit.*, P.429, le professeur Kamto écrit que : « *l'on ne peut participer pleinement et valablement que si l'on est bien informé* ».

[1038] J-J. Andela, « Les implications juridiques du mouvement constitutionnel du 18 janvier 1996 en matière d'environnement au Cameroun », RJE 4/2009, p. 429.

constituants africains de garantir un bon cadre de vie à leurs populations. A cet égard, le droit à un environnement sain proclamé dans les constitutions de ces Etats correspond en tout état de cause au droit à un bon cadre de vie, qui passe par l'instauration des mesures d'hygiène et d'assainissement, et surtout la lutte contre la pollution et les nuisances[1039].

La lutte contre la pollution et les nuisances est l'une des premières préoccupations qui animent le constituant de l'espace francophone africain lorsqu'il consacre le droit à un environnement sain. Cela transparait clairement aussi bien dans la constitution de la RDC que dans celles du Niger et du Benin. L'article 54 de la constitution de la RDC prévoit en effet que : *« les conditions de construction d'usines, de stockage, de manipulation, d'incinération et d'évacuation des déchets toxiques, polluants ou radioactifs provenant des unités industrielles ou artisanales installées sur le territoire national sont fixées par la loi. Toute pollution ou destruction résultant d'une activité économique donne lieu à compensation et/ou à la réparation »*. Cet article est complété par un autre ainsi formulé : *« le transit, l'importation, le stockage, l'enfouissement, le déversement dans les eaux continentales et les espaces maritimes sous la juridiction nationale, l'épandage dans l'espace aérien des déchets toxiques polluants, radioactifs ou tout produit dangereux, en provenance ou non de l'étranger constitue un crime puni par la loi »*[1040]. Cette incrimination des actes ou faits de pollution est aussi formulée quasiment avec les mêmes termes dans la constitution du Niger[1041] et celle du Bénin[1042].

La question de la pollution ou des déchets dangereux est devenue une préoccupation importante dans l'espace d'Afrique francophone, depuis les événements qui ont conduit à l'adoption des conventions de Bale[1043] et de celle

---

[1039] A. Sani, *Les enjeux contemporains de la protection de l'environnement au Niger*, op cit., p. 67.

[1040] Art. 55.

[1041] Art. 35 : *« l'acquisition, le stockage, la manipulation et l'évacuation des déchets toxiques ou polluants provenant des usines et autres unités industrielles ou artisanales installées sur le territoire national sont réglementés par la loi. Le transit, l'importation, le stockage, l'enfouissement, le déversement sur le territoire national de déchets toxiques ou polluants étrangers ainsi que tout accord y relatif constituent un crime contre la nation punie par la loi »*

[1042] Art. 28 : *« le Stockage, la manipulation et l'évacuation des déchets toxiques ou polluants provenant des usines et autres unités industrielles ou artisanales installées sur le territoire national sont règlementés par la loi »* ; l'art. 29 *« Le transit, l'importation, le stockage, l'enfouissement, le déversement sur le territoire national de déchets toxiques ou polluants étrangers et tout accord y relatif constituent un crime contre la nation. Les sanctions applicables sont définies par la loi »*.

[1043]La Convention de Bale sur le contrôle des mouvements transfrontaliers de déchets dangereux et leur élimination signée à Bale en Suisse le 22 mars 1988.

de Bamako[1044]. C'est qu'en 1987, l'on a découvert l'existence des accords sur le trafic des déchets toxiques entre certains pays européens et africains, dont le Bénin[1045]. C'est à cet effet que la convention de Bamako fait obligation à toutes les parties de prendre les mesures juridiques, administratives et autres appropriées sur les territoires relevant de leur juridiction en vue d'interdire l'importation en Afrique de tous les déchets dangereux pour quelque raison que ce soit. C'est cette obligation qui se trouve ainsi traduite dans les constitutions africaines. Obligation qui du reste est également affirmée au niveau régional dans la directive III-3 de la commission africaine des droits de l'homme et des peuples[1046].

L'instauration des mesures d'hygiène et d'assainissement est la seconde visée non moins importante des constituants des Etats africains en consacrant l'exigence de la protection de l'environnement. Ces mesures correspondent d'une manière concrète à la préservation de la santé[1047] et de la qualité de vie[1048] de la population, qui apparaissent comme étant les finalités et la traduction du droit à environnement sain, comme le laisse entrevoir l'adjectif sain. Cette acception du droit à l'environnement sain s'explique d'abord par les origines même de ce droit qui, à ses débuts, était un droit de la salubrité et de l'hygiène avec pour fonction la protection de la santé[1049]. Ensuite, ces finalités sont clairement exposées dans les constitutions des Etats de l'espace francophone. Relativement à la protection de la santé, la constitution de la RDC, après avoir consacré le droit à un environnement sain, poursuit dans le même article en prévoyant que « *l'Etat veille à la protection de l'environnement et à la santé des populations* »[1050]. Le rattachement de la santé à la protection de l'environnement n'est pas fortuit, il traduit la corrélation qui existe entre les deux préoccupations. En outre, la qualité de vie est un objectif qui s'infère aussi de la protection de l'environnement. C'est dans ce sens qu'il faut interpréter les dispositions garantissant : « *un environnement...propice à son*

---

1044 La Convention de Bamako sur l'interdiction d'importer en Afrique des déchets dangereux et sur le contrôle des mouvements transfrontaliers et sur la gestion des déchets dangereux produits en Afrique signée à Bamako au Mali le 30 janvier 1991.

1045 M. Kamto, *Droit de l'environnement en Afrique, op cit.,* p.306.

1046 Etablie en 1989, cette directive a pour but d'orienter la préparation des rapports que les Etats doivent soumettre en application de l'article 62 de la CADHP : *« les Etats devront relater dans leur rapport, les mesures qu'ils auront prises en faveur de l'environnement en particulier pour lutter contre la pollution et prévenir le trafic illicite des déchets toxiques ».*

1047 A. Kiss, « Législation sanitaire et environnement », *RILS*, 49, 1 :203-214 n° *spécial la législation sanitaire à l'aube du XXI siècle*, Genève, OMS, 1998, p.2.

1048 A. Van Lang, *Droit de l'environnement*, Paris, PUF, coll. Thémis droit public, 2002, p. 24-25.

1049 A. Kiss, *op cit.*, p. 3.

1050 Art. 53.

*épanouissement* »[1051], ou engageant l'Etat et les autres collectivités publiques« *à la lutte contre la désertification* »[1052] …

Cet objectif d'amélioration du cadre de vie à travers la lutte contre la pollution, la préservation de la santé et de la qualitéde vie est donc la nouvelle boussole des actions économiques des personnes ayant la charge la gestion des biens publics en matière de bonne gouvernance. A cet effet, tout projet de développement, notamment économique ou industriel, doit se faire dans le respect des considérations environnementales. La constitution nigérienne élève cette exigence en principe constitutionnel en ces termes : « *l'Etat veille à l'évaluation et au contrôle des impacts de tout projet et programme de développement sur l'environnement* »[1053].

Ainsi, il apparait que l'impératif de la protection de l'environnement qui a une base constitutionnelle établie dans l'espace francophone africain, se concrétise en une exigence de la prise en compte des considérations environnementales dans les actions de développement, cela à travers l'interdiction de détruire l'environnement ou de le polluer. Toute chose qui parait être en contradiction avec l'objectif du développement, puisque celui-ci, dans les Etats africains, s'appuie beaucoup plus sur l'exploitation des ressources naturelles. C'est à ce niveau que surgit la problématique du développement durable.

## B-La promotion du développement durable

Depuis les indépendances, les questions de développement n'ont cessé d'être la préoccupation majeure des Etats africains. Ceux-ci ont fait du droit au développement leur principale revendication au point où ces questions ont le plus souvent entrainé de grandes divisions entre le Nord et Sud.[1054] Car la plupart de ces Etats du Sud sont ce qu'il est convenu d'appeler pudiquement et confusément aujourd'hui les pays en voie de développement. Cette recherche du développement s'appuie globalement sur l'exploitation des ressources et richesses naturelles dont ces Etats sont suffisamment dotés. Ce souci de faire de ces ressources naturelles une base du développement semble être en opposition ou en contradiction avec l'impératif de la protection de

[1051] Art. 53 de la constitution de la RDC.
[1052] Art. 36 de la constitution du Niger.
[1053] Art.35.
[1054] V. T Bouangui, *Leconcept de développement durable : le cas de l'Afrique subsaharienne*, Mémoire de DEA droit public, Université de Reims Champagne- Ardenne, 1995. P.5.

l'environnement et le droit fondamental à un environnement sain. S'il est vrai que « *le monde doit avoir des fabriques, des fonderies, des raffineries de pétrole, des machines bruyantes et des mines, aux dépends même des inconvénients supportés par le voisinage* »[1055], les actions des décideurs doivent être guidées par la nécessité de prendre en compte les impératifs environnementaux, puisque, les problèmes de développement et de ses effets sur l'environnement sont très importants et indissociables. Ainsi, les autorités publiques doivent continuer à œuvrer pour assurer le développement économique de leurs Etats tout en préservant l'environnement.

Le fait est qu'en Afrique, notamment dans l'espace francophone, la quête du développement fondée sur l'exploitation des richesses s'est soldée par un échec ou des résultats désastreux. Comme le remarque si bien un auteur, « *le modèle de développement que porte la majorité des Pays en voie de développement, en Afrique en particulier, se voit depuis longtemps axé sur l'appui à l'exploitation et à la surexploitation des ressources. Il retient, en parfait accord avec les conceptions classiques du développement fondées sur la théorie économique, une définition économique du développement (assimilation du développement à la croissance) et une approche prédatrice des potentialités naturelles liées à la définition du capital naturel* »[1056]. « *De toute évidence, ce mode de développement fondé sur la seule exploitation sans souci du lendemain n'est pas viable* »[1057]. C'est sous ce rapport que s'inscrit la promotion du développement durable en Afrique, comme nouveau paradigme d'actions en faveur du développement. Concept à la mode en occident, son émergence et sa traduction constitutionnelle en Afrique sont récentes (**1**). Celui-ci est néanmoins dans ses implications un gage de bonne gouvernance (**2**).

## 1-Emmergence et traduction constitutionnelle du développement durable

Depuis le début des années 1990, le principe du développement durable dans les Etats d'Afrique francophone, est une réalité incontestable en droit. Consacré par plusieurs instruments juridiques tant nationaux qu'internationaux

[1055] W.L. Prosser, *The law of torts,* 2ème édition, 1955, PP.398-399.
[1056] F. Galletti, « Le développement durable dans les stratégies évolutives de coopération : Contribution à l'étude d'un concept en droit de l'environnement et en droit internationale du développement en Afrique de l'Ouest », *Némésis,* n°6, 2004, p. 95.
[1057] Ibid. p. 56.

(**b**), le concept de développement durable qui fait véritablement flores de nos jours a une trajectoire qu'il importe de restituer (**a**).

***a) L'émergence du concept de développement durable***

L'expression « *développement durable* », nous apprend un auteur[1058], n'est pas né avec le siècle dernier. Ce terme et les implications dont il regorge, ont été inventés il y a de cela trois siècles par H.C.V.C, un forestier allemand dans un ouvrage inspiré des reformes des forets en France, contre la pénurie du bois, causée par la politique navale et la mauvaise gestion des forêts[1059]. C'est cependant avec le XX siècle que le concept de développement durable va recevoir ses lettres de noblesse. Les premières véritables réflexions sur ce sujet commencent dans les années 1970 avec le débat entre les économistes mettant en prise les tenants et les opposants d'une croissance absolue[1060]. C'est que « *la recherche de la durabilité va (...) s'imposer comme le pendant de l'irréversibilité, dans le cadre d'une tentative de réforme du modèle économique* »[1061] . La question qui se pose est la suivante «*plutôt que d'arrêter la croissance, ne vaut –il pas mieux s'efforcer de la réorienter pour la rendre soutenable* ? »[1062]. C'est alors l'idée d'un développement qui satisfait les besoins de l'homme tout en respectant son environnement, et le tout dans le long terme, qui nait ainsi.

Au-delà de ce débat, l'idée du développement durable est implicitement consacrée par la conférence de Stockholm avec le concept d' « *écodéveloppement* »[1063] qui lui est proche. Cette conférence fut en réalité l'occasion de traiter du problème de la conjonction Environnement-Développement –Démographie. La Conférence de Stockholm avait donc pour objectif d'harmoniser le développement et l'environnement, afin que le second ne soit plus la victime du premier, et que l'environnement humain en perpétuelle dégradation soit sauvegardé[1064]. Cette conférence malgré

[1058] K. Bartenstein, « Les origines du concept de développement durable », *RJE,* 3/2005, P 289-298.
[1059] Ibid.
[1060] F. D Vivien et C Aubertin, « Le développement durable : enjeux, politique économiques et sociaux » cité par A. Sani, *les enjeux contemporains de la protection de l'environnement au Niger*, op cit., p. 146.
[1061] A. Van Lang, *Droit de l'environnement,* Paris, PUF, coll. Thémis droit public, 2002, p. 190.
[1062] Ibid., p. 191.
[1063] Le concept d'écodéveloppement renvoie à une stratégie de développement fondée sur une gestion judicieuse des ressources locales et du savoir-faire paysan applicable aux zones rurales et au monde entier.
[10641064] V. T Bouangui, *Leconcept de développement durable : le cas de l'Afrique subsaharienne*, Mémoire de DEA droit public, Université de Reims Champagne- Ardenne, 1995. P16.

l'adoption du concept d'écodéveloppement et du consensus sur la nécessité de protéger, fut malheureusement l'occasion d'une farouche opposition entre le Nord et le Sud, à propos du modèle de développement qui devrait être suivi.

Si du point de vue de son contenu, le développement durable tire ses origines de la conférence de Stockholm, c'est le rapport Brundtland qui, incontestablement, donne à ce concept le rayonnement qu'on lui connait aujourd'hui. Mise en place par l'Assemblée Générale des Nations unies, la Commission mondiale sur l'environnement et le développement ayant pour président le Norvégien Harlem Brundtland[1065] et pour vice-président le soudanais Mansour Khalid[1066], avait pour mission d'« *établir des stratégies environnementales à long terme afin de mettre en œuvre un développement durable pour les années 2000 et au-delà* ». Cette commission va déposer un rapport dans lequel elle définit et officialise le concept de développement durable[1067] comme : « *un développement qui répond aux besoins présents sans compromettre la capacité des générations futures à répondre aux leurs* ». C'est à partir de ce rapport que le concept de développement durable est devenu une référence et a été consacré par plusieurs textes juridiques, au rang desquels la constitution.

***b) La traduction constitutionnelle du développement durable.***

Du fait de son origine internationale, la consécration du principe du développement durable en Afrique francophone est une réception du droit international. Plusieurs instruments juridiques internationaux à commencer par la déclaration de Rio à la préparation de laquelle le rapport Brundtland a servi, consacrent ce principe. Le développement durable est d'ailleurs le concept central de la déclaration de Rio qui, dès son premier principe, proclame que « *les êtres humains sont au centre des préoccupations relatives au développement durable. Ils ont droit à une vie saine et productive en harmonie avec la nature* ». Ainsi, « *le droit au développement* »[1068]est prôné, mais un développement qui « *intègre la protection de l'environnement* »[1069], tout en « *éliminant la pauvreté* »[1070]. A la suite de cette déclaration, d'autres

[1065]Ancien Premier Ministre Norvégien.
[1066] Ancien Vice Prémier ministre Soudanais.
[1067] Notre avenir à tous (Our Common future), Montréal, Ed. Du fleuve, 1988.
[1068] Principe 3.
[1069] Principe 4.
[1070] Principe 5.

instruments juridiques internationaux vont reprendre le concept de développement durable[1071].

Dans les Etats Africains, si le concept de développement durable a d'abord été introduit dans leurs ordres juridiques par le jeu de l'adhésion aux instruments internationaux consacrant ce principe, ces Etats ne se sont pas limités à cette réception-adhésion ; ils ont consacré soit explicitement soit implicitement dans leurs ordres constitutionnels le Principe du développement durable. D'une manière explicite, les constitutions du Niger, du Benin et du Maroc parlent expressément du développement durable. La constitution du Niger est la plus claire dans ce sens. En effet, après avoir consacré le droit à un environnement sain, le constituant nigérien indique que : *« l'Etat a l'obligation de protéger l'environnement dans l'intérêt des générations présentes et futures »*[1072].Cette exigence de conciliation des intérêts des générations présentes et futures n'est rien d'autre que la philosophie du concept du développement durable. Plus explicitement, ce constituant précise que *« les politiques publiques doivent promouvoir... le développement durable »*[1073] et que, *« l'exploitation et la gestion des ressources naturelles et du sous-sol doivent se faire dans la transparence et prendre en compte la protection de l'environnement ... ainsi que la préservation des intérêts des générations présentes et futures »*[1074]. Moins expressif, le constituant béninois proclame que « *toute personne a droit à un environnement ...durable* »[1075], et le constituant marocain d'une manière laconique, prévoit que l'Etat, les établissements publics et les collectivités territoriales doivent permettre aux citoyens de bénéficier d'un « *développement durable* »[1076].

Par ces consécrations explicites, on peut dire que le principe du développement durable est aussi faite d'une manière implicite à travers la seule consécration de la protection de l'environnement ou du droit à un environnement sain. Car, pour qui protège-t-on l'environnement, si ce n'est pour les personnes présentes et à venir ? D'ailleurs, les expressions « *toute personne a droit à un environnement sain* » que l'on retrouve dans plusieurs

[1071] On peut citer : la Convention cadre des Nations Unies sur le changement climatique, la convention sur la Biodiversité, la Convention des Nations Unies sur la lutte contre la désertification de juin 1997... *etc.*
[1072] Art. 35.
[1073] Art. 146.
[1074] Art. 149.
[1075] Art. 27.
[1076] Art. 31.

constitutions valide cette hypothèse[1077]. « *Toute personne* » pouvant faire référence aussi bien aux personnes présentes et que futures. Cette consécration du développement durable a plusieurs implications en matière de gouvernance.

## 2-Le développement durable comme exigence de bonne gouvernance

Même si pour un auteur « *la bonne gouvernance à l'échelle internationale est une condition indispensable au développement durable dans le monde* »[1078], il faut dire que le principe du développement durable apparait plutôt de plus en plus aujourd'hui comme une exigence de la bonne gouvernance. Car, ce principe est devenu un guide de l'action économique de l'Etat (**b**) au regard de son contenu (**a**).

### *a) Le contenu du principe du développement durable*

Le concept de développement durable ne fait pas l'objet d'une définition unanimement admise. Il a en effet donné lieu à un foisonnement d'interprétations au point où J. Pezzey[1079] récense plus de soixante définitions de ce concept dans la littérature économique, contre six dans le rapport de la CMED. Au minima, le développement durable est défini comme « *un développement qui répond aux besoins du présent sans compromettre la capacité des générations futures à répondre des leurs* ». Ainsi, « *il n'y a pas de développement durable qui ne tienne compte des besoins à satisfaire, il n'y a pas de développement qui élude la nécessité de la croissance, et il n'y a pas de durabilité qui ne se préoccupe du renouvellement optimal des ressources naturelles* »[1080].

Au regard de cette définition minimale, qui du reste est la plus repandue, le principe du développement durable apparait en premier lieu comme un objectif de politique publique. En tant que tel, il vise la conciliation de trois objectifs apparemment inconciliables[1081] : la croissance économique, la justice sociale et la protection de l'environnement. De cette définition, on remarque

---

[1077] Préambule de la constitution du Cameroun et art. 53 de la constitution du Congo.

[1078] J. Waller-Hunter, « La gouvernance au service du développement durable dans le contexte de lamondialisation », in *reflet et perspectives de la vie économique,* 2002/1, Tome XLI, p. 19.

[1079] J. Pezzey, *Economic analysis of sustainable development*, The World Bank, Mars 1989

[1080] F. Feral, « Le concept juridique de développement durable » in Némésis, n°6, Année 2004, p. 77

[1081] A. Van Lang, *Droit de l'environnement*, op cit., p. 213 et s. elle écrit au propos de la contradiction que : « *l'une des valeurs ajoutées de la notion (développement durable) réside dans le fait qu'elle offre un instrument de conciliation de droits parfois contradictoires* ».

aussi que « *deux concept sont inhérents à cette notion : le concept de besoin ... à qui il convient d'accorder une grande priorité, et l'idée des limitations que l'état de nos techniques et de notre organisation sociale impose sur la capacité de l'environnement à répondre aux besoins présents et à venir* »[1082].

L'intérêt du concept de développement durable est lié à la temporalité qu'il exige. Avec lui, on considère que « *la recherche de la durabilité va s'imposer comme pendant de l'irréversibilité, dans le cadre d'une tentative de reformation du modèle économique dominant* »[1083]. C'est ce qu'exprime d'ailleurs l'adjectif durable qui est le discriminant de ce développement. Le durable est défini à cet égard par la Convention des Nations unies sur la biodiversité comme : « *l'utilisation des éléments constitutifs et la diversité biologique d'une manière et à un rythme qui n'entraine pas leur appauvrissement à long terme, et sauvegarde ainsi leur potentiel pour satisfaire les besoins et les aspirations des générations présentes et futures* » [1084]. C'est donc dire que le concept de développement durable est conciliateur de valeurs et de temporalités divergentes.

En second lieu, le développement durable suppose un développement intégré, dans le sens où il doit tendre à « *la recherche simultanée des objectifs de développement économique et protection de l'environnement* »[1085]. L'intégration, parce que recherche d'équilibre entre développement économique et social et protection de l'environnement, correspond parfaitement à l'objectif du développement durable. En effet, comme l'écrit un chercheur : « *la notion de développement durable signifie au strict minimum ne pas mettre en danger les systèmes naturels qui nous font vivre : l'atmosphère, l'eau ; les sols et les êtres vivants* »[1086]. C'est dire que le développement durable doit guider l'action des responsables étatiques dans la quête de leur développement.

---

[1082] X. Pinaud, *L'intégration de considérations sociales et environnementales dans les marchés publics*, PULIM, 2003, p. 25.

[1083] F. G Trebulle, *Droit de l'environnement,* JurisClasseur environnement et développement durable, 2010, P.4.

[1084] Convention sur la diversité biologique, Rio de Janeiro, 5 juin 1992, art. 2.

[1085] C-M. Alves, *La protection intégrée de l'environnement en droit communautaire,* Thèse de doctorat en droit public, Université de Bordeaux IV, 2002, p. 22.

[1086]*Ibid., p.23.*

#### *b) Le développement durable comme guide de l'action économique*

La prise en compte des exigences du développement durable apparait de nos jours comme une résultante des principes de la bonne gouvernance. Ceci amène les décideurs, notamment dans leurs actions économiques, à intégrer la dimension du développement durable. De fait, le modèle de développement d'alors, fondé sur la croissance et l'industrialisation, semble dépassé et la remise en cause des thèses de Robert Solow qui faisait la promotion d'un développement irresponsable actée[1087]. Tirant la sonnette d'alarme, déjà dans les années 1970, le rapport du club de Rome intitulé, *Halte à la croissance sauvage,* avait déjà commencé à stigmatiser les atteintes à l'environnement par la croissance.

Cette intégration du développement durable dans l'action économique publique, est une prescription faite par les instruments juridiques internationaux et certains bailleurs de fonds à l'instar de la Banque Mondiale. Au niveau du droit international, le principe 13 de la déclaration de Stockholm de 1972 affirmait déjà qu'« *afin de rationaliser la gestion des ressources et ainsi améliorer l'environnement, les Etats devraient adopter une conception intégrée et coordonnée de leur planification du développement de façon que leur développement soit compatible avec la nécessité de protéger et d'améliorer l'environnement* ». La protection de l'environnement n'est donc pas une fin en soi, les Etats et surtout les décideurs se doivent de prendre en compte la nécessité de concilier les impératifs de protection environnementale à la nécessité du développement dans les politiques publiques notamment économiques[1088].

La Banque Mondiale, dans le souci d'amener les Etats à intégrer par ailleurs les exigences du développement durable, a fait de celles-ci une nouvelle conditionnalité pour ses prêts[1089]. Par celles-ci, la Banque Mondiale exige auxEtats de pouvoir protéger l'environnement en procédant à une analyse d'impact environnemental avant de financer certains projets à risque

---

[1087] En effet selon R. Solow, prix Nobel de l'économie, « *le souci ancien au sujet de l'épuisement des ressources naturelles ne repose plus sur aucune base théorique* » et il précise que : « *il est facile de substituer d'autres facteurs aux ressources naturelles. Aussi, n'y a-t-il en principe aucun problème. Le monde peut, en effet, continuer sans ressources naturelles, ainsi l'épuisement de celles-ci est tout juste une péripétie, non une catastrophe* ». Cité par V. T Bouangui, *Le concept de développement durable : le cas de l'Afrique subsaharienne, op cit.,* P.2.

[1088] M. Pallemaers, « La conférence de Rio/ grandeur et décadence du droit international de l'environnement », *RBDI,* 1995, n°1, 175, p. 183.

[1089] V. T Bouangui, *Le concept de développement durable : le cas de l'Afrique subsaharienne,* Mémoire de DEA droit public, Université de Reims Champagne- Ardenne, 1995, p.50.

environnemental considérable. C'est dans ce sens que l'ancien Président de cette Banque, M. Baber Conable, déclarait que « *certaines activités économiques classiques ne trouvent parfois plus de place dans la politique de développement durable sur le plan de l'environnement, d'où elle (la banque) doit consacrer une part de plus en plus importante de ses ressources financières et humaines à l'évaluation sur l'environnement et la promotion de la sauvegarde de l'environnement* »[1090].Ce principe qui exige l'intégration des préoccupations environnementales dans l'action de la Banque Mondiale, est contenu dans *la directive opérationnelle sur les évaluations environnementales*, publiée en octobre 1989.

Comme élément de bonne gouvernance, le principe du développement durable doit aussi orienter l'action économique de l'Etat, parce que le développement économique ou la croissance est d'abord un instrument au service de l'homme. Le développement ayant pour finalité l'homme, celui-ci doit être au cœur des préoccupations des décideurs. Cela ne peut être possible qu'à travers le développement durable qui tend à exiger une prise en compte des intérêts sociaux et environnementaux au même titre que les intérêts purement économiques par le développement. En ce sens, le développement « *ne doit plus être seulement mesuré par rapport au PNB par tête d'habitant, mais doit désormais tenir compte de l'amélioration ou la détérioration des réserves en ressources naturelles qui a des effets sur la santé des populations* »[1091].

Somme toute, les préoccupations environnementales occupent une place importante aujourd'hui dans la gestion des ressources des Etats. Il s'agit d'une nouvelle donne de la bonne gouvernance, au même titre que la gouvernance démocratique.

## Paragraphe II : La gestion démocratique comme nouvelle donne de la bonne gouvernance

La gestion démocratique apparait comme une nouvelle exigence de la bonne gouvernance. Il s'agit ici de ce qu'il convient d'appeler la gouvernance démocratique. C'est fort de cela que le PNUD souligne que « *la bonne gouvernance peut tout simplement signifier... une gouvernance démocratique*

[1090] *Ibid., p.* 51.
[1091] *Ibidem.*

*et participative* »[1092]. La démocratie, on le sait avec Abraham Lincoln, est sous l'angle politique « *le gouvernement du peuple, par le peuple et pour le peuple* ». Appliquée à la gestion économique de l'Etat, la gestion démocratique, c'est « *la gestion des ressources du peuple, par le peuple et pour le peuple* ». Ainsi dit, la gestion démocratique est une gestion qui met le peuple au centre de la conduite des affaires économiques de l'Etat. En tant que système, cette gestion est basée sur un certain nombre de règles (A) et se déroule selon certaines modalités (B)

## A-Les règles de gestion démocratique des ressources économiques de l'Etat

A l'instar du jeu démocratique qui se déroule selon un certain nombre de règle, la gestion démocratique des ressources économiques de l'Etat est régie par des règles. Ces règles ont pour objectif fondamental de faire en sorte que l'action économique de l'Etat soit efficace et surtout qu'elle puisse bénéficier au plus grand nombre au sein de l'Etat. C'est dans ce sens que ces règles se déclinent en la préservation de l'intérêt général et de la transparence dans la gestion des ressources naturelles d'une part (1) et la contribution et la rétribution égalitaire en matière de finances publiques d'autre part (2).

### 1-La sauvegarde de l'intérêt général et la transparence dans la gestion des ressources naturelles

Dans l'optique d'assurer la bonne gestion des ressources naturelles, le gestionnaire public des Etats d'Afrique francophone est assujetti au respect de la préservation de l'intérêt général et la transparence dans la gestion. Il s'agit là de deux importantes règles de gestion démocratique.

#### *a) La préservation de l'intérêt général*

La gestion des ressources naturelles de l'Etat dans l'espace francophone d'Afrique est régie par l'exigence de la préservation de l'intérêt général. Les ressources naturelles des Etats étant le patrimoine commun de la nation[1093], obligation est faite aux responsables publics de faire en sorte que celles-ci profitent au plus grand nombre. C'est dans ce souci que le constituant des Etats d'Afrique d'expression française a posé les règles faisant des ressources

---

[1092] Nzongola Ntalaja, « Gouvernance et développement », in *FAFO,* Oslo, 2004.
[1093] A. Sani, *Les enjeux contemporains de la protection de l'environnement au Niger*, op cit., pp. 69-74.

naturelles le bien appartenant au peuple et a incriminé les atteintes à l'intérêt général.

Relativement à la propriété des ressources naturelles de l'Etat, les constitutions des Etats francophones font d'elles le patrimoine commun de la nation. Et ce faisant, elles appartiennent au peuple et doivent lui bénéficier. La constitution nigérienne exprime cette réalité en prévoyant que *« les ressources naturelles et du sous-sol sont la propriété du peuple nigérien »*[1094]. Une telle disposition est innovante. Car, jusqu'à la conférence de Rio de 1992, le principe de la souveraineté permanente des Etats sur leurs ressources naturelles, en tant que principe fondamental du nouvel ordre économique international était le seul fondement de la gestion de ces ressources. En effet, la Charte des droits et devoirs économiques des Etats, adoptée le 12 décembre 1974 par l'Assemblée générale des nations unies, prévoyait que *« chaque Etats détient et exerce librement une souveraineté entière et permanente sur toute les richesses, ressources naturelles et activités économiques, y compris la possession et le droit de les utiliser et d'en disposer »*[1095].Désormais, s'il reste toujours acquis que l'Etat exerce sa souveraineté sur les ressources naturelles et du sous-sol[1096] ces ressources doivent être gérées comme patrimoine commun de la nation. A cet égard les populations doivent être au centre de leur gestion.

La préservation de l'intérêt général passe aussi par la protection des biens et ressources naturelles de l'Etat contre les atteintes diverses. A ce titre, les constitutions des Etats africains consacrent de façon unanime le caractère sacré de ces biens ou ressources et la nécessité de les protéger. C'est ainsi que la Constitution du Niger proclame que : « *les biens publics sont sacrés et inviolables* »,[1097] ou que celle de la RDC investit le peuple du « *devoir de protéger la propriété, les biens et intérêts publics* »[1098]. La constitution béninoise intègre les deux exigences en ces termes : *« les biens publics sontsacrés et inviolables. Tout citoyen béninois doit les respecter*

[1094] Art.148.
[1095] Art. 2.
[1096] Art. 149 de la constitution du Niger : « *l'Etat exerce sa souveraineté sur les ressources naturelles et du sous-sol* » ; art. 9 de la constitution de la RDC : « *l'Etat exerce sa souveraineté permanente notamment sur le sol, le sous-sol, les eaux et forêts, sur les espaces aérien, fluvial, lacustre et maritime congolais ainsi que sur la mer territoriale congolaise et sur le plateau continental* ».
[1097] Art. 41.
[1098] Art. 67.

*scrupuleusement et les protéger »*[1099]. Le caractère public de ces biens qui est à l'origine de cette protection et de cette sacralité, traduit l'intérêt général.

La sauvegarde de l'intérêt général dépasse largement le cadre de cette proclamation et intègre les incriminations des actes attentatoires à la fortune publique ou à l'intérêt économique général. De fait, l'une des singularités que l'on peut observer dans certaines constitutions africaines est l'incrimination de certains comportements ou faits sociaux attentatoires aux intérêts économiques généraux. Cette tendance « *pénalisante* »[1100] des constitutions africaines s'observe aussi bien au Maroc, au Benin, au Niger et en RDC. Dans tous ces Etats, il existe une détermination constitutionnelle des infractions économiques mettant en péril l'intérêt général. La constitution marocaine est assez expressive à cet égard, elle prévoit que « *les infractions relatives aux conflits d'intérêts, aux délits d'initié et à toutes infractions d'ordre financier sont sanctionnées par la loi. Les pouvoirs publics sont tenus de prévenir et réprimer, conformément à la loi, toutes formes de délinquance liées à l'activité des administrations et des organismes publics, à l'usage des fonds dont ils disposent, ainsi qu'à la passation des marchés publics. Le trafic d'influence et de privilèges, l'abus de position dominante et le monopole... sont sanctionnés par la loi* »[1101]. Pour le constituant béninois : « *tout acte de sabotage, de vandalisme, de corruption, de détournement, de dilapidation ou d'enrichissement illicite est réprimé dans les conditions prévues par la loi* »[1102]. Le constituant du Niger a retenu quasiment la même formulation[1103].

Ces incriminations ont pour objectif de préserver l'intérêt général du peuple au sein des Etats et de lutter contre les détournements, la corruption ... qui sont des maux dont souffrent les économies africaines. L'exigence de la transparence contribue également à ce même objectif.

***b) La transparence dans la gestion***

L'exigence de la transparence, est une exigence importante en matière de bonne gouvernance. Si, comme nous l'avons d'abord vu elle s'impose au gestionnaire qui doit faire la transparence sur sa situation propre, elle s'impose

---

[1099] Art. 37.

[1100] Nous entendons par cette expression le fait de prévoir des infractions même sans fixer les peines. Ce faisant, la constitution opère comme un code pénal.

[1101] Art. 36.

[1102] Art. 37.

[1103] Art. 41.

aussi dans les actes de gestion des biens publics notamment des ressources naturelles.

En matière de gestion de ressources naturelles, c'est la constitution du Niger qui constitue un véritable exemple de constitutionnalisation de la règle de transparence dans la gestion publique. Elle prévoit explicitement que *« l'exploitation et la gestion des ressources naturelles et du sous-sol doit se faire dans la transparence... »*[1104]. L'exigence de la transparence ainsi formulée n'est pas banale. Elle témoigne de ce que la règle est aujourd'hui pleinement sollicitée dans le dessein de parvenir à une bonne gestion et à l'accessibilité accrue des citoyens à l'information relative à la gestion des ressources de l'Etat[1105]. Elle s'inscrit également dans la préoccupation du constituant de sécuriser les ressources qui proviennent de l'exploitation des ressources de l'Etat. Ainsi, la population pourrait être informée des revenus qui en sont tirés et de la gestion qui en est faite. C'est la raison pour laquelle le constituant nigérien, poussant loin le souci de la transparence, prévoit que *« les contrats de prospection et d'exploitation des ressources naturelles et du sous-sol ainsi que les revenus versés à l'Etat, désagrégés, société par société, sont intégralement publiés au Journal Officiel de la République du Niger »*[1106].

Au regard de cette prévision constitutionnelle, le constituant nigérien a voulu faire de la transparence un gage de la bonne gestion et de la sauvegarde de l'intérêt général. C'est que l'exploitation et la gestion des ressources naturelles charrient généralement d'importants intérêts financiers surtout dans un pays comme le Niger dont les ressources naturelles constituent l'essentiel du PIB. Il y alors lieu de lutter contre l'opacité dans ce secteur qui peut engendrer la corruption ou des crimes économiques divers. Il est donc important que les populations aient avoir un droit de regard sur ces ressources, ce d'autant plus qu'elles doivent en bénéficier de façons égalitaire.

## 2-La contribution et la distribution égalitaire

Le principe d'égalité entre les citoyens est une des exigences fondamentales de la bonne gouvernance. Celui-ci, en Afrique a une base

---

[1104] Art. 149.

[1105] B. Delaunay, « La transparence de la vie économique », *Les Nouveaux Cahiers du Conseil constitutionnel, 2018/2 (N°59)* p. 23-24. Voir aussi, J-C. Duhamel, B. Fasterling, et C. Refait-Alexandre, « La transparence : outilde conciliation de la finance et du management », *Revue Française de Gestion 2009/8-9* (n°198-199), p. 59-75.

[1106] Art. 150.

constitutionnelle générale dans les Etats francophone[1107]. Ainsi, tous les gestionnaires publics doivent savoir que tous les citoyens « *naissent et demeurent libres et égaux en droits et en devoirs* ». Cette formule générale héritée de la Déclaration française des Droits de l'Homme et du Citoyen de 1789[1108] à une incidence économique certaine et spécialement dans la gestion des ressources économiques de l'Etat ou du bien public. En fait, le principe d'égalité en matière de gestion suppose une double égalité : une contributive et distributive.

***a) La contribution égalitaire aux charges publiques***

Le principe de l'égalité des citoyens devant les charges publiques est l'un des principes les rependus dans les constitutions des Etat de l'espace francophone. Ce principe est lié en très grande partie à l'interventionnisme économique et surtout à la fiscalité. Il prend ses sources néanmoins dans la Déclaration des Droits de l'Homme et du Citoyen, qui prévoyait que « *la contribution publique doit être également repartie entre tous les citoyens à raison de leur faculté* »[1109].

Si généralement, le principe de l'égalité contributive des citoyens a pour terrain d'élection l'impôt, il faut dire que celui-ci a été étendu à tous les autres prélèvements qui sont effectués pour financer les dépenses publiques. Ainsi, dire que les citoyens doivent être égaux en matière de contribution, cela signifie qu'ils doivent être égaux dans les prélèvements qu'on exige d'eux pour financer les dépenses publiques. Cette égalité qui concerne aussi bien les impôts que les redevances, a été consacrée par les constituants africains. Au Cameroun, elle est traduite par la formule selon laquelle « *chacun doit participer, en proportion de ses capacités, aux charges publiques* »[1110]. Au Maroc, le constituant à prévu que « *tous supportent, en fonction de leurs facultés contributives, les charges publiques...* »[1111], « *tous supportent solidairement et proportionnellement à leurs moyens, les charges que requièrt*

[1107] Toutes les constitutions africaines affirment que tous les hommes sont égaux en droits (préambule de la constitution du Cameroun, Niger art. 10, RDC art. 11...)
[1108] Art. 1.
[1109] Art. 13.
[1110] Le préambule de la constitution.
[1111] Art. 39.

*le développement du pays, et celles résultant des calamités et des catastrophes naturelles* »[1112]. La constitution de Madagascar[1113] a la même formulation.

La consécration du principe de l'égalité contributive des citoyens aux charges publiques dans les constitutions soulève trois observations. La première est que l'égalité contributive devant les charges publiques ne concerne seulement pas le domaine fiscal, mais intègre d'autres taxes et redevances pouvant contribuer au fonctionnement de l'Etat. La deuxième, est que le constituant africain en proclamant le principe de l'égalité contributive devant les charges publiques, la pondère en prévoyant que cela est « *fonction* » des facultés ou proportionnellement aux capacités contributives. Ainsi, le principe constitutionnel d'égalité contributive ne signifie pas que tous les citoyens sont soumis aux mêmes règles fiscales, ni qu'ils doivent payer le même montant de contribution. Il exige seulement que les contribuables placés dans des situations identiques soient traités de manière identique. Et, la troisième observation, est que l'égalité contributive ne se limite pas seulement au niveau des prélèvements. La contribution peut être aussi en matière de travail. C'est ce que prévoit le constituant congolais : *« tout congolais a le droit et le devoir de contribuer par son travail à la construction et à la prospérité nationales* »[1114].

Ainsi, la règle d'égalité contributive des citoyens aux charges publiques est une règle générale qui s'impose au gestionnaire public. Celle-ci est une exigence démocratique dans la mesure où tous les citoyens y sont assujettis. Le principe d'égalité contributive a pour corollaire l'égalité distributive

#### *b) La distribution égalitaire*

La règle de la distribution égalitaire est un pendant du principe de l'égalité contributive des citoyens. Du moment où tous les citoyens contribuent de façon égalitaire aux charges publiques, il est normal que tous bénéficient des biens et ressources publics de la même manière. Cette égalité distributive déborde le seul cadre des citoyens et concerne aussi les entités infra étatiques à l'instar des collectivités décentralisées.

Relativement à l'égalité distributive des citoyens, la quasi-totalité des constitutions des Etats africains posent le principe selon lequel tous les

[1112] Art. 40

[1113] Art. 36.

[1114] Art. 36.

citoyens jouissent égalitairement des ressources et biens de l'Etat. La constitution de la RDC affirme à cet égard que : « *tous les congolais ont le droit de jouir des richesses nationales. L'Etat a le devoir de les distribuer équitablement...* »[1115]. Cette disposition, reprise par d'autres constitutions, a aussi un fondement régional. La Charte Africaine des droits de l'homme et des peuples proclame ainsi que : « *toute personne a le droit d'user des biens et des services publics dans la stricte égalité* »[1116]. Le principe de l'égalité distributive ainsi consacré soulève à la vérité les exigences de la justice distributive chère à John Rawls[1117], et qui doit animer le gestionnaire public. L'égalité distributive ne signifie pas alors que tous les citoyens doivent recevoir les mêmes avantages ou la même proportion de la richesse, mais chacun doit recevoir selon son mérite. Ainsi, « *les avantages sont distribués non pas selon la valeur morale des individus mais, selon leur mode d'éducation, le besoin qu'ils remplissent et un ensemble d'autres considérations d'ordre socioéconomique* »[1118].C'est d'ailleurs ce que traduit l'expression « *équitablement* » contenue dans la constitution de la RDC, qui renvoie à l'équité et permet ainsi une discrimination positive, adaptant la distribution aux circonstances et à la singularité des situations et des personnes.

La distribution égalitaire doit aussi concerner les entités décentralisées. Dans le cadre de la décentralisation qui donne naissance à des nouvelles personnes morales de droit public, les collectivités participent au fonctionnement de l'Etat. Celles-ci doivent alors aussi bénéficier des ressources de l'Etat pour leur fonctionnement. C'est dans cette perspective que la constitution nigérienne prévoit que : « *les recettes réalisées sur les ressources naturelles et du sous-sol sont reparties entre le budget de l'Etat et les budgets des collectivités territoriales* »[1119].Ces collectivités territoriales vont bénéficier de cette distribution de manière équitable et proportionnellement à leurs besoins en matière de développement.

La distribution égalitaire constitue ainsi, au même titre que la contribution égalitaire, le principe de transparence et la préservation de l'intérêt général l'une des règles démocratiques de gestion des ressources et richesses de l'Etat. A ce titre elle permet le bon fonctionnement de la vie

---

[1115] Art. 58.
[1116] Art. 13.
[1117] J. Rawls, *A Theory of justice,* Cambridge (Mass.). The Belknap Press of Harvard University Press. 1971.
[1118] *Ibid.* section 38, p. 244-245.
[1119] Art. 152.

économique. La gestion démocratique se décline aussi par des modalités de gestion imposées au gestionnaire.

## B-Les modalités de la gestion démocratique

Les nécessités de bonne gouvernance imposent au gestionnaire des biens publics de gérer les ressources de l'Etat selon les modalités démocratiques. Il s'agit des modalités inclusives et qui mettent l'accent sur la mobilisation et l'intégration de toutes les forces vives de l'Etat dans la conduite des affaires publiques. La gestion selon les modalités démocratiques est de nos jours, au regard de son importance, une règle de bonne gouvernance économique. Ces modalités se manifestent en la gestion participative d'une part et la gestion décentralisée de l'autre part.

### 1-La gestion participative

Dès le début des années 1990, avec la redéfinition du rôle de l'Etat en matière économique, dans les Etats africains[1120], le principe directeur des politiques du développement sera le développement participatif. Il s'agissait d'instaurer de nouveaux rapports sociaux qui obéissent aux exigences du développement à la base et un correctif de la gestion centralisée qui a négativement pesé sur le bilan des politiques économiques des Etats africains. La rationalisation du rôle dominant de l'Etat et de ses représentants dans la conception et la gestion du développement économique, va donc passer par l'instauration de la gestion participative. C'est ainsi que le principe de la gestion participative va, dans les Etats africains, connaitre un épanouissement inespéré.

La gestion participative peut êtredéfinie, selon Michel Prieur, comme « *une forme d'association et d'intervention des citoyens à la préparation et à la prise des décisions administratives* »[1121]. Cette conception nouvelle du fonctionnement administratif s'est affirmée de façon particulière en matière de gestion économique, portée dans un premier temps parles institutions financières internationales. C'est que, dans la logique des programmes d'ajustement structurel, la Banque Mondiale et le FMI vont faire la promotion de la gestion participative comme nouvelle donne de la gestion

---

[1120] Voir notre deuxième partie.

[1121] M. Prieur, « Le droit de l'environnement et les citoyens : la participation », *RJE* 1988. P. 398.

économique[1122]. Cette gestion participative s'articule autour de la gouvernance[1123] dont elle est l'un des piliers, désormais érigée en conditionnalité politique en matière d'aide par les bailleurs de fonds[1124], spécialement la Banque Mondiale, pour qui la gouvernance doit être bonne. Ainsi, le concept de bonne gouvernance va permettre de lier gestion économiques et respect de la démocratie en ce sens qu'il fait appel aux cotés de l'Etat, à, d'autres acteurs dans la conception et la mise en œuvre des politiques économiques, en particulier en matière de gestion. Ce faisant, la gestion participative apparait comme une stratégie visant à assurer l'efficacité et la transparence dans la gestion économique et financière.

Dans les ordres constitutionnels des Etats africains, le principe de la participation ou plus spécialement de la gestion participative, a reçu un accueil chaleureux, comme en témoignent ses multiples occurrences dans les constitutions de ces Etats. La volonté de faire participer les populations et autres acteurs de la vie sociale dans la gestion économique est particulièrement prégnante chez le constituant marocain. Plusieurs dispositions de cette constitution posent en effet le principe de la démocratie participative et exigent l'instauration des cadres de participation à la gestion des affaires publiques, y compris économique. L'article 12 prévoit d'abord que « *les associations intéressées à la chose publique et les organisations non gouvernementales, contribuent, dans le cadre de la démocratie participative, à l'élaboration, la mise en œuvre et l'évaluation des décisions et des projets des institutions élues et des pouvoirs publics. Ces institutions et pouvoirs doivent organiser cette contribution conformément aux conditions et modalités fixées par la loi* ». Et l'article 13 ajoute que : « *les pouvoirs publics œuvrent à la création d'instances de concertation, en vue d'associer les différents acteurs sociaux à l'élaboration, la mise en œuvre, l'exécution et l'évaluation des politiques publiques* ».

Le principe de participation dans la gestion ainsi consacré, se matérialise globalement de plusieurs manières et implique le principe de non-discrimination. Concernant les modalités de matérialisation du principe de

---

[1122] M. Rabourg, « L'échec des reformes en Afrique : le cas des pays francophones au sud du Sahara », *RFAP*, n°87, juillet-septembre, pp. 405-422.

[1123] J. Chevallier, « La gouvernance, un nouveau paradigme étatique ? », *RFAP,* n°105/106, 2003, p. 203 ; C. Baron, « La gouvernance, débats autour d'un concept polysémique », *Droit et société*, n° 54, 2003, p. 329.

[1124] M. Gervais, « La dimension politique de l'ajustement et redéfinition du rôle de l'Etat africain : position de l'aide canadienne », in *L'Etat en Afrique : indigénisation et modernités*, Cahiers du Gemdev, paris 1996, p. 72

participation des acteurs sociaux dans la gestion, les constituants ont prévu au premier chef des instances de concertation et de consultation comme l'indique la constitution marocaine[1125]. Aussi, les autorités étatiques doivent-elles mettre sur pied des cadres de concertation avec la population et les autres acteurs de la vie économique. Certes, il n'y a pas de définition juridique de la concertation, mais comme en France, il s'agit d'une politique de consultation des intéressés antérieure à la prise des décisions. Elle se déroule effectivement à travers les représentants des populations ou des organisations de la société civile dans les organes consultatifs ou de concertations à défaut des consultations référendaires. Au-delà de cette concertation ou consultation, les populations peuvent d'initiative participer à cette gestion par le biais des pétitions[1126] ou des motions en matière législative[1127].

Pour ce qui est de son implication, notamment en ce qui concerne la population, le principe de la gestion participative implique la non-discrimination. De fait, la participation à la gestion des affaires publiques concerne toutes les couches sociales allant des hommes aux femmes et à la jeunesse. Relativement aux femmes, la constitution de la RDC fait obligation aux pouvoirs publics de prendre « *dans tous les domaines, notamment... économique...toutes les mesures appropriées pour assurer le total épanouissement et la pleine participation de la femme au développement* »[1128]. C'est dans la même logique que s'inscrit la constitution du Niger[1129]. Quant aux jeunes, le constituant marocain investit les pouvoirs publics de la mission de « *prendre toutes les mesures appropriées en vue : d'étendre et de généraliser la participation de la jeunesse au développement social, économique... du pays* »[1130].

La gestion participative est donc une gestion qui mobilise toutes les forces vives de l'Etat. Elle est, ce faisant, une modalité démocratique de gestion comme l'est la gestion décentralisée.

[1125] Art. 13.
[1126] Art. 27 de la constitution de la RDC, et l'art. 15 de la constitution du Maroc.
[1127] Art. 14 de la constitution du Maroc.
[1128] Art. 14.
[1129] Art. 22 : « *L'Etat veille à l'élimination de toutes formes de discrimination à l'égard des femmes... les politiques publiques dans tous les domaines assurent leur plein épanouissement et leur participation au développement national* ».
[1130] Art. 35.

## 2-La gestion décentralisée

La mise en œuvre du principe de participation dans la gestion économique ou financière implique une décentralisation administrative et financière et la mise en place de budgets de développement gérés localement et de manière autonome. La décentralisation est « *une forme d'administration sociétale, à qui l'Etat attribue une existence légale en contrôlant une partie de son fonctionnement, puis à qui il permet progressivement de s'autonomiser et de s'émanciper de la tutelle étatique* », comme le souligne le professeur Férial[1131]. Le but de la politique décentralisatrice est la gestion des problèmes ou des intérêts locaux au niveau le plus proche de la population concernée, mieux par ces populations elles mêmes dans le cadre du développement participatif. Comme l'écrit un auteur, « *de la crise économique à la crise politique, les reformes décentralisatrices en Afrique au cours des Année 90 comportent essentiellement deux enjeux : la démocratie locale et le développement local* »[1132].

Il faut souligner cependant que le mouvement de la décentralisation en Afrique a un enjeu non moins négligeable, c'est celui de la gouvernance, surtout de la bonne. A cet effet, la décentralisation apparait aussi « *comme l'axe fondamental de la promotion de ... la bonne gouvernance au niveau local* »[1133], puisque la décentralisation est un instrument privilégié de la gouvernance locale. Car elle favorise l'émergence des initiatives de base en matière d'élaboration de plans et de programmes de développement.

La décentralisation est devenue à cet égard une exigence des partenaires au développement voire une conditionnalité de leur aide. Selon J-L Venard, « *l'appui aux politiques de décentralisation et la gestion des municipalités africaines est devenu une priorité importante de la communauté internationale et des bailleurs de fonds multilatéraux tels que la Banque Mondiale, la CEE ou la BAD, ou bilatéraux et notamment la France y consacrent chaque année une part croissante de leur aide* »[1134]. Ainsi, les crises économiques, politiques et sociales des Etats africains amènent les agences de coopération et d'aide au

---

[1131] F. Feral, *Approche dialectique du droit de l'organisation administrative. L'appareil d'Etat face à la société civile, op cit.*, p.117.

[1132] C. Nach Mback, *Genèse et dynamiques des réformes décentralisatrices dans les Etats d'Afrique subsaharienne (1990-200)*, Thèse de doctorat en droit public, Université de Bordeaux IV,2000/2001, p.13.

[1133] Art. 2(2) de la loi n°2004/017 portant orientation de la décentralisation au Cameroun.

[1134] J-L Venard, *Intervention française dans le secteur urbain en Afrique noir francophone*, cité par A. Sani, *les enjeux contemporains de la protection de l'environnement au Niger, op cit.*, p. 178 et s.

développement à axer leur réflexion sur deux préoccupations majeures. La première se rapporte à l'instauration d'un bon gouvernement. Elle concerne l'Etat et plus particulièrement son appareil qui doit axer son action sur les taches essentielles. La seconde préoccupation insiste sur la notion de développement durable. L'OCDE parle de « *développement participatif* » qui désigne la libération des énergies par une décentralisation des pouvoirs de décision et la promotion d'une large participation des populations aux processus et mécanisme de production. La Banque Mondiale privilégie la participation des organisations et des collectivités de compétence locale pour porter l'aide au développement vers ses ayants droit.

Conscients de cette importance, la plupart des Etats africains ont opté pour la décentralisation non pas seulement comme mode d'organisation de l'Etat, mais aussi comme modalité de gestion des biens et ressources publics. Les entités décentralisées devenant ainsi des acteurs de développement économique, comme nous le verrons.

## CONCLUSION

Il ressort, somme toute que les constitutions des Etats de l'espace francophone d'Afrique ont suffisament pris en compte les questions économiques. Celles-ci, de façon plus concrète, ont fixé un cadre normatif permettant le bon déroulement de l'action économique au sein de ces Etats. C'est ainsi que, l'on retrouve des dispositions expresses traitant ou ayant une incidence économique certaine. Ces normes économiques consacrent le droit de propriété et la liberté d'entreprendre, qui sont des droits et libertés économiques. Ceux-ci sont les matrices de l'actvité économique au sein de l'Etat, car aucune activité économique ne peut etre possible s'il n'existe pas une certaine reconnaissance de ces droits et s'ils ne sont pas garantie de façon aumoins minimale. Sous ce dernier rapport, les constitutions des Etats d'Afrique francophone ont prévu des mécanismes de garantie de ces droits et libertés économiques. Si, celle-ci sont juridictionnelles et non juridictionnelles, ces constitutions ont aussi prévu expressement les régles de la bonne gouvernance économique qui participent à la garantie de l'action économique. Il faut cependant souligner que l'économie ne se trouve pas seulement dans les « *articles économiques* » expresses. Certaines dispositions constitutionnelles n'ayant pas à prémière vue une incidence économique peuvent avoir une importance économique capitale. Dès lors, on peut aussi trouver l'économie de façon implicite dans les constitutions.

# DEUXIEME PARTIE :

# LA PREVISION CONSTITUTIONNELLE IMPLICITE D'UN CADRE FONDANT LES INTERVENTIONS ECONOMIQUES

Loin d'être seulement un fondement explicite à l'activité économique au sein des Etats[1135], les constitutions africaines se présentent aussi comme un formidable cadre implicite à l'interventionnisme économique. Celui ci, au sens neutre du terme désigne la présence de l'Etat dans le secteur économique[1136]. Cette présence de l'Etat et d'autres personnes morales de droit publics dans les économies africaines, trouve à la vérité sa source dans la constitution, même si ce fondement est généralement discret, démentant ainsi l'idée d'une « *impossibilité d'un ordre économique dans la constitution* »[1137].

Pour la doctrine majoritaire sur la question, « *l'idée séduisante* » d'un ordre économique dans les constitutions « *reste encore à poser juridiquement* »[1138].Pour elle, la constitution est neutre économiquement et l'on ne saurait y trouver le fondement même implicite de l'initiative de l'Etat dans l'activité économique[1139]. La constitution, pense-t-on, ne s'est jamais saisi fondamentalement de la question économique. Il en ressort inéluctablement un décalage profond entre d'une part, l' « *interdépendance* »[1140] de l'Etat et la société, et avec elle la vie économique, et d'autre part le mutisme essentiel de la norme suprême.L'existence d'un ordre économique dans les constitutions apparait, pour cette frange de la doctrine, comme dangereuse car pense-t-on « *l'idée d'un ordre économique constitutionnel aperçoit mal le risque de fixer nécessairement dans la constitution le programme économique de l'Etat, et derrière lui, ni plus ni moins celui de la vie sociale* »[1141].

Dans les Etats d'Afrique francophone, le déni d'un ordre économique constitutionnel en tant que « *système cohérent et ordonné qui intègre facteurs et fonction économiques, selon les normes et principes donnant un sens à la vie économique d'une communauté* »[1142], n'est pas pertinent. Car si les constitutions africaines ne garantissent pas un système économique déterminé, et si elles n'ont pas pour objet de prédéterminer les politiques économiques ou

---

[1135] Voir à ce propos notre première partie.

[1136] Il s'agit ici d'un sens dépouillé de toute idéologie.

[1137] M-L Dussart, *Constitution et économie*, *op cit.*, p. 19.

[1138]*Ibid.*, p.20.

[1139] Sur la neutralité de l'Etat en matière économique lire Marie-Laure Dussart, *Constitution et économie*, *opcit.* ; H. Rabrauth, « La constitution économique de la France », *RFDC*, n°44,2000. Pp. 707-745 ; J-Y Chérot, « Constitution et économie » in M. Troper et Chagnollaud, (dir), *Traité international de droit constitutionnel*, t. 3, *La suprématie de la constitution,* Paris, Dalloz, Coll. « traité Dalloz », 2012, pp. 529-561.

[1140] J. Hummel, *Essai sur la destinée de l'art constitutionnel*, Paris, éd. Michel Houdiard, coll. « les sens du droit », 2010, p. 94.

[1141] M-L Dussart, *Constitution et économie*, *op cit.*, p. 20.

[1142]W. Eucken, *Die drundlagen der national economie*, DENA, Gustave Fischer, 1940, p. 52.

sociales des gouvernants, elles ne sont pas moins susceptibles d'avoir un impact véritable sur l'organisation et le fonctionnement de la vie économique et de poser ainsi un cadre à l'action économique de l'Etat. A la différence de la France ou la neutralité économique de la constitution est actée, il existe des véritables constitutions économiques dans l'espace francophone africain. Comme on a pu le voir, la quasi-totalité des constitutions africaines contient des articles économiques qui constituent « *la base juridique fondamentale de la vie économique* »[1143]. Si dans un pays comme le Niger, les dispositions économiques expresses de la constitution légitiment l'intervention de l'Etat dans l'économie[1144], dans les autres pays ce fondement est implicite.

Le fait est que d'une manière classique, le rôle et l'ambition des constitutions en Afrique et ailleurs est d'organiser la vie de l'Etat. Cette vie déborde largement le cadre politique, et intègre la vie sociale et économique. Ainsi, les rapports entre constitution et interventionnisme économique de l'Etat et des autres personnes morales, ne doivent pas seulement et principalement être recherchés dans les articles économiques, mais « *se comprendre et se chercher dans les dispositions constitutionnelles non économiques* »[1145]des constitutions africaines, à partir de leur interprétation. N'étant pas fondé sur un motif purement économique, ce cadre repose d'abord et classiquement sur une abstention juridique, conçue comme une limite au pouvoir de l'Etat. Il s'infère en réalité de la consécration des droits et libertés de facture libérale qui est le socle du libéralisme tant juridique qu'économique. Il y a lieu de reconnaitre que le rapport entre Etat et économie ne repose pas seulement sur cette délimitation réciproque des deux domaines par rapport à la liberté des citoyens, car, au cours du XX siècle des mutations économiques profondes se sont opérées. D'un extrême à l'autre, l'Etat libéral classique, dont le rôle se limitait à ses missions régaliennes, a cédé devant un « *nouveau modèle d'Etat* »[1146] chargé d'assurer « *le maintien des grands équilibres économiques et sociaux* »[1147].

En Afrique, le tropisme économique de la constitution est important plus qu'ailleurs. Déjà, dès les indépendances, l'un des soucis importants des Etats

---

[1143] R. Rabrauth, « La constitution économique de la France », *RFDC*, n°44, 200, p.109.
[1144] La constitution nigériane est une véritable constitution économique à l'image de la constitution de Weimar, au regard du nombre d'articles se rapportant directement à l'économie dont elle dispose
[1145] J-Y Chérot, *préface* à l'ouvrage de M-L Dussart, Constitution et économie, op cit., p. XVII.
[1146]V. A, Schmidt, « l'Etat, l'économie et la protection sociale aux Etats Unis et en Europe », *Critique internationale, 2005/2* (n°27), p 90.
[1147]*Ibid.*

africains était, mis à part la construction de véritables Etats, celui du développement économique. Ce tropisme sera accentué dans les années 1990, à la suite des grandes crises économiques qui vont frapper durablement ces jeunes Etats et entrainer d'importantes réformes institutionnelles[1148]. Ces réformes ayant pour socles les révisions constitutionnelles, seront donc marquées par une prégnance économique importante. En redimensionnant le rôle de l'Etat dans la société, l'on va aussi restructurer son rôle dans l'économie.

Les constitutions africaines sont donc implicitement un socle de l'interventionnisme économique de l'Etat dans l'espace francophone, qui peut dériver de la philosophie des articles économiques de la constitution, de l''interprétation des articles non économiques et même du contexte d'élaboration de ces différentes constitutions. L'analyse de la combinaison de ces éléments démontre que les constitutions africaines légitiment les interventions économiques de l'Etat et autres personnes morales de droit public (**I**) et déterminent de façon large les institutions publiques pouvant intervenir dans la sphère économique (**II**).

[1148] M. Ondoa, « Ajustement structurel et réforme du fondement théorique des droits africains postcoloniaux : l'exemple du Cameroun », *RASJ,* vol 2, n°1, 2001, pp. 75-115.

# TITRE I :

# LA LEGITIMATION DES INTERVENTIONS ECONOMIQUES ETATIQUES

La problématique de la légitimation de l'intervention de l'Etat dans la vie économique, est importante. Celle-ci est est au cœur et à l'origine d'un débat houleux en science économie opposant les partisans de l'intervention de l'Etat dans la sphère économique aux tenants d'un retrait de celui-ci. Le concept d'interventionnisme est à cet égard disqualifiant et chargé de préjugés, car il subodore l'immixtion ou l'ingérence d'une personne ou d'une institution, en l'occurrence l'Etat ou les personnes publiques, dans les affaires qui ne lui sont pas propres, en l'espèce les affaires économiques. Le problème de l'intervention économique, mieux de la place de l'Etat dans les économies, s'est posé avec beaucoup plus d'acuité en Afrique depuis les indépendances. Pour mieux cerner ce problème, il importe d'abord de restituer l'évolution de cet interventionnisme économique de l'Etat.

Originellement, la production économique avait pour acteur principal la famille. L'Etat, qui était loin de la centralisation contemporaine, n'intervenait pas dans les relations économiques. C'est avec le développement du mercantilisme au Moyen Age que l'intérêt de l'Etat pour l'économie va naitre, avec la recherche des moyens de lui procurer la plus grande richesse matérielle par l'accumulation des métaux précieux[1149]. Les idéologues[1150] de cette position de l'Etat insistaient sur la nécessité de l'aide royale aux entreprises pour le développement de l'industrie et du commerce. Cette place de l'Etat va considérablement s'accroitre avec le colbertisme[1151] qui va poser les fondements modernes de l'interventionnisme économique[1152].

Toutefois, à lasuite de la révolution française de 1789, les idées des physiocrates, en contradiction avec les principes issus du mercantilisme et du colbertisme vont triompher avec la défense de l'initiative privée basée sur le « *laisser-faire, laisser-aller* » cher à Adam Smith[1153]. Cette doctrine qui va conduire au libéralisme économique, va promouvoir une réduction drastique

---

[1149] E. Talapina, *Contribution à la théorie du droit public économique par l'analyse comparative du droit français et du droit russe,* thèse de doctorat de droit public, Université de la Réunion 2011, p. 16.

[1150] Il s'agit entre autres de Jean Bodin (1530-1596), Bartolomeo de Laffemas (1945-1612) et Antoine de Montchrestien (1576-1621).

[1151] C'est une doctrine inspirée de l'action économique de Jean-Baptiste Colbert (1619-1683, Ministre s'occupant des questions économiques et financières de Louis XIV. Cette doctrine économique est fondée sur l'accumulation des richesses, le protectionnisme et l'interventionnisme d'Etat dans le commerce et l'industrie.

[1152] E. Talapina, *Contribution à la théorie du droit public économique par l'analyse comparative du droit français et du droit russe, op cit.*, pp 17618 ;

[1153] A. Smith, *Recherche sur la nature et les causes de la richesse des nations*, 1776, Paris, PUF, coll. « Pratiques théoriques », 1995, 1512 P.

du rôle de l'Etat dans l'économie, car pensant que le marché va s'autoréguler et que l'initiative privée est le véritable moteur de création de richesses. Adam Smith écrit alors que *« tout...individu ne se propose pas de promouvoir l'intérêt public. Il ignore d'ailleurs dans quelle mesure il y parvient. Il ne se préoccupe que de sa sécurité propre, que de son gain propre. Et ce faisant, il est conduit par une main invisible à atteindre un objectif qu'il n'a aucunement visé. En poursuivant son intérêt particulier, il sert souvent l'intérêt social plus efficacement... »*[1154].

Longtemps dominant le problème de l'interventionnisme économique[1155], le libéralisme économique va connaitre une remise en cause avec la première guerre mondiale, la crise économique de 1929 et les travaux de John Ménard Keynes[1156]. La guerre va nécessiterdes mesures dirigistes dans l'économie ; l'Etat va donc intervenir pour la mobilisation nécessaire et la relance économique. Dans un tel contexte, *« l'Etat devient le dirigiste, le producteur, l'assureur, le fabricant »*[1157]. L'on va donc passer d'un Etat-gendarme à un Etat-providence. Seulement dans les années 1970, la crise économique va entrainer la mise en cause de l'Etat providence et la remise au goùt du jour de l'idéologie libérale dorénavant qualifiée de « *néo-libéralisme »*[1158]. C'est cette direction qui reste prédominante dans le monde économique contemporain[1159].

En Afrique francophone, les débuts de l'interventionnisme de l'Etat dans l'économie remontent à la période coloniale, notamment avec l'influence française. Si initialement la France va compter sur la seule initiative privée pour assurer le développement de ses territoires et colonies, les retombées de ces actions privées n'étaient pas efficaces. La France, consciente du fait que ces actions privées « *ne permettaient pas la mise en place des infrastructures économiques de base, nécessaires à l'apparition et au développement d'une véritable économie moderne. Une intervention directe des pouvoirs publics*

1154 *Ibid., p ;* 1241

1155 P. Delvolvé, *Droit public de l'économie,* Dalloz, coll. Précis, 1998, p. 23.

1156 J. M Keynes, Théorie générale de l'emploi, de l'intérêt et de la monnaie, Paris, Payot, 2017,493 p.

1157 M. Cliquennois, *Droit public économique,* Paris, éd. Ellipses, 2001, P.17.

1158 Sur le néolibéralisme lire : S. Amin et alii, « *Qu'est-ce que le néolibéralisme ?* », *Actuel Marx,* 2006/2 (n°40), pp. 12-23 ; H. Puel, « Le néolibéralisme, modèle économique dominant », *Revue d'éthique et de théologie morale,* 2005/1 (n°233), pp. 29-51

1159 H. Puel, « Le néolibéralisme, modèle économique dominant », in *revue d'éthique et de théologie morale,* n°233, 2005, pp. 29-51.

*s'avérait donc indispensable pour pallier cette carence »*[1160]. C'est donc dans l'intervention directe de l'Etat français en faveur du développement économique des territoires, et plus précisément à travers les plans de modernisation des territoires pour doter ses colonies d'un minimum d'infrastructures, qu'il faut situer les vrais débuts de l'interventionnisme en Afrique francophone.

Après les indépendances, il incombait aux Etats africains de l'espace francophone de prendre la main et, de construire leur développement économique. Cette grande mission va s'avérer difficile au regard des immenses besoins des populations et le peu de moyens pour les satisfaire. Cette difficulté va s'accentuer par le désengagement de certains investisseurs privés d'origine étrangère, l'absence d'une bourgeoisie nationale capable de prendre le relais de l'ancienne puissance sur le plan économique, et surtout de la détérioration progressive des termes d'échanges[1161]. C'est face à cette situation que de bonne heure, les Etats africains vont s'investir dans l'action économique. L'Etat va donc prendre en charge le secteur économique. C'est la naissance d'une doctrine de capitalisme d'Etat dans un pays comme le Cameroun.

Au début des années 1990 sous l'effet de la crise économique grave qui va frapper les Etat africains, la politique économique interventionniste de l'Etat va être contestée et l'on va faire l'apologie du désengagement de l'Etat dans la sphère publique à travers la promotion du libéralisme. C'est ainsi que les constitutions issues de cette période vont être influencées par l'idéologie libérale tant sur le plan politique, économique que social. Sans que ces constitutions ne les consacrent expressément, les constituants africains depuis lors vont poser les fondements d'un désengagement de l'Etat dans la sphère économique en limitant son interventionnisme par la reconnaissance d'une sphère d'action grande aux individus en matière notamment économique. Ce libéralisme triomphant ne signifiant pas l'absence de l'Etat, celui-ci sera dorénavant amené à intervenir de manière indirecte dans l'économie. C'est ce qui justifie la valorisation des actions indirectes de l'Etat dans les économies de manière implicite en Afrique (**Chapitre I**). Il faut dire que cette valorisation consacrant le triomphe du libéralisme économique n'a pas signifié la mort de l'Etat. Les constitutions africaines ont, malgré l'option d'un Etat libéral maintenu un cadre d'action normatif justifiant l'intervention directe de celui-

[1160] J. Biakan, *L'expérience camerounaise de privatisation des entreprises publiques*, Thèse de doctorat en droit public, Université de Montpellier I, 1994, p. 32.
[1161] *Ibid.*

ci en matière économique. Cet interventionnisme sera accentué au début des années 2000. C'est dire qu'il y aura une réhabilitation des actions directes de l'Etat en économie (**Chapitre II**). Cette ambiguïté des constitutions africaines de l'espace francophone amène à conclure qu'elles ne précisent pas le mode d'action économique pouvant être adopté par les personnes publiques. Ces constitutions laissent aussi libre cours tant aux actions de facture libérale qu'à celles interventionnistes.

# CHAPITRE I :

# LA VALORISATION DES INTERVENTIONS INDIRECTES DE L'ETAT

Les interventions indirectes de l'Etat dans la sphère économique de l'espace francophone d'Afrique est la résultante du triomphe de l'idéologie libérale dans le monde, à la fin des années 1970 et au début des années 1990[1162]. Cette idéologie dominante, résultant de l'action conjuguée des bailleurs de fonds, du vent de l'est et même de l'aspiration populaire à plus de liberté, va aboutir à la remise en cause de l'omnipotence et de l'omniprésence des Etats africains dans la sphère économique. Le libéralisme de l'économie qui va en résulter va favoriser une transformation substantielle de la place de l'Etat en matière économique.

Le concept de libéralisme qui est au cœur de cette idéologie économique, remettant en cause la place de l'Etat dans l'économie, provient du mot « *libéral* » qui, selon le vocabulaire juridique, signifie *« ce qui proclame et consacre comme principe fondamental les libertés publiques, la liberté du marché »*[1163].Il existe donc un lien important entre la proclamation constitutionnelle des droits et libertés fondamentaux et le caractère libéral d'une économie. Chercher le fondement constitutionnel du libéralisme économique dans les constitutions des Etats d'Afrique francophone, revient alors tout simplement à analyser la place des droits et libertés fondamentaux dans ces constitutions. Ces différents droits se présentent en vérité comme le moyen privilégié par lequel la problématique économique pénètre le terrain constitutionnel[1164]. Car les droits fondamentaux ne sont pas neutres économiquement, ils sont des « *éléments majeurs de la protection d'une économie libérale* »[1165]. On ne doit en fait pas *« contester l'existence d'un lien entre l'épanouissement de l'individu dans la vie économique et la présence d'un système économique libre et concurrentiel »*[1166].

S'étant donc revêtues du manteau du libéralisme juridique dans les années 1990, par la proclamation des droits et libertés économiques de facture libérale, les constitutions africaines optent implicitement pour un système libéral de leur économie, et ce faisant promeuvent un désengagement de l'Etat de la sphère économique.Le libéralisme économique ainsi opté par les constituant, en prônant l'abstention de l'Etat dans les économies, se fonde sur

[1162] Ce triomphe du libéralisme s'est caractérisé notamment par la chute du mur de Berlin et la dislocation de l'URSS. F. Fukuyama avait déjà annoncé ce triomphe dans son ouvrage : *La fin de l'Histoire et le Dernier Homme*, Flammarion 1992, 452 PP.

[1163] Vocabulaire des termes juridiques 2018.

[1164] M-L Dussart, *Constitution et économie, op cit.*, p 192.

[1165] G. Drago, « Droit de propriété et liberté d'entreprendre dans la jurisprudence du Conseil constitutionnel : une relecture », *CRDF*, n° 9, 2011, p. 37.

[1166] M-L Dussart, *op cit.*, p.191.

le « *laisser faire* » et sur l'idée séduisante selon laquelle le marché s'autorégule par le biais d'une main invisible. Dans un tel contexte, seront valorisées les actions indirectes de l'Etat dans les économies africaines. Car le libéralisme ne signifie pas l'absence totale de l'Etat, mais plutôt un retrait de celui-ci, puisqu'agissant dorénavant d'une manière médiate. Cette valorisation des actions indirectes va se traduire en Afrique francophone par un recul de l'Etat comme opérateur économique (**Section I**) et le redimensionnement de son rôle dans l'économie (**Section II).**

## Section I : Le recul de l'Etat opérateur économique

« *L'Etat, en Afrique, a abandonné ses fonctions d'opérateur économique* » ; ce constat fait par un auteur [1167]est très pertinent depuis le début des années 1990. Alors que le secteur public occupait une place stratégique dans l'économie, il a subi une réduction drastique depuis lors. Contesté, dénoncé et même indexé[1168], l'interventionnisme de l'Etat a prêté le flan à un mouvement pour le moins brutal de réduction de l'Etat du secteur économique. Ce recul de l'Etat est la résultante d'un certain nombre de bouleversements socio-économiques dus à des facteurs tant endogènes qu'exogènes. Ainsi pour mieux cerner ce recul de l'action économique de l'Etat (**Paragraphe II**), il faut d'abord chercher les raisons qui l'ont gouverné (**Paragraphe I**).

### Paragraphe I : Le fondement du recul de l'Etat dans l'économie

« *Le repli de l'Etat* »[1169] dans les économies en Afrique francophone est la résultante d'un processus qui puise ses origines dans l'indépendance. Dès les indépendances en effet, les Etats d'Afrique francophone vont opter pour un modèle dirigiste et administré de leur développement. Seulement la crise économique qui va frapper ces pays au cours de la décennie 80, a entrainé un changement dans les références qui sous-tendaient les politiques économiques[1170]. Inscrite dans ce contexte de crise économique sévère, la remise en cause de la place et du rôle de l'Etat dans les économies des pays

[1167] P. Metougue Nang, « Réformes économiques et dynamisme des marchés en Afrique subsaharienne », *Marché et Organisations* n°14, 2011/2, p. 9.
[1168] J. Du Bois De Gaudusson, « Crise de l'Etat interventionniste et libéralisation de l'économie en Afrique », *RJPIC,* n°38, janvier 1984, p.9.
[1169]M. Ondoa, « le droit public des Etats Africains sous ajustement structurel : le cas du Cameroun », *in Mondialisation, exclusion et développement : stratégies des acteurs publics et privés,* Tome 2 ; p. 383.
[1170] P. Metougue Nang, « Réformes économiques et dynamisme des marchés en Afrique subsaharienne », in *Marché et Organisation* n°14, 2011/2. P. 18.

d'Afrique francophone sera particulièrement radicale. L'intensité de la dénonciation est accentuée à la fois par la faiblesse du secteur privé national qui a conduit à attribuer à l'Etat l'exclusivité de la responsabilité interne de la crise, et par le fait que cette crise s'accompagne de pénurie alimentaire. Cette remise en cause va, en cela constituer le fondement pratique du recul(**A**).

Cette crise économique des années 80, va aussi coïncider avec la résurgence des thèses libérales qui avaient connu une perte de pertinence après la seconde guerre mondiale, par la naissance de l'interventionnisme keynésienne. Cette résurgence sera le fait des économistes néo –libéraux tels que Milton Friedman, Thomas Sargent… qui vont soutenir et prouver que les interventions de l'Etat étaient déstabilisantes, que moins d'Etat était mieux. C'est le triomphe de cette thèse néolibérale qui va constituer le fondement idéologique du recul de l'interventionnisme en Afrique (**B**).

## A-Le fondement pratique du recul : la contestation de l'interventionnisme

Au cours de la décennie 1980, les économies mondiales et particulièrement africaines vont connaitre une crise importante. Dans, l'espace francophone, cette crise va avoir de graves répercussions et stopper la dynamique du développement enclenchée après les indépendances. Cette crise économique et financière comportait entre autres la détérioration des termes d'échanges, la hausse des taux d'intérêt dans les pays industrialisés, le retrait des banques de financement des déficits des pays industrialisés, une grande inflation…l'interprétation qu'on va faire de cette crise est qu'elle est l'échec (*2*) des politiques interventionnistes **(1).**

### 1-Les politiques interventionnistes

Les économies francophones de l'Afrique se sont construites, depuis les indépendances, à partir d'un modèle de base identique. En effet, au lendemain des indépendances, ces Etats vont axer leurs stratégies de développement sur un interventionnisme tous azimuts de l'Etat dans l'économie. Influencés par les théories keynésiennes, les Etats africains vont donner un rôle cardinal à l'action publique dans le développement et faire de la création de l'entreprise publique l'instrument privilégié des politiques macroéconomiques. L'Etat devient ainsi le centre d'impulsion et de conduite des activités économiques.

Comme le remarque Prospère Metougue Nang, « *En l'absence d'acteurs privés et au regard du caractère rudimentaire du marché, le passage de l'économie de subsistance à l'économie moderne nécessitait l'implication de l'Etat* »dans l'espace francophone africain[1171]. Allant dans le même sens et parlant du Cameroun plus spécifiquement, le Professeur Biakan, après avoir constaté l'absence d'un véritable tissu économique et la carence de l'initiative privée écrit que : « *face à cette situation, et conscient du fait que la bataille pour la consolidation de l'indépendance nationale n'était pas seulement politique, mais également économique, c'est de bonne heure que le Cameroun s'engagea sur la voie de la prise en charge par l'Etat du secteur économique, ou du moins sur la voie d'une politique de soutien public aux activités économiques des personnes privées* »[1172]. Cet état de choses est aussi vrai à Madagascar[1173], au Niger[1174] qu'au Maroc[1175]. Il a un relief accusé au Benin, ce pays ayant adopté très tôt la voie du marxisme léninisme dont la caractéristique première est l'appropriation publique des moyens de production.

Cette intervention économique de l'Etat sera particulièrement remarquée dans les domaines de la planification, de la production et la réglementation économique.

Le premier instrument privilégié de l'intervention de l'Etat dans l'espace francophone africain a été la planification économique. Au lendemain des indépendances la planification économique va connaitre un grand essor Avec plus ou moins d'empressement, une plus ou moins grande conviction, les Etats africains vont opter pour la planification comme mode d'organisation économique[1176]. C'est ainsi que la planification comme « *action de planifier etd'organiser* », sera assurée par les instances étatiques, et va conduire à l'élaboration de plans, documents datés traduisant de manière cohérente des

---

[1171] P. Metougue Nang, « Réformes économiques et dynamisme des marchés en Afrique subsaharienne », *Marché et Organisation n*°14, 2011/2. P. 18.

[1172] J. Biakan, *L'expérience camerounaise de privatisation des entreprises publiques,* thèse de doctorat droit public, Université de Montpellier I, 1994, p. 35.

[1173] Ph. Hugon, « La crise économique à Madagascar et l'intervention du Fonds Monétaire International », *RMD* 1996.

[1174] Kiavi Liman Tinguiri, « Crise économique et ajustement structurel (1982-1988) » *RNSJ, 1990,* pp 76-86.

[1175] H. El Malki, « L'interventionnisme de l'Etat marocain à l'épreuve de l'ajustement », *Annuaire de l'Afrique du Nord,* éd. Du CNRS, tomme XXVI ? 1987, pp. 283-298.

[1176] R. Badouin, « La planification économique en Afrique noire francophone », *Revue du Tiers Monde*, 1965, pp. 1086-1092

grandes orientationsdes politiques dans un horizon donné[1177]. Selon les contextes socio-économiques, les Etats africains vont adopter soit une planification impérative[1178] soit une planification indicative[1179].

Quoiqu'il en soit, l'engouement vers la planification s'explique par trois raisons. La première estque les Etats Africains vont céder à un effet de « *vogue* »[1180], et s'inscrire dans le prolongement des politiques économiques déja menées à partir de la colonisation[1181]. La deuxième raison est que la planification est considérée comme un moyen d'expression du pouvoir politique national dans un domaine jugé primordial : le développement économique. L'orientation de l'économie ne devait donc pas échapper aux pouvoirs publics. En fin, à tort ou à raison elle est considérée comme un formidable moyen de réaliser une accélération de la croissance économique.

Relativement à la production, les Etats africains post-indépendance, vont prendre le secteur de la production économique en main. Ceux-ci vont en effet se faire des opérateurs économiques de premier plan par le biais de la création d'entreprisses publiques, mais aussi par le développement de la commande publique et des subventions aux entreprises destinées à orienter les structures de production[1182]. De ces instruments, l'entreprise publique a occupé une place importante dans les interventions économiques de l'Etat, parce que, moyen de « *prise en charge directe par l'Etat d'une partie du système de production* »[1183]. Dès1968, M. Gaud notait l'accroissement général du nombre des entreprises publiques dans les pays francophones, et soulignait que « *le poids relatif de l'Etat ne parait pas être fonction du système politico-social adopté* »[1184].Certes, le bilan dressé par Nellis en 1986 montre une assez grande dispersion des entreprises publiques, qualifiées au Cameroun d'entreprises

---

[1177] Ph. Hugon et O. Sidrie, « La crise de la planification africaine. Diagnostique et remèdes », *Revue du Tiers Monde*, p. 42.

[1178] Le plan impératif a force de loi et peut être comparé à un chemin de fer qui prévoit à l'avance les horaires, la vitesse et les voies suivies par les trains ; cet indicateur a d'autant plus de chance que les trains avancent à la même vitesse et que les conducteurs de locomotives sont contraints de respecter de nombreuses règles

[1179] Le plan indicatif est au contraire un système de régulation, décentralisé et a postériori. Il s'agit des mesures incitatives

[1180] R. Badouin, « *La planification économique en Afrique noire francophone* », *op cit.,* p. 1086.

[1181] Le procédé de planification a été déjà expérimenté par les puissances coloniales. C'est le cas avec la Grande Bretagne au Ghana.

[1182] P. Metougue Nang, « *Réformes économiques et dynamisme des marchés en Afrique subsaharienne* », *op cit.,*p.54.

[1183] B. Contamin et Y-A. Faure « Des économies et des Etats en Afrique francophone : Pour comprendrel'interventionnisme », *Cahier des Sciences Humaines,* n°28(2), 1992, pp. 312

[1184] M. Gaud, « *Le secteur public en Afrique noire* », *Les Annales de l'économie collective,* Liège 1968, n°3. P. 42.

d'Etat, et une variation de leur nombre selon les pays, de plus de 50 au Cameroun, à 147 en Côte d'ivoire et à 188 au Sénégal[1185].

Parallèlement, ou en liaison étroite avec la politique de planification et de leur intervention dans les Entreprises qu'elles soient publiques ou privées, les Etats africains vont développer une réglementation de l'activité économique sur les différents marchés des biens et services. Cela va se manifester par la fixation des prix, le contrôle des prix et un « *bourgeonnement législatif et réglementaire* »[1186] en matière de travail (salaire minimum, nationalisation des emplois) et du capital.

Ces différentes modalités d'intervention de l'Etat dans le secteur économique à l'orée des indépendances, vont entrainer une période de croissance plus ou moins forte selon les pays. Seulement, cette croissance ne va pas faire long feu puisque les économies africaines vont très vite subir une crise grave qui a été présentée comme la résultante de l'échec de cette politique interventionniste.

## 2-L'échec des politiques interventionnistes

L'interventionnisme des Etats africains dans le secteur économique au début des indépendances va porter un certain nombre d'effets positifs notamment sur la croissance économique. Cependant, cette croissance économique ne sera pas de longue durée puisque dans la moitié des années 1970, les économies africaines font subir une crise économique de grande ampleur qui va déstructurer leurs tissus économiques. De nombreux auteurs et organismes attribuent cette crise économique et financière aux distorsions par rapport aux lois du marché, à l'inefficacité de l'économie administrée, au gaspillage de ressources liées à l'interventionnisme économique de l'Etat, bref à l'échec de l'interventionnisme.

Le constat fait de l'approche administrée des économies africaines n'est pas réconfortant à la vérité. Les domaines d'intervention des Etats africains dans les économies vont présenter des lacunes graves. À cet égard, l'instrument privilégié de la planification va montrer ses limites. Selon des auteurs, la crise de la planification économique s'explique par une sorte de hiatus ou de

[1185] J. R Nellis, « *Public enterprises in sub-Saharan Africa* », Washington 1986, World Bank Discussion Paper. N°1.
[1186] B. Contamin et Y-A. Faure « Des économies et des Etats en Afrique francophone : Pour comprendrel'interventionnisme », *op cit., p. 321.*

décalage entre les schémas idéaux types de la planification et de sa pratique quotidienne[1187]. Relativement à ces schémas, il faut dire que forgés sur un modèle des anciens colons français ou belges, et fortement appuyés lors des indépendances par les coopérants étrangers, les services de planification de Etats africains ont connu des difficultés financières, techniques, et organisationnelles qui sont, pour une part, le reflet des dysfonctionnements des administrations africaines. « *Les services de planification ont été progressivement désorganisés et marginalisés* »[1188].

Au-delà, l'on va observer un décalage important entre la pratique de la planification et les principes directeurs de celle-ci. La Banque Mondiale notait à cet égard que « *la planification officielle n'a guère d'impact sur la façon dont s'élaborent les programmes et dont sont programmés les investissements dans la pratique* »[1189]. Si tous les pays africains d'alors ont des plans, peu avaient de véritablesinstances de planification. Conçus de manière technocratique, les plans ne jouent ni leur rôle incitatif de la planification indicative, ni le rôle impératif de la planification centralisée. Ils constituent très souvent soit des catalogues de projets sans véritable emprise sur le réel, soit des objectifs cohérents sans véritables projets. C'est en cela que des auteurs vont parler du « *décès des plans* »[1190] ou présenter l'Afrique comme « *un cimetière de plans mort-nés* »[1191], pour qualifier l'échec de ce premier instrument d'interventionnisme économique.

L'échec de la politique interventionniste de L'Etat en Afrique sera encore plus frappant en matière d'entreprises publiques. Malgré des investissements importants dans ce secteur, les entreprises publiques africaines ont été en perte permanente et élevée. Les raisons de cette perte massive et généralisée ont pour noms : la mauvaise gestion, le sureffectif et même la politique de l'Etat vis-à-vis de son secteur public[1192].Ce qui fait que la quasi-totalité des entreprises publiques en Afrique n'ont pas donné les résultats qu'on attendait d'elles, notamment dans la création des emplois et de la valeur

---

[1187] Ph. Hugon et O. Sidrie, « La crise de la planification africaine. Diagnostic et remèdes », *Revue du Tiers Monde, 1987, p. 412.*

[1188] *Ibid.*, p. 410.

[1189] Rapport Berg, 1981. Selon une étude des nations unies (1977), 13 pays sur 37 étudiés étaient parvenus à atteindre leurs objectifs planifiés pendant la période de la décennie 1970 ;

[1190] H. El Malki et A. Doumou, « L'interventionnisme de l'Etat marocain à l'épreuve del'ajustement », *Annuaire de l'Afrique du Nord*, éd. Du CNRS, tomme XXVI ? 198,7 pp. 289

[1191] Ph. Hugon et O. Sidrie, « La crise de la planification africaine. Diagnostic et remèdes », op cit. p. 422.

[1192] P. Metougue Nang, « Réformes économiques et dynamisme des marchés en Afrique subsaharienne », *op cit.*, 54.

ajoutée. Elles vont faire face à de nombreuses difficultés tant sur le plan économique, financier que commercial : difficultés de trésorerie, surdimensionnement des investissements, non-respect des règles de gestion, absence de contrôle, effectifs pléthoriques, corruption… Ainsi, « *les mauvaises performances de ces entreprises ont eu des conséquences négatives sur les économies africaines. Leurs pertes financières ont impliqué des transferts massifs (subventions, dotations en capital, emprunts) des Etats vers ces entreprises qui ne pouvaient plus assumer les taches de développement économique et social qui leur étaient dévolues* »[1193]. Cet autre échec de l'entreprenariat public va être interprété comme un échec de l'action directe de l'Etat dans l'économie en Afrique.

De manière générale, l'échec de la politique interventionniste de l'Etat dans l'espace francophone d'Afrique est dû à des mauvaises options économiques. La plupart de ces pays ont assuré la régulation du système économique par des ressources extérieures procurées par des exportations traditionnelles et par une politique d'emprunt sur les marchés financiers internationaux[1194]. Ces modalités précaires du bouclage de l'économie, qui permettaient à l'Etat d'assurer son fonctionnement grâce aux recettes extérieures et à l'illusion monétaire dans le cadre d'une économie expansive, va connaitre un essoufflement dans les années 70-80. Tout d'abord, contrairement à la période antérieure, depuis les années 1974 jusqu'aux années 1980, les exportations des pays africains vont baisser d'une manière drastique, près de 25%. Cette chute des exportations va entrainer un recul net de l'industrialisation et le taux de croissance va chuter considérablement.[1195]En sus, au niveau financier, l'interruption brutale des facilités offertes par l'économie d'endettement et la chutes des cours des produits de base vont conduire à un « *gonflement exagéré des déficits budgétaires* »[1196].

Cette conjonction de facteurs, mettant en cause le rôle de l'Etat dans les économies va entrainer la résurgence de l'idéologie libérale qui promeut le désengagement de l'Etat. Soutenu par les bailleurs de fonds internationaux cette idéologie va triompher dans l'espace francophone d'africain.

---

1193 D. Mouhamadou, « Les privatisations, une solution pour l'Afrique », *Politiques et Management public*, N°13-2, 1995, p. 98.

1194 P. Metougue Nang, « Réformes économiques et dynamisme des marchés en Afrique subsaharienne », *op cit.,* 54.

1195 Cf. FMI, Trade statistics, 1987.

1196 P. Metougue Nang, « Réformes économiques et dynamisme des marchés en Afrique subsaharienne », o*p cit.*, 54.

## B-Le fondement théorique : le triomphe du libéralisme

Si la crise du capitalisme dans les années 30 avait enfanté le « *dirigisme étatique* », la crise économique des années 70 va générer un effet de structure contraire : le « *désengagement* » de l'Etat[1197]. En effet, après la vogue de l'étatisme économique des décennies 60 et 70, la désétatisation de l'économie est devenue d'actualité. Cette remise en cause de l'Etat en matière économique a pour soubassement théorique la résurgence des thèses libérales avec les économistes néo-libéraux tels que Milton Friedman, Arthur Laffaer, qui ont soutenu et prouvé que les interventions de l'Etat dans l'économie étaient déstabilisantes et que moins d'Etat était mieux. Ils vont dénoncer les méfaits des déficits budgétaires et prôner des politiques anti-inflationnistes se caractérisant par l'autolimitation du pouvoir financier de l'Etat. Bref, ils vont tous appeler au désengagement de l'Etat dans l'économie et à la déréglementation.

Cette doctrine va prévaloir dans les pays anglo-saxon et connaitre une expansion dans le monde à travers la politique des institutions financières internationales notamment le FMI et la Banque Mondiale. Pour ces institutions en effet, le libéralisme économique est une panacée pour les Etats en proie à la crise économique. Sous ce rapport, elles vont poser comme postulat que la redéfinition du rôle de l'Etat par un retour à l'Etat gendarme, est la solution en vue d'une croissance accélérée et durable en Afrique[1198]. Telle est l'analyse des bailleurs de fonds internationaux[1199]. Le triomphe de cette idéologie libérale en Afrique francophone aura pour vecteur les programmes d'ajustement structurel **(1)** dont la conditionnalité sera constituera le moyen d'imposition **(2).**

### 1-Les programmes d'ajustement structurel comme vecteur du libéralisme

*« Toute crise économique transforme le système juridique en vigueur et se présente ainsi comme un puissant facteur de la remise en cause de l'ordre*

[1197] H. El Malki et A. Doumou, « L'interventionnisme de l'Etat marocain à l'épreuve de l'ajustement », *Annuaire de l'Afrique du Nord,* éd. Du CNRS, tomme XXVI ? 1987, pp. 283.

[1198] M. Ondoa, « Le droit public des Etats Africains sous ajustement structurel : le cas du Cameroun », in *Mondialisation, exclusion et développement : stratégies des acteurs publics et privés*, Tome 2 ; p. 378

[1199] Banque Mondiale, *Rapport sur le développement dans le monde. 1991, le défi du développement*, Publication de la Banque Mondiale, economica, p. 10.

*établi* »[1200]. Cette réflexion du Professeur Magloire Ondoa est particulièrement vraie en ce qui concerne la crise économique qu'ont connue les Etats d'Afrique francophone dans les années 80. Celle-ci, à travers les programmes d'ajustement structurel qui seront élaborés par la Banque Mondiale et le FMI pour la juguler, va constituer un moyen de convertir ces Etats au « *catéchisme économique* »[1201] libéral. Car ils vont pour l'essentiel remettre en cause l'ordre interventionniste d'alors, pour promouvoir le désengagement de l'Etat dans la vie économique. En cela, les programmes d'ajustement structurel en Afrique vont constituer un véritable cheval de Troie pour le libéralisme.

Le programme d'ajustement structurel, comme mesure libérale de remédiation de la crise en Afrique fait suite à la politique de stabilisation. Il faut dire qu'au début de la crise économique, les institutions financières internationales vont faire la promotion des politiques de stabilisation comme moyen de résolution de cette crise. Une telle approche était à la vérité consubstantielle aux missions qu'avaient reçues la Banque Mondiale et le FMI dès leur création lors de la conférence de Brettons Wood. Si en effet la première a reçu pour mission de*« soutenir par des prêts à moyen et à long terme, les projets de reconstruction et de développement* », le second quant à lui était *« chargé de promouvoir la stabilité des échanges et d'assurer des aides susceptibles de financer le déséquilibre des balances de paiements »*[1202].Le FMI avait donc pour rôle la « *stabilisation* », des économies c'est-à-dire corriger le déséquilibre extérieur des économiesgénéralement à l'origine des crises.

De fait, les mesures de stabilisation consistent en des réformes macroéconomiques visant à réduire la demande intérieure[1203]. Elle se fonde sur des mesures fiscales (augmentation du taux, de l'assiette ou du rendement des impôts et taxes), la réduction des dépenses publiques, une politique monétaire restrictive se traduisant par une limitation du crédit intérieur qui concourt directement à une contraction de la demande intérieure, et partant, à une résorption des déséquilibres internes et externes[1204]. Conduite donc par le FMI, cette politique de stabilisation articulée sur la gestion parcimonieuse des

---

[1200] M. Ondoa, *op cit.,* p. 375.
[1201] B. Hibou, « Economie politique du discours de la Banque Mondiale en Afrique sub-saharienne : Du catéchisme économique au fait (et méfait) missionnaire », *Etudes du CERI 1998*, pp. 1-46.
[1202] M. Ondoa, *op cit.,* p. 375.
[1203] Kiavi Liman Tinguiri, « Crise économique et ajustement structurel (1982-1988) », *RNSJ,* 1990. Pp 76-86.
[1204]*Ibid.*

finances publiques, une politique monétaire restrictive et une croissance amortie de la dette, sera expérimentée, aussi bien au Maroc[1205], au Cameroun[1206], à Madagascar[1207] qu'au Niger[1208]. Elle sera néanmoins relayée dans la moitié des années 1980 par un programme d'ajustement structurel élaboré avec l'appui de la Banque Mondiale.

Les programmes d'ajustement structurel mis en œuvre par le FMI et la Banque mondiale sont au cœur de la transmission d'une « *vulgate économique* »[1209] de facture libérale en Afrique. Il est possible de définir le programme d'ajustement structurel comme un ensemble de mesures « *économiques conçues pour améliorer l'offre, à la fois en augmentant le niveau et le taux de croissance de la production et en déployant les moyens qui permettent à l'économie de réagir aux chocs intérieurs et extérieurs* »[1210]. Il s'agit d'une « *série de réformes structurelles et de mesures d'assainissement financier destinées à relancer l'économie des pays africains* »[1211]. Concrètement, ces réformes ont pour objectif le redressement économique de ces Etats. Pour ce faire, des mesures vont être conçues dans le cadre de ces réformes pour résoudre un certain nombre de problèmes structurels qui seraient directement à l'origine des déséquilibres budgétaires et qui entraveraientt la croissance de l'économie africaine. Ces problèmes structurels seraient l'inefficacité de la gestion des ressources publiques ; un secteur parapublic vaste et inefficace ; un secteur privé limité dans son développement ; une base des ressources faible[1212]...Ainsi, pour réussir le redressement des économies en crise, un désengagement de l'Etat de certains secteurs d'activité, en faveur d'une politique de promotion de l'initiative privée est souhaitée ; une restructuration en profondeur des marchés financier visant le développement de l'actionnariat privé et une gestion rigoureuse des établissements bancaires

---

1205 Nezha Yamani, *Politique économique et piège du sous-développement au Maroc*, thèse de doctorat en science économiques, Université de Grenoble, 2006, p. 320.

1206 J-C Dufour, *Analyse politico-économique de stabilisation et d'ajustement structurel au Cameroun de 1986 à 1995*, Thèse de doctorat en sciences économiques, Université de Paris I Sorbonne 1998. 452 P.

1207 M. M Rakotonirina, *Rôle de l'Etat dans la réduction de la pauvreté à Madagascar*, Mémoire de Master en science économiques, Université Toamasina Madagascar, 2014. 123P.

1208 Kiavi Liman Tinguiri, « Crise économique et ajustement structurel (1982-1988) », op cit. p. 12

1209 B. Hibou, « Economie politique du discours de la Banque Mondiale en Afrique sub-saharienne : Du catéchisme économique au fait (et méfait) missionnaire », *op cit.*, p. 15.

1210 M. Guitian, « Ajustement structurel et conditionnalité », *Révue d'économie fiancière,* 1994, H-S 4, p. 345.

1211 J. Biakan, *L'expérience camerounaise de privatisation des entreprises publiques*, Thèse de doctorat droit public, Université de Montpellier I, 1994. P. 82.

1212 Kiavi Liman Tinguiri, « Crise économique et ajustement structurel (1982-1988) », *op cit.*, p. 12.

est conseillée ; et, pour une grande flexibilité, l'adoption de législation en matière du travail est recommandée[1213].

Ce programme va connaitre un grand succès en Afrique. De fait dans les années 80, tous les Etats d'Afrique francophone vont se voir appliquer cette thérapie de choc pour résoudre la crise sévère à laquelle ils font face. C'est que la possibilité d'obtenir une aide financière internationale va désormais passer par la définition des politiques d'ajustement structurel ayant reçu l'aval du FMI et de la Banque Mondiale, voire ayant été élaborées par ces institutions financières. C'est dans ce sens que le Cameroun, le Maroc, la République démocratique du Congo, bref tous les Etats de référence dans cette étude, seront sous ce programme. Il faut dire qu'à cette période, ces programmes étaient présentés comme une véritable panacée.

Bien que ne revendiquant pas une doctrine officielle en matière d'ajustement, et que les mesures ou reformes que les institutions de Brettons Wood proposent varient généralement peu d'un pays à un autre, il y a lieu de reconnaitre que ces mesures sont inspirées de la doctrine libérale de l'économie. Car pour l'essentiel basées sur la désétatisation avec les privatisations, et la libéralisation du marché, ainsi que l'ouverture de l'économie sur l'extérieur. Les Etats en crise seront obligés de souscrire à de telles mesures, sous l'effet de la conditionnalité qui les accompagne. Ce faisant, les Etats africains seront amenés de gré ou de force à adopter un système économique libéral.

## 2-La conditionnalité comme moyen d'imposition du libéralisme

La mise en œuvre des programmes d'ajustement structurel en Afrique s'est accompagnée par l'utilisation d'un instrument juridico-économique redoutable en matière d'aide : la conditionnalité[1214].

Le concept de conditionnalité qui est aujourd'hui au cœurs de la pratique des aides internationale est un anglicisme qui dérive de l'expression anglaise « *conditionality* »[1215]. La conditionnalité soumet ou suspend la réalisation de quelque chose à une exigence particulière. Dune manière générale, la

[1213] J. Biakan, *L'expérience camerounaise de privatisation des entreprises publiques*, *op cit.*, pp. 83-84.

[1214] Lire au sujet de la conditionnalité en matière d'aide, O. Pejout, *La conditionnalité en droit des aides d'Etat*, Thèse de doctorat en droit public, Université de Bordeaux,2017, 1077 p.

[1215] Ce mot dérive de « *conditional* », c'est-à-dire conditionnel. Il a pour synonymes principaux en anglais « *contingent* », « *dependent* », « *limited* », « *provisional* », « *subject to* », « *with reservation* ».

conditionnalité « *describes an incentive instrument in the relationship between two actors, in which one actor aims at changing the behavior of the other by setting up conditions for relationship and by manipulating its cost-benefit calculation by using (positive and negative) material incentives* »[1216]. Ce concept trouve son terrain d'élection en économie, mais pas seulement, puisqu'il peut aussi avoir une conditionnalité politique ou démocratique[1217].La conditionnalité est historiquement économique, car elle s'est développée dans le cadre de la gestion des crises financières internationales. Dans ce contexte, elle renvoie à la « *transaction dans laquelle des concessions financières sont échangées contre des engagements de politiques économiques* »[1218]. Elle est en priorité utilisée pour gérer la dette ou accorder une aide financière.

Dans le cadre africain, la conditionnalité a été valorisée par le FMI et la Banque Mondiale qui s'en sont servi pour construire une politique inédite qui intègre l'ajustement structurel de l'Etat aidé. Pour le FMI, « *le mot conditionnalité se rapporte aux politiques économiques que le Fonds souhaite voir suivre par les pays membres pour qu'ils puissent utiliser les ressources du Fonds conformement aux objectifs et dispositions des statuts* »[1219]. Cette vision a été étendue pour désigner « *l'ensemble des conditions particulières au respect desquelles le Fonds subordonne l'utilisation de ses ressources dans des circonstances données* »[1220]. Delà, on comprend que la conditionnalité soit : « *un ensemble d'exigences posées par les bailleurs de fonds et acceptées par l'Etat en crise en échange d'un avantage ou d'une prestation financière* »[1221]. Celle-ci est généralement « *assortie d'un droit de contrôle rigoureux qui s'appuie sur la nécessité que les ressources ... aient un caractère renouvelable ou le fait que l'épargne internationale est trop rare pour être gaspillée* »[1222]. Du respect de cette conditionnalité va donc dépendre le tirage

[1216] Svea Koch, « *A typology of political conditionnality beyond Aid : Conceptual horizons based on lesson from the European union* », World development, 2015, vol. 75, p. 99; traduction libre: « *en termes plus généraux, la conditionnalité décrit ainsi un instrument incitatif dans la relation entre deux acteurs , dans lequel un acteur veut changer le comportement de l'autre par l'imposition de conditions pour la relation et en manipulant le calcul cout-avantages en utilisant des incitations matérielles(positives ou négatives)* ».

[1217] M. Fau_Nougaret, *La conditionnalité démocratique : étude de l'action des organisations internationales,* thèse de doctorat droit public, université de Bordeaux IV, 2004, 750 P.

[1218]J. Sgard, *L'économie de la panique*, parsi : la découverte « TAP/ Economie », 2002, p.197.

[1219] J. Gold, Conditionality, *IMF* Pamphlet Series, n°31, Washington DC: FMI, 1979.

[1220]J-M Sorel, « Sur quelques aspects juridiques de la conditionnalité du FMI et leurs conséquences », *European journal of international law,* 1996, vol.7, n°1, p. 46.

[1221]M. Ondoa, « Le droit public des Etats Africains sous ajustement structurel : le cas du Cameroun », in *Mondialisation, exclusion et développement : stratégies des acteurs publics et privés*, Tome 2, p. 378.

[1222]*Ibid.*, p. 379.

des prêts, c'est-à-dire le droit de bénéficier effectivement des sommes mises, à la disposition des Etats tant par le FMI, la Banque Mondiale[1223] que les bailleurs des fonds internationaux. Il va donc en résulter « *un encerclement* »[1224] des pays en crise économique par la conditionnalité et un « *enchevêtrement* »[1225]des exigences à l'élaboration des politiques économiques et des normes juridiques capables d'impulser la croissance économique.

Tous discours politique ou économique étant normatif, la conditionnalité est porteuse de normes. Elle a été de ce point de vue, un instrument formidable offert aux institutions financières internationales et aux bailleurs de fonds dans le cadre de la gestion de la crise en Afrique d'imposer aux Etats sous ajustement des réformes économiques et juridiques en conformité avec leur orthodoxie économique. Dans ce sens, il faut dire avec le Professeur Magloire Ondoa, que la conditionnalité a pris en Afrique « *la valeur d'une véritable injonction qui réduit les autorités nationales à un rôle d'exécutant et d'enregistrement de leurs politiques. L'Etat perd ainsi son pouvoir souverain de production des normes, sa souveraineté monétaire et le libre choix de son système économique* »[1226].Ainsi, les Etats africains notamment dans l'espace francophone n'auront guère d'autres choix que d'adopter la thérapie libérale qui leur sera administrée. Car la conditionnalité inscrite dans le cadre des programmes d'ajustement structurel sera un puissant levier pour inciter les pays, à défaut de le leur en imposer, à suivre un code libéral de bonne conduite économique[1227]. Ce faisant, le FMI et les bailleurs de Fonds vont imposer « *les règles de l'économie de marché* »[1228].

Dès lors que l'échec de l'interventionnisme sera constaté sur le plan pratique, et le triomphe en Afrique de l'idéologie libérale sous les effets conjugués de l'ajustement structurel et de la conditionnalité accepté sur le plan théorique, le recul de l'Etat interventionniste sera acté. Comment va donc alors se manifester ce recul ?

---

[1223] Banque Mondiale, Rapport sur le développement du monde 1980, Washington DC.

[1224]M. Onda, « Le droit public des Etats Africains sous ajustement structurel : le cas du Cameroun », *op cit.*, p. 379.

[1225] *Ibid.*

[1226] M. Ondoa, « Le droit public des Etats Africains sous ajustement structurel : le cas du Cameroun », *op cit.*, p. 381.

[1227] J-M Sorel, « Sur quelques aspects juridiques de la conditionnalité du FMI et leurs conséquences », *op cit.*, p. 45.

[1228]*Ibid.*

## Paragraphe II : La traduction du recul de l'Etat dans l'économie

Le triomphe de l'idéologie libérale en Afrique, dû aux programmes d'ajustement structurel, et la conditionnalité imposée suite à la crise sévère que vont connaitre les Etats de ce continent, va considérablement affaiblir l'Etat interventionniste. Ainsi les économies administrées vont se ronger les ailes. Cela ne pouvait être autrement lorsqu'on sait que pour les libéraux, les interventions publiques cassent les mécanismes du marché et étouffent les initiatives individuelles qui constituent, à leurs yeux, le ressort fondamental du dynamisme économique. Dans cette perspective, il n'y a rien de bon à attendre de l'Etat et du secteur public. Surtout qu'en Afrique francophone, « *l'hypertrophie d'un secteur public chroniquement déficitaire et largement entretenu par les subventions publiques d'une part et de l'autre, la baisse drastique des ressources de l'Etat, rendent impératif et urgent un recul quantitatif des interventions étatiques* »[1229].

La mise en œuvre de ce recul va se traduire par des mesures contenues dans les programmes d'ajustement structurel et imposées au moyen de la conditionnalité. Ces mesures vont consister en un dégraissage de la puissance publique à travers le désengagement de l'Etat du secteur public (A) et par la promotion du secteur privé par le biais de l'ouverture des marchés (B).

### A-Le désengagement de l'Etat du secteur public

Le diagnostic fait par les institutions financières internationales et les autres bailleurs de fonds, est que la crise économique des Etats africains est d'abord et avant tout une crise de l'interventionnisme. Si cet interventionnisme est caractérisé par la planification économique, ces institutions financières fustigent beaucoup plus le poids du secteur public dans les économies africaines. Pour donc solutionner cette crise, l'approche sera celle de considérer que moins d'Etat est un moyen d'assainissement des finances publiques et un gage de la croissance économique. De la sorte, le désengagement de l'Etat du secteur public devient un moyen de réduction de la taille de l'Etat et des interventions étatiques. Celui-ci va s'opérer par les privatisations (1) et la déréglementation (2).

---

[1229] P. Metougue Nang, « Réformes économiques et dynamisme des marchés en Afrique subsaharienne », *op cit.*, 54.

## 1-La privatisation des entreprises publiques

Dans le cadre de la mise en œuvre du programme d'ajustement structurel, l'une des mesures phares imposées ou conseillées aux Etats d'Afrique francophone est la privatisation. Celle-ci va donc devenir un élément majeur de ces programmes, en ceci que la plupart des prêts d'ajustement offerts par les institutions de Brettons Woods à ces Etats étaient conditionnés par cette politique de privatisation.

Le terme « *privatisation* » apparait pour la première fois dans le dictionnaire « *Webster's Ninth New collegiate dictionary* »[1230]. D'origine américaine[1231], la privatisation, entendue comme l'action de rendre privé ce qui ne l'était pas avant, englobe toutes les formes d'accaparement par les personnes privées des biens qui à l'origine étaient dans le domaine public. La notion de privatisation est donc susceptible de recevoir plusieurs acceptions. De façon générale, « *elle est comprise comme le processus de transfert de la propriété d'une institution, d'un service de l'autorité publique à un opérateur privé* »[1232]. D'autre part elle peut être comprise comme toute mesure qui opère un transfert temporaire au secteur privé d'activités qui avaient été exercées par l'Etat ou par un organisme public. Il apparait ainsi que la privatisation est une opération essentiellement patrimoniale. Elle implique le transfert total ou partiel de la propriété d'un bien économique ou d'une entreprise publique vers le secteur privé[1233]. En cela, c'est un moyen juridico-économique de l'Etat de se désengager du secteur public, en transférant l'entreprise publique au privé.

Dans l'espace francophone d'Afrique, le mouvement des privatisations prend corps à partir des années 1980[1234]. Celui-ci est devenu un lieu commun des politiques conduites par les Etats quelle que soit leur orientation idéologique ou politique. Les motivations de ces programmes de privatisation sont essentiellement d'ordre budgétaire : confrontés à une crise économique et financière sans précédent, les gouvernants cherchent à obtenir des ressources financières substantielles, des cessions d'actifs pour combler leurs déficits

[1230] R. Hemming and Ali. M. Mansoor, « Privatization and public entreprise », *Occasional Paper,* n° 56, International Montery fund, Washington DC., Junuary 1988, p. 1. ; voir également E. Smith, "Remarque sur la notion de privatisation », in J. Soc. Légis. Comp. 12 (1990), p. 344 et s.

[1231] Cf. G Sorman. *La révolution conservatrice américaine*, Fayard, 1983.

[1232] Moussa Samb, « Privatisation des services publiques en Afrique sub-saharienne. A l'heure des bilans » inédit. P.6.

[1233] M.Ondoa, « Le droit public des Etats Africains sous ajustement structurel : le cas du Cameroun », op cit., p. 302.

[1234] Moussa Samb, *op cit.,* p.3.

budgétaires, tout en supprimant les subventions accordées aux entreprises publiques qui pèsent lourdement sur leur budget[1235]. Ce mouvement de privatisation va s'accentuer dans le contexte des politiques d'ajustement structurel conduite comme remède à la crise financière de ces Etats. Dans la plupart des pays africains, convertis de gré ou de force au libéralisme, les privatisations vont prendre la valeur d'une réponse à la crise économique, par la dénonciation des raisons qui fondèrent la floraison des entreprises publiques.

Il faut dire à cet égard qu'au début des années 1980, en Afrique francophone, le secteur public était devenu presque partout plus important que le secteur privé. Les données disponibles sont éloquentes. Au Maroc, on recensait 700 entreprises publiques qui représentaient alors 17% de l'emploi. Dans d'autres pays, on comptait 120 entreprises publiques pour le Benin, 140 entreprises publiques en Côte d'Ivoire, et plus de 115 au Cameroun, employant plus du tiers des salariés et mobilisant près de la moitié des emprunts de l'Etat.[1236] Ce poids considérable de l'entreprenariat public traduisait la « *pleiniprésence* » de l'Etat dans l'économie ; un désengagement de celui-ci passe donc par la privatisation.

De manière concrète, le mouvement de privatisation dans les Etats d'Afrique francophone est véritablement effectif dans la décennie 1990. C'est à partir de cette date en effet que sur le plan juridique, l'on va observer un certain nombre de textes normatifs encadrant le processus de privatisation et des transferts réels des entreprises publiques au privé. A cet égard, il faut que dire le processus de privatisation va amener les Etats à élaborer des législations juridiques en matière de privatisation. La plupart des pays qui ont privatisé l'ont fait par l'adoption des lois, à l'instar du Cameroun[1237] et du Sénégal[1238]. C'est aussi à partir de cette période que le concept de privatisation va faire son entrée dans la quasi-totalité des constitutions africaines qui avant l'ignoraient. Dans les faits, plusieurs Etats africains vont se séparer de leurs entreprises publiques. Ainsi au Cameroun, l'on va privatiser les secteurs de l'Eau, des

---

[1235] J-E Manga Zambo, « Les fondements, le sens, le jeu et les enjeux de la privatisation comme remède à la crise interventionniste étatique des entreprises publiques au Cameroun », inédit,1999, P 15

[1236] B. Chavanne, « Bilan et perspectives des privatisations en Afrique francophone », in Genève, *Organisation Internationale du travail, document I FIPPRED-1 F* ; voir aussi fondation Friedrich Ebert, Les privatisations au Cameroun : bilan et perspective, Yaoundé, janvier 1995, p. 7 et s.

[1237] Ordonnance n° 90/004 du 22 juin 1990 relative à la privatisation des entreprises publiques et parapubliques.

[1238]La loi n° 95-05 du 5 janvier 1995 complétant l'annexe de la loi de 1987 déterminant les entreprises publiques et parapubliques à privatiser.

télécommunications, de l'électricité ou de Chemin de fer[1239]. Le mouvement de privatisation, traduisant le désengagement de l'Etat de la sphère économique, va s'accompagner d'un mouvement parallèle, c'est celui de la déréglementation.

## 2-La déréglementation économique

Parti des Etats-Unis au cours des années 1970, le mouvement de déréglementation va connaitre une expansion exponentielle d'abord en Europe avant d'arriver sur les côtes africaines[1240]. En Afrique, la déréglementation va faire une entrée fracassante au titre des programmes d'ajustement structurel imposés par les institutions financières internationales et autres bailleurs de fonds pour juguler la crise économique et financière à laquelle font face les Etats de cet espace continental. Dans ce contexte, elle épouse la forme de mesures juridico-économiques destinées à créer un environnement concurrentiel expurgé des mécanismes de l'interventionnisme, et partant à favoriser l'investissement privé.

Bien qu'elle fût d'abord un instrument de la modernisation de l'administration,[1241] les origines intellectuelles de la déréglementation sont à la fois économiques et politiques. Initialement en effet, la déréglementation est un élément de la réforme et de la simplification administrative en vue de moderniser l'appareil de l'Etat. Concept ambigu[1242] ou du moins polysémique[1243], elle véhicule une contestation violente de l'inflation juridique, considérée à tort ou à raison comme source de difficulté d'application du droit[1244]. Elle est considérée en économie comme un allègement quantitatif du corpus de textes applicables[1245]. Dans le champ administratif, la déréglementation déborde largement le cadre de la production normative et intègre la nécessité de rationnaliser et de décentraliser ou

---

1239 Pour l'eau on va passer de la SNEC (société nationales des eaux du Cameroun) à la CDE (Camerounaise des eaux) et Camwater ; Dans le secteur des télécommunications on aura des opérateurs privés comme Orange et MTN, et en matière ferroviaire l'on va passer de la Régiefercam à la Camrail.

1240 J-Ph Colson et P. Idoux, *Droit public économique,* Paris, LGDJ, 5 éd ; 2010, P ; 226.

1241 Ibid., p. 224.

1242 Touna Mama, (dir), Crise économique et politique de déréglementation au Cameroun, l'Harmattan, Paris, 1996. P, 281 et s.

1243 J. Chevallier, « Les enjeux de la déréglementation », in *RDP,* 1987, p ; 281.

1244 R. Savatier, « L'inflation législative et indigestion du corps social », *Droit 1977,* Chro, p. 43 ; J-P Henry, « vers la fin de l'Etat de droit ? », in RDD 1977, p. 1207.

1245 P. D Effa-Messi, *La libéralisation des prix au Cameroun*, Mémoire de DEA droit public, Université Yaoundé II,2008, p. 13.

déconcentrer les structures et les actions publiques, à faire la chasse aux double emplois et aux dysfonctionnements des services publics et, plus précisément à rénover la gestion publique[1246].

Dans l'espace francophone d'Afrique, la déréglementation apparait comme la traduction juridique du recul de l'interventionnisme remis en cause par la conjonction de plusieurs facteurs, dont la crise économique et le triomphe du libéralisme. Elle s'inscrit dans le mouvement de grande ampleur de banalisation de la gestion publique, résultat d'une véritable tendance idéologique à voir dans le libéralisme et le marché les antidotes aux divers maux attribués aux contraintes administratives de l'interventionnisme public[1247]. Il s'agit de réagir contre l'omniprésence et l'omnipotence de l'Etat et de laisser libre cours aux lois du marché. La déréglementation postule alors le rejet ou la réduction des règles aménageant et limitant l'action des personnes privées dans l'économie. Elle laisse aux opérateurs économiques une plus grande marge d'action[1248]. Ce postulat se justifie par le fait que la réglementation est présentée comme faussant le libre jeu de la concurrence, gonflant les dépenses publiques et générant une bureaucratie stérile[1249].

En Afrique, la déréglementation fait suite à une longue période d'inflation réglementaire. Celle-ci s'est particulièrement manifestée dans le secteur des prix et de la télécommunication. C'est la raison pour laquelle la déréglementation sera singulièrement frappante dans ces secteurs.

Relativement à la déréglementation des prix, il faut dire que dans les Etats francophones d'Afrique, le régime des prix était particulièrement complexe. Dans la plupart des pays, les prix étaient contrôlés, homologués et surveillés. Les administrations financières exerçaient une forte pression sur les structures de prix. Cette rigidité des prix va être présentée comme cause des pénuries et du développement du commerce parallèle[1250]. C'est la raison pour laquelle, dans le cadre du programme d'ajustement, les Etats africains seront amenés à libéraliser les prix des produits de consommation[1251]. Cette libéralisation va se traduire, au Benin, par la libéralisation du marché du maïs,

---

[1246] J. Ph Colson et P. Idoux, *op cit.*, p. 281.
[1247] *Ibid., p.* 225.
[1248] J. Chevallier, « Les enjeux de la déréglementation », op *cit.*, p. 281.
[1249] M. Voisset, « Les mirages de la déréglementation », *Echanges et projets,* n° 43. 1983, p. 14.
[1250] P. Metougue Nang, « Réformes économiques et dynamisme des marchés en Afrique subsaharienne », *op cit.*, p. 29.
[1251] P. D Effa-Messi, *La libéralisation des prix au Cameroun, op cit.*

qui constitue le premier produit de consommation de ce pays[1252]. Elle aura pour but « *de garantir des prix bas au consommateur et des prix incitatifs aux producteurs* »[1253]. C'est le même souci qui a animé les autorités publiques malgaches pour libéraliser le marché du riz[1254].

En ce qui concerne le secteur des télécommunications, sa déréglementation sera une exigence forte des bailleurs de fonds internationaux. L'analyse qu'ils font est que la mauvaise gestion, les mauvaises prestations et la réduction de la couverture intégrale des Etas sont dues au monopole de ce secteur par l'Etat[1255]. Ils vont donc présenter la déréglémentation comme un gage de la performance et d'efficacité de ce secteur[1256]. C'est conformement à cette analyse que le Cameroun[1257] et la République Démocratique du Congo[1258] vont être amenés à déréglementer ce secteur.

On comprend en dernière analyse que la déréglementation dans les Etats d'Afrique francophone, se résume à l'abrogation des textes anticoncurrentiels et monopolistiques. Elle s'accompagne ainsi par la promotion de l'économie du marché.

## B-La promotion d'une économie de marché

Le mouvement de désétatisation en Afrique francophone va s'accompagner et se traduire par la promotion d'une économie de marché. Sous le coup des programmes d'ajustement structurel, les Etats de cet espace vont se voir obligés d'ouvrir leur marché à la concurrence en vue de favoriser l'initiative privée. Dans cette perspective, « *l'Etat n'est plus l'artisan exclusif*

[1252] A. Adegbidi et autres, *Dix ans de la libéralisation du marché du maïs au Bénin*, CDS, décembre 2003, 108P.

[1253] *Ibid., p. 5.*

[1254] C. Araujo Bonjean et J-P Azam, « La libéralisation du riz à Madagascar ou l'ajustement sans croissance », *Région et démocratie n°* 1, 2004. 22 p.

[1255] Banque Mondiale, Rapport sur le monde 1988.

[1256] Y. Mathlouthi et M. Bouhari, « Déréglementation des télécommunication et performances des opérateurs dans les pays en développement », in *Le Maghreb dans l'économie numérique*, Mihoub Mezouaghi (dir), IRMC, 2007, pp. 131-160.

[1257] Sur la déréglementation du secteur des télécommunications au Cameroun, lire utilement : G.M Pekassa Ndam, « La réforme du secteur des postes et télécommunications au Cameroun », *RSJ,* vol 1, Université de Yaoundé II, pp. 97 et s. ; R.G Mvogo, *La libéralisation du secteur de télécommunication au Cameroun : chronique juridique d'un processus complexe.* Mémoire de DEA en droit public, Université de Yaoundé II, 2004.

[1258] Sur la libéralisation des télécommunications en RDC lire : G Musimba Moneo, *De la libéralisation des télécommunications en RDC : analyse de la loi cadre n°013/ 2002 du 16 octobre 2002,* Mémoire de licence en Droit public, UPC 2010.

*du destin national* »[1259]. Conformément à la pensée néolibérale, les promoteurs de ce système économique justifient cette nécessité d'ouverture par le fait que l'économie du marché est un véritable catalyseur de la croissance et du développement économique[1260]. C'est ainsi que les Etats africains vont se mettre à adopter des politiques pour favoriser l'initiative privée. Aussi vont-ils faire des réformes importantes dans le but de créer un environnement de sécurité juridique favorable à l'investissement privé (1) et déterminer des mesures incitatives à l'investissement (2).

### 1-La création d'un environnement de sécurité juridique favorable à l'initiative privée

La question de la sécurité juridique revêt une importance capitale en économie. Elle se veut être le gage du développement économique, en ceci qu'elle est une condition de l'essor d'une économie de marché[1261]. Depuis un certain nombre d'années en effet, la preuve a été faite que le droit est un élément de la compétitivité nationale et donc de la prospérité économique. C'est dans ce sens que le Premier Président de la Cour de Cassation française Monsieur Canivet, soulignait que « *les mérites d'un système de droit s'apprécient à ses aptitudes à permettre la production et la circulation de la richesse, à favoriser le développement économique et l'intégration sociale et à assurer la sécurité juridique* »[1262]. Ainsi, si le droit est perçu comme un vecteur de la compétitivité économique, l'instabilité normative est source de contrainte de nature à freiner les initiatives économiques. C'est l'objectif de la sécurité juridique que de pouvoir offrir cette stabilité[1263].

L'insécurité juridique se présente comme un obstacle au développement économique, car les choix des opérateurs économiques sont gouvernés par la confiance. Selon Abbé Yao « *il n'y a pas d'investissement sans sécurité*

---

[1259] G. M Pekassa Ndam, « La consolidation de l'idéologie libérale dans le domaine des services publis au Cameroun », in Magloire Ondoa et Patrick E. Abané Engolo, *Les fondements du droit administratif camerounais*, Actes du colloque organisé à l'université de Yaoundé II les 3 et 4 novembre 2015, l'Harmattan, 2016, p.165.

[1260] J. Bouoiyour, « L'ouverture améliore-t-elle les performances économiques des pays du Nord ? l'exemple du Maroc », in *l'Année du Magrhreb*, Dossier : la fabrique de la mémoire, 2008. Pp. 459-468.

[1261] Sécurité juridique et initiative économique, Rapport du groupe de travail présidé par Henri de Castries et Nicolas Molfessis, Le Club des Juristes, Mare et Martin 2015. 360 p.

[1262] Discours de rentrée solennelle, janvier 2005, cité par A. Mazeaud, *La sécurité juridique et les décisions du juge*, Droit. Soc. 2006. P. 746.

[1263] Le lexique des termes juridiques 2015-2016 définit la sécurité juridique à cet égard comme un : « *principe du droit... selon lequel les particuliers et les entreprises doivent pouvoir compter sur une stabilité minimale des règles de droit et des situations juridiques* ».

*juridique. C'est dire de la confiance qu'on peut avoir dans le cadre juridique existant, dans les juridictions nationales en cas de conflit, etc. Et donc il faut la visibilité en termes de protection de l'investissement, ce qu'on appelle les clauses de stabilisation, qui font que les conventions ne soient pas remises en cause au gré des changements de régimes* »[1264].Les prises de décisions supposent alors un environnement stable et pérenne, lequel repose sur la sécurité juridique. Ce faisant, le lien entre cette sécurité juridique et le développement des initiatives économiques privées est incontestable. Bien plus, comme le souligne des auteurs, « *la sécurité juridique est, en termes de concurrence entre les économies, un enjeu de premier plan. Nul doute en effet qu'elle est un facteur essentiel d'attractivité des investissements étrangers* »[1265].

Conscients du fait que le développement d'un marché ouvert, compétitif et attractif passe par la sécurité juridique des opérateurs économiques, les Etats africains vont mettre sur pied des réformes structurelles poursuivant cet objectif.

Ces réformes qui vont être engagées pour assurer la sécurité juridique des opérateurs économiques et ce faisant permettre une certaine ouverture des marchés, seront d'abord d'ordre juridique. Les Etats d'Afrique francophone vont se mettre à toiletter leur législation et à édicter des textes favorables aux investisseurs ou à l'initiative économique privée. Ces réformes juridiques vont d'abord être perceptibles au niveau constitutionnel. C'est ainsi que les constituants de ces Etats vont consacrer, comme nous l'avons vu, des droits et libertés économiques de factures libérales à travers la reconnaissance du droit de propriété, de la liberté du commerce et d'industrie, de la liberté de concurrence… etc.[1266] D'autres constitutions vont aller plus loin, en consacrant d'une manière explicite le droit à l'investissement et la sécurité de celui-ci[1267]. Sur le plan législatif, l'on va observer le renforcement, dans tous les pays de l'espace francophone, du cadre législatif autour de l'investissement. C'est dans cette logique que la législation en matière du travail a été rendue plus adaptée

[1264] Cité par Jeune Afrique n°3621.

[1265] Sécurité juridique et initiative économique, *op cit.*, p. 27.

[1266] Voir notre Chapitre I et II de la première partie le titre I.

[1267] A titre d'exemple l'article 43 de la constitution algérienne prévoit que : « *la liberté d'investissement… est reconnue. Elle s'exerce dans le cadre de la loi. L'Etat veille à améliorer le climat des affaires. Il encourage, sans discrimination, l'épanouissement des entreprises au service du développement économique national* ».

à une économie de marché avec les réformes des codes de travail[1268]. Et surtout, l'adoption quasi générale des nouveaux code d'investissement pour favoriser les initiatives privées et la concurrence[1269].

Les réformes structurelles ayant pour objectif la sécurité juridique en vue de favoriser les initiatives privées, vont aussi se faire ressentir au niveau institutionnel. Ici, les Etats de l'espace francophone d'Afrique vont d'abord faire la promotion des reformes leur permettant de s'intégrer dans les instances et organisations économiques communautaires ou internationales en vue d'élargir les marchés et les tissus économiques par la densification des échanges, comme nous le verront[1270]. Cependant, il est nécessaire d'insister ici sur le fait que la volonté de renforcer la sécurité juridique sur le plan interne va se traduire par des reformes du système judiciaire de ces Etats. On le sait,la sécurité juridique des opérateurs économiques au sein des Etats passe par un « *système judiciaire efficace à même d'offrir toutes les garanties nécessaires aux investisseurs* »[1271]. Dans cette optique, le pouvoir judiciaire sera reformé et renforcé pour préserver son indépendance, la célérité des procédures et le respect des décisions de justice. Parallèlement, l'on verra la naissance des juridictions à caractère commercial tant au niveau des Etats[1272] qu'à l'échelle sous-régionale et le développement de l'arbitrage comme mode de résolution des litiges liés à l'investissement et au commerce[1273].

Les différentes reformes ainsi engagées vont participer à l'ouverture des marchés et ce faisant, vont sonner le glas de la présence de l'Etat dans la vie économique. Ce retrait sera favorisé par le fait que ces mêmes Etats vont mettre sur pied des mesures incitatives à l'investissement.

---

[1268] On a en RDC, la loi n°015/2002 du 16 octobre 2002 portant code du travail ; au Benin la loi n°98-004 du 27 janvier 1998 portant code du travail ; au Maroc on a la loi n° 65-99 de septembre 1999 relative au code du travail ; au Cameroun la loi n°92/07 du 14 aout 1992 portant code du travail…

[1269] On a au Cameroun, la loi n° 2017/ 015 du 12 juillet 2017 modifiant et complétant certaines dispositions de la loi n° 2013/ 004 du 18 avril 2013 fixant les incitations à l'investissement privé au Cameroun ; au Benin la loi n° 90-002 du 09 mai 1990 portant code d'investissement ; en RDC la loi n 02-04 du 21 février 2002 portant code d'investissement ; à Madagascar on a la loi n°2007-36 du 14 janvier 2008 sur les investissements ;

[1270] Voir notre chapitre II du Titre II de la deuxième partie.

[1271] G. Dufour, *Sécurité juridique et règle de droit : illustration en droit des contrats,* thèse de doctorat en droit, université de Lille II, 2005 ; p.123.

[1272] Les tribunaux de commerce en RDC créés par la loi n° 002/2001 du 03 juillet 2001.

[1273] Les codes d'investissement prévoient la possibilité du recours à un arbitre, il faut aussi dire que dans le cadre de l'OHADA il existe une chambre de réconciliation et d'arbitrage.

## 2-L'incitation aux investissements privés

La promotion d'une économie de marché selon les prescriptions des bailleurs de fonds internationaux devrait aussi se manifester par l'édiction des mesures incitatives à l'investissement privé. Comme le fait observer le professeur Magloire Ondoa, « *dans un système naguère interventionniste, la nécessité s'impose d'encourager les investissements au moyen de mécanismes juridiques* »[1274], et certainement par des facilités et des reformes diverses. Car les incitations à l'investissement économique ne se limitent pas seulement aux moyens juridiques. C'est pourquoi, ces incitations peuvent être définies, en s'appuyant sur la législation camerounaise comme étant des « *avantages particuliers accordés par les pouvoirs publics à une personne physique ou morale, résidente ou non résidente, en vue de la promotion et/ou du développement d'une activité donnée* »[1275]. Il s'agit donc des facteurs ou des circonstances qui amènent un investisseur à produire ou à investir dans un marché donné, que cet investisseur soit national ou étranger (IDE)[1276]. Ces incitations occupent une place importante dans le marché et en matière économique, au point où certains Etats ont investi constitutionnellement les pouvoirs publics à « *améliorer le climat d'affaires* »[1277].

L'attractivité des pays est aujourd'hui une composante importante de la politique économique en Afrique ; elle est au cœur des stratégies d'ouverture du marché et de promotion du développement. Avec la mondialisation de l'économie qui ouvre plusieurs possibilités aux investisseurs notamment étrangers, les opérateurs économiques sont de plus en plus courtisés. Les pays se retrouvent en situation de concurrence et mettent tout en œuvre non seulement pour attirer les investisseurs, mais aussi pour les retenir. Hind Ouguenoune écrit alors que : « *les Etats deviennent ainsi les promoteurs de leurs propres territoires afin de séduire les firmes multinationales dans un contexte de surenchère puisque les projets d'investissement sont en nombre limité et que les candidats à leur accueil ne cessent de s'allonger »*[1278]. Pour avoir une bonne part de ces investissements dont l'impact en matière de

---

1274 M. Ondoa, « Le droit public des Etats Africains sous ajustement structurel : le cas du Cameroun », *op cit.*, p ; 375.

1275 Art. 2 de la loi n° 2013/ 004 du 18 avril 2013 fixant les incitations à l'investissement privé au Cameroun

1276 Il s'agit de ce que l'on appelle communément les Investissements Directs Etrangers.

1277 Art. 43 de la Constitution d'Algérie.

1278 Hind Ouguenoune, *La politique de promotion et d'attraction de l'investissement en Algérie.* Thèse de doctorat en Science économie, Université de la Sorbonne nouvelle-Parsi II,2014. P. 6-7.

développement n'est plus à démontrer, les Etats d'Afrique francophone vont mettre en œuvre des politiques économiques incitatives.

Les stratégies mises sur pied par les Etats d'Afrique francophone pour favoriser l'investissement, sont nombreuses et diverses selon les Etats considérés. Mais tout au moins l'on peut noter des politiques transversales, c'est-à-dire communes à ces Etats. L'une des stratégies qu'ils ont mises sur pied en vue d'attirer les investisseurs privés est d'ordre fiscal.

Depuis le début des années 1990, l'on observe que les Etats africains sont en train de prendre des mesures fiscales incitatives en faveur des investisseurs. Ces mesures concernent des avantages en termes d'impôts, taxes et/ ou droits de douanes. D'abord les avantages fiscaux ; ceux-ci ont été importants ces derniers temps en Afrique et concernaient *in globo* : les modifications du régime de la TVA sur l'investissement, les modifications du taux d'imposition du bénéfice des sociétés, la mise en place des déductions fiscales pour investissement et des exonérations diverses[1279]. On remarque aussi l'institution de mesures favorisant l'amortissement dégressif[1280]. Celui-ci est accordé aux investissements que l'Etat veut promouvoir. Ces avantages fiscaux se justifient, selon le mot d'André Siaka, par le fait que : « *la fiscalité d'un pays ne doit pas avoir pour seule finalité les finances publiques, c'est-à-dire remplir les caisses de l'Etat; la fiscalité doit avoir un aspect de développement, c'est-à-dire permettre que les entreprises progressent ; car si les entreprises ne se développent pas il n'y aura pas de recettes pour l'Etat* »[1281].

De plus, les Etats africains afin de favoriser les investissements, ont mis en œuvre des politiques excitatives à l'importation et à l'exportation. C'est dans ce souci que ces Etats vont supprimer des mesures prohibitives et de contingentement à l'importation et à la protection des secteurs économiques[1282]. Certains tarifs douaniers vont être aussi supprimés. A défaut, dans plusieurs Etats, il y aura simplification et réduction des tarifs douaniers

---

[1279] G. Chambas, *Fiscalité et developpement en Afrique subsaharienne,* Ministère de la Copération-Economica, Mars 1994, P. 50 et s.

[1280] M. Ondoa, « Le droit public des Etats Africains sous ajustement structurel : le cas du Cameroun », *op cit.,* p ; 395.

[1281] Interview de Cameroun Tribune n°7823/4112, 28e année, mercredi 9 avril 2003, p.2.

[1282] J. Cockburn, B. Decaluwé et I. Fofana (dir), *Libéralisation commerciale et pauvreté en Afrique*. CRDI, PUL, 2010, pp. 22-23.

notamment avec leur intégration dans des communautés économiques ou la signature de plusieurs accords de libre-échange[1283].

Toujours dans le souci de créer un environnement attractif, les Etats de l'espace francophone africain vont adopter des politiques de simplification administrative. C'est dans cet esprit que le système de la simple déclaration préalable se substitue au système rigide d'autorisation préalable en matière de création d'entreprise[1284]. On assiste aussi partout à la simplification des procédures relatives à l'exercice des activités commerciales. Les contrôles *a priori* étant remplacés par des contrôles a posteriori. Dans la même logique de la recherche de la simplification, ces Etats vont créer des *« guichet uniques »*[1285] pour favoriser la création des entreprises.

Somme toute, le recul de l'Etat du secteur économique en Afrique francophone apparait comme la résultante de l'échec des politiques interventionniste et le triomphe de l'idéologie libérale qui va connaitre un succès retentissant grâce aux programmes d'ajustement structurel. De façon concrète, ce recul va se traduire par les phénomènes de privatisation et de déréglementation d'une part, et l'ouverture des marchés africains à l'initiative privée d'autre part. Toutefois, le recul de l'Etat de la sphère économique ne signifiant pas la mort de celui-ci, l'Etat va maintenant mener des actions plus indirectes que directes dans les économies, on dira alors que son rôle a été redimensionné.

## Section II : L'émergence de nouvelles formes d'intervention économique de l'Etat

Le recul de l'Etat dans le domaine économique, sous les effets conjugués de la crise de l'interventionnisme et le triomphe du libéralisme économique, signifiait-il véritablement le désengagement de l'Etat dans les économies, au sens du « *décès* », ou constituait-il simplement le remodelage ou le redimensionnement de l'action économique publique ? C'est la seconde hypothèse qui doit être privilégiée, lorsqu'on sait que l'idéologie libérale prône seulement le repli de l'Etat pour accorder aux individus une plus grande marge d'action. Au contraire du marxisme qui postulait la mort de l'Etat, le

[1283] *Ibid.*

[1284] P. Metougue Nang, « Réformes économiques et dynamisme des marchés en Afrique subsaharienne », op cit., p. 26.

[1285] Des guichets uniques de création d'entreprise ont été créés, en RDC, au Cameroun, en Côte d'ivoire, à Madagascar…

libéralisme économique n'est pas le chantre de sa mort, mais veut le repositionnement de l'Etat. Donc, il faut moins d'Etat pour mieux d'Etat. Autrement dit, un redimensionnement du rôle économique des personnes publiques. Sous ce rapport, la présence de l'Etat n'est plus très marquée dans le domaine économique. Ce faisant, « *les modes d'action directe sont désormais moins privilégiés, que ceux indirects, à travers lesquels la puissance publique oriente, soutient, organise et accompagne les activités économiques même lorsqu'elle les externalise* »[1286]. Dans cette situation, on assiste à l'émergence de deux figures prépondérantes de l'Etat dans le domaine économique, comme Janus biface : l'Etat régulateur (Paragraphe I) et l'Etat partenaire (Paragraphe II). Ces deux figures manifestant le nouveau rôle économique de l'Etat se voient dans les économies africaines.

## Paragraphe I : L'Etat régulateur

La montée en puissance progressive de la figure de l'Etat régulateur dans l'espace francophone d'Afrique est une traduction du repli de l'Etat interventionniste, et l'émergence de ce que Jacques Chevallier appelle justement « *l'Etat post-moderne* »[1287] marqué selon les expressions de cet auteur, par le remplacement de l'Etat pilote[1288]. Pour emprunter une métaphore sportive, l'Etat régulateur dans la sphère économique est la résultante de la contestation du rôle d'Etat joueur, qui va se repositionner en arbitre sans pour autant qu'il ne soit réduit en spectateur. L'Etat régulateur est cette forme d'Etat dont le rôle en économie est l'arbitrage ou la recherche des grands équilibres.

La notion de régulation, traduction en langue française du vocable anglo-saxon « *regulation* », est née dans le domaine scientifique et technique[1289], avant de quitter ce rivage pour gagner celui de la politique économique ou des sciences sociales. En matière économique, la régulation désigne « *l'ensemble des techniques qui permettent d'instaurer et de maintenir un équilibre économique optimal qui serait requis par un marché qui n'est pas capable en lui-même de produire cet équilibre* »[1290]. Dans son acception générale, elle fait référence à « *l'ensemble des opérations consistant à concevoir des règles, à en superviser l'application ainsi qu'à donner*

---

[1286] J-Ph Colson et P. Idoux, *Droit public économique,* Paris, LGDJ, 5 éd ; 2010, p. 218.

[1287] J. Chevallier, l'E*tat post moderne*, LGDJ, Droit et Société, Série politique n° 35, p. 55 et s.

[1288] J. Chevallier, « L'Etat régulateur », *RFAP* 3/220 n° 111, p. 473 et s.

[1289] Dans ces domaines la régulation se définit comme « *l'ensemble des mécanismes qui permettent le maintien de la constance d'une fonction » (Larousse).*

[1290] B. Du Marais, *Droit Public de la régulation économique*, Presses de Sciences Po et Dalloz, Coll. « Amphi ». p. 483 et s.

*instruction aux intervenants et régler les conflits entre eux lorsque le système est perçu par eux comme incomplet ou imprécis* »[1291]. Malgré la généralité de cette dernière définition, ces deux conceptions de la régulation intéressent le rôle de l'Etat en économie.

Ainsi, l'Etat régulateur apparait comme un Etat qui encadre les conduites des différents opérateurs économiques, en ajustant au mieux les divers intérêts en présence pour assurer l'ordre social et le bien-être optimal. Dans cette logique, l'on constate que les modes traditionnels de régulation que sont la réglementation et la résolution des litiges s'accompagnent de nouvelles méthodes utilisées pour rétablir et maintenir les équilibres souhaités entre les diverses composantes de l'intérêt général et le caractère généralement privé des acteurs intervenants sur des marchés ouverts. Cette régulation peut être ex ante ou ex post[1292] et donc intéresser tout le marché, on dira alors que la régulation est transversale (A) ou un secteur donné, cette régulation sera sectorielle (B).

## A-La régulation transversale du marché

L'adoption d'un système économique libéral par les Etats africains a entrainé, comme on l'a vu, l'ouverture des marchés de ces Etats. Cette ouverture des marchés, ou encore liberté des marchés, est, dans le contexte libéral, caractérisée par un postulat théorique, à savoir l'autorégulation du marché par une main invisible qui, sur le plan de la réalité, n'est pas vérifiable et peut entrainer de nombreuses dérives dans le fonctionnement des activités économiques. L'expérience a montré que la structure et l'équilibre des marchés ne sont pas immuables[1293]. Tout indique que la loi du marché ne parvient pas toujours au but qui lui a été assigné par la théorie économique : la meilleure allocation des ressources et la bonne compétition économique[1294]. Ces insuffisances du marché à l'état de nature, nécessitent donc une intervention

[1291] *Ibid.*

[1292] Sur la question de la régulation ex ante ou ex post, lire l'excellent article de M. A Frison-Roche, « Le couple ex ante-ex post justification d'un droit propre et spécifique de la régulation », in *Droit et économie de la régulation,* Presses de Sciences Po et Dalloz, 2006, pp. 33-49.

[1293] C. Lucas de Leyssac, G. Parleani, *Le droit du Marché,* PUF, coll. « Thémis », 2002, p. 693. Dans cet ouvrage les auteurs constatent que « *L'ouverture internationale ainsi que la mondialisation ont accentué l'instabilité des marchés nationaux. Le niveau général de concurrence tend à s'élever. Ce vaste mouvement de décloisonnement des marchés a bouleversé la donne économique, en même temps qu'il a induit de nouveaux comportements de la part des entreprises qui ont vu s'ouvrir à elles de nouvelles perspectives …* ».

[1294] Azeddine Lamnini, *Notion et régulation de l'abus de puissance économique,* Mémoire de DESA, Université Sidi Mohammed Ben Addellah, 2008.

de l'Etat dans le cadre de la régulation pour assurer les équilibres que la loi du marché n'a pas pu préserver et sauvegarder l'essentiel.

Le marché économique libéral étant fondé sur la compétition entre les opérateurs économiques, l'intervention de l'Etat dans le marché a d'abord pour but de sauvegarder la liberté de concurrence qui est l'âme de ce marché économique (1). La liberté de marché ne se conçoit pas aussi sans la liberté contractuelle[1295], qui elle-même, pour prospérer, nécessite un environnement concurrentiel[1296]. C'est dans ce contexte qu'apparait le consommateur qui va, par les moyens contractuels, entrer en relation avec les opérateurs économiques concurrents. Dans cet environnement, celui-ci doit être protégé, parce que fragile, c'est du rôle de l'Etat que de lui fournir cette protection en tant que régulateur (2).

## 1-La sauvegarde de la concurrence

La régulation est un concept qui est intrinsèquement lié à la notion de concurrence. A ce propos la régulation est généralement présentée comme l'ensemble des mécanismes par lesquels l'Etat ou même certaines organisations d'intégration économique organisent les rapports et la compétition économique entre les professionnels que sont par exemple les entreprises ou les commerçants qui se disputent une clientèle[1297]. Il s'agit de rechercher une situation d'équilibre économique optimal qui ne peut se réaliser que dans un contexte de concurrence pure et parfaite[1298]. Dans cette logique, la régulation a pour but d'instaurer et de préserver cette concurrence. Concrètement, il s'agit de favoriser l'entrée sur le marché des nouveaux opérateurs, de lutter contre les distorsions de la concurrence, notamment les abus de position dominante voire de limiter les situations de monopole[1299].

La nécessité pour l'Etat de réguler la concurrence provient donc des méfaits du fonctionnement naturel des mécanismes concurrentiels. Le fait est

---

[1295]*« Ainsi, le plus rudimentaires des échanges économiques ne se réalisent pas sans contrat. Le fait économique se repose sur une construction juridique qui, pour rester sous-jacent au rapport de marché lui donne la sécuritéque tous les opérateurs attendent de l'organisation juridique des rapports économiques »*. C. Lucas de Leyssac, G. Parleani, *Le droit du Marché, op cit.*

[1296] M.A Frisson-Roche et M.S Payet, *Droit de la concurrence*, Dalloz, 2006. P. 23.

[1297] Rapport 2002 de l'OMC, « *Marché et concurrence globalisation et transparence* », p.21.

[1298] B. Du Marais, *Droit Public de la régulation économique*, Presses de Sciences Po et Dalloz, Coll. « Amphi ». p. 482 et s.

[1299]Djibril Welle, *La consécration d'une véritable notion juridique de régulation au sein de l'UEMOA et de l'UE,* Mémoire de Master droit de l'intégration et de l'OMC 2007, université Cheikh Anta Diop de Dakar. P. 3.

que les rapports économiques sont par nature des rapports de force. L'ordre économique, le marché n'est ni juste ni injuste[1300]. Marquée par l'affrontement et l'agressivité[1301], la compétition économique conduit inéluctablement à la disparition des opérateurs moins performants[1302]. Il en résulte « *une tendance naturelle à la concentration de l'offre qui à son tour, est susceptible de faire disparaitre toute concurrence, puisque seul survivra l'opérateur le plus performant qui se trouvera affranchi de toute concurrence* »[1303]. Une telle situation peut donner à l'opérateur économique une puissance économique importante dont l'exercice abusif peut entrainer plusieurs conséquences préjudiciables à l'économie, voire même à l'Etat[1304].

Imprégnés de cette réalité selon laquelle livrer l'économie aux seules règles du marché ou du moins réduire drastiquement le rôle de l'Etat, peut provoquer un dysfonctionnement grave des mécanismes concurrentiels, les Etats africains vont mettre sur pied des règles et des autorités chargées de réguler la concurrence. Dans un pays comme le Maroc, la régulation par l'Etat de la concurrence a un fondement constitutionnel net, au contraire des autres Etats où celle-ci vient des dispositions traitant de la garantie de la liberté de commerce, et de la liberté de concurrence par l'Etat. A cet égard, l'article 36 de cette constitution habilite les pouvoirs publics à prévenir « *l'abus de position dominante et de monopole, et toutes les autres pratiques contraires aux principes de la concurrence libre et loyale* ». De façon générale les Etats africains disposent d'une législation abondante et diversifiée concourant à la préservation de la concurrence sur leurs territoires[1305]et ont créé des autorités en charge de ces questions[1306]. Il faut aussi souligner que cette sauvegarde

---

1300 M-S Payet, *Droit de la concurrence et de la consommation*, Th. Dalloz, 2001, n° 63, p. 117.

1301 Dans de nombreuses études récentes, centrées sur les grandes entreprises, il est démontré que les entreprises les plus performantes sont celles qui se comportent de façon agressive avec leurs concurrents. Voir par exemple F. Le Roy, « *Agressivité concurrentielle, taille de l'entreprise et performance* », Xème conférence de l'association internationale de management stratégique, 2001, p. 10.

1302M. A Frisson-Roche et S. Bonfils, *Les grandes questions du droit économique*, Dalloz, 2006. p. 358

1303*Ibid.*

1304 Sur les abus de la puissance économique lire : Azeddine Lamnini, *Notion et régulation de l'abus de puissance économique, op cit.*

1305 Au Cameroun on a la loi n°98/013 du 14 juillet 1998 relative à la concurrence, au Maroc on la loi loi n°06-99 sur la liberté des prix et de la concurrence ; au Bénin on à la loi n°2010/ 06 portant régime juridique de la Concurrence ; à Madagascar on a la loi n°

1306 Au dela des ministères en charge des questions de concurrence dans ces Etats, il existe des organismes dédiés à la préservation de cette liberté. Au Cameroun, la Commission nationale de la concurrence ; au Maroc un conseil de la concurrence, au Bénin il existe une commission de la concurrence

dépasse le cadre de la seule législation nationale pour intégrer celle communautaire et même internationale, comme nous le verrons[1307].

La régulation de la concurrence par les Etats en Afrique participe ainsi en dernière analyse à rationnaliser la concurrence et à faire en sorte que le pouvoir économique ne soit pas en marge du droit[1308], car si la liberté de concurrence est essentielle pour les opérateurs économiques parce que c'est d'elle que procèdent l'initiative, l'innovation et le succès final de l'entrepreneur, et profite à la collectivité, cette liberté ne doit pas être absolue. Puisqu'elle n'est reconnue aux opérateurs que pour autant qu'elle contribue au bon fonctionnement du marché.

Ainsi, la régulation constitue un nouveau mode d'intervention de la puissance publique dans les secteurs où l'Etat entreprend la construction du marché et doit garantir la fourniture du service. C'est aussi pour cela que la régulation étatique intègre la protection des consommateurs.

## 2-La protection du consommateur

La libéralisation des marchés économiques en Afrique francophone, a développé la liberté de commerce et de la concurrence dans cet espace. Ceci va d'abord déboucher sur une libéralisation des échanges des biens et services, voire une libre circulation des capitaux. Cette libéralisation très poussée, a ensuite comme autres conséquences directes l'intégration économique qui met parallèlement en relation les consommateurs de divers horizons face aux professionnels, ce qui inéluctablement peut entrainer des abus de la part de ces derniers à l'égard des consommateurs[1309]. Ces abus peuvent résulter notamment du développement des pratiques anticoncurrentielles susceptibles de restreindre la liberté de choix de produits et services, d'entrainer une augmentation injustifiée des prix et aussi d'engendrer un risque d'insécurité sanitaire des produits et services offerts sur le marché[1310].

Le concept de consommateur qui a entrainé le mouvement du consumérisme a été défini de façon générale pour la première fois par le Président Kennedy, lors d'un discours en 1962 devant le congrès américain,

---

1307 Chapitre II, du Titre II de cette partie.

1308 Azeddine Lamnini, *Notion et régulation de l'abus de puissance économique, op cit.*, p. 12.

1309 Ibrahim Zoungrana, *Réflexion autour de la protection des consommateurs de la zone UEMOA dans la perspective d'intégration économique communautaire : Etude comparative avec le droit européen (Français),* Thèse de doctorat droit public, Université de Perpignan, 2006, p.26.

1310 Ibid.

par une formule lapidaire : « *Les consommateurs, nous tous, par définition* »[1311]. A part cette définition, il n'existe pas une définition standard du consommateur, mais celui-ci apparait comme *« toute personne physique ou morale qui achète ou offre d'acheter, utilise ou est bénéficiaire en tant qu'utilisatrice finale, d'un bien, service ou technologie quelle que soit sa nature publique ou privée, individuelle ou collective des personnes ayant produit, facilité leur fourniture ou leur transmission* »[1312]. Cette définition fait ressortir clairement que le consommateur peut être une personne morale au même titre qu'une personne physique, et intègre la dimension technologique dans le bien ou service consommé. Celui-ci se distingue du professionnel qui est *« la personne qui exerce habituellement une activité de production, de distribution ou de prestation de services, proposés à autrui afin de les lui faire acquérir »*[1313].

La régulation du marché par la protection du consommateur part des rapports économiques déséquilibrés entre le consommateur et le professionnel. Dans ceux-ci, le consommateur n'est rien d'autre que la partie faible qu'il convient de protéger. Cette protection a pour objectif de préserver la liberté de choix des produits et des professionnels, les intérêts économiques, la qualité et la sécurité sanitaire des produits, la santé et le bien-être des consommateurs et l'équilibre des contrats. Ainsi l'Etat, régulateur en matière de protection du consommateur, va se déployer pour protéger les intérêts économiques de celui-ci grâce à la réglementation de la concurrence et par la régulation des contrats de consommation[1314].

Les Etats de l'espace francophone d'Afrique, se sont arrimés au mouvement de protection des consommateurs récemment. Malgré cela, conscients de la nécessité de « *protéger le faible contre le puissant, le profane contre le mieux informé* »[1315], ils ont développé des mécanismes juridico-

---

[1311] Voir Y. Picod et H. Davo, *Droit de la consommation*, 2ème ed, SIREY, 2010, p. 2.

[1312]Cette définition est tirée du Règlement n°007/2007/CM/UE/MOA relatif à la sécurité sanitaire des végétaux, des animaux et des aliments dans l'UEMOA, chapitre préliminaire, p.4. Cité par Ibrahim Zoungrana, Réflexion *autour de la protection des consommateurs de la zone UEMOA dans la perspective d'intégration économique communautaire : Etude comparative avec le droit européen (Français), op* cit., p.8.

[1313] G. Taormina, *Théorie et pratique de la consommation : aspects généraux et contrats spéciaux*, PUAM, 2004, p. 74.

[1314] Ibrahim Zoungrana, *Réflexion autour de la protection des consommateurs de la zone UEMOA dans la perspective d'intégration économique communautaire : Etude comparative avec le droit européen (Français), op cit., pp. 26 et 182.*

[1315] G. Cas, « Les techniques de protection du consommateur en régime occidental », *Revue d'études comparatives Est-Ouest*, 1976, p. 162.

institutionnels de protection du consommateur. Ces mécanismes ont d'abord pour objectif de protéger le consommateur contre les risques encourus lorsqu'il achète un produit. C'est ainsi que le contrôle des produits et services, le contrôle des techniques de commercialisation et le contrôle des prix se sont développés dans ces espaces[1316]. Ces différents contrôles sont renforcés par des lois et institutions en charge d'opérer la protection des consommateurs dans les Etats considérés.

Relativement à la législation, l'on observe dans les Etats d'Afrique francophone une prolifération des lois visant à protéger le consommateur[1317]. C'est dans cette optique que l'on a pris des mesures pour réglementer la concurrence, car la protection du consommateur passe d'abord là[1318]. Cependant, l'on observe beaucoup plus la protection des consommateurs au niveau de la régulation des contrats de consommation en Afrique. A cet égard, il convient de faire observer que le contrat de consommation est par essence une convention entre un contractant supposé être en situation d'infériorité, c'est le consommateur, et un autre dans une position de supériorité, le professionnel. Pour éliminer ce déséquilibre, les législations de ces Etats ont mis à la charge des professionnels un certain nombre d'obligations. C'est ce que l'on peut voir en matière de vente électronique[1319]ou de contrat d'assurance. Même comme il faut signaler que dans ce dernier domaine la législation communautaire semble prendre le pas sur les législations nationales[1320].

En outre, au niveau institutionnel, l'on peut remarquer le développement important des institutions et organisations en charge de protéger les consommateurs. Si cette protection est d'abord perceptible par la prolifération des associations des consommateurs[1321], les Etats africains ont aussi mis des

[1316] Ces contrôles s'opèrent dans ces pays par des administrations en charge du commerce ou de l'industrie. Il faut aussi signaler l'existance des agences chargées de la norme dans ces Etats.

[1317] Au Bénin on a la loi n° 2007/21 du 16 octobre 2007 portant protection du consommateur ; au Cameroun on a la loi cadre n°2001/012 du 6 mai 2011 portant protection du consommateur, à Madagascar on à la loi n°2015-014 sur les garanties et la protection des consommateurs ;

[1318] Ibrahim Zoungrana, *Réflexion autour de la protection des consommateurs de la zone UEMOA dans la perspective d'intégration économique communautaire : Etude comparative avec le droit européen (Français), op cit., pp. 26*

[1319] Au Cameroun on a la loi n° 2010/021 du 21 décembre 2010 régissant le commerce électronique ; au Niger on a la loi n°2018-45 du 12 juillet 2018 portant réglementation des communications électroniques.

[1320] La Code CIMA régit le marché des assurances dans certains pays d'Afrique.

[1321] Il existe plusieurs associations des consommateurs dans les Etats d'Afrique francophone. Pour ne prendre que le cas du Cameroun on peut citer, la Ligue camerounaise des consommateurs, l'association camerounaise pour la défense des consommateurs… etc.

agences en charges du contrôle de la qualité et des normes en matières de biens et services[1322].

A travers ces différents mécanismes de contrôle, on se rend compte que les Etats francophones d'Afrique interviennent toujours dans le jeu économique, soit pour sauvegarder la concurrence, soit pour protéger le consommateur. Ces mécanismes agissent sur tout le marché. Il existe d'autres mécanismes et domaines de régulation par ces Etats, mais d'ordre sectoriel.

## B-La régulation sectorielle

La libéralisation du marché dans l'espace francophone d'Afrique, a induit des changements dans les modes de régulation du marché dans certains secteurs d'activités à la croisée des systèmes de régulation traditionnelle et d'approches inspirés du droit de la concurrence. Le fait ici est que la régulation par la concurrence n'est pas efficace et efficiente dans certains secteurs d'activités au regard de leurs spécificités. C'est dans ce cadre que s'inscrit la régulation sectorielle ou régulation *ex ante,* qui est une forme de régulation spécialisée dans une industrie donnée et caractérisée par des pouvoirs plus étendus en termes de variables pour le régulateur[1323]. Cette « *régulation asymétrie* » se justifie lorsque le droit de la concurrence n'est pas capable de remédier à lui seul à des défaillances persistant dans un marché donné[1324]. Ainsi, pour qu'un marché puisse faire l'objet d'une régulation sectorielle, il faut notamment que les instruments du droit de la concurrence ne soient pas suffisants pour juguler les dysfonctionnements de ce marché[1325].

Depuis le mouvement qui a entrainé « le *déclin de l'Etat providence* »[1326] en Afrique, et la venue d'un « *Etat modeste* »,[1327] dont la fonction est d'assurer avant tout la préservation des grands équilibres économiques et sociaux, l'on

---

[1322] On peut citer l'ANOR (Agence des Normes et de la Qualité) au Cameroun ; l'ANMBenin (L'Agence Nationale de Normalisation de Métrologie et du contrôle de qualité au Bénin ; l'AVCN (l'Agence de Vérification de Conformité aux Normes) au Niger.

[1323] Ph. Choné, « Droit de la concurrence et régulation sectorielle. Entre ex ante et ex post », in M.A Frisson-Roche (dir), *Droit et économie de la régulation*, Presses de Sciences Po et Dalloz, 2006, p.49.

[1324]M. A Frison-Roche, « Le couple ex ante-ex post justification d'un droit propre et spécifique de la régulation », in *Droit et économie de la régulation, op cit.,* 33-49.

[1325] A. Perrot, « La frontière entre régulation et politique de la concurrence », *RFD* éco. Vol XVI.n°4, avril 2002, p.85.

[1326] J ; Chevallier, « *Le modèle politique du contrat dans les nouvelles conceptions de* régulation »in M.A Frisson-Roche (dir), Droit et économie de la régulation, op cit., p.142.

[1327] Ibid.

voit se développer de plus en plus cette forme de régulation. Sa mise en œuvre dans les Etats africains (2) trahit sa pertinence (1).

## 1-La pertinence d'une régulation sectorielle

La régulation sectorielle ou spécialisée occupe une place importante aujourd'hui dans la volonté des Etats de réguler les activités économiques[1328]. Celle-ci, contrairement à la régulation par la concurrence qui cherche simplement à sauvegarder la liberté de concurrence, va au-delà et recherche « *un équilibre entre la réalisation de la concurrence et la poursuite de finalités non économiques* »[1329]. Ce faisant, la régulation sectorielle a un double objectif. Il s'agit d'une part de supprimer les barrières à l'entrée ainsi que l'accès privilégié d'une entreprise à des moyens de production rares, et d'attribuer les ressources aux entreprises pour en faire l'usage le plus efficace[1330]. Elle participe d'autre part à imposer aux entrepreneurs des « *externalités* », qui sont des finalités qui ne sont pas en principe directement ni spontanément prises en charge par les opérateurs économiques.

Pour ce faire, la régulation va se déployer pour assurer la bonne ouverture du marché dans le secteur concerné. Elle va aussi garantir la préservation des rapports concurrentiels sains entre les opérateurs économiques de ce secteur et l'application de la réglementation en vigueur. En outre, dans le souci de garantir les « *extranéités* », la régulation va viser la prise en compte du développement durable, la protection des salariés et des consommateurs des biens et services du secteur. Elle va s'assurer dans la même lancée de la qualité du service, spécialement pour les services organisés en réseaux, de la préservation de l'ordre public et de la présence du service sur l'étendue du territoire[1331].

Ces considérations ont fait que la Cour Suprême des Etats-Unis rappelle clairement que les objectifs de la régulation sectorielle et la régulation de la concurrence ou transversale sont distincts et ne doivent pas être confondus[1332]. La régulation sectorielle est volontariste, puisqu'elle vise à supprimer les monopoles, la régulation par la concurrence se contente de prohiber les

[1328] Lire à ce propos M.A Frisson-Roche (dir), *Droit et économie de la régulation*, Presses de Sciences Po et Dalloz, 2006, 261 p.
[1329] J.Ph. Colson et P. Idoux, *Droit public économique*, op cit., p. 533.
[1330] A. Perrot, « *la frontière entre régulation et politique de la concurrence* », *RFD éco.* Vol XVI.n°4, avril 2002, p.82-84.
[1331] J.Ph. Colson et P. Idoux, *op cit.,* p. 534.
[1332] C.S des Etats-Unis, United states vs terminal Railroad

tentatives illicites de « *monopolisation* »[1333]. Le volontarisme de la « *régulation asymétrie* », traduit la logique qui consiste à imposer des contraintes particulières aux détenteurs d'un monopole, de façon à faciliter la concurrence[1334].

Avec le mouvement de libéralisation en Afrique francophone qui va amener les Etats de cet espace à ouvrir leur marché dans des secteurs stratégiques et importants dont ils disposaient jusque-là d'un monopole, la nécessité d'une régulation sectorielle va s'imposer. Il faut dire à cet égard que l'Etat en Afrique, contrairement aux Etats Unis, reconnaissait la doctrine des infrastructures ou secteurs essentiels, sur lesquels celui-ci exerçait un monopole ou du moins un oligopole. Ces secteurs comportant souvent des éléments de service public ou universel dont les principes de fonctionnement se sont trouvés modifiés par les règles de concurrence, il sera alors nécessaire d'avoir un système de régulation plus extensif.

De nombreux secteurs essentiels vont donc voir leurs activités surveillées conjointement par une instance de régulation spécifique, généralement en charge de la transition vers un régime plus concurrentiel, et par des autorités de la concurrence classique à vocation générale controlant la conformité des pratiques des entreprises avec les règles de la concurrence. C'est alors que se pose le problème de la mise en œuvre de la régulation sectorielle.

## 2-La mise en œuvre de la régulation sectorielle

La mise en œuvre de la régulation sectorielle est généralement opérée à titre principal par un régulateur spécialisé différent des autorités de la concurrence traditionnelle[1335]. Toutefois, du fait de son caractère transitoire, la régulation sectorielle mobilise en même temps l'autorité de la concurrence classique qui va agir à titre subsidiaire à côté du régulateur spécialisé[1336]. Cette spécialisation du régulateur provient de fait qu'une capacité d'expertise hautement qualifiée dans le domaine d'activité concerné, est souvent nécessaire pour le régulateur afin que puissent être correctement quantifiés les

[1333] Ph. Choné, « Droit de la concurrence et régulation sectorielle. Entre ex ante et ex post », in M.A Frisson-Roche (dir), *Droit et économie de la régulation*, Presses de Sciences Po et Dalloz, 2006, p.49.
[1334]Ibid.
[1335] Ph. Choné, « Droit de la concurrence et régulation sectorielle. Entre ex ante et ex post », op cit., p.49_52.
[1336] Ibid.

charges et les avantages de chacun sur le marché, et que les mesures opportunes soient bien évaluées pour générer et garantir une réelle égalité de chance entre les entreprises en concurrence[1337]. Le régulateur sectoriel doit, sous ce rapport, chercher à faire des dosages subtils entre égalité formelle de traitement des opérateurs concurrents et discrimination compensatoire liée à la prise en considération des charges et avantages de l'opérateur historique. C'est ce que l'on désigne souvent par l'expression « *régulation asymétrique* ».

La garantie d'une certaine indépendance des pouvoirs politiques ou d'autres groupes de pression contribue aussi à renforcer le capacité d'engagement du régulateur sectoriel[1338]. D'une manière concrète, le régulateur sectoriel peut être inséré dans la hiérarchie administrative et non indépendante, du moment où les opérateurs intervenant dans le marché qu'il doit réguler ne sont pas directement liés à une personne publique placée sous son autorité. En revanche, lorsqu'un opérateur est une entreprise publique, il est nécessaire que le régulateur soit une autorité administrative indépendante[1339].

Dans les Etats d'Afrique francophone, il existe plusieurs types de régulateurs sectoriels selon les secteurs donnés et les Etats considérés. Ceux-ci se présentent généralement comme une agence spécialisée rattachée à une administration ou comme une autorité administrative indépendante[1340]. Ils permettent à l'Etat de réguler certains secteurs délicats, ayant des incidences importantes sur l'économie. Les secteurs des télécommunications et de la banque sont emblématiques à cet égard.

Dans le secteur des télécommunications, il convient de signaler que les Etats d'Afrique francophone dans leur ensemble ont rejoint la tendance générale du développement des télécommunications qui s'est dessinée dans le monde.[1341] L'on peut noter que dans ces Etats les télécommunications, après

[1337] J.Ph. Colson et P. Idoux, *Droit public économique*, op cit., p. 535.
[1338]P. Rey, « Rôle et place des engagements dans les systèmes de régulation », in M.A Frisson-Roche (dir), *Droit et économie de la régulation*, Presses de Sciences Po et Dalloz, 2006, p.21.
[1339] C. Crampes, « Les outils des régulations économiques ex ante et ex post », », in M.A Frisson-Roche (dir), *op cit.,* p.129 et s.
[1340] Ces deux configurations existent dans les Etats d'Afrique francophone, ainsi par exemple l'organe de régulation des télécommunications de la RDC est rattaché à la présidence selon la loi n°14/2002 du 16 octobre 2002 qui la crée, en revanche celui du Cameroun une est autorité indépendante selon la loi n°2010/013 du 21 décembre 2010 qui l'institue et le décret n° 2012/203 du 20 avril 2012 qui l'organise.
[1341] Lire à ce propos, G. Kibong A Mira, *Régulation du marché des télécommunications en Afrique : l'exemple du Cameroun*. Ed. L'Harmattan. 2011.

avoir été pendant longtemps le monopole de l'Etat, gérées par l'administration publique ou par des entreprises publiques, ont connu successivement une déréglementation, une privatisation, ou l'on a octroyé des licences d'exploitation au privé, toutes choses qui ont engendré une concurrence appelant de plus en plus une régulation spécialisée. Le même mouvement s'est observé dans le secteur bancaire[1342]. De fait, pendant longtemps, l'activité bancaire a été menée quasi exclusivement par les Etats. Depuis le début des années 1990, l'on observe une libéralisation importante de ce secteur avec un foisonnement des banques privées.

Afin de réguler ces secteurs d'activité, les Etats d'Afrique francophone se sont appuyés sur des régulateurs spécialisés. Dans le secteur des télécommunications, l'ouverture des marchés s'est accompagnée de la création des agences de régulation des télécommunications à l'instar de l'agence française éponyme[1343]. C'est ainsi qu'au Maroc[1344], à Madagascar[1345], au Cameroun[1346], au Benin[1347] et en RDC[1348] l'on va créer ces agences en vue de réguler le secteur des télécommunications ou, de manière plus large, dans bien des cas le secteur postal. Ces agences ont pour but de garantir hormis les extranéités, le libre accès aux activités de communication électronique, et le maintien et le développement du service public des communications électroniques[1349]. Ces missions étant assurées concurremment par d'autres autorités de concurrence de manière subsidiaire, en l'occurrence les ministres en charge des questions de télécommunication.

En ce qui concerne le secteur bancaire, c'est le domaine *« dans lequel la régulation a nécessairement une très forte composante ex ante »*[1350]. C'est pour cela que les autorités ont mis sur pied des organes de régulation spécialisés au niveau communautaire lorsque l'activité bancaire se déroule avec une monnaie

[1342] Lire à ce propos, E. Yemene Tchouata, *Régulation de l'activité bancaire : contribution à l'étude du système bancaire dans les régions de la CEMAC, de l'UEMOA et de l'UE*, Thèse de doctorat droit de affaires, université de paris 2 (cotutelle avec l'université de Dschang),2018.

[1343] Il existe une Agence de Régulation des Télécommunication en France. Nous pensons que c'est elle qui a inspiré les Etats d'Afrique francophone.

[1344] Il s'agit de l'AMRT (Agence Marocaine de Réglementation des Télécommunications).

[1345] Il s'agit de l'OMERT (Office Malgache des Etudes et de Régulation des Télécommunications).

[1346] Il s'agit de l'ART (Agence de Régulation des Télécommunication).

[1347] Il s'agit de l'ARCEP (Agence de Régulation des Communications Electroniques et Postales).

[1348] Il s'agit de l'ERPTC (Agence de Régulation des Postes et télécommunications du Congo).

[1349] C'est la mission assignée par exemple à l'ART au Cameroun voir, la loi n°2010/013 du 21 décembre 2010 qui l'institue et le décret n° 2012/203 du 20 avril 2012 qui l'organise.

[1350]E. Fernandez_Bollo, « L'articulation de la régulation ex ante et ex post dans le domaine bancaire », in M.A Frisson-Roche (dir), *Droit et économie de la régulation*, Presses de Sciences Po et Dalloz, 2006, p.109.

communautaire,[1351] ou des régulateurs spécialisés nationaux. Dans l'espace communautaire d'Afrique centrale, cette régulation est effectuée par la COBAC, et dans la zone de l'Afrique de l'ouest, on a la Commission Bancaire de la BCEAO. Dans un Etat disposant d'une monnaie propre comme la RDC, c'est la Banque Centrale qui aux termes de la constitution régule le secteur bancaire[1352]. Le rôle de tous ces régulateurs spécialisés dans l'activité bancaire est d'assurer, pour l'essentiel, la surveillance prudentielle du système bancaire[1353].

Dans leur déploiement, les régulateurs spécialisés disposent d'importants pouvoirs en matière de réglementation et d'organisation des activités du secteur concerné. Ces pouvoirs s'articulent en pouvoir administratif, réglementaire, de contrôle et de sanction.

Au demeurant, la régulation sectorielle est une forme de régulation importante dans l'espace francophone d'Afrique. Celle-ci permet d'assurer un fonctionnement efficace et efficient de certains secteurs d'activité que la régulation classique est incapable de préserver d'une manière optimale. Les régulateurs spécialisés opérant cette mission étant créés par l'Etat, ils constituent des moyens indirects d'intervention de l'Etat dans l'activité économique dans le cadre d'une économie de marché. Ces régulateurs sont également une forme de partenaires dans l'action économique de l'Etat.

## Paragraphe II : L'Etat partenaire

Avec le recul de l'Etat de la sphère économique, conformément aux prescriptions libérales, l'on va observer l'apparition d'un nouveau visage de celui-ci en matière économique dans l'espace francophone d'Afrique comme

---

[1351] Il s'agit du franc CFA tant pour l'Afrique Centrale (Cameroun, Tchad, République Centrafricaine, Congo, Gabon, Guinée Equatoriale) que pour l'Afrique de l'Ouest (Cote d'Ivoire, Sénégal, Burkina-Faso, Bénin, Mali, Togo et Niger)

[1352] Art. 176 de la Constitution de la RDC. Cet article donne pour mission à la Banque Centrale de contrôler « l'ensemble de l'activité bancaire ».

[1353] E. Fernandez_Bollo, « L'articulation de la régulation ex ante et ex post dans le domaine bancaire », *op cit., p. 109.* Dans sa thèse de doctorat monsieur Merand Yemene Tchouata écrit que la régulation bancaire consiste à encadrer et contrôler les activités bancaires pour en maitriser les risques afin de préserver la sécurité des déposant la stabilité du système financier et les grands équilibres économiques. In régulation de l'activité bancaire : contribution à l'étude du système bancaire dans les régions de la CEMAC, de l'UEMOA et de l'UE thèse de doctorat droit de affaires, université de paris II (cotutelle avec l'université de Dschang),2018.

dans les pays occidentaux, où l'économie de marché est appliquée[1354]. Il s'agit d'un Etat partenaire. Le fait est que, ici et ailleurs, l'Etat se comporte de moins en moins comme un opérateur économique, intervenant directement pour réaliser les missions d'intérêt général qui sont les siennes. Il faut noter que ce retrait de l'Etat, en matière économique, ne signifie pas que celui-ci sera dorénavant cantonné à une mission de préservation de « *l'ordre public* » économique, se bornant à réguler l'activité économique. L'Etat continue d'intervenir dans la sphère économique non pas d'une manière autonome ou en concurrence de celui du privé, mais en coopérant avec d'autres acteurs pour que son action soit efficace. C'est ainsi que va émerger une forme de partenariat entre l'Etat et les opérateurs économiques[1355].

Pour Pièrre Le Gales, « *Le partenariat est un terme étrange dont la signification en français n'est pas évidente* »[1356]. Il est la traduction de l'expression anglaise « *partnersihp* », et renvoie à l'association de deux personnes ou plusieurs- par extension des pays ou des organisations- pour réaliser un exercice ou une activité. Le partenariat qualifie alors des actions de coopération entre des acteurs, ou des organisations d'origine différente ou n'ayant pas le même statut. Ce moyen d'action connait un attrait particulier de nos jours dans l'action économique des Etats, notamment africains, pour des raisons d'efficacité, de légitimité, et de ressources financières de plus en plus rares. C'est ainsi que l'action partenariale sera privilégiée à travers divers instruments juridiques dont le contrat de partenariat public-privé est l'incarnation, sans être le seul (B), puisque pour établir les partenariats les Etats usent d'autres types de contrats administratifs (A).

## A-La contractualisation publique

La contractualisation publique connait un essor spectaculaire dans les Etats d'Afrique francophone, comme moyen de partenariat dans la gestion économique[1357]. Cette place du contrat public comme instrument de gestion

[1354] Cf. notamment G. Marcou, « Le partenariat public-privé : retrait ou renouveau de l'intervention publique. » in *les partenariats publics privés et les collectivités territoriales,* La documentation française, 2002, p.13 et s.

[1355] C.F V. Hermery, « Le partenariat, une notion juridique enconstruction ? », in *RFDA* 1998, p347 et s.

[1356] P. Le Galès, « Aspects idéologiques et politiques du partenariat public-privé », *Revue d'économie financière,* 1995, p. 55.

[1357] Cf. Seynabou Sam, *Le droit de la commande publique en Afrique noire francophone. Contribution à l'études des mutations du droit des contrats administratifs au Sénégal, au Burkina Faso, en Côte d'ivoire et au Cameroun,* thèse de doctorat droit public, Université de Bordeaux,2005. Pp. 12.

économique partenariale est le reflet des changements importants intervenus dans cet espace, particulièrement dans les rapports entre l'Etat et le marché. Elle est le reflet du libéralisme économique[1358] qui proscrit la régie[1359] et fait la promotion de l'association des personnes privées à l'activité économique de la puissance publique. Cela amène le Professeur Michel Guibal à affirmer, dès 1993, « *...qu'il apparait nettement aujourd'hui que la mise en place progressive d'un droit [...] des contrats passés par les personnes publiques (ou assimilées) est fondée sur les principes d'essence libérale et sur la consécration sans nuance de l'économie de marché* »[1360]. Dans le même sillage, l'ancien vice-président du conseil d'Etat français, Jean-Marc Sauve observe que le recours au procédé contractuel va de pair avec la remise en cause du monopole de l'Etat et l'utilisation des prérogatives de puissance publique[1361].

Ainsi, le développement de la contractualisation publique se manifeste par une association croissante des personnes privées dans la conduite des affaires économiques. Ce moyen d'action de la puissance publique constitue « *autant un acte juridique qu'un acte économique* »[1362].Il permet de servir l'intérêt général, car les Etats dorénavant, pour répondre aux besoins sociaux économiques tout en respectant l'ordonnance libérale, s'associent aux personnes privées. Ce faisant, les contrats publics apparaissent comme de formidables outils partenariaux (**1**) et des instruments de politique économique de premier plan (**2**). Cette contractualisation publique a un fondement constitutionnel express dans certains Etats africains, car plusieurs constitutions y font référence[1363].

## 1-Un mécanisme de partenariat économique

La contractualisation publique est un mécanisme qui permet à l'Etat et aux autres personnes morales de droit public de passer des contrats, notamment

[1358] Sur les rapports entre le libéralisme et le contrat, lire, A. Siffert, *Libéralisme et service public,* thèse de doctorat en droit public, université du Havre, 2015 ; 452P, notamment le titre II consacré à la libéralisation matérielle du droit administratif par le service public. P ; 118 et s.

[1359] La régie est une modalité de gestion directe d'un service public par la personne publique elle-même. Dans ce cadre, les opérateurs privés n'interviennent pas et les règles de la comptabilité publique sont appliquées à cette gestion ;

[1360] M. Guibal, « Droit public des contrats et concurrence : le système européen », *DCPA*, 1993, n°15 ; p.3667.

[1361] J-M sauvé, « éditorial », in *CE,* Rapport public 2008, p. 7.

[1362] P. Schuiltz, *Éléments du droit des marchés public*, Paris, LGDJ, 20002, 2 éd. P.21.

[1363] La constitution de la RDC fait expressément allusion aux marchés publics (art.99) et à la concession (art.9) et la constitution du Niger vise les Marchés publics (art. 52)

administratifs. Il s'agit donc pour la personne publique de faire des conventions avec une personne privée pour l'associer à une de ses actions ou que celle-ci puisse réaliser une prestation en sa faveur. A ce titre, le contrat public est un moyen juridique de formalisation d'un partenariat entre les personnes publiques et les personnes privées. Cette forme de partenariat se manifeste au niveau de la commande publique par le recours aux marchés publics (a) ou dans la gestion d'un service public à travers la délégation de service public(b).

### *a) Les marchés publics*

La notion de marchés publics ne fait pas l'objet d'une définition faisant consensus en droit. La doctrine et les textes qui les régissent n'en donnent, en effet qu'une acception « *peu éclairante* »[1364]. Généralement, ils sont présentés comme des contrats écrits passés par une personne publique en vue de la réalisation de travaux, des fournitures, ou de services[1365]. Une telle conception est très extensive et peut englober d'autres formes de conventions privées ou publiques, conclues par les personnes publiques aux mêmes fins[1366]. Sous ce rapport, les marchés publics renverraient alors à la commande publique[1367]. Toutefois, de manière stricte, les marchés publics sont des contrats à titre onéreux, conclus par l'Etat (ou assimilé) avec des personnes notamment privées, par lesquel il se procure pour lui-même, ou pour des usagers du service public dont il a la responsabilité, des biens ou services[1368]. En clair, les marchés publics mettent en relation, sous le fondement d'un instrument juridique contractuel, la personne publique et un partenaire cocontractant qui va réaliser une prestation dont le payement est très souvent immédiat et intégral.

[1364] Grégory Kalfleche, *Des marchés à la commande publique*, thèse de doctorat droit public, Université Panthéon –Assas (Marché II), 2004, P. 10.

[1365] Ibid. p. 45.

[1366] L'Etat peut conclure des contrats administratifs et des contrats de droit commun. À cet égard la constitution nigérienne parle des marchés publics et privés de l'Etat (art. 52).

[1367] J-M Peyrical, « L'émergence du droit de la commande publique », *Le Moniteur-Contrats publics, 2010, n°100.*

[1368] Cette définition est une synthèse des définitions contenues dans les codes des marchés publics de la RDC, art. 5 : « *contrat écrit par lequel un entrepreneur, un fournisseur ou un prestataire s'engage envers l'autorité contractante fournissant une contribution ou une garantie financière, soit à réaliser des travaux, soit à fournir des biens ou services, soit à exécuter des prestations intellectuelles, moyennant un prix* » ; et du Cameroun art. 5 : « *contrat écrit passé, conformément aux disposition du présent code, par lequel un entrepreneur, un fournisseur ou un prestataire de service s'engage envers l'Etat, une collectivité territoriale décentralisée ou un établissement public, soit à réaliser des travaux, soit à fournir des biens et services moyennant un prix* ».

Finalement, les marchés publics ne sont qu'un procédé par lequel la personne publique définit ses besoins afin de réaliser des achats. Le partenaire de l'Etat dans un tel contexte, ne joue qu'un rôle d'exécutant consistant à fournir une prestation en contrepartie d'un prix[1369]. La conclusion de ce contrat s'opère selon une procédure réglementée : c'est la procédure de passation des marchés publics dont l'aboutissement scelle le partenariat.

Les marchés publics se présentent, dans l'espace francophone d'Afrique, comme la première et la plus vieille modalité d'action partenariale de l'Etat en matière économique. Ceux-ci étaient, avant l'ouverture des marchés, le principal outil contractuel, car les Etats agissaient davantage par voie d'acte administratif unilatéral d'un point de vue juridique et à travers leur secteur public[1370]. Il convient de rappeler qu'au lendemain des indépendances, les marchés publics avaient l'avantage, selon Thomas Bidja Nkotto, de circonscrire la collaboration du partenaire étranger à la durée de la prestation, et ce moyennant un prix qui préservait la susceptibilité nationale[1371].

Avec l'avènement du libéralisme dans cet espace, l'usage des marchés publics va connaitre un regain de vitalité, et cet outil contractuel va devenir l'instrument privilégié de l'Etat dans la sphère économique. Ce regain de vitalité des marchés publics dans les Etats d'Afrique d'expression française est la résultante des actions conjuguées des bailleurs de fonds et des institutions financières internationales comme la Banque Mondiale et le FMI[1372]. Ceux-ci vont encourager les Etats à faire reformer leur législation en matière de marchés publics et à en faire beaucoup plus usages dans la réalisation de la commande publique[1373]. C'est dans ce sens que les Etats font adopter de

---

[1369] P. Picard, *L'utilisation des contrats globaux de la commande publique par les collectivités territoriales de taille moyenne*, thèse de Doctorat en droit public, université de Pau et des pays de l'Adour, 2015, p.36.

[1370] F. Feral, « Contrat public et action publique : au cœur d'une administration régulatrice », in *Contrats publics* : Mélanges en l'honneur du Professeur Michel Guibal., Montpellier, Presse de la Faculté de droit de Montpellier, 2006, vol. 1, p. 529à532.

[1371] T. Bidja Nkotto, *Les contrats de l'administration au Cameroun*, thèse de doctorat en droit public, université de Lille 2000, p. 2.

[1372] Les réformes dans le domaine des marchés publics, apparaissant comme « l'expression de la volonté du FMI et de la Banque Mondiale » selon Placide Moudoudou, *« les tendances du droit administratifs dans les Etatsd'Afrique noire francophone »*, op cit., p.43 et s. voir aussi la thèse de Seynabou Samb, *Le droit de la commande publique en Afrique noire francophone. Contribution à l'études des mutations du droit des contrats administratifs au Sénégal, au Burkina Faso, en Côte d'ivoire et au Cameroun,* thèse de doctorat droit public, Université de Bordeaux,2005. Pp.

[1373] Banque Mondiale, *Use of country procurement systems in Bank-supported operation*. Proposed piloting program, Board Document R2008-0036/1, Washington DC, Banque Mondiale, 2009. Lire aussi J. Biakan, Droit des marches publics au Cameroun, l'Harmattan, 2011. P.22 ;

nouvelles législations ou réglementations en matière de marchés publics[1374]. Dans le même souci, plusieurs rencontres entre les Etats africains vont se tenir en vue d'harmoniser les procédures de passation des marchés publics en Afrique. Ces reformes auront également un impact sur les contrats de délégation de services publics qui sont très souvent traités dans les codes de marchés publics.

***b-Les délégations de services publics***

Parmi différentes formes contractuelles de partenariat entre les personnes publiques et les personnes privées, les délégations de services publics occupent une place importante dans les Etats d'Afrique francophone depuis l'adoption du libéralisme économique. Elles ont été, à cet égard, le mécanisme juridique par excellence par lequel les Etats de cet espace se sont désengagés du secteur public, en confiant ce secteur aux opérateurs privés.

Le concept de délégation de services publics a sensiblement le même contenu, que ce soit dans la doctrine ou dans la législation qui l'encadre. Il s'agit d'un *« contrat par lequel une personne morale de droit public… confie la gestion d'un service public de sa compétence à un délégataire dont la rémunération est liée substantiellement ou assurée par les résultats de l'exploitation du service »*[1375]. C'est donc au même titre que les marchés publics, un instrument juridique contractuel scellant un partenariat entre l'Etat et les opérateurs économiques. Dans le cadre de ce contrat, l'Etat délégant intervient dans la gestion du service public non plus directement mais indirectement par le biais de son délégataire. Il y a donc ce qu'il convient d'appeler une « *externalisation d'un service public* »[1376]. En cela, les délégations de services publics se distinguent des marchés publics. Au-delà de cette externalisation, les délégations de services publics se diffèrent des marchés publics au regard de leur objet et leur mode de rémunération. Conformément au critère établi par le Conseil d'Etat français dans l'affaire Gaz de Bordeaux[1377], l'objet d'une délégation est la construction et/ou la

[1374] Au Cameroun le décret n°2018/366 du 20 juin 2018 portant code des marchés publics ; en RDC on a la loi n°10/010 du 27 avril 2010 relative aux Marchés publics ; au Benin on a la loi n°2017-04 du 19 octobre 2017 portant code des marchés publics ; à Madagascar on a la loi n°2016-055 du 25 janvier 2017 portant code des marchés publics.

[1375] J. F Auby, « La délégation de service public : premier bilan et perspective », *RDP 1996*, pp. 25 et s.

[1376] P. Picard, *L'utilisation des contrats globaux de la commande publique par les collectivités territoriales de taille moyenne*, thèse de Doctorat en droit public, université de Pau et des pays de l'Adour, 2015, p.36.

[1377] CE 30 mars 1916, Compagnie générale d'éclairage de Bordeaux

gestion d'un service public. Quant au mode de rémunération du délégataire, celle-ci s'effectue sur l'exploitation du service.

Dans sa mise en œuvre, en Afrique francophone, la délégation de service public s'opère soit par la voie de la concession soit par celle de l'affermage. La concession de service public est un *« contrat qui permet à une collectivité de confier à un tiers l'exécution de travaux ou la gestion d'un service à un ou plusieurs opérateurs économiques à qui est transféré un risque lié à l'exploitation de l'ouvrage ou du service, en contrepartie, soit du droit d'exploiter l'ouvrage ou le service qui fait l'objet du contrat »*[1378]. Dès lors, pour qu'il y ait concession, il faut que « *la part du risque transféré au concessionnaire implique une réelle exposition aux aléas du marché, de sorte que toute perte potentielle supportée par le concessionnaire ne soit pas purement négligeable* ». [1379]La concession est de ce point de vue un véritable instrument de privatisation du service public[1380]. Car elle permet de faire sortir un bien du portefeuille de l'Etat ou d'une collectivité pour être transféré à une personne privée. L'affermage n'est pas très loin de cette modalité de gestion déléguée du service public. Il consiste pour le fermier à exploiter un service public qui a été construit ou réalisé par l'Etat ou une collectivité moyennant le versement périodique d'une somme fixée forfaitairement[1381]. Ainsi, à la différence de la concession, les installations ou l'ouvrage demeure la propriété de la personne publique.

A travers ces deux modalités de délégation de service public, les Etats africains francophones, à l'instar du Cameroun, ont noué des partenariats avec des opérateurs économiques privés pour leur permettre de gérer certains services publics. C'est le cas en matière de chemin de fer, qui a fait l'objet d'une concession ou de la distribution d'eau qui a donné lieu à un contrat d'affermage[1382].

Somme toute, les marchés publics et les délégations de services publics sont des contrats administratifs qui permettent à l'Etat de nouer des relations

[1378] B. D Akameyong, *Les prérogatives exorbitantes de l'administration dans les contrats de concession de service publics*, Mémoire de DEA droit public interne, Université de Yaoundé II, 2012. P 8. Voir aussi, J. Biakan, « *La délégation de service public au Cameroun* » in RASJP, 2010
[1379]P. Picard, op cit., p. 37.

[1380] Cf. P. Plane, « La privatisation de services publics en Afrique subsaharienne. Enjeux et incertitudes », *Revue économique n° spécial les privatisation un état des lieux*, 1996, pp. 1409-1421.
[1381] Lexique des termes juridiques 2015-2016 ;
[1382] Pour la concession c'est le cas avec la Camrail, et dans le secteur de l'eau jusqu'à une date récente avant que le contrat d'affermage ne soit résilié la CDE.

partenariales avec les personnes privées pour la réalisation de certains objectifs. Ils sont donc à ce titre des moyens d'intervention indirecte des Etats dans la sphère économique, dans un contexte libéral. C'est dire l'importance qu'ils revêtent en matière d'intervention économique.

## 2-L'importance économique des contrats administratifs

La dimension économique des contrats administratifs, qu'ils soient marchés publics ou délégations des services publics, est très importante. De fait, les contrats administratifs représentent une grande part des dépenses publiques et partant, sont des instruments que l'Etat peut utiliser pour réguler l'activité économique. Leur importance économique fait en sorte que les bailleurs de fonds s'y sont intéressés et les Etats Africains ont fait des reformes importantes pour les adapter au libéralisme. Ainsi, à part leur rôle dans la satisfaction des besoins des collectivités publiques ou la réalisation de leurs missions, les contrats administratifs sont des instruments économiques de premier plan et sont considérés de nos jours comme des moyens d'ouverture du marché voire d'intégration économique.

### *a) Un instrument de politique économique*

Dans les économies modernes en général et les économies africaines en particulier, la commande publique a un rôle économique non négligeable. Des auteurs, à ce propos, s'accordent à présenter la commande publique comme *« un instrument privilégié de la politique économique »*[1383]ou comme une *« source d'enrichissement (rapide), et instrument de la politique économique et sociale de l'Etat »*[1384].Ces assertions sont particulièrement vraies lorsque l'on connait le poids des contrats administratifs, ou de façon spécifique les marchés publics sur les dépenses publiques et leur importance en matière d'investissement. L'activité d'achat public, pour commencer par ce versant des contrats administratifs est estimé entre 5 et 10% du PIB et 20 et 40% des budgets nationaux dans les Etats africains[1385]. Au Cameroun par

[1383] M. Lestienne et P. Marlier, « Les commandes publiques, instruments de la politique économique ? », *Courrier Hebdomadaire du CRISP*, 180/11-12, n°876-877, p.1.

[1384] M. Ondoa, « *préface* » à l'ouvrage de J. Biakan, *Droit des marchés publics au Cameroun, op cit.*, p.9.

[1385] Koffi Ahoutou, « *Understanding the political economy of procurement reforms for better results in Africa* », Communication au Forum de haut niveau de reformes des marchés publics en Afrique-soutien au développement économique et réduction de la pauvreté dans un contexte de la crise économique actuelle, Banque africaine de développement, Tunis 16-17 novembre 2009. Disponible sur le site de la BAD.

exemple, l'Agence de régulation des marchés publics estimait à 340 milliards de F CFA le volume total des marchés public passés en 2004. Ce volume a été évalué entre 665-680 milliards de F CFA en 2015[1386].

Au regard de ce poids financier, l'utilisation des marchés publics peut servir à l'Etat comme instrument de régulation de l'activité économique. Cette régulation peut être subie ou voulue. La régulation subie procède de ce que l'on peut qualifier d'effets automatiques des marchés publics sur l'activité économique. Ces effets peuvent être conjoncturels ou structurels. Ils sont conjoncturels dans la mesure où ces marchés « *sont considérés comme un élément important pour compléter l'action de certaines variables budgétaires dites stabilisateurs automatiques, parce qu'elles varient en sens inverse du cycle conjoncturel et contribuent ainsi à la stabilisation économique* »[1387].En revanche, ils sont structurels dans le sens où les marchés publics « *par leur existence même, peuvent contribuer à concentrer les secteurs industriels, voire à créer des monopoles ou inversement, à diversifier l'offre* »[1388]. Aussi, « *dans les marchés d'importance moyenne ou la rotation des fournisseurs est fréquente, l'attribution d'une commande peut donner un coup de fouet à une entreprise, tout comme elle peut provoquer la faillite d'une autre* »[1389].

Les effets voulus ou recherchés dans la régulation du marché, sont ceux qui émanent de la modulation par les pouvoirs publics des effets automatiques des marchés publics tantôt dans le but de renforcer les conséquences bénéfiques, ou celui de limiter de possibles inconvénients. « *L'accélération d'un programme d'investissement public, ou son étalement dans le temps, la priorité donnée à certains types d'investissements publics sur d'autres, le choix d'une procédure de passation de marchés, le regroupement de la commande ou au contraire, le saucissonnage, voilà autant de moyens par lesquels les pouvoirs publics cherchent à exercer une action sur l'économie* »[1390]. C'est ainsi que pour pallier à une dépression les personnes

---

[1386] OMC, examen des politiques commerciales, pays de la communauté économique et monétaire de l'Afrique centrale (CEMAC), Rapport du secrétariat, 24 juin 2013, WT/TPR/S/285, annexe I Cameroun, P. 136.

[1387] M. Lestienne et P. Marlier, « Les commandes publiques, instruments de la politique économique ? », *op cit., p.22 ;*

[1388]M. Lestienne et P. Marlier, « Les commandes publiques, instruments de la politique économique *?* », p. 23.

[1389]Ibid.

[1390] Ibid., p. 23.

publiques peuvent augmenter leur commande ou privilégié certains fournisseurs notamment nationaux...

En ce qui concerne la délégation de service public son importance en matière de politique économique ne mérite plus qu'on s'y attarde outre mesure. Sauf à rappeler que celle-ci, dans l'espace francophone d'Afrique, constitue l'instrument juridique privilégié par les pouvoirs publics, pour se désengager du secteur public soit totalement mais dans le cadre de la concession, soit partiellement dans celui de l'affermage. A ce titre, il faut dire que les politiques de privatisation dans l'espace francophone d'Afrique se sont opérées par le biais de la concession[1391]. Cela se comprend lorsque l'on sait que la Banque Mondiale avait présenté la délégation de service public comme un instrument du développement et même d'intégration économique.

***b) Un moyen de mondialisation de l'économie***

Du fait de leur importance économique, notamment en matière d'investissement, les contrats administratifs font l'objet d'une attention particulière des bailleurs de fonds internationaux et d'organisations à caractère économique ou commercial. Ils sont présentés comme des moyens pouvant permettre le développement du commerce mondial ou de l'économie circulaire. La raison de cet attrait part du fait que dans les pays en développement notamment d'Afrique, les besoins d'investissement en infrastructures sont estimés à 4% du PIB. Ils peuvent aller jusqu'à 10% du PIB si l'on ajoute la maintenance[1392]. La réalisation de ces infrastructures constitue des marchés potentiels pour tous les investisseurs ou opérateurs économiques, qu'ils soient nationaux ou internationaux[1393]. Or, les contrats administratifs qui permettent généralement d'octroyer ces marchés d'investissement relèvent de la souveraineté et constituent un domaine de protectionnisme d'Etat[1394], en ceci qu'ils peuvent être instrumentalisés à des fins de réalisation de politique publique.

---

[1391] M. Ondoa, « *préface* » à l'ouvrage de J. Biakan, *Droit des marchés publics au Cameroun*, op cit., p.11.

[1392] Seynabou Sam, *Le droit de la commande publique en Afrique noire francophone. Contribution à l'étude des mutations du droit des contrats administratifs au Sénégal, au Burkina Faso, en Côte d'ivoire et au Cameroun,* thèse de doctorat droit public, Université de Bordeaux,2005, pp.44.

[1393] Ibid.

[1394]Alfonso Mattera, « Les marchés publics derniers remparts du protectionnisme des Etats », *RMUE*,1993, pp. 5-12.

Pour les organisations qui œuvrent « *dans la perspective de la mondialisation de l'économie* »[1395] ces contrats doivent bénéficier à tous les opérateurs économiques, qu'ils soient étrangers ou nationaux. C'est ainsi que pour la Banque Mondiale, les Marchés dans le sens général du terme, devraient « *contribuer de manière significative à la réalisation des objectifs commerciaux par le biais d'une plus grande ouverture. En adoptant des politiques équivalentes à celle de la Banque Mondiale pour tous les marchés, les pays seront moins enclins à utiliser ces marchés publics de manière inadaptées, à des fins de protection nationale [...] La banque vise à garantir des règles équitables permettant aux entreprises étrangères de participer dans le cadre de la procédure de passation des marchés publics attirant la concurrence internationale* »[1396].Soucieuse de développer le commerce internationale, l'OMC considère également les marchés publics comme un moyen pouvant permettre l'ouverture des marchés, et c'est pour cela qu'elle œuvre pour une non-discrimination en matière de marchés publics. Les accords de Marrakech du 15 avril 1994 qui l'instituent prévoient alors que « *les lois, règlements, procédures et pratiques en matière de marchés publics ne devraient pas être élaborés, adoptés, ou appliqués aux produits et aux services étrangers ou nationaux, ni aux fournisseurs étrangers ou nationaux de façon à accorder une protection aux produits ou aux services nationaux ou aux fournisseurs nationaux, et qu'ils ne devraient pas établir de discrimination entre des produits ou des services étrangers entre fournisseurs étrangers* »[1397].

C'est au vu de cette importance dans le développement du commerce international que les Etats d'Afrique francophone, soit volontairement soit encouragés par les organisations en charge des questions de commerce international, vont se mettre à reformer leur législation ou réglementation selon les cas en matière de marchés publics.

Au regard de ce qui précède, on peut constater que la contractualisation publique parce que permettant à l'Etat de développer des partenariats, est d'une importance capitale en matière économique. Les différents types de contrats issus de cette contractualisation publique permettant à l'Etat d'influer ou d'agir sur l'économie d'une manière indirecte ou de s'intégrer dans le commerce international. La contractualisation publique ne constitue pas néanmoins le

[1395] J. Biakan, *Droit des marchés publics au Cameroun, op cit.*, p.11.

[1396] Banque Mondiale, Use of country procurement systems in Bank-supported operations. Proposed piloting program, Board document R 2008-0036/1, Washington Dc, Banque Mondiale, 2009.

[1397] La plupart des Etats d'Afrique francophone ont ratifié les accords de Marrakech. Annexe 4B (article 1-XII).

seul mécanisme de conclusion de partenariat par l'Etat lui permettant de jouer un rôle économique médiat. Les contrats de partenariat public-privé au sens véritable du terme concourent au même objectif.

## B-Les partenariats public-privé

Les partenariats public-privé apparaissent de prime abord comme un instrument juridique polysémique, ambigu et de caractère complexe scellant une forme d'association entre la personne publique et la personne privée[1398]. De fait, ils peuvent englober plusieurs modalités de partenariats contractuels ou institutionnels par lesquelles les personnes publiques s'associent aux personnes privées[1399]. Cependant, au sens moderne du terme, ces partenariats désignent une réalité juridique tout autre, représentant une forme à la fois nouvelle et complexe de désengagement de l'Etat, et relève d'une « *innovation organisationnelle* »[1400]. Considérés comme une « *troisième voie* »[1401], les contrats de partenariat public privé sont dans l'espace francophone d'Afrique une modalité récente et originale traduisant l'Etat partenaire (1), c'est-à-dire celui-là qui agit dans la sphère économique, non plus d'une manière directe et autonome, mais indirecte et de concert avec des opérateurs économiques privés. En cela ils sont des nouvelles formes de gestion ou de management des projets à incidence économique par les collectivités publiques (2).

### 1-Une modalité récente et originale de partenariat

Comme modalité originale de partenariat entre les collectivités publiques et les personnes privées, les contrats de partenariat public- public sont apparus et se sont développés en Afrique récemment à partir 1990, suite au mouvement de désengagement de l'Etat consécutif à la crise économique et financière des années 1970 et 1980[1402]. Historiquement, c'est en Grande Bretagne que cette initiative a vu le jour sous l'expression « *private finance*

[1398] Ghassane Hadjar, *Le partenariat public-privé : transfert de connaissances managériales et apprentissage. Cas d'entreprises publiques algériennes*, thèse de doctorat en sciences de gestion, université de Nice –Sophia Antipolis,2014, p. 22.

[1399] Il existe en effet plusieurs formes de partenariats public-privé, ainsi comme nous l'avons vu les marchés publics, les contrats de concession et d'affermage constituent autant de partenariat public privé. Cf notamment G. Marcou, « Le partenariat public-privé : retrait ou renouveau de l'intervention publique ? », op cit. p.13.

[1400] T ; Hafsi, « Partenariat public –privé et management de la complexité : les nouveaux défis de l'Etat », *Revue française d'administration publique,* n° 130, PP.337-348.

[1401] Stéphane Braconnier, « *l'apparition des contrats de partenariat dans le champ de la commande publique* », *JCP*, semaine juridique (édition générale), novembre 2004, p. 2134.

[1402] Reto Thonen, « Les partenariats public-privé en Afrique », *La vie économique, Revue de politique économique,* 10-2005, pp. 50-54.

*initiative* »[1403] avant de connaitre une expansion à travers le monde. En Afrique francophone, le mouvement régional et international en faveur des partenariats public-privé contractuel a d'autant plus trouvé un écho favorable que, les Etats au même moment mettaient en place des politiques de développement économique et des réformes visant la réalisation de grands projets. C'est ainsi que le Cameroun[1404], la RDC[1405], , le Benin[1406] et le Niger [1407]ont adopté des textes qui consacrent la notion de contrat de partenariat public-privé d'une part et ont établi un régime juridique qui leur est applicable d'autre part. L'analyse de ces textes permet de déceler en quoi consiste ces partenariats et de les distinguer des autres catégories classiques de contrats.

Au sens large, les partenariats public-privé, selon Delzangles et Chamming's, *« n'ont pas de réelle définition juridique précise »*[1408], chaque pays peut utiliser ces montages contractuels selon ses besoins et ses attentes. En revanche, ils ont des points communs. Ainsi le partenariat constitue une alternative qui complète le rôle du secteur public mais qui n'a pas pour but de le remplacer[1409]. On peut dire que le partenariat public-privé est une forme d'association entre un acteur public et un acteur privé dans le cadre d'un projet déterminé, et qui répond à des conditions notamment de durée, spécifiées par un contrat. C'est pourquoi selon un auteur, « *les partenariats public-privé sont des contrats entre des partenaires du secteur public et du secteur privé ayant pour objectif la mise en place ou la gestion d'un projet visant à assurer un service public et pour lequel une part importante de l'investissement initial, du financement et des risques est partagée entre les partenaires du secteur public et privé »*[1410].Il s'agit donc d'une nouvelle forme partenariale entre l'Etat ou assimilé et les personnes privées dans le cadre d'une économie de marché.

---

[1403]Cf. P. Cossalter et B. Du Marais, *la private finance initiative*, Institut de la gestion délégué, 2001 ; S. Braconnier, « *Les contrats de la private finance initiative* », BJCP 2002, p. 174.

[1404] La loi n°2006/012 du 29 décembre 2006 portant régime général des contrats de partenariat au Cameroun.

[1405] La loi n°18/016 du 09 juillet 2018 relative au partenariat public-privé en République Démocratique du Congo.

[1406] La loi n°2016-24 du 11 octobre 2016 portant cadre juridique du partenariat public-privé en république du Bénin

[1407] L'ordonnance n°2011-30 du 25 octobre 2011 portant régime des contrats de partenariat public-privé en République du Niger

[1408] H. Delzangles et G. Chamming's, *Le contrat de partenariat en France : sujet de controverses et objet deparadoxes*, in XII ème symposium international, MDI Business school, « partenariat public privé : entre nécessité publique et expertise privée », Alger 2013, p. 1.

[1409] Ghassane Hadjar, *le partenariat public-privé : transfert de connaissances managériales et apprentissage. Cas d'entreprises publiques algériennes, op cit.*, p. 20.

[1410]*Ibid.*, p. 23 ;

La définition textuelle des contrats de partenariat public-privé en Afrique francophone, ne s'éloigne pas trop de celle de la doctrine, même si elle est ambigüe dans certains textes. Au Cameroun, la loi définit le contrat de partenariat public-privé comme : « *un contrat par lequel l'Etat ou l'un de ses démembrements confie à un tiers, pour une période donnée, en fonction de la durée de l'amortissement des investissements ou des modalités de financement retenues, la responsabilité de tout ou partie des phases... d'un projet d'investissement* »[1411]. Ces phases sont : « *la conception d'un ouvrage ou équipement nécessaires au service public ; le financement, la construction ; la transformation des ouvrages ou équipement ; l'entretien ou la maintenance ; l'exploitation ou la gestion* »[1412]. Cette définition est très proche de celle du texte béninois qui néanmoins qualifie de « *mission globale* », la responsabilité confiée au partenaire privé[1413]. Si ces deux définitions semblent se rapprocher de celle construite par la doctrine, les définitions textuelles du Niger et de la RDC sont problématiques.

Aux termes de l'ordonnance n°2011-07 régissant les contrats de partenariat public-privé au Niger, « *le contrat de partenariat public privé est un contrat par lequel une personne morale de droit public dénommé « délégant » délègue, pour une période déterminée, la gestion et / ou la production du service public dont elle a la responsabilité, à des personnes morales, dénommées « délégataires* »[1414]. Cette définition jette un voile de confusion entre le contrat de partenariat « *nouveau régime* », et la délégation de service public qui est une autre forme de partenariat entre personne publique et personnes privée ne répondant pas au même régime. Dans la même veine, la loi Congolaise relative au partenariat public-privé est laconique et floue. Elle prévoit en guise de définition des contrats de partenariat privé-privé que : « *suivant la particularité et les conditions qui entourent la réalisation, du projet, les contrats de partenariats public-privé prennent la forme de contrat de délégation de service public ou de contrat de partenariat portant sur les infrastructures du domaine public comme celles du domaine privé de l'Etat ... le contrat de partenariat porte notamment sur une*

---

[1411] Art. 2(2) de la loi n°2006/012 du 29 décembre 2006 portant régime général des contrats de partenariat au Cameroun.

[1412] Art. 2(3).

[1413] Art. 1 de la loi n°2016-24 du 11 octobre 2016 portant cadre juridique du partenariat public-privé en république du Bénin.

[1414] Art. 1 de l'ordonnance n°2011-30 du 25 octobre 2011 portant régime des contrats de partenariat public-privé en République du Niger.

*mission globale de financement d'une infrastructure, sa conception, son exploitation, son entretien à la charge du partenaire privé »*[1415].

Ces définitions, aussi intéressantes soient elles, peuvent entrainer une confusion entre les contrats de partenariat et les autres contrats classiques qui peuvent être conclus par les collectivités publiques. D'où il est important de les distinguer de ceux-ci pour cerner leur originalité.

Les contrats de partenariat public-privé occupent une place singulière dans l'ordre des contrats publics[1416]. Les définitions qui précèdent, issues tant de la doctrine que des textes officiels, mettent en évidence deux caractéristiques originales des contrats de partenariat public-privé qui permet de les distinguer des contrats administratifs classiques. Ces contrats présentent en effet des traits qui leurs sont propres, en l'occurrence leur objet global et leur critère financier.

Relativement à l'objet, Madame Seynabou Sam considère que : « *la globalité de l'objet du contrat de partenariat public-privé est la première caractéristique et la plus sure pour le distinguer d'un autre contrat de la commande publique. C'est le critère le plus objectif pour le distinguer d'un marché public et d'un contrat de délégation de service public »*[1417]. À cet égard, il ressort à titre illustratif de la législation béninoise que l'objet du contrat de partenariat public-privé est de conférer au partenaire privé de la personne publique « *une mission globale ayant pour objet la construction ou la transformation, l'entretien, la maintenance, l'exploitation ou la gestion d'ouvrage, d'équipement ou des biens immatériels* »[1418]. Cette globalité de l'objet se trouve aussi dans la loi camerounaise fixant le régime des contrats de partenariat public-privé, puisque l'objet de ce contrat est de confier aux tiers «*la responsabilité de tout ou partie des phases suivantes d'un projet d'investissement : la conception d'un ouvrage ou équipement nécessaires au service public ; le financement, la construction ; la transformation des ouvrages ou équipements ; l'entretien ou la maintenance ; l'exploitation ou la*

[1415] Art. 3 de la loi n°18/016 du 09 juillet 2018 relative au partenariat public-privé en République Démocratique du Congo.

[1416] B. Trardivel, « La place du contrat de partenariat dans l'ordre des contrats publics », in *contrats publics,* Mélanges Guibal, PU de Montpellier, 2006, p. 847 et s.

[1417] Seynabou Sam, *Le droit de la commande publique en Afrique noire francophone. Contribution à l'études des mutations du droit des contrats administratifs au Sénégal, au Burkina Faso, en Côte d'ivoire et au Cameroun, op cit.*, p. 302.

[1418] Art. 1 de la loi n°2016-24 du 11 octobre 2016 portant cadre juridique du partenariat public-privé en république du Bénin.

*gestion. Les cas échéant, d'autres prestations de services concourant à l'exercice par la personne publique de la mission de service public dont elle est chargée, peuvent également être confiées à un tiers dans le cadre des contrats de partenariat public-privé »*[1419]. Ces définitions montrent bien qu'il y a « *un noyau dur du contrat de partenariat qui est sans équivoque* »[1420].

Ainsi, il ressort de ces textes que l'objet principal du contrat de partenariat public privé n'est pas la gestion du service public. Ce faisant, ces contrats n'ont « *pas le même objet que la délégation de service public* »[1421], puisque aucune disposition ne les réduit à l'exploitation et/ou la gestion du service public par le cocontractant de la personne publique. Toutefois, en tant que contrat global, les contrats de partenariat public-privé, peuvent inclure parmi les prestations à confier à l'opérateur privé la gestion du service public.

Les contrats de partenariat public-privé se démarquent aussi des marchés publics. Ils permettent au partenaire de la personne publique, au contraire des marchés selon les mots du professeur Gilles J. Gugliemi, de vendre une opération « *de type concessif* », de façon plus globale, plus intégrée, en y incluant l'immobilier et le financement[1422]. L'objet du contrat de partenariat public-privé ne se limite donc pas à l'achat par les personnes publiques de travaux, des biens et services. En plus, alors que « *dans le marché public le cocontractant de la personne publique n'a aucune initiative, l'administration définit l'étendue de ses besoins, les caractéristiques de ces biens, services et travaux* »[1423] ; dans le contrat de partenariat public privé en revanche le cocontractant est amené à participer à la définition des besoins de la collectivité publique.

En ce qui concerne le critère de financement, il est assez discutable au regard de la législation des Etats d'Afrique francophone. D'une manière générale, les contrats de partenariat sont rémunérés par la personne publique,

[1419] Art. 2 de la loi n°2006/012 du 29 décembre 2006 portant régime général des contrats de partenariat au Cameroun

[1420] F. Luchere, « Les contrats de partenariat, fausse nouveauté ou vraie libéralisation dans la commande publique ? », *RDP*, 2004, n°6, p. 1552.

[1421] A. Menemenis, « L'ordonnance sur les contrats de partenariat ; heureuse innovation ou occasion manquée » cité par Seynabou Sam, *le droit de la commande publique en Afrique noire francophone. Contribution à l'étude des mutations du droit des contrats administratifs au Sénégal, au Burkina Faso, en Côte d'ivoire et au Cameroun, op cit., p.306.*

[1422] G. J. Gugliemi, « La concession française et l'émergence de nouvelles formes contractuelles », *JCP*, administration et collectivités territoriales, 2012, p. 24.

[1423] Seynabou Sam, *le droit de la commande publique en Afrique noire francophone. Contribution à l'études des mutations du droit des contrats administratifs au Sénégal, au Burkina Faso, en Côte d'ivoire et au Cameroun, op cit., p.310.*

du moins en principe et pour l'essentiel, souvent de façon échelonnée[1424]. Ce qui en principe les écarte de la qualification de délégation de service public, sans les assimiler aux marchés publics. Mais, ce mode de rémunération n'exclut pas que le partenaire privé puisse être autorisé à se procurer des recettes provenant de l'exploitation de l'ouvrage.

A ces deux caractéristiques permettant de dinstinguer les contrats de partenariat public-privé des autres contrats classiques de l'administration, il convient d'en rajouter un troisième, généralement négligé par les auteurs et qui nous apparait fondamental. Il s'agit du régime juridique de ces contrats. C'est que les contrats de partenariat public-privé sont dans la plupart des Etats d'Afrique d'expression française, du ressort de la loi, tandis que les autres contrats sont du domaine réglementaire. Et même lorsque le législateur intervient pour encadrer les contrats classiques, les contrats de partenariat font l'objet d'un texte spécifique.

Au final, les contrats de partenariat public-privé sont des instruments juridiques nouveaux, encadrant les rapports d'association entre une personne publique et une personne privée en vue de réaliser des investissements ou des projets selon un régime juridique qui les distinguent des autres contrats publics classiques. Ils consacrent également une nouvelle forme de gestion par l'Etat.

### 2-Une nouvelle forme de gestion des projets par les personnes publiques

L'émergence des contrats de partenariat public privé en Afrique francophone s'inscrit dans le cadre d'un contexte particulier et général que traversent les Etats de cet espace. Le contexte est celui de la crise économique et financière qui frappe ces Etats, depuis les années1980, accentuée par la crise de 2008, et celui du libéralisme ambiant qui va ouvrir les économies à la concurrence.

Aux prises avec la concurrence et la rareté des ressources financières, managériales et humaines, les responsables publics de ces Etats, vont chercher des politiques en adéquation avec les situations rencontrées à long terme. Mais ils doivent aussi faire face à des besoins immédiats en termes d'équipements, d'infrastructures et d'amélioration de la qualité des services publics dans différents secteurs. C'est pour atteindre ces objectifs que les pouvoirs publics

[1424]J. Ph ; Colson et P. Idoux, *Droit public économique, op cit.*, p. 412.

vont avoir recours aux partenariats publics privés[1425]. Ceux-ci se présentant comme une forme renouvelée de la gestion publique, ou une « *troisième voie possible, entre le monopole d'Etat et la privatisation, qui peut aider à mobiliser les fonds requis et à favoriser les échanges de savoir* »[1426].

Sous ce rapport, on peut dire que les contrats de partenariat sont des instruments juridiques qui permettent à l'Etat de gérer autrement l'activité économique. Ils lui permettent de mobiliser des ressources et constituent un mode de « *faire faire* » ensemble entre le secteur public et le secteur privé. Pour la Banque Européenne d'Investissement, les contrats de partenariat public privé sont à ce titre : « *un mode de rapport entre le secteur privé et les organismes publics qui a souvent pour but d'introduire les ressources et/ou l'expertise du secteur privé pour permettre d'obtenir et de fournir des actifs et des services publics* »[1427]. Par ce montage juridique, les Etats font appel aux ressources, soit à des capacités des entreprises privées pour les permettre de réaliser certains investissements.

Les contrats de partenariat public privé sont alors utiles pour les Etats africains à plus d'un titre. « *Il s'agit d'abord des contraintes budgétaires auxquelles doivent faire face les Etats, ensuite la capacité de ces contrats à répondre à un besoin d'apport de financement privé pour le secteur public, et enfin de l'intérêt des partenariats pour bénéficier davantage du savoir-faire et des méthodes de fonctionnement du secteur privé dans le cadre de la vie publique* »[1428]. Dans la même logique, on estime que les partenariats public-privé sont « *globalement une stratégie qui permet au secteur public de remédier à ses insuffisances pour assurer, par des biens et services ainsi produits, la pleine satisfaction des populations. Il(s) suppose(ent) que l'Etat ne se désengage pas , mais reste un partenaire qui s'ouvre à un autre ou à d'autres pour plus d'efficacité, voire d'efficience* »[1429]. Cette technique

---

[1425] Ghassane Hadjar, *Le partenariat public-privé : transfert de connaissances managériales et apprentissage. Cas d'entreprises publiques algériennes*, thèse de doctorat en sciences de gestion, université de Nice –Sophia Antipolis,2014, p. 23.

[1426] Reto Thonen, « Les partenariats public-privé en Afrique », *La vie économique,* Revue de politique économique, 10-2005, p. 50.

[1427] Banque Européenne d'Investissement cité par Ghassane Hadjar, *le partenariat public-privé : transfert de connaissances managériales et apprentissage. Cas d'entreprises publiques algériennes, op cit., p.24.*

[1428] H. Delzangles et G. Chamming's, *Le contrat de partenariat en France : sujet de controverses et objet deparadoxes*, in XII ème symposium international, MDI Business school, « partenariat public privé : entre nécessité publique et expertise privée », Alger 2013, p. 1.

[1429] J. P. Lotoy-Ilango-Banga, *Partenariats entre les multinationales et l'Etat : l'Exemple de la RD Congo*, Paris, l'Harmattan, 2012, p.228.

partenariale permet donc de redimensionner le rôle de l'Etat dans les économies et dans la société.

## CONCLUSION

Il ressort ainsi qu'avec l'adoption des constitutions de facture libérale, les Etats d'Afrique francophone ont adopté le libéralisme comme système économique. Celui-ci est caractérisé par une intervention indirect de l'Etat dans la sphère économique cela à travers la régulation de l'activité économique et l'utilisation des mécanismes parténariaux. Ce rédimensionnement du role économique de l'Etat fait suite au triomphe du libéralisme économique en Afrique francophone donc les programmes d'ajustement structurel ont été de véritables vecteurs et les mésures subséquentes pronnées par les bailleurs de fonds internationnaux comme rémèdes à la crise sévère qu'avait subi les économies africaines dans les années 1980. Ce pendant, dans les années 2000 l'on va observer une résurgence de l'intervention directe de l'Etat en matière économique.

# CHAPITRE II :

# LA REHABILITATION DES INTERVENTIONS DIRECTES DE L'ETAT

Le triomphe du libéralisme manifesté par l'élaboration des constitutions de facture libérale en Afrique francophone semblait avoir affaibli formellement les interventions de l'Etat dans le domaine économique. Que non ! Il faut relever qu'après les programmes d'ajustement structurel, beaucoup de pays en Afrique vont parvenir plus ou moins à assurer une grande stabilité macroéconomique. Mais les taux de croissance et les indicateurs de développement social sont restés faibles, et de nombreux pays fortement tributaires de la production et des exportations de produits de base et/ ou de l'aide extérieure. La libéralisation des marchés n'ayant pas eu les effets escomptés, les Etat Africains ne vont pas retrouver le chemin du développement et les populations vont continuer à vivre dans une pauvreté endémique. Dans un tel contexte se posait alors la nécessité de repenser le rôle de l'Etat dans la transformation économique et le développement en Afrique[1430].

Cette nouvelle réflexion sur la place de l'Etat en économie, se basait sur les expériences des nouveaux pays industrialisés. Le rôle central de l'Etat dans la réussite économique « *des tigres asiatiques* » et certains pays d'Amérique latine sera un argument qui va militer de plus en plus en faveur d'un rôle plus effectif de l'Etat dans la gestion du développement[1431]. Par ailleurs, les théories modernes de la croissance économique soulignent que les mécanismes du marché peuvent être insuffisants et que l'intervention directe de l'Etat peut jouer un rôle dans le développement économique et social. C'est ainsi que les interventions directes de l'Etat dans la sphère économique en Afrique francophone seront désirées, maintenues, développées et même légitimées.

Dans l'espace francophone d'Afrique, les interventions directes de l'Etat dans la sphère économique, ou en matière de développement économique et sociale peuvent trouver leur fondement dans les constitutions de ces Etats, à travers notamment la consécration du droit au développement et des dispositions qui traitent des interventions économiques de l'Etat. Malgré la facture libérale de ces constitutions, l'on constate sans grande peine que ces normes fondamentales font de l'Etat le premier responsable du développement économique et social, et ce faisant, l'habilite à mener des actions directes dans

---

[1430] Conseil Economique et Social des Nations Unies et Commission de l'Union Africaine, *Gérer ledéveloppement en Afrique : le rôle de l'Etat dans la transformation économique*, Addis-Abeba (Ethiopie), 24-27 mars 2001, p.2.

[1431] J. C Boungou Bazika, « Le rôle de l'Etat dans le développement économique : une comparaison Afrique-Asie-Amérique Latine », in *Repenser les économies africaines pour le développement*, (dir) J.C Boungou Bazika et Abdelali Bensaghir Nacir, Dakar, Cadaesra 2010, p. 3et s.

le domaine économique. Les occurrences constitutionnelles qui traduisent cette réalité sont légion. Ainsi lit -on ici et là, « *l'Etat garantie* »[1432], « *l'Etat assure…* »[1433], « *l'Etat a le devoir de garantir…* »[1434], « *l'Etat veille au…* »[1435], ou « *l'Etat œuvre à …* »[1436], tout cela se rapportant aux éléments du développement économique et social. La constitution nigérienne va un peu plus loin. Elle prévoit en effet que : « *l'Etat fait de la création des richesses, de la croissance et de la lutte contre les inégalités un axe majeur de ses interventions* »[1437]. Ces dispositions sont en quelque sorte une manière d'investir l'Etat d'une mission économique et sociale de premier plan qui justifie qu'il puisse intervenir dans la sphère économique.

Au regard de ce contexte qui a repositionné l'Etat comme un acteur central du jeu économique, et des interstices constitutionnels qui fondent son action directe dans cette sphère, on peut voir le retour de deux modalités d'interventions directes de l'Etat. La première est celle qui habilite l'Etat à être un pourvoyeur du développement économique à travers la recherche d'une croissance forte, à l'instar des nouveaux pays industrialisés. Il s'agit donc du retour en force de l'Etat développementiste (**Section I**). La seconde est celle où l'Etat, intervient pour assurer le bien-être des populations, leur épanouissement, et leur protection, bref leur assurer une protection sociale. Réapparait alors, mais de faccon timide l'image d'un Etat social (**Section II**).

## Section I : Le rétour en force de l'Etat développementiste

Depuis le début des années 2000, les Etats africains sont en train de renouer avec une période de croissance qui semble les inscrire sur le chemin de l'émergence[1438]. Or comme le relève un auteur, « *cette émergence s'opère dans un contexte marqué par un rôle grandissant des Etats dans l'élaboration et la mise en œuvre de leurs politiques de développement* »[1439]. Faisant écho à ce constat de nombreux chercheurs ont ainsi questionné l'idée du renouveau

[1432] Art. 8 de la constitution du Bénin ; art. 17 de la constitution de Madagascar.
[1433] Art. 12 de la constitution du Niger ; art. 18 de la constitution de Madagascar.
[1434] Art.49 50 et 58 de la constitution de le RDC.
[1435] Art. 53 de la constitution de la RDC ; art. 13 de la constitution du Niger.
[1436] Art. 19 de la constitution du Maroc.
[1437] Art. 146.
[1438] Cf. C. Modjel, l'émancipation stratégique face à la problématique de l'émergence du Cameroun à l'horizon 2035, Thèse de doctorat en science politique, Université de Yaoundé II, 2017, PP.512.
[1439] Guive Khan-Mohammad, « Le retour de l'Etat développementiste en Afrique : Une lecture paradigmatique », in *Working Paper « development State strikes back ? »*, 1/2017, p.3.

d'un Etat interventionniste en Afrique[1440], dessinant les contours du retour d'un Etat développementiste[1441].

L'Etat developpementiste est fondamentalement « *développementaliste* », puisque sa principale préoccupation est d'assurer une croissance économique conséquente et un développement durable fondés sur des taux d'accumulation élevés, sur l'industrialisation et sur la transformation des structures[1442]. C'est un Etat qui agit avec autorité, crédibilité et légitimité pour promouvoir l'industrialisation, la croissance économique et le renforcement des capacités humaines, et qui est capable de construire et de déployer une architecture institutionnelle en son sein, ainsi que de mobiliser la société autour de la réalisation de son projet de développement[1443]. En d'autres termes, c'est un Etat qui place le développement économique au premier rang des priorités de la politique gouvernementale et qui est capable de concevoir des instruments efficaces pour atteindre cet objectif. On comprend alors que T. Mkandawire le définisse comme « *...un Etat dont les fondements idéologiques sont axés sur le développement et qui fait de réels efforts pour utiliser ses ressources politiques et administratives en faveur du développement économique* »[1444].

Cette forme d'Etat n'est pas une nouveauté en Afrique, notamment francophone. Après les indépendances, comme le souligne Mkandawire, il y a eu des Etats qui étaient développementistes tant par leur aspiration que par leur performance[1445]. Mais, malheureusement l'adoption et la mise en œuvre des programmes d'ajustement structurel ont conduit à l'affaiblissement des interventions économiques directes de l'Etat puisque celui-ci sera congédié au profit de la promotion du secteur privé. La résurgence donc de l'Etat développementiste (**Paragraphe I**) se traduisant par la recentralisation de

---

[1440] G. Azoulay, « *Les nouvelles formes de l'aide publique au développement et l'éventuel 'retour de l'Etat' dans les pays subsahariens* », in *Mondes en développement*, 153(1), p53 et s ; D. Booth, Development regimes in Arica : synthesis report. London 2015, Overseas developemnt Institute ;

[1441] Guive Khan-Mohammad, « Le retour de l'Etat développementiste en Afrique : Une lecture paradigmatique », *op cit.*, pp. 56.

[1442]CNUCD, le développement économique en Afrique, Retrouver une marge d'action, La mobilisation des ressources intérieures et l'Etat developpementiste, Nations Unies 2007, p. 67 ;

[1443] Bagchi, Amiya kumar, « *The past and the future of development state* », *Journal of world system research,* 2000, vol; 11n°2, pp;398-442.

[1444] T. Mkandawire, « *Thinking about development states in Africa* », *Cambridge journal of economics*, 2001, 25(3), p. 289.

[1445] Ibid.

l'Etat dans l'Economie (**Paragraphe II**) apparait alors comme un échec du libéralisme économique en Afrique francophone.

## Paragraphe I : La résurgence de l'Etat developpementiste

Après une dizaine d'années passées sous ajustement structurel et de libéralisme économique, les pays d'Afrique francophone et même les institutions financières internationales, vont se rendre compte que la thérapie issue du « *Washington consensus* »[1446], n'a pas produit des effets probants[1447]. Ces pays ne sont pas parvenus à un rythme de croissance robuste et durable qui soit suffisant pour réaliser les objectifs du millénaire pour le développement, notamment la lutte contre la pauvreté qui va plutôt s'accroitre[1448]. C'est dans un tel contexte que la réflexion sur l'intervention de l'Etat en matière économique va ressurgir tant au niveau international[1449] qu'au niveau intérieur des pays africains, qui vont se souvenir de la période glorieuse des après indépendances. Alors, à la quête d'un nouveau modèle de développement, les Etats africains vont contester l'idéologie libérale dominante d'antan particulièrement en ce qui concerne le dogme du désengagement de l'Etat, ce qui va aboutir à une réactualisation de l'idéologie de la construction nationale qui soutend la philosophie développementiste. En cela, il y aura une refondation des fondements idéologique du développement (**A**). Dans cette dynamique, les Etats africains vont opter pour le modèle developpementiste plus pragmatique qui avait déjà eu à faire ses preuves sous d'autres cieux (**B**).

### A-La refondation des fondements idéologiques du développement

Les actions économiques au sein des Etats sont généralement soutenues par une idéologie qui participe à légitimer les choix économiques. Dans les années qui ont suivi les indépendances, l'idéologie qui a structuré et légitimé les interventions de l'Etat dans le domaine économique était celle de la

---

[1446] Ce consensus désigne l'ensemble des politiques de réforme libérale réclamées par le FMI et la Banque Mondiale au Etats en crise dans les années 1980-1990. Pour une vue plus globale lire, J. Williamson, democracy and the 'Washington consensus'. In World development, 1993, 21(8). PP 1329 et s.

[1447] CNUCD, *le développement économique en Afrique, Retrouver une marge d'action, La mobilisation des ressources intérieures et l'Etat developpementiste*, *op cit.*, p. 64 ;

[1448]*Ibid.*

[1449]Conseil Economique et Social des Nations Unies et Commission de l'Union Africaine, *Gérer ledéveloppement en Afrique : le rôle de l'Etat dans la transformation économique*, Addis-Abeba (Ethiopie), 24-27 mars 2001, p.2.

construction nationale. Suite au programme d'ajustement structurel il y aura une reforme voire une contestation de cette idéologie et le libéralisme économique sera la nouvelle idéologie dominante dans l'élaboration des politiques du développement en Afrique, et dans le monde grâce au consensus de Washington[1450]. Selon Broad et Cavanagh, plus que toutes autres, cette période est caractérisée par une disparition totale du débat sur la manière dont est pensée le développement : « *The power of Washington consensus over development theory and practice in the 1980s and 1990s is hard to overstate. That once vibrant debate about development all but disappeared as the consensus took on almost religious qualities* »[1451]. L'application des « *dix commandements* »[1452] qui seront issus de ce consensus n'aura pas les effets attendus dans les Etats africains, ce qui va aboutir au constat de l'échec de l'idéologie libérale (1). Ainsi, le dogme du moins d'Etat sera contesté pour être remplacé par celui de « *beaucoup d'Etat* », qui va ré-centraliser le rôle de l'Etat en matière de développement, c'est alors que l'idéologie de la construction nationale sera réactualisée et adaptée à la philosophie développementiste (2).

## 1-L'échec de l'idéologie libérale

Appliqué durant près de vingt ans comme formule standardisée pour favoriser la croissance économique et réduire la pauvreté, le libéralisme économique caractérisé par la non « *intervention économique* » de l'Etat, va pourtant globalement afficher un bilan négatif à l'issue de cette période. Ce constat est unanimement fait par la doctrine et réconforté par la réalité de la situation économique.

---

[1450] Guive Khan-Mohammad, « Le retour de l'Etat développementiste en Afrique : Une lecture paradigmatique », *op cit.*, p. 9.

[1451] R. Broad et J. Cavanagh, "The death of Washington consensus: An introduction", *world policy journal*, 1999, n°13(3), p. 80.

[1452] Il s'agit des dix (10) politiques autour desquelles s'articule le Washington consensus" ( 1-budget deficits… should be small enough to be financed without recourse to the inflation tax; 2-public expenditure should be redirected from politically sensitive areas that receive more resources than their economic return can justify…; 3-Tax reform… so as to broaden the tax base and cut marginal tax rates; 4-Financial liberalization, involving an ultimate objective of market-determined interest rates; 5-A unified exchange rate at a level sufficiently competitive to induce a rapid growth in non-traditional exports; 6-Quantitive trade restrictions to be rapidity replaced by tariffs; 7-abolition of barriers impeding the entry of FDi( foreign direct investment); 8-Privatization of state enterprises; 9-Abolition of regulation that impede the entry of new firms or restrict competition; 10the provision of secure property rights, especially to the informal sector. Cf. J Williamson, 'The strangle history of the Washington consensus', in journal of Post Keynesian Economic, 2004, n°27(2), p.196.)

Sur le plan doctrinal, il faut dire que l'évaluation des effets de l'application de la politique libérale sur les pays en développement, notamment africains a été largement menée. De ces recherches, il ressort que contrairement aux institutions financières qui « *soutiennent avec acharnement depuis une vingtaine d'années l'idée que la mise en œuvre des politiques économiques libérales du consensus de Washington va nécessairement dans le sens d'une amélioration de la situation économique et sociale des pays concernés, elles n'ont pas été capables jusqu'ici de le démontrer de manière absolue* »[1453]. La conclusion de l'échec de cette politique sera alors générale au niveau des économistes. Easterly à cet égard pense que « *les politiques menées dans les années 1980 et 1990 ont conduit à la stagnation des économies des pays en développement* »[1454]. Milanovic note pour sa part que « *lors des deux décennies qui ont vu une accélération de la mondialisation, la croissance a ralenti et les inégalités entre pays, qui avaient été légèrement réduites dans les années 1960-1970, ont nettement augmenté depuis* »[1455]. Wade soutient que « *l'extrême pauvreté n'a pas significativement diminué et que les inégalités se sont accrues, suggérant que le mode de développement actuel est une impasse* »[1456]. Avec une analyse ciblée, Weisbrot et Baker, démontrent que le libéralisme commercial ne favorise pas la croissance et le développement[1457].

D'une manière factuelle, le libéralisme avait pour ambition d'insérer l'Afrique dans une économie mondiale, d'inciter à des réformes en créant en Afrique les stimulants et les contraintes du modèle théorique de l'économie de marché[1458]. L'insertion des économies africaines dans l'économie internationale n'a pourtant été que marginalement et inégalement modifiée. En effet, le développement des échanges n'a pas été favorisé. Cela est dû à plusieurs facteurs. Les politiques de libéralisation n'ont pas accru la production agricole africaine. Car la production agricole qui est à la base de la plupart des économies africaines n'a pas globalement varié depuis 1980, et se situe autour de 19% du PIB. Les politiques de libéralisation ne se sont pas aussi

---

[1453]E Berr et F. Combarmous, L'impact du consensus de Washington sur les pays en voie de développement : une évaluation empirique. CED, Document de travail DT/100/04, université Montesquieu-bordeaux IV, 2004, p.10.

[1454]W. Easterly, "The lost decades: explaining developing countries'stagnation in spide of policy reform 1980-1998", *journal of economic growth*, 2001, 6(2), p.10.

[1455] B. Milanovic, "The two faces of globalization: against globalization as we know it"; World *development*, 2003, 31(4), p. 15.

[1456] H. R. Wade, "Is globalization reducing poverty an inequality?" World Development, 2004, p.32.

[1457] M. Weisbrot et D. Baker, "The relative impact of trade liberalization on developing countrie" In Investigacion economica, 20013, p 244.

[1458] J. Coussy, « Etats africains, programme d'ajustement et consensus de Washington », *L'économie politique*, 2006/4, n°32. P. 32.

accompagnées d'une diversification de l'offre des produits à exportation[1459]. L'indice de concentration des exportations africaines s'est en effet accru de 80% entre 1995 et 2016, rendant le continent tributaire d'un nombre de plus en plus réduit des produits de base. Cette évolution n'a pas favorisé l'essor de l'Afrique dans le jeu des échanges internationaux : elle a en effet perdu près de la moitié de sa part de marché à l'exportation, passant de 6% en 1980 à seulement 3 % en 2015[1460]. En outre, les privatisations, et la réduction brutale du nombre des fonctionnaires ont eu des effets sociaux désastreux en créant un important chômage et une pauvreté sans précédent. La recherche de la vérité des prix par le seul retrait de l'Etat a eu des résultats très éloignés des objectifs pressentis[1461].

En somme, le libéralisme n'a pas permis d'atteindre les objectifs qu'il se proposait initialement d'atteindre en termes de croissance et de lutte contre la pauvreté. Cela sera plus dérageant que les pays ayant appliqué de manière plus nuancée les politiques préconisées par cette idéologie, ont paradoxalement eu de meilleurs résultats dans le même temps. Ces pays ayant une idéologie développementiste, positionnant l'Etat au cœur du développement, les Etats africains vont adapter leur vieille idéologie de la construction nationale dans son aspect économique à celle-ci pour trouver le chemin du développement qu'ils se sont imposé constitutionnellement.

### 2-L'actualisation de l'aspect économique de l'idéologie de la construction nationale

Avec la récusation du libéralisme comme idéologie par excellence du développement économique, les Etats d'Afrique francophone vont actualiser l'idéologie de la construction nationale au « *dévelopementalisme* » dans le souci d'avoir un fondement idéologique plus opérationnel et plus efficace en matière de développement, et légitimer la présence de l'Etat dans le domaine économique. Apparue au lendemain des indépendances, l'idéologie de la construction nationale systématisée par le Professeur Maurice Kamto[1462], « *se construit en effet autour de mécanismes coloniaux* »[1463]. Elle est liée à la

---

[1459]MOMAGRi, « l'Afrique, symbole de l'échec des politiques libérales », http://www.momagri.org/FR/articles/L-Afrique-symbole-de-l-echec-des-politiques-liberales_371.html vu le 12 novembre 2018.

[1460]*Ibid.*

[1461]J. Coussy, « Etats africains, programme d'ajustement et consensus de Washington » *op cit.*, p.33.

[1462] M. Kamto, *Pouvoir et Droit en Afrique Noire*, op cit. pp. 325 et S.

[1463] M.Ondoa, « Le droit public des Etats africains sous ajustement structurels : le cas du Cameroun », op cit, p. 376.

problématique du droit au développement[1464] en poursuivant entre autre l'objectif du développement économique des Etats par les Etats et traduit de ce fait une philosophie développementiste[1465].

Le fondement idéologique justifiant les interventions économiques de l'Etat en Afrique francophone prend d'abord ses sources dans la colonisation. Les historiens de l'Afrique ont nettement mis en évidence le fait que, loin d'être un caractère original des Etats africains nouvellement indépendants, l'interventionnisme économique de ceux-ci était pour partie un héritage du régime colonial[1466]qui a pu être résumé, du point de vue des rapports administration-activités économiques, comme un « *extraordinaire laboratoire d'économie dirigée* »[1467]. Ce dispositif se caractérisait en effet par une forte intégration ou collusion entre entreprises (européennes) et administration des colonies au point, souvent, de dériver à une confusion de pouvoirs politiques, juridiques et économiques. Dans tous les territoires sous domination coloniale, à quelques nuances près, « *l'intervention de l'autorité publique consistait à mettre en place un environnement économique favorable : élaboration d'un ordre juridique qui consacre la domination des uns sur les autres, réalisation d'équipements et infrastructures (portuaires, routières, ferroviaires, etc.)* »[1468]. Il faut ajouter à cela la répression des révoltes et le maintien d'un ordre conforme aux intérêts déclarés des entreprises, la mobilisation violente de la force de travail, les commandes publiques, les subventions et interventions sur les cours des produits[1469].

Cette historicité du rôle économique des Etats africains ne saurait être négligée dans l'effort de compréhension des ressorts idéologiques de l'intervention de l'Etat en économie. Car leur « *culture économique* » a été partiellement structurée sous le régime colonial[1470].

Les conditions économiques dans lesquelles les indépendances «*françaises* » ont été mises en œuvre n'ont pu qu'accentuer la croyance en un

---

[1464] Ce droit au développement est consacré dans les constitutions d'Afrique francophone.
[1465]*Ibid.*
[1466] B. Contamin et Y-A. Faure, « Des économies et des Etats en Afrique francophone : pour comprendre l'interventionnisme » *op cit.*, p. 311.
[1467] C. Coquery-Vidrovitch, « I*ntroduction* », in Entreprises publiques et changement politique au Mali (dir) F. Constantin, Parsi, l'Harmattan,1983, tome 1, p.5.
[1468] B. Contamin et Y-A. Faure, *op cit.*, p.312.
[1469] L. Gbagbo, « Les Entreprises coloniales en Côte d'Ivoire à la veille de la seconde guerre mondiale », in *Entreprises publiques et changement* politique (dir) F. Constantin, Parsi, l'Harmattan,1983, tome 1, p.5.
[1470] B. Contamin et Y-A. Faure, *op cit.*, p.312.

Etat légitimement capable d'orienter les activités de production et d'échange, c'est-à-dire un Etat interventionniste. Cette situation sera expliquée par la prégnance de l'idéologie de la construction nationale, dans sa composante économique. Selon le professeur Maurice Kamto, « *l'idéologie de la construction nationale est une idéologie de mobilisation des énergies physiques, de captation de l'imagination et des pulsions affectives des populations. Elle vise à mobiliser (l'activité de) celles-ci sur des thèmes ayant une portée globalisante, totalisante ; à façonner une conscience collective nouvelle marquée par...la volonté de combler son aspiration au bien-être matériel* »[1471]. Cette idéologie a une dimension développementiste très marquée puisqu'elle ne « *traduit pas seulement l'idée de développement politique, mais aussi celle du développement économique, culturel et social, bref, celle du développement tout court* »[1472]. Dans un tel contexte, « *l'Etat y apparait comme devant être le pourvoyeur du bien-être matériel et le dispensateur de l'éducation ; il doit sortir la population de la misère et le pays, des ornières du sous-développement* »[1473].

Au demeurant, dans le cadre de l'idéologie de la construction nationale, le développement ne se conçoit donc qu'avec l'Etat et en fonction de celui-ci. Il est tout à la fois maitre d'œuvre, maitre d'ouvrage et catalyseur de l'action du développement de la nation[1474].

Sous ce prisme, l'idéologie de la construction nationale est conforme à la philosophie developpementiste. Cette dernière apparait en Afrique comme la réactualisation de la première. De fait, sur le plan idéologique, le « *developpementatisme* » postule un Etat capable de mettre en œuvre des politiques économiques propres à induire un développement véritable, qui renforce à son tour sa légitimité[1475]. Cette capacité dépend d'un ensemble de facteurs institutionnels, techniques, administratifs et politiques. C'est un « *Etat fort* » qui jouit d'une autonomie par rapport au corps social ; dans le même temps c'est un Etat qui a un « *encrage social* » qui l'empêche d'abuser de son autonomie et qui lui assure le soutien des principaux acteurs sociaux[1476]. Toutes choses qui sont semblables à l'idéologie de la construction nationale.

---

[1471] M. Kamto, *Pouvoir et Droit en Afrique Noire*, *op cit.*, p. 327.
[1472] *Ibid.*, p. 329.
[1473] M. Kamto, *Pouvoir et Droit en Afrique Noire*, *op cit.*, p. 330.
[1474] *Ibid.*
[1475] CNUCD, *le développement économique en Afrique, Retrouver une marge d'action, La mobilisation des ressources intérieures et l'Etat developpementiste*, *op cit.*, p. 67 ;
[1476] *Ibid.*

Finalement, la résurgence de l'Etat développementiste en Afrique francophone est due à l'échec des politiques libérales qui congédiaient l'Etat de la sphère économique et faisait la promotion du marché. Elle est réconfortée sur le plan théorique par la réactualisation de l'idéologie de la construction nationale, qui met l'Etat au centre du jeu économique. Il faut dire à cet égard que sur son versant économique, l'idéologie de la construction nationale est en adéquation avec l'ambition de l'Etat développementiste. C'est la raison pour laquelle les Etats africains vont très vite adopter ou s'inspirer de ce modèle qui avait déjà fait ses preuves dans les nouveaux pays industrialisés.

## B-L'adoption d'un modèle éprouvé de développement

Le constat qui a clairement été fait dans les Etats africains post ajustement structurel est que le modèle de développement libéral vendu par les institutions financières internationales n'était pas adapté à leur environnement, d'où son échec cuisant. Il était donc nécessaire de trouver un modèle plus à même de favoriser leur développement et qui avait déjà eu à faire ses preuves dans les Etats partageant les mêmes conditions économiques. C'est ainsi qu'ils vont s'inspirer et adopter le modèle des Etats développementistes de l'Asie et de l'Amérique latine, qui après avoir connu un retard en termes de développement similaire aux Etats africains connaissaient une croissance spectaculaire et le chemin de l'émergence, d'où leur appellation de nouveaux pays industrialisés ou pays émergents. Ces pays seront présentés aux Etats africains comme un modèle de développement à suivre.

L'adoption de la philosophie de l'Etat développementiste apparait ainsi comme l'attrait pour l'expérience et du modèle des nouveaux pays industrialisés. Ce modèle qui va attirer les Etats africains (1), parce que mettant l'Etat au centre (2) de la gestion du développement semblait alors être plus conforme aux aspirations des Etats africains et à l'idéologie de la construction nationale qui structure leur action économique.

### 1-L'attrait pour le modèle des nouveaux pays émergents

Durant les années 1980 et 1990, les politiques de développement à caractère néolibérale vont être préconisées par le « *consensus de Washington* », et mis en œuvre dans de nombreux pays d'Afrique, d'Asie et d'Amérique latine, frappés par une crise économique et financière sévère. Seulement, en Afrique où la politique du libéralisme avait rigoureusement été appliquée l'on va constater que les résultats escomptés seront décevants en termes de croissance et de lutte contre la pauvreté. Or pendant ce temps, dans les pays d'Asie et certains pays d'Amérique où cette politique libérale a été appliquée de manière nuancée, les performances économiques seront prodigieuses[1477]. Ces pays du fait de leur philosophie développementiste mettant l'Etat au centre du jeu économique, vont avoir des taux de croissances importants, la pauvreté sera substantiellement diminuée, l'économie diversifiée et compétitive, l'industrialisation sera effective, bref, ils vont connaitre la voie du développement de manière rapide[1478].

L'exemple de quelques Etats ayant subi cette profonde mutation est éloquent. Ces Etats sont pour l'essentiel asiatiques, ainsi peut on dire qu'il y a la récurrence du focus asiatique[1479]. L'essor économique des quatre dragons (Corée du sud, Taiwan, Singapour et Hong Kong), des tigres (Indonésie, Malaisie, Thaïlande et Philippine), puis de la Chine, hier encore nations pauvres à la marge du capitalisme moderne, et aujourd'hui émergent est illustratif.

De ces pays, la Malaisie est l'exemple type de pays dans lequel l'Etat a joué un rôle central dans la transformation d'une économie en développement. Le revenu réel par habitant de la Malaisie qui a connu une augmentation exponentielle de 1970 à nos jours, s'est accompagnée d'une baisse de l'agriculture dans le PIB et une augmentation de la part des activités industrielles et manufacturières[1480]. Cette transformation réussie de l'économie a été le résultat d'une intervention délibérée de l'Etat fondée sur un processus de planification rigoureux, visant à transformer la structure de l'économie du pays. Dans cet Etat, il apparait clairement que l'intervention de l'Etat dans ce processus a consisté non seulement à élaborer les politiques de développement voulues, mais aussi à jouer un rôle actif et capital en créant des institutions et en fournissant les investissements nécessaires[1481].

L'autre exemple de pays dans lequel l'Etat a joué un rôle considérable mais hors d'Asie, est l'Ile Maurice. A Maurice, grâce à l'action volontariste de

---

[1477] Guive Khan-Mohammed, « *Le retour de l'Etat développementaliste en Afrique : Une lecture paradigmatique* », op cit., p. 10.

[1478] CNUCD, *le développement économique en Afrique, Retrouver une marge d'action, La mobilisation des ressources intérieures et l'Etat développementiste*, op cit., pp. 65 et s.

[1479] C. Figuière et L. Guilhot, « Des nouveaux pays industrialisés aux pays émergents majeurs : la récurrence du focus asiatique », *Monde en Développement,* n° 169, 2015/1, pp. 7-12.

[1480] Conseil Economique et Social des Nations Unies et Commission de l'Union Africaine, *Gérer ledéveloppement en Afrique : le rôle de l'Etat dans la transformation économique*, Addis-Abeba (Ethiopie), 24-27 mars 2001, p.4.

[1481] *Ibid.*

l'Etat, les taux de croissance annuelle ont été en moyenne de près de 5% entre 1970 et 2007, la part de l'agriculture chutant de 24% environ à moins de 4% tandis que celle des services passait de 51 % à près de 70% au cours de la même période. Cette transformation réussie de l'économie est due à une très forte présence de l'Etat dans les actions économiques.

Ces expériences réussies des pays émergents qui, aux moments des indépendances des pays d'Afrique francophone, avaient quasiment le même niveau de développement, va faire des émules dans cet espace. Les Etats africains, à défaut d'être encouragés à suivre cet exemple vont spontanément s'en inspirer. Sans que ce modèle ait partout la même recette, la constante ici est que l'Etat est au centre du jeu économique.

## 2-La centralisation de l'Etat dans la gestion du développement

La principale leçon que les Etats d'Afrique d'expression française tirent des expériences réussies de développement des Etats émergents, est que l'approche néolibérale consistant à réduire le rôle de l'Etat dans l'économie n'est pas propice leur développement[1482]. Les succès enregistrés dans les pays émergents ont dans une certaine mesure été obtenus dans le cadre d'une intervention volontariste et active de l'Etat dans l'économie. De fait, l'histoire renseigne que tous les pays qui ont réussi à passer d'une économie sous-développée à une économie développée étaient caractérisés par une intervention forte de l'Etat dans la sphère économique[1483]. Ainsi, celui-ci doit se trouver au centre de tout processus de développement.

L'intervention de l'Etat dans le processus de développement économique est indispensable. Dans cette optique, l'Etat a essentiellement trois grandes tâches à accomplir pour une transformation économique selon les enseignements tirés de l'expérience des pays émergents d'Asie : la planification, l'élaboration des politiques de développement et une intervention économique concrète par des actions pouvant redynamiser le secteur économique[1484].

[1482]Kaleb Mideksa et Gebremedhin Tadesse, « Institutions et prestation de services dans un Etatdéveloppementaliste » in *CEA*, des Nations Unies, Note d'orientation de la CEA, n° ECA/16/103, 2016, pp. 1-2.

[1483] Conseil Economique et Social des Nations Unies et Commission de l'Union Africaine, *Gérer ledéveloppement en Afrique : le rôle de l'Etat dans la transformation économique*, *op cit.*, pp. 3-4.

[1484]*Ibid. p.6.*

Le processus de développement doit être planifié pour plusieurs raisons. La planification permet entre autres de maitriser l'avenir et d'organiser le changement. Ainsi elle favorise les activités réfléchies et méthodiques en matière de développement économique, permet de saisir les opportunités, fournit une base de contrôle, et oblige à avoir une vision d'ensemble. La planification se justifie dès lors par le fait que c'est à l'Etat qu'il revient d'articuler les stratégies et politiques de développement appropriées. Toutefois, il faut que ces plans soient intégratifs, qu'ils se fassent dans le cadre d'un dialogue suivi avec les principaux agents économiques et sociaux de la production[1485].

Dans le cadre de la philosophie développementiste, l'Etat a aussi le rôle de définir un programme répondant aux besoins des populations et qui place les intérêts nationaux au-dessus des intérêts individuels[1486]. Dans cet ordre d'idées, il doit avoir une stratégie qui exprime une vision claire : vaincre le sous-développement. A cet effet, l'Etat doit intervenir dans le processus d'industrialisation et créer des possibilités accrues de production et de revenu élevé[1487].

Contrairement à une idée très repandue, la préconisation du retour à l'Etat par des interventions directes en matière économique n'est pas synonyme de consécration des politiques interventionnistes classiques qui marginalisaient le rôle du marché dans le développement. L'efficacité de l'action de l'Etat en faveur du développement dépend dans une large mesure de l'aptitude de celui-ci à collaborer avec d'autres acteurs économiques. Dans le cadre de l'Etat développementiste, il n'y a pas de clivage entre le « *laisser-faire* » et le « *dirigisme* ». Il s'agit plutôt d'un ensemble de mesures « *de politique générale plus fines et diversifiées qui associent des caractéristiques de l'un et de l'autre mais qui sont adaptées aux exigences du développement ou à la situation propre de chaque pays* »[1488].

C'est donc dire que dans le cadre d'un Etat développementiste, la distinction artificielle entre l'Etat et le marché est fausse. Il y a une forme de synergie entre eux. La question n'étant pas ici de savoir si l'Etat devrait

---

1485 *Ibid. p3.*

1486 CNUCD, *Le développement économique en Afrique, Retrouver une marge d'action, La mobilisation des ressources intérieures et l'Etat développementiste*, op cit., pp. 65 et s.

1487 *Ibid.*

1488 Conseil Economique et Social des Nations Unies et Commission de l'Union Africaine, *Gérer ledéveloppement en Afrique : le rôle de l'Etat dans la transformation économique*, op, cit., p.6.

intervenir ou non, mais de savoir quelles sont les formes et la qualité d'intervention susceptibles de se traduire par une meilleure réaction des acteurs économiques à un modèle de marché, et partant à un véritable développement économique[1489].La véritable voie de croissance et de développement économique passe alors par un savant dosage pragmatique de politiques publiques et de jeu du marché.

En somme, la résurgence de l'Etat développementiste en Afrique francophone résulte de l'échec, du moins des effets relatifs des politiques libérales, et de la prise de conscience de la nécessité de la construction nationale. Cette idée développementiste est amplifiée par le modèle éprouvé du développement des pays émergents qui, dans les années 1960, avaient un niveau de développement quasiment identique, ont connu une croissance phénoménale. Malgré, la diversité des recettes du « *développementisme* », le constat est que l'Etat est au centre de l'action économique. C'est ce que les Etats africains francophones vont vouloir traduire dans leur nouvelle action économique plus directe[1490].

## Paragraphe II : La traduction de l'Etat développementiste

Depuis le début des années 2000, les Etats d'Afrique francophone se sont rendus compte de l'importance, voire de la nécessité vitale, d'intervenir dans le domaine économique afin de se développer. Pour ce faire, ils ont été convaincus de ce que l'approche développementiste peut aider à faire face aux difficultés de développement en mettant l'accent sur la reconstruction et le renforcement des capacités de l'Etat, en vue d'améliorer sa capacité d'accroitre les ressources, et de créer des incitations appropriées pour la diversification et la transformation économique. En outre s'est imposée à eux la nécessité de promouvoir la définition et la mise en œuvre de politique macroéconomique, et de renforcer la bonne coordination économique pour produire les résultats escomptés en matière de développement socio-économique. C'est dans cette logique que ces Etats se feront de plus en plus présents en matière économique à travers les politiques volontaristes qu'ils vont à mener. Ces différentes politiques vont donner lieu à plusieurs reformes avec pour ligne directrice la recherche d'un équilibre dans les politiques les mieux à même de développer les Etats en renouant avec une croissance forte et en luttant contre la pauvreté.

---

[1489] *Ibid.*

[1490] Cet état des choses est clairement traduit dans la constitution nigériane, lorsqu'elle prévoit en son article 146 que : « l'Etat fait de la création des richesses, de la croissance et de la lutte contre les inégalités un axe majeur de ses interventions ».

Cette place active de l'Etat va trouver un cadre propice dans la constitution qui va offrir à ces Etats la légitimité juridique de s'engager dans cette entreprise de construction du développement.

Dans la réalisation de l'impératif du développement en Afrique francophone, les interventions directes de l'Etat vont donc s'accroitre. L'Etat, dans un tel contexte, va revêtir deux grandes formes : il sera conformément à la philosophie developpementiste le stratège (A) et l'entrepreneur (B) en matière de développement économique.

## A-L'Etat stratège

Concept forgé par le Commissaire général du plan en France au début des années 1990, autour de la redéfinition de l'intérêt général[1491], « *l'Etat stratège* » a émergé dans l'espace public afin d'apporter une réponse adaptée à la crise de l'Etat planificateur[1492]. Cette formule évoque ainsi, selon Jacques Chevallier, « *une figure nouvelle de l'Etat, concomitante au déclin de l'Etat providence* »[1493]. Entendue comme un ensemble de démarches coordonnées, d'opérations habiles et de manœuvres en vue d'atteindre un but[1494], la stratégie qui est au cœur du concept Etat stratège, est inhérente à toute action humaine, même comme elle a pour champ de prédilection la guerre. Elle s'efforce d'aller au-delà de la simple improvisation, et implique alors que cette action soit commandée par des objectifs préalablement définis. La démarche stratégique présuppose une projection dans le temps, le souci de prendre en compte et d'intégrer différentes variables liées au contexte. L'Etat qui est par essence : *« principe de rationalisation de l'organisation politique et garant de la cohésion sociale »*[1495], voit son role revetir un aspect nouveau à partir du moment où celui-ci prend en charge le développement économique et social.

Le développement de l'Etat stratège en Afrique francophone marque une double rupture en matière économique et un repositionnement de l'Etat comme acteur économique de premier plan. Les ruptures sont d'abord celles du protectorat exercé par l'Etat sur la vie économique durant les deux décennies ayant suivi les indépendances, et ensuite celle concernant le désengagement de

---

[1491] La notion d'Etat stratège a été utilisée en 1993 dans le titre d'un rapport du Commissaire du Plan intitulé « *Pour un Etat stratège garant de l'intérêtgénéral* », (CGP 1993), elle constitue l'appellation française de ce que les anglo-saxons appellent « *managerial state* », ou « *steering state* ».
[1492] Lamine Tirera, *l'Etat stratège,* Paris, L'Harmattan, 2018, p.2-4.
[1493] J. Chevallier, « L'Etat stratège », in *Le temps de l'Etat,* Mélanges Birnbaum, Fayard, 2007, p.45.
[1494] Dictionnaire Larousse 2018.
[1495] J Chevallier, op cit., p.

l'Etat consécutif au programme d'ajustement structurel. Sous la forme d'un Etat stratège, le rôle de l'Etat va considérablement se transformer, dans une démarche d'interdépendance structurelle, celui-ci va dorénavant composer avec d'autres acteurs économiques de manière forte et proactive. Ainsi, « *placé du fait de l'instauration d'une économie ouverte dans un jeu complexe d'interactions, l'Etat est conduit à élaborer une stratégie prenant en compte les contraintes qu'il subit et mobilisant les moyens d'action appropriés pour atteindre les objectifs qu'il s'est fixés* »[1496]. Pour ce faire, les Etats africains vont ressusciter la planification économique (1) et développer les mécanismes de promotion de l'économie nationale (2).

## 1-La résurrection de la planification économique

La planification économique, depuis le début des années 2000 connait un regain d'intérêt dans les pays d'Afrique francophone[1497],après avoir abandonné cette politique comme instrument de développement économique suite aux programmes d'ajustement structurel et aux politiques libérales qui l'ont accompagnée, les Etats de cet espace continental vont se refaire au souvenir de la planification qui avait fait l'objet d'une adoption générale au lendemain des indépendances[1498].Ce recours à l'ingénierie planificatrice est censée permettre un retour du volontarisme en matière économique et sociale en rupture avec la rigueur macroéconomique de l'ajustement structurel. Après des décennies dédiées à la privatisation et à la « *décharge* »[1499], les interventions directes de l'Etat sont donc à nouveau au gout du jour. Cela va s'en doute s'expliquer par le fait que l'ouverture du marché, avec « *…la multiplicité des cadres de référence de l'action économique fonctionnant sans vision commune et cohérente, constitue l'une des lacunes majeures* »[1500] de ce système. Il s'en suit alors « *d'importants dysfonctionnements, une absence d'arbitrage rationnel dans la sélection des programmes, un déséquilibre dans l'aménagement régional, un impact de l'investissement public fortement réduit et une faible appropriation d'outils d'évaluation, de coordination et de*

---

[1496] Ibid.

[1497]Boris Samuel « Introduction au thème Planifier en Afrique », In Politique Africaine, 2017/1, n°145, p. 5-26.

[1498] La quasi-totalité des Etats africains ont adopté au lendemain de leur indépendance des politiques économiques planificatrices. A titre d'exemple le Maroc a connu pas moins de huit (8) plans jusqu'à 1985 (le Plan Biennal 1958-1959, plan quinquennal 1960-1960, plan triennal 1965-1967 ; plan quinquennal 1968-1972 ; plan quinquennal 1973-1977 ; plan triennal 1978-1980 ; plan quinquennal 1981-1985).

[1499] B. Hibou, « La décharge, nouvel interventionnisme », *Politique africaine,* n°73, 1999, p.6-15.

[1500] Cameroun Vision 2035, Février 2009, p. VIII.

*réorientation des appuis financiers extérieurs »*[1501].C'est confortés par ce constat généralisé que les Etats africains, soucieux de renforcer la reprise économique et de l'asseoir durablement vont à nouveau inscrire leur politique de développement dans une perspective planificatrice.

Le recours à la planification économique dans les Etats d'Afrique francophone est saisissant. Ce retour en force se matérialise par la généralité des institutions en charge de la planification économique dans les architectures gouvernementales[1502] et par la récurrence des techniques et de la terminologie de la planification volontariste. Ces dernières s'illustrent par des cadres stratégiques de lutte contre la pauvreté promus par la Banque Mondiale, des Plans d'atteinte des OMD, et les stratégies d'accélération de la croissance[1503]. Tous ces plans et stratégies sont au centre de la nouvelle gestion publique des pays africains, notamment d'expression française. Les documents de stratégies ou les plans de développement matérialisant ici et là cette nouvelle forme de planification, s'inscrivent dans le court ou le moyen terme. A côté de ceux-ci, les Etats d'Afrique francophone ont aussi introduit une planification à long terme dans la formulation de leur politique économique, ce qui s'est notamment traduit par un foisonnement de stratégies « *d'émergence* » sur le continent[1504]. A travers ces planifications, il s'agit de doter les Etat d'une vision à long terme de la société et de leur développement. Cette vision doit servir de cadre de référence à toutes les stratégies et actions étatiques[1505]. Aussi peut-on dire avec Kako Nubukpo qu'à travers ces différentes planifications qui

[1501] Ibid.

[1502] Il existe des ministères en charge de la planification dans presque tous les Etats d'Afrique francophone avec des appellations variées, au Cameroun il s'agit du ministère de l'Economie de la Planification et de l'Aménagement du Territoire, au Niger Un ministère du Plan, au Benin c'est un Ministère de Plan, et du Développement, et à Madagascar un Ministère de l'Economie et la planification.

[1503] On peut citer entre autre, le Document de Stratégie pour la croissance et l'emploi au Cameroun de 2009 ; le Document de stratégie de réduction de la pauvreté de 2007 ; le Document de stratégie pour la réduction de la pauvreté du Bénin de 2011 ; le Document de la stratégie de la croissance et la réduction de la pauvreté de la République Démocratique du Congo de 2011.

[1504] Les Etats africains se sont dotés pour la plupart des visions d'émergence : Cameroun vision 2035, « un Cameroun émergent, démocratique et uni dans sa diversité » ; Niger 2035 « Un pays un peuple prospère » ; Madagascar Vision 2030 ; le Plan National de Développement du Benin 2016-2025 ;

[1505] Mamadou Issoufou, *Avant –propos* au plan de développement économique et social du Niger 2012-2015, p.1.

permettent aux Etats de se repositionner dans le développement économique, on assiste à« *un mouvement historique de la réhabilitation de l'Etat* »[1506].

Le nouveau modèle de planification économique adopté par les Etats d'Afrique francophone pour orienter leurs actions répond à une logique conceptuelle différente des premières planifications. Si en effet les premières étaient très souvent centralisées et autoritaires, la nouvelle génération de planifications se veut plutôt décentralisée et démocratique. Leur élaboration mobilise tous les acteurs économiques : Etat, opérateurs économiques, société civile et partenaires au développement. Cette synergie est très importante dans la mesure où dans le cadre de ces nouvelles planifications indicatives, au contraire de la planification impérative qui postule une conformité entre le futur et ce qui a été planifié, « *l'Etat tente de faire tendre l'économie vers un certain équilibre, en incitant les acteurs à effectuer des choix, comme sur le marché* »[1507]. On peut donc dire que par cette planification, l'Etat oriente l'action économique, en fixant et en se fixant des objectifs à atteindre, c'est aussi une forme de gestion axée sur les résultats.

En outre, cette planification sera également marquée, sur le plan financier et budgétaire au niveau des Etats, par l'adoption des budgets programmes[1508].

La nécessité de planifier et d'orienter l'action économique en Afrique est une exigence constitutionnelle, dans un Etat comme le Niger. La constitution de ce pays d'Afrique francophone prévoit expressément que : « *l'action de l'Etat en matière de politiques de développement économique et social est soutenue par une vision stratégique* »[1509]. Cette vision stratégique est un mécanisme de déclinaison de l'orientation générale de la politique de développement de l'Etat[1510]. Ainsi, l'interventionnisme de l'Etat par le mécanisme de la planification bénéficie ici d'un fondement constitutionnel express, au contraire des autres Etats où ce fondement est implicite.

---

[1506] Kako Nubukpo entretien avec Boris Samuel « Entre les plans d'émergence sans vision et des visions sans émergence : la difficile appropriation par l'Afrique de ses trajectoires de développement », *les politiques africaine*, 2017/1, n°145, p. 58.

[1507]Boris Samuel « Introduction au thème Planifier en Afrique », *Politique Africaine*, 2017/1, n°145, p. 16.

[1508]La quasi-totalité des Etats d'Afrique ont migré vers cette nouvelle approche budgétaire.

[1509]Art. 146.

[1510] C'est l'objet de la section1 du titre VII portant sur Du développement économique, social et culturel de la constitution du Niger intitulée : des orientations générales de la politique de développement ;

Ainsi, à travers la planification, se déploie un Etat stratège, déclinaison de l'Etat developpementiste qui prévoit, conçoit et oriente les actions économiques. Cet Etat stratège joue aussi un rôle important en matière de promotion de l'économie nationale.

## 2-La promotion de l'économie nationale

La promotion économique nationale est, dans l'optique du développement visé par les Etats d'Afrique d'expression française, au cœur des préoccupations de ces Etats[1511]. L'objectif de la promotion économique est d'accroitre l'attrait de la place économique, autrement dit d'améliorer la compétitivité des économies, et ce faisant obtenir une croissance économique forte et durable. D'une manière générale, la promotion économique recouvre l'ensemble des mesures que les Etats prennent en complément d'une bonne politique économique et financière pour renforcer et faire connaitre leur territoire en tant qu'espace de vie et espace économique[1512]. Ces mesures sont en réalité des mesures stratégiques.

Les Etats d'Afrique francophone sont depuis un certain temps en train de développer un fort dynamisme en matière de stratégie de promotion de leur économie nationale. Ce rôle des Etats se matérialise par le développement d'une « *stratégie macroéconomique offensive* »[1513], visant à attirer et à maintenir les emplois et les richesses. Dans cette logique, on retrouve ces Etats aujourd'hui en train de déployer une intelligence pour créer les conditions d'une croissance économique équilibrée, de se faire l'avocat des intérêts nationaux, d'accompagner les entreprises dans la compétition mondiale ; ils contribuent à cet égard à appuyer les stratégies d'implantation des entreprises sur le marché extérieur ou de prise de contrôle d'entreprises étrangères[1514].Les Etats africains sont devenus ainsi des VRP des économies nationales, une sorte «*d'Etat compétitif* »[1515], qui inscrivent pleinement leurs actions dans un cadre concurrentiel : non seulement ceux-ci se perçoivent en compétition permanente avec les autres Etats dans le système économique international, mais encore ils se posent en défenseur des intérêts économiques nationaux, dans les négociations internationales.

---

[1511] La promotion de l'économie nationale selon les analyses de J. Chevallier est l'une des premières dimensions de l'Etat stratège. In « *l'Etat stratège* », op cit., p.275.

[1512] *Ibid.*

[1513] R. Fauroux et B. Spitz (*dir*), *Notre Etat*, Paris, Robert Laffont, 2000, P. 456.

[1514] J. Chevallier, « L'Etat stratège », *op cit.*, p. 275.

[1515] Ibid.

D'une manière concrète, les Etats de l'espace francophone d'Afrique sont devenus sous les effets de la mondialisation et de la concurrence internationale, les « *agents économiques* »[1516] chargés de promouvoir l'économie nationale. C'est pour cela que les pouvoirs publics vont s'impliquer pour faire en sorte que le pays soit attractif pour les investisseurs internationaux et pour que les opérateurs économiques nationaux puissent avoir des parts de marché dans d'autres Etats[1517]. Pour ce faire, ils vont développer des reformes importantes, mener une diplomatie économique offensive, établir un cadre favorable aux entreprises, diversifier les partenaires économiques, élargir la taille du marché à travers l'intégration régionale[1518]... Dans cette mission, les Etats agissent en partenariat avec les entreprises privées notamment dans la définition des politiques attractives à mener.

La promotion de l'économie nationale occupe une place tellement importante en Afrique francophone que ces Etats ont renforcé le dispositif de cette promotion par la création d'instances dédiées à cet effet. C'est ainsi qu'au Cameroun, au Maroc, au Benin, à Madagascar ou au Niger ces Etats ont créé des agences spécialement chargées de la promotion des investissements[1519]. Celles-ci ont reçu entre autres pour objectifs de vendre l'image de l'attractivité de ces Etats et favoriser l'investissement notamment étranger dans le territoire.

Le rôle stratégique de la promotion des investissements par les Etats en Afrique francophone est d'autant plus important qu'il s'infère des dispositions constitutionnelles. La constitution algérienne prévoit à cet égard que « *L'Etat veille à améliorer le climat des affaires. Il encourage, sans discrimination, l'épanouissement des entreprises au service du développement économique national* »[1520]. S'inscrivant dans le sillage de la constitution algérienne, celle

---

[1516] Nous entendons par agents économique ici une personne chargée de faire la promotion, une forme de marketing pour valoriser les potentialités de son économie afin d'attirer une clientèle en l'occurrence les investisseurs.

[1517] On observe à cet égard que les chefs d'Etat africains dans leur déplacement officiel à l'étranger sont généralement accompagnés par un nombre important des responsables des affaires économiques de ces Etats et surtout par des délégations importantes d'entrepreneurs privés.

[1518] Ces différentes reformes peuvent s'observer partout en Afrique francophone, il s'agit entre autre des réformes fiscales, institutionnelles... Au niveau de la diplomation économique et la diversification des partenaires économiques l'on constate que les Etats africains signent de plus en plus plusieurs contrats économiques avec des nouveaux partenaires comme la Chine et certain pays d'Asie qui peu à peu sont entrain de devenir des partenaires économiques de premier plan en Afrique.

[1519] Au Cameroun et à Madagascar on a des Agences de Promotion des Investissements (API), au Maroc c'est l'Agence Marocaine de Développement des Investissements (AMDI) ; au Benin il s'agit de l'Agence de Promotion des Investissements et des Exportations (APIEX), Au Niger, on a l'Agence de Promotion des investissements et des Projets Stratégiques (APIPS) et à Madagascar

[1520] Art. 43.

de la République Démocratique du Congo prévoit que l'Etat *« encourage et veille à la sécurité des investissements privés nationaux et étrangers »*[1521] ; celle de Madagascar va dans le même sens lorsqu'elle dispose que « *l'Etat garantit la sécurité des capitaux et des investissements* »[1522].

Ainsi au regard de son rôle dans la planification économique et la promotion de l'économie nationale, se profile l'image d'un nouvel Etat dans l'espace francophone. Un Etat proactif, dynamique qui s'implique dans le jeu économique en orientant l'action économique et en œuvrant pour l'attractivité de son territoire. Ce nouveau visage de l'Etat tranche avec celui dans lequel les politiques de libéralisme économique et les programmes d'ajustement voulaient le confiner : un Etat en retrait, voire en retraite. Les Etats d'Afrique se trouvent donc dorénavant au centre du jeu économique. Loin de se limiter à la simple stratégie, ces Etats vont même intervenir d'une manière plus palpable dans le champ économique en devenant des entrepreneurs économiques de premier plan.

## B-L'Etat entrepreneur

Le concept d'Etat entrepreneur n'a pas encore fait l'objet d'une véritable systématisation dans le domaine du droit et même celui de la science économique. Si généralement, on le présente comme un Etat qui s'investit dans la création des Entreprises publiques, ou comme un Etat qui « *dessine une forme de croissance dans un contexte de concurrence* »[1523], il faut dire que l'Etat entrepreneur est celui qui n'est pas attentiste. C'est une nouvelle forme d'Etat qui s'engage véritablement dans le secteur économique à côté du marché. L'Etat entrepreneur de fait, n'oppose pas alors l'Etat et le marché, il constitue une version évoluée de l'Etat interventionniste classique avec pour spécificité le fait que le nouvel Etat ne remet pas en cause le marché. Cette nouvelle approche de l'action économique de l'Etat est véritablement développée dans les Etats à philosophie développementiste, et on observe depuis peu cette figure prendre de l'essor en Afrique francophone[1524].

Le fait est que, conscients du fait que, le tissu économique de leurs Etats est encore faible et de leur défaillance à attirer les investisseurs, les Etats de

[1521] Art. 34.
[1522] Art. 38.
[1523] B. Boscher, « De l'Etat actionnaire à l'Etat entrepreneur », *Entrepreneuriat*, du 11 février 2017. P 12 et s.
[1524] Voir à cet effet les dispositions de la constitution du Niger notamment, ses articles 146 et suivants.

l'Afrique francophone vont de plus en plus investir le champ économique. C'est ainsi que l'entreprenariat étatique dans l'espace francophone d'Afrique va se traduire par le développement de l'intervention de l'Etat dans la réalisation des grands projets structurants (2) de même que par l'investissement du capital public (1).

## 1-Le rétour de l'actionnariat public

L'une des mesures phares des programmes d'ajustement structurel en Afrique francophone était sans aucun doute le désengagement de l'Etat du secteur public à travers les privatisations. Cette mesure consistait globalement à mettre fin à l'actionnariat de l'Etat dans les entreprises et dans les sociétés entrant dans le portefeuille public[1525]. En dépit de la vague de ces privatisations que vont connaitre les Etats d'Afrique francophone dans les années 1980 et 1990, ceux-ci vont continuer à être propriétaires de nombreuses entreprises publiques, ou établissements publics et demeurer dans le capital de plusieurs sociétés. Bien plus, on observe un retour remarquable à un actionnariat important de la part des pouvoirs publics tant dans la création de plusieurs entreprises et établissements publics que dans leur participation au capital dans plusieurs sociétés. Cette situation est certainement due au fait que la privatisation présentée comme une solution à une gestion efficace et mieux à même d'améliorer la qualité de certains services qui étaient assurés directement par les Etats, n'a pas produit les effets escomptés.

L'Etat actionnaire ou l'actionnariat public est par définition le fait pour une personne publique d'investir le capital social et la structure d'établissement public ou d'entreprise privée dans la logique de satisfaire l'intérêt général ou de défendre et de soutenir des intérêts stratégiques du pays[1526].L'actionnariat public se caractérise par une grande diversité au niveau de la participation de la personne publique dans le capital, de sa présence dans certains secteurs d'activités voire de sa dépendance au budget de l'Etat. Ainsi peut-on avoir des entreprises[1527] et établissements publics dont le capital social est détenu dans sa totalité par la personne publique, ou encore des sociétés

[1525] Cf, J. Biakan, *L'expérience camerounaise de la privatisation des entreprises publiques,* op cit., p.231.

[1526] Wadoud M. Lawani, « L'Etat actionnaire au Benin : quelles perspectives ? » in, http://cerclesfinancespubliques.over-blog.com/article-l-etat-actionnaire-au-benin-quelles-perspectives-122613084.html.

[1527] Les entreprises ou sociétés publiques sont des entreprises ou société à caractère industriel et/ou commercial dont le capital social est soit intégralement souscrit par l'Etat, soit en partie par l'Etat et en partie par des personnes morales de droit public.

d'économie mixte[1528] ou d'entreprises privées dans lesquelles l'Etat ou toute autre personne morale détient une part du capital. Cet actionnariat peut etre aussi perceptible dans certains secteurs économiques. Au niger par exemple le constituant demande à l'Etat d' *« investir dans les domaines prioritaires, notamment l'agriculture, l'élévage... »*.

Dans les Etats africains, cet actionnariat est considérable comparativement à un Etat comme la France[1529]. Pour s'en convaincre, il faut rappeler que dans un Etat comme le Maroc en 2015, le portefeuille public se composait de 212 établissements publics, 44 sociétés à participation directe de l'Etat et 442 filiales et participations publiques[1530]. Au Cameroun en 2017, on comptait plus de 28 sociétés d'Etat. Dans ce pays l'on a même observé un retour de l'Etat dans le secteur de la production et de la distribution de l'eau potable qui avait fait l'objet pendant plus de 10 ans d'une concession[1531].

Le retour en force de l'actionnariat public en Afrique francophone se situe dans la volonté des Etats de cet espace de peser dans l'économie et ce faisant assurer leur développement tant qualitativement que quantitativement. C'est que dans cet espace, l'actionnariat public a toujours joué un rôle important dans le développement économique et social en raison du poids économique du secteur des entreprises et établissements publics, et de leur place dans le processus d'élaboration, de planification et d'exécution des politiques publiques[1532]. Le décollage et le dynamisme de certains secteurs d'activités ne pouvaient se réaliser sans leur intervention directe, notamment dans les services publics de base : santé, eau potable, électrification, chemins de fer, infrastructures portuaires...Eu égard au secteur d'activités dans lesquels ils interviennent, « *les entreprises et établissement publics ont fortement contribué à la réalisation d'une croissance stable, durable et inclusive. Ils sont devenus un vecteur incontournable dans la dynamique de transformation économique et sociale* » [1533]des Etats africains. Egalement, à travers leur participation au capital social de certaines sociétés ou entreprises privées, les

[1528] Ce sont des sociétés par actions dans lesquelles l'Etat ou toute collectivité publique, ou toute entreprise est associée à des capitaux privés nationaux ou des capitaux étrangers privés ou publics ;
[1529] Cf., *Institut Montaigne, l'impossible Etat actionnaire ?* janvier 2017, 46. pp.
[1530] Rapport de la 2 ème Chambre de la Cour des Comptes du Maroc, le secteur des établissements et entreprises publics au Maroc : Ancrage stratégique et gouvernance, juin 216, p. i.
[1531] En 2017 l'Etat du Cameroun a mis fin au contrat d'affermage qui le liait à la société la Camerounaise Des Eaux (CDE) qui était chargée de la production et de la distribution de l'eau potable. Ces missions sont dorénavant confiées à la Camwater qui est une société à capital public.
[1532] Rapport de la 2ème Chambre de la Cours des comptes du Maroc, *op cit.*, p.1.
[1533]*Ibid.*

Etats veulent peser sur la conduite de certains secteurs jugés stratégiques. Ils veulent ce faisant sauvegarder certains intérêts économiques et sociaux et constituer *« un garde-fou contre les dérives de gestion »*[1534].

L'Etat actionnaire est finalement l'incarnation de cette nouvelle forme de l'Etat entrepreneur qui s'investit véritablement dans le domaine économique. Il s'agit d'un symbole de cette nouvelle forme d'économie du marché mêlée d'intervention étatique. La figure de l'Etat entrepreneur va au-delà du simple actionnariat ; en Afrique francophone cette figure se révèle aussi par l'implication directe de l'Etat dans la réalisation des grands projets dits structurants.

## 2-La réalisation des grands projets structurants

Les Etats d'Afrique francophone, dans leur souci d'impulser le développement, se lancent depuis le début des années 2000 dans de grands chantiers visant à doter leurs pays des infrastructures à même de constituer un ferment aux activités économiques. De façon concrète, conscients de l'ampleur des défis auxquels sont confrontés leurs pays, ces Etats vont faire le choix stratégique de développer des infrastructures par le biais des stratégies sectorielles territorialisées couvrant plusieurs secteurs vitaux de l'économie. Centrées autour de grands projets structurants, ces stratégies visent à soutenir la diversification de l'économie et à créer une nouvelle dynamique de développement, vecteur d'une croissance inclusive. La constitution du Niger dans l'optique de légitimer cette action prévoit que « *l'Etat s'attèle à développer son potentiel énergitique en vue d'atteindre la souveraineté énergétique, l'acces à l'énergie et à bâtir un secteur intdustriel, minier, pétrolier et gazier dynamique et compétitif, orienté vers la satisfaction des besoins nationaux et des exigences du développement* [1535]».

Les projets structurants développés par les Etats africains dans l'optique de leur développement économique, renvoient pour l'essentiel à des projets *« dont la mise en place entraine le développement d'un très grand nombre d'activités nouvelles impossibles à réaliser sans ce projet ».*[1536] Il s'agit en d'autres termes des projets mettant en place des organisations, des réseaux ou des outils ayant un impact, en termes de synergie et de développement pour

[1534] B. Boscher, « De l'Etat actionnaire à l'Etat entrepreneur », *Entrepreneuriat,* du 11 février 2017. P 12 et s.
[1535] Art. 147.
[1536]. B. Boscher, « De l'Etat actionnaire à l'Etat entrepreneur », *op cit.*, p. 12.

une communauté, une filière, un territoire. C'est donc dire que pour qu'un projet soit structurant il faut qu'il ait des effets de chaine sur d'autres activités. Il doit participer à lever les contraintes qui empêchent le déploiement des autres activités. Leur réalisation élargit la marge de manœuvre du pays en permettant le développement des activités nouvelles. Ces projets doivent alors agir sur les facteurs de production, ce qui renvoie immédiatement aux infrastructures, à savoir les barrages hydroélectriques, le réseau électrique, le transport ou les télécommunications.

Depuis ces quinze dernières années, les Etats africains dans leur orientation vers l'émergence, ont opéré des choix primordiaux afin d'axer le développement des pays autour des grands projets structurants. Dans la plupart de leurs documents de stratégie, ils ont décliné un ensemble de projets structurants, et qui sont en train d'être mis en œuvre pour booster l'activité économique. Ainsi, que ce soit au Cameroun, au Maroc, au Niger ou à Madagascar, l'on observe des Etats qui se déploient pour se doter d'infrastructures portuaires, routières, énergétiques ou de télécommunications. Comme le soulignent leurs documents de stratégies économiques ces différentes infrastructures visent à créer et à développer la capacité productive dans tous les secteurs et aussi à augmenter les capacités d'accès aux marchés[1537].

La réalisation de ces grands projets structurants participe ainsi à remettre les Etats africains au centre du jeu économique. Ils sont de ce fait des acteurs économiques de premier plan sans lesquels le développement économique n'est pas imaginable. Ce sont des Etats entrepreneurs, au sens de réalisateurs en dotant leurs pays des infrastructures économiques importantes pour l'essor d'autres activités économiques. Cette forte implication des Etats africains dans la réalisation des grandes infrastructures, rappelle le rôle de l'administration américaine après la grande dépression de 1929, qui n'avait pas trouvé meilleure solution que de promouvoir les grands travaux[1538].

Il est donc manifeste que la philosophie développementiste amène les Etats africains depuis le début des années 2000, à réinvestir d'une manière directe le champ de l'économie à travers la planification, la promotion de l'économie, l'actionnariat public et la réalisation des grands projets. Ils sont devenus de ce fait des Etats stratèges et des Etats entrepreneurs. Dans ce

---

[1537] Document de stratégie pour la croissance et l'emploi du Cameroun.

[1538] Voir dans ce sens, J. M. Keynes, *op cit.*

redéploiement, les Etats africains n'ont pas occulté le versant social, c'est ainsi qu'ils ont aussi revêtu la forme de l'Etat social.

## Section II : La réapparition timide de l'Etat Social

La charge de développer les Etats d'Afrique francophone par la recherche d'une croissance forte et durable qui a nécessité l'instauration d'un Etat développementiste, s'est accompagnée dans ces Etats de l'obligation d'assurer un certain nombre de prestations sociales pour faire bénéficier aux populations un bien-être, voire une protection sociale. C'est dans cette perspective que seront renforcées les interventions directes de l'Etat dans la vie économique et sociale et l'apparition de l'Etat social, forme d'avatar de l'Etat interventionniste. Cette forme d'Etat est consacrée d'une manière explicite par la plupart des constitutions africaines en prévoyant le caractère « *social* » de l'Etat[1539]. Au Niger les bases constitutionnelles de cette forme d'Etat peuvent etre tirées de l'article 146 de la constitution. Celui-ci est ainsi articulé : « *les politiques publiques doivent promouvoir la sécurité alimentaire, le developpement durable, l'accès de tous aux services sociaux ainsi que l'amélioration de la qualité de vie* ».

Le concept d'Etat social vient de Bismarck[1540]. Si au sens large la notion d'Etat-social correspond à l'Etat providence, et désigne « *l'Etat interventionniste qui s'institutionnalise après la seconde Guerre mondiale* »[1541], au sens strict, que nous adopterons, c'est une forme d'Etat qui intervient pour assurer la prise en charge collective des fonctions de solidarité sociale[1542]. La notion d'Etat-social évoque clairement l'une des nouvelles fonctions de l'Etat moderne : s'occuper du bien-être social des citoyens ; c'est d'ailleurs le sens de sa traduction anglaise « *welfare state* »[1543]. Cette forme d'Etat s'est considérablement développée dans le monde, avec l'essor des interventions massives de l'Etat interventionniste et surtout le développement des inégalités sociales dues à l'économie du marché[1544]. L'Etat social entend alors, par les interventions de l'Etat assurer une justice sociale et le « *plus*

---

[1539] Cf. art. 1 de la Constitution de la RDC, art.1(2) de la constitution du Cameroun

[1540] Il est traduit en allemand par l'expression « Sozialstaat ».

[1541] François-Xavier Merrien, « Introduction », in *L'Etat-providence*, 2007, p. 4

[1542] *Ibid.*

[1543] François-Xavier Merrien « *L'institutionnalisation des modèles d'Etat-providence* », *l'Etat-providence*, 2007, p.55.

[1544] J-P, Escaffre, J. Lojkine et C. Suarez, « *l'Etat social, Mythe et Réalités* », *Nouvelles Fondations*, n°5, 2007/1, p.59.

*grand bonheur au plus grand nombre »*[1545]ou de *« maximiser le bonheur dans la société »*[1546].

L'apparition de l'Etat social en Afrique francophone date, à la vérité, des indépendances. Soucieux de construire la nation, les Etats de cet espace vont intervenir dans le développement économique dans ses doubles dimensions de recherche de la croissance et de garantie du bien-être des citoyens, en s'investissant notamment en matière de santé et d'éducation. Le Professeur Maurice Kamto traduit formidablement cette dernière réalité lorsqu'il écrit, parlant des Etats africains au lendemain des indépendances mus par l'idéologie de la construction nationale, que : *« l'Etat y apparait comme devant être le pourvoyeur du bien-être matériel et le dispensateur de l'éducation : il doit sortir la population de la misère »*[1547]. Cette forme d'Etat va connaitre une éclipse avec l'avènement du libéralisme.

Les interventions de l'Etat social sont à la vérité en contradiction avec la philosophie libérale. Les réflexions et analyses de la théorie libérale présentent l'éducation et la santé, qui sont au cœur des actions de l'Etat social, comme des biens privés, qui doivent être prises en charge par les individus. Elle prêche et légitime le retrait de l'Etat et la réduction des dépenses publiques dans ces matières, en faveur d'un rôle de plus en plus important pour le marché. C'est ainsi par exemple qu'en matière d'éducation, on considère que celle-ci n'a rien de particulier par rapport aux autres secteurs d'activités économiques et que la gestion des établissements scolaires doit s'aligner sur celle du marché. C'est conformément à cette philosophie que les institutions financières internationales vont soutenir dans les années 1990 que l'interventionnisme étatique et public en la matière ne peut garantir la réussite des systèmes éducatifs des pays en développement à produire une éducation de qualité et en adéquation avec les avancées technologiques. Voire même qu'un tel interventionnisme et le financement public massif de l'éducation sont une manifestation de gaspillage financier et de manque de performance économique.

Malgré cette éclipse, pendant la période de l'ajustement structurel, l'Etat social va réapparaitre de façon tmide dans les années 2000 et connaitre un

[1545] Cf. Jeremy Bentham, introduction aux principes de la morale et de la législation, cite par J-P, Escaffre, J. Lojkine et C. Suarez, « l'Etat social, Mythe et Réalités », op cit., p. 58.
[1546] Cf. John Stuart Mill, *L'utilitarisme,* Champs classique, cite par J-P, Escaffre, J. Lojkine et C. Suarez, « *l'Etat social, Mythe et Réalités* » op cit., p 58.
[1547] M. Kamto, *Pouvoir et Droit en Afrique noire, op cit.,* p. 330.

certain développement (**Paragraphe I**). Ce développement aura une incidence en matière de politique économique puisqu'il sera caractérisé par une intervention économique majeure de l'Etat sur les fonctions du capital (**Paragraphe II**)

## Paragraphe I : Le développement de l'Etat social

L'Etat social dans les Etats d'Afrique d'expression française a connu un développement consécutif aux fluctuations de la situation économique et sociale de ces Etats, et surtout de l'idéologie qui a animé les actions des pouvoirs publics. Au lendemain des indépendances, le souci de la construction nationale ou de l'édification des Etats va justifier l'option pour un Etat développementiste voire interventionniste ou un Etat providence. Cette option sera remise en cause par l'idéologie libérale qui va prôner la « *décharge* » de l'Etat de ses missions économiques et sociales, puisque présentées comme plombant la croissance. Avec, le début des années 2000 l'on va observer un retour à une dimension sociale de l'Etat, qui va paradoxalement cohabiter avec l'économie libérale. Il faut dire que l'essor de l'Etat social marque la rupture avec la conception libérale de l'Etat comme Etat gendarme ou Etat « *gardien de nuit* »[1548]. L'Etat gendarme ou Etat gardien de nuit accorde un rôle minimal à l'Etat ; en revanche, l'Etat social donne à l'Etat un rôle important dans la vie sociale et économique au nom des impératifs sociaux[1549].

C'est ainsi que dans l'espace francophone d'Afrique, l'on va observer une réinstauration d'un Etat social (**B**). Ce renouvellement de l'Etat social est dû à un certain nombre de facteurs pertinents (**A**).

### A-Les facteurs de l'essor de l'Etat social

Dans les Etats occidentaux industrialisés, la naissance de l'Etat social est consécutive au développement de l'Interventionnisme économique et de l'Etat providence[1550]. Celui-ci a pour objectif de mettre en place un système de solidarité nationale plus efficace que les structures de solidarité traditionnelle. En revanche, dans les Etats d'Afrique francophone, la dimension sociale est inhérente à la naissance de ces Etats, notamment leur accession à l'indépendance. Dans cette première phase, l'option d'une forme sociale de

---

[1548] François-Xavier Merrien, « *Introduction* », *L'Etat-providence,* 2007, p.3.

[1549] *Ibid.*

[1550] P. Guillaume, « La naissance de l'Etat providence », *Revue économique,* n°51-2, 2000. PP. 371-384.

l'Etat est liée à la volonté des Etats nouvellement indépendants de garantir un bien-être à leurs citoyens. Ainsi, l'émergence de l'Etat social a un lien avec le droit au développement social (1). Ce paradigme sera remis en cause avec la politique du libéralisme, mais cette remise en cause ne va pas faire long feu puisque les Etats d'Afrique vont réinvestir le champ social, encouragés par la communauté internationale au regard de la recrudescence des inégalités et surtout de la pauvreté consécutive à cette politique libérale. De ce point de vue, l'essor de l'Etat social se veut être un moyen de la lutte contre la pauvreté (2)

## 1-Le droit au développement social.

L'émergence de l'Etat social en Afrique francophone a partie liée avec la problématique du droit au développement dans sa dimension sociale. De sa conception générale, le droit au développement est, selon Keba M'Baye, une « *prérogative appartenant à tout homme et à tous les hommes pris collectivement et qui consiste à avoir également droit à la jouissance dans les proportions justes et équitables des biens et services produits par la communauté à laquelle ils appartiennent* »[1551]. Vu sous cet angle, le droit au développement est à la fois un droit individuel et collectif, ces deux aspects sont d'ailleurs inextricables. Cependant, la plupart des instruments juridiques internationaux occidentaux conçoivent ce droit comme un droit individuel[1552], alors qu'en Afrique le droit au développement apparait comme un droit collectif reconnu au « *peuple* »[1553]. Quoiqu'il en soit, le droit au développement est perçu somme toute comme « *un droit inaliénable de l'homme en vertu duquel toute personne humaine et tous les peuples ont droit de participer et de contribuer à un développement économique, social, culturel et politique dans lequel tous les droits de l'homme et toutes les libertés fondamentales puissent être réalisés et de bénéficier de ce droit* »[1554].

Ainsi, le développement dont il s'agit est complexe, il part de la personne et s'élargit à la dimension sociale. Le droit qui en résulte a pour

[1551] K. M'Baye, « Droit de l'homme et pays en développement », in *Humanité et droit international. Mélange René-Jean Dupuy*, éd. A. Pedone, Paris 1991, p. 220.

[1552] On peut citer ici, la Résolution 41/128 adoptée le 4 décembre 1968 par l'Assemblée Générale des Nations Unies portant sur la déclaration du droit au développement (art.1 de cette résolution notamment).

[1553] C'est ce que traduit l'instrument régional, la Charte Africaine des Droits de l'Homme et des Peuples de 1981 qui proclame explicitement en son art.22 que : « *Tous les peuples ont droit à leur développement économique, social et culturel, dans le respect strict de leur liberté et de leur identité, et à la jouissance égale du patrimoine commun de l'humanité* ».

[1554] Art. 1 de la Résolution 41/128 adoptée le 4 décembre 1968 par l'Assemblée Générale des Nations Unies portant sur la déclaration du droit au développement.

objectif dans son aspect social d'assurer à l'homme une certaine dignité, et c'est la raison pour laquelle il véhicule d'abord l'idée de justice sociale[1555]. Ce droit postule en effet que « *le bien commun consiste dans la création de conditions ...sociales qui permettent à chacun d'exercer son autonomie de la manière la plus satisfaisante, sans qu'on lèse la dignité de l'autre* »[1556]. Le droit au développement suppose alors « *un relèvement des niveaux de vie, l'instauration d'une justice sociale et l'observation scrupuleuse du principe de l'égalité des hommes* »[1557]. Il « *apparait, et de manière incontestable, comme ... un droit dont le but est l'amélioration constante du bien-être des individus auxquels il doit assurer l'entier et libre épanouissement* »[1558]. De ce point de vue, le droit au développement fait partie de la troisième génération des droits, c'est-à-dire des droits de solidarité[1559], puisque destiné à satisfaire les besoins tant matériels que non matériels de l'homme. Il nécessite par conséquent une répartition des chances et des ressources[1560].

En somme, le droit au développement dans sa dimension sociale est constitué du droit de tout homme à son bien-être et son épanouissement plénier. Cette plénitude ne se borne pas à la satisfaction des besoins économiques, mais aussi des besoins éducatifs, sanitaires, professionnels, culturels... Les Etats d'Afrique francophone sont conscients de cet aspect plastique du droit au développement ; c'est la raison pour laquelle leurs constitutions ont consacré des droits économiques et sociaux à leurs populations[1561]. Bien plus, ceux-ci ont adhéré aux instruments juridiques internationaux consacrant ces droits. Cela ne pouvait d'ailleurs être autrement lorsqu'on sait, avec le Professeur

---

1555 B. R Guimdo, « Droit au développement et dignité humaine », in *Les droits fondamentaux*, Actes des premières Journées-scientifiques du réseau Droits fondamentaux de l'AUPELF-UREF, tenues à Tunis du 09 au 12 octobre 1996, J-Y Morin (dir) Bruxelles, Bruylant, 1997, pp. 73-80.

1556 H. De Decker, « Droits de l'homme et droit au développement : concurrence ou complémentarité ?», in Actes du Colloque de Yaoundé (9-11novembre 1994), *Droit de l'homme en Afrique centrale,* D. Maugement et P.G Pougoué (dir), éd. UCAC/ et KARTALA/Paris, 1995, P. 209.

1557 K. M'Baye, « Droit de l'homme et pays en développement », in *Humanité et droit international.* Mélange René-Jean Dupuy, op cit., p. 220.

1558 A. Amor, « Le droit de l'homme au développement », in Collectif. *L'effectivité des droits fondamentaux dans les pays de la communauté francophone*, AUPELF-UREF, Montréal, 1994, p.113-114.

1559 Cf. K. Vasak, « Les différentes catégories des droits de l'homme », in A. Lapeyre, F. De Tinguy et K. Vask (dir), *Les dimensions universelles des droits de l'homme*, vol 1, Bruyant, Bruxelles, 1990, pp 303 et s.

1560 M. Flory, *Droit international du développement*, Paris, PUF, 1977, p. 171.

1561 Le droit au dévoleppemnt est consacvré dans toutes les constitutions (Art. 8 de la constitution du Bénin ; art. 17 de la constitution de MadagascarArt. 12 de la constitution du Niger ; art. 18 de la constitution de Madagascar[1561]Art.49 50 et 58 de la constitution de le RDC.A ; art. 13 de la constitution du Niger ; Art. 19 de la constitution du Maroc).

Bernard Raymond Guimdo, que l'origine du droit au développement est africaine[1562].C'est la raison pour laquelle l'Etat, dans ce continent plus qu'ailleurs, va avoir une forte coloration sociale, et ce d'autant plus que la population est vulnérable du fait de la pauvreté. Ce qui va donc légitimer l'intervention sociale de l'Etat dans la sphère socio-économique, puisque le droit au développement est mis à sa charge[1563].

## 2-La lutte contre de la pauvreté

La lutte contre la pauvreté constitue un facteur majeur qui justifie le réinvestissement dans l'Etat de la sphère sociale des Etats d'Afrique francophone. Depuis la mise en œuvre des politiques d'ajustement structurel, les Etats, et les institutions financières internationales vont se rendre compte de ce que la dimension sociale dans la quête du développement avait été négligée, d'où l'accentuation des inégalités et le développement de la pauvreté. Ainsi la réduction de la pauvreté va constituer le principal objectif des Etats de cet espace, encouragés en cela par la communauté internationale.

Il n'est pas très évident de définir et de mesurer la pauvreté. Les conceptions passées la résumaient en une simple absence de revenus ou de ressources pouvant permettre d'avoir une vie décente[1564]. Cette conception a longuement été défendue par la Banque Mondiale qui, à cet effet, avait fixé un seuil permettant de considérer une personne comme pauvre[1565]. De nos jours, le concept de pauvreté, sous l'impulsion du PNUD a une dimension liée au développement humain[1566]. Le développement humain représente, selon les termes du PNUD, l'élargissement des possibilités de choix offertes aux individus. Plus précisément, « *les trois possibilités essentielles sont celles de vivre longtemps et en bonne santé, d'acquérir des connaissances et savoires, et d'accéder aux ressources nécessaires pour vivre dans des conditions décentes* »[1567]. C'est par rapport à ce développement humain que la pauvreté

[1562] B. R Guimdo, « Droit au développement et dignité humaine », in *Les droits fondamentaux, Actes des premières Journées-scientifiques du réseau Droits fondamentaux de l'AUPELF-UREF*, tenues à Tunis du 09 au 12 octobre 1996, *op cit.*, p. 76.

[1563] Cf. art. 22 de la Charte Africaine des Droits de l'Homme et des Peuples : « *les Etats ont le devoir, séparément ou en coopération, d'assurer l'exercice du droit au développement* ».

[1564] G. Cayau, *La lutte contre la pauvreté en Afrique sub-saharienne à travers l'amélioration du marché du travail et la contribution au développement de l'emploi des jeunes,* Mémoire de Master en Administration économique et sociale, Université Paul Valéry-Montpellier III, 2008, p.2.

[1565] E. Bénicourt, « La pauvreté selon le PNUD et la Banque mondiale » in *études rurales,* n°159-160, 2001/3-4. Pp.35-53.

[1566] Cf. Rapport du PNUD, vaincre la pauvreté humaine, 2000, p. 19.

[1567] PNUD, rapport mondial sur le développement humain, 1997, p.15-16

est définie comme « *la négation des opportunités et des perspectives fondamentales sur lesquelles repose tout développement humain, à savoir vivre une longue vie, saine, constructive et jouir d'un niveau de vie décent, ainsi que de la liberté, de la dignité du respect de soi-même et d'autrui* »[1568]. Ainsi, la pauvreté englobe de multiples dimensions : sociale, culturelle, économique… Des auteurs comme Amartya Sen, entrevoient la pauvreté comme le cumul des handicaps de ces différentes dimensions[1569].

La réduction de la pauvreté dans toutes ses dimensions constitue l'un des engagements forts des Etats d'Afrique francophone. La plupart d'entre eux se situent en effet dans la liste des pays dans lesquels la pauvreté continue à sévir de façon considérable. Cette pauvreté entrainant souvent la vulnérabilité des populations et des inégalités, est cause de plusieurs autres maux dont le terrorisme est un des maux les plus marquants. Les Etats se trouvent investis de la responsabilité de développer des politiques sociales visant à la combattre, et ce faisant, se muent en Etat social.

Cet engagement dans la réduction de la pauvreté des Etats africains procède aussi de l'impulsion donnée par l'assemblée générale de l'ONU, qui a adopté en 2000, lors d'une session extraordinaire, la Déclaration du Millénaire qui fonde un nouvel accord entre les pays riches et les pays pauvres[1570]. Le but de cet accord est de contribuer à améliorer les conditions de vie de pays pauvres et de garantir le développement humain. C'est de cette déclaration que sont extraits les Objectifs du Millénaire pour le développement, qui sont un package de buts et de cibles quantifiés, assortis d'une date de réalisation qui devrait permettre de réduire l'extrême pauvreté dans le monde[1571]. Aussi, et en application de cette déclaration, les politiques et les stratégies qui ont été formulées par les Etats africains ont été imprégnées de ces OMD, comme en témoignent les documents de stratégies pour la réduction de la pauvreté, les documents de stratégies pour la croissance et l'emploi ou des visions d'émergence à long terme dans ces Etats. La mise en

[1568] Ibid.
[1569] Amartya Sen, *L'économie est une science morale*, paris, La découverte, 1999 ;
[1570] Cf. A. Rhazaoui, L-J Gregoire et S. Melleli, *L'Afrique et les Objectifs du Millénaire pour le Développement*, Paris, Economica, 2005, 619 p.
[1571] Ces objectifs sont pour l'essentiel les suivants :1- éliminer l'extrême pauvreté et la faim ; 2-assurer une éducation primaire pour tous ; 3-promouvoir l'égalité des sexes et l'autonomisation des femmes ; 4-réduire la mortalité des enfants de moins de 5 ans ; 5-améliorer la santé maternelle ;6-combattre le VIH /Sida, le paludisme et d'autres grandes maladies ;7-assurer un environnement durable ;8-mettre en place un partenariat mondiale pour le développement ;

œuvre de ce nouvel impératif va transformer l'Etat en un véritable Etat social, qui va dès lors recevoir une traduction concrète.

## B-La traduction l'Etat social

L'impératif de faire bénéficier aux populations du droit au développement et surtout de combattre la pauvreté va mobiliser les interventions sociales de l'Etat dans l'espace francophone d'Afrique. Cet Etat social, qui va commencer à se déployer pour assurer le bien-être de tous ou le plus grand bonheur au grand nombre, va prendre en charge cette mission investie par la constitution[1572]. On l'a déjà noté, les constitutions des Etats d'Afrique francophone consacrent, au bénéfice des citoyens, des droits économiques et sociaux importants.[1573] Ces droits sont en fait des droits-créances qui, selon le théoricien du droit allemand Jelinek, sont des « *droits de statut positif* », en ce sens qu'ils appellent une action positive de l'Etat, puisque leur réalisation passe par l'octroi de prestations de la part de celui-ci. Dans l'espace francophone d'Afrique, les prestations à caractère social que peut assumer l'Etat sont nombreuses et diversifiées. Malgré ce nombre et cette diversification, on peut dire que l'Etat social africain intervient pour garantir la sécurité sociale (**1**) et octroyer certaines prestations de services publics (**2**).

### 1-La garantie de la sécurité sociale

Sous l'impulsion de certaines institutions financières internationales, la protection sociale connait un essor en Afrique, même comme la couverture sociale est encore trop faible pour réduire sensiblement les inégalités sociales[1574]. Dans la plupart des pays africains notamment francophones, les politiques et programmes de sécurité sociale hérités des gouvernements coloniaux sont en train, en effet d'être réformés pour élargir la couverture sociale et rendre le système de sécurité sociale plus performant.[1575]

---

[1572] Dans leur dimension sociale, les constitutions africaines ont investi les Etats de plusieurs missions. L'Etat conformément à ces constitutions, est pourvoyeur de santé, d'éducation, de logement, d'emploi… etc.

[1573] Il existe plusieurs dispositions dans les constitutions africaines qui consacrent les droits sociaux : art. 36, 46 et suivant de la constitution de la RDC, art. 12 et suivants de la constitution du Niger, art. 8 et de la constitution du Benin.

[1574] Banque mondiale 2015, The atlas of social protection: indicators of resilience and equity. Disponible à l'adresse : http://data.worldbank.org/data-catalog/atlas_social_protection.

[1575] C. Osei-Boatng, « Pour la création d'une protection et d'une sécurité sociale selon le genre : le cas de l'Afrique » *In analyse de politique internationale*, Friedrich Ebert Stiftung, Aout 2011, p. 3.

La sécurité sociale englobe les politiques et programmes conçus par l'Etat pour réduire la vulnérabilité en atténuant l'exposition des personnes et des ménages aux risques, et en renforçant leur capacité à gérer leurs chocs négatifs d'ordre économique et social. En face de tels chocs, la sécurité sociale a pour objectif de garantir à chacun, par des systèmes appropriés de prestation minimum de moyen d'existence. *« A lire les auteurs qui ont écrit sur la sécurité sociale, on recueille l'impression encourageante qu'il s'agit enfin là d'une institution dont le but est de servir l'homme, de lui éviter la misère et même de lui permettre d'accéder au bonheur »*. Cette impression de F. Sellier[1576] semble partagée par la plupart des spécialistes de la sécurité sociale, et de nombreuses déclarations, constitutions et autres textes officiels s'inspirent de cette conception. La sécurité sociale apparait donc comme un droit inhérent à la personne humaine et orientée vers la satisfaction des besoins essentiels des individus, permettant à chacun d'eux, en toutes circonstances, une vie humaine normale et de réaliser un meilleur épanouissement de sa personnalité[1577].

D'une manière concrète, la sécurité sociale vise à assurer à tous les citoyens les soins médicaux ou le maintien d'un niveau de revenus satisfaisant en cas de maladie, de maternité, d'accident de travail ou de maladie professionnelle, de chômage, d'invalidité, de vieillesse et de décès, du soutien de famille, ou un revenu supplémentaire aux personnes qui ont des responsabilités familiales[1578]. La sécurité sociale couvre deux types de risques à savoir : les risques à court terme (maladie et maternité.) et les risques à long terme (régime de pensions, d'invalidité, de vieillesse et de survivant).

La garantie de la sécurité sociale est un besoin dont les aspects sont liés au contexte général d'une époque et d'une société déterminée et qui, à mesure qu'il est satisfait, tend sans cesse à se développer dans le sens d'une intensification et une diversification[1579]. On comprend alors qu'en Afrique comme ailleurs, le système de sécurisation sociale varie en fonction des législations respectives des Etats. Toutefois, on peut y inclure en Afrique francophone et selon les critères déterminés par le BIT[1580] : les assurances

[1576] F. Sellier, *Dnamique des besoins sociaux,* Paris, éd. Ouvrière, 1970, p.9.

[1577] A. Euzéby, « Le rôle de la sécurité sociale dans la dynamique du développement », *Revue du tiers monde*, n°72, 1977, p. 764.

[1578] Ces éléments sont tirés de la lecture combinée de la Convention 102 de l'Organisation internationale du travail et la convention concernant la sécurité sociale de 1952.

[1579] A. Euzéby, « Le rôle de la sécurité sociale dans la dynamique du développement », op cit., p.764.

[1580] Cf. notamment : *Le coût de la sécurité sociale*, huitième enquête internationale, 1967-1971, Genève, BIT,1976, pp. 23 et s.

sociales obligatoires, certains régimes d'assurance volontaire, les régimes d'allocations familiales, les régimes spéciaux de fonctionnaires, l'assistance publique et les prestations aux victimes de guerre.

Inévitablement, la structure de la sécurité sociale en Afrique francophone reflète des préférences et des considérations d'ordre colonial. Cependant, de nouveaux systèmes de protection sociale sont apparus pour soutenir le développement économique[1581]. Dans les Etats d'Afrique francophone du nord, comme l'Algérie et le Maroc, on retrouve du fait de la proximité avec l'Europe, des régimes de protection sociale un plus modernes avec une extension considérable de la sécurité sociale[1582]. Grace à diverses initiatives, ces deux Etats sont parvenus à élargir leur couverture de sécurité sociale en matière de soin de santé, de pension vieillesse, et de prestation de maternité et d'accidents du travail. En Algérie plus particulièrement, la part de couverture des travailleurs et de leur famille est passée de 60 à 84% en 10 ans seulement[1583]. Dans les Etats d'Afrique francophone subsaharienne, l'on observe une timide avancée de la protection sociale. Si les réformes ont été adoptées pour élargir la couverture de protection sociale, il faut dire que les taux de couverture demeurent encore faibles[1584].

Quoiqu'il en soit, la protection sociale est au cœur des politiques publiques et les Etats ne cessent de faire des réformes pour promouvoir la protection sociale. Dans cette logique, ces Etats ont créé des organes chargés d'assurer les prestations sociales[1585] notamment aux travailleurs du secteur privé, ceux du secteur public étant directement pris en charge par l'Etat lui-même. La volonté de garantir un bien-être social ne se limite pas à cette mise sur pied des systèmes de sécurité sociale par les Etats ceux-ci accordent aussi certaines prestations de services publics aux populations.

---

1581 Clive Bailey, *Extension de la couverture de la sécurité sociale en Afrique*, Genève, BIT, 2016, p.5.

1582 Rachid Tatouti, *La sécurité sociale au Maroc : défis, enjeux et mutations des valeurs*, Mémoire de DEA en économie, Université Abdelmalek Saadi, 2008. 102.P.

1583 Clive Bailey, *Extension de la couverture de la sécurité sociale en Afrique, op cit., p. 6.*

1584 *Ibid., pp.7-8.*

1585 Au Maroc, au Niger, au Bénin et en RDC on a une Caisse Nationale de Sécurité Sociale, au Cameroun et à Madagascar on a une Caisse Nationale de la Prévoyance Sociale, en Algérie on a une Caisse Nationale des Assurances Sociales des Travailleurs Salariés

## 2-L'octroi des prestations de services publics par l'Etat

L'une des déclinaisons les plus importantes de la figure de l'Etat social en Afrique francophone est son intervention directe pour assurer aux populations un certain nombre de prestations entrant dans le cadre du service public. Ce service public, sous l'autorité ou le contrôle de l'Etat, est un ensemble d'intérêts généraux qui assure aux citoyens des prestations diverses enfin de garantir leur bien –être et leur épanouissement. Les prestations sociales qui doivent être ainsi garanties par ces Etats apparaissent comme des créances que les citoyens peuvent revendiquer et que l'Etat a le devoir d'octroyer selon la mesure de ces possibilités[1586]. Les constitutions d'Afrique francophone foisonnent de ces droits-créances, des droits sociaux, qui appellent une action positive de l'Etat[1587].

Les prestations qui sont octroyées par les Etats d'Afrique francophone dans le cadre de leur mission sociale sont nombreuses. Elles concernent pour l'essentiel l'éducation et la santé.

En ce qui concerne l'éducation ou l'instruction, elle est la première prestation due aux citoyens par les Etats d'Afrique francophone et que ceux-ci s'efforcent d'octroyer. Depuis les indépendances, ces Etats se sont investis considérablement pour assurer l'instruction de leur population. Malgré un relâchement dû à la crise économique et à la doctrine libérale, l'on observe un retour en force de ces Etats en matière éducative[1588]. La garantie de l'éducation dans le cadre de leur mission sociale est une obligation constitutionnelle[1589] dans l'espace francophone d'Afrique et résulte aussi de plusieurs instruments juridiques internationaux ratifiés par ces Etats[1590]. Dans cette perspective, les Etats se déploient avec plus ou moins de succès pour assurer le développement d'un réseau scolaire à tous les échelons, en créant des établissements scolaires.

---

[1586] Sur les droits-créances voir, L. Favoreu et autres, *Droits des libertés fondamentales*, Paris, Dalloz, 2007, pp. 287 et s.

[1587] Art. 36, 46 et suivants de la constitution de la RDC ; art. 12 et suivants de la constitution du Niger ; art. 8 et suivants de la constitution du Benin ; art. 31 de la constitution du Maroc ; art. 19, 24 et 35 de la constitution de Madagascar et le préambule de la constitution du Cameroun.

[1588] Programme Droits Humains du CETIM, le droit à l'éducation, Brochure élaboré par Melik OZden en 2009, p.3.

[1589] Cf. préambule de la Constitution du Cameroun : *« l'Etat assure à l'enfant le droit à l'instruction. L'enseignement primaire est obligatoire... »* ; art. 24 de la constitution de Madagascar : *« l'Etat organise un enseignement public, gratuit et accessible à tous. L'enseignement primaire est obligatoire pour tous »* ; art. 43 de la constitution de la RDC : *« Toute personne a droit à l'éducation scolaire... L'enseignement primaire est obligatoire et gratuit dans les établissements publics »* ...

[1590] On peut citer sans être exhaustif : la Déclaration Universelle des Droits de l'Homme ; la Charte Africaine des Droits de l'Homme et des Peuples et la Convention relative aux Droits de l'Enfant

Pour corroborer cette réalité, il faut dire, sur la base des données collectées par l'institut des statistiques de l'UNESCO, qu'entre 1999 et 2015, les pays d'Afrique subsaharienne francophone ont presque doublé leur capacité d'accueil dans le primaire, multiplié par 2,5 l'accès au premier cycle du secondaire, et quasiment triplé leurs capacités dans le second cycle du secondaire[1591]. Dans le même souci de garantir et assurer le plein exercice du droit à l'éducation, tous ces Etats conformément au pacte international relatif aux droits économiques, sociaux et culturels[1592], ont instauré le caractère obligatoire et gratuit de l'enseignement, notamment primaire[1593].

Pour ce qui est de la santé, l'Etat dans l'espace francophone d'Afrique, a le devoir voire l'obligation d'assurer la santé au nom de tous et pour tous. Le droit à la santé qui dérive de ce devoir mis à la charge de l'Etat dans les textes constitutionnels en d'Afrique francophone[1594], s'entend comme le droit de vivre dans le meilleur état de santé possible et de pouvoir se soigner tout au long de l'existence. La préservation de la santé par l'Etat implique donc une politique préventive et une curative. Pour la politique préventive, un auteur écrit que « *l'obligation pour l'Etat d'assurer la santé... signifie que l'Etat doit exercer la police sanitaire en s'efforçant de prévenir l'atteinte à la santé* »[1595]. Ceci entraine le fait que l'Etat doit garantir des conditions de vie saine[1596], procéder à la lutte contre les maladies contagieuses et à la recherche de l'immunisation collective, par la vaccination. Cette double dimension préventive est prise en compte par les Etats africains qui ont consacré le droit à un environnement sain, institué l'exigence de vaccination obligatoire[1597] et qui se déploient dans la prévention de certaines grandes pandémies[1598].

---

[1591] Cf. Agence Française de Développement, l'éducation en Afrique subsaharienne, idées reçues, 2017, p.2.

[1592] Adopté le 16 décembre 1966, entré en vigueur le 3 janvier 1976 et ratifié à ce jour par 160 Etats.

[1593] Art.13(2) prévoit que : « *l'enseignement primaire doit être obligatoire et accessible gratuitement à tous* ».

[1594] Art. 47 de la constitution de la RDC ; art. 12 de la constitution du Niger ; art. 8 de la constitution du Benin ; art. 31 de la Constitution du Maroc ; art. 19 de la constitution de Madagascar.

[1595] B. R Guimdo, « Droit au développement et dignité humaine », *in Les droits fondamentaux, Actes des premières Journées-scientifiques du réseau Droits fondamentaux,* de l'AUPELF-UREF, tenues à Tunis du 09 au 12 octobre 1996, *op cit.*, p. 87.

[1596] C'est ce qui ressort du document *Santé pour tous* de l'OMS en 1989, qui définit une liste de conditions et de ressources nécessaires à l'amélioration de la santé : le logement, une alimentation équilibrée, un écosystème stable.

[1597] Au Cameroun par exemple, le décret n°68/DF/420 de 1968 impose en son art.6 l'obligation de vaccination au BCG à toute personne âgée de moins de 20 ans.

[1598] On peut signaler les campagnes de lutte contre le VIH/SIDA.

Dans son volet curatif, la garantie de la santé passe par l'obligation pour l'Etat d'assurer la santé de tous à travers l'augmentation de l'offre sanitaire avec la construction des hôpitaux et des centres de santé, et la possibilité d'avoir accès aux soins de qualité. La multiplication des centres de formation sanitaire et de formation des médecins dans tous les pays d'Afrique concourt à cet objectif[1599].

La mise en œuvre de la dimension sociale de l'Etat par la sécurité sociale et l'octroi de certaines prestations comme la santé et l'éducation en Afrique, font de ces Etats de véritables Etats sociaux soucieux du bien-être et de l'épanouissement de leur population. Cette dimension de l'Etat a une incidence économique importante puisque l'assurance de ces différentes prestations nécessite d'importantes ressources financières. La plupart des dépenses dues à cette protection sociale sont financées par les prélèvements obligatoires. Les impôts permettent de payer les dépenses inscrites (en termes d'éducation ou santé) aux budgets de l'Etat et des collectivités territoriales. Les cotisations sociales permettent de financer les dépenses de sécurité sociale[1600]. Au-delà de cette incidence économique, l'Etat social est caractérisé par une intervention économique majeure de l'Etat sur les fonctions du capital.

## Paragraphe II : Les incidences de l'Etat social dans le développement du capital

Le rôle de l'Etat social est généralement réduit à une fonction de régulation économique et de redistribution des richesses au sein de l'Etat[1601]. Cette façon de percevoir l'Etat social n'est pas totalement juste puisque celui-ci joue un rôle très important en matière de développement économique. Ce rôle procède de son déploiement, pour la préservation du bien-être et de l'épanouissement des populations, qui « *contribue aussi à assurer l'entretien de la capacité de travail et se présente comme un véritable facteur de développement* »[1602]. Plus précisément, l'Etat social, par la garantie de la sécurité sociale et l'octroi des prestations de santé et d'éducation, apparait

[1599] Sur l'évolution de la mise en œuvre du droit à la santé en Afrique en général, lire : OMS, état de la santé dans la région africaine de l'OMS, Analyse de la situation sanitaire, des services et des systèmes de santé dans le contexte des objectifs de développement durable, 2018, 186P.
[1600] Ezzeddine Mbarek, *Les effets économiques de la sécurité sociale : le cas de la Tunisie,* Mémoire de DEA en science économiques, université de Tunis, 1990. 186 P
[1601] J-P. Escaffre, J. Jojkine et C. Suarez, « L'Etat social, Mythe et Réalités », *Nouvelles fondations, n*°5, 2007/1, p 60 et s.
[1602] A. Euzéby, « Le rôle de la sécurité sociale dans la dynamique dudéveloppement », *Revue du Tiers Monde*, n°72, 1977, p. 765.

susceptible d'agir sur les trois élément fondamentaux de tout développement tels qu'ils sont rappelés par G. Destanne De Bernis : accroissement quantitatif et qualitatif des forces de production ; transformation des structures de production, accompagnée d'une évolution des comportements individuels et collectifs et élévation du niveau de satisfaction personnelle[1603]. Sous ce prisme général, l'Etat social est un levier de la bonne ressource humaine indispensable pour les activités économiques (**A**).

Le déploiement de l'Etat social en matière de sécurité social, plus spécifiquement dans les Etats d'Afrique francophone, qui sont des pays en voie de développement en proie à une pénurie de capitaux disponibles, pour l'investissement est d'une importance capitale, puisque, la sécurité sociale apparait comme un instrument supplémentaire de mobilisation du capital financier (**B**). C'est dire en somme que les incidences de l'Etat social peuvent s'apercevoir tant dans le développement du capital humain que du capital financier.

## A-Un levier de la ressource humaine

D'une manière générale, tous les éléments de satisfaction de l'Etat social en termes de sécurité sociale (prestation sociale diverses) et d'amélioration de l'éducation et de la santé, sont à même d'exercer sur le développement d'un pays une influence d'autant plus directe et plus déterminante que le degré général de ce développement est faible. C'est donc en référence à l'action favorable qu'il produit sur le niveau de vie et de la santé des populations, que l'Etat social peut être qualifié de levier de la bonne ressource humaine. C'est que l'Etat social pouvant être présenté comme une « *consommation nécessaire* », puisqu'il a pour but de maintenir chez chaque individu un niveau de vie et de santé minimal, ou comme « *consommation de développement* », dans la mesure où il assure à ses bénéficiaires la satisfaction de caractère personnel[1604], participe à augmenter la ressource humaine disponibles (1) et à développer le capital humain (2).

### 1-L'augmentation de la ressource humaine

Le déploiement de l'Etat sociale en général en permettant aux populations de bénéficier de soins, participe à l'augmentation de la ressource

[1603] G. Destanne De Bernis, « L'impact des problèmes sanitaires sur le développement économique », cité par A. Euzéby, *op cit.*, p. 765.

[1604] . Euzéby, « *Le rôle de la sécurité sociale dans la dynamique du développement* », *op cit.*, p.766.

humaine de l'Etat et des entreprises. C'est que l'amélioration des conditions de santé, peut se traduire par un accroissement de l'effectif de la population active et l'allongement de la durée de travail.

L'accroissement de la population active résulte de trois phénomènes dont l'ampleur peut être assez largement influencée par la garantie de la santé ; il s'agit de la réduction du taux de mortalité, de l'accroissement du taux de natalité et de l'augmentation du nombre de travailleurs qui, une fois libérés de la maladie, vont s'investir dans le travail. Les incidences démographiques et physiologiques d'un système de garantie de la santé des populations soit directement par l'Etat soit par le mécanisme de la protection sociale sont étroitement liées et se réalisent de diverses façons dont les plus courantes résident dans l'organisation de services de prévention et de soins pour l'ensemble de la population, la prévention et la réparation des accidents de travail et des maladies professionnelles, la lutte contre la mortalité infantiles…[1605]

L'amélioration des conditions de santé participe de nos jours à une augmentation importante de la population et de l'espérance de vie dans les Etats africains.

Pour ce qui est de l'allongement de la durée du travail, il est également influencé par l'amélioration des soins sanitaires, que çe soit pour l'Etat ou les entreprises privées. Relativement à l'Etat, on observe que l'augmentation de la durée de vie fait en sorte que les personnes mettent de plus en plus long au travail, ce qui nécessite des reformes en matière de retraite notamment des fonctionnaires et agents de l'Etat[1606]. Concernant les entreprises, le système de sécurité sociale en pourvoyant aux soins de santé des travailleurs participe au maintien de la capacité de travail de l'individu en bonne santé et la réinsertion dans le milieu du travail de l'individu malade, et contribue à une augmentation du nombre d'heures effectives de travail.

Il faut donc dire que la politique sanitaire a une incidence importante en matière économique dans les Etats. Cette augmentation de la ressource humaine due à l'amélioration des soins de santé, pour être économiquement efficace, doit être accompagnée par le développement du capital humain.

---

[1605]*Ibid.*
[1606]*Ibid.*

## 2-Le développement du capital humain

L'Etat social se présente en Afrique francophone comme un catalyseur du développement du capital humain qui est, selon l'Organisation pour la Coopération et le Développement Economique, un facteur déterminant pour la croissance et le développement d'une nation[1607]. Le Capital humain peut se définir, selon l'OCDE, comme les « *connaissances, qualifications, compétences et autres qualités possédées par un individu et intéressant l'activité économique* »[1608]. C'est donc un bien immatériel qui peut faire progresser ou soutenir la productivité, l'innovation et l'employabilité. Il a différentes origines, en l'occurrence, l'apprentissage et l'éducation dans sa conception générale[1609]. Aussi peut-on dire que l'éducation est au cœur du développement du capital humain d'un Etat ou d'une structure.

Le lien entre éducation, croissance économique et développement dans la pensée économique, a fait l'objet de plusieurs recherches fécondes. De fait, la doctrine économique s'est toujours intéressée à l'étude du rôle et de l'impact de l'investissement en capital humain par le biais de l'éducation et de la formation sur la croissance économique et le développement d'une nation. De ces recherches est née la théorie du capital humain qui tend à affirmer que l'éducation est un puissant vecteur pour créer et stimuler la croissance et le développement. Cette idée est également prégnante dans la pensée économique classique.

Dans la perspective de la théorie classique, la principale source de création des richesses et de la croissance économique est l'accumulation des facteurs de production, à savoir le capital et le travail. D.Ricardo affirme que l'augmentation de la production est le résultat de l'augmentation des quantités et de la qualité des facteurs à la disposition des travailleurs[1610]. A. Smith, dans son chef d'œuvre *Recherche sur la nature et les causes de la richesse des nations*, considère pour sa part que l'investissement dans l'apprentissage et l'éducation est un des moyens permettant l'accroissement et la productivité des

[1607] Voir le site web de l'Organisation, de Coopération et de Développement économiques, http:/www.oecd.org/topic/0,3373, fr_2649_37455_1_1_1_1_37455, 00.html consulté le 13 février 2019.

[1608] OCDE, « L'investissement dans le capital humain : une comparaison internationale », vol. 1998, n°3, Paris, p. 9.

[1609] H. Rabii, *Education, croissance économique et développement humain : le cas du Maroc*, Mémoire de Maitrise en Science Politique, Université du Québec à Montréal, mai 2011, p. 20.

[1610] D. Guellec et P. Ralle, *Les nouvelles théories de la croissance*, Paris, La Découverte, 2003, p. 3.

individus et de la nation[1611], malgré les couts qu'il entraine pour son acquisition. Dans cette pensée classique, l'éducation a une double fonction. Elle n'est pas seulement considérée comme un moyen pour le développement des capacités productives des individus, mais aussi un moyen d'amélioration morale[1612]. C'est ce qu'explique J. S Mill, en considérant que « *L'instruction rend le travailleur plus avisé, plus prompt, plus honnête dans son travail quotidien : c'est donc un facteur important dans la production des richesses matérielles »*[1613].

Développée au lendemain de la seconde guerre mondiale, la théorie du capital humain a été formulée pour la première fois en 1961 par l'économiste de développement Théodore Schultz, et a été systématisée par Gary Becker en 1964, ce qui lui a d'ailleurs valu le Prix Nobel d'économie[1614]. Cette théorie postule qu'investir en éducation est une des préconditions à une croissance économique soutenue et durable, le taux de croissance d'une économie étant essentiellement affecté par le taux de croissance de l'éducation et du niveau de scolarisation de la population active[1615].Cette théorie a donné lieu à une sorte de consensus en faveur d'une expansion massive des systèmes éducatifs.

D'une manière concrète, il est établi aujourd'hui que l'éducation, au même titre que la stabilité politique et un contexte macroéconomique favorable, contribue à la création des richesses[1616]. L'OCDE justifie cette vision, en arguant que l'aptitude à créer, à adopter et à faire bon usage des progrès technologiques et techniques, est intimement liée à l'évolution du capital humain et à l'efficacité du système éducatif[1617]. Ce dernier est censé être un investissement productif et un moteur pour la croissance, l'emploi et l'augmentation de revenus. Son rôle est d'assurer entre autres, la formation de la main d'œuvre et des compétences nécessaires pour l'attractivité, la compétitivité et la réussite économique d'un pays[1618].

---

[1611] A. Smith, *Recherche sur la nature et les causes de la Richesse des Nations*, *op cit.*, pp. 309 et s.
[1612] E. Delamotte, *Une introduction à la pensée économique en éducation,* Paris, PUF, 1998, p. 37.
[1613] J.S. Mill, *Principles of political economy*, London, Longmans, Green and Co. L,18848, Chap. VII
[1614] B. Vignolles, « Le capital humain : du concept aux théories », *Regard croisés sur l'économie,* n°12, 20012, p. 37.
[1615] Voir, G. Becker, *Human Capital: A theoretical and empirical Analysis with special reference to education,* University of Chicago Press, 3e, edition, 1994, 304 p.
[1616] OCDE, *« Défis à l'horizon 1995 »*, Paris, Centre de développement de l'OCDE, janvier 1993, p.13.
[1617]*Ibid.*
[1618] H. Rabii, *Education, croissance économique et développement humain : le cas du Maroc, op cit.*, p. 1.

Il faut dire que les facteurs de développement ont considérablement évolué. En Afrique par exemple, au début des années 60, on prétendait que les solutions aux problèmes de développement passaient par un renforcement des investissements physiques pour assurer le décollage économique. Plus de trente ans plus tard, malgré l'importance des investissements physiques réalisés, seuls quelque Etats ont pu amorcer une dynamique de décollage. Cela a été rendu possible par l'accompagnement des investissements en capital physique par des investissements en capital humain[1619]. L'investissement en capital physique à lui tout seul ne suffit pas pour assurer la prospérité d'un pays. La faiblesse du niveau d'investissement en capital humain est en grande partie le facteur fondamental pour l'explication de l'échec de certains pays en développement, dont les pays d'Afrique francophone, d'atteindre les objectifs de croissance escomptés et de développement. Consciente de ce fait, l'éducation en vue de développer le capital humain constitue de nos jours une grande cause nationale dans les Etats Africains.

Il est donc manifeste que l'Etat social, en tant de dispensateur de la santé et de l'éducation, joue un rôle de premier plan dans la constitution d'une ressource humaine de qualité et de quantité. Lorsque ce rôle se déroule dans le cadre de la sécurité sociale plus spécifiquement, il lui permet de mobiliser un capital financier.

## B-Un instrument de mobilisation de capitaux

L'Etat social, à travers la garantie de la sécurité sociale, se présente comme un formidable instrument de mobilisation du capital financier dans les pays en voie de développement, singulièrement ceux pays d'Afrique francophone[1620]. Dans ces Etats en développement, en proie à des crises financières, la mobilisation de l'épargne nationale et l'affectation efficace de ces ressources à des fins productives apparait comme une condition importante de développement. La plupart des Etats d'Afrique francophone sont conscients de ce fait et développent des ingénieries de mobilisation de l'épargne nationale pour les coupler aux capitaux externes, comme l'illustrent les grands emprunts obligataires lancés dans ces pays[1621]. Dans cette logique de recherche de

---

[1619] *Ibid.*, p. 2.

[1620] R. Meghir, « Les institutions de protection sociale dans les PED : un instrument supplémentaire de mobilisation de l'épargne », *Revue d'économie financière*, 1991, pp. 107-109.

[1621] Sur les emprunts obligataires lire, G. A. Nyangoe, *Le financement des budgets des personnes publiques par les titres publics dans les Etats francophones d'Afrique*, Thèse de doctorat droit public, université de Yaoundé II Soa, 2017-2018, 509 p.

nouvelles ressources locales de financement à long terme pour le développement économique et social, il faut aussi considérer parmi les divers moyens, le rôle que peut jouer la mobilisation de l'épargne de la sécurité sociale dans les institutions de protection sociale (1). Cette épargne de la sécurité sociale peut contribuer à la formation du capital (2).

## 1-La mobilisation de l'épargne sociale

La mobilisation de l'épargne sociale alimentée par les cotisations ou les prélèvements obligatoires, est une des missions fondamentales assignées aux institutions de protection sociale en vue de remplir leur fonction de garantie de la sécurité sociale.[1622] Cette mobilisation de l'épargne sociale a une grande efficacité dans le cadre d'un système de sécurité sociale de capitalisation, par rapport à un système de répartition[1623]. Trois facteurs essentiels contribuent à expliquer le succès de la mobilisation de l'épargne consécutive à l'instauration de régimes de pensions reposant sur des systèmes de capitalisation ou même de répartition[1624] :

-L'attribution de pension d'invalidité, de vieillesse ou de décès, est d'abord soumise au versement préalable de cotisations pendant une période relativement longue. Ainsi, une importante accumulation de fonds peut être réalisée avant que les prestations soient versées à des contingents importants de pensionnés.

-Il faut ensuite noter l'influence de la structure par âges de la population des pays en développement, qui comporte une forte proportion de jeunes, ce qui se traduit par un nombre de cotisants sensiblement plus élevé que celui des bénéficiaires.

-Le troisième facteur réside enfin dans les conséquences de l'inflation, parfois très aigue, que connaissent la plupart des pays en voie de développement, puisque les cotisations prélevées en pourcentage des salaires

---

[1622] A. Okolouma, *La protection sociale au Cameroun*, Mémoire de DEA en Sciences économiques, Université de Yaoundé II Soa, 2008. Pp. 45 et s.

[1623] Dans le système par capitalisation, les actifs épargnent en vue de bénéficier des prestations plus tard. Alors que dans le système par répartition, les cotisations versées par les actifs sont immédiatement utilisées pour les prestations des inactifs.

[1624] Ces trois facteurs ont été mis en exergue par A. Euzéby, « Le role de la sécurité sociale dans la dynamique du développement », *Révue du Tiers Monde,* n°72, 1977, pp. 772-773.

suivent l'évolution du cout de vie, alors que les pensions ne bénéficient généralement pas de revalorisation systématique.

Ces trois facteurs conjugués amènent à ce que l'on constate, dans la plupart des pays en développement et spécifiquement ceux d'Afrique francophone, d'excédents des recettes sur les dépenses de sécurité sociale. Ces excédents représentent une épargne collective forcée susceptible de contribuer à la formation de capital. Le montant d'épargne ainsi collecté chaque année par la sécurité sociale ou épargne sociale, est égal à la différence entre les recettes et les dépenses de chaque exercice[1625].

Cette mobilisation de l'épargne se fait avec beaucoup de succès dans un pays comme le Cameroun. L'on peut y observer que l'épargne mobilisable est importante depuis un certain nombre d'années comme l'illustre le tableau d'évolution des cotisations sociales et des prestations sociales de la sécurité sociale de la CNPSci-après :

***Tableau 1 : évolution des cotisations sociales et des prestations au Cameroun***

| Année | Cotisations sociales en F CFA | Prestations sociales en F CFA |
|---|---|---|
| 2013 | 101.373.281.705 | 66.969.383.843 |
| 2014 | 109.890.669.880 | 70.536.015.415 |
| 2015 | 116.485.835.205 | 77.082.083.333 |
| 2016 | 156.304.721.867 | 82.663.063.978 |
| 2017 | 168.032.075.670 | 87.663.541.349 |

*Source : Annuaire Statistique 2017 de la CNPS (Cameroun)*

L'épargne sociale ainsi mobilisée contribue à la formation du capital.

## 2-La formation du capital

La sécurité sociale, à travers la mobilisation de l'épargne sociale, apparait comme un enjeu important du développement des Etats en voie de développement et spécifiquement ceux Etats d'Afrique francophone[1626]. Au-

[1625]A. Euzéby, « Le rôle de la sécurité sociale dans la dynamique du développement », op cit., p ; 770.

[1626] R. Meghir, « Les institutions de protection sociale dans les PED : un instrument supplémentaire de mobilisation de l'épargne », *Revue d'économie financière*, 1991, pp. 107-109.

delà des nombreux effets économiques qu'elle génère[1627], la sécurité sociale contribue à la formation du capital dans divers domaines, selon qu'ils sont orientés vers le financement des infrastructures sanitaires et sociales, d'investissement des entreprises ou de logement[1628]. Le capital que l'on tire de la sécurité sociale en vue de l'investissement varie sensiblement selon les pays, les époques et le système de sécurité sociale adopté.

Ce capital est généralement lié à la densité de la réserve de la sécurité sociale. Il se déduit du différentiel entre le montant de cotisations sociales et des prestations sociales effectuées. De ce différentiel il faut déduire les charges administratives qui, dans les Etats africains, occupent une proportion importante comme l'illustre le tableau ci-après en ce qui concerne le Cameroun.

---

[1627] Cf. Ezzeddine Mbarek, *Les effets économiques de la sécurité sociale : le cas de la Tunisie*, Mémoire de DEA en sciences économiques, Université de Tunis, 1990, pp.24.

[1628] A. Euzéby, « Le rôle de la sécurité sociale dans la dynamique du développement », *op cit.*, p. 774.

***Tableau 2 : des excédents de cotisations sociales au Cameroun.***

| Années | Cotisation sociale | Produits financiers | Prestations sociales | Charge de fonctionnement | excédents |
|---|---|---|---|---|---|
| 2013 | 101.373.281.705 | 2.474.923.144 | 66.969.383.843 | 32.511.566.975 | 4.367.254.031 |
| 2014 | 109.890.669.880 | 3.156.774.716 | 70.536.015.415 | 31.091.123.677 | 11.420.305.504 |
| 2015 | 116.485.835.205 | 3.488.981.608 | 77.082.083.333 | 30.047.564.445 | 12.845.169.035 |
| 2016 | 156.304.721.867 | 4.599.190.247 | 82.663.639.078 | 31.762.213.975 | 46.478.059.061 |
| 2017 | 168.032.075.670 | 7.536.082.030 | 87.663.541.349 | 31.371.571.431 | 56.532.044.920 |

*Source : Annuaire Statistique 2017 de la CNPS (Cameroun)*

On constate aisément que les excédents de sécurité sociale sont importants depuis 2016, et ceux-ci peuvent former un capital susceptible d'être injecté dans certains investissements. L'utilisation de ces fonds excédentaires qui constituent le capital est soumise, pour être efficace, à des exigences de sécurité, de rendement et de liquidité, avec toutefois des degrés différents, selon qu'il s'agit d'excédents de régimes à court terme ou d'excédents de régimes à long terme.

## CONCLUSION

Somme toute, les interventions directes de l'Etat dans la sphère économique des Etats d'Afrique francophone apparaissent comme un impératif constitutionnel. Car le constituant de ces différents Etats met à la charge de celui-ci de promouvoir le développement et le bien être des populations. C'est ainsi que deux visages de l'Etat sont apparus, l'Etat développementiste qui a la charge d'assurer la croissance économique à travers des interventions économiques directes au coté du secteur privé et l'Etat social qui est le pourvoyeur du bien etre social. Dans cette seconde forme de l'Etat celui-ci assure certaines prestations sociales directement à l'instar de l'éducation et de la santé. Toute chose qui a une incidence économique. Ces différentes interventions économiques directes de l'Etat vont mobiliser plusieurs institutions publiques prévues dans la constitution et dont la role économique se déduit de leurs actions pour la plupart.

# TITRE II :

# LA DETERMINATION DES INSTITUTIONS ECONOMIQUES

La conduite des affaires économiques au sein d'un Etat, qu'il soit dans un cadre libéral ou interventionniste, mobilise plusieurs institutions. Ces institutions étatiques, selon les systèmes considérés, vont intervenir pour donner un sens à l'action économique du marché ou de l'Etat.

Parmi les concepts dont usent couramment les sciences sociales, celui d'institution occupe une position centrale. Ce concept peut être défini en économie, selon Douglas North, comme : « *les contraintes imaginées par l'homme pour structurer l'interaction entre les hommes. Elles comprennent les contraintes formelles (règles, lois, constitutions), informelles, ainsi que les caractéristiques de leur mise en œuvre. Elles définissent ensemble la structure des incitations d'une société et plus spécifiquement d'une économie* »[1629]. En droit, le concept d'institution a été vulgarisé par les travaux du Doyen M. Hauriou[1630]. Malgré sa polysémie, l'institution peut être appréhendée dans l'analyse juridique comme « *une forme sociale établie dans la durée* »[1631]. C'est sous ce prisme que l'on distingue les institutions règles et les institutions organes. Il faut cependant indiquer qu'il y a un lien inextricable entre l'institution règle et l'institution organe en ceci que les règles encadrent les organes, et ces derniers génèrent des règles.

En matière d'intervention économique, la notion d'institutions économiques fait référence à tous les acteurs étatiques ou non prenant part à l'action économique de l'Etat. J. Ph. Colson et P. Idoux le signalent si bien lorsqu'ils écrivent:« *qu'elles soient politiques ou administratives, classiques ou nouvelles, définitives ou temporaires, centralisées ou déconcentrées, les institutions sont des acteurs publics traditionnels dont il convient de mesurer le poids dans l'action économique contemporaine* »[1632].Ainsi, il faut reconnaitre qu'il existe de multiples acteurs, notamment publics qui contribuent directement ou indirectement à l'intervention économique quel que soit le système économique retenu ou qu'elle soit directe ou indirecte. La plupart des institutions publiques trouvant généralement leur base dans la constitution, on peut dire que les acteurs intervenants dans la sphère économique sont déterminés par la constitution.

---

[1629] Douglas North cité par J. Deiss et Ph. Gugler, *Politique économique et sociale*, Paris, De Boeck, 2012, p.28.

[1630] E. Millard, « Hauriou et la théorie de l'institution », *Droit et société,* numéro thématique sur l'environnement et le droit, n°30-31,1995, p.381-412.

[1631] *Ibid.*, p. 386.

[1632] J-Ph Colson et P. Idoux, *Droit public économique*, *op cit.,* P. 656.

Il n'existe généralement pas, à quelques exceptions près, de constitutions qui dans le monde investissent d'une mntière explicite les institutions étatiques d'une fonction économique, ou d'intervention économique. Le caractère économique des fonctions des institutions constitutionnelles s'infère très souvent de l'interprétation des compétences reconnues à ces institutions. Les constitutions des Etats d'Afrique francophone n'échappent pas à cette réalité. De fait, rares sont les constitutions africaines qui consacrent l'existence des institutions vouées essentiellement à l'action économique. De façon constante, la dimension économique des institutions de ces Etats se déduit des fonctions plus générales reconnues à celles-ci. Or le fait est que les institutions constitutionnelles africaines sont nombreuses et chacune d'elles peut jouer un rôle économique de la plus haute importance. Du fait de l'imbrication entre les institutions internes et les institutions internationales, les acteurs économiques au sein de ces Etats, peuvent revêtir ces deux dimensions. Aussi peut-on avoir les institutions économiques nationales (**chapitre I**) et les institutions économiques internationales (**chapitre II**).

# CHAPITRE I :

# LES INSTITUTIONS ECONOMIQUES NATIONALES

Dans les Etats d'Afrique francophone, il existe plusieurs institutions nationales créées par les constitutions dont le rôle en matière économique est capital quel que soit le système économique en vigueur. Ces institutions constitutionnelles peuvent s'appréhender sommairement comme des institutions relevant de l'Etat et reposant juridiquement sur la personnalité de l'Etat, ou bien qu'ayant une personnalité juridique propre, dépendent fortement de l'Etat tant dans leur organisation que leur fonctionnement. Ces différentes institutions étatiques peuvent avoir une nature politique, administrative ou même économique lorsqu'elles ont été consacrées par la constitution.

A dire vrai, l'étude des institutions étatiques n'est pas propre à une analyse économique, celle-ci ne sera menée ici que dans la perspective de la détermination des compétences des organes de ces institutions dans l'action économique et sociale. Si, comme le relève des auteurs, le libéralisme économique a laissé croire que « *les institutions étatiques, qu'elles soient politiques (parlement ou gouvernement) ou administratives ne pèsent plus globalement du même poids qu'autrefois sur le jeu des acteurs économiques* »[1633], en Afrique comme nous l'avons vu, du fait de la réhabilitation de l'interventionnisme ces institutions sont au cœur de l'action économique[1634]. Elles en sont même les principaux acteurs.

Les institutions étatiques qui peuvent ainsi jouer un rôle économique de premier plan et prévues implicitement dans les constitutions peuvent avoir une nature politique (**Section I**) ou non (**Section II**). Il convient donc de mesurer leur poids et de voir leur rôle dans l'action économique des Etats en Afrique francophone.

## Section I : La place centrale des institutions politiques étatiques

Les institutions politiques sont celles qui ont un caractère politique au sein des Etat. En Afrique francophone, fidèle aux exigences démocratiques il existe trois grandes institutions politiques au sein de l'Etat : le pouvoir exécutif, le pouvoir législatif et le pouvoir judiciaire. La distinction entre ces trois grands pouvoirs est le reflet de l'application du principe de la séparation des pouvoirs, conceptualisé par J. Locke[1635] et systématisé par Montesquieu[1636], qui est au cœur du constitutionnalisme moderne. J. Pan avait donc raison de déclarer à

[1633] J-Ph Colson et P. Idoux, *Droit public économique*, *op cit.*, p.697.
[1634] Voir notre chapitre II du Titre I de la Deuxième partie.
[1635] J. Lock, *Les deux traités du gouvernement* civil, 1690
[1636] Montesquieu, *De l'esprit des lois*,1748.

cet effet qu' : « *au panthéon du droit constitutionnel on retrouve la théorie de la séparation des pouvoirs* »[1637]. D'ailleurs, il ressort de la Déclaration française des Droits de l'Homme et du citoyen que le seul système labélisé, c'est celui où la séparation des pouvoirs est déterminée[1638].

Depuis leurs indépendances, les Etats africains ont opté pour la séparation des pouvoirs comme mode d'aménagement constitutionnel des pouvoirs politiques en leur sein, cela malgré des révisions constitutionnelles « *consolidan*tes » et « *déconsolidantes* » observées ici et là[1639]. Les différents organes en charge de ces pouvoirs, à coté de leurs missions politiques importantes, sont des acteurs de l'action économique de ces Etats. Dans cet attelage, le pouvoir exécutif apparait comme le pouvoir prédominant dans le constitutionnalisme africain. Cet état des choses est la résultante de la nature du régime politique adopté par la plupart des Etats d'Afrique francophone.

En effet, si initialement et formellement la quasi-totalité des Etats d'Afrique francophone ont adopté un régime parlementaire[1640], il faut dire que dans la réalité il s'agit des régimes de type présidentiel[1641] ou de système présidentialiste[1642]. C'est que malgré la consécration de la collaboration entre les pouvoirs et l'instauration des mécanismes de révocabilité mutuelle entre l'exécutif et le parlement[1643], on observe que ces éléments caractéristiques du régime parlementaire : « *sont, non seulement résiduels, mais n'ont pas encore connu d'application concrète ou décisive et fondamentale* »[1644]. Au contraire,

[1637] J. Pan, « Les séparations des pouvoirs », in *Constitutions et pouvoirs,* Mélanges en l'honneur de Jean Gicquel, Paris, Montchrestien, 2008, p.255.

[1638] Art. 16 de la Déclaration des Droits de l'Homme et du Citoyen du 26 aout 1789 : « *toute société dans laquelle la garantie des droits n'est pas assurée, ni la séparation des pouvoirs déterminée n'a point de constitution* »

[1639] Sur les concepts de révisions « *consolidantes* » et « *déconsolidantes* », *lire* I. Madior Fall, *La réforme constitutionnelle du 20 mars 2016 au Sénégal, la révision consolidante record*. Harmattan Sénégal,2017, 200.P

[1640]Le régime parlementaire, avec pour modèle la grande –Bretagne, est un système politique qui s'appuie sur la collaboration des pouvoirs (exécutif et législatif notamment), disposant de moyens de révocation mutuelle (la responsabilité politique du gouvernement et le droit de dissolution).La quasi-totalité des Etats étudiés ont consacré formellement ce régime, exception faite du Benin.

[1641] Le régime présidentiel, avec pour prototype le régime des Etats unis d'Amérique, est caractérisé par une séparation stricte des pouvoirs c'est-à-dire par une absence de collaboration en principe et l'impossibilité de l'irrévocabilité mutuelle.

[1642] Il s'agit d'un avatar du régime présidentiel, rencontré pour la plupart du temps dans les pays d'Amérique latine et d'Afrique, marqué par une prédomination du président de la république sur les autres organes de pouvoirs étatiques

[1643] Ces mécanismes sont la responsabilité politique du gouvernement devant le parlement et le droit de dissolution sur ces éléments marqueurs du régime parlementaire lire : H. Lasky, *Le Gouvernement parlementaire en Angleterre,* trad. J Cardet et J. Prélot, PUF, Paris, 1950

[1644]B-R Guimdo Dongmo, « La responsabilité politique du gouvernement dans la constitution camerounaise », *Revue de la recherche juridique droit prospectif*, v°16, 2007-4, p.2119.

l'on constate plutôt que c'est le Président de la République à la tête de l'exécutif, qui exerce la plénitude des fonctions de l'Etat, bref qui est la clé de « *voûte des institutions* ».

Cette prépondérance de l'exécutif sur le législatif se traduit concrètement par le fait que le parlement dans les Etats d'Afrique francophone n'est que chargé de donner les moyens de sa politique au pouvoir exécutif qui assume la responsabilité de la direction de l'Etat. Ainsi donc, l'exécutif se trouve en train de jouer un rôle primordial en matière économique (**paragraphe I**). Il est secondé par le pouvoir législatif qui apparait aussi comme un acteur non moins important de l'action économique (**ParagrapheII**).

Le pouvoir judiciaire quant à lui inscrit son rôle économique dans la garantie des droits et libertés économiques, bref dans la protection du cadre et de l'action économique. En cela il est un acteur de la sécurité juridique économique. Cette fonction ayant déjà été analysée dans la première partie, elle ne saurait retenir notre attention outre mesure[1645].

## Paragraphe I : Le rôle primordial du pouvoir exécutif

Le pouvoir exécutif occupe la première et la plus importante place dans le constitutionnalisme des Etats africains[1646]. Indépendamment de la forme monarchique ou républicaine de l'Etat, c'est le premier pouvoir consacré par les constitutions africaines. C'est ce qu'illustre parfaitement la priorité que le constituant donne au pouvoir exécutif par rapport aux autres[1647]dans l'ordre de déclinaison des pouvoirs étatiques. Inspirées pour la plupart de la constitution française de 1958, les constitutions africaines font du pouvoir exécutif le principal pouvoir en charge de la conduite des affaires de l'Etat. Il est donc à cet égard le « *vecteur circonstancié et efficace en vue de la construction de la nation et le développement socio-économique* »[1648].

---

[1645] Voir le chapitre I du Titre II de la Première partie.

[1646] I. M Fall, *Le pouvoir exécutif dans le constitutionnalisme des Etats d'Afrique*, Harmattan, 2008, 310 p.

[1647] Toutes les Constitutions des Etats de l'espace francophone accorde une priorité au pouvoir exécutif dans l'ordre de présentation des différents pouvoirs au sein de l'Etat. Une telle priorité n'est pas fortuite, elle traduit la prééminence de ce pouvoir sur les autres.

[1648] Agnéro Privat Mel, « La réalité du bicéphalisme du pouvoir exécutif ivoirien », *Revue française de droit constitutionnel*, n°75, 2008/3, p. 520.

Les exécutifs des Etats d'Afrique francophone considérés dans cette étude, à l'exception notable de celui du Bénin[1649], sont bicéphales. Ce type d'exécutif qui se distingue de l'exécutif monocéphale se caractérise par une distinction entre les fonctions de chef d'Etat et celles de chef du gouvernement. Les fonctions de chef d'Etat sont dans un tel contexte exercées par le Président de la République ou un Roi[1650] et celles du chef du gouvernement par un Premier ministre qui est accompagné par des membres généralement des ministres, tous constituant ce que l'on appelle le gouvernement[1651].

Que l'exécutif soit monocéphale ou bicéphale, celui-ci est un acteur économique de premier plan. Son rôle économique dans les constitutions des Etats africains s'infère principalement de la disposition constitutionnelle générale qui l'habilite à « *déterminer et conduire la politique de la nation* »[1652], ajoutées à cela d'autres dispositions spécifiques qui lui donne des compétences en matière économique mais qui peuvent s'insérer soit dans sa mission de détermination de la politique économique de l'Etat (**A**) soit dans celle de la conduite des affaires économiques (**B**).

## A-La détermination de la politique économique

L'action économique au sein des Etats se déroule généralement selon les grandes orientations qui ont été fixées par l'Etat. Ces orientations procèdent dans les Etats qui n'ont pas fixé leur orientation économique dans le marbre des constitutions, comme certains Etats marxiste, des dirigeants du « *moment* »[1653], en l'occurrence les détenteurs du pouvoir exécutif. Cette faculté de définir les orientations économiques de l'Etat par le pouvoir exécutif en Afrique francophone, trouve son fondement dans la disposition

---

[1649] Art. 54 de la constitution béninoise fait du Président de la République le seul détenteur du pouvoir exécutif. Il cumule à ce titre les fonctions de chef de l'Etat et de chef du gouvernement.

[1650] Les Etats d'Afrique francophone ont opté pour une forme républicaine de l'Etat c'est pour cela que l'on retrouve à leur tête le Président de la République élu au suffrage universel, à l'exception notable du Maroc qui est une monarchie constitutionnelle.

[1651] Le gouvernement, ou cabinet, est généralement est une collégialité constituée d'un Premier Ministre qui en en est le chef et des membres qui reçoivent le plus souvent le titre de ministre. Voir aussi les dispositions de l'art. 63 de la Constitution de Madagascar qui prévoit que « *le gouvernement est composé du premier ministre et des ministres* ».

[1652] Toutes les constitutions africaines ont cette disposition inspirée de l'art. 20 de la constitution française, qui attribuent aux organes de l'exécutif la responsabilité de déterminer et de conduire la politique de la nation.

[1653] Nous entendons par cette expression les dirigeants qui sont chargés pendant une période donnée (la durée du mandat) de la responsabilité de conduire l'Etat. La démocratie appelant une alternance, ces dirigeants sont amenés à changer ou à se renouveler, d'où également un changement de politique économique.

constitutionnelle selon laquelle l'exécutif « *détermine... la politique de la nation* ». Le concept de politique de la nation qui est aussi formulé dans certaines constitutions en « *politique générale de l'Etat* »[1654], ainsi consacré dans les constitutions, a une portée large ; il englobe tous les pans de la vie de l'Etat et peut donc faire référence à la politique économique, sociale, sécuritaire, sanitaire...Ainsi, c'est au pouvoir exécutif qu'incombe la responsabilité de déterminer la politique économique dans les Etats d'Afrique francophone.

La détermination de la politique économique par l'exécutif n'est pas sans soulever certains problèmes qui ont trait au contenu du concept de « *la politique économique* » (1) et surtout à l'organe chargé de cette détermination, lorsque l'on est en présence d'un exécutif bicéphale comme, c'est le cas en Afrique francophone dans la plupart des Etats (2).

## 1-Le concept de politique économique

D'une manière simple, le concept de politique économique renvoie aux grandes orientations de « *l'ensemble des activités économiques de l'Etat* »[1655]. Tinbergen en donne la définition suivante : *« la politique économique consiste dans la manipulation délibérée d'un certain nombre de moyens mis en œuvre pour atteindre certaines fins »*.[1656]Cette définition se rattache d'abord au concept général de « *politique* » qui, étymologiquement, vient du grec « politikos » qui veut dire « *l'art de gouverner la cité*». La politique est donc l'art et la pratique de gouverner les sociétés humaines. Dans une acception plus moderne, une politique est une *« manière concertée de mener une affaire, donc de mettre en œuvre des moyens adéquats en vue d'atteindre des objectifs précis »*[1657].

La dimension « *économique* » de la politique « *se réfère aux interventions qui touchent à la production, à la distribution ou à la consommation des richesses* »[1658]. La politique économique peut donc être perçue en dernière analyse comme l'ensemble des orientations ou des décisions de l'Etat en matière économique. « *Il s'agit bien des décisions*

[1654] C'est le cas de la constitution malgache en son art. 55 (6).
[1655] J. Deiss (avec la collaboration de Catherine Beez-Ducarroz), *Politique économique et sociale de la suisse,* « vie et économie », Editions Fragnière SA, 1998, p. 7.
[1656]J. Tinbergen, Techniques modernes de la politique économique, Dunod, 1961, p. 6.
[1657]*Ibid.*, p. 16.
[1658] J. Deiss (avec la collaboration de Catherine Beez-Ducarroz), *Politique économique et sociale de la suisse, op cit.*, p.8.

*d'ordre économique et pas uniquement d'actions économiques concrètes. De ce point de vue, la non intervention est aussi une politique »*[1659]. Ainsi, déterminer la politique économique c'est fixer les grandes orientations, prendre de grandes décisions ayant des incidences sur la production, la distribution ou la consommation des richesses.

L'objectif de la politique économique est triple. Elle vise tout d'abord à veiller à l'allocation optimale des ressources, en assurant la production des biens collectifs, en luttant contre les effets externes et les monopoles. Ensuite, elle veut assurer la stabilité de l'activité économique en veillant au respect des grands équilibres : un taux de croissance conséquent, le plein emploi, la stabilité des prix et un équilibre des échanges extérieurs. Et enfin elle vise à redistribuer la richesse créée.

La réalisation des objectifs de la politique économique ainsi déclinés repose sur des types de politiques qui peuvent être conjoncturels ou structurels. Les politiques conjoncturelles peuvent être définies comme des décisions ou actions des pouvoirs publics notamment gouvernementaux, afin d'influencer la croissance à court terme dans la perspective de rétablir les grands équilibres du « *carré magique* »[1660]. Elles peuvent être expansionnistes (de relance) ou de rigueur (de stabilisation). En bref, il s'agit des interventions publiques de court terme visant à éliminer les fluctuations économiques et se fondant sur certains instruments. Les politiques structurelles en revanche sont *« des politiques qualitatives de long terme qui touchent à la composition de l'économie nationale* »[1661]. Il s'agit alors des politiques économiques de moyen ou de long terme qui vise à transformer les structures de l'économie. Leur finalité est d'accroitre la croissance potentielle d'une économie considérée. Cela dit, les politiques conjoncturelles et structurelles constituent les principales composantes de la politique économique.

C'est donc dire que la détermination de la politique économique est un pouvoir important en matière économique, détenu par le pouvoir exécutif. Seulement dans son exercice dans les Etats ou l'exécutif est bicéphale, se pose

---

[1659] *Ibid.*

[1660] Il s'agit du carré magique de Kaldor (croissance, plein emploi, stabilité des prix et équilibre des échanges extérieures)

[1661] J. Deiss (avec la collaboration de Catherine Beez-Ducarroz), *Politique économique et sociale de la suisse, op cit.*, P. 9.

la question de savoir qui du président de la République ou du gouvernement détermine la politique de l'Etat.

### 2-L'identification de l'organe déterminant la politique économique

S'il est acquis que la détermination de la politique économique de l'Etat est un privilège exclusif du pouvoir exécutif, il se pose néanmoins la question de savoir qui du Président de la République ou du gouvernement exerce ou met en œuvre cette prérogative constitutionnelle notamment dans le cadre des exécutifs bicéphales. Cette question, loin d'être anodine, est réglée différemment dans les constitutions d'Afrique francophone. Si d'une manière générale cette prérogative incombe au président de la République, il peut arriver que le gouvernement puisse déterminer la politique économique de l'Etat.

De prime abord, la responsabilité de la définition de la politique économique de la nation est une prérogative constitutionnelle incombant au Président de la République dans les Etats d'Afrique francophone. Une telle affirmation peut être étayée par des arguments tant juridiques que politiques.

Sur le plan juridique, le constituant de certains Etats de l'espace francophone ne laisse pas d'ambiguïté : il prévoit expressément que la détermination de la politique de la nation, et partant de la politique économique, est du ressort du Président de la république. La constitution camerounaise prévoit à cet égard que *« le Président de la République est le chef de l'Etat... il définit la politique de la nation »*[1662]. La constitution béninoise, du fait du monocéphalisme de son exécutif, prévoit aussi clairement que le président : *« détermine et conduit la politique de lanation »*[1663]. Si dans ces deux constitutions la définition de la politique de la nation est une prérogative unilatérale du Président de la République dans d'autres constitutions le président ne peut exercer cette prérogative que dans le cadre d'un organe collégial, le conseil de ministres. C'est ainsi que la constitution malgache prévoit que : « *le président de la République...détermine et arrête,*

[1662] Art. 5.
[1663] Art. 54.

*en conseil de ministres, la politique générale de l'Etat* »[1664]. C'est ce qui est également prévu au Maroc[1665].

Sur le plan politique, la définition de la politique économique de l'Etat par le Président de la République se justifie par le fait que dans la quasi-totalité des Etats africains, le Président de la République est issu du suffrage universel[1666] sur la base d'un programme politique présenté au peuple. En étant élu, il est donc important qu'il soit la personne, du fait de la légitimé de son programme, qui puisse fixer les grandes orientations économiques de l'Etat contenu dans le programme présenté pour son élection. Cela est encore plus vrai lorsque dans un régime bicéphale, il y a concordance entre la majorité parlementaire et la majorité présidentielle. Dans ce cas, même si formellement il est prévu que c'est le gouvernement qui détermine la politique de la nation comme dans certains pays, cette prérogative va revenir à la vérité au Président de la République seul. Cette perspective change, lorsqu'il y a cohabitation ou dans le cadre d'une monarchie parlementaire.

La responsabilité de la détermination de la politique économique de la nation ou de l'Etat peut être dévolue au gouvernement. Les constitutions des Etats africains ont prévu d'une manière explicite ce cas de figure, et même lorsque cela n'est pas prévu expressément dans la constitution, il existe des interstices constitutionnels pouvant fonder une telle possibilité.

Pour comprendre la compétence du gouvernement dans la détermination de la politique économique de la nation, il faut d'abord rappeler que malgré leur tendance présidentialiste, les régimes des Etats africains sont pour la plupart parlementaires. Ainsi le gouvernement est issu de la majorité au parlement. C'est ce que traduit la constitution marocaine en prévoyant que : *« Le roi nomme le chef du Gouvernement au sein du parti politique arrivé en tête des élections des membres de la chambre des Représentants, et au vu de leurs résultats* »[1667]. Cette disposition est quasiment similaire avec les

---

[1664] Art.55 (6).

[1665] Art. 49 ;

[1666] A l'exception du Maroc qui est un royaume, les constitutions africaines depuis l'indépendance ont opté pour le suffrage universel comme mode de dévolution des pouvoirs.

[1667] Art. 47.

prévisions de la constitution de la RDC[1668], du Niger[1669] et de Madagascar[1670]. C'est donc à ce gouvernement issu de la majorité parlementaire qu'incombe la responsabilité de définir la politique de la nation. Si dans le cas du Maroc cela est particulièrement clair, puisqu'étant dans une monarchie[1671] ; dans les autres Etats, le gouvernement ne peut le faire d'initiative qu'en cas de cohabitation.

Quoiqu'il en soit, certaines constitutions attribuent cette prérogative au gouvernement expressément. C'est ainsi que dans la constitution nigérienne il est prévu que : « *le gouvernement détermine... la politique de la nation* »[1672], qu'en RDC la constitution dispose que : « *le Gouvernement définit, en concertation avec la président de le République la politique de la nation et en assume la responsabilité* »[1673]. Cette disposition de la constitution congolaise parait ambiguë en prévoyant que le gouvernement détermine la politique de la nation « *enconcertation* » avec le président de la République.Doit-on entendre par là que la définition de la politique de l'Etat est une activité qui doit être menée seulement de concert ? Ou peut-elle être menée par le gouvernement seul ? Pour notre part, ces interrogations n'ont pas lieu d'être puisque cette même disposition rend le gouvernement seul responsable de cette politique. En cette qualité, il peut décider de la politique de la nation seul en cas de cohabitation. La concertation n'étant ici qu'une élégance républicaine.

Le principe de la responsabilité politique du gouvernement devant le parlement peut être également un interstice permettant au gouvernement de déterminer unilatéralement la politique économique de l'Etat[1674], au-delà de sa consécration formelle. De fait, la plupart des constitutions habilitent le premier ministre à engager la responsabilité du gouvernement sur un programme ou une déclaration de politique générale. Pour mettre en œuvre cette responsabilité il faut que cette politique générale, pouvant contenir un

---

[1668] Art.78 : « *Le président de la République nomme le premier ministre au sein de la majorité parlementaire, après consultation de celle-ci* ».

[1669] Art. 56 : « *Lorsque la majorité présidentielle et la majorité parlementaire ne concordent pas, le Premier ministre est* nommé par le président de la République sur une liste de trois personnalités proposées par la majorité à l'assemblée nationale ».

[1670] Art. 57 « « *Le président de la République nomme le Premier ministre, présenté par le parti majoritaire à l'assemblée nationale* ».

[1671] *Cf* art. 88 de la constitution du Maroc.

[1672] Art. 76.

[1673] Art. 91.

[1674] Sur la question de la responsabilité politique du gouvernement lire : B-R Guimdo Dongmo, « La responsabilité politique du gouvernement dans la constitution camerounaise », op cit. ; cette responsabilité est consacrée dans toutes les constitutions des Etats d'Afrique francophone étudiés, à l'exception de celle du Benin.

programme économique[1675], soit une émanation du gouvernement. Ainsi c'est au gouvernement de la déterminer.

Une telle argumentation peut prospérer dans un Etat comme le Cameroun, car bien que la constitution attribue expressément au président la responsabilité de définir la politique économique et qu'elle ne prévoit pas explicitement que le gouvernement doit émaner du parti majoritaire, les dispositions consacrant la responsabilité politique peuvent aboutir à l'instauration d'une cohabition[1676]. Dans ce cas, seul le gouvernement responsable devant le parlement sera habilité à déterminer la politique de l'Etat.

En tout état de cause, l'éclairage sur l'autorité devant définir la politique de la nation et plus spécifiquement la politique économique, est très important. Car lorsque cela n'est pas clair il peut aboutir à des crises institutionnelles entre le Président de la République et le gouvernement, comme en son temps au Niger[1677], ou comme dans une période éloignée au Cameroun, pendant la période du monopartisme, entre le Président de la République et le président du parti unique[1678]. Cet éclairage est d'autant plus important que c'est cette politique qui sera exécutée ou conduite au seins de l'Etat.

## B-La conduite des affaires économiques

La conduite des affaires économiques de l'Etat renvoie à la mise en œuvre de la politique économique telle que déterminée ou définie. Au sein de l'exécutif, cette mission de façon générale incombe au gouvernement qui est chargé de conduire la politique de la nation. Les constitutions africaines sont unanimes sur cette question : c'est au gouvernement de conduire ou de mettre en œuvre la politique économique de l'Etat[1679]. Cette mise en œuvre est la traduction concrète de la politique économique. Le gouvernement étant un organe collégial, il en résulte qu'il y a plusieurs ministères qui sont peu ou prou intéressés par la mise en œuvre de la politique économique de l'Etat (1). Pour

---

[1675] La constitution marocaine en son article 88 que cette politique générale doit « *dégager les lignes directrices de l'action que le gouvernement se propose de mener dans les divers secteurs de l'activité nationale et notamment, dans les domaines intéressant la politique économique, sociale* ».
[1676] Cf. art. 34 de la constitution.
[1677] C'est le cas de la crise entre Hama Amadou et le président Mohamoudou Issoufou ;
[1678] Cette crise opposa le président de la république Paul Biya au le président du parti unique d'alors l'UNC Ahmadou Ahidjo.
[1679]Cf. art. 11 de la constitution du Cameroun ; art. 91 de la constitution de la RDC ; art. 76 de la constitution du Niger ; art. 63 de la Constitution de Madagascar.

y arriver, le gouvernement dispose des instruments qui sont importants en matière économique (2).

## 1-Les ministères conduisant la politique économique

Au sein du gouvernement, la politique économique est mise en œuvre ou conduite dans le cadre des ministères. « *Divisions administratives de l'Etat sans personnalité juridique propre, les ministères ont connu une spécialisation croissante au fur et à mesure que leur nombre augmentait* »[1680]. Dans les Etats d'Afrique francophone, on observe une tendance à une grande inflation ministérielle et une très grande spécialisation des ministères[1681]. Cette spécialisation accompagne la croissance du rôle économique et social de l'Etat. C'est ainsi que sont apparus plusieurs ministères en charge des questions économiques. De ces ministères, celui de l'économie et des finances occupe une place privilégiée.

Le ministère de l'économie et des finances occupe sans aucun doute une place prépondérante dans la hiérarchie gouvernementale des Etats d'Afrique francophone. Cette place s'explique par le rôle que ce ministère joue en matière de mise en œuvre de la politique économique et financière de l'Etat, et aussi de ses pouvoirs à l'égard des ministères « *dépensiers* ». Cette importance entraine très souvent dans plusieurs Etats, qu'il soit séparé en un ministère de l'économie d'une part et en un des finances d'autre part, ou qu'il soit occupé par plusieurs ministres, cela dans le but de rechercher son efficacité voire encore pour rationaliser son pouvoir[1682].

Quoiqu'il en soit, le ministère de l'économie et des finances ou les ministères en charge de ces questions remplissent des missions économiques de la plus haute importance au seins des Etats. C'est ainsi que le ministère en charge de l'économie et des finances est un maillon essentiel en matière budgétaire puisqu'il s'occupe entre autres de : l'établissement du budget de l'Etat ; le calcul et le recouvrement des recettes publiques ; le payement des dépenses de l'Etat ; et la gestion financière des collectivités publiques. En outre, il s'occupe de la politique financière de l'Etat (veiller aux grands équilibres budgétaires et financiers), des relations économiques et financières

[1680] J. Ph Colson et P. Idoux, *Droit public économique, op cit.*, p. 708.

[1681] A titre illustratif, à date du mois d'Aout 2019, le gouvernement Camerounais compte plus de quarante (40) ministères ; le gouvernement de la RDC compte plus de 60 ministères.

[1682] C'est le cas au Cameroun ou il existe un ministère de l'économie distinct du ministère des finances (gouvernement d'Avril 2018). En RDC il existe un ministère de l'économie, un ministère des finances, un ministère du budget et un ministère du plan. (Gouvernement de 9 mai 2017).

internationales (négociations monétaires, financières, fiscales, commerciale.), du contrôle financier sur l'ensemble des administrations...Une telle diversité explique la structuration tentaculaire de ce département ministériel dans les Etats.

A côté du ministère en charge de l'économie et des finances, il existe dans le gouvernement plusieurs autres ministères dits « *économiques* » qui se distinguent des ministères apparemment non économiques. Les autres ministères économiques sont ceux qui jouent un rôle économique très important, c'est-à-dire « *qui interviennent de façon privilégiée dans l'économie nationale par secteur* »[1683]. Il s'agit, sans être exhaustif, des ministères en charges des questions d'agriculture, d'industrie ou de commerce, du tourisme ou de l'aménagement du territoire... Cependant, il faut dire que les questions économiques ou la mise en œuvre de la politique économique de l'Etat concerne le gouvernement tout entier. Car, comme le signale Martine Cliquennois à juste titre, « *des départements ministériels a priori éloignés des préoccupations économiques peuvent aussi par leurs décisions ou leurs actions avoir des effets économiques* »[1684]. C'est le cas du ministre en charge des questions environnementales dont les décisions en matière de protection de l'environnement influencent la structure de certaines activités économiques.

Dans cette mise en œuvre de la politique économique de l'Etat au niveau ministériel, le Premier ministre en dernier ressort, (ou le Président de la République dans un exécutif monocéphal) joue un rôle central, cela du fait qu'en tant que chef du gouvernement, il est chargé de diriger l'action économique[1685]. C'est à ce titre qu'il assure des grands arbitrages budgétaires et la coordination économique interministérielle. Relativement à son rôle d'arbitrage, c'est au Premier ministre qu'incombe *in fine* la responsabilité de trancher les prétentions budgétaires des uns et les restrictions des enveloppes budgétaires réservées par le ministère en charge des finances, pour établir le projet de loi de finance de l'année. En ce qui concerne la coordination économique interministérielle, elle s'impose par le fait que la mise en œuvre de la politique économique par les ministères d'une manière incoordonnée peut engendrer un certain nombre de problèmes. Cela est clairement traduit par la constitution de la RDC : « *Le ministre est responsable de son département. Il applique le programme gouvernemental dans son ministère, sous la direction*

[1683] M. Cliquennois, *Droit public économique*, *op cit.*, p. 53.
[1684]*Ibid.*, p. 54.
[1685] C'est ce qui ressort de l'art. 11 de la constitution du Cameroun ; art. 91 de la constitution de la RDC ; art. 76 de la constitution du Niger ; art. 63 de la Constitution de Madagascar.

*et la coordination du premier ministre* »[1686]. D'autres constitutions ont retenu des dispositions analogues[1687].

Dans cette mise en œuvre de la politique économique, l'exécutif dispose d'instruments qui lui permettent de prendre des décisions économiques importantes.

## 2-Les instruments de l'action économique

Dans la mise en œuvre de la politique économique de l'Etat l'exécutif dispose de plusieurs instruments qui peuvent lui permettre de travailler. Si ces instruments sont avant tout économiques[1688], ils peuvent être également juridiques. Sur ce dernier plan, le pouvoir réglementaire et le pouvoir de nomination reconnus au pouvoir exécutif apparaissent comme des formidables outils de l'action économique à côté des contrats administratifs qui ont donné lieu à des développements précédents[1689].

Le pouvoir réglementaire est le pouvoir dont disposent les autorités, notamment exécutives, de prendre unilatéralement des décisions exécutoires à caractère général et impersonnel. Dans la plupart des pays d'Afrique francophone, l'exercice du pouvoir réglementaire est une des attributions administratives importantes dont le Président de la République et le Premier ministre ont la charge, en vertu de la constitution[1690]. Bien que n'étant pas consacré expressément dans la constitution, il est acquis aujourd'hui que les ministres bénéficient aussi d'un pouvoir règlementaire en tant que membres du gouvernement[1691]. Exercé « *ordinairement par voie de décrets, il peut l'être aussi, en vertu d'une habilitation législative spéciale, par voie d'ordonnance* ».[1692] Dans la quasi-totalité des constitutions des Etats d'Afrique

---

[1686] Art. 93.

[1687] Art 12 de la constitution camerounaise.

[1688] Sur les instruments de politique économique, lire K. Ghazouani, *Politiques économiques. Les instruments*, Cours destiné aux élèves de l'ENA de Tunis, CSP et Administrateurs Conseillers.

[1689] Cf. chapitre I du Titre I de la présente partie.

[1690] Le fondement constitutionnel du pouvoir réglementaire du président de la république est : au Cameroun, art. 8 ; en RDC, art. 79 ; au Niger art. 70 ; au Benin, art. 54. Pour ce qui est du premier ministre le fondement constitutionnel est : au Cameroun, art. 12 ; en RDC, art. 92 ; eu Niger, art. 76

[1691]Sur le pouvoir réglementaire du ministre il importe de lire l'excellent travail de Céline Wiener, *Recherche sur le pouvoir réglementaire des ministres,* coll., « Bibliothèque de droit public », t, XCVIII, paris, LGDJ, 1970, 298 pages.

[1692] R. Chapus, *Droit administratif général*, tome I, Paris, Montchrestien, 14 éd., 2000, p. 640.

francophone, le pouvoir réglementaire s'exerce dans le cadre du conseil des ministres et peut donner lieu à la formalité de contreseing[1693].

L'exercice du pouvoir réglementaire général se concrétise par l'édiction de règlements qui sont, des règlements d'exécution des lois pour les uns, et des règlements autonomes pour les autres. Ce sont ces derniers qui intéressent véritablement l'action économique du pouvoir exécutif. Par les matières qui peuvent entrer dans le domaine réglementaire qui constitue une réserve pour ce pouvoir[1694], celui-ci peut être amené à prendre des décisions importantes qui touchent la sphère économique. C'est ainsi que l'exécutif peut créer des services publics, prendre des décisions en matière d'emploi et de durée au travail, en matière de rémunération ou en matière environnementale... Ainsi la consécration du pouvoir réglementaire à l'exécutif contribue à lui octroyer, comme le relève des auteurs, « *l'essentiel de la conduite de la politique économique* »[1695].

Au-delà du pouvoir réglementaire, le pouvoir de nomination à certains emplois constitue aussi un instrument de l'action économique de l'Etat non moins négligeable. Car le pouvoir de nomination « *n'est pas sans effet en matière économique* »[1696]. C'est que nombre de ces emplois concernent les dirigeants des entreprises publiques ou de grands responsables de l'administration publique jouant un rôle éminent en matière économique[1697]. Le partage de compétences en matière de nomination dans les constitutions des Etats africains est univoque. La constante ici et là est que la nomination aux fonctions stratégiques des entreprises publiques, établissements publics, ou administrations publiques ayant une incidence économique est dévolu au Président de la République et/ ou au Premier ministre. Dans cette répartition, la compétence de principe appartient au Président de la République, comme le traduit la formule générale selon laquelle : « *le Président de la République nomme aux emplois civils et militaires* »[1698].Le Premier ministre dispose en revanche d'une compétence d'exception, puisqu'il est prévu que ses pouvoirs

---

[1693] Ce n'est pas le cas au Cameroun. Car le conseil des ministres ici n'a aucune substance constitutionnelle, d'où d'ailleurs son caractère épisodique dans ce pays et la formalité de contreseing n'a pas été consacrée.

[1694] C'est que le domaine du pouvoir réglementaire est généralement défini de façon négative par rapport au domaine de la loi. Cf. art. 27 de la constitution Camerounaise, voire R. Chapus, *Droit administratif général*, *op cit.*, p. 648.

[1695] J. Ph Colson et P. Idoux, *Droit public économique, op cit.*, p. 704.

[1696]*Ibid.*, p. 706.

[1697] Il s'agit pour l'essentiel des Directeurs Généraux, ou des Présidents.

[1698] Art. 8 de la constitution du Cameroun ; art. 70 de la constitution du Niger ; art.81 de la Constitution de la RDC.

de nomination s'exercent sous réserve des prérogatives reconnues au président en la matière[1699]. Ce pouvoir de nomination est aussi exercé pour la plupart des cas en conseil de ministres.

Somme toute, le pouvoir exécutif sous le fondement de la disposition constitutionnelle qui l'habilite à déterminer et à conduire la politique de la nation, est l'institution aux avant-postes de l'action économique au sein des Etats d'Afrique francophone. Car c'est à lui qu'incombe la responsabilité de définir la politique économique de l'Etat et surtout de la mettre en œuvre. Cette prépondérance ne doit pas néanmoins occulter le rôle que joue le pouvoir législatif en matière économique, même si celui-ci est limité.

## Paragraphe II : La limitation du rôle du pouvoir législatif

Dans la tradition juridique des Etats d'Afrique francophone, telle qu'hérité de la France, le pouvoir législatif est le pouvoir en charge de légiférer, à titre principal. Celui-ci est généralement détenu par un parlement qui peut être bicaméral ou monocaméral. Si quelques Etats aujourd'hui en Afrique francophone disposent toujours d'un parlement monocaméral, la tendance est, depuis le début des années 1990, au bicamérisme[1700]. Cette pratique s'inscrit dans le cadre des processus démocratiques ayant pour but de renforcer la place du parlement dans l'architecture institutionnelle. Dans ce mouvement, l'on va constater une ouverture du parlement à l'opposition et un renforcement formel des fonctions du parlement notamment dans le contrôle de l'action gouvernementale[1701]. Cette tendance à un redimensionnement du parlement aurait laissé croire que celui-ci est devenu un véritable centre de pouvoir en Afrique francophone. A l'évidence cela n'est pas le cas puisqu'ici comme ailleurs, la doctrine constate quasi unanimement le déclin du parlement[1702].

Ce déclin se vérifie singulièrement tant au niveau de son organisation que de son fonctionnement, caractérisé par une emprise de l'exécutif. En matière économique, le déclin du parlement a un retentissement plus

---

[1699] Art. 12 de la Constitution du Cameroun ; art . 92 de la constitution de la RDC.

[1700] Cf, C. Nach Mbach, « La seconde chambre dans les nouveaux parlements africains, », *Solon* vol.1 ; n°1 ; 1999, p. 107 et s.

[1701] Kosso Somali, *Le parlement dans le nouveau constitutionnalisme en Afrique. Essai d'analyse comparée à partir des exemples du Benin, du Burkina Faso t du Togo*, thèse de doctorat droit public, université de Lille 2, 2008, p. 41 et s.

[1702] Nombre de colloques et publications soulignent le déclin du parlement à l'envi. Voir dans ce sens : A. Chandernagor, *Un parlement pour quoi faire ?* Gallimard, 167, 183 p., P. Avril, Les français et leur parlement, Casterman, 1972,145 p ; P. Birbaum, F. Hamon et M. Troper, *Réinventer le parlement,* Flammarion,1977,223 p.

assourdissant puisque son rôle économique est véritablement limité. C'est qu'au niveau de son organisation, le parlement n'est structurellement pas une institution économique (**A**) et ses fonctions économiques sont amoindries (**B**).

## A : La faiblesse structurelle relative du parlement en matière économique

Dans l'architecture constitutionnelle des pouvoirs politiques en Afrique, le parlement occupe la deuxième position, en dépit de son inféodation au pouvoir exécutif[1703]. Celui-ci dans son organisation a généralement une double structuration. Il y a d'abord une structuration en chambres ou en assemblées que l'on qualifie généralement de structuration externe du parlement. C'est sous ce rapport qu'un parlement peut être bicaméral, lorsqu'il a deux chambres ou monocaméral lorsqu'il n'en a qu'une seule. Qu'il soit monocaméral ou bicaméral, cette organisation du parlement en Afrique francophone ne laisse apparemment pas de place aux préoccupations économiques (1). La seconde structuration, interne, est celle qui concerne les différents organes de chaque chambre du parlement, lorsqu'ils sont deux ou de la chambre du parlement en cas de monocamérisme. Seule cette organisation laisse une certaine place à l'économie (2).

### 1-L'absence relative d'une dimension économique dans la structuration du parlement

Comme en France, les parlements des Etats d'Afrique francophone, n'ont jamais eu des chambres vouées dans leur totalité à la représentation des intérêts économiques ou socio-professionnels. L'on cherche vainement dans les constitutions des Etats francophones d'Afrique une disposition qui attribue un caractère économique à l'une des chambres du parlement, lorsque celui-ci est bicaméral. La création des deuxièmes chambres dans les parlements africains aurait laissé croire que cette nouvelle chambre serait vouée à la représentation des forces économiques et socio-professionnelles comme l'avait souhaité en son temps le professeur Joseph Owona dans son avant-projet de constitution pour ce qui est du Cameroun[1704]. Les Sénats ainsi créés dans cet espace se sont vu plutôt reconnaitre pour rôle la représentation des

---

[1703]Kosso Somali, *Le parlement dans le nouveau constitutionnalisme en Afrique. Essai d'analyse comparée à partir des exemples du Benin, du Burkina Faso t du Togo, op cit.* p. 121.

[1704] C. Nach Mbach, « La seconde chambre dans les nouveaux parlements africains », *op cit.*, p. 113.

collectivités territoriales décentralisées, comme le consacre la quasi-totalité des constitutions des Etats francophones[1705].

Cependant, sans consacrer l'existence d'une chambre uniquement vouée aux forces socio-économiques ou professionnelles, certaines constitutions des Etats Africains ont consacré la représentation de ces forces dans la seconde chambre de leur parlement. C'est ainsi que la constitution marocaine prévoit qu'une frange, les deux cinquièmes, des membres de la chambre des conseillers (l'équivalent du sénat) est composée : « *d'élus des chambres professionnelles et des organisations professionnelles des employeurs les plus représentatives, et les membres élus à l'échelon national par un collège électoral composé des représentants des salariés* »[1706]. Il en est de même de la constitution malgache. Celle si prévoit que le sénat comprend : « *...un tiers des membres nommés par le président de la république, pour partie, sur présentation des groupements les plus représentatifs issus des forces économiques, sociales et culturelles, et pour une partie en raison de leur compétence particulière* ».[1707]

La question de la création d'une chambre ayant une dimension économique dans les parlements s'est longtemps posée et a eu à diviser la doctrine juridique.

Pour un certain groupe minoritaire, il est opportun de créer une forme de représentation économique à côté de la représentation nationale. Pour lui en effet, le parlement doit faire une place au peuple réel, aux forces économiques et sociales à la recherche d'une plus grande fidélité de représentation de la population. Léon Duguit, influencé par la théorie sociologique de Durkheim, se situe dans cette mouvance. Il écrit à ce propos : « *si l'on veut se rapprocher de l'idéal que doit tendre à réaliser toute représentation, si l'on veut assurer dans le parlement la représentation de tous les éléments de la vie nationale, il faut placer, à côté de l'assemblée élue par les individus proportionnellement aux forces numériques des divers partis, une assemblée élue par des groupes professionnels* [1708]».On retrouve aussi dans le discours de Bayeux prononcé par le Général de Gaulle le 16 juin 1946, l'idée de l'introduction des préoccupations économiques au sein de l'une des assemblées parlementaires.

---

[1705] Art. 20 de la constitution camerounaise, art 104 de la constitution de la RDC

[1706] Art. 63.

[1707] Art. 81.

[1708] L. Duguit, *Traité de Droit Constitutionnel,* Tome I, théorie générale de l'Etat, Fontemoing, paris, 1991, p.388.

Le Général De Gaulle déclare alors qu'« *il sera normal d'y introduire (dans la seconde chambre) des représentants des organisations économiques, familiales, intellectuelles, pour que se fasse entendre, au-dedans même de l'Etat, la voix des grandes activités du pays* ».

De façon générale, à la différence des régimes fascistes, sensibles à l'attrait des assemblées professionnelles, les démocraties libérales opposent à la représentation corporative l'argument juridique de l'indivisibilité de la souveraineté nationale qui se marque par la représentation politique du corps électoral dans son entier et que l'admission d'une représentation de catégories socio-professionnelles aboutirait à fractionner[1709]. Pour pourfendre cette représentation professionnelle dans le parlement, Joseph Barthélémy va estimer qu'elle conduit à « *l'écrasement de l'intelligence* »[1710]. Maurice Hauriou, dans la même veine rejette l'idée d'une confusion entre le gouvernement politique et le gouvernement économique. Il écrit : *« il existe un pouvoir politique qui consiste dans le gouvernement direct des hommes sous la menace de sanctions pénales. Il existe aussi des pouvoirs économiques qui consistent dans le gouvernement indirect des hommes par la détention de l'administration des choses... Ces deux pouvoirs peuvent être réunis dans les mêmes mains, auquel cas la servitude des sujets peut être effroyable »*[1711].

En dernier ressort, il faut dire que l'absence d'une dimension économique dans la structuration du parlement est dûe au fait que « *le développement des pouvoirs publics en matière économique et sociale est largement postérieur à l'apparition de la démocratie représentative* »[1712]. L'action économique n'occupe donc pas aujourd'hui au sein des parlements une place particulière. Ce qui explique une absence de chambre à caractère économique, seules les chambres « *politiques* » peuvent s'intéresser à l'économie. Plus exactement, la place réservée aux professionnels de l'économie ne saurait être dans l'organisation structurelle du pouvoir législatif en plusieurs assemblées. Il faut alors se résigner à chercher la place de l'économie dans l'organisation interne de chaque assemblée.

---

[1709] J. Ph Colson et P. Idoux, *Droit public économique*, *op cit.*, p. 698.

[1710] Formule cité par P. Delvolvé, *Droit public de l'économie,* paris, Dalloz, 1998, p. 225.

[1711] M. Hauriou, *Précis de Droit constitutionnel*, Sirey 1929, P 104, réed. CNRS, 1965.

[1712] J. Ph Colson et P. Idoux, *Droit public économique*, *op cit.*, p. 698.

## 2-L'économie dans l'organisation interne des assemblées parlementaires

Si structurellement, il n'existe pas une assemblée parlementaire chargée spécifiquement des affaires économiques, les assemblées contemporaines dans leur organisation interne, accordent une part belle à l'économie[1713]. L'économie, dans l'organisation interne des assemblées, est visible au niveau des commissions parlementaires. Les parlements des tous les Etats d'Afrique francophone possèdent des commissions. L'histoire parlementaire de part le monde montre qu'il en a toujours été ainsi. La raison est que les commissions répondent à une nécessité, à un besoin spontané des assemblées délibérantes. Un parlement est en effet un organe trop lourd et très vaste, pour pouvoir trancher les questions qui lui sont soumises, si celles-ci n'ont pas antérieurement fait l'objet d'un examen, par certains de ses membres, selon une procédure allégée[1714].

Mais au fait, qu'est-ce qu'une commission parlementaire ? Joseph Barthélémy en donne la définition suivante : *« les commissions sont des organes constitués dans chaque chambre, composés généralement d'un nombre restreint de ses membres, choisis à raison d'une compétence présumée et chargés en principe de préparer son travail, en lui présentant un rapport »*[1715]. C'est donc en réalité le lieu où le véritable travail parlementaire se déroule au sein des assemblées. Ces commissions sont généralement nombreuses, mais on y trouve plusieurs compétentes ou dédiées à des questions économiques. Au Cameroun, sur les neuf (9) commissions permanentes de chaque assemblée on a pu détecter quatre (4) qui ont une dimension économique et sociale intéressant alors le domaine économique[1716]. Au Maroc, sur huit (8) commissions permanentes quatre (4) également ont un rapport avec le domaine socio-économique[1717]. Il en est de même au Benin ou

[1713] De façon générale, les assemblées des parlements des Etats d'Afrique francophone sont constituées : d'un bureau de l'assemblée, de la conférence des présidents, des groupes parlementaires et des commissions.

[1714] Ivo Rens, « Les commissions parlementaires en droit comparé », *Revue internationale de droit comparé,* n°13_2 ; 1961, p. 310.

[1715] J. Barthelemy, *Essai sur le travail parlementaire et le système des commissions,* Librairie Delagrave, Paris, 1984, p. 10.

[1716] Il s'agit de la commission des finances et du budget ; la commission des affaires économiques de la programmation et de l'aménagement du territoire ; de la commission de l'éducation, de la formation professionnelle et de la jeunesse, et de la commission de la production et des échanges.

[1717] Il s'agit de la commission des finances et du développement économique ; la commission du secteur productif ; la commission des infrastructures, de l'énergie, des mines et de l'environnement ; et de la commission des secteurs sociaux.

sur cinq commissions trois se rapportent à l'économie[1718]. Une telle prépondérance des commissions à caractère économique dans les parlements africains, démontre que ceux-ci ne sont pas totalement en marge des préoccupations socio- économiques, ils y jouent un rôle de la plus haute importance.

L'activité législative effectuée par ces commissions se double d'un travail relatif au contrôle de l'application des lois par le gouvernement[1719]. Ces commissions peuvent aussi recevoir un pouvoir d'enquête et d'investigation voire même d'audition, conféré par l'assemblée, et peuvent ainsi s'intéresser à des questions économiques.

En outre, les parlements peuvent aussi connaitre des questions économiques par la création des commissions d'enquête[1720]. Généralement prévues par les constitutions, elles sont constituées pour une période donnée pour examiner la gestion administrative, financière ou technique de certains services publics ou entreprises nationales[1721]. Leurs pouvoirs d'investigation et d'audition sont assez étendus.

Quoiqu'il en soit, malgré cette faiblesse structurelle du parlement en matière économique, le parlement joue un rôle important en matière économique, même si ce rôle est limité.

## B-Les fonctions parlementaires encadrées en matière économique

Sans remettre en cause le déclin du parlement ni vouloir le présenter comme un acteur essentiel de la décision et de l'action économique de l'Etat, ce qu'il n'est pas, il n'en reste pas moins que le parlement reste un pilier important de l'encadrement de l'action économique. Au-delà de cet encadrement, le parlement à travers son contrôle de l'action gouvernementale joue un rôle important dans la sauvegarde de la bonne gouvernance économique et de la protection des droits et libertés économiques[1722]. Cependant, la fonction parlementaire qui intéresse l'action économique de

[1718] Il s'agit de la commission des finances et échanges ; de la commission du plan, équipement et de la production et de la commission de l'éducation de la culture et de l'emploi.
[1719] M. Cliquennois, *Droit public économique*, *op cit.*, p. 34.
[1720] La possibilité de créer des commissions d'enquête parlementaire est consacré dans toutes les constitutions d'Afrique francophone. Art. 35 au Cameroun ; art. 138 en RDC.
[1721] M. Cliquennois, *Droit public économique*, *op cit.*, p. 39.
[1722] Cf. notre chapitre I Titre II de la Première partie.

l'Etat au premier chef, est l'exercice du pouvoir législatif. Ainsi, la loi est un instrument nécessaire en matière économique **(1).** Dans le cadre de l'exercice de ce pouvoir législatif, il faut traiter d'une manière particulière le pouvoir budgétaire du parlement dans le cadre de la loi de finance, celui-ci concerne particulièrement l'action économique **(2)**. Toutefois il faut relever que ce pouvoir législatif est nettement encadré et subit un certain impérialisme du pouvoir exécutif.

## 1-La loi comme instrument de l'action économique

Dans les constitutions des Etats d'Afrique francophone, le domaine de la loi incombe au pouvoir législatif, au parlement[1723]. L'exercice des compétences législatives dans le cadre du domaine qui lui est assigné, se présente donc comme une possibilité pour le parlement de prendre des actes ou décisions sur les règles du jeu économique, qui à première vue sont du ressort de l'exécutif. L'instrument législatif se présente comme un moyen fondamental pour la vie économique, notamment pour les lois à but économique et financier.

Les lois qui intéressent généralement les activités économiques, sont des actes législatifs qui définissent les structures, organisent les professions, encadrent les activités. A travers quelques exemples, on note un encrage de la source législative, indispensable pour encadrer les activités économiques. Certes, la loi n'intervient pas pour prendre les décisions quotidiennes, mais son intervention est fondamentale pour permettre les interventions des acteurs économiques.[1724] Le législateur, dans ce cadre, fixe généralement un domaine dans lequel vont s'inscrire les autorités administratives et les acteurs économiques. Un aperçu général du domaine de la loi dans les constitutions des Etats de l'espace francophone, démontre ce rôle capital du législateur. C'est ainsi que dans plusieurs constitutions, il ressort que le législateur intervient pour fixer les règles relatives au commerce, au régime de la propriété des droits et obligations civiles et commerciales ; à l'assiette, au taux et aux modalités de recouvrement des impositions de toute nature ; à la création des entreprises, aux établissements et organismes publics ; à l'agriculture la pêche et l'aquaculture ; à la protection de l'environnement et au tourisme ; à la

[1723] Cf. art. 25 de la Constitution de Cameroun ; art. 122 et 123 de la constitution de la RDC ; art. 99 et 100 de la constitution du Niger et art. 98 de la constitution du Benin.
[1724] M. Cliquennois, *op cit., p.39.*

protection des consommateurs[1725]. Or toutes ces règles sont au cœur de l'activité économique.

De même, la loi est d'une importance primordiale dans les interventions économiques de l'Etat et des collectivités territoriales. Car c'est elle qui fixe le domaine d'intervention par exemple des collectivités territoriales décentralisées en matière économique en déterminant leurs champs de compétence et les ressources qui leur sont allouées[1726]. Pour l'Etat en général, l'on peut se rendre compte qu'en matière de nationalisation et de privatisation, la compétence discrétionnaire du législateur pour fixer les critères est nettement affirmée par les constitutions des Etats africains[1727], et en France par le conseil constitutionnel[1728]. Il appartient donc au législateur de fixer les critères justifiant la nationalisation de biens du secteur privé, à condition de rester dans le cadre constitutionnel du respect du droit de propriété. Le même raisonnement est valable lorsque le législateur fixe les critères de transfert d'un bien du secteur public au secteur privé.

En dépit de la multitude des lois qui concernent l'action économique, il faut signaler à titre utile « *la loi de programme* » qui est prévue dans plusieurs constitutions.[1729]Cette loi qui est un acte législatif programmatique, contient les articulations de la politique de l'Etat dans les secteurs économiques, financiers, et sociaux.

Il convient de signaler en dernier ressort, que cette importance est encadrée par le rôle de l'exécutif qui dispose dans la quasi-totalité des Etats Africains, de presque l'exclusivité des lois, et maitrise l'ordre du jour des assemblées, puisqu'établi selon sa priorité. Cette dominance est encore plus visible en matière d'établissement du budget.

## 2-Le pouvoir budgétaire du parlement

L'un des pouvoirs importants des assemblées parlementaires dans les Etats d'Afrique francophone, et même dans d'autres Etats démocratiques, est le pouvoir budgétaire. Ce pouvoir qui a une incidence économique importante

---

[1725] Art. 25 de la Constitution de Cameroun ; art. 122 et 123 de la constitution de la RDC ; art. 99 et 100 de la constitution du Niger et art. 98 de la constitution du Benin

[1726] Voir *infra*.

[1727] Art. 26 de la Constitution de Cameroun, art. 122 et 123 de la constitution de la RDC, art. 99 et 100 de la constitution du Niger et art. 98 de la constitution du Benin

[1728] Cons. Cons 81-132 Dc du 16 janvier 1982 nationalisation.

[1729] Art. 34 de la constitution du Cameroun ; art. 88 de la constitution du Maroc.

est un acte par lequel sont prévues et autorisées les recettes et les dépenses annuelles de l'Etat ou d'autres services assujettis aux mêmes règles. Sous ce rapport, le budget est l'instrument de mise en œuvre des politiques publiques le plus important. Il affecte la vie de tous les citoyens.

Comme dans tous les Etats, le pouvoir budgétaire s'inscrit dans le cadre de la loi des finances que le parlement est amené à voter chaque année. Le budget constitue donc la partie comptable de cette loi. Les Etats d'Afrique francophone accordent une place importante au parlement dans le processus budgétaire, dans l'objectif d'un nécessaire renforcement de la gouvernance des finances publiques. C'est ainsi que les constitutions de ces Etats font du vote de la loi des finances, qui contient le budget de l'Etat, une compétence exclusive du parlement[1730]. Cela certainement parce que le parlement est un rouage essentiel dans les démocraties pour indiquer clairement les préférences de la société. Il approuve les politiques, vote les lois de finances initiales, et rectificatives, et examine les comptes de fins d'années (par le vote de la loi de règlement).

L'intervention du parlement dans le processus budgétaire se justifie sans doute par le fait qu'il est l'outil de politique publique le plus important surtout en matière d'action économique de l'Etat[1731]. Il présente les priorités du gouvernement et les moyens dont celui-ci dispose pour atteindre ses objectifs. De par sa nature de représentant de toutes les couches de la société, le parlement doit veiller, à travers sa fonction de contrôle et de détenteur du « *cordon de la bourse* » par son pouvoir budgétaire, à ce que le budget voté corresponde aux intérêts de la société tout en tenant compte des ressources disponibles, et qu'il soit exécuté de manière responsable et transparente. C'est ainsi qu'il lui revient naturellement d'autoriser les budgets nationaux et de demander des comptes au gouvernement au nom du peuple. Ce grand principe de droit budgétaire tire son essence de la déclaration des Droits de l'homme et du citoyen du 16 aout 1789 qui dispose que : « *Tous les citoyens ont le droit de constater, par eux même ou par leurs représentants, la nécessité de la contribution publique, de consentir librement, d'en suivre l'emploi et d'en déterminer la quotité, l'assiette, le recouvrement et la durée* »[1732]. Ce texte

[1730] Art. 126 de la constitution de la RDC ; art. 101 de la constitution du Niger ; art. 99 de la constitution du Benin ; et art. 26 de la constitution du Cameroun.
[1731] G. Protière, « Le parlement et dépenses publiques », in *communication orale prononcée lors des X rencontres juridiques, organisées par la faculté de droit et sciences politiques* (Université Lumière Lyon II). Pp.1-8.
[1732] Art. 14.

ajoute « *la société a le droit de demander compte à tout agent public de son administration* »[1733].

Le pouvoir budgétaire du parlement est également un principe fondamental de la démocratie et constitue un « *ingrédient* » nécessaire pour sa consolidation. Jean Pierre Camby l'a expliqué en ces termes : « *la démocratie c'est aussi le droit de savoir, d'autoriser par le biais de représentants la perception de l'impôt et la dépense et d'en contrôler l'efficacité* »[1734].

Malgré ce pouvoir important du parlement en matière de budget, il faut dire que le pouvoir exécutif exerce une certaine prédominance dans le domaine budgétaire. Plusieurs raisons sont avancées pour justifier la position privilégiée du gouvernement. La première est d'ordre technique et pratique. Elle tient de ce que le gouvernement ressent beaucoup plus directement la contrainte financière que les assemblées. La seconde est d'ordre juridique ; de fait, les constitutions africaines ont limité de manière importante l'initiative des parlementaires en matière budgétaire[1735].

En somme, les institutions politiques étatiques jouent un rôle primordial en matière économique. Ces sont des acteurs de l'action économique tant en matière de détermination et de conduite des actions économiques qu'en matière de production de normes ayant une incidence économique considérable. Les actions de ces institutions politiques certes importantes, sont accompagnées par celles des institutions étatiques non politiques.

## Section II : L'intervention sécondaire des institutions étatiques apolitiques

Il s'agit d'institutions qui bien que prévues dans la constitution et dépendant de l'Etat, n'ont pas un caractère politique, en ceci qu'elles ne constituent pas des organes de pouvoir étatiques[1736]. A ce propos, il convient de souligner que les constitutions des Etats d'Afrique francophone ne se bornent pas à prévoir et aménager les institutions à caractère politique qui ont

[1733] Art. 15.

[1734] J-P Camby et P. Servent, *Le travail parlementaire sous la cinquième République*, Paris, Montchrestien, 2004, 158P.

[1735] Cette restriction est perceptible au Cameroun dans la formulation de l'article 18 (3) a de la constitution. Lire aussi dans ce sens Mohamed Moindze, le parlement et le processus budgétaire dans les pays en développement.

[1736] Nous entendons comme organes de pouvoirs étatiques ou simplement organes politiques les organes faisant partie du pouvoir exécutif, législatif ou judiciaire.

un rôle indéniable et général en matière économique comme nous l'avons vu. On retrouve aussi dans ces textes fondamentaux des institutions dépendants de l'Etat mais n'ayant pas une nature politique dont l'importance en matière économique est considérable. Ces institutions peuvent avoir une personnalité juridique propre distincte de celle de l'Etat, ou bien que n'ayant pas de personnalité juridique ne dépendent foncièrement pas des organes politiques et disposent d'une certaine autonomie dans leur fonctionnement.

Cela dit, les constitutions des Etats d'Afrique francophone se présentent comme des cadres de création et de prévision de certaines institutions importantes dans l'action économique qu'il convient de présenter. Ces institutions qui sont plurielles et varient selon les Etats considérés, sont généralement de deux ordres : on a d'une part des intuitions constitutionnelles dont le rôle économique ou financier est fortement prononcé (**Paragraphe I**) et celles dont le rôle économique dérive de la place que ces institutions occupent dans l'action économique (**Paragraphe II**).

## Paragraphe I : Les institutions au rôle économique prononcé

La dimension économique de certaines institutions non politiques créées par les constitutions des Etats d'Afrique francophone est assez importante. De fait, il existe dans les constitutions des Etats d'Afrique francophone, des institutions prévues par le constituant vouées à l'action économique en général ou financière en particulier. D'une manière générale, dans toutes les constitutions des Etats Africains, l'institution par excellence investie d'une mission économique est le conseil économique et social (**A**). Au-delà de ce conseil, la Constitution de la République Démocratique du Congo, innove dans ce sens qu'elle a créé des institutions financières qui ne se retrouvent pas dans les autres constitutions considérées (B).

### A-Le Conseil économique et social comme institution économique générale

Les conseils économiques et sociaux tels que rencontrés dans la plupart des pays d'Afrique francophone et consacrés par les constitutions[1737], ne sont pas une nouveauté en Afrique. A la vérité, *« les premiers conseils économiques et sociaux ont été mis en place dès les indépendances des premières colonies*

[1737] Au Cameroun le CES est consacré au titre IX et à l'article 54 de la Constitution ; en RDC c'est le titre IV et les art. 208 à 210 qui traite du CES, au Niger le CESOC est prévu au titre VII et les art. 154 et 155 de la constitution ; au Benin il s'agit du Titre VII et les art. 139 à 141 de la constitution.

*africaines, en 1959-1960, généralement sur le modèle de conseil économique et social français* »[1738]. S'il est vrai que la création de ces institutions au lendemain des indépendances était timide, depuis le début des années 2000, l'on observe une intensification et une généralisation des conseils économiques et sociaux dans l'espace francophone d'Afrique. Au point où, de nos jours il n'existe pas un Etat d'Afrique francophone sans cette institution et l'on observe une tonification de ses fonctions à travers son élargissement aux problématiques environnementales et culturelles[1739].

Les conseils économiques et sociaux se trouvent donc être, dans l'espace francophone d'Afrique contemporaine, des institutions appelées à jouer un rôle de premier plan en matière économique. La vocation économique de ces conseils peut transparaitre de leur organisation et fonctions. C'est que les conseils économiques et sociaux tels qu'il ressort de la constitution et de leurs textes organiques, apparaissent comme des représentations des groupes économiques (1), et sur le plan fonctionnel il s'agit d'institutions aux missions économiques importantes biens que celles-ci sont à consolider (2)

## 1-Une représentation des groupes économiques

Dans la tradition juridique française, telle qu'héritée en Afrique francophone, le conseil économique et social se veut être une représentation « *des pouvoirs économiques* »[1740] de l'Etat. Ce statut résulte du fait que longtemps en France a persisté un débat sur la nécessité d'une représentation de catégories socio-professionnelles au sein de l'assemblée parlementaire pour la représentation des forces économiques. C'est dans ce sens que le 22 janvier 1962, à Toulouse, Pierre Mendes-France va penser ce qui suit : « *Un conseil économique devrait remplacer le sénat* »[1741]. Seulement, « *après l'échec du referendum du 27 avril 1969, qui projetait de fusionner au sein d'un sénat rénové des représentants politiques élus au suffrage universel indirect et les professionnels désignés par leurs organisations représentatives, l'idée même d'une représentation économique parlementaire spécifique semble abandonnée au profit de conseil consultatif* »[1742].Le caractère économique de

[1738] J. Mabire et Ul. Graute, *Structures et stratégies des conseils économiques et sociaux en Afrique*. UNDESA 2004. P. 4.

[1739] Ces réformes peuvent être perçues au Cameroun à travers l'édiction d'une loi innovante renforçant le statut du conseil économique et social à savoir la loi n°2017/009 du 12 juillet 2017 fixant les attributions, l'organisation et le fonctionnement du CES.

[1740] M. Byé « Le conseil économique et social », *Revue économique* 1962 p. 899.

[1741] Cité par M. Byé *op cit.*, p.

[1742] J. Ph Colson et P. Idoux, *droit public économique, op cit.*, p. 699.

ce conseil va procéder aussi bien de ses membres que de son organisation interne.

De façon générale, comme le montrait déjà en 1932 Elli Linder dans une remarquable étude faite pour le compte de la SDN[1743], il existe deux groupes de conseils, en termes de représentativité de ses membres. On a d'une part ceux qui sont formés principalement de représentants des groupes d'intérêts économiques, et d'autre part ceux qui sont formés pour l'essentiel de techniciens désignés par les pouvoirs publics. Dans ce deuxième groupe, l'on peut ranger le conseil anglo-saxon à l'instar du *comité des conseillers économiques du président* aux Etats unis, qui n'est autre d'un groupe d'économistes choisis par le président. Relèvent de la même formation les conseils existant en Afrique du sud et en Irlande[1744].

Dans les Etats d'Afrique francophone, les membres des conseils économiques et sociaux apparaissent pour l'essentiel comme des représentants des organisations socioprofessionnelles à caractère économique, bien que pouvant avoir aussi une bonne dose de techniciens de la chose économique. Ce qui fait que dans leur composition, les conseils économiques et sociaux apparaissent de manière générale comme des institutions hybrides ayant en même temps les représentants des groupes d'intérêt économique que des techniciens désignés par les pouvoirs publics. A cet égard, la législation algérienne prévoit que le Conseil National Economique et social comprend 200 membres dont 160 sont des représentants des organisations socio-professionnelles et 40 des techniciens qualifiés nommés *intuitu personae* par le gouvernement[1745]. Le Conseil économique et social du Bénin fonctionnel depuis le 17 mai 1994, bien que prévu par la constitution du 11 décembre 1990 ; il est composé de 30 membres dont 25 sont membres désignés par les organisations socio-professionnelles ; 3 membres par le Président de la République, et 2 par le bureau de l'Assemblée nationale[1746]. Au Cameroun, le conseil économique et social est composé de 150 membres nommés par le Président de la République, dont 105 sont les représentants des organisations

[1743] Elli Linder, *Etude sur les conseils économiques dans les différents pays du monde,* SDN, Genève, 1932.
[1744] M. Byé « Le conseil économique et social », *revue économique,* 1962, p.906.
[1745] Voir le décret n°16-309 du 28 novembre 2016 portant composition et fonctionnement du conseil national économique et social, notamment les articles 3 à 11.
[1746] Voir, la loi n°92-010 du 16 juillet1992 portant organisation et fonctionnement du conseil économique et social.

socio-professionnelles et 45 sont nommés pour leur compétences dans les domaines économiques, de l'éducation, de la santé[1747]...

Au-delà de cette représentation des membres qui révèle sa dimension économique, l'organisation interne de ces conseils traduit aussi le fait que les préoccupations économiques sont au cœur de ces institutions. Dans le cadre de leur fonctionnement en effet, les conseils économiques des Etats d'Afrique francophone sont divisés en commissions ou sections mettant en exergue leur caractère de représentation économique. Ceci est vérifiable en Algérie, au Bénin, au Cameroun et en RDC[1748].La composition et la structuration interne des conseils économiques et sociaux en Afrique révèle aussi que cette institution est appelée à jouer un rôle économique de la plus haute importance.

## 2-Une institution aux missions économiques à consolider

Des dispositions constitutionnelles des Etats d'Afrique francophone, il ressort de manière unanime que *« le conseil économique et social a pour mission de donner des avis consultatifs sur les questions économiques et sociales »*[1749]. Cette disposition de la constitution de la RDC qui se retrouve, avec quelques variantes dans tous les textes qui déclinent les attributions des conseils économiques et sociaux, met en exergue le rôle principal de ces conseils qui est consultatif[1750]. Ceci justifie certainement que sa désignation emprunte le plus souvent la voie de périphrases, d'ailleurs plus ou moins appropriées : « *assemblée consultative* », « *assemblée de consensus* ».

Quoiqu'il en soit, en dépit de l'élargissement de ses compétences aujourd'hui aux questions environnementales et culturelles, le conseil économique et social dans les constitutions africaines apparait comme une aide importante à la décision économique. Ce rôle peut être assimilé à celui d'un « *cabinet conseil* », d'un « *bureau d'études* », d'un « *médecin légiste* », d'un « *expert assermenté* » ou d'un « *laboratoire scientifique* »[1751]en matière

---

1747 Voir loi n°2017/009 du 12 juillet 2017 fixant les attributions, l'organisation et le fonctionnement du conseil économique et social ;

1748 Pour une vue générale sur la structuration des conseils économiques en Afrique, lire J. Mabire et Ul. Graute Structures et stratégies des conseils économiques et sociaux en Afrique. UNDESA 2004.

1749 Art. 209 de la constitution de la RDC.

1750 Art. 154 de la constitution du Niger ; art ; 139 de la constitution du Benin, au Cameroun ce rôle est consacré aux art. 3 et 4 de la loi n°2017/009 du 12 juillet 2017 fixant les attributions, l'organisation et le fonctionnement du conseil économique et social.

1751 A. Meskine, *Les institutions consultatives au Maroc : cas du conseil économique et social*, mémoire de Mater en Fiance, université de Casablanca 2008.p. 12.

économique. Ainsi, la dimension économique du conseil économique et social est patente, il s'agit même de sa compétence principale. C'est pourquoi la constitution marocaine ne prévoit qu'une seule compétence au conseil économique social et environnemental en ces termes : « *il donne son avis sur les orientations générales de l'économie et du développement durable* »[1752].

Le recours à la consultation du conseil économique et social en matière économique est à cet égard très important à un double degré : d'une part, il consiste à permettre l'expression d'un conseil technique destiné à éclairer les pouvoirs publics dans la préparation des décisions par des avis ou des rapports. D'autre part, il participe à une représentation d'opinions ou d'intérêts de diverses catégories socio-professionnelles permettant de mieux cerner les réactions du corps social[1753]. Ce sont ces doubles significations qui ont fait que certains auteurs puissent écrire que le conseil économique et social « *dispose souvent d'une réelle capacité d'expertise technique qui peut être utilisée pour la préparation des textes législatifs, voire réglementaires. Mais il comporte aussi, par sa composition, une représentation des principaux secteurs socio-professionnels de la nation qui en fait un indicateur de tendance pour le gouvernement* »[1754]. C'est sans aucun doute ce qui justifie que les textes relatifs à ce conseil lui assignent la compétence d'examiner les projets et propositions de loi à caractère économique.

Pour assurer l'effectivité de cette fonction consultative, les constitutions des Etats de l'espace francophone d'Afrique, ont prévu plusieurs modalités de saisine de ce conseil. On a sous ce rapport, selon les constitutions, la saisine obligatoire, la saisine facultative et l'auto saisine. La saisine obligatoire du conseil est une spécificité béninoise par rapport aux Etats étudiés, l'article 139 prévoit à cet égard que « *les projets de loi programme à caractère économique et social lui sont obligatoirement soumis pour avis* ». Pour le reste des Etats, la constitution permet au Président de la République, au gouvernement ou exceptionnellement au parlement, de consulter ce conseil sur tout problème à caractère économique ou social[1755]. De sa propre initiative, le conseil peut

---

[1752] Art.152.

[1753] J. P Beurrier, « Le rôle du Conseil économique et social », *RDP* 1982, p. 1627.

[1754] J. Ph Colson et P. Idoux, *Droit public économique*, *op cit.*, p. 699.

[1755] Il faut souligner que les autoritées habiletées à saisir le conseil économique et social varient selon les Etats. Pour un certain nombre d'Etats ce conseil ne peut être saisi que par les autorités exécutives, au premier chef duquelles se trouve le Président de la République et le premier ministre. C'est le cas du Cameroun (art. 4 de la loi n°2017/009 sur le conseil économique et social). Pour la majorité des Etats cette saisine s'exerce concurremment entre l'exécutif et le législatif. C'est le cas du Maroc du Benin du Niger…

aussi, sous forme de recommandation attirer l'attention des pouvoirs publics sur les réformes d'ordre économique et social qui lui paraissent conformes à l'intérêt général[1756].

Au-delà de cette fonction consultative, le conseil économique et social est une institution importante en matière de dialogue social et de démocratie participative[1757]. Relativement au dialogue social, celui-ci joue une fonction tribunitienne très importante et permet de maintenir la paix sociale. Fernand Van Graefschepe, représentant l'Agriculture devant le comité consultatif constitutionnel, réuni au cours de l'été 1958 et présidé par Paul Raynaud, déclarait à ce propos que « *si les organisations professionnelles ne peuvent faire connaitre leur sentiment dans les avis du conseil économique, elles feront leurs démarches et leurs pressions isolement, et l'on continuera à voir les trains bloqués et les charrues sur les routes* »[1758]. Quant à la démocratie participative, le conseil économique et social apparait comme un cadre collaboratif et de contribution à la décision publique. Car, « *par la représentation des principales activités économiques et sociales, le conseil favorise la collaboration des différentes catégories professionnelles entre elles et assure leur participation à la politique économique et sociale du gouvernement* »[1759].

Dans le contexte des Etats africains cependant, les missions aussi séduisantes ainsi reconnues au conseil économique et social relèvent davantage de la pétition de principe que de la réalité. Le fait est que les conseils économiques et sociaux des Etats d'Afrique francophone demeurent beaucoup plus dans l'ordre du figuratif institutionnel que de véritable acteur institutionnel. Dans un rapport en date de 2004 intitulé « *Structure et stratégies des conseils économiques et sociaux en Afrique* », l'UNDESA relève que dans son ensemble, les résultats des conseils économiques et sociaux africains sont

[1756] Voir dans ce sens l'art. 139 de la constitution du Benin ; ou l'art. 5 de la loi n°2017/009 op cit au Cameroun.

[1757] Ces autres fonctions sont clairement consacrées dans la constitution algérienne. Aux termes de l'art.204 « *le conseil national économique et social, ci-dessous dénommé « le conseil », est un cadre de dialogue de concertation et de proposition dans le domaine économique et social* » ; l'art. 205 ajoute : « *le conseil a notamment pour mission : -d'offrir un cadre de participation de la société civile à la concertation nationale sur les politiques de développement économique et social ;-d'assurer le dialogue et la concertation entre les partenaires économiques et sociaux nationaux* ».

[1758] Cité par, D-J. Chertier, « Pour une réforme du conseil économique social et environnemental », in *rapport au président de la république 15 janvier 2009*, p. 4.

[1759] Art. 1 de l'ordonnance française du 29 décembre 1958 portant loi organique relative au Conseil économique et social.

mitigés et ceux-ci exercent une faible influence dans les sociétés[1760]. Ils font face à un manque de visibilité et d'écoute de la part des pouvoirs publics. Et pourtant, les conseils économiques et sociaux sont « *des institutions cruciales pour le développement économique et social des pays africains* »[1761]. Il y a donc lieu que ceux-ci bénéficient d'une meilleure considération et que leur place soit renforcée parmi les autres institutions à l'instar des institutions financières.

## B-La spécificité des institutions financières dans la constitution congolaise

L'une des singularités de la constitution de la RDC par rapport à celles des autres Etats de référence dans l'espace francophone africain, est que celle-ci, à part l'existence d'un conseil économique, a prévu une section exclusivement réservée aux finances publiques[1762]. Le constituant Congolais a donc offert une base constitutionnelle expresse aux finances publiques[1763]. Celles-ci étant une composante importante de l'action économique de l'Etat, la dimension économique de la constitution congolaise est ainsi assez prononcée. Dans son aménagement des finances publiques, le constituant congolais a créé des intuitions financières dont l'incidence économique est importante. De prime abord, il convient de noter qu'une institution financière est une institution publique ou privée, qui assure une mission économique ou financière et qui fournit des services financiers à ses clients. Cela dit, la constitution congolaise a créé deux institutions financières importantes, à savoir la Banque centrale (1) et la Caisse nationale de péréquation (2).

### 1-La Banque centrale comme une institution monétaire

L'institutionnalisation constitutionnelle d'une banque centrale est sans aucun doute l'une des originalités de la constitution Congolaise par rapport aux autres constitutions des Etats d'Afrique de l'espace francophone[1764]. Prévue au paragraphe 2 de la section 5 sur les finances publiques, la constitution congolaise présente la Banque centrale du Congo comme « *l'institut*

---

[1760] : J. Mabire et Ul. Graute, *Structures et stratégies des conseils économiques et sociaux en Afrique*. UNDESA 2004. P. 63 et s.
[1761] *Ibid.*
[1762] Il s'agit de la section 5.
[1763] Sur les rapports entre constitution et finances publiques, lire J. Biakan, « La constitution et les finances publiques au Cameroun », *Revue africaine de finances publiques,* 2018. PP. 13-34.
[1764] Il n'existe pas dans les constitutions des autres Etats d'Afrique francophone étudiées des dispositions traitant de la Banque Centrale.

*d'émission de la République démocratique du Congo »*[1765]. Cette institution importante de finances publiques et partant de l'action économique, est la résultante d'une longue évolution qui épouse les contours de l'histoire politique et institutionnelle de ce pays.

Les premiers balbutiements d'une Banque centrale au Congo remontent en 1911 avec la création par le colon Belge de « *la Banque du Congo Belge* », qui sera l'institut d'émission monétaire jusqu'à 1951[1766]. Celle-ci sera transformée en 1951 en « *Banque centrale du Congo Belge et du Ruanda-Urundi* ». Avec l'accession à l'indépendance, le Congo va se doter d'une Banque centrale seul, à travers le décret-loi du 23 février 1961 qui va donner naissance à la Banque Nationale du Congo[1767]. Au gré des mutations politiques et surtout des changements de dénomination, cette Banque centrale va connaitre plusieurs transformations jusqu'à la révision constitutionnelle issue du référendum organisé du 18 janvier au 19 décembre 2005[1768]. Cette constitution sera caractérisée par la constitutionnalisation d'une monnaie, à savoir « *le franc congolais* »[1769] qui est « *l'unité monétaire de la République démocratique du Congo » et qui « a le pouvoir libératoire sur tout le territoire national* »[1770]. La création d'une monnaie nécessitant une Banque centrale, c'est dans la foulée qu'a été constitutionnalisée cette Banque qui, jusqu'à lors, n'avait qu'une existence légale.

Du texte constitutionnel et de la loi portant organisation et fonctionnement de la Banque Centrale du Congo, il ressort que celle-ci bénéficie de « *l'indépendance et jouit de l'autonomie de gestion* »[1771]. Cette disposition n'éclaire pas suffisamment sur la nature juridique de cette institution. S'agit-il d'un établissement public ou d'une institution publique étatique quelconque ? En France, cette question s'est posée et la réponse qui a été donnée peut inspirer une solution à une telle problématique. D'abord le

---

[1765] Art. 176.

[1766] S. Kalombo Tuebana, *La politique monétaire de la Banque centrale du Congo pour soutenir la monnaie nationale.* Mémoire de Gradua en Economie et finance, Université technologique Bel Campus 2009 ; p.42 et s.

[1767] Ibid., P. 43.

[1768] Ces transformations font avoir une incidence sur la dénomination de la Banque Centrale. De fait avec l'indépendance sous l'appellation du République du Congo, on aura la Banque Nationale du Congo (BNC), en raison du changement intervenu en 1971 dans la dénomination du pays en Banque Nationale du Zaïre, puis la même année en Banque du zaïre.

[1769] Art. 170 de la constitution.

[1770] Art. 170 de la constitution.

[1771] Il s'agit de l'art. 176 de la Constitution et des articles 2 et 3 de la loi n°2002 du 07 mai 2002 portant constitution, organisation et fonctionnement de la Banque centrale du Congo.

caractère d'institution publique a été retenu concernant la Banque de France, par le tribunal des conflits, suivant en cela les indices retenus par le commissaire du gouvernement : origine publique, mission d'intérêt général, sujétion et prérogatives exorbitantes du droit commun[1772]. Pour le conseil d'Etat, une Banque centrale est une « *personne publique sui generis* »[1773], car cette personne publique : « *n'a pas le caractère d'un établissement public mais revêt une nature particulière et présente des caractéristiques propres* »[1774]. Ainsi donc la Banque centrale du Congo peut être qualifiée d'institution publique sui generis.

Quoiqu'il en soit, la Banque centrale du Congo est investie d'importantes prérogatives en matière économique et financière, dépassant le seul cadre de l'émission de la monnaie. Il lui est dévolu entre autres la responsabilité de mettre en œuvre la politique monétaire du pays dont l'objectif principal est d'assurer la stabilité du niveau général des prix, c'est-à-dire assurer la stabilité interne et externe de la monnaie nationale, de détenir et gérer les réserves officielles de la République, d'éditer les normes et règlements concernant les opérations sur les devises étrangères, de participer à la négociation de tout accord international comportant des modalités de payement et en assurer l'exécution, d'élaborer la réglementation et contrôler les établissements de crédit, les institutions de microfinance et les autres intermédiaires financiers, et de promouvoir le développement des marchés monétaires et des capitaux[1775].... En plus, la Banque centrale du Congo joue le rôle de conseil économique et financier du gouvernement[1776].

Ces différentes fonctions sont au cœur de l'activité économique. Aussi peut-on dire que la Banque centrale du Congo est un acteur important de l'action économique de l'Etat. A côté d'elle, la constitution a prévu une autre institution financière non moins importante c'est la Caisse nationale de péréquation.

---

[1772] TC, 16 juin 1997, « *Sté la Fontaine de Mars, M et Mme Muet c / Banque de France* » rec. P. 532.

[1773] Avis du 9 décembre 1999, EDCE 2000, p. 211.

[1774] CE, 22 Mars 2000, « Syndicat national autonome des personnels de la banque de France c/ Banque de France », *AJDA 2000,* 410, chr. M Guyomar et P. Collin.

[1775] Ces missions sont aussi bien déclinées par la constitution que par la loi n°2002 du 07 mai 2002 portant constitution, organisation et fonctionnement de la Banque Centrale du Congo.

[1776] Art. 176 de la constitution, *in fine.*

## 2-La Caisse nationale de péréquation

La caisse nationale de péréquation constitue à côté de la Banque centrale, l'une des originalités de la constitution congolaise. Celle-ci constitue une institution importante de l'Etat dans l'action économique des collectivités décentralisées. Des textes juridiques qui l'encadrent il ressort qu'elle a une nature juridique singulière et a pour mission fondamentale d'assurer le financement des actions des entités décentralisées.

Aux termes de l'article 181 de la loi fondamentale de la RDC, *« il est institué une Caisse nationale de péréquation. Elle est dotée de la personnalité juridique... elle est placée sous la tutelle du gouvernement »*. De cette disposition constitutionnelle et de la loi portant organisation et fonctionnement de la CNP[1777], il ressort que cette institution est un organisme de droit public doté de la personnalité juridique et d'une autonomie administrative et financière. Elle constitue à cet égard un établissement public financier. Dans le cadre de son fonctionnement, celle-ci bénéfice d'un budget de fonctionnement propre en sa qualité d'organisme public distinct du fond de péréquation, et est dirigé par un Directeur Général « *nommé par ordonnance du Président de la République pour un mandat de cinq ans renouvelable une fois sur proposition du gouvernement délibérée en conseil des Ministres* »[1778]. Et la CNP est soumise à la tutelle du Gouvernement. Cette soumission constitue la singularité de cet organisme par rapport à d'autres établissements publics.

La soumission de la CNP à la tutelle bien qu'étant une caractéristique des établissements publics en tant qu'entité décentralisée, soulève un problème relatif à l'autorité gouvernementale précise exerçant cette tutelle, du fait de sa contrariété avec la loi portant dispositions générales applicables aux établissements publics[1779]. En fait, que ce soit le constituant ou le législateur, tous désignent le gouvernement comme autorité tutélaire de la CNP[1780]. Or le terme gouvernement prête à confusion, car désignant une collégialité

[1777] Il s'agit de la loi n° 16/028 du 08 novembrec2016 portant organisation et fonctionnement de la Caisse nationale de Péréquation.

[1778]Art. 13 de la loi n° 16/028 du 08 novembrec2016 portant organisation et fonctionnement de la Caisse nationale de Péréquation.

[1779]. L'art. 3 de la loi n°2008/009 du 07 juillet 2008 portant dispositions générales applicables aux établissements publics dispose que : « *l'établissement public dispose d'un patrimoine propre ; il jouit de l'autonomie de gestion et est placé sous la tutelle du ministère ayant dans ses attributions le secteur d'activités concerné par son objet* ». (C'est nous qui soulignons).

[1780] Art. 181 (4) de la constitution et l'art. 26 de la loi n°16/028 susmentionnée

constituée de plusieurs membres. L'on se pose la question de savoir si c'est le Premier ministre qui est la tutelle, ou nombre de ministères qui, dans cet Etat ont un rapport avec cette institution, tel le ministère en charge des finances, le ministère de l'intérieur ou le ministère ayant la décentralisation dans ses attributions. L'intervention du conseil constitutionnel n'a pas réussi à éclairer la situation. En effet, dans son arrêt n° R. Const. 0094 ce dernier s'est prononcé sur la tutelle de la CNP. Elle note qu'en disposant, comme il le fait, de manière nette et sans équivoque à l'article 181 alinéa 4, le constituant n'a nullement entendu soumettre la CNP à la tutelle d'un quelconque conseil de tutelle dont la composition est réduite uniquement a quelques ministères suivant un critère non élucidé ; qu'en revanche, il a entendu la soumettre à la tutelle de l'ensemble du gouvernement en tant qu'organe exécutif de l'Etat[1781].

Cette particularité tutélaire se justifie sans doute par le rôle de cette institution dans le financement des actions économiques des entités décentralisées, par le mécanisme de la péréquation.

La CNP est une institution fondamentale de financement de la décentralisation. La constitution lui assigne à cet égard la mission « *de financer des projets et programmes d'investissement public, en vue d'assurer la solidarité nationale et corriger le déséquilibre de développement entre les provinces et entre les autres entités territoriales décentralisées* »[1782].Cette mission d'ordre général, se résume à assurer « *la péréquation* » qui est d'ailleurs sa mission fondamentale.

La péréquation qui résume les missions constitutionnelles de la CNP, est « *incompréhensible car complexe et fluctuante pour beaucoup, elle est l'objet de bien des critiques et de toutes les convoitises. Mais elle reste largement méconnue* »[1783]. Pourtant celle-ci se trouve aujourd'hui au cœur du dispositif de financement et de nivellement des entités décentralisées. Car si ce terme a d'abord été appliqué à l'individu, il est quasiment réservé aujourd'hui à la collectivité[1784]. Du latin *peraequare* et *peraequatio* qui signifient respectivement « *égaliser* » et « *répartition égale de l'impôt* », le dictionnaire

---

[1781] Arrêt n°R. Const. 0094 sur la conformité à la constitution de la loi organique n° 16/028 du 08 novembrec2016 portant organisation et fonctionnement de la Caisse nationale de Péréquation

[1782] Art. 181 (2).

[1783] G. Gilbert (dir), « La péréquation financière entre collectivités locales », in *Actes du colloque international « Ala recherche de la péréquation »*, Limoges,12-13 octobre 1995, Paris, PUF, 1996, quatrième page de couverture.

[1784] C. Darbousset, *Recherches sur la notion de la péréquation en droit public*. Thèse de Doctorat droit public, Université de La Rochelle, 2001. P. 19.

de l'académie française définit la péréquation comme une « *répartition équitable de certains impôts ou charges, destinée à favoriser l'égalité entre les citoyens* »[1785]. Il s'agit donc d'un mécanisme qui a pour conséquence de réduire les inégalités. Appliquée en matière de décentralisation, la péréquation financière « *est un transfert de ressources budgétaires entre les différentes collectivités territoriales dans le but de compenser les différences dans la capacité de prélèvement fiscal ou dans le cout des services publics* »[1786]. Son objectif est de lutter contre les disparités entre entités décentralisées, et permettre aux administrations locales de fournir à leurs usagers des gammes similaires de services publics pour une charge fiscale similaire même si les revenus diffèrent selon les collectivités. C'est d'ailleurs ce qui justifie que le constituant congolais estime que l'intervention financière de la CNP a pour objectif « *d'assurer la solidarité nationale et de corriger les déséquilibres de développement entre les provinces et les autres entités territoriales décentralisées* »[1787].

Pour assurer cette mission qui a une importance économique évidente, la CNP dispose d'un fonds renfloué par l'Etat. La constitution dispose à ce titre que la CNP est dotée : « *d'un budget alimenté par le trésor public à concurrence de dix pour cent de la totalité des recettes à caractère national revenant à l'Etat chaque année* »[1788]. Ces différentes recettes sont précisées par la loi relative aux finances publiques en ces termes : « *conformément à l'article 181 de la constitution, les provinces bénéficient des ressources provenant de la Caisse nationale de péréquation dont le budget est alimenté à concurrence de dix pour cent de la totalité des recettes de catégories A et B tel que définies à l'article 219 de la présente loi* »[1789]. Il ressort de l'économie de cet article 219 que les recettes de la catégorie A sont : les recettes administratives, judiciaires, domaniales et des recettes des impôts perçus à leurs lieux de réalisation. La catégorie B est composée des recettes administratives, domaniales et des participations collectées au niveau du pouvoir central et les recettes de droit d'accises.

Une fois ces ressources constituées, la CNP doit procéder à leur répartition. Cette dernière doit être opérée conformément à la loi sur les entités

[1785] Cité par C. Darbousset, *ibid.*, p. 25.
[1786] Hansjorg Blonhliger et claire Charbit, « *Péréquation financière* », in *Revue économique de l'OCDE* n° 44, 2008/1, p. 283.
[1787] Art. 181 (2).
[1788] Art. 181 (3).
[1789] Il s'agit de la loi n°11/011 du 13 juillet 2011 relative aux finances publiques.

territorialement décentralisées qui prévoit que : « *la répartition des ressources entre entités territoriales décentralisées est fonction des critères de capacité de production, de la superficie et de la population* »[1790].

Ainsi, la CNP est une institution financière importante en matière de financement de la décentralisation. Si donc son rôle en matière économique est ainsi manifeste dans la constitution à l'instar de ceux de la Banque centrale ou du Conseil économique et social, il faut dire qu'il existe d'autres institutions prévues dans les constitutions des Etats d'Afrique francophone dont le rôle économique n'est pas aussi manifeste.

## Paragraphe II : Les Institutions au rôle économique dérivé

A côté des institutions politiques étatiques et des institutions spécialisées en matière économique, les constitutions des Etats d'Afrique francophone disposent d'autres institutions dont l'importance économique est évidente. Ces institutions sont pour l'essentiel administrative et résulte du phénomène de la décentralisation dans son acception générale. En effet, la décentralisation apparait aujourd'hui, avec la mondialisation, comme l'une des grandes dynamiques à l'œuvre dans la transformation de l'action de l'Etat dans la sphère économique, impulsée avec l'avènement du libéralisme. Depuis le début des années 1990, les politiques de décentralisation ont connu un regain d'intérêt dans les Etats d'Afrique francophone, parce que présentées comme une nouvelle voie de développement pour bon nombre d'entre eux, longtemps sous un régime centraliste[1791]. Ainsi, à bien des égards, l'émergence de la problématique de la décentralisation tient à la faillite de l'Etat centralisé et à la nécessité du développement économique[1792].

De façons prosaïque, la décentralisation est « *un système d'administration consistant à permettre à une collectivité humaine ou à un service de s'administrer eux-mêmes sous le contrôle de l'Etat, en les dotant de la personnalité juridique, d'autorités propres et de ressources* »[1793]. Ce système peut donc donner naissance à deux institutions à savoir les

[1790] Il s'agit de l'art. 116 de la Loi organique n°08/016 du 07 octobre portant composition, organisation et fonctionnement des entités territoriales décentralisées et leurs rapports avec l'Etat et les provinces.

[1791] Ousmane Syll, les échanges entre collectivités décentralisées d'Afrique subsaharienne et l'union européenne : une réussite si la condition de la réciprocité est respectée, Mémoire de Master Expert en relation Européennes, Université de Franche-Comté, Besançon, 2005, p. 4.

[1792] *Ibid.*

[1793] Lexique des termes juridiques, Dalloz 2018.

collectivités territoriales décentralisées (A) ou les établissements publics (B) dont les missions constitutionnelles induisent un rôle économique non négligeable.

## A-Les collectivités territoriales décentralisées dans l'action économique

Le début des années 1990 marque, dans les Etats d'Afrique francophone, un véritable tournant en matière administrative avec les réformes de leur système administratif qui a entrainé la création et la généralisation des collectivités territoriales décentralisées. Ce mouvement est la résultante des exigences de réformes institutionnelles parmi lesquelles figure la décentralisation impulsée sous la pression des acteurs internes et la pression des partenaires extérieurs, en vue de développer les Etats par une opération de « *dépatrimonialisation* » selon les expressions de Du Bois de Gaudissons et J-F Médard[1794]. C'est ainsi qu'à partir de cette date, *« à l'instar de la France depuis 1946, plusieurs pays d'Afrique francophone et Madagascar reconnaissent pour la première fois dans leurs constitutions, l'existence des collectivités territoriales décentralisées »*[1795], offrant ainsi des bases constitutionnelles à la décentralisation[1796].

Les collectivités territoriales décentralisées issues de ces réformes vont se présenter comme des acteurs de l'action économique de l'Etat. Pour mieux cerner ce statut, il importe de voir l'émergence constitutionnelle des collectivités territoriales décentralisées dans les Etats d'Afrique francophone (1) avant de cerner leur rôle économique (2).

### 1-L'émergence constitutionnelle des collectivités territoriales décentralisées

La dynamisation du processus de la décentralisation en Afrique francophone qui s'est traduite par l'inscription constitutionnelle de celle-ci apparait comme le phénomène administratif le plus marquant dans les Etats de

[1794] J. du Bois de Gaudusson et J-F Médard (dir), *l'Etat en Afrique : entre le global et le local*, Afrique contemporaine, n°199, paris : la documentation française, juillet-septembre 2001, p. 52.
[1795] L. Ngono Stimi, *L'autonomie administrative et financière des collectivités territoriales décentralisées : l'exemple du Cameroun,* Thèse droit public, Université Paris est,2010, p. 2.
[1796] R-B Guimdo, « Les bases constitutionnelles de la décentralisation au Cameroun », *op cit.*, p. 23.

cet espace au début des années 1990. Une analyse des ressorts de ce phénomène peut éclairer l'essor constitutionnel qu'il a connu.

Il convient de prime abord de signaler que la décentralisation n'est pas un phénomène nouveau en Afrique francophone. De fait, plusieurs Etats de cet espace ont fait une expérience de la décentralisation depuis la période coloniale et l'ont reconduit, mais de manière timide après les indépendances[1797]. Remise en cause par la politique de centralisation à outrance qui avait marqué la période post indépendance, la politique de la décentralisation va faire un retour triomphant au début des années 1990, suite au constat de l'échec de la centralisation.

L'option pour la décentralisation territoriale qui s'est matérialisée par la création des collectivités territoriales décentralisées dans l'espace francophone des années 1990 est la résultante d'une double pression : celle des acteurs internes, et celle des acteurs externes[1798]. Relativement à la pression interne il convient de signaler que les années 1990 sont caractérisées par une vague ou un vent de revendications démocratiques par les peuples d'Afrique francophone qui vont se traduire par la mise en place des cadres de dialogue appelés conférence nationale[1799], tripartite[1800] ou forum de réconciliation[1801]. Initiés en vue de trouver une réponse à ces revendications qui avaient entrainé une crise étatique, ces dialogues vont aboutir à la préconisation des réformes de factures libérales et surtout décentralisatrices[1802].

La seconde pression vient du fait que la crise connue par les Etats francophones dans les années 1990, n'était pas seulement une crise politique, elle était surtout une crise économique, dont la manifestation la plus

---

[1797] C'est le cas du Cameroun. Le Cameroun a connu ses premières expériences de la décentralisation entre les deux guerres mondiales sous les administrations britannique et française. Par le truchement de la politique de « l'indirect rule », le colonisateur britannique s'appuie sur les autorités traditionnelles pour gouverner. Entre 1920 et 1930, sont créées les Native authorities, première forme de municipalisation, qui deviennent, dès 1932, des local Councils puis après fusion, des local gouvernments. Le Cameroun occidental en compte vingt au moment de la réunification en 1961. Sous l'administration française l'expérience de la décentralisation commence en 1941 avec la création des communes mixtes urbaines de Douala et Yaoundé. (A. C Tang Essomba, M. Forbah Tanjong, et A. M Ndongo, « *La décentralisation au Cameroun : un grand Chantier démocratique* » in télescope, vol 11, n°3, juin 2014. P. 19).

[1798] Abraham Ky, *Décentralisation au Burkina-Faso : une approche en économie institutionnelle*, thèse de doctorat en sciences économiques et sociales, Université de Fribourg 2010, p. 9.

[1799] C'est le cas au Benin, en RDC au Mali.

[1800] C'est le Cas au Cameroun.

[1801] C'est le Cas au Burkina-Faso.

[1802] C. Nach Mback, *Démocratisation et décentralisation : genèse et dynamique des processus de décentralisation en Afrique subsaharienne,* Edition Karthala/PDM, Paris, Cotonou 2003, p. 57.

emblématique fut la crise de la dette publique. Pour faire face à cette crise comme sus présentée, ces Etats seront mis sous ajustement structurel par les Institutions financières internationales. Parmi les solutions préconisées dans le cadre de ces politiques, on peut citer des réformes institutionnelles axées sur l'amélioration de la gestion publique, l'instauration d'une plus grande transparence et d'une large implication des populations dans la formulation et la mise en œuvre des politiques publiques. Il s'agissait en somme de moderniser la gestion politico-administrative. « *Considérant la décentralisation comme étant l'un des meilleurs moyens de modernisation de l'appareils d'Etat centralisé, de promotion de la gestion participative et de la bonne gouvernance, les bailleurs de fonds l'ont donc fortement recommandée dans le cadre des politiques d'ajustement structurel* »[1803].

C'est donc sous la conjonction de ces deux pressions que la décentralisation territoriale va connaitre un regain de vitalité en Afrique francophone et que le constituant va s'en saisir.

La décentralisation territoriale connait une place singulièrement importante dans les constitutions des Etats d'Afrique francophone. Celle-ci est même inscrite au fronton de ces normes fondamentales. Dès l'entame de leur dispositif constitutionnel, plusieurs Etats africains ont tôt fait de rappeler leur caractère décentralisé. C'est ainsi qu'aux termes de l'article 1(2) de la constitution Camerounaise : « *la république du Cameroun est un Etat unitaire décentralisé* », l'article 1 de la constitution du Maroc prévoit dans la même veine que : « *l'organisation territoriale du Maroc est décentralisée. Elle est fondée sur une régionalisation avancée* », et que les articles 2 et 3 de la constitution de la RDC traitent des entités territorialement décentralisées. Au-delà, toutes les constitutions des Etats en études ont réservé à une exception près[1804], un titre ou un chapitre exclusivement aux collectivités territoriales décentralisées[1805].

La formulation de la décentralisation territoriale dans les constitutions des Etats d'Afrique francophone laisse transparaitre une certaine convergence dans la constitutionnalisation des éléments substantiels de la décentralisation

[1803]Abraham Ky, *Décentralisation au Burkina-Faso : une approche en économie institutionnelle*, thèse de doctorat en sciences économiques et sociales, *op cit.*, p. 10 ;

[1804] C'est le cas de la constitution béninoise qui ne contient aucune disposition relative à la décentralisation.

[1805] Au Cameroun, il s'agit du Titre X de la constitution des art. 55-63 ; au Maroc il s'agit du Titre IX des art. 135-146.

et une divergence en ce qui concerne les types de collectivités territoriales existantes.

Sur le plan substantiel, les constitutions des Etats africains francophones dans leur constitutionnalisation de la décentralisation consacrent trois éléments fondamentaux de la décentralisation. Le premier est la reconnaissance de la personnalité juridique aux entités territorialement décentralisées. Celles-ci sont, aux termes de ces constitutions, des « *personnes morales de droit public* »[1806]. Le deuxième élément est la reconnaissance de l'autonomie administrative et financière qui est une exigence fondamentale de la décentralisation[1807]. Et, le troisième élément c'est la prévision de la désignation des organes des entités décentralisées par voie d'élection[1808].

Sur la typologie des entités territorialement décentralisées, on en distingue plusieurs selon les Etats. Au Cameroun, le constituant a prévu l'existence de deux collectivités territoriales décentralisées à savoir la région et la commune[1809]. Au Maroc, la constitution prévoit que « *les collectivités territoriales du Royaume sont les régions, les préfectures, les provinces et les communes. Elles constituent des personnes morales de droit public, qui gèrent démocratiquement leurs affaires* »[1810]. La RDC quant à elle ne compte pas moins de cinq entités décentralisées, déterminées par la constitution à savoir : la Province, la ville, la commune, le secteur et la chefferie[1811]. Tandis que Madagascar dispose de trois entités décentralisées qui sont la commune, les régions et les provinces[1812]. Il convient de souligner que toutes ces constitutions prévoient que les collectivités décentralisées ainsi créées ne sont pas exclusives puisque d'autres peuvent être créés par voie législative[1813]. D'ailleurs, dans un Etat comme le Niger, le constituant n'a pas déterminé les entités décentralisées, il a laissé cette prérogative au législateur[1814].

---

[1806] Cette disposition qui fait des collectivités territoriales décentralisées une personne morale de droit public se retrouve quasiment dans toute les constitutions des Etats en études. Au Cameroun art ; 55(2) ; en RDC art. 3 ; à Madagascar art. 139 ; et au Maroc art ; 135 (2).

[1807] Art. 124 de la constitution de Madagascar ; art. 141 de la constitution du Maroc ; art. 3 de la constitution de la RDC ; art. 55 (2) de la Constitution du Cameroun.

[1808] Art. 55 au Cameroun et art. 135 (3) au Maroc.

[1809] Art. 55.

[1810] Art. 135.

[1811] Art. 2 et 3.

[1812] Art. 143.

[1813] Art. 55 au Cameroun et art. 135 au Maroc.

[1814] L'art. 164 de cette constitution prévoit en effet que : « *L'administration territoriale repose sur les principes de la décentralisation et la déconcentration. Les collectivités territoriales sont créées par une loi organique. Elles s'administrent librement par des conseils élus* ».

Ces différentes collectivités, sous la tutelle de l'Etat sont appelées a jouées un rôle important en matière économique.

## 2-Le rôle économique des collectivités territoriales décentralisées

L'essor de la décentralisation au début des années 1990 a partie liée avec des impératifs économiques. En effet, dans la perspective de la recherche des solutions à la crise économique d'alors, la décentralisation va être conseillée comme l'une des thérapies pouvant résorber ladite crise. En cela les collectivités territoriales décentralisées seront positionnées comme des maillons essentiels du développement économique au niveau local et pour assurer cette mission celles-ci vont bénéficier d'importants moyens **prévus** dans la constitution.

Lerôle des collectivités territoriales décentralisées en matière économique s'infère du rôle plus global assigné au processus de la décentralisation dans les Etats d'Afrique francophone. Dans tout cet espace en effet, la décentralisation est présentée comme un axe fondamental du développement local [1815]. Un auteur écrit à juste titre à cet effet que : *« dans la dynamique globale des reformes sociopolitiques et macroéconomiques engagées depuis la fin des années 80, la décentralisation est perçue dans le contexte africain... comme une voie par laquelle passeront l'élargissement, l'approfondissement, et le raffermissement du processus démocratique naissant, mais également comme le chemin accéléré du développement local »*[1816].

Dans ce mouvement, les collectivités territoriales issues de ces réformes décentralisatrices, sont appelées à favoriser les initiatives locales en matière de développement économique en offrant un espace géographique et institutionnel[1817]. C'est dans ce sens que la constitution malgache présente les collectivités décentralisées comme le cadre institutionnel de la participation effective des citoyens à la gestion des affaires publiques[1818]. L'instauration de

---

[1815] C'est ce qui transparait des constitutions et des législations nationales en matière de décentralisation. Au Cameroun par exemple, l'art. 2(2) de la loi n°2004/017 portant orientation de la décentralisation dispose que : *« la décentralisation constitue au Cameroun l'axe fondamental du développement, de la démocratie et de la bonne gouvernance au niveau local ».*

[1816]Ousmane Syll, *Les échanges entre collectivités décentralisées d'Afrique subsaharienne et de l'Union européenne : une réussite si la condition de la réciprocité est respectée*. Mémoire de Master en expert en relations européennes, *op cit.*, p.4.

[1817]*Ibid.*

[1818] Art. 135.

ce système proche des populations a pour vocation de favoriser le développement économique local et la participation citoyenne.

Le concept de développement économique local ainsi visé peut être défini « *comme un mouvement ascendant dont l'impulsion de base vient des acteurs locaux qui prennent en charge le développement de leur propre territoire par rapport à leurs besoins et ressources mobilisables* »[1819]. Certains auteurs l'appréhendent comme « *un processus multidimensionnel, qui concerne toutes les composantes de la vie humaine. Il se déroule dans le temps long et dans un espace de taille limitée. C'est un processus de mobilisation et de valorisation des ressources locales dans le cadre de l'interdépendance qui relie le local au global. Cette conception est associée à deux grands objectifs : la maitrise du devenir du territoire d'une part, le développement équilibré des différentes ressources locales d'autre part* »[1820]. En bref, le développement économique local est sensé entrainer l'augmentation des unités de production locales et partant, l'accroissement des richesses, la multiplication des infrastructures et des services tant en qualité qu'en quantité, la création d'emplois et l'épanouissement des citoyens locaux au plan économique.

Ce rôle central des collectivités décentralisées en matière de développement économique est clairement établi dans les constitutions des Etats d'Afrique francophone. La constitution malgache traduit formidablement ce rôle des collectivités décentralisées en matière de promotion du développement économique. Traitant spécifiquement des fonctions de la région, elle prévoit que : « *les régions ont une vocation essentiellement économique et sociale. En collaboration avec les organismes publics et privés, elles dirigent, dynamisent, coordonnent et harmonisent le développement économique et social de l'ensemble de leur ressort territorial et assurent la planification, l'aménagement du territoire et la mise en œuvre de toutes les actions de développement* »[1821]. De façon aussi expresse, la constitution camerounaise indique que : « *les conseils des collectivités territoriales décentralisées ont pour mission de promouvoir le développement économique...* »[1822]. C'est donc dire que les collectivités décentralisées sont

[1819] Ousmane Syll, *op cit.*, p. 4.

[1820] L. L. Moussa et E. Ilboudo, *Décentralisation en Afrique de l'ouest et du centre, apprendre des expériences locales et intersectorielle : études de cas du Ghana et du Mali*. Rapport de recherche, Bamako : ROCARE/ERNWACA, 2007, p.20.

[1821] Art. 153.

[1822] Art. 55.

des institutions économiques de premier plan dans la logique du développement économique des Etats d'Afrique francophone.

L'importance de la place des collectivités territoriales décentralisées en matière d'action économique a fait en sorte que le constituant des Etats d'Afrique francophone consacre d'importants moyens d'action à ces collectivités. Ces moyens peuvent se décliner en l'autonomie administrative et financière, et ses corollaires que sont la reconnaissance à ces collectivités des ressources propres et un pouvoir normatif.

Le principe de l'autonomie administrative et financière qui est au cœur de la décentralisation[1823], est un principe unanimement consacré dans les constitutions d'Afrique francophone, même comme cette terminologie peut différer selon les Etats. Si la terminologie la plus récurrente est « *l'autonomie administrative et financière* », comme au Cameroun[1824] et à Madagascar[1825], d'autres Etats ont choisi simplement le concept de « *libre administration* » et de « *gestion* » comme le Maroc[1826] et le Niger[1827]. Quoiqu'il en soit le concept d'autonomie signifie « *se gouverner par sa propre loi* »[1828]. Appliquée à l'administration et aux finances, il renvoie alors au fait que les collectivités territoriales déterminent elles-mêmes les règles qui les régissent, sans pour autant être dans une situation de totale indépendance comme un Etat souverain[1829]. En matière administrative, l'autonomie financière fait référence à la libre administration des collectivités territoriales décentralisées par des organes élus tel que la précisé le conseil constitutionnel français[1830]. Et en matière financière elle se comprend comme, l'indique la constitution malgache comme la possibilité pour ces entités d'élaborer et de gérer librement leur budget[1831].

La mise en œuvre du principe de l'autonomie administrative et financière a pour première conséquence et pour condition de validité que les

---

[1823] Sur ce principe, lire L. Ngono Tsimi, *L'autonomie administrative et financière des collectivités territoriales décentralisées : l'exemple du Cameroun*, thèse de doctorat droit public ; Université Paris –Est Créteil Val –De-Marne, 2010. PP.561.

[1824] Art. 55.

[1825] Art. 139.

[1826] Art.136.

[1827] Art. 164

[1828] Cette définition ressort de tous les dictionnaires confondus.

[1829] L. Ngono Tsimi, *L'autonomie administrative et financière des collectivités territoriales décentralisées : l'exemple du Cameroun*, op cit., p.4.

[1830] C. C. F. Décision n°79-104 DC du 23 mai 1979 Nouvelle Calédonie.

[1831] Art.142.

collectivités territoriales décentralisées disposent des ressources propres. Celles-ci sont nécessaires à la réalisation des compétences transférées, notamment en matière économique. Car toute compétence transférée dans le cadre de la décentralisation doit s'accompagner des ressources conséquentes, selon le principe de la concomitance entre le transfert des compétences et des ressources qui est constitutionnalisé dans certains Etats d'Afrique francophone[1832].

Cela dit, en tant que moyen d'action des entités territorialement décentralisées, le principe du transfert des ressources a une base constitutionnelle en Afrique francophone. Seulement, la plupart de ces constitutions renvoient la détermination des ressources transférées au législateur, alors qu'elles exposent dans l'ensemble les compétences transférées. Sous ce rapport la constitution Camerounaise prévoit simplement que « *la loi détermine ... les ressources des régions* ». C'est aussi dans la même logique que la constitution marocaine affirme que *« les régions et les autres collectivités territoriales disposent des ressources propres et des ressources financières affectées par l'Etat »*[1833]. Malgré ce laconisme, il est constant que les collectivités territoriales décentralisées disposent pour l'essentiel de ressources humaines, matérielles et financières.

C'est ainsi que la constitution malgache détermine ces différentes ressources au profit des collectivités territoriales décentralisées. D'abord au niveau des ressources matérielles, cette constitution indique que ces collectivités : *« possèdent un patrimoine comprenant un domaine public et un domaine privée »*[1834], bien que la délimitation de celles-ci est renvoyée au législateur. Ensuite elle décline les éléments constitutifs des ressources des collectivités décentralisées, notamment en matière financière[1835].

Au-delà de ces ressources, les collectivités territoriales décentralisées disposent de moyens d'actions normatifs pour l'accomplissement de leurs

---

[1832] Art.55.
[1833] Art. 141.
[1834] Art.139.
[1835] Art. 147 : *« les ressources d'une collectivités territoriale décentralisée comprennent notamment :-le produit des impôts et taxes votés par son conseil et perçus directement au profit du budget de la collectivité territoriale décentralisée... la part qui lui revient de droit sur le produit des impôts et taxes perçus au profit du budget de l'Etat... le produit des subventions affectées ou non affectées par le budget de l'Etat à l'ensemble ou à chacune des collectivités territoriales décentralisées pour tenir compte de leur situation particulière... le produit des aides extérieures non remboursables et le produit des dons à la collectivité territoriale décentralisée, le revenu de leur patrimoine et les emprunts dont les conditions de souscription sont fixées par la loi ».*

missions, spécialement économique. Les constitutions de certains Etats d'Afrique francophone leur reconnaissent, à cet égard et de façon expresse, un pouvoir réglementaire. Ce pouvoir est prévu à Madagascar en ces termes : « *les collectivités territoriales décentralisées disposent d'un pouvoir règlementaire* »[1836]. Cette disposition est quasiment identique à celle du Maroc où il est prévu que « *les régions et les autres collectivités territoriales disposent dans leurs domaines de compétence respectifs et dans leur ressort territorial, d'un pouvoir réglementaire pour l'exercice de leurs attributions* »[1837]. Si les collectivités territoriales décentralisées comme la ville et la commune en RDC, bénéficient d'un pouvoir réglementaire dont les bases constitutionnelles sont implicites, à l'instar de celles du Cameroun, du Niger ou du Benin, toute autre est la situation des provinces[1838].

En RDC en effet, si les provinces sont des collectivités territoriales décentralisées, celle-ci disposent d'un statut singulier. D'abord la constitution congolaise leur réserve un traitement particulier par rapport à d'autres entités décentralisées[1839]. Ensuite et plus particulièrement, celles-ci ont un pouvoir normatif qui leur permet de légiférer[1840]. Elles légifèrent par voie d'édit dans des domaines déterminés par la constitution[1841]. Si la législation nationale prime sur l'édit, il n'en demeure pas moins vrai que celui-ci à une force législative dans les provinces et a donc une supériorité par rapport aux actes réglementaires édictés par les autres entités décentralisées.

Ainsi au regard de leur place en tant qu'acteurs économiques au sein de l'Etat, les collectivités territoriales décentralisées disposent d'importants moyens d'action dans le cadre de la décentralisation. Cette décentralisation ne se limitant pas seulement aux collectivités territoriales, les établissements publics, autre entités décentralisées en Afrique francophone sont aussi des acteurs économiques non moins importants.

### B-Les établissements publics et l'action économique

Les établissements publics constituent, à côté des collectivités territoriales décentralisées, des entités qui jouent un rôle important en matière

[1836] Art.140.
[1837] Art. 140.
[1838] L'article 2 de la constitution précise que « *La République Démocratique du Congo est composée de la ville de Kinshasa et de 25 provinces dotées de la personnalité juridique* ».
[1839] Chapitre 2 de la Constitution intitulée : Des provinces (Art.195-206).
[1840] Art.205.
[1841] *Ibid.*

économique dans les Etats d'Afrique francophone. Contrairement aux collectivités territoriales décentralisées, « *les établissements publics apparaissent comme un phénomène foisonnant, difficile à saisir et à maitriser* »[1842]. C'est que malgré qu'il soit admis aujourd'hui que les établissements publics sont des entités décentralisées, *« le pavillon de l'établissement public couvre actuellement les marchandises diverses »*[1843], que discerner sa nature juridique est aussi difficile que trouver le sexe des anges[1844]. Cette difficulté est d'autant plus accentuée que les constitutions des Etats d'Afrique francophone ne lui donnent pas de définition précise comme en matière de collectivité territoriale décentralisée. Ainsi, si les contours des établissements publics sont flous et incertains dans lesdites constitutions et méritent d'être déterminés (1), il reste que l'importance des établissements publics en tant qu'institutions économiques est manifeste au regard de son champ d'intervention (2).

## 1-Les contours de l'établissement public dans les constitutions des Etats d'Afrique francophone

Les établissements publics ont, contrairement aux collectivités territoriales décentralisées, une existence discrète dans les constitutions des Etats d'Afrique francophone. De fait, il n'existe pas dans ces constitutions des dispositions spécifiques traitant de ces établissements. Cependant, les établissements publics sont pour la plupart du temps mentionnés dans les dispositions fondant la compétence législative ou réglementaire de certaines autorités étatiques. Seulement, tous les Etats francophones d'Afrique n'offrent pas ce fondement implicite aux établissements publics. Ce qui entraine la difficulté à leur trouver une définition constitutionnelle.

Les établissements publics, dans les Etats d'Afrique francophone, bénéficient selon les cas d'une consécration constitutionnelle explicite ou implicite.

Relativement à la consécration explicite, celle-ci est manifeste dans les constitutions de plusieurs Etats qui mentionnent expressément les

1842 F. Gazier, « Etudes sur les établissements publics. Réflexion sur les catégories et les spécificités des établissements publics nationaux », *EDCE*, 1984-1985, p.5.
1843 J.C. Douence, « *La spécificité des personnes publiques en droit administratif français* », RDP, 1972, p.766.
1844 Cette difficulté a été relevée par le commissaire du gouvernement Rigaud, conclusions dans l'affaire l'Herbier.

établissements publics dans les compétences dévolues soit au législateur, soit au pouvoir réglementaire. Ainsi dans la plupart des constitutions africaines, il est prévu un partage de compétences entre le législateur et l'exécutif en matière de création des établissements publics. Dans ce partage de compétence, il ressort des dispositifs constitutionnels de la RDC, du Niger, du Bénin que la création d'une catégorie d'établissement public ressortit de la compétence du législateur[1845]. Il suit de la que « *la loi est nécessaire que pour créer une catégorie d'établissements publics* »[1846] et pour déterminer les règles applicables à ladite catégorie[1847]. Le conseil constitutionnel français a précisé la notion de catégorie en indiquant dans une décision que « *doivent être regardés dans la même catégorie les établissements publics dont l'activité s'exerce territorialement sous la même tutelle administrative et qui ont une spécialité analogue* »[1848]. La loi du Burkina Faso, portant règles de création des catégories d'établissements publics a retenu la même définition[1849].

Une fois le législateur intervenu pour fixer le statut des catégories des établissements publics, c'est au pouvoir réglementaire qu'il revient en général de donner vie aux orientations du législateur. Ainsi, « *c'est au pouvoir réglementaire que revient la compétence de principe en matière de création des établissements publics* »[1850]. Cette création peut s'opérer par décret du Président de la République lorsque l'établissement public a un caractère national[1851], ou par la décision d'un organe délibérant d'une entité décentralisée[1852].Si généralement la compétence du Président de la République en cette matière a un fondement constitutionnel du fait que la constitution l'habilite à créer et organiser les services publics[1853], l'établissement public en

---

[1845] RDC art. 123; Niger art.99; Benin art. 98.

[1846] O. Dugrip, « La notion de « règles concernant la création des catégories d'établissements publics » dans la jurisprudence du conseil constitutionnel et du Conseil d'Etat », In *mélange en hommage à Roland Drago, l'unité du droit, économica*, 1996, p.370.

[1847] *Ibid.*, p. 372.

[1848] C. C. Français Décision n°79-105 DC du 25 juillet 1979 relative à l'adoption de la loi n°74-696 du 7 aout 1974 relative à la continuité du service public de la radio et de la télévision en cas de cessation concertée du travail.

[1849] Loi n°010-2013/AN en son article 2 : « *la catégorie d'établissement public s'entend de l'ensemble des établissements publics dont les activités ont les mêmes caractères et une spécificité analogue* ».

[1850] A. H. Sandio Kamga, *L'établissement public en droit administratif Camerounais,* thèse de doctorat, Droit Public, Université de Yaoundé II, 2011, p 47.

[1851] Art. 5 de la loi n°2017/010 du 10 juillet 2017 portant statut général des établissements publics au Cameroun.

[1852]Art 5 de la loi n°2017/010 du 10 juillet 2017 portant statut général des établissements publics au Cameroun.

[1853] Art. 8 de la Constitution camerounaise.

étant un, c'est la loi qui en revanche fonde la compétence des organes délibérants des entités décentralisées.

En ce qui concerne la consécration constitutionnelle implicite des établissements publics, elle est le fait de certaines constitutions à l'instar de celle du Cameroun. C'est que comme l'avait déjà soulevé le professeur PEKASSA NDAM[1854] en ce qui concerne les agences et autorités de régulation qui sont créés par la loi, la constitution camerounaise est imprécise en ce qui concerne le fondement constitutionnel des établissements publics. A la vérité, l'on ne trouve nulle trace de la mention d'établissement public dans la constitution actuellement en vigueur dans cet Etat. Cette absence ne signifie pour autant pas une carence d'une base constitutionnelle à cette entité. Monsieur Sandio Kamga relève à cet égard que les établissements publics bénéficient d'une énonciation constitutionnelle implicite dans la constitution Camerounaise[1855]. Pour soutenir ce postulat, l'auteur se base sur les dispositions de l'article 40, 41 et 8 qui font allusion aux collectivités publiques ou aux services publics et conclut que ces références renvoient « *certainement* » aux établissements publics[1856].

Quoiqu'il en soit, les établissements publics bénéficient dans en Afrique francophone d'une base constitutionnelle, fut-elle implicite dans certains Etats. Cela dit, le problème de la détermination de la notion d'établissement public demeure.

Le concept d'établissement public comme nous le connaissons aujourd'hui en Afrique francophone, a été consacré pour la première fois en France, dans la loi de finance de 1813[1857]. Toutefois, ce n'est qu'en 1856 que son contenu juridique a été déterminé en le distinguant d'établissement d'utilité publique par l'arrêt *Caisse d'Epargne de Caen*[1858]. Depuis lors, celui-ci apparait comme « *une forme d'organisation possible des structures*

---

[1854]G. M. Pekassa Ndam, « Les établissement publics indépendants : une innovation fondamentale du droit administratif camerounais », RASJ, *2001*, pp.153-178.

[1855] A. H. Sandio Kamga, *L'établissement public en droit administratif Camerounais*, *op cit.*, pp. 42-43.

[1856]*Ibid.*

[1857] Conseil d'Etat, « *Rapport d'étude sur les établissements publics* », document du Conseil d'Etat, 15 octobre 2009, p.9.

[1858] Cass. Civ., 1856,1.121.

*administratives* »[1859], ou « *l'un des modes d'intervention, l'un des outils juridiques utilisés par la puissance publique* »[1860] pour accomplir ses missions.

De façon générale la notion d'établissement public a fait l'objet de plusieurs définitions. Selon le dictionnaire Larousse, l'établissement public est « *une institution administrative qui gère un service public* »[1861], et pour le Petit Robert il s'agit d'une « *personne morale administrative chargée de gérer un service public* »[1862]. Cette dernière définition n'est pas très éloignée de celle que la doctrine propose.

Pour le Doyen George Vedel, « *l'établissement public est un procédé de décentralisation par service, puisqu'il revient à donner la personnalité morale et l'autonomie financière à des services* »[1863]. Il se présente comme, « *de toute les personnes morales du droit administratif, celle qui a l'un des buts les moins étendus* »[1864]. Dans sa suite, Charles Debbasch perçoit l'établissement public comme « *une personne morale de droit public chargée de la gestion d'un service public* »[1865], et Rivero le cerne comme « *une personne publique correspondant à une activité spécialisée (...) l'instrument de la décentralisation par service* ».[1866] Des définitions ainsi proposées, celle de Jacques Chevallier a le mérite d'avoir le plus de clarté et de précision. Pour lui en effet, l'établissement public est «*une personne morale publique, agissant dans un domaine spécialisé de l'activité administrative et placée sous la tutelle d'une collectivité publique* »[1867].

Dans les Etats d'Afrique francophone, l'établissement public bénéficie d'une définition juridique. Contrairement à un auteur qui pense que « *le droit camerounais n'a proposé aucune définition de l'établissement public* »[1868], il apparait clair aujourd'hui que le droit camerounais, à l'instar de celui de plusieurs pays d'Afrique francophone donne une définition législative à l'établissement public. Il ressort en ce qui concerne le Cameroun, de la loi n°2017/010 du 12 juillet 2017, que l'établissement public est une : « *personne*

---

1859 J. Chevallier, « La place de l'établissement public en droit administratif français », *Rev.de l'Université D'Amiens,* 1972, p. 8.

1860 A ; Heurt, « Les nouveaux modes d'utilisation des établissements publics », *RFAP,* 1977, p.483.

1861 Dictionnaire Larousse 2017.

1862 Petit Robert 1, 1988 ;

1863 G. Vedel, Droit administratif, *op cit.*, p.634.

1864 *Ibid.*, p.736

1865 C. Debbasch, *Institutions administratives*, LGDJ, Paris, 1996, p.124.

1866 J. Rivero, *Droit administratif*, Dalloz, 12 éd, 1987, pp.570-571.

1867 J. Chevallier, « La place de l'établissement public en droit administratif français », op cit., p.7.

1868 A. H. Sandio Kamga, *L'établissement public en doit administratif Camerounais*, *op cit.*, p. 14.

*morale de droit public dotée de la personnalité juridique et de l'autonomie financière, chargée de la gestion d'un service public ou de la réalisation d'une mission spéciale d'intérêt général pour le compte de l'Etat ou d'une collectivité territoriale décentralisée* ».[1869] Cette disposition n'est pas très éloignée des dispositions de l'article 2 de la loi congolaise n°08/009 du 27 juillet 2008 portant dispositions générales applicables aux établissements publics.

Ainsi, l'établissement public est une personne morale de droit public spécialisé soumise à la tutelle de l'entité qui l'a créée[1870] et qui bénéficie d'un fondement constitutionnel. Celui-ci est amené à jouer un rôle économique.

## 2-L'intervention économique des établissements publics

« *L'apparition des établissements publics a répondu à la volonté de créer dans l'univers administratif, des cellules autonomes, capables de gérer les services publics avec plus d'efficacité* »[1871]. Cette assertion de Jacques Chevallier s'applique aussi en matière de services publics économiques, consistant à satisfaire les besoins économiques des usagers. Il se trouve en effet aujourd'hui dans l'espace francophone d'Afrique que « *l'intervention de l'Etat dans la vie économique a amené l'utilisation fréquente de l'établissement public* ».[1872] C'est ainsi que certains établissements publics du fait de leur spécialisation économique, vont se trouver être des acteurs importants de l'action économique des collectivités publiques et bénéficier à cet égard d'importants moyens.

Des éléments définitionnels de l'établissement public, la spécialisation est celui qui permet la discrimination entre cette entité de droit public et d'autres personnes morales publiques. En effet, « *à la différence de l'Etat et des collectivités locales qui disposent d'une compétence générale dans leur territoire, les établissements publics sont cantonnés dans les limites de la mission qui leur a été assignée, qu'ils n'ont pas définie eux-mêmes et qu'ils ne peuvent dépasser* »[1873]. Ainsi on peut dire que le principe de la spécialisation

---

[1869] Art. 4.

[1870] Sur la tutelle sur les établissements, publics lire : Cyrille Monembou, *La double tutelle sur les établissements publics au Cameroun*, Mémoire DEA, Droit Public, Université de Yaoundé II Soa, 2005-2006. Pp. 125.

[1871] J. Chevallier, « Les transformations du statut d'établissement public », *JCP*, 1972 p ;2496.

[1872] C. Debbasch, *Institutions administratives*, op cit., p.124.

[1873] F. Gazier, « Etudes sur les établissements publics. Réflexion sur les catégories et les spécificités des établissements publics nationaux », *EDCE*, 1984-1985, p.50.

est à la base du statut des établissements publics. Ce principe « *implique que chaque établissement public n'a d'attribution et de compétence que dans la matière qui est la sienne aux termes de la loi et des règlements* »[1874].

De façon générale, du fait du principe de la spécialisation, la création des établissements publics s'accompagne de la détermination du champ d'intervention de ceux-ci. Si de façon classique on a toujours distingué les établissements publics administratifs des établissements publics à caractère commercial et industriel, il faut dire aujourd'hui qu'il existe plusieurs formes d'établissement public qui interviennent dans les domaines variables[1875].

Des domaines d'intervention contemporaine des établissements publics, le domaine économique est l'un des plus importants. L'histoire administrative des Etats d'Afrique francophone renseigne à cet égard qu'avant les réformes dues aux programmes d'ajustement structurel, l'établissement public était parmi les instruments privilégiés de l'action économique de ces Etats. C'est ainsi que plusieurs établissements publics seront utilisés dans les activités industrielles, commerciales et financières[1876]. Les établissements publics à caractère industriel et commercial qui vont résulter de cette utilisation vont apparaitre comme un cadre d'intervention économique de l'Etat en matière économique. Ces établissements sont dès lors présentés comme des administrations économiques, c'est-à-dire des « *démembrements de l'administration constituant une 'administration périphérique', à la lisière des administrations centrales et prolongeant leur action dans le domaine commerciale, industriel ou agricole en raison de la souplesse des règles de leur gestion* »[1877].

S'il est indubitable que l'intervention économique des Etats en Afrique francophone s'est opérée pendant longtemps par le biais des établissements publics à caractère commercial et industriel, la crise économique des années

---

1874 J. Chevallier, « La place de l'établissement public en droit administratif français », *op cit.*, p.47.

1875 L'art. 2 de la loi n°2017/010 du 12 juillet 2017 portant statut général des établissements publics au Cameroun énumère huit (8) formes d'établissements publics : les établissements publics à caractère administratif, à caractère social, à caractère hospitalier, à caractère culturel, à caractère scientifique, à caractère technique, à caractère professionnel, à caractère économique et financier et à caractère spécial. La même nomenclature se trouve quasiment dans la loi n°010-2013/AN portant règles de création des catégories d'établissements publics au Burkina Faso.

1876 A. H. Sandio Kamga, *L'établissement public en droit administratif Camerounais*, *op cit.*, pp.221-227.

1877 G. Tsimsit, « Eléments pour une analyse des systèmes d'administration publique. Le cas de l'administration du développement », in *Recueil d'études en hommage à Charles Eisenman*, éd. CUJAS, 1997, p.167.

1980 va, dans le cadre des mesures d'ajustement sonner le glas de cette intervention par le canal des établissements publics[1878]. Seulement, cette mise à l'écart des établissements publics en matière économique ne va pas perdurer puisque depuis un certain temps « *on assiste véritablement à un retour de l'établissement public dans le champ économique* »[1879] cela dans une logique développementaliste[1880].

Au Cameroun plus spécialement, la loi de 2017 sur les établissements publics a sonné le gong du retour ou du renforcement des établissements publics en matière économique. En effet, parmi les formes d'établissements publics créées par cette loi, celle-ci prévoit de façon expresse l'« *établissement public à caractère économique et financier* »[1881]. Cette forme d'établissement public vient dans cet Etat remplacer la formule d'établissement industriel et commercial. L'établissement public économique et financier ainsi créé a le mérite, à travers la généralité de son domaine, d'intégrer toutes les activités économiques et financières qui peuvent être menées par les collectivités publiques. Ainsi pourra-t-on y loger les établissements publics qui mènent des activités industrielles, commerciales et financières.

L'intervention des établissements publics en matière économique s'est accompagnée de l'affectation des moyens d'action importants.

L'affectation des moyens aux établissements publics est une conséquence de la reconnaissance de leur champ d'actions. Il s'agit de l'application dans ce domaine du principe de concomitance entre le transfert de compétences et le transfert de ressources. Ainsi créé en vue d'assurer un service public, en l'espèce à caractère économique, l'établissement public reçoit des moyens de la collectivité publique de rattachement. Il ressort de la législation des Etats africains francophones en matière d'établissement public, que les moyens de ceux-ci sont constitués par le patrimoine affecté par la

---

[1878] C'est ce que traduit le Professeur Pekassa Ndam lorsqu'il écrit que « *au début des années 1990, l'échec des entreprises publiques, la crise budgétaire de l'Etat providence, les bouleversements technologiques, la mondialisation de l'économie et les avancées de la démocratisation ont radicalement transformé le cadre de l'action étatique et ont amené à reconsidérer fondamentalement la conception de la place de l'Etat dans la société actuelle. La crise de l'Etat a eu pour conséquence l'adoption progressive, par les pouvoirs publics des politiques de libéralisation conçues pour réduire la portée de l'intervention de la puissance publique dans l'économie* ».

[1879] A. H. Sandio Kamga, *L'établissement public en doit administratif Camerounais*, *op cit.*, p. 227.

[1880] Voir nos analyses sur l'Etat développementiste.

[1881] Art. 2

collectivité publique de rattachement et des ressources propres que ceux-ci sont fondés à constituer.

En tant qu'entité décentralisée, l'établissement public bénéficie toujours d'un patrimoine d'affectation. Car la décentralisation implique un transfert d'un patrimoine autonome à la gestion d'un service public déterminé[1882]. Le Doyen Léon Duguit pense à ce propos qu' « *avec le système de décentralisation par service se combinera la patrimonialisation des services, c'est-à-dire l'affectation à ce service d'un patrimoine autonome, dont la gestion sera confiée, sous le contrôle de l'Etat, aux agents eux-mêmes* »[1883]. Conscientes de cette nécessité, les législations des Etats en étude consacrent un patrimoine d'affectation aux établissements publics. Si la législation Camerounaise renvoie la fixation de ce patrimoine à l'acte de création de l'établissement public[1884], la loi congolaise sur les établissements publics prévoit de manière expresse, dans son chapitre III consacré au patrimoine, que « *l'établissement public bénéficie des biens appartenant à l'Etat, dans les conditions définies par les dispositions légales et réglementaires* »[1885].

Ainsi peut-on dire que le patrimoine d'affectation des établissements publics est l': « *ensemble des biens meubles ou immeubles, corporels ou incorporels ou en numéraire, mis à la disposition d'un établissement public par l'Etat, un établissement public et/ou une collectivité territoriale décentralisée* »[1886].

A côté de ce patrimoine d'affectation, l'établissement public peut se constituer des ressources propres. Cette possibilité est consacrée par les textes de loi aussi bien au Cameroun, en RDC ou à Madagascar[1887]. La législation congolaise prévoit que « *les ressources de l'établissement public sont constituées notamment : 1- de la dotation initiale, 2-des produit d'exploitation ; 3-des taxes parafiscales éventuelles ;4-des emprunts ; 5-des subventions ; 6-des dons et legs* »[1888]. Les ressources ainsi consacrées

[1882] L. Duguit, *Traité de droit constitutionnel. La théorie générale de l'Etat, op cit.*, p.66.
[1883] *Ibid.*, p.92.
[1884] Art.6.
[1885] Art. 19 de la loi n°08/009 du 07 juillet 2008 portant dispositions générales applicables aux établissements publics.
[1886] Art. 4 de la loi n°2017/010 sur les établissements publics au Cameroun.
[1887] Art. 6 de la loi sur les établissements publics au Cameroun ; art 21 de la loi sur les établissements publics en RDC et art.12 de la loi n°2018-037 fixant les principes régissant les établissements publics à Madagascar.
[1888] Art. 21 de la loi sur les établissements publics en RDC.

concernent au premier chef les établissements publics qui ont un caractère économique.

## CONCLUSION

Il ressort au total, que les intitutions étatiques traitant des questions économiques sont plurielles et diverses, à la mésure de la pluralité et la diversité des institutions constitutionnelles. Si certaines d'entre elles ont une nature politique, d'autres n'en ont pas ou sont spécialement voué à l'action économique. Toutes ces institutions étatiques ne fonctionnent pas en autarcie. Du fait de l'interdépendance de l'économie nationale à l'économie internationnale, les constitutions africaines vont poser des intertices fondant l'action des institutions internationales.

# CHAPITRE II :

# LES INSTITUTIONS ECONOMIQUES INTERNATIONALES

L'interdépendance économique entre les Etats est de nos jours un fait[1889]. Celle-ci s'est développée beaucoup plus dans les années 1980 avec le phénomène de la mondialisation économique. Ce phénomène qui a entrainé l'intégration des économies nationales est la résultante entre autres du libéralisme, tant en matière d'échanges économiques internationaux qu'en matière d'admission des investissements directs étrangers. C'est pour cette raison que le phénomène de la mondialisation économique est généralement présenté comme un processus d'ouverture des économies nationales sur un marché devenu planétaire, mieux il s'agit d'un mouvement d'« *accélération, à l'échelle mondiale des échanges de biens et de services rendue possible grâce à la levée progressive des entraves au commerce... et par le développement de moyens de transport et de communication* » [1890]. Cet essor de la mondialisation économique aura une certaine incidence sur les économies des Etats puisque celles-ci seront désormais interconnectées et interdépendantes, ce qui va conséquemment entrainer le développement des relations économiques internationales.

Les Etats d'Afrique francophone ne sont pas à la marge de cette mouvance. Depuis quelques années, ils se sont engagés dans cette mondialisation par une intégration de leur économie au système monde, dans le souci de leur développement.[1891] Lors de la conférence économique africaine de Johannesburg en octobre 2013, Victore Murinde, Directeur de l'Institut africain de développement à la Banque Africaine de Développement, justifie cet engagement par le fait que : « *l'intégration est essentielle si on veut libérer le potentiel de l'Afrique. L'Afrique doit saisir cette opportunité pour maitriser son marché, attirer les investissements et créer des emplois* »[1892].

Le développement de cette intégration économique, dans les Etats d'Afrique francophone comme ailleurs, s'est opéré à travers la mise sur pied d'un certain nombre d'institutions internationales d'action économique. Ces dernières ont partie liée avec les Etats, puisque le droit des relations économiques internationales qui les crée est une émanation des Etats souverains qui s'engagent sur la scène internationale. L'expression de cet engagement des Etats est intimement liée aux normes internes qui encadrent la

[1889] D. Carreau et P. Juilliard, *Droit international économique,* Paris Dalloz, 2005, p. 5.
[1890] Dhafer Saidane et Veronick Ezo'o, « Mondialisation en Afrique : véritable intégration ou simple vue d'esprit ? », Techniques *Financière et développement, n*°118, 2015/I, p. 9.
[1891] *Ibid.*
[1892] *Ibid.*

volonté internationale des Etats[1893] et fixent les conditions d'application de ces engagements au niveau interne[1894].Ainsi il existe une jonction entre le droit des relations économiques internationales et le droit interne des Etats. Cette jonction, dans les Etats d'Afrique francophone, est opérée par la norme constitutionnelle.

Dans ces Etats en effet, il existe une articulation entre le droit constitutionnel et le droit international en général et avec le droit international économique en particulier. Celle-ci s'inscrit globalement dans le cadre du débat sur le monisme et le dualisme juridique dans les Etats d'Afrique francophone, qui a donné lieu à des développements importants[1895]. Sans entrer dans ce débat, il est aujourd'hui acquis que « *la validité des règles générales du droit international transformées en droit interne est conditionnée par une norme constitutionnelle* »[1896]. C'est la constitution qui, à la vérité détermine les modes d'application du droit international en droit interne parmi plusieurs possibilités. Dans les constitutions actuellement en vigueur en Afrique francophone, il existe, dans cette optique, des dispositions relatives au droit international général parfois dites « *clause de droit international* »[1897]. Il ressort de ces dispositions que les Etats africains ont dans leur ensemble opté pour une transformation *ipso jure* des règles du droit international général en droit interne[1898].

[1893] M. Kamto, *La volonté de l'Etat en droit international*, Académie de droit international de la Haye, Martinus Nijhoff Publisher, 2007, 428 p.

[1894][1894] Michal Muller, *La normativité et le contentieux des règles générales du droit international en droit interne : une étude comparative en droit allemand, autrichien et français*, thèse de Doctorat en droit, Université Panthéon-Sorbonne-Paris I, 2013, pp. 61-253.

[1895] Lire dans ce sens : G. Fouda, *L'application des normes internationales dans les ordres juridiques étatiques africains : une approche théorique et prospective pour une meilleure application des normes internationales dans les Etats d'Afrique noire francophone*, thèse de doctorat droit public, Université de Bordeaux IV, 1999, PP 452.

[1896] Michal Muller, *La normativité et le contentieux des règles générales du droit international en droit interne : une étude comparative en droit allemand, autrichien et français*, thèse de Doctorat en droit, Université Panthéon-Sorbonne-Paris I, 2013, p.61.

[1897] Au Cameroun c'est le titre VI de la Constitution ; en RDC c'est le titre VI ; au Niger c'est le Titre X et XI ; et au Benin c'est le titre IX.

[1898]*Ipso iure*, c'est-à-dire « *de plein droit* » ou par la seule opération du droit : la validité interne des normes internationales transformées en droit interne est directe, en ce sens qu'elle dépend d'une procédure interne de transformation une par une (ad hoc) mais la seule disposition constitutionnelle prévoyant leur transformation en droit interne. La transformation ipso iure est souvent dite automatique dans la terminologie employée par la doctrine française. (Michal Muller, *La normativité et le contentieux des règles générales du droit international en droit interne : une étude comparative en droit allemand, autrichien et français*, thèse de Doctorat en droit, Université Panthéon-Sorbonne-Paris I, 2013).

De ces considérations, on peut donc dire que les institutions économiques internationales ont un fondement constitutionnel implicite. Du fait de la mondialisation, il faut dire que ces institutions sont nombreuses et diversifiées à la mesure de la diversité du champ économique et de la communauté internationale. Ces institutions économiques internationales peuvent être présentées néanmoins selon qu'elles veulent développer la coopération économique entre Etats (**Section** I) ou qu'elles tendent à favoriser leur intégration (**Section II**).

Ces deux dimensions des institutions économiques internationales entrent aujourd'hui dans le cadre des deux déclinaisons du droit international. Il s'agit du droit international public classique et du droit communautaire qui bien que faisant partie du droit international public tend de plus en plus à s'autonomiser, au point où une certaine juriprudence et une certaine doctrine, les communautaristes, tentent de le « désinternationaliser »[1899]. Cette distinction est, de notre point de vue, artificielle car le droit communautaire du fait qu'il a un fondement juridique international fait partie intégrante du droit international[1900].

## Section I : Le maintien des institutions de coopération économique

Le concept de « *coopération* », est l'un des plus importants en droit international. Celui-ci est au cœur du système de relations entre Etats et c'est la raison pour laquelle elle fait partie des buts que le système des Nations Unies entend développer pour la réalisation de la paix, la sécurité et le développement économique[1901]. En droit, la coopération peut être perçue comme étant « *l'action conjointe et coordonnée de deux ou plusieurs Etats ou Etats et personnes privées dans un domaine... en vue de parvenir à des résultats communs dans un ou plusieurs domaines de la vie internationale* »[1902]. Ainsi, le concept de coopération s'applique à plusieurs secteurs ou domaines de collaboration entre Etats ou Etats et autres sujets du droit international pour mener certaines actions. De ces domaines, le secteur économique se présente

---

1899 A. Pellet, *Les fondements juridiques internationaux du droit communautaire*, Cour de l'académie européen de droit 1997, pp.204-211.

1900 Lire dans ce sens A. Pellet, *Les fondements juridiques internationaux du droit communautaire*, op cit. pp.211-271.

1901 Art. 1 de La Charte des Nations Unies.

1902 Lexique des termes juridique. Dalloz, 2018.

comme l'un des champs de prédilection de la coopération internationale, au point où la Charte des Nations Unies lui réserve un titre particulier[1903].

Cette coopération économique se veut être « *celle qui permet d'accroitre l'interaction économique* »[1904] entre Etats, cela en vue du « *relèvement du niveau de vie, le plein emploi et des conditions de progrès et de développement dans l'ordre économique* »[1905]. Toute coopération économique vise ainsi un objectif, elle n'est pas désintéressée. Comme le relève si bien Janez Stanownik, personne ne commerce avec un partenaire parce qu'il éprouve une certaine affection pour lui[1906]. Aussi la coopération économique a-t-elle pour objectif le profit, mieux le renforcement des économies ou la réalisation des objectifs liés au développement.

C'est au regard de cette importance de la coopération économique que les Etats d'Afrique francophone, à la quête de leur développement économique se sont inscrits dans la logique d'une coopération entre les Etats Africains ou avec les Autres Etats du monde. Pour mener cette entreprise, leurs constitutions prévoient les conditions d'engager la coopération et la possibilité pour ces Etats de créer des institutions de coopération notamment économique. La constitution du Niger prévoit à cet égard que « *la république du Niger peut conclure des accords de coopération... avec d'autres Etats sur la base de droits et d'avantages réciproques* »[1907]. Elle poursuit en indiquant que le Niger « *accepte de créer avec ces Etats des organismes intergouvernementaux de gestion commune, de coordination et de libre coopération. Ces organismes peuvent avoir notamment pour objectif : l'harmonisation de la politique économique, financière et monétaire* »[1908].

Les organismes ou institutions de coopération économique pouvant ainsi être créés par l'engagement souverain des Etats sont issus des traités ou accords internationaux, dont le lien avec les constitutions n'est plus à établir. En matière économique, les institutions de coopération peuvent être de deux

[1903] C'est le Chapitre IX de la Charte qui est réservé à la Coopération économique et sociale internationale.
[1904] E. Berg, « L'intégration économique en Afrique de l'Ouest. Problèmes et stratégie », *Revue d'économie du développement,* N°1-2, 1993, p.52.
[1905] Art. 55 de la Charte des Nations Unies.
[1906] Cité par E. Berg, « L'intégration économique en Afrique de l'Ouest. Problèmes et stratégie », *Revue d'économie du développement* N°1-2, 1993, p.52.
[1907] Art. 172
[1908] *Ibid.*

ordres, celles qui ont un caractère général (**Paragraphe I**) et celles qui ont un caractère spécialisé (**Paragraphe II**).

## Paragraphe I : Les Institutions de coopération économiques à caractère général

Depuis les indépendances, les Etats d'Afrique francophone se sont inscrits dans une logique d'ouverture au monde et de coopération interafricaine. Cette ouverture s'est manifestée notamment par leur engament dans les institutions ou organismes internationaux à caractère universel et par la création au niveau régional d'une institution de regroupement des Etats de ce continent. Au plan universel, les Etats Africains vont dès leur indépendance faire partie de l'Organisation des Nations Unies, qui avait du reste joué un rôle important en matière de décolonisation de ces Etats. Et, au niveau régional, ces Etats africains vont créer l'Organisation de l'Unité Africaine qui sera remplacée par l'Union Africaine. Ces deux organisations vont poser le cadre du système de coopération entre les Etats, singulièrement ceux d'Afrique francophone.

Ces deux grandes institutions ou organisations internationales n'ont pas de manière spécifique une fonction de promotion de la coopération économique. Mais celles-ci jouent un rôle économique important dans la promotion de la coopération économique respectivement au niveau universel (**A**) et au niveau régional (**B**).

### A-L'ONU et la coopération économique universelle

Créée en 1945 après la seconde guerre mondiale, l'ONU est de nos jours la première institution internationale à caractère universel[1909]. Celle-ci est mise sur pied pour succéder à la SDN, dont l'échec a conduit à une nouvelle conflagration mondiale qui a causé des souffrances indicibles à l'humanité. Cette organisation qui a pour texte fondateur la Charte des nations unies, va recevoir d'importantes compétences en matière de préservation de la paix et de la sécurité internationale. Parmi ces compétences se trouve le développement de la coopération économique et sociale entre les Etats[1910]. Les Etats d'Afrique francophone dès leur indépendance, font partie de l'ONU et

[1909] Sur l'ONU, lire M. Bertrand et A. Donini, *L'ONU,* Paris, La Découverte, 2015, 356 PP.

[1910] C'est l'objet du titre IX de la Charte des Nations Unies, il faut par ailleurs souligner que le développement de la coopération internationale, de façon générale, fait partie des buts des Nations unies comme le consacre l'article 1 de ladite Charte.

ont ratifié la charte des nations unies qui, entre dans le cadre des normes juridiques internationales dont leurs constitutions affirment leur « *adhésion* »[1911].

Pour Alain Pellet, « *conçue comme un élément du dispositif, de la Charte pour le maintien de la paix et la sécurité internationale, la coopération économique et sociale…est progressivement, devenue un objectif autonome* »[1912]. Celle-ci est au centre des activités de l'ONU, qui depuis sa création s'est investie dans la promotion de la coopération économique internationale (1) à travers plusieurs actions (2).

### 1-La Promotion de la coopération économique comme but des Nations Unies

Depuis sa création en 1945, le développement de la coopération économique entre les Etats est l'un des buts fondamentaux des Nations Unies[1913]. Celui-ci se veut être un instrument du développement qui, dans la philosophie des nations unies, est un moyen « *de créer des conditions de stabilité et de bien-être nécessaires pour assurer entre les nations des relations pacifiques* »[1914]. Ainsi, la coopération économique entre les Etats se veut d'abord être une condition de la paix et la sécurité sur le plan universel[1915]. C'est d'ailleurs dans ce sens que la Charte des Nations unies justifie initialement la nécessité de faire la promotion de la coopération économique entre les Etats[1916].

Bien que la garantie de la paix et la sécurité internationale ait été instituée en objectif prioritaire de la coopération internationale selon les termes de la Charte, la promotion du développement économique va, quelquess année après la mise sur pied des Nations Unies, constituer l'un de ses objectifs primordiaux. Cet objectif, il faut le dire était déjà contenu dans la Charte

---

[1911] La quasi-totalité des Etats d'Afrique francophone affirment leur attachement à la Charte des Nations unies ; cet attachement est prévu dans les préambules des constitutions de ces Etats dont il faut le rappeler font partie intégrante de la constitution.

[1912] A. Pellet, « Coopération économique et sociale internationale, article 55 », In *La Charte des Nations Unies, commentaire article par article,* J-P Cot et a ; pellet (S/D), p.843.

[1913] Art. 1 de la Charte des Nations Unies.

[1914] *Ibid.*

[1915] Sur la problématique de la coopération économique et la paix, voir Sanbèlè Dominique Da, Les organisations internationales économiques et la consolidation de la paix dans les Etats sortant de conflits armées. Thèse de doctorat droit public, Université de Grenoble Alpes, 2015, 394 PP.

[1916] Pour la Charte des Nations Unies la Coopération économique doit être développée « *en vue de créer les conditions de stabilité et de bien-être nécessaires pour assurer entre les nations des relations pacifiques et amicales…* » (Art.55).

notamment en matière de relèvement « *des niveaux de vie, le plein emploi et des conditions de progrès et de développement dans l'ordre économique et social* »[1917]. Il va connaitre un engouement plus prononcé avec les indépendances sous l'influence des Etats qualifiés de « *tiers monde* » d'alors, dont un grand contingent était constitué des Etats africains notamment francophones. Ainsi, « *très vite après sa création, l'Organisation s'est préoccupée de la coopération économique en vue du développement dans les pays insuffisamment développés* »[1918].

En matière de coopération économique, l'Organisation des Nations Unies va prendre plusieurs résolutions dans l'optique de favoriser le développement économique des Etats membres. Il est significatif à cet égard que dans l'une de ces premières résolutions consacrées à ce problème, l'organe délibérant des Nations Unies, l'Assemblée Générale, ait recommandé à l'Ecosoc et aux institutions spécialisées « *de procéder d'urgence à un examen de l'ensemble du problème du développement économique* »[1919], dans le monde. C'est dans cet esprit qu'elle va forger les concepts de « *développement économique intégré* »[1920], puis de « *développement économique et social intégré* ». Depuis le début des années 2000, elle a mis en avant le concept des « *objectifs du millénaire pour le développement* » qui est ainsi devenu la boussole de l'action des pays développés dans leur coopération avec les pays en voie de développement sous l'égide des Nations Unies.

Ainsi la coopération économique dans le cadre des Nations Unies a beaucoup plus pour objectif, aujourd'hui, le développement des Etats. Elle entend pour le mieux « *réaliser un développement harmonieux et équilibré de la communauté internationale actuelle* »[1921]. Cette coopération en somme vise « *l'instauration d'un nouvel ordre économique international fondé sur l'équité, l'égalité souveraine, l'interdépendance, l'intérêt commun et la coopération entre tous les Etats indépendamment de leur système économique et social, qui corrigera les inégalités et rectifiera les injustices actuelles, permettra d'éliminer le fossé croissant entre les pays développés et les pays en*

[1917] Art. 55 (a).
[1918] A. Pellet, « Coopération économique et sociale internationale, article 55 », *op cit.*, p.848.
[1919] A/RES/148 (III), 4 décembre 1948.
[1920] Cf. A/RES/642 (VII), ou 724 B (VIII)
[1921] A. Pellet, « Coopération économique et sociale internationale, article 55 », *op cit.*, p.850.

*voie de développement et assurera... un développement économique et social qui ira en s'accélérant »*[1922].

C'est au regard de cet object ambitieux que plusieurs actions seront menées.

## 2-Les actions de coopération économique des Nations Unies

Le rôle des Nations Unies en matière de coopération économique ne se borne pas à la promotion de cette coopération pour la préservation de la paix et sécurité internationale ou en vue du développement. Celui-ci se traduit concrètement par certaines actions que cette organisation mène avec les Etats, notamment africains.

La première action que les Nations Unies ont menée dans l'objectif de la coopération économique avec les Etats d'Afrique francophone est l'assistance technique que celle-ci apporte à ces Etats. Dès ses débuts, l'ONU à travers son Assemblée Générale s'est préoccupée de mettre en place un moyen permettant de « *fournir (...) des conseils techniques dans les domaines économique, social, et culturel aux Etats membres qui désirait cette aide* »[1923]. Les Etats d'Afrique francophone vont bénéficier de cette assistance notamment dans le cadre économique. Cette assistance technique des Nations Unies va être dispensée directement par des organes du système des Nations Unies et « *dans lequel l'ONU joue un rôle central d'impulsion et de coordination »*[1924]. L'action des organismes des Nations Unies en matière d'assistance technique est coordonnée et orientée par le PNUD[1925]. Cette coordination s'effectue sur le terrain des Etats bénéficiaires de cette assistance par des « *représentants résidents* », ou « *coordonnateurs résidents* » nommés par le PNUD.

Comme le souligne un auteur[1926], cette assistance technique fournit une aide quantitativement non négligeable, et qualitativement appréciée des bénéficiaires, que sont ici les Etats africains. L'action des Nations Unies en matière de coopération économique déborde le seul cadre de l'assistance technique et intègre la codification des relations économiques entre les Etats.

---

1922 *Ibid.*, p. 851.

1923 A/RES/3201 (S.VI) du 1 Mai 1974, Déclaration concernant l'instauration d'un nouvel ordre économique international.

1924 A. Pellet, « Coopération économique et sociale internationale, article 55 », *op cit.*, p.853.

1925 Programme Des Nations Unies Pour le Developpement.

1926 *Ibid.*

« *Pour importante qu'elle ait été et qu'elle demeure, l'assistance ne constitue pas le seul ni même, probablement, le principal moyen de promouvoir le développement* »[1927], que les Nations Unies doivent mener. Consciente de cela, l'ONU a, à partir de 1960, entrepris de poser les principes nouveaux applicables en matière de coopération économique. C'est dans cette perspective que s'inscrit la Charte des droits et devoirs économiques de 1974[1928], qui constitue à n'en point douter l'aboutissement des efforts des Nations Unies en matière de codification des rapports économiques entre Etats.

Les raisons d'être d'une Charte des droits et des devoirs économiques telle qu'élaborée par l'ONU, étaient et demeurent pertinentes. « *Le Président Echeverria, après avoir examiné les différents aspects de la coopération économique internationale, ainsi que relevé le caractère injuste de certaines relations entre les pays en voie de développement et les pays industrialisés* »[1929] va proposer l'élaboration de cette charte en vue de réguler les relations économiques entre les Etats. En cela, la Charte des droits et des devoirs économiques sera alors une forme de code qui va régir les relations économiques entre les Etats. Car ces relations sont caractérisées par l'interdépendance des Etats et l'interaction corrélative des problèmes économiques.

De façon concrète, cette charte se propose comme finalité d'améliorer la situation des peuples qui ont le moins bénéficié de la structure des échanges internationaux, au premier rang desquels les Etats africains. C'est dans ce sens que certains principes forts des relations économiques entre les Etats seront affirmés. On peut énumérer entre autres : l'affirmation du principe de la souveraineté permanente sur les ressources naturelles et les activités économiques[1930] ; l'encouragement donné à l'industrialisation des pays en développement [1931]; la redéfinition des règles applicables au commerce Nord-sud[1932] et l'appui devant être accordé à la coopération entre pays en développement.

---

[1927] *Ibid.*, p. 855.

[1928] Sur cette Charte, lire M. Virally, « La Charte des droits et des devoirs économiques des Etats. Note de lecture », *Annuaire Français de droit International*, 1974, pp. 57-77.

[1929] J. Castaneda, « La Charte des droits et des devoirs économiques des Etats. Note sur son processus d'élaboration », *Annuaire Française de droit International,* 1974, p. 32.

[1930] Art. 2 de la Charte sur les droits et devoirs économiques.

[1931] C'est dans cette perspective qu'a été créée l'ONUDI.

[1932] C'est le rôle du CNUCED que de développer les relations commerciales internationales.

Ainsi sur le plan universel, l'Onu joue un rôle majeur en matière de coopération économique entre les Etats, notamment africains. Cette institution n'est pas seule, il existe d'autres institutions à caractère régional qui jouent ce rôle, puisque la Charte des Nations Unies ouvre aussi cette possibilité[1933]. En Afrique, l'UA participe de ces organes régionaux de coopération économique.

## B-L'UA et la continuation de la coopération économique régionale

L'Union Africaine[1934] est en Afrique la plus grande et la seule organisation régionale qui regroupe tous les Etats Africains[1935]. Elle est le fruit d'une longue évolution qui tire ses origines de l'histoire coloniale africaine, et de sa géographie qui ont accentué la solidarité entre ces Etats et va contribuer à la formation de ce qu'il convient d'appeler « *l'identité africaine* »[1936]. Si contrairement aux premiers regroupements régionaux qui l'ont précédé, l'Union Africaine s'est fixé pour objectif l'intégration politique et économique des Etats africains devant aboutir à une fédération africaine[1937], il faut dire que ce rôle est aujourd'hui loin d'être atteint. Ainsi, dans la réalité celle-ci continue l'action du développement de la coopération économique interafricaine initiée depuis les indépendances (1), en utilisant certains instruments (2).

### 1-Le développement de la coopération économique en Afrique

La nécessité de développer une coopération économique entre les Etats africains francophone s'est posée très vite en Afrique. Dans cette perspective, plusieurs organismes régionaux vont être mis sur pied par les Etats africains à travers d'abord des regroupements puis une organisation interafricaine.

---

[1933] Le chapitre VIII de la Charte des Nations Unies donne la possibilité aux Etats de pouvoir conclure des accords régionaux en vue de créer des organismes régionaux, sous la seule réserve que ces accords et l'activité de ces organismes « *soient compatibles avec les buts et les principes des Nations Unies* » (art.52).

[1934]Sur l'Union Africaine lire G. Mvelle, *L'Union Africaine. Fondement, organes, programmes et actions*. L'Harmattan, Paris, 2007, 466 pages.

[1935]Tous les Etats d'Afrique font partie de l'Union Africaine à l'exception notable du Maroc qui a cessé de prendre part aux réunions de cette institution pour protester contre la reconnaissance du Sahara Occidental. Toutefois depuis un certain temps, l'on observe un retour de ce pays au sein de l'Union Africaine.

[1936] Abdalla Elabidi, *L'évaluation de l'union africaine par rapport à l'Union européenne (comme un modèle de régulation juridique internationale d'excellence) : étude comparative*. Thèse en droit public Université d'Auvergne-Clermont-Ferrand I, 2015, p. 6.

[1937] C'est ce qui transparait de l'acte constitutif de l'Union africaine notamment dans son art.3.

Dès les indépendances, les Etats d'Afrique selon leur sensibilité vont créer des regroupements qui, bien que n'ayant pas pour objectif principal la coopération économique, vont jouer un rôle très important dans cette logique. Trois regroupements méritent d'être signalés ici. Il s'agit du groupe de Casablanca, celui de Brazzaville et celui de Monrovia.

Le premier, le groupe de Casablanca, a été formé à l'initiative du Roi Mohammed V et regroupait les pays tels que le Maroc, La république Arabe unie, le Ghana, le Mali, la Lybie, l'Algérie et la Guinée. A la fin de la réunion de lancement de ce mouvement qui a eu lieu les 7 et 8 janvier 1961 fut signée la Charte de Casablanca dont l'amendement en mai de la même année va introduire l'idée d'une coopération économique entre les Etats membres.[1938]

Le deuxième groupe, celui de Brazzaville, est la résultante de l'action du Général De Gaulle qui a essayé de regrouper les anciennes colonies françaises dans une organisation qui porterait le nom de « *groupe de Brazzaville* », en rapport avec le lieu de la tenue de la première réunion entre ces pays en 1960[1939]. En 1961 ce groupe va constituer l'Organisation de l'Union des Pays Africains et Malgache[1940]. Cette organisation va faire signer aux Etats membres un accord dénommé « *Accord de coopération économique afro-malgache* », qui va donner naissance à une organisation de coopération économique qui devait avoir pour siège Yaoundé, capitale du Cameroun[1941]. Les objectifs de cette organisation seront en résumé le rapprochement économique entre les pays et l'assurance d'un rapprochement dans les politiques économiques de façon générale. Toutefois, malgré ses atouts et son ambition, cette union ne va pas donner de résultats probants et elle sera transformée en « *un simple forum économique* » en 1964 à Dakar, au Sénégal[1942].

Le troisième groupe est celui de Monrovia. Celui-ci nait dans une tentative de conciliation entre le groupe de Casablanca et celui de Brazzaville.

---

[1938] Abdalla Elabidi, *L'évaluation de l'union africaine par rapport à l'Union européenne (comme un modèle de régulation juridique internationale d'excellence) : étude comparative., op cit, p. 14.*

[1939] F. Wodie, *Les institutions Internationales Régionales en Afrique Occidentale et Centrale*, Paris, LGDJ,1970, p.45.

[1940] Ce groupe sera constitué du Sénégal, du Cameroun, de la Mauritanie, de la république centrafricaine, du Congo Brazzaville, du Gabon du Tchad, du Dahomey, de la Haute Volta du Niger et de Madagascar.

[1941] Sur cette organisation lire, J-M. de Lattre, « *Organisation africaine et Malgache de coopération économique* », *Politique étrangère*, n°6, 1961, pp.584-604.

[1942]Abdalla Elabidi, *L'évaluation de l'union africaine par rapport à l'Union européenne (comme un modèle de régulation juridique internationale d'excellence) : étude comparative.*, op cit., p. 16.

Après sa réunion initiale à Monrovia, le Nigéria dans le cadre du sommet de Lagos en 1962 va essayer de rapprocher sans succès les deux groupes[1943].Cet échec fut adouci par le fait qu'une déclaration des pays participant va appeler à la création d'une organisation capable de regrouper tous les Etats africains. Cette déclaration sera adoptée lors de la création de l'Organisation de l'Unité Africaine[1944]. Toutefois, « *il est à noter que ce projet donnait à la coopération économique et technique entre les pays africains un place privilégiée, mettant ainsi au second plan la coopération politique et en dernier lieu la coopération militaire* »[1945]. Cette logique ne sera totalement pas retenue par l'OUA puis l'UA, et ces regroupements ne vont pas survivre à cette organisation régionale.

L'OUA et depuis 2001 l'UA, constitue en Afrique la seule organisation interafricaine à caractère général qui regroupe en son sein la quasi-totalité des Etats Africains. Née fondamentalement pour des raisons politiques[1946], cette organisation a aussi eu pour objectif primordiale le rapprochement économique des Etats de la région dans le cadre du développement de la coopération économique.

Cet objectif est clairement déterminé dans la Charte de l'Organisation de l'Unité Africaine. Cette organisation s'était alors donné pour ambition de « *coordonner et intensifier [la] coopération et [les] efforts pour offrir de meilleurs conditions d'existence aux peuples d'Afrique*»[1947]. Il faut dire que malgré quelques actions dans ce sens, l'OUA n'a pas joué un rôle aussi important en matière de développement de la coopération économique que dans le domaine politique.

Contrairement à sa devancière à laquelle elle succède, l'UA représente une avancée importante dans l'idée du développement d'une coopération économique entre les Etats Africains, même si sa véritable finalité est l'intégration économique[1948]. Déjà lors du sommet de Syrte, les Etats africains

---

[1943]*Ibid.*, p. 17.

[1944]Jawhar Ahmed Nabil, *les décisions de l'organisation de l'Unité Africaine, la théorie et la pratique et leur rôle dans les règlements de problèmes du continent*. Alexandrie, Mancha Al maaref.1987, p. 24-25.

[1945] Abdalla Elabidi, *op cit.*, p. 17.

[1946] Il s'agit principalement de la décolonisation des Etats, du renforcement des indépendances politiques de la promotion de la solidarité entre les Etats africain et surtout de réaliser une unité africaine sous la forme d'une véritable fédération africaine. Voir dans ce sens la Charte de l'OUA, l'Acte constitutif de l'UA, et lire Abdalla Elabidi, *L'évaluation de l'union africaine par rapport à l'Union européenne (comme un modèle de régulation juridique internationale d'excellence) : étude comparative.*, op cit.

[1947] Art. 2 de la Charte de l'OUA.

[1948] Voir *infra.*

vont porter un intérêt particulier aux questions d'ordre social et économique.Cet attrait pour les questions de coopération économique sera traduit dans l'acte constitutif qui se fixe pour objectif majeur de « *promouvoir le développement durable aux plans économique, social et culturel »*[1949].

Dans cette ambition de favoriser la coopération économique entre les Etats, l'UA va déployer plusieurs politiques.

## 2-Les initiatives de développement de la coopération économique de l'UA

L'Union Africaine, malgré son ambition louable de procéder à une intégration économique africaine, comme nous le verrons, s'est inscrite dans la logique du renforcement préalable de la coopération économique entre les Etats africains, et entre le continent africain et le monde. Cette logique participe à la continuité des actions déjà menées dans le continent sous l'égide de l'OUA. Il faut, pour illustrer cette volonté des Etats à développer une coopération économique au niveau régional, analyser deux initiatives emblématiques, bien que n'étant pas formellementde coopération économique. On a d'une part le plan de Lagos et d'autre part le NEPAD.

Le plan de Lagos traduit la première véritable initiative de renforcement de la coopération économique menée sous l'égide de l'OUA[1950], qui jusqu'à lors était cantonnée sur des préoccupations politiques notamment la problématique de la décolonisation. Ce plan est issu du sommet économique de l'OUA en 1980 sur le développement de l'Afrique. A travers ce sommet, les Etats africains vont prendre conscience de ce que l'indépendance n'est pas seulement politique, elle est aussi économique. C'est ainsi que ces Etats vont se doter d'une stratégie économique propre basée sur l'idée du développement endogène et de la nécessité d'une coopération économique entre les Etats africains[1951]. Parmi les mesures préconisées dans cette optique, on a la mise en œuvre d'une stratégie continentale en matière de transport et de communication, le développement des échanges commerciaux et financiers

---

[1949] Art. 3 de l'Acte Constitutif de l'UA.

[1950] Plan d'Action de Lagos pour le développement économique de l'Afrique, 1980-2000, adopté par la deuxième session extraordinaire des Chefs d'Etats et de Gouvernement de l'OUA, Lagos, Nigéria, le 29 avril 1980, disponible à l'adresse : http:/www.uneca.org/itca/ariporal/docs/lagos.plan.pdf.

[1951] A-C Robert, « Le plan de Lagos », *Le Monde diplomatique,* libre échange, la déferlante, « manière de voir », n°14, juin 2015. P.25.

interafricains[1952].Au regard de de ces mesures, on constate que le plan de Lagos était beaucoup plus un plan de renforcement de la coopération économique interafricaine en vue du développement que tout autre chose.

Le NEPAD ou le Nouveau Partenariat pour le Développement, apparait comme « *l'initiative de développement, la plus ambitieuse du continent africain du début du XXIe siècle* »[1953]. Si les origines de cette initiative semblent discutées[1954], il faut dire que comme nous la connaissons aujourd'hui, le NEPAD est la résultante de la synthèse du MARP de Thabo Mbeki[1955] et du Plan Omega d'Abdoulaye Wade[1956], lors du sommet de l'OUA de juillet 2001 à Lusaka. De façon générale, le NEPAD se présente comme « *une promesse faite par les dirigeants africains, fondée sur une vision commune ainsi qu'une conviction ferme et partagée qu'il leur incombe d'urgence d'éradiquer la pauvreté, de placer leur pays...sur la voie d'une croissance et d'un développement durable tout en participant activement à l'économie et la vie politique mondiale* »[1957]. Toutefois, pour atteindre cet objectif, celui-ci se base sur l'importance du développement de la coopération économique entre les Etats africains, au rang desquels ceux d'Afrique francophone. C'est dans cette perspective qu'il met l'accent sur la prestation de services publics régionaux tels que les transports, l'énergie, la protection de l'environnement... et sur la promotion du commerce et des investissements entre les Etats africains.

Au regard de ces initiatives, il y a lieu de dire que l'UA comme l'ONU s'est donnée pour objectif le renforcement de la coopération économique comme gage d'un développement économique des Etats africains parmi lesquels ceux francophones. Cependant, du fait de la généralité des missions de ces organisations internationales, leur rôle dans la coopération économique

---

[1952] Plan d'Action de Lagos pour le développement économique de l'Afrique, 1980-2000, adopté par la deuxième session extraordinaire des Chefs d'Etats et de Gouvernement de l'OUA, Lagos, Nigéria, le 29 avril 1980, op cit.

[1953] L. Signé, Le NEPAD et les institutions financières internationales en Afrique au 21 siècle. Emergence, évolution et bilan, L'Harmattan, 2013, 162 p.

[1954]Certains auteurs font remonter les origines du NEPAD aux années 90. C'est le cas de Sams SY qui considère que le NEPAD n'est qu'un renouvellement du plan du Caire destiné à relancer les économies africaines. (S.D Sy « NEPAD : A vision for the global governance ? » cite par J. Vlassenbroek, Le NEPAD ou l'ère de la conditionnalité intériorisée, mémoire pour le diplôme d'études spécialisées en études du développement 2005, université de Louvain, 2005, p. 3).

[1955] Le MARP ou « *Millénium African Renaissance Program* », c'est un programme présenté par Thabo Mbeki, ancien président Sud-Africain, lors du Forum économique mondial de Davos en 2001 au nom de l'OUA. Celui-ci est la continuité de l' « *African renaissance* » élaboré par le Président Thabo Mbeki.

[1956] Le Plan Oméga est une réplique du président Abdoulaye Wade au MARP de Thabo Mbeki, il se veut être un plan économique à vocation continentale.

[1957] NEPAD, section I, art. 1.

est diffuse, contrairement à d'autres institutions dont la mission est singulièrement économique.

### Paragraphe II : Les institutions de coopération économique spécialisées

Les institutions de coopération économique spécialisées peuvent simplement être perçues comme étant des organisations internationales économiques. Celles-ci se distinguent des institutions internationales à caractère général du point de vue de leur particularisme et de leur domaine d'action. Pour ce qui est du particularisme de ces institutions, il tient à deux points : d'une part, la séparation du politique et de l'économie, et d'autre part au lien entre concessionnalité et conditionnalité[1958]. Relativement à leur domaine d'action, les Professeurs Julliard et Carreau indiquent dans leur ouvrage que : « *l'organisation internationale économique ne se distingue de l'organisation internationale que par la nature des missions dont elle est investie et qui visent à la satisfaction des besoins d'intérêts commun dans le seul domaine économique. A cet égard, le plus grand nombre de ces organisations internationales économiques opèrent dans le domaine commercial et dans le domaine financier* »[1959].

Ainsi les institutions économiques, du fait de leur champ en matière financière et commerciale jouent un rôle capital en matière de développement de la coopération économique entre les Etats. Ces matières étant très souvent séparées, il importe alors de présenter les institutions de coopération économique spécialisées en matière financière (A) et celles qui le sont en matière commerciale (B).

#### A-Les institutions de coopération économique spécialisées en matière monétaire et financière

Les Etats d'Afrique francophone, dans leur quête du développement, coopèrent avec plusieurs institutions économiques spécialisées en matière monétaire et financière. Cette coopération compatible avec la souveraineté de

---

1958 Sur le lien entre concessionnalité et conditionnalité, lire O. Pejout, *La conditionnalité en droit des aides d'Etat,* Thèse de doctorat en droit public, Université de Bordeaux ,2017, 1077 p.

1959 D. Carreau et P. Julliard, *Droit international économique*, 5 édition, Collection Précis, Dalloz, 2013, p.31.

ces Etats[1960] s'inscrit dans le cadre du système monétaire et financier international développé après la seconde guerre mondiale. Il faut dire à ce propos que les expressions « *système monétaire* » ou « *système financier* » n'ont jamais brillé par leur clarté[1961]. Elles vont aujourd'hui de pair ou sont interchangeables car il n'est pas aisé d'établir la ligne de démarcation entre ce qui est « *monétaire* » et ce qui relève du « *financier* »[1962]. Quoiqu'il en soit, le système monétaire et financier peut être perçu comme *« l'ensemble des règles, arrangements internationaux et pratiques présidant à la conduite des relations monétaires entre Etats et servant au financement des transactions internationales »*[1963]. Il s'agit de façon simple d'un système ayant pour objectif *« de fournir un cadre qui facilite les échanges de biens, de services et de capitaux entre nations et qui favorise une croissance économique saine »*[1964]. Ce système est incarné par des institutions monétaires et financières.

Ainsi, les institutions monétaires et financières, résultant du système monétaire et financier international, vont revêtir deux missions essentielles. Elles sont, d'une part, les gestionnaires et garantes des obligations monétaires que les Etats ont formellement accepté de respecter dans leurs relations réciproques. D'autre part, ces institutions participent à financer les échanges mondiaux et le développement. Dans leur opérationnalité, les institutions monétaires et financières peuvent avoir une dimension universelle (1) ou régionale (2).

### 1-Les institutions monétaires et financières à vocation universelle

Les institutions monétaires et financières à vocation universelle dont les Etats d'Afrique francophone sont membres et qui jouent un rôle important dans la coopération économique internationale, sont celles issues du système de Bretton-Woods[1965]. De fait, *« le système monétaire international élaboré à Bretton-Woods, en 1944, avait l'ambition d'être universel »*[1966]. Même si les

---

1960 Voir D. Carreau, *Souveraineté et coopération monétaire internationale, Paris*, Cujas, 1970, pp.21-107.

1961 D. Carreau et P. Julliard, *Droit international économique, op cit.*, p ; 537

1962 *Ibid.*

1963 *Ibid.*, p. 541.

1964 *Ibid.*, p. 537.

1965 Sur la création du FMI, lire D. Carreau et P. Julliard, Droit international économique, op cit., pp. 544-547.

1966 Guide du FMI, *Qu'est-ce que le Fonds monétaire international ? Fonds monétaire international*, Washington, 2004, p. 8.

Etats Africains, particulièrement ceux francophones n'étaient pas présents à la constitution de ce système, de nos jours tous en font partie. Le système de Bretton-Woods a donné naissance à deux institutions monétaires et financières, à savoir le Fonds Monétaire International (a) et la Banque Mondiale, dont l'importance en matière de développement de la coopération économique est indéniable en Afrique francophone.

Le FMI a été créé en juillet 1944, lors de la Conférence de Bretton Woods, au cours de laquelle plusieurs Etats se sont accordés sur la mise en place d'une institution de coopération économique destinée à prévenir les politiques économiques désastreuses qui avait conduit à la crise de 1929[1967]. Dans cette optique, celui-ci va recevoir pour mission fondamentale la promotion de la prospérité nationale et internationale.

Au niveau international, le FMI a fondamentalement pour rôle de développer la coopération économique entre les nations. Ce rôle est clairement exposé dans ses Statuts aux termes desquels le but du FMI est « *la promotion de la coopération monétaire internationale au moyen d'une institution permanente fournissant un mécanisme de consultation et de collaboration en ce qui concerne les problèmes monétaires internationaux* »[1968]. Il faut dire que ce but n'est pas le seul, le FMI a aussi d'autres objectifs qui ont un lien étroit avec la coopération économique entre les Etats. Ainsi, il participe à « *faciliter l'expansion et l'accroissement harmonieux du commerce international et contribuer… au développement des ressources productives de tous les Etats membres, objectifs premiers de la politique économique* »[1969]. Il vise également à « *établir un système multilatéral de règlement des transactions courantes entre les Etats membres et à éliminer les restrictions de change qui entravent le développement du commerce mondial* »[1970].Dans cette optique, le FMI impose à tous ces membres un « *code de bonne conduite* »[1971] qui a pour objectif d'éviter des crises et conflits.

A côté de cette coopération économique internationale dont il est chargé de la promotion, le FMI est beaucoup connu en Afrique francophone comme une institution d'aide conjoncturelle et structurelle aux Etats en difficulté

---

[1967] *Ibid.*
[1968] Art. 1 (i) des Statuts du FMI.
[1969] Art.1 (ii) des Statuts du FMI.
[1970] Art. 1 (iv) des Statut du FMI.
[1971] J-Ph. Colson et P. Idoux, *Droit public économique, op cit.*, p.686.

moyennant certaines conditionnalités[1972]. Ainsi, il accorde une aide financière et technique aux Etats en crise sous fonds propres ou à travers le recours à un système de création monétaire au moyen des droits de tirage spéciaux(DST) institués en 1967[1973].

Au-delà de ces missions classiques et officielles, le FMI joue de nos jours un rôle de magistrature d'influence[1974]. Celui-ci permet de conditionner ou d'influencer l'attitude des investisseurs à l'égard de certains pays à travers les rapports ou la notation que cette institution rend sur ces Etats. Ce faisant, le FMI est devenu dans les Etats d'Afrique francophone un catalyseur de coopération et d'aide en matière de développement économique. Dans cette vocation il est accompagné par la Banque Mondiale.

La Banque Mondiale est, à côté du FMI, le second pilier du système monétaire et financier international adopté à la conférence monétaire et financière des Nations Unies à Bretton Woods dans le New Hampshire, en 1944[1975]. Celle-ci est un ensemble de cinq (5) institutions qui se sont progressivement adossées à la première, la Banque internationale pour la reconstruction et le développement[1976]. Cette dernière est au cœur du développement de la coopération économique internationale surtout en matière monétaire et financière. Les Etats d'Afrique francophone sont pour l'essentiel affiliés à cette Banque du fait de leur appartenance au FMI[1977].

Initialement, la BIRD a été créée pour soutenir la reconstruction des Etats Européens et aider au développement des Etats membres[1978]. Au-delà,

---

[1972] Sur cette conditionnalité, voir nos développements sur les actions indirectes de l'Etat en matière économique. (Chapitre I, Titre I de la Deuxième partie).

[1973] Les DST ou droits de tirage spéciaux sont une monnaie scripturale, dont la valeur a résulté d'abord d'un rattachement à une certaine quantité d'or monétaire, puis a été fixée en fonction d'un panier de monnaies. D'instrument de crédit, le DST est de venu depuis 1981 une monnaie internationale conventionnelle. (P. Daillier, M. Forteau et A. pellet, Droit international public, *op cit.*, pp. 1197-1198.

[1974] J-Ph. Colson et P. Idoux, *Droit public économique*, *op cit.*, p.687.

[1975] Voir, les Statuts du FMI.

[1976]Sanbèlè Dominique Da, *les Organisations internationales économiques et la consolidation de la paix dans les Etats sortant de conflits armés*, *op cit.*, p. 24.

[1977] Art. II section I des Statuts de la Banque internationale pour la reconstruction et le développement, prévoit que : « *l'accès à la Banque sera ouvert aux autres membres du Fonds aux moments et aux conditions prescrits par la Banque* ».

[1978] C'est ce qu'indique clairement l'article 1 (i) des Statut de la Banque internationale pour la reconstruction et le développement : « *La Banque a pour objectif : d'aider à la reconstruction et au développement des territoires des Etats membres, en facilitant l'investissement de capitaux consacrés à des fins productives, - y compris la restauration des économies détruites ou disloquées par la guerre, la réadaptation des moyens de production aux besoins du temps de paix et*

elle a pour objectif « *de promouvoir les investissements privés à l'étranger au moyen de garanties ou de participations aux prêts...* »[1979], de « *promouvoir l'harmonieuse expansion, sur une longue période, des échanges internationaux et l'équilibre des balances de payements, en encourageant les investissements internationaux consacrés au développement des ressources productives des Etats membres* »[1980]. Ainsi, au soutien économique des Etats et à la participation à la création des infrastructures, les compétences de la BIRD se sont considérablement accrues. Désormais, s'y ajoutent d'autres projets plus globalement orientés vers le développement durable et la lutte contre la pauvreté, qui est devenue son objectif primordial. Ces différentes missions de la BIRD participent à renforcer la coopération économique entre les Etats.

D'autres institutions faisant partie du groupe de la Banque mondiale intéressent aussi les économies africaines. C'est le cas de l'Association internationale de développement (AID)[1981], de la Société financière internationale (SFI)[1982], du Centre international de règlement des différends (CIRDI)[1983], et de l'Agence multilatérale de garantie des investissements (AMGI)[1984].

Le FMI et la BM constituent donc deux institutions monétaires et financières à vocation universelle qui jouent un rôle important en matière de coopération économique dans un champ spécialisé dont les Etats d'Afrique francophone font partie du système. Ceux-ci ont aussi développé une institution monétaire et financière à caractère régional c'est la Banque Africaine de Développement.

---

*l'encouragement au développement des ressources et moyens de production des pays les moins avancés* ».

1979 Art. 1 (ii) des Statuts de la Banque internationale pour la reconstruction et le développement.

1980 Art. 1 (iii) des Statut de la Banque internationale pour la reconstruction et le développement.

1981 Créé en 1960, L'AID est un organisme prêteur pour permettre l'accès au crédit aux pays les plus pauvres, qui n'ont pas accès au marché financier, selon les conditions de durée et de taux d'intérêt proches du don. Ses ressources proviennent des Etats et de la BIRD. (J-Ph. Colson et P. Idoux, Droit public économique, op cit., p.688).

1982 La SFI a été créée en 1956, pour favoriser l'investissement privé dans les pays pauvres, sous forme de partenariats avec les investisseurs privés par des prises de participation ou de prêts et pour conseiller les gouvernements sur la création de conditions économiques favorables à l'épargne et à l'investissement. (J-Ph. Colson et P. Idoux, *Droit public économique*, *op cit.*, p.689).

1983 Le CIRDI est une instance d'arbitrage chargée de régler les litiges entre gouvernements et investisseurs privés créée par un traité de 1966 réunissant à ce jour 131 Etats. (J-Ph. Colson et P. Idoux, Droit public économique, *op cit.*, p.68).

1984 Créée en 988, l'AMGI a pour mission de faciliter les investissements privés et de conseiller les Etats membres. (J-Ph. Colson et P. Idoux, Droit public économique, *op cit.*, p.689).

## 2-L'institution monétaire et financière régionale : la Banque africaine de développement

La nécessité d'avoir une institution financière propre aux Etats africains s'est fait ressentir très tôt en Afrique. C'est dans cette optique que les Etats Africains vont se réunir le 04 aout 1966 à Khartoum, quelques années après la création de l'OUA, pour créer une institution financière, à savoir la Banque Africaine de Développement à vocation régionale[1985]. Si initialement 23 Etats africains ont participé à cette création, tous les Etats Africains sont aujourd'hui membres de cette Banque. Il s'agit donc de la seule banque régionale, le continent africain étant son champ d'intervention[1986], même si elle est constituée d'un actionnariat plus diversifié[1987]. Depuis son lancement, la BAD s'est développée et a donné lieu à l'émergence de ce qu'il convient d'appeler « *le Groupe de la Banque Africaine de Développement* », constitué au-delà de la BAD elle-même, du Fonds Africain de développement (FAD)[1988], et du Fonds Spécial du Nigéria (FSN)[1989].

La BAD constitue un très grand cadre de coopération économique des Etats Africains en général et de ceux d'Afrique francophone en particulier, en vue du développement. Dans le préambule des Accords portant création de la BAD, les gouvernements africains situent en effet cette institution dans le cadre de leur préoccupation de *« renforcer la solidarité africaine par la coopération économique… »*. C'est pour ce faire que la BAD va se voir reconnaitre plusieurs prérogatives en matière de coordination des plans nationaux de développement économique et social pour favoriser la croissance harmonieuse de l'ensemble des économies africaines et l'expansion du commerce extérieur africain et des échanges intra-africains[1990]. Elle doit ainsi

---

[1985] Voir à ce propos le préambule de l'accord portant création de la Banque Africaine de Développement.

[1986] Art.3 de l'accord portant création de la BAD.

[1987] La BAD compte en 2018, 80 membres dont 54 membre régionaux, tous les Etats du continent, et 26 membres non régionaux (Allemagne, Arabie Saoudite, Argentine, Autriche, Belgique, Brésil, Canada, Chine, Corée, Danemark, Espagne, Etats unis, Finlande, France, Inde, Italie, Japon, Koweït, Luxembourg, Norvège, Pays Bas, Portugal, royaume uni, Suède, Suisse et Turquie).

[1988] Le FAD est un guichet de prêt à taux concessionnel de la BAD, fondé en 1972, c'est en 1974 qu'il entre en activité.

[1989] Créé par un accord entre le Groupe de la BAD et le gouvernement nigérian en 1976, le FSN est un fonds renouvelable et auto entretenu qui a pour objectif de soutenir les efforts de développement des pays membres régionaux à faible revenu de la Banque dont la situation et les perspectives économiques et sociales nécessitent des financements à taux concessionnels.

[1990] Voir paragraphe 4 et article1 de l'accord portant création de la BAD.

drainer une masse supplémentaire de capitaux internationaux propres à promouvoir le développement économique et le progrès social de l'Afrique[1991].

Depuis sa création, cette institution joue plus ou moins son rôle de renforcement de la coopération économique entre les Etats africains. A ce jour, la BAD est parmi les institutions africaine les mieux gérées au regard de ses résultats économiques[1992]. Elle constitue donc aux côtés du FMI et de la BM, une institution monétaire et financière de premier plan en Afrique en général et en Afrique francophone en particulier. Toutefois ces institutions ne sont pas les seules institutions de coopération économique, il en existe d'autres qui ont plutôt un caractère commercial.

## B-Les institutions de coopération économique spécialisée en matière commerciale

Les Etats africains sont devenus pour la plupart indépendants pendant la période du libéralisme économique. Ce libéralisme qui sera accentué par le phénomène de la mondialisation, va se caractériser par le développement du commerce international. Par cette expression de commerce international, il convient d'entendre « *l'ensemble des transactions à l'importation et à l'exportation, des rapports d'échange, d'achat, de vente, de transport, des opérations financières, entre les nations* »[1993]. De façon plus précise, il s'agit de la circulation des biens et des services entre les Etats. Ce commerce international, bien que n'étant pas nouveau, est aujourd'hui au cœur d'un développement exponentiel, et les Etats africains s'y sont engagés. Les constitutions des Etats africains prévoient même à cet égard la possibilité de conclure des « *traités commerciaux* »[1994].

Le développement du commerce international qui participe de la coopération économique se développe, dans le cadre des institutions de régulation des rapports commerciaux entre Etats. Si dans la monde, l'OMC constitue la principale organisation commerciale (1) dont tous les Etats d'Afrique francophone sont membres, il ne faut pas négliger le rôle que joue la CNUCED dans le même domaine (2).

---

[1991] Voir paragraphe 5 et article 2(1) c de l'accord portant création de la BAD.

[1992] Pour s'en convaincre il suffit de lire le Rapport annuel 2017 de la BAD.

[1993] Dictionnaire de la terminologie du droit international, établi sous l'autorité du Président Basdevant, Sirey, 1960, p.120 cité par P. Daillier, M. Forteau et A. Pellet, *Droit international public*, op cit., p.1241.

[1994] Art. 214 de la constitution de la RDC.

## 1-L'Organisation Mondiale du Commerce et la coopération économique en matière comerciale

L'organisation Mondiale du Commerce fait partie des rares institutions internationales à caractère universel nées sur le continent africain[1995]. Celle-ci est en effet issue des accords de Marrakech, au Maroc le 15 avril 1994, et entrés en vigueur le 1er janvier 1995. L'OMC ainsi créée a pour vocation de remplacer le GATT[1996]. Pour mieux cerner cette Organisation il importe d'abord de présenter le GATT qui l'a précédé.

Signé le 30 octobre 1947 et entré en vigueur le 1er janvier 1948, le GATT est un accord en forme simplifié qui a régi les rapports commerciaux entre les Etats avant l'OMC. Son application avait un caractère provisoire, puisqu'il préparait l'avènement de l'Organisation Internationale du Commerce prévu par la Charte de la Havane de 1948 dont la non ratification va geler le fonctionnement[1997]. Cet accord qui va régir les rapports commerciaux entre les Etats durant une longue période aura plusieurs faiblesses qui seront préjudiciables à son succès. Dominique Carreau et Patrick Juillard identifient deux groupes de faiblesses, celles qui tiennent aux conditions même de sa création et celles qui se sont développées à la suite de leur application[1998]. Dans le premier groupe ils notent que cet accord est une version abrégée de la Charte de la Havane ; il n'est limité qu'au commerce des marchandises ; il est insuffisamment représentatif, il n'a pas de structure institutionnel et n'a pas d'effet direct...[1999] Quant au second groupe de faiblesses, ils relèvent que le GATT était « *à la carte* » et dénoncent le phénomène du «*free ride* »[2000].

Malgré ces lacunes, il convient de dire que le legs du GATT en matière de développement de la coopération économique est important. Il faut tout d'abord signaler que « *s'il est vrai que le GATT en tant qu'institution appartient au passé, il n'en va pas de même de son droit matériel* »[2001]. De fait, l'Accord général sur les Tarifs Douaniers et le Commerce de 1947perdure pour l'essentiel par le moyen de son intégration dans l'Accord général sur les Tarifs

---

[1995] Pour cerner les relations entre l'Afrique et l'OMC, lire Hakim Ben Hammouda, l'Afrique, l'OMC et le développement, Maisonneuve et Larose, décembre 2005, pp. 382.

[1996] General Agrement on Tariffs and Trade.

[1997] P. Daillier, M. Forteau et A. Pellet, *Droit international public, op cit.*, p.1243.

[1998] D. Carreau et P. Julliard, *Droit international économique*, 5 édition, Collection Précis, Dalloz, 2013, pp. 46-51.

[1999] *Ibid.*, pp. 46-49.

[2000] *Ibid.*, pp. 49-51.

[2001] D. Carreau et P. Julliard, *Droit international économique, op cit.*, p.52.

Douaniers et le commerce de 1994.[2002] Ensuite, il faut reconnaitre que si le GATT en tant qu'institution a disparu avec la naissance de l'OMC, celle-ci lui a cependant emprunté nombre de ses traits caractéristiques. L'OMC reconnait même formellement sa « *dette intellectuelle* »[2003] à l'égard du GATT, puisqu'elle s'engage à être « *guidée par les décisions, les procédures et les pratiques habituelles des parties contractantes du GATT de 1947* »[2004].

L'OMC qui succède au GATT en 1994, apparait comme une version améliorée de ce dernier. Elle est en effet une véritable organisation internationale dotée de la personnalité juridique et de véritables structures institutionnelles[2005]. Celle-ci donc, dans son institutionnalisation a comblé les faiblesses du GATT, et se présente comme une institution économiquement cohérente et de portée universelle au regard du nombre des Etats qui en sont membres.[2006] Au-delà, de par sa vocation, l'OMC est le principal acteur de la régulation des rapports commerciaux dans le monde et, ce faisant du développement de la coopération économique.

Le rôle de l'OMC en matière de coopération est clairement posé dans sa charte constitutive. Les accords de Marrakech y relatifs prévoient sous ce rapport que « *l'OMC servira de cadre institutionnel commun pour la conduite des relations commerciales entre ses membres* »[2007]. Le domaine de ces relations commerciales a été progressivement élargi. Il s'étend désormais non seulement au commerce des marchandises[2008], mais aussi à celui des services[2009] et de la propriété intellectuelle.[2010] Relativement à certains secteurs spécifiques de l'aéronautique, les marchés publics, le secteur laitier, des accords plurilatéraux ont été conclus. Ces accords sont partiellement intégrés dans le système de l'OMC, car ne créant pas des droits et des obligations pour les contractants[2011]. En outre, l'OMC est l'unique enceinte internationale des négociations commerciales multilatérales. C'est ce qui ressortit des accords de

---

[2002] WTO/OMC, Les accords de l'OMC : l'accord de Marrakech instituant l'organisation mondiale du commerce et ses annexes, édition mise à jour des textes juridiques, décembre 2017.
[2003] D. Carreau et P. Julliard, *Droit international économique*, *op cit.*, p.53.
[2004] Art. XVI (1) de l'accord de Marrakech instituant l'OMC.
[2005] J-Ph. Colson et P. Idoux, *Droit public économique*, *op cit.*, p.695.
[2006] Au 1 janvier 2019, l'OMC comptait 148 pays membres et 37 observateurs.
[2007] Art. II (1).
[2008] Ce domaine est régi par l'accord général sur les tarifs douaniers et le commerce du GATT de 1974.
[2009] Ce domaine est régi par l'accord général sur le commerce et les services (AGCS) de l'OMC de 1994 ;
[2010] Ce domaine est régi par l'accord sur les aspects des droits de propriété intellectuelle qui touchent au commerce (ADPIC) 2005.
[2011] Art. II (3).

Marrakech en ces termes : « *L'OMC sera l'enceinte pour les négociations entre les membres au sujet de leurs relations commerciales multilatérales* »[2012]. Enfin, l'OMC est aussi un cadre de règlement des différends grâce à la création d'un « *organe de règlement des différends* »[2013] (ORD) qui lui est intégré.

Au regard de ces fonctions il apparait que l'OMC est la principale instance spécialisée en matière commerciale de coopération économique dans le Monde. Si elle est la principale elle n'est pas la seule, car le CNUCED joue un rôle non moins important.

## 2-La CNUDED et la promotion de la coopération commerciale

La Conférence des Nations Unies sur le Commerce et le Développement (CNUDED) est un organe subsidiaire des Nations unies, notamment de son Assemblée Générale, créée en 1964 pour intégrer les pays en développement dans l'économie monde. Cet organe fait suite aux travaux de l'économiste argentin Raul Presbish et de l'appel de 75 pays d'Afrique, d'Asie et d'Amérique Latine en vue de la mise sur pied d'un cadre pouvant leur permettre de tirer profit du développement commercial et des investissements internationaux. La CNUDED apparait comme une réaction contre les règles issues du GATT.

La CNUDED va être un cadre de développement de la coopération entre les pays du Nord et ceux du Sud. Pour Hans W. Singer , celle-ci est à la vérité, *« née de la certitude que la coopération intergouvernementale, permettrait, à travers les Nations Unies, de modifier le système commercial et financier mondial dans un sens favorable au développement* »[2014]. De façon plus spécifique, la CNUCED est un forum d'échange, un cadre de négociations, ainsi qu'une instance de recherche et collecte des données entre Etats.

En somme, les constitutions des Etats d'Afrique francophone ont prévu soit explicitement ou implicitement des interstices octroyant des bases constitutionnelles aux institutions de coopération économique, que celles-ci aient un caractère général ou soient spécialisées en matière économique.

---

[2012] Art. III (2).
[2013] Lire sur cet organe : E. Canal-Forgues, « Le système de règlements des différends de l'OMC », *AFDI,* 1996, pp.845-707.
[2014] Hans W. Singer, « La création du CNUCED et l'évolution de la pensée contemporaine sur le développement », *Revue du tiers Monde,* 1994, p.490.

Toutefois, il faut signaler que la plupart de ces Etats, conscients de leur faiblesse, ont l'ambition de dépasser le seul cadre de la coopération économique pour s'inscrire dans une logique d'intégration. C'est ainsi que vont naitre des institutions d'intégration économique qui ont aussi ont un fondement constitutionnel.

## Section II : La dynamique des Institutions d'intégration économique

Avec le phénomène de la mondialisation, les Etats africains notamment ceux de l'espace francophone, vont se rendre à l'évidence de ce que seul, un Etat ne saurait réussir dans la « *jungle* » que ce phénomène a induite et qui transforme le monde en un « *état de nature* » ou seul les plus forts survivent. C'est dans ce souci que va s'imposer à eux la nécessité de créer des grands blocs, notamment économiques, ou institutions d'intégration économique[2015].

L'intégration économique peut être définie comme étant « *le procédé par lequel deux ou plusieurs pays réduisent progressivement et suppriment les obstacles aux échanges entre eux et les disparités entre leurs économies de manière à constituer à terme un espace économique homogène*»[2016]. Sous ce rapport, celle-ci se diffère de la coopération économique. Il faut dire à ce propos qu'on emploie très souvent, indifféremment, « *coopération économique* » et « *intégration économique* », à tort. Car cette simplification est abusive et trompeuse. De fait, si la coopération économique ne se limite qu'aux interactions économiques entre Etats, l'intégration économique va au-delà en déstructurant la souveraineté des Etats dans les secteurs intégrés[2017]. C'est ce que traduisent L. Kamara et B. D'Hauteville lorsqu'ils écrivent que : « *l'intégration économique...suppose au contraire [de la coopération économique] par essence, une limitation plus ou moins accentuée des prérogatives étatiques en fonction du degré d'union recherché, pour aboutir à*

---

[2015] Voir dans ce sens, Togba Zogbélemou, *Droit des organisations d'intégration économique en Afrique, (CEDEAO-CEMAC-UEMOA- ZMAO)*, L'Harmattan,2014, 372 p.

[2016] B.H. Hammouda, *Intégration Régionale en Afrique Centrale, Bilan et perspectives*, Paris, Karthala, 2003, p.30.

[2017] A. Ouamba-Diassivy, *La souveraineté de l'Etat et l'intégration sous-région ale en Afrique centrale : le cas de la CEMAC*, Mémoire de Master en Diplomatie, Université de Yaoundé II-Institut des Relations Internationales du Cameroun. 2009. 168P ;

*leur disparition... dans le cadre d'une structure unique parachevant l'édifice* »[2018].

De façon générale, l'intégration économique ne se décrète pas. Elle est la résultante d'une construction ou d'une dynamique, validant par-là la théorie des étapes juridiques des modèles d'intégration[2019]. Cette construction s'opère à travers des institutions d'intégration économique qui prolifèrent dans le monde en général et en Afrique en particulier, depuis le début des années 1990[2020].

Dans l'espace africain singulièrement francophone, la problématique de l'intégration économique s'inscrit dans une double perspective. La première est une perspective purement économique. Dans ce sens, l'intégration économique se veut être un mécanisme ou un instrument du développement économique et social des Etats du continent. La seconde perspective est politique. Ici, l'intégration économique constitue une étape vers la construction de l'unité africaine voire un Etat fédéral d'Afrique[2021]. C'est d'ailleurs dans cette dernière perspective que les Etats africains ont consacré, dans leur constitution, des normes fondant la création des institutions d'intégration.

La plupart des Etats africains, en effet, dans la logique de construction d'une intégration politique voire économique, ont prévu des dispositions constitutionnelles permettant un abandon de leur souveraineté, soit totalement soit partiellement. La constitution nigérienne prévoit cette possibilité lorsqu'elle dispose que « *la République du Niger peut conclure avec tout Etat africain des accords d'association ou de communauté emportant abandon partiel ou total de la souveraineté en vue de réaliser l'union africaine* »[2022].Sans grande nuance, cette disposition est reprise dans la constitution de la RDC[2023], et du Benin[2024]. De façon laconique, la Constitution de Madagascar prévoit tout simplement que « *tout traité d'appartenance de*

[2018] L. Kamara et B. D'Hauteville, « Aspect juridiques de l'intégration économique en Afrique », *Revue du Tiers-Monde*, n°51juillet-septembre 1972, p.532.
[2019]*Ibid.*
[2020] Ochozias A. Gbaguidi, « Cinquante ans d'intégration régional en Afrique : un bilan global », Techniques financières et développement, 2013 n°111, pp. 47-48.
[2021] Sur ces doubles perspectives, un auteur pense que le régionalisme africain oscille entre l'économie et le politique et sa tendance hésitante à la supranationalité. (M. Makane Mbengue et O. Illy, « Les interactions institutionnelles dans le régionalisme africain », in S. Doumbe-Bille (dir) ; *La régionalisation du droit international*, Bruxelles, Bruyant, 2012PP.303-328.
[2022] Art. 172.
[2023] Art.217.
[2024] Art.149.

*Madagascar à une organisation d'intégration régionale doit être soumis à une consultation populaire par voie de referendum »*[2025].

Ainsi donc, les institutions d'intégration économique bénéficient d'un fondement constitutionnel solide dans plusieurs Etats d'Afrique francophone. Dans ces pays, à l'instar du Cameroun, du Maroc et de l'Algérie, où la possibilité d'un abandon total ou partiel de la souveraineté dans le cadre de la création d'une institution d'intégration n'a pas été formellement consacré[2026], l'on peut déduire cette possibilité des « *clauses de droit international* » contenues dans ces Constitution et surtout des dispositions quasi générales des constitutions africaines qui traduisent le souci de ces Etats de participer à la construction de l'unité africaine[2027]. C'est cette interprétation qu'a fait le juge constitutionnel sénégalais pour fonder la constitutionnalité du traité OHADA[2028].

Somme toute, le fondement constitutionnel des institutions d'intégration économique en Afrique francophone s'inscrit dans la logique des constituants de participer à la construction d'une union africaine. Si cette union se veut d'abord politique, elle est aussi économique. C'est la raison pour laquelle dans la perspective de sa création, il existe en Afrique des institutions d'intégration économique régionale communes à tous les Etats. Toutefois, la construction d'une intégration économique régionale apparait comme un processus, une dynamique. C'est la raison pour laquelle celle-ci passe par des étapes

---

[2025] Art. 137.

[2026] Il n'existe aucune disposition dans les Etats ainsi énumérés prévoyant un abandon de souveraineté.

[2027] Dans le préambule des constitutions des Etats Africains il existe des dispositions notamment dans le préambule qui traduisent la volonté de ces Etats de s'inscrire dans la logique de la construction de l'union africaine.

[2028] Le conseil constitutionnel sénégalais, dans sa décision n0°3 /c /93 du 16 décembre, a reconnu qu'en *« conférant compétence à la Cour commune de justice et d'arbitrage, les articles 14,15 et 16 du traité réduisent d'autant les attributions de la Cour de cassation telles qu'elles sont définies par l'article 82 alinéa 3 de la constitution »*, mais que ce *« dessaisissement de certaines de ces institutions, Cour de cassation, mais aussi assemblée nationale, n'est ni total ni unilatéral, qu'il s'agit donc , en l'espèce, non pas d'un abandon de la souveraineté, mais d'une limitation de compétence qu'implique tout engagement international et qui, en tant que tel, ne saurait constituer une violation de la constitution dans la mesure où celle-ci, en prévoyant de conclure des traité, autorise, par cela même, une telle limitation de compétence »*. le conseil constitutionnel a ajouté, et c'est le plus important, que *« même si les articles soumis à l'examen du conseil constitutionnel avaient prescrit un véritable abandon de souveraineté, ils ne seraient pas inconstitutionnels pour la raison que le paragraphe 3 du préambule de la constitution dispose que « le peuple sénégalais, soucieux de préparer l'unité des Etats de l'Afrique et d'assurer les perspectives que comporte cette unité… décide que la République du Sénégal ne ménagera aucun effort pour la réalisation de l'unité africaine… », il s'en suit que l'OHADA, engagement international en vue de l'unité africaine, serait conforme à la constitution »*.

notamment l'intégration sous –régionale qui prépare l'intégration économique régionale, d'où l'existence, au niveau de ces sous-régions, de certaines institutionsd'intégration économique. Il faut cependant souligner que si les institutions économiques sous régionales existent (**Paragraphe I**) celles régionales sont en expectatives (**Paragraphe II**).

## Paragraphe I : La sauvegarde temporaire des institutions d'intégration économique au niveau régional

Le souci de la création des institutions d'intégration économique en Afrique en générale et dans l'espace francophone du continent en particulier, est une vieille idée qui a animé les dirigeants et les peuples de cet espace depuis les indépendances. Cette aspiration s'inscrit, comme on l'a déjà relevé, dans l'ambition d'impulser le développement économique et surtout la création d'une unité africaine, qui trouve « *ses racines dans le mouvement panafricain* »[2029]. Si entre 1960 et 1980 cette aspiration s'est traduite par plusieurs initiatives intergouvernementales de coopération économique multisectorielles ou sectorielles, depuis 1980 avec le plan d'action de Lagos et surtout avec le traité d'Abuja les Etats africains se sont engagés dans la voie de l'intégration économique. Si le traité d'Abuja a pour objectif final la création d'une communauté économique africaine, il prévoit que celle-ci ne peut se réaliser que de manière progressive et par étape, notamment au niveau sous-régional[2030].

Ainsi, on peut dire que les institutions d'intégration économique sous régionale créées sont à titre transitoire, puisqu'elles préparent une intégration économique régionale. Dans l'espace africain, les institutions économiques sous régionales qui existent et qui s'inscrivent dans la logique de la préparation d'une communauté économique africaine sont nombreuses. Si certaines ont un caractère économique en général (A) d'autres, subsidiaires, n'ont qu'un caractère monétaire (B).

[2029] Ochozias A. Gbaguidi, « Cinquante ans d'intégration régionale en Afrique : un bilan global », *Techniques financières et développement,* 2013 n°111, pp. 47-48.

[2030] . C'est ce que prévoit aussi l'art. 6 du traité d'Abuja : « *la Communauté sera progresivement mise en place au cours d'une période de transition de trente-quatre ans...* ».

## A-Le développement des communautés économique sous-régionale

Il existe actuellement en Afrique davantage d'organisations sous régionales que sur tout autre continent, et les Etats d'Afrique francophone sont pour la plupart membres d'une communauté économique dans une sous-région africaine. S'il faut seulement se fier au traité d'Abuja, l'Union africaine est constituée de pas moins de huit organes sous régionaux- les Communautés économiques régionales- qui jouent un rôle important dans l'intégration économique en Afrique.[2031] Il faut dire qu'au-delà de cette prévision du traité d'Abuja, il existe d'autres organisations économiques sous régionales, bien que celles-ci sont amenées à disparaitre au profit de celles-là. Ainsi donc, on peut dire qu'il existe plusieurs communautés d'intégration économique en Afrique (1), même si celles-ci sont amenées à jouer un rôle similaire (2).

### 1-La pluralité d'organisations d'intégration économique sous-régionale

L'Afrique apparait de nos jours comme le continent qui a le plus grand nombre de regroupements économiques sous régionaux plus ou moins intégrés[2032]. C'est ainsi que les Etats de référence dans cette étude sont membres d'une communauté d'intégration économique. Les communautés économiques dont ils sont membres sont au nombre de quatre pour l'essentiel, s'il faut retenir celles reconnues par le traité d'Abuja.

-**L'Union du Maghreb Arabe** (**UMA**), est la communauté économique régionale de l'Afrique du Nord[2033]. Celle-ci a été créée par une décision des chefs d'Etats du Maghreb prise à Marrakech au Maroc en 1989, et formalisée par le traité constitutif éponyme. Elle est composée de l'Algérie, la Lybie, le Maroc, la Mauritanie et de la Tunisie. Cette union est dotée d'un conseil présidentiel composé des chefs d'Etats membres et qui est l'organe suprême de l'union, et de plusieurs autres organes à l'instar d'un conseil des ministres,

---

[2031] Art. 6 du traité d'Abuja instituant la communauté économique africaine.

[2032] Ochozias A. Gbaguidi, « Cinquante ans d'intégration régionale en Afrique : un bilan global », *op cit.*, p.48.

[2033] Tiaba Farid, *L'Expérience de l'union du Maghreb arabe en matière d'intégration économique*, CAEM, Paris 1993.

des commissions ministérielles spécialisées ou d'un secrétariat général permanent[2034].

**-La Communauté Economique et Douanière des Etats de l'Afrique de l'Ouest (CEDEAO),** c'est l'une des plus vieilles communautés économiques régionales africaines. Créée en 1975 par le traité de Lagos, qui a été révisé en 1993, celle-ci est composée de 16 pays d'Afrique de l'ouest[2035]. Elle a pour ambition de phagocyter les autres organisations économiques qui foisonnent dans cette région d'Afrique comme elle le souligne dans son traité révisé[2036]. La CEDEAO est constituée de plusieurs institutions, on peut citer entre autres la conférence des chefs d'Etats et de gouvernements, le conseil des ministres, le parlement de la communauté...etc[2037].

**-La Communauté Economique des Etats d'Afrique Centrale (CEEAC)**[2038] ; c'est la communauté économique qui regroupe les Etats de l'Afrique centrale. Elle est constituée de dix pays[2039]. Cette organisation a été créée à l'initiative du président Gabonais Omar Bongo en 1981 à Libreville. Toutefois, le traité instituant la CEEAC a été signé par les chefs d'Etat de la Communauté en octobre 1983, et est entré en vigueur le 18 décembre de la même année. La CEEAC est constituée de plusieurs organes comme la conférence des chefs d'Etat et de gouvernements, le conseil des ministres, le secrétariat général... etc.[2040].

**-Le Common Market for Easter and Southern Africa** (COMESA)[2041]. L'initiative de la création du COMESA a été prise lors de la deuxième réunion de la zone d'échanges préférentiels (ZEP) tenue à LUSAKA

---

[2034] Art.4-13 du traité constitutif de l'Union du Maghreb Arabe.

[2035] Il s'agit du Benin, du Burkina Faso, du Cap Vert, de la Cote d'Ivoire, de la Gambie, du Ghana, de la Guinée, de Guinée Bissau, du Libéria du Mali, de la Mauritanie, du Niger, du Nigéria du Sénégal, de la Sierra Leone et du Togo.

[2036] C'est dans ce sens que l'art.2 du traité révisé de la CEDEAO prévoit que : « par le présent traité, les hautes parties contractantes réaffirment la création de la Communauté Economique des Etats de l'Afrique de l'Ouest (CEDEAO) et décident qu'elle sera à terme la seule Communauté Economique de la région aux fins de l'intégration économique... ».

[2037] Art.6 du traité révisé de la CEDEAO.

[2038] Sur cette communauté, voir, M. Kamto, « La communauté économique des Etats de l'Afrique centrale, une communauté de plus ? », in *clunet*, 1987, p.839.

[2039] Il s'agit de l'Angola, du Burundi, du Cameroun, de la Centrafrique, du Congo de la République Démocratique du Congo, du Gabon, de la Guinée équatoriale, du Rwanda, de Sao Tomé-et – Principe et du Tchad.

[2040] Art. 7 du traité instituant la CEEAC.

[2041] Ce sigle signifie en français : Marché Commun de l'Afrique Orientale et Australe.

en janvier 1992. Celui-ci est constitué des Etats de l'Afrique Australe et centrale[2042].

Ce panorama d'organisations d'intégration économique prouve à suffire qu'il existe une pluralité d'institutions économiques en Afrique. Ceux-ci jouent un rôle important en matière d'intégration économique.

## 2-Le rôle des communautés économiques sous-régionales

Depuis le traité d'Abuja instituant la Communauté économique africaine, les communautés économiques régionales (CER) ont été intégrées dans la politique de construction d'une intégration économique africaine dans le cadre de la création d'une Union africaine. Cette intégration économique est multisectorielle comme semblent l'indiquer tous les actes juridiques qui instituent les communautés économiques en Afrique. Toutefois, il convient de souligner que plusieurs organisations d'intégration économique dans leurs traités constitutifs ne se sont pas assignées de façon expresse l'objectif d'intégration économique. Elles se présentent plutôt comme des organes de coopération économique. C'est par exemple ce qui ressort clairement du traité de l'UMA.

A part cette réserve, l'intégration économique est au cœur des actions des communautés économiques africaines. Celle-ci vise globalement à créer des marchés communs entre les Etats intégrés en vue du développement des activités commerciales et économiques, cela par l'instauration de la libre circulation des biens et personnes dans les territoires des Etats. A cet égard, l'article 4 du traité instituant la CEEAC prévoit que cette communauté a pour but : « *l'élimination, entre les Etats membres des droits de douanes et toutes autres taxes d'effet équivalent à l'importation et à l'exportation des marchandises ; l'abolition entre les Etats membres des restrictions quantitatives et autres entraves au commerce ;l'établissement et le maintien d'un tarif douanier et extérieur commun ; l'établissement d'une politique commerciale à l'égard des Etats tiers ; la suppression progressive, entre les Etats membres, des obstacles à la libre circulation des personnes, des biens , des services, des capitaux et au droit d'établissement…* ». Cette disposition se trouve sans grande nuance dans le traité révisé de la CEDEAO.

---

[2042] Art. 8 du traité du COMESA.

Ainsi, le but des communautés économiques régionales en Afrique est fondamentalement le développement des activités commerciales entre les Etats à travers la libéralisation. Subsidiairement, ces communautés ont pour vocation la création d'une communauté économique au sens véritable du terme qui se traduit par une harmonisation et une unification des politiques économiques. Les traités créant ces communautés prévoient pourtant cette politique. C'est dans cette perspective qu'a aussi été prévue la création des unions monétaires.

## B-L'existence des unions monétaires

Au-delà des aspects purement économiques, l'intégration en Afrique et particulièrement dans l'espace francophone, passe également par une intégration monétaire. Il faut cependant souligner qu'à la différence de l'intégration économique de façon générale, l'intégration monétaire date dans les Etats d'Afrique francophone, notamment dans la zone ouest africaine et la zone d'Afrique centrale. Dans ces zones, l'émergence d'une union monétaire a été soutenue par l'existence d'une même monnaie, le CFA[2043], gérée par les banques centrales.

Depuis le début des années 1990, et surtout 2000 en effet, la création des unions monétaires suscite un regain d'intérêt particulier en Afrique[2044]. Il importe de remarquer néanmoins que les unions monétaires ne sont pas une nouveauté sur le continent africain. A cet égard, il faut dire que depuis les indépendances, il existe des unions monétaires dans les Etats d'Afrique francophone, notamment ceux d'Afrique de l'ouest et centrale.

L'existence d'une union monétaire dans ces zones est la résultante de l'utilisation du CFA comme monnaie commune par les Etats faisant partie de ces différentes zones. Dans sa forme actuelle, la zone CFA compte 14 pays regroupés dans deux unions monétaires. L'union économique et monétaire ouest- africaine (UEMOA)[2045], et l'union monétaire de l'Afrique centrale (UMAC)[2046]. Ces deux unions sont les héritages de la colonisation française, c'est la raison pour laquelle celles-ci ont été construites respectivement sur les

[2043] Le Franc de la Coopération Financière en Afrique.
[2044] A. Nyembwe Musungaie, « L'intégration monétaire en Afrique : particularité et rationalité économique », in *Reflets et perspectives de la vie économique,* 2010/4 (Tome XLIX), p.85.
[2045] Les pays qui composent cette union sont : le Benin, le Burkina Faso, la Cote d'ivoire, le Mali, le Niger, le Sénégal et le Togo.
[2046] Les pays faisant partie de l'UMAC sont : le Cameroun, la Centrafrique, le Congo, le Gabon, la Guinée Equatoriale et le Tchad.

vestiges de l'ex-fédération de l'Afrique Occidentale française et de l'Afrique Equatoriale française.

En matière d'intégration monétaire, les pays d'Afrique de l'Ouest notamment francophones, ont été des précurseurs, car « *ils ont choisi d'exercer en commun leur souveraineté dans un domaine aussi délicat que celui de la monnaie en instituant, par le traité du 12 mai 1962, l'Union monétaire ouest africaine (UMOA)* »[2047], qui va plus tard devenir l'UEMOA, en 1994. Les autres Etats d'Afrique vont leur emboiter le pas. De façon générale, l'UEMOA et l'UMAC ont pour responsabilité la préservation de la convergence monétaire des Etats membres qui partagent la même monnaie[2048].

Dans les deux unions, l'émission de l'unité monétaire est confiée à deux institutions, respectivement la Banque Centrale des Etats de l'Afrique de l'Ouest (BCEAO)[2049] et la Banque des Etats de l'Afrique Centrale (BEAC)[2050].Selon les statuts de ces deux banques centrales, elles ont pour mission de définir et mettre en œuvre la politique monétaire au sein de ces deux zones, veiller à la stabilité du système bancaire et financier, promouvoir le bon fonctionnement et assurer la supervision et la sécurité des systèmes de paiement, mettre en œuvre la politique de change et gérer les réserves officielles de changes des Etats membres[2051].

Les institutions d'intégration, qu'elles soient économiques ou monétaires existant actuellement dans les sous-régions ont une vocation transitoire, puisqu'elle prépare l'intégration au niveau continental.

## Paragraphe II : Les institutions économiques en expectative au niveau continental

L'ambition d'une intégration économique continentale est l'un des principaux mécanismes par lesquel les Etats africains en général veulent

[2047]C. Konan Banny, « L'avenir de l'union monétaire ouest-africaine », in *Revue de l'économie financière*, n°5 sur les systèmes de changes fixes : la zone franc,2004, p.237.

[2048]C'est ce qui ressort des articles 5-8 de la convention régissant l'UMAC et l'article 4 du traité de l'UEMOA ;

[2049] Aux termes de l'art.1 de ses statuts, il s'agit d'un établissement public international constitué entre les Etats membres de l'union Monétaire Ouest africaine. La BCEAO est régie par le traité de l'UMOA et par ses Statuts ;

[2050] Aux termes de l'art.1 de ses statuts il s'agit d'un établissement public internationale constitué entre les Etats membres de l'union Monétaire de l'Afrique Centrale. La BEAC est régie par le traité de l'UMAC et par ses Statuts révisés en 2017.

[2051] Art.1 des statuts de la BEAC et art ; 9-10 des statuts de la BCEAO.

construire une unité africaine. Depuis la mise sur pied de l'OUA, l'idée de la construction d'un Etat fédéral africain, traduction de cette unité, est prégnante dans les discours politiques et semble être l'aspiration des peuples d'Afrique.Cette aspiration est traduite par les constituants des Etats d'Afrique francophone qui proclament d'une manière claire dans leurs constitutions leur volonté de construire une union africaine. Des Etats comme le Niger et le Benin, ont même dans cette optique, prévu la possibilité d'un abandon « *total de la souveraineté en vue de réaliser l'unité africaine* »[2052].

Si le but ultime de la construction de l'unité africaine est politique à travers la formation d'un Etat fédéral africain (Etats Unis d'Afrique), les dirigeants des Etats africains sont conscients de ce que cet objectif passe aussi par une intégration économique. C'est ainsi que l'Union africaine a dû sentir la nécessité d'encourager l'intégration économique d'abord au niveau régional avant que celle-ci ne disparaisse au profit d'une intégration continentale. Dans cette optique, les responsables africains réunis à Syrte en Lybie ont posé les bases d'une union africaine s'appuyant sur une intégration économique, financiere et monétaire. Ainsi, à terme, l'union africaine s'est engagée à la création d'une communauté économique (**A**) qui sera soutenu par des institutions financières et monétaires (**B**).

## A-La dynamique de la création d'une communauté économique africaine

L'idée de la création d'une communauté économique africaine nait à partir de la fin des années 1970, avec la déclaration de Monrovia qui mentionne pour la première fois un marché commun africain, et prend corps au début des années 1980 lors de la conférence de Lagos, qui va donner naissance au plan éponyme. S'il est vrai que le plan de Lagos est une véritable initiative de renforcement de la coopération économique menée sous l'égide de l'OUA[2053], qui jusqu'à lors était cantonnée sur des préoccupations politiques, notamment la problématique de la décolonisation, celui-ci pose les jalons d'une intégration économique entre les Etats africains. C'est ce qui sera réalisé formellement par le Traité d'Abuja instituant une communauté économique africaine qui apparait comme l'object final de l'intégration économique en Afrique (**2**).

[2052] Art. 172 de la constitution du Niger et art. 149 de la constitution du Bénin.

[2053] Plan d'Action de Lagos pour le développement économique de l'Afrique, 1980-200, adopté par la deuxième session extraordinaire des Chefs d'Etat et de Gouvernement de l'OUA, Lagos, Nigéria, le 29 avril 1980, disponible à l'adresse : http:/www.uneca.org/itca/ariporal/docs/lagos.plan.pdf.

Avec l'avènement de l'Union africaine en 2000 dont l'intégration est l'objectif primordial, les Etats vont vouloir accélérer le processus de cette intégration économique, d'où l'idée de la mise sur pied d'une zone de libre échange continentale (**1**).

## 1-La ZLEC dans le contexte de l'intégration économique africaine

C'est en janvier 2012 que l'initiative de la création d'une zone de libre échange nait dans le cadre de l'union africaine[2054].Pour la matérialiser, l'assemblée de l'union africaine va entamer des négociations en vue de son instauration lors de la vingt-cinquième réunion ordinaire du sommet des chefs d'Etat et de gouvernement, le 15 juin 2015, à Johannesburg en Afrique du Sud. Cette décision apparait comme une phase importante de l'intégration continentale. Ainsi, la ZLEC se présente « *comme une première étape vers l'objectif à long terme d'une communauté économique africaine* »[2055].

La mise en place d'une pareille zone participe à la création d'un marché unique avec la libre circulation des marchandises, des services, du capital et des personnes, de sorte que la ZLEC est un instrument de promotion du développement social et économique[2056]. Ils'agit, pour tout dire, de la libéralisation des échanges en vue de relancer le commerce intra-africain, de diversifier les économies des Etats africains et de les transformer structurellement. Dans cette logique, l'accord portant création de la ZLEC en Afrique assigne des objectifs à celle-ci[2057].

De façon générale, la ZLEC a pour objectif de créer un marché unique africain pour les marchandises et les services facilités par la circulation des personnes, créer un marché libéralisé pour les marchandises et services à travers des cycles successifs de négociations, contribuer à la circulation des capitaux et des personnes et faciliter les investissements[2058]. Pour atteindre ces objectifs, les Etats africains vont éliminer progressivement les barrières tarifaires et non tarifaires au commerce des marchandises, de sorte que les 55

---

[2054]Commission économique pour l'Afrique des Nations Unies, *Rapport sur La zone de libre échange continentale (ZLEC)* Afrique, vue sous l'angle des droits de l'homme, Friedrich Ebert Stiftung, 2017, p.20.

[2055]*Ibid.*

[2056]*Ibidem.*

[2057]Ces objectifs sont déclinés aux art. 3 et 4 de l'accord portant création de la zone de libre échange continentale africaine.

[2058] Art. 3 de l'accord portant création de la ZLEC.

pays du continent se trouveraient réunis. Les Etats entendent aussi libéraliser progressivement le commerce des services et coopérer en matière d'investissement, dans tous les domaines du commerce…[2059]On peut donc dire que le but de la ZLEC est d'élargir l'espace économique et le marché en Afrique.

La ZLEC offre ainsi au Etats africains la perspective d'une intégration économique à travers le libéralisme commercial. C'est d'ailleurs ce que traduit le préambule de l'accord portant sa création lorsqu'on peut lire dans l'un de ses considérants que celle-ci s'inscrit dans la logique « *visant à intégrer les marchés africains conformément aux objectifs et principes énoncés dans le traité d'Abuja* », portant création de la communauté économique africaine.

## 2-La mise en place de la communauté économique africaine

L'émergence d'une communauté économique africaine a partie liée avec l'idée de la construction d'une unité africaine. Cette volonté qui anime les dirigeants africains depuis les indépendances, mus par l'idéologie panafricaine, s'est matérialisée progressivement à travers plusieurs sommets des chefs d'Etat et de gouvernement dans le cadre de l'OUA[2060], avant de se voir formaliser lors de la conférence d'Abuja, qui va donner naissance au traité instituant une Communauté économique africaine.

La création de la CEA en 1991, fait du continent africain le premier à avoir une communauté économique regroupant l'ensemble des Etats alors qu'il est le dernier à émerger sur la scène internationale[2061]. Le traité créant la CEA « *s'inscrit dans la tradition conventionnelle africaine qui met beaucoup d'accent sur l'aspect institutionnel et s'inspire des traités qui ont créé les autres communautés régionales* »[2062], plus spécialement celui de la CEEAC. C'est ainsi que sur le plan institutionnel, ce traité a ceci de singulier qu'il

[2059] Art.4 de l'accord portant création de la ZLEC.
[2060] Voir nos développements précédents sur l'UA et la coopération économique.
[2061] Ahmed Mahiou, « La communauté économique africaine »,*Annuaire Français de droit international*, n°39, 1993, p.798.
[2062]*Ibid.*, p.800.

organise une imbrication entre les structures de la CEA et celle de l'OUA et aujourd'hui de l'UA[2063], même si elle a des organes qui lui sont propres[2064].

Du traité instituant la CEA, il ressort que cette communauté sera mise sur pied de façon progressive et par étape[2065]. Cette stratégie d'intégration progressive et « *étapiste* » vient du fait que le traité d'Abuja a prévu un calendrier de l'intégration qui s'étalerait sur une période de 34 ans, à partir de l'entrée en vigueur du traité et serait disséquée en sixs équences[2066]. En faisant l'option d'une intégration planifiée et méthodique, les Etats africains ont fait le choix du réalisme. C'est d'ailleurs dans cette logique qu'ils ont articulé la création de la CEA sur la base de l'intégration régionale préalable par le biais des CER. Celles-ci devant à terme laisser la place à celle-là. On peut donc dire que c'est le fédéralisme par agrégation, cher à Georges Scelle, qui inspire le traité d'Abuja[2067].

La CEA a un objectif ambitieux. Il s'agit de la création d'une communauté intégrée qui ne se borne pas seulement aux aspects économiques. En fait, « *l'ambition du projet s'accompagne d'une approche... avec les séquences habituelles allant de la zone de libre échange à la communauté en passant par l'union douanière et le marché commun* »[2068]. Sous ce rapport, le traité instituant la CEA a fait d'une part de l'union douanière et de la libération des échanges, et d'autre part la libre circulation des personnes, et le droit de résidence et établissement les piliers de cette construction[2069]. Dans la même perspective le traité instituant la CEA consacre l'intégration économique continentale en matière de transport et de communication[2070].

De cette ambition et de la méthodologie de construction de la CEA, un auteur estime que ce projet est à la fois « *utopiste et réaliste* »[2071]. Utopiste si l'on considère les difficultés et les obstacles qui assaillent le continent africain, notamment économiques, politiques et culturels ; réaliste si l'on considère les

---

[2063] L'Union Africaine et la CEA ont quatre organes en commun : la conférence des chefs d'Etat et de Gouvernement, le Conseil des Ministres, la Commission économique et sociale et enfin la Présidence de la Commission.

[2064] Ils sont pour l'essentiel au nombre de trois : le parlement, la cour de justice et les comités technique spécialisés.

[2065] Art. 6 du traité instituant la CEA.

[2066] Il s'agit de 6 étapes déclinées à l'art. 6 du traité de la CEA.

[2067]Voir G. Scelle, *Précis de droit des gens*, Paris Sirey, 1932, Manuel de droit international public, Paris, Domat-Montchrestien, 1948.

[2068] Ahmed Mahiou, « La communauté économique africaine », *op cit.*, p.913.

[2069] Art.29-43 du traité de la CEA.

[2070] Art. 61.

[2071] Ahmed Mahiou, « La communauté économique africaine », *op cit.*, p.914.

efforts qui sont en train d'être fournis dans cette perspective, par ce que conscient du gain que celle-ci pourra apporter en Afrique. Si on peut être certain que l'échéance de la construction de cette communauté ne sera pas respectée, on peut se rendre néanmoins à l'évidence qu'une dynamique est insufflée dans le sens de sa réalisation, comme en témoigne au niveau de la CEDEAO, la mise sur pied d'une monnaie unique[2072] ou de la ZLEC avec la ratification d'un nombre d'Etats suffisant pour son opérationnalité. Cependant certaines institutions non moins importantes sont encore nécessaires, pour que cette construction soit effective. C'est le cas des institutions financière sou monétaires d'intégration.

## B-Les Institutions d'intégration financière et monétaire prévues par l'UA

L'UA dans l'optique de construire et de renforcer l'intégration en Afrique, a décidé à l'instar de l'Union Européenne, de la mise sur pied d'institutions financières et monétaires[2073]. C'est ainsi que l'article 19 de l'acte constitutif de l'UA a prévu qu'il faut créer, notamment trois institutions, à savoir la Banque centrale africaine, le Fonds monétaire africain et la Banque africaine d'investissement. Dans cette perspective, un sommet des ministres africains de l'économie et des finances s'est tenu à Yaoundé, au Cameroun[2074]. La création de ces institutions constitue le programme central de l'Agenda 2063 et celles-ci sont perçues comme essentiel pour l'accélération de l'intégration et le développement, au regard de leur mission dans la mobilisation des ressources et de la gestion du secteur financier.

### 1-La Banque centrale africaine

La Banque centrale africaine est la première institution financière prévue par l'acte constitutif de l'UA[2075]. L'idée de sa création apparait comme la résultante de la stratégie de l'union africaine de construire une intégration économique et surtout de l'association des banques centrales africaines de construire une unité monétaire africaine. De fait, la nécessité de la création d'une banque centrale en Afrique va de pair avec la volonté déjà exprimée,

[2072] La création de cette monnaie actée en 2019 au sommet de la CEDEAO a pour nom « éco ».
[2073] Sur la comparaison entre l'Union Européenne et l'Union Africaine, lire Abdalla Elabidi, *L'évaluation de l'Union africaine par rapport à l'Union européenne (comme un modèle de régulation juridique internationale d'excellence) : étude comparative, op cit.*, sur les institutions financières voir plus précisément son chapitre 3 du titre 3 de la 2ème partie. Pp. 674-692.
[2074] Ce sommet s'est tenu en novembre 2006.
[2075] Art. 19 de l'acte constitutif de l'UA.

dans les années 1960, de la mise sur pied d'une monnaie unique africaine[2076]. Cette volonté va prendre de l'ampleur avec la création de l'Association des banques centrales en 1965. C'est dans cette perspective que cette association, lors de sa 26ème session ordinaire tenue à Alger le 4 septembre 2002, va lancer le programme de coopération monétaire en Afrique, avec en clef la mise en place d'une monnaie et d'une banque centrale unique à l'échelle continentale[2077].

De façon concrète, la Banque centrale africaine aura pour mission d'élaborer une politique monétaire entre tous les Etats d'Afrique, de mettre une monnaie unique africaine dans l'objectif d'accélérer l'intégration économique. Elle sera chargée de la coopération monétaire internationale au moyen d'une institution permanente, de promouvoir la stabilité des taux de change et éviter la dépréciation concurrentielle des taux de change, et à contribuer à la mise en place d'un système multilatéral de règlement des transactions entre les Etats africains[2078].

Ce faisant, cette institution dont les statuts n'ont pas encore été adoptés, actuellement, sera très importante en matière d'intégration monétaire et dans l'intégration économique. Celle-ci jouera ce rôle avec d'autress institutions de nature financière à l'instar du Fonds monétaire africain.

## 2-Le Fonds monétaire africain

Le Fonds monétaire africain est la deuxième institution financière prévue par l'acte constitutif de l'UA. Lors de la 4ème session ordinaire de l'Union à Abuja en janvier 2005, la conférence a validé la décision prise par la CEEAC et qui précise que le siège du fonds sera à Yaoundé au Cameroun. A l'instar de toutes les institutions financières prévues par l'UA, celui-ci n'est pas encore opérationnel malgré son importance dans la dynamique de

---

[2076] Abdalla Elabidi, *L'évaluation de l'Union africaine par rapport à l'Union européenne (comme un modèle de régulation juridique internationale d'excellence) : étude comparative,* op cit., p. 677.
[2077] Ibrahim Thione Diop, « La monnaie unique africaine : contribution à l'étude du problème des Etats unis d'Afrique », in *reconnexion de l'Afrique à l'économie mondiale : défis de la mondialisation,* pp. 182-191
[2078] Abdalla Elabidi, *op cit.*, pp. 676-680. [2078] Art. 19 de l'acte constitutif de l'UA.
[2078] Abdalla Elabidi, *L'évaluation de l'Union africaine par rapport à l'Union européenne (comme un modèle de régulation juridique internationale d'excellence) : étude comparative,* op cit., p. 677.
[2078] Ibrahim Thione Diop, « La monnaie unique africaine : contribution à l'étude du problème des Etats unis d'Afrique », in *reconnexion de l'Afrique à l'économie mondiale : défis de la mondialisation,* pp. 182-191
[2078] Abdalla Elabidi, *op cit.*, pp. 676-680.

l'intégration et du développement régional. Depuis 2011 néanmoins, on note un certain nombre d'actions en vue du lancement de cette institution. C'est ainsi que le 27 juillet 2011 s'est tenue, en Ethiopie une réunion des experts financiers et juridiques convoquée par la commission de l'union, dans l'optique de réaliser le projet de Statuts du Fonds.

De ce projet de statuts, il ressort en substance que le FMA a pour objectif de promouvoir la stabilité macro-économique, la croissance économique durable et le développement équilibré du continent en vue de faciliter l'intégration effective des économies africaines[2079]. Concrètement, il entend par son action corriger les déséquilibres des balances de paiement des Etats parties ; assurer la stabilité des taux de change entre les monnaies ; promouvoir le développement des marchés financiers ; œuvrer à la facilitation du règlement des dettes commerciales et aider à établir un système de règlement des transactions courantes entre les Etats parties en vue de promouvoir le commerce infra africain[2080].

Pour atteindre ces objectifs, le fonds est appelé à mener plusieurs activités, allant des aides à la simple assistance. Celui-ci dispose aussi d'un capital conséquent alimenté par diverses sources[2081]. Le FMA apparait donc comme un maillon essentiel dans la recherche d'une intégration économique africaine. Il aura pour partenaire dans cette mission la Banque africaine d'investissement.

### 3-La Banque africaine d'investissement

Prévue également à l'article 19 de l'acte constitutif de l'UA, la Banque africaine d'investissement tarde encore à être mise en place comme toutes les institutions financières de cette organisation continentale. Cependant, son opérationnalité tend déjà à poindre à l'horizon. Pour s'en convaincre, il suffit de rappeler que lors de la 12ème session ordinaire de l'UA en novembre 2009, la conférence de l'union a adopté le protocole relatif à cette Banque. Ce protocole et les Statuts de la BAI devaient entrer en vigueur 30 jours après leur ratification par 15 Etats membres, ce qui n'est pas encore le cas à l'heure actuelle.

---

[2079] Art. 3(a) du projet de statuts du Fonds monétaire africain.

[2080] Art 3(b) du projet de statuts du Fonds monétaire africain.

[2081] Ce capital a été fixé par l'article 7 du projet des statuts du FMA à vingt-deux milliard six cents quarante millions de dollars.

Les termes des statuts de la BAI ne prêtent pas à équivoque au regard de son rôle en matière d'intégration. Ceux-ci prévoient expressément que *« l'objectif de la Banque est de favoriser l'intégration économique et le développement à travers l'investissement dans les projets de développement... »*[2082]. De façon concrète, celle-ci a pour fonction de fournir le financement conformément aux principes bancaires, de financer les projets publics et privés visant à faire avancer l'intégration économique régionale des Etats parties, de soutenir le renforcement des activités du secteur privé et aider à la modernisation du secteur rural dans les Etats parties à faible revenu. La banque africaine d'investissement fournit également une assistance technique aux Etats parties et autres bénéficiaires potentiels, en cas de besoin, pour l'étude, la préparation et l'exécution des projets d'investissement[2083].

## CONCLUSION

Les constitutions des Etats d'Afrique francophone apparaissent ainsi comme des cadres de validation des actions économiques des institutions économiques internationales à coté des institutions économiques nationales. Ces institutions internationales qui trouvent leur fondement dans la norme constitutionnelle épousent les deux dimensions du droit international qui sont le droit international général et le droit communautaire. Dans la prémière dimension le phénomène de la mondialisation a acceleré la coopération économique entre les Etats qui se déroule dans le cadre des institutions de coopération économique à caractère général que sont l'ONU et l'UA et celles à caractère spécifique qui sont de plus en plus nombreuse à l'instar du FMI, de la Banque mondiale, de l'OMC…etc. Dans sa seconde dimension les institutions économiques internationales s'inscrivent dans une perspective d'intégration économique. Celle-ci qui est entrain d'être construite en Afrique se matérialise par l'existence de plusieurs organisations d'intégration économique au niveau sous-régional qui doivent, à terme, laisser la place à une seule organisation qui sera la communauté économique africaine.

[2082] Art. 3 des statuts de la BAI.
[2083] Art. 4.

# CONCLUSION GENERALE

Une réflexion sur la dimension économique des constitutions des Etats d'Afrique francophone est de ces sujets dont la conclusion n'est pas aisée à opérer. Cela tient du fait qu'il s'agit d'un pavé jeté dans la mare scientifique en Afrique, et qui se doit ainsi de susciter d'autres recherches. Ainsi, loin d'être épuisée, ce sujet soulève sans doute d'autres questions pertinentes et peut être attaqué sous plusieurs angles. C'est la raison pour laquelle nous n'avons pas l'outrecuidance de penser que ce travail a cerné tout le riche débat sur le rapport constitution-économie. Néanmoins, au terme de ce travail un certain nombre de constatations s'imposent.

A l'origine de notre travail, il convient de le rappeler, nous voulions analyser l'articulation, mieux la prise en compte de l'économie dans les constitutions des Etats d'Afrique francophone. Le prétexte de cette étude était que depuis leurs indépendances, les Etat d'Afrique francophone se sont dotés de constitutions comme normes suprêmes dans leur ordonnancement juridique. Cette dernière est le fondement, voire la source de la réglementation de la vie dans la société étatique. Suivant cette perspective, en Afrique, les constitutions ont été analysées sous plusieurs dimensions : politique, juridique...etc, mais la dimension économique a été jusqu'ici occultée. Pourtant ailleurs, les réflexions sur le couple constitution et économie foisonnent. En analysant l'articulation de l'économie dans les constitutions, il est apparu une évidence : les constitutions africaines de référence aménagent l'économie de manière ambivalente dans la mesure où celles-ci d'une manière explicite, sont le cadre d'organisation de l'activité économique au sein des Etats, et de manière implicite en ceci qu'elles se présentent comme le fondement des interventions économiques de la puissance publique.

Relativement à l'aménagement explicite de l'activité économique, il ressort de ce travail qu'il existe plusieurs « *articles économiques* », mieux des dispositions expresses dans les constitutions des Etats d'Afrique francophone, qui intéressent les interactions économiques entre les acteurs économiques, qu'ils soient privés ou publics. Ces normes constitutionnelles consacrent des droits et libertés économiques qui permettent à l'activité économique de pouvoir être menée et posent des mesures de protection de l'activité économique pour que le jeu économique se déroule en toute sérénité et de manière efficiente.

De fait, les constitutions d'Afrique francophone se présentent comme des chartes des droits et libertés économiques. Ces droits et libertés sont pour l'essentiel, le droit de propriété et la liberté d'entreprendre.

Le droit de propriété est le droit unanimement consacré dans les constitutions africaines. Tel qu'ainsi consacré, ce droit est large et global, large parce qu'intégrant aussi bien la propriété privée que la propriété publique, et global car toutes les formes de propriété corporelle ou incorporelle s'y trouvent. Cependant le droit de propriété dans les constitutions des Etats africains n'est pas absolu, le constituant ayant prévu les mécanismes de rationalisation, voire d'atteinte à la propriété. Ce droit de propriété n'intéresse pas de prime abord l'économie. Car originellement, dans la pensée occidentale ou africaine, le droit de propriété n'avait aucunement un caractère économique. Toutefois, l'on ne peut nier l'importance économique de la propriété et du droit qu'il génère. Ainsi, le concept de propriété est un concept éminemment économique. Ce faisant, si le droit de propriété n'est pas par nature un droit économique, il est un droit économique dérivé du caractère économique de la propriété.

Au contraire du droit de propriété, la liberté d'entreprendre est une liberté économique par essence. Celle-ci permet aux activités économiques de se développer et est une source d'enrichissement. Dans les constitutions des Etats d'Afrique francophone, cette liberté est diversement traduite. Elle s'articule en liberté de commerce et d'industrie, liberté d'investissement, et liberté de travail. Il faut dire à cet égard que le concept de liberté d'entreprendre est globalisant et renferme plusieurs libertés économiques parmi lesquelles celles sus mentionnées. Pour que cette liberté soit véritable, il est nécessaire que d'autres droits et libertés soient consacrés, il s'agit de la liberté de concurrence entre tous les acteurs économiques, le principe d'égalité qui a une forte incidence économique et la liberté contractuelle. Ces droits et libertés qui peuvent aussi être appréhendés comme les implications de la liberté d'entreprendre, ont reçu une consécration constitutionnelle dans les Etats d'Afrique francophone.

Le jeu économique étant organisé par la mise en œuvre de ces droits et libertés économiques, le constituant africain a prévu des mécanismes de protection de ce jeu. Ceux-ci se perçoivent par la mise en œuvre des garanties des droits et libertés économiques qui participent à rationaliser les rapports économiques, et par l'introduction des règles de bonne gouvernance qui sont le socle d'une gestion efficiente.

Les garanties des droits et libertés économiques dans les constitutions africaines sont plurielles. Il peut s'agir de ce qu'il convient d'appeler, d'une manière classique, les garanties juridictionnelles et les garanties non juridictionnelles. La protection des droits et libertés économiques mobilise d'abord, en tout état de cause, le juge. Celui-ci peut être constitutionnel du fait de la fondamentalité de ces droits et libertés, qu'ordinaire, en faisant appel ainsi autant au juge administratif qu'au juge judiciaire. Seulement ces protections n'ont pas encore fait leur preuve en Afrique, les droits et libertés économiques n'ayant pas fait l'objet d'un contentieux abondant et ces juridictions ayant un certain nombre de tares préjudiciables à leur office. Conscients certainement de cet état des choses, les constituants ont prévu des modalités de garanties non juridictionnelles qui sont personnelles, c'est-à-dire mises sur pied par les personnes bénéficiaires de ces droits elles-mêmes, c'est le cas des syndicats et des organisations de la société civile, et des garanties impersonnelles, qui sont développées par l'Etat. Ces dernières peuvent être politiques, à travers l'intervention des pouvoirs législatif ou exécutif, ou administratives c'est le cas de l'ombudsman et de plusieurs comités créés dans les constitutions de certains Etats ayant pour vocation la défense des droits et libertés en général.

Au-delà de ces garanties, le constituant a consacré de façon expresse des règles relatives à la bonne gouvernance. Si ces règles s'imposent d'abord aux gestionnaires des biens publics, elles doivent aussi se faire ressentir dans la gestion de ces biens. Pour ce qui est des règles imposées aux gestionnaires, il s'agit des gages permettant de prévenir la mal-gouvernance en exigeant la probité du gestionnaire ou en empêchant les conflits d'intérêts, et celle qui assure la bonne gestion, en l'occurrence les exigences de la responsabilité du gestionnaire et de la reddition des comptes. La force de ces gages est assurée par un certain nombre d'instances dont en premier lieu la juridiction des comptes, et certains organismes constitutionnels. En ce qui concerne la bonne gouvernance dans la gestion, elle se traduit d'une part par l'intégration des préoccupations environnementales dans la gestion à travers l'exigence de la protection de l'environnement et la promotion du développement durable, et d'autre part par la promotion d'une gestion démocratique des ressources économiques. Cette gestion démocratique est celle qui met le peuple au centre de la gestion économique par la préservation de l'intérêt général, la contribution et la distribution égalitaire et surtout une gestion participative et décentralisée. Toutes ces exigences ont une force probante puisque consacrées dans ces constitutions africaines de façon expresse.

Par rapport au fondement implicite de l'interventionisme économique, il faut dire que les constitutions des Etats d'Afrique francophone, se présentent comme de formidables cadre de légitimation de l'action économique publique. Ce fondement est implicite car il s'infère de l'interprétation des articles économiques et peut aussi être perçu dans « *les dispositions constitutionnelles non économiques* ». L'analyse combinée de ces éléments montre que les modalités d'intervention ou d'action économique y sont posées, ainsi que les règles participant à déterminer les acteurs publics en matière économique.

Deux modalités d'action économique sont implicitement consacrées dans les constitutions africaines. Il s'agit des actions indirectes et des actions directes.

Les actions indirectes de l'Etat en matière économique résultent de la consécration des droits et libertés économiques de facture libérale dans les constitutions africaines, et surtout de la prégnance de l'idéologie libérale qui a gouverné l'élaboration de ces constitutions dans les années 1990. Ainsi, ont peut déduire de ces constitutions africaines un recul de l'Etat de la sphère économique dont le fondement a été la contestation de l'interventionnisme et le triomphe de l'idéologie libérale tel que prédit par Francis Fukuhama. Ce recul s'est traduit par le désengagement de l'Etat du secteur public et la promotion d'une économie de marché. Dans un tel contexte, le rôle de l'Etat sera redimensionné. Celui-ci va devenir un régulateur de la vie économique et va développer le partenariat pour mener ses actions économiques. Ainsi, il va devenir un Etat discret, intervenant indirectement dans le domaine économique.

La facture libérale des constitutions africaines de l'espace francophone n'a pas abouti à la mort de l'Etat. Celui-ci va continuer à intervenir paradoxalement dans la sphère économique de manière directe. Et cela s'est d'ailleurs de plus en plus s'accentué. Cette intervention croissante de l'Etat tient à l'échec du libéralisme prôné comme panacée à la crise économique et trouve son fondement constitutionnel dans les normes qui font de l'Etat le pourvoyeur du développement, du bien-être, de la santé... Ainsi, deux visages de l'Etat vont apparaitre, l'Etat développementiste et l'Etat social. Le premier est celui-là qui, aux côtés des acteurs privés, prend en charge le développement économique, bref est à la recherche de la croissance. Dans cette optique, l'Etat va devenir un stratège à travers l'outil de la planification économique qui sera réhabilitée et la promotion de l'économie nationale. Il sera en outre un Etat entrepreneur qui réalise des grands projets structurants. Le second quant à lui est le dispensateur du bien-être social il entend assurer le droit au développement et surtout lutter contre la pauvreté, cela à travers la garantie de la sécurité sociale et l'octroi de plusieurs prestations.

Ces interventions indirectes ou directes de la personne publique sont menées par des institutions économiques qui ont une légitimité constitutionnelle. Ce sont les institutions nationales et les institutions internationales.

Les institutions économiques étatiques prévues par les constitutions africaines, sont nombreuses et variées. Celles-ci peuvent avoir une nature politique ou non. Les institutions économiques constitutionnelles de nature politique sont le pouvoir exécutif et le pouvoir législatif. Du fait de sa prépondérance en Afrique, le pouvoir exécutif a un rôle primordial en matière économique quelle que soit la nature de cet exécutif. Celui-ci joue un rôle de premier plan dans la définition de la politique économique, ainsi que dans sa conduite. Le pouvoir législatif, quant à lui, joue un rôle limité mais non moins important. Limité parce que structurellement, le parlement qui incarne ce pouvoir n'a pas une dimension ou une architecture économique, et ses fonctions sont généralement édulcorées en la matière par le pouvoir exécutif. Toutefois il dispose d'un certain nombre d'instruments qui peuvent lui permettre de peser sur l'action économique, il s'agit de l'instrument législatif et de l'instrument budgétaire. A côté de ces institutions purement politiques, les constitutions africaines ont consacré des institutions non politiques jouant un rôle économique important. Parmi celles-ci, il y en a qui ont un rôle économique prononcé, c'est le cas des conseils économiques et sociaux, que l'on trouve partout, et la Banque centrale et la Caisse nationale de péréquation qui sont propres à la constitution congolaise. D'autres institutions non politiques ont un rôle économique dérivé, c'est le cas des collectivités territoriales décentralisées et des établissements publics, qui, du fait du mouvement de la décentralisation administrative, sont devenus des acteurs économiques de premier plan.

L'action économique débordant de nos jours les Etats, du fait de la mondialisation qui a entrainé une interdépendance entre ceux-ci, les institutions économiques internationales se trouvent donc aussi mobilisées. L'intervention des institutions économiques internationales a généralement son fondement implicite dans ce qu'il est convenu d'appeler les « *clauses de droit international* » des constitutions africaines. Ces clauses permettent de mettre en lumière deux types d'institutions économiques internationales, il s'agit des institutions de coopération économique et celles de l'intégration économique. Les Etats d'Afrique francophone, dès leurs indépendances ont engagé la coopération économique avec les autres Etats du monde, encouragés en cela par l'ONU et les Etats d'Afrique sous l'égide de l'OUA, puis de l'UA. Ils sont aussi présents dans plusieurs institutions spécialisées de coopération économique comme l'OMC, la Banque mondiale et le FMI. Depuis un certain temps, ils sont inscrits dans une dynamique d'intégration économique par la volonté de créer une communauté économique africaine avec plusieurs institutions financières et monétaires. Dans cette logique ils ont commencé par développer des communautés économiques régionales qui ont pour objectif de préparer l'intégration africaine.

De cette double prise en compte explicite et implicite de l'économie dans les constitutions des Etats d'Afrique francophone on constate de façon évidente que l'économie innerve toutes les constitutions africaines. Ainsi, si les constitutions considérées ne sont pas économiques, l'économie est dans toute la constitution dans l'espace francophone d'Afrique.

# BIBLIOGRAPHIE

## I-OUVRAGES, TRAITES, MANUELS, MELANGES

- **Abané Engolo (P E)**, *Traité de droit administratif du Cameroun : théorie générale et droit administratif spécial*, éd. L'Harmattan, 2019, 548 pages.
- **Abeard (Ch),** *An Economic Interprétation of theconstitution of the United States*, New York, The free press 1913, trad. Française, *Une lecture Economique de laconstitution des Etats-Unis*, Economica, Coll. « Droit Public Positif » 1988, 345 pages.
- **Agathe VAN LANG (dir),** *Le dualisme juridictionnel, limites et mérites*, Paris, Dalloz 2007, 262 pages.
- **Amartya Sen,** *l'économie est une science morale*, paris, La découverte, 1999, 126 pages.
- **Antoine (A),** *Prérogatives de puissance publique et droit de la concurrence*, Paris, LGDG, 2009,546 pages.
- **Audart (C),** *Qu'est ce quele libéralisme ? Ethique, politique, société,* Paris, Gallimard, 2009, 843 pages
- **Balaro (G), Dossou (S.T)** et **Amoussou (A.C)**, *étude sur le paysage syndical au Benin,* Friedrich Ebert Stiftung, 2015, 90 pages
- **Barthelemy (J) et Duez (D),** *Traité de droit constitutionnel*, Paris, Dalloz, 1933, Panthéon Assas, 2004, 955 pages
- **Barthelemy (J),** *Essai sur le travail parlementaire et le système des commissions*, Librairie Delagrave, Paris, 1984,373 pages
- **Becker (G)**, *Human Capital: A theoretical and empirical Analysis with special reference to education,* University of Chicago Press, 3e, edition, 1994, 304 pages.
- **Bertrand (M) et Donini (A),** *L'ONU*, Paris, La Découverte, 2015, 356 pages.
- **Biakan (Jacques),** *Droit des marches public au Cameroun,* l'Harmattan, 2011, 132 pages.
- **Bipoun-Woum (J-M),** *Le droit international africain : probmèmes généraux, règlements des conflits*, Paris, LGDJ, 1970, 327 pages.
- **Boudon (R),** *Pourquoi les intellectuels n'aiment pas le libéralisme*, Paris, Odile Jacob, 2004, 352 pages.
- **Bruno Koffi Ehui**, *Qu'est-ce qu'uneONG* ? l'Harmattan 2014. 171pages.
- **Burdeau(G), Hamon (F) et Troper(M),** *Droit constitutionnel*, Paris, LGDJ, 24e éd, 900 pages
- **Camby (J-P) et servent (P),** *Le travail parlementaire sous la cinquième République*, Paris, Montchrestien, 2004, 158 pages.
- **Carbonnier (J),** Droit civil, t. 3, les biens, PUF, 19 éd. 2000, 398 pages.
- **Carbonnier (J),** *Sociologie juridique*, Paris, Librairie Armand Colin, 19723,320 pages.
- **Carreau(D) et Julliard (P),** *Droit international économique*, 5 édition, Collection Précis, Dalloz, 2013, 942 pages.
- **Carreau(D),** *Souveraineté et coopération monétaire internationale*, Paris, Cujas, 1970,530 pages.
- **Chagnollaud (D),** *Droit constitutionnel contemporain*, Tome 1 théorie générale les régimes étrangers. Dalloz 6è édition 2009,459 pages
- **Chantebout (B),** *Droit constitutionnel et science politique*, Paris, Armand Collins 10e éd, 2011, 622 Pages.

- **Chapman (R.A),** *Ethics in Public Service*, Edinburgh University Press 1993. 178 pages.
- **Chapus (R),** *Droit administratif général*, Paris Montchrestien, tome 2, 2000, 797 pages.
- **Chérot (J-Y),** *Droit public économique*, Paris, Economica, 2007, 1032 pages
- **Chevallier(J),** *L'élaboration historique du principe de la séparation de la juridiction administrative et de l'administration* active, Paris, LGDJ 1970, p 423.
- **Chevallier(J),** l'E*tat post moderne*, LGDJ, Droit et Société, Série politique n° 35, p. 55 et s.
- **Chouquet(M),** *Le domaine privé des personnes publiques : contribution à l'étude de droit public des biens publics*. LGDJ, 2017. 579 pages
- **Cliquennois (M),** *Droit économique*, Paris, Ellipses 2001, 272 pages
- **Clive Bailey**, *extension de la couverture de la sécurité sociale en Afrique*, Genève, BIT, 2016, 251 pages.
- **Cockburn** (J), **Decaluwé (B)** et **Fofana(I)** (dir), *Libéralisation commerciale et pauvreté en Afrique*. CRDI, PUL, 2010, 294 pages.
- **Colson (J-Ph) et Idoux (I),** *Droit public économique*, Paris, LGDJ 5e éd, 2010, 975 pages.
- **Coriat (B), et. Weinstein (O),** *Les nouvelles théories de l'entreprise*, Paris, LGDJ, 1995, 218 pages.
- **Cossalter (P) et Du Marais (B),** *la private finance initiative*, Institut de la gestion déléguée, 2001,88 pages.
- **Cvetek (N) et Daiber (F),** *Qu'est-ce que la société civile*, Friedrich Ebert Stiftung, Antananarivo 2009, 33 pages.
- **De Laubadere(A) et P. Delvolvé (P),** *Droit public économique,* Dalloz, 5éd.,1986, 833 pages.
- **De Montbrial (Th) et Fouchart (F),** *Introduction à l'économie*, Paris, DUNOD 4e éd, 449 pages.
- **Debbach (Ch), Chantebout (B),** *Droit constitutionnel et sciences politiques*, Paris, Armand Collins, 622 Pages
- **DEBBACH(Ch),** *Droit constitutionnel,* Paris, Litec 2005, 262 pages.
- **Deborah E. Bouchoux,** *La propriété intellectuelle, le droit des marques, le droit d'auteur, le droit des brevets d'invention et des secrets commerciaux*, Nouveaux horizons, 2007, 427 pages.
- **Deiss (J) et Gugler (Ph)** *Politique économique et social,* Ouvertures économiques. De Boeck, 2012, 64 pages.
- **Delafosse (M),** civilisation négro africaine, Paris, stock, 1925, 80 pages.
- **Delamotte(E),** *Une introduction à la pensée économique en éducation*, Paris, PUF, 1998, 227 pages.
- **Delvolvé (P),** *Droit public de l'économie*, Dalloz, coll. Précis, 1998, 799 pages.
- **Denis (H),** *Histoire de la pensée économique*, Paris, Thémis, 1966, 340 Pages.
- **DEVILLIER (J-M),** *Cours de droit administratif*, Paris, Montchretien 2005, 646 pages.
- **Devolve(P) et G. Vedel (V),** *Le système français de protection des administrés contre l'administration*, Paris, Sirey 1991,280 pages.
- **DRAGO (G) et LOMBARD (M)**, (Dir), *les libertés économiques*, Paris, Presse de Science Po, col. « Amphi », 2004, 169 pages.

- **Dreyfus (F),** *La liberté du commerce et de l'industrie*, paris, Berger-Levrault, 1973, 275 pages.
- **Du Marais (B),** *Droit Public de la régulation économique*, Presses de Sciences Po et Dalloz, Coll. « Amphi ». 482 pages.
- **Du Marais (B),** *Droit Public de la régulation économique*, Presses de Sciences Po et Dalloz, Coll. « Amphi »,2004. 601 pages.
- **Duguit (L),** *Traité de Droit Constitutionnel*, Tome I, théorie générale de l'Etat, Fontemoing, paris, 1991, 348 pages ;
- **DUPUIS(G), Guedon (M-J), et Chretien (P),** *Droit administratif*, Paris, Armand Collin 8 éd., 2002. 572 pages.
- **Dussart (M-L),** *Constitution et économie*, Paris, Dalloz, 2015, 378 pages
- **Langelier(L)** et **Pouillaude (H-B)**, *Traité de la propriété publique*. Le Moniteur. 2015, 338pages.
- **Eucken (W),** *die drundlagen der national economie*, DENA, Gustave Fischer 1940, 417 pages.
- **Fall (I. M),** *Le pouvoir exécutif dans le constitutionnalisme des Etats d'Afrique*, Harmattan, 2008, 310 pages.
- **Farjat (H),** *L'ordre public économique*, Paris, Dalloz, 1963, 534 pages.
- **Fauroux (R)** et **Spitz (B)** *(dir)*, *Notre Etat*, Paris, Robert Laffont, 2000, P. 456.
- **Favoreu (L)**, (coord.), *Droit constitutionnel*, 1999, Dalloz, 2 éd. 1999, 1070 pages.
- **Favoreu (L)** et al., droit des libertés fondamentales, Paris, Dalloz, 4ème edition 2007. 622 pages.
- **Favoreu (L),** les Cours Constitutionnelles, Paris, Dalloz, 2016, 184 pages.
- **Ferrier (D),** *Libertés et droits fondamentaux*, Dalloz 2011, 1146 pages.
- **Fialaire (J), et Mondielle (E),** *droit fondamentaux et libertés publiques*, Paris, Ellipses 2005, coll. Universités Droit.558 Pages ;
- **Flizot(S)** (s/d), *L'évolution des juridictions financières*, Actes du colloque des 1 et le 2 décembre 2011 organisé à la Cour des comptes-Grand' Chambre, GFP la Revue 2012.132 pages.
- **Flory (M),** *Droit international du développement*, Paris, PUF, 1977, 366 pages.
- **Frisson-Roche (M-A)** (dir), *Droit et économie de la régulation*, Presses de Sciences Po et Dalloz, 2006, 261 pages
- **Frisson-Roche (M-A) et Bonfils (S.),** *Les grandes questions du droit économiques*, Dalloz, 2006, 358pages
- **Frisson-Roche (M-A) et Payet (M-S),** *droit de la concurrence*, Paris, Dalloz, coll. « Précis » ; 2006,464 pages.
- **Fromont (M) et Rieg (A)**, *Introduction au Droit allemand* (République Fédérale) tome 2, Droit Public, Droit Pénal, Paris, Cujas, 1984, 428 pages.
- **Fromont (M) et Savygny (R),** *l'intervention des pouvoirs publics dans la vie économique*, t. 1 : Institutions et politiques, Paris, PUF, coll. « *Publications de la faculté de droit et des sciences économiques de limoges* », 1978,518pages.
- **Fukuyama (F)** *: La fin de l'Histoire et le Dernier Homme*, Flammarion 1992, 452 PP.
- **Kouassigan (G-A)**, *L'homme et la terre. Droits fonciers coutumiers et droit de la propriété en Afrique occidentale*. Paris, ORSTOM, 1966, 291 pages.

- **Guellec (D) et Ralle (P),** *Les nouvelles théories de la croissance*, Paris, La Découverte, 2003, 119 pages.
- **Hakim Ben Hammouda,** *l'Afrique, l'OMC et le développement*, Maisonneuve et Larose, décembre 2005, 382pages.
- **Hammouda (B.H),** *Intégration Régionale en Afrique Centrale Bilan et perspectives,* Paris, Karthala, 2003,311 pages.
- **Hauriou (M),** *Précis élémentaire de droit constitutionnel*, paris, sirey,1930, 332 pages.
- **Hauriou(M),** *Précis de droit administratif*, Paris, Dalloz, 13 éd. 1933, réed. Dalloz, 2002,1150 pages.
- **HubrechT (H-G),** *Droit public économique*, Paris, Dalloz 1997,366 pages
- **Hummel(J),** *Essai sur la destinée de l'art constitutionnel*, Paris, éd. Michel Houdiard, coll. « les sens du droit », 2010, 171 pages.
- **Kamto (M),** *La volonté de l'Etat en droit international*, Académie de droit international de la Haye, Martinus Nijhoff Publisher, 2007, 428 pages.
- **Kamto (M),** *Pouvoir et droit en Afrique : Essai sur les fondements du constitutionnalisme en Afrique noire francophone,* Paris, LGDJ, 1987, 545 pages
- **Kamto(M),** *Droit de l'environnement en Afrique*. Edicef, 1996.415pages.
- **Kaplan (S.L),** *La fin des corporations*, Fayard, 2001, 740 pages
- **Keutcha Tchapnga (C),** *le régime juridique des associations en droit public camerounais ;* l'Harmattan 2013. 202 pages.
- **Keynes (J.M),** *Théorie générale de l'emploi, de l'intérêt et de la monnaie*, Paris, Payot, 2017,493 pages.
- **Lamine Tirera**, *L'Etat stratège,* Paris, L'Harmattan, 2018, 598 pages.
- **LATOUR(X) et PAUVERT(B),** *libertés publiques et droits fondamentaux*, Levallois-Perret, Studirama, 2006. 336 Pages
- **Levinet (M),** *Théorie générale des droits et libertés*, Bruylant, Coll. Droit et justice, paris 2éd. 2008, 455 pages.
- **Lotoy-Ilango-Banga (J.P)**, *Partenariats entre les multinationales et l'Etat : l'Exemple de la RD Congo*, Paris, l'Harmattan, 2012, 268pages.
- **Lucas de Leyssac (C), et Parleani (G),** *Le droit du Marché,* PUF, coll. « Thémis », 2002, 693pages.
- **LUCHAIRE(F),** Le Conseil constitutionnel, Paris, Economica 1997, 2edition refondue, 305 pages.
- **Mackandy (E) et Rousseau (S)**, *Analyse économique duDroit,* Paris, Dalloz, 2008, 730 pages.
- **Madiot (Y),** *Considération sur les droits et devoir de l'homme*, Bruxelles, Bruylant, 1998, 264pages.
- **Madjarian(G),** L'invention de la propriété. De la terre sacrée à la société marchande, harmattan ; 2012, 313 pages.
- **Mankiw (G),** *Principe de l'Economie*, Paris, Economica, Nouveaux 1998, 1220 pages.
- **Marson (G),** *le juge administratif et les libertés économiques : contribution à la définition des libertés économiques au sein de la jurisprudence administrative*, RDLF, thèse n°11, 452 pages.
- **Marty (G) et Raynaud (P.),** *Droit civil* Les Obligations, tome1, Les source, Sirey 2ed. 1988, 927 pages.

- **Marx(K),** Le capital, Paris, PUF, 1993, 1008 pages.
- **Mathieu (B) et Verpeaux (M),** *La constitutionnalisation des branches du droit.* Actes de l'atelier du III Congrès de l'Association française des constitutionnalistes, paris, Economica, 1999, 204 Pages.
- **MATHIEU (B),** *Contentieux constitutionnel des droits fondamentaux,* Paris, LGDJ, 2002, 791 Pages.
- **Melone (s), Minkoa She (A) et Sindjoun (L)** (S/Dir), *La réforme constitutionnelle du 18 janvier 1996 au Cameroun. Aspects juridiques et politique*, Fondation Friedrich Ebert, 1996. 416 pages.
- **Merland(G),** *L'intérêt général dans la jurisprudence du Conseil Constitutionnel*, Paris, LGDJ, 2004, 408 pages.
- **Michel Gentot,** *les autorités administratives indépendantes*, Paris, LGDJ, 1994 160 pages.,
- **Mill (J.S),** *Principles of political economy*, London, Longmans, Green and Co,1848, 450 pages
- **Monier (P***), L'économie générale*, Paris, Gualino 7e éd, 2013,296 pages.
- **Morange (J),** *Droit de l'homme et libertés fondamentales*, Paris, PUF, 5 édition, 2000, 464 pages.
- **Mvelle (G),** *L'Union Africaine. Fondement, organes, programmes et actions.* L'Harmattan, Paris, 2007, 466 pages.
- **Nach Mback (C)**, *Démocratisation et décentralisation : genèse et dynamique comparés des processus de décentralisation en Afrique subsaharienne*, Edition Karthala/PDM, Paris, Cotonou 2003, 528 pages.
- **Ndoye (D),** *La cour commune de justice et d'arbitrage des pays de l'OHADA. Organisation, procédure et jurisprudence*, édition Juridiques africaines-OHADA, 2009.144 pages.
- **Nlaté (J-M),** *les psychodrames consécutifs au boycott des décisions de la Cour suprême par l'Etat du Cameroun : étude de cas avec les affaires 1- CMC Sam Mbendè contre Etat du Cameroun (MINCUTURE), 2 Conseil de paroisse de l'EPCO- Ekounou contre Etat du Cameroun (MINATD),* Yaoundé, 2013, Les Editions Magolomakele, 222 pages.
- **Ondoa (M),** *Le Droit de la Responsabilité publique dans les Etats en développement, contribution à l'étude de l'originalité des droits africains post coloniaux,* Paris, L'Harmattan, 2010, 951 pages.
- **OWONA (J),** *Le contentieux administratif de la République du Cameroun*, Harmattan 2011,232 pages.
- **PACTET (P)**, *Institutions politiques, droit constitutionnel*, 15e éd, Armand Collins 1996, 507 pages ;
- **Parsod (T),** *Economies and society*, London, Routledge and Regan Paul, 1956. 423 pages.
- **Pascal (J),** *Bloc de constitutionnalité*, édition J.A, fascicule 2014, 213 pages.
- **Payet (M-S),** *Droit de la concurrence et de la consommation*, Th. Dalloz, 2001, n° 63, 513 pages.
- **Pezzey(J),** *economic analysis of sustainable development,* The World Bank, Mars 1989
- **Picod (Y) et Davo (H),** *droit de la consommation*, 2ème ed, SIREY, 2010, 470 pages.

- **Pinaud (X),** *l'intégration de considérations sociales et environnementales dans les marchés publics*, PULIM, 2003, 188 pages.
- **Pontier (J-M),** Droit *fondamentaux et libertés publiques,* Paris, hachette, coll. Les fondamentaux, 2 éd., 168 pages.
- **Prosser (W-L),** *The law of torts*, 2ème édition, 1955, 450 pages.
- **Rawls (J),** *A Theory of justice*, Cambridge (Mass.). The Belknap Press of Harvard University Press. 1971.
- **Rhazaoui (A), Gregoire (L-J) et Melleli (S),** l'Afrique et les Objectifs du Millénaire pour le Développement, Paris, Economica, 2005, 619 pages.
- **Rials (S),** *la déclaration des droits de l'homme et du citoyen,* Paris, Hachette, coll. « Codes bleus », 1988, 771 pages.
- **Ripert (G),** *Les forces créatrices du Droit,* Paris, LGDJ, 2e éd. 1951, 354 pages.
- **Robert (J) et Duffar (J),** *Droit de l'homme et libertés fondamentales*, Paris, LGDJ.,2009, 908 pages.
- **Rousseau (J-J),** *Du contrat social, éd. Livre de Poche, 2011. P. 25*
- **Destours (S),** *La soumission des personnes publiques au droit interne de la concurrence*, Paris, Litec, Bibliothèque droit de l'entreprise, 2000, 587 pages.
- **Sellier (F),** dynamique des besoins sociaux, Paris, éd. Ouvrière, 1970,280 pages.
- **Sgard (J),** *l'économie de la panique*, Paris, la découverte « TAP/ Economie », 2002, 303 pages.
- **Signé(L),** *Le NEPAD et les institutions financières internationales en Afrique au 21 siècle. Emergence, évolution et bilan,* L'Harmattan, 2013, 162 pages.
- **Sluman (J) et Wride (A),** *Principes d'économie*, Paris, Pearson 7e éd, 2009, 230 pages.
- **Smith (A),** *Recherche sur la nature et les causes de la Richesse des nations*, 1776, Paris, PUF ; Coll. « Pratiques théoriques », 1995, 1512pages.
- **Sorman (G).** *La révolution conservatrice américaine,* Fayard, 1983, 248 pages.
- **Stuart Mill (J.S),** *le gouvernement représentatif*, trad. M Dupont-White, Guillaumin, Paris, 3eme éd., 1877, 506 pages.
- **Tankeu(M),** *Les fondements divins du serment, le cas du magistrat*, Edition Clé, Yaoundé 2012, 155pages.
- **Taormina (G),** *Théorie et pratique de la consommation : aspects généraux et contrats spéciaux,* PUAM, 2004, 842 pages.
- **Terré(F), Ph. Simler (Ph.) et Lequette(Y),** *Droit civil : les obligations,* Dalloz, 2013. 1608 pages.
- **Tiaba Farid,** *l'Expérience de l'union du Maghreb arabe en matière d'intégration économique*, CAEM, Paris 1993, 352 pages.
- **Tinbergen(J),** *Techniques modernes de la politique économique*, Dunod, 1961, 250 pages.
- **Togba Zogbélemou,** *Droit des organisation d'intégration économique en Afrique*, (CEDEAO-CEMAC-UEMOA- ZMAO), L'Harmattan, 2014, 372 pages.
- **Touna Mama,** (dir), *Crise économique et politique de déréglementation au Cameroun,* l'Harmattan, Paris, 1996, 263 pages.
- **Troper (M) et Chagnollaud,** (dir), *Traité international de droit constitutionnel, t. 3, La suprématie de la constitution*, Paris, Dalloz, Coll. « traité Dalloz », 2012, 864pages.

- **Van Lang (A)**, *Droit de l'environnement,* Paris, PUF, coll. Thémis droit public, 2002, 592 pages.
- **Verger (G),** *La reddition des comptes*, SPID, 2010, 235 pages.
- **Waline (M),** *Précis de droit administratif*, Paris, éd. Montchrestien, t.2, 1970, 836 pages.
- **Wodie (F),** *Les institutions Internationales Régionales en Afrique Occidentale et Centrale*, Paris, LGDJ, 1970, 274 pages.
- **Yolka (Ph)** *la propriété publique, élément pour une théorie*. LGDJ. 1997. 649 pages.
- **II-THESES ET MEMOIRES**
- **Aba'a Oyono (J-C),** *La compétence de la juridiction administrative en droit camerounais*. Thèse de Doctorat, Nantes, 1994.
- **Abdalla Elabidi,** *L'évaluation de l'union africaine par rapport à l'Union européenne (comme un modèle de régulation juridique internationale d'excellence) : étude comparative.* Thèse en droit public, Université d'Auvergne-Clermont-Ferrand I, 2015.
- **Abono (A),** *Le principe de la séparation de l'ordonnateur et du comptable en droit public camerounais,* Mémoire de DEA en droit public, Université de Douala 2014.
- **Abraham Ky**, *Décentralisation au Burkina-Faso : une approche en économie institutionnelle*, Thèse de doctorat en sciences économiques et sociales, Université de Fribourg 2010.
- **Akameyong (B.D),** *Les prérogatives exorbitantes de l'administration dans les contrats de concession de service publics*, Mémoire de DEA droit public interne, Université de Yaoundé II, 2012.
- **Alves (C-M),** *La protection intégrée de l'environnement en droit communautaire,* Thèse de doctorat en droit public, Université de Bordeaux IV, 2002.
- **Azeddine Lamnini**, *notion et régulation de l'abus de puissance économique,* Mémoire de DESA, Université Sidi Mohammed Ben Addellah, 2008.
- **Bertrand (T),** *La protection de la santé comme limite à la liberté d'entreprendre,* Mémoire de Master II, Droit de la coopération économique et des affaires internationales, Université Montesquieu Bordeaux IV, 2012.
- **Biakan (J),** *L'expérience camerounaise de privatisation des entreprises publiques*. Thèse de doctorat droit public, Université de Montpellier I, 1994, 516 pages.
- **Bidja Nkotto (T),** *Les contrats de l'administration au Cameroun*, Thèse de doctorat en droit public, Université de Lille 2000.
- **Biet (E),** *La propriété privée et les servitudes administratives*, Thèse de doctorat droit., Univ. Montpellier, 1957
- **Bouangui (V. T),** le *concept de développement durable : le cas de l'Afrique subsaharienne*, Mémoire de DEA droit public, Université de Reims Champagne-Ardenne, 1995.
- **Bouangui (V.T),** le *concept de développement durable : le cas de l'Afrique subsaharienne*, Mémoire de DEA droit public, Université de Reims Champagne-Ardenne, 1995.
- **Cyrille Monembou**, *La double tutelle sur les établissements publics au Cameroun*, Mémoire DEA, Droit Public, Université de Yaoundé II Soa, 2005-2006.
- **Darbousset (C),** *Recherches sur la notion de la péréquation en droit public*. Thèse de Doctorat droit public, Université de La Rochelle, 2001.

- **Djibril Welle**, *la consécration d'une véritable notion juridique de régulation au sein de l'UEMOA et de l'UE*, Mémoire de Master droit de l'intégration et de l'OMC, université Cheikh Anta Diop de Dakar, 2007.
- **Dufour (G)**, *Sécurité juridique et règle de droit : illustration en droit des contrats*, Thèse de doctorat en droit, Université de Lille II, 2005.
- **Dufour (J-C)**, *Analyse politico-économique de stabilisation et d'ajustement structurel au Cameroun de 1986 à 1995*, Thèse de doctorat en sciences économiques, Université de Paris I Sorbonne 1998. 452 pages.
- **Effa-Messi (P. D)**, *La libéralisation des prix au Cameroun*, Mémoire de DEA droit public, Université Yaoundé II, 2008.
- **Ezzeddine Mbarek**, *Les effets économiques de la sécurité sociale : le cas de la Tunisie*, Mémoire de DEA en sciences économiques, Université de Tunis, 1990.
- **Fau-Nougaret (M)**, *La conditionnalité démocratique : étude de l'action des organisations internationales*, Thèse de doctorat droit public, Université de Bordeaux IV, 2004, 750 Pages.
- **Fouda (G-J)**, *l'application des normes internationales dans les ordres juridiques étatiques africains*, thèse de Doctorat en droit public. Université de Bordeaux IV, 1999.
- **Ghassane Hadjar**, *le partenariat public-privé : transfert de connaissances managériales et apprentissage. Cas d'entreprises publiques algériennes*, Thèse de doctorat en sciences de gestion, Université de Nice –Sophia Antipolis,2014.
- **Grégory Kalfleche**, *Des marchés à la commande publique*, thèse de doctorat droit public, Université Panthéon –Assas (Marché II), 2004.
- **Groyeur (S)**, *Capitalisme et économie de marché, thèse de doctorat en philosophie*, Université de Paris I Panthéon-Sorbonne, 2015, 459 pages.
- **H. Saugez (H)**, *L'affectation des biens à l'utilité publique : contribution à la théorie générale du domaine public*, Thèse de doctorat en droit public, Université d'Orléans, 2012, 441 pages.
- **Herbillon (S)**, *Fondement et régime de la propriété*, Mémoire de Master II droit des contentieux, Université de Montpellier, 2015. 163 pages.
- **Hind Ouguenoune**, *La politique de promotion et d'attraction de l'investissement en Algérie*. Thèse de doctorat en Science économie, Université de la Sorbonne nouvelle-Parsi II, 2014.
- **Ibrahim Zoungrana**, *Réflexion autour de la protection des consommateurs de la zone UEMOA dans la perspective d'intégration économique communautaire : Etude comparative avec le droit européen (Français)*, Thèse de doctorat droit public, Université de Perpignan, 2006.
- **Kombila (J-P)**, *la Problématique constitutionnelle dans les régimes politiques des Etats d'Afrique francophone monopartistes*. Thèse de Doctorat d'Etat en Droit Public, Université de Droit, d'économie et de sciences sociales de Paris 2 Panthéon, Novembre 1982, 561 pages.
- **Kossi Somali** : *Le Parlement dans le nouveau constitutionnalisme en Afrique : Essai d'analyse comparée à partir des exemples du Bénin*, du Burkina Faso et du Togo, thèse de doctorat, Université de Lille 2, 2009.

- **L. Ngono Tsimi,** *L'autonomie administrative et financière des collectivités territoriales décentralisées : l'exemple du Cameroun*, Thèse de doctorat droit public, Université Paris –Est Créteil Val –De-Marne, 2010, 561 pages.
- **Lohrer (D),** *La protection non juridictionnelle des droits fondamentaux en droit constitutionnel comparé : l'exemple de l'ombudsman spécialisé portugais, espagnol et français,* Thèse de doctorat en droit public, Université de Pau et des Pays de l'Adour 2013.
- **Mandoloni (N),** *Conseil Constitutionnel et droit public économique. Etude sur la reconnaissance par le jugeconstitutionnel du droit public économique.* Thèse de Doctorat, Droit Public, Université de Paris I Panthéon Sorbonne, 2007.
- **Memono (J-J. C),** *Les incidents de procédure dans le contentieux administratif camerounais*, Thèse de Doctorat/ Ph. D en Droit Public, Université de Yaoundé II, 2015.
- **Meskine (A),** *les institutions consultatives au Maroc : cas du conseil économique et social*, Mémoire de mater en fiance, Université de Casablanca 2008.
- **Michal Muller,** *La normativité et le contentieux des règles générales du droit international en droit interne : une étude comparative en droit allemand, autrichien et français*, thèse de Doctorat en droit, Université Panthéon-Sorbonne-Paris I, 2013.
- **Modjel (C),** *L'émancipation stratégique face à la problématique de l'émergence du Cameroun à l'horizon 2035,* Thèse de doctorat en science politique, Université de Yaoundé II, 2017.
- **Mourad Hafouf**, *La protection des investissements en Algérie*, Mémoire de DEA en Droit Privé, Université de Perpignan, 2007.
- **Mvogo (R.V***), la libéralisation du secteur de télécommunication au Cameroun : chronique juridique d'un processus complexe.* Mémoire de DEA en droit public, Université de Yaoundé II, 2004.
- **Nach Mback (C),** *Genèse et dynamiques des réformes décentralisatrices dans les Etats d'Afrique subsaharienne (1990-200),* Thèse de doctorat en droit public, Université de Bordeaux IV, 2000/2001.
- **Nduhura Njabuka (Th.),** *De la compétence des juges de l'ordre judiciaire dans les litiges relatifs aux actes ou activités de l'administration*, Mémoire de Graduat en Droit, Université catholique de Bukavu, 2006.
- **Nezha Yamani**, Politique économique et piège du sous-développement au Maroc, Thèse de doctorat en science économiques, Université de Grenoble, 2006.
- **Nguélé Abada (M),** *Etat de droit et démocratisation : contribution à l'étude de l'évolution politique et constitutionnelle au Cameroun.* Thèse de Doctorat droit public. Université de Paris I Panthéon sorbonne, 1995.
- **Nyangoe (G. A),** *Le financement des budgets des personnes publiques par les titres publics dans les Etats francophones d'Afrique*, Thèse de doctorat droit public, Université de Yaoundé II Soa, 2017-2018, 509 pages.
- **Okolouma (A),** *La protection sociale au Cameroun,* Mémoire de DEA en Sciences économiques, Université de Yaoundé II Soa, 2008.
- **Olanguena Awono (U),** *La liberté du commerce et d'industrie au Cameroun*, Thèse de doctorat troisième cycle, Université d'Orléans, 1982, 321 pages.

- **Ouamba-Diassivy (A),** *La souveraineté de l'Etat et l'intégration sous-région ale en Afrique centrale : le cas de la CEMAC,* Mémoire de Master Diplomatie, Université de Yaoundé II-Institut des Relations Internationales du Cameroun. 2009. 168pages.
- **Ousmane Bakary KABA**, *Compétence juridictionnelle en matière de voie de fait administrative,* Mémoire de licence en Droit fondamental, Université Hassan II-Mohammedia, 2009.
- **Ousmane Syll**, *Les échanges entre collectivités décentralisées d'Afrique subsaharienne et l'union européenne : une réussite si la condition de la réciprocité est respectée,* Mémoire de Master Expert en relation Européennes, Université de Franche-Comté, Besançon, 2005.
- **Paluku kakule (A),** *La constitution du 18 février 2006 : garantie de la bonne gouvernance en RDC,* Mémoire Licence en droit public, Université libre de Kinshasa 2011.
- **Pejout (O)**, *La conditionnalité en droit des aides d'Etat,* Thèse de doctorat en droit public, Université de Bordeaux , 2017, 1077 pages.
- **Picard (P),** *L'utilisation des contrats globaux de la commande publique par les collectivités territoriales de taille moyenne,* Thèse de Doctorat en droit public, université de Pau et des pays de l'Adour, 2015.
- **Picard (P)**, *L'utilisation des contrats globaux de la commande publique par les collectivités territoriales de taille moyenne,* thèse de Doctorat en droit public, université de Pau et des pays de l'Adour, 2015.
- **Portal (M),** *La politique qualité de la certification des comptes public. Le cas de la Cour des Comptes.* Thèse de doctorat es Science de Gestion. Université de Poitiers, 2009.
- **Rabii (H),** *Education, croissance économique et développement humain : le cas du Maroc,* Mémoire de Maitrise en Science Politique, Université du Québec à Montréal, mai 2011.
- **Rakotonirina (M.M),** *Rôle de l'Etat dans la réduction de la pauvreté à Madagascar,* Mémoire de Master en science économiques, Université Toamasina Madagascar, 2014. 123pages.
- **Riofrio Piché (M),** « *Les considérations environnementales dans l'arbitrage d'investissement sous l'égide du CIRDI* » Mémoire de Maitrise en droit des affaires, Université de Montréal, 2014.
- **S. Groyeur**, *Capitalisme et économie de marché,* Thèse de doctorat en philosophie, Université de Paris I Panthéon-Sorbonne, 2015.
- **Sala (H),** *La liberté d'entreprendre et Uber : Analyse comparative des droits français et américain,* Mémoire de Mater II, Université de Paris II Panthéon-Assas, 2016.
- **Sandio Kamga (A. H),** *L'établissement public en doit administratif Camerounais,* Thèse de doctorat, Droit Public, Université de Yaoundé II, 2011.
- **Sani (A),** *les enjeux contemporains de la protection de l'environnement au Niger,* Thèse de doctorat en droit public, université de Bordeaux, 2014.
- **Serre (B),** *La lutte contre la corruption à Madagascar,* Thèse de doctorat en Droit public, Université de Toulouse Capitole 2017.P. 14.
- **Seynabou Sam**, *le droit de la commande publique en Afrique noire francophone. Contribution à l'études des mutations du droit des contrats administratifs au Sénégal,*

*au Burkina Faso, en Côte d'ivoire et au Cameroun,* Thèse de doctorat droit public, Université de Bordeaux,2005.

- **SOW (O),** *Le Contrôle juridictionnel des comptes des collectivités locales.* Mémoire maitrise en Droit Public, Université Gaston Berger Sénégal 2008.
- **Tahiry Andriamiarintsoa RAKOTOMALALA**, *La dualité juridictionnelle en Afrique subsaharienne : Cas de Madagascar,* Mémoire de Master en Administration public, parcours administration publique générale, Université de Strasbourg, Ecole Nationale d'Administration, 2013-2014.
- **Talapina (E),** *Contribution à la théorie du droit public économique par l'analyse comparative du droit français et du droit russe,* Thèse de doctorat de droit public, Université de la Réunion 2011.
- **Trienbach (M),** *Les normes non directement applicables en droit public français,* Thèse de doctorat en droit public, Université de Strasbourg, 2002.
- **Walid Boudine**, *le conseil de la concurrence au Maroc,* mémoire de licence en droit des contentieux, Université Mohamed V de Rabat 2014.
- **Yemene Tchouata (E),** *Régulation de l'activité bancaire : contribution à l'étude du système bancaire dans les régions de la CEMAC, de l'UEMOA et de l'UE,* Thèse de doctorat droit de affaires, Université de paris 2 (cotutelle avec l'université de Dschang),2018.
- **Zbigniew Paul DIME LI NLEP**, *la garantie des droits fondamentaux au Cameroun,* Mémoire de DEA en droit international des droits de l'homme, Université Abomey-Calavi 2004.

### III-ARTICLES

- **Abderrahim El Maslouhi,** « *le droit de pétition au Maroc : un mécanisme de vigilance entre les mains de la société civile* », in le printemps marocain, 2012.
- **Ahmed Mahiou**, « *La communauté économique africaine* » in Annuaire Français de droit international, n°39, 1993.
- **Ahmed Salem Ould Boubout,** « *les juridictions constitutionnelles en Afrique : Evolution et enjeux*", in Annuaire international de justice constitutionnelle", XIII-1997.
- **Ahmed Salem Ould Bouboutt**, « *les juridictions constitutionnelles en Afrique : évolutions et enjeux* » in Annuaire international de justice constitutionnelle, Paris, Economica, 1998.
- **Aivo (F-J),** « La crise de normativité de la constitution en Afrique », RDP, 2012, n°4.
- **Aivo (J),** « *la Cour constitutionnelle du Benin* », in RFDC 2014, n°99.
- **Akoa (P.C),** « *Société civile et amélioration des conditions carcérales* », in cahier africain des droits de l'homme, n°4.
- **Alaye (G),** « *le juge administratif béninois et les libertés* », in la Cour suprême de la République du Bénin, Bulletin de droit et d'information.
- **Alchian (A) et Woodward (S),** « *reflections on the theory of the firm* », journal of institutional and theoretical economics, 1987.
- **Alfonso Mattera,** « *Les marchés publics derniers remparts du protectionnisme des Etats* » in RMUE, 1993.
- **Alioune Badara FALL**, « *les menaces internes à l'indépendance de la justice* », in l'indépendance de la justice, Nov. 2007, Dakar, Sénégal PP. sous-thème I, 2007.

- **Amin (M) et Haidar (J),** « *the cost of registering property: does legal origin matter* » in Empirical economics, Springer, 2012, vol. 42 (3).
- **Amin (S) et alii,** « *Qu'est-ce que le néolibéralisme* ? », in Actuel Marx, 2006/2 (n°40).
- **Amor (A),** « *le droit de l'homme au développement* », in Collectif. L'effectivité des droits fondamentaux dans les pays de la communauté francophone, AUPELF-UREF, Montréal, 1994.
- **Amye Elouma (L. II),** « *Le droit de grève des agents publics en droit Camerounais de la fonction publique* », in RADP, Vol. VII, n°12, jan-juin 2018.
- **Andela (J-J),** « *Les implications juridiques du mouvement constitutionnel du 18 janvier 1996 en matière d'environnement au Cameroun* », in RJE 4/2009.
- **Andriananaivo Ravelona Rajaona,** « *la juridiction constitutionnelle à Madagascar* », in annuaire international de justice constitutionnelle, Economica, 1994.
- **Araujo Bonjean (C) et Azam (J-P),** « *la libéralisation du riz à Madagascar ou l'ajustement sans croissance* », in Région et démocratie n° 1, 2004.
- **Atangana Amougou (J-L),** « *la constitutionnalisation du droit en Afrique : l'exemple de la création du Conseil Constitutionnel Camerounais* », in annuaire international de justice constitutionnel, 2004.
- **Auby (J.M),** « *la délégation de service public : premier bilan et perspective* », RDP 1996.
- **Auby (J.M),** « *Contribution à l'étude du domaine privé de l'administration* », EDCE 1958, n°12.
- **Auby (J-B),** « *quelques observations sur la « constitution économique* », petites aff. 22 janvier 2009, n°16.
- **Auby (J-B),** « *Quelques observations sur la constitution économique* », Petites affiches, 22 janvier 2009, Sirey, n°16.
- **Ayee (J),** "*Ethics in the public service*". A paper delivered at the second Pan-African conference of the ministers of civil service, Rabat, Morocco 1998.
- **Azoulay (G),** « *les nouvelles formes de l'aide publique au développement et l'éventuel 'retour de l'Etat' dans les pays subsahariens* », in Mondes en développement, 153(1).
- **B. Boscher,** « *De l'Etat actionnaire à l'Etat entrepreneur* », Entrepreneuriat, du 11 février 2017.
- **B. Hibou,** « *La décharge, nouvel interventionnisme* », In Politique africaine, n°73, 1999.
- **Badouin (R), «** *La planification économique en Afrique noire francophone* », in Revue du Tiers Monde, 1965.
- **Bagchi, Amiya kumar**, « *The past and the future of development state* », in Journal of world system research, 2000, vol; 11n°2.
- **Balkin** « *Wrong the day was decided: LOCHNER and constitutional historicism* », Boston University, Law review, vol. 55, 2005.
- **Barbé (V) et Millet (F-X),** « *contribution à l'étude de l'effectivité de la constitutionnalisation en droit de l'environnement* », in revue trimestrielle de droit (78/2009) p 467-506.
- **Baron (C),** « *la gouvernance, débats autour d'un concept polysémique* », Droit et société, n° 54, 2003.
- **Bartenstein (K),** « les origines *du concept de développement durable* » », RJE, 3/2005.

- **Bénicourt (E),** « *La pauvreté selon le PNUD et la Banque mondiale* » in études rurales, n°159-160, 2001/3-4.
- **Berg (E),** « *l'intégration économique en Afrique de l'Ouest. Problèmes et stratégie* » in Revue d'économie du développement, N°1-2, 1993.
- **Berr (E) et Combarmous (F),** « *L'impact du consensus de Washington sur les pays en voie de développement : une évaluation empirique* ». In CED, Document de travail DT/100/04, université Montesquieu-bordeaux IV, 2004.
- **Biakan (J),** « *La constitution et les financespubliques au Cameroun* », in Revue africaine de finances publiques, 2018.
- **Biakan (J),** « *la délégation de service public au Cameroun* » in RASJP, 2010.
- **Bilger (F),** « *La pensée économique libérale dans l'Allemagne contemporaine* », in Commun (P), l'ordo libéralisme allemand. Aux sources de l'économie sociale de marché, Cergy-Pontoise, CIRAC.
- **Bon (P),** « *la protection constitutionnelle des droits fondamentaux : aspects de droit comparé européen* », in D. Maus et P. Bon (Dir), la nouvelle république brésilienne, économica, P.U.A.M., coll. Droit Public positif, Paris, 1991.
- **Borgetto (M),** « *Egalité, solidarité...équité* », in le préambule de la constitution de 1946 : antinomies juridiques et contradictions politiques, CURAPP, PUF, 1996.
- **Boris Samuel** « *Introduction au thème Planifier en Afrique* », In Politique Africaine, 2017/1, n°145.
- **Boscher (B),** « *De l'Etat actionnaire à l'Etat entrepreneur* », Entrepreneuriat, du 11 février 2017.
- **Boumakani (B),** « *les médiateurs de la République en Afrique Noire francophone : Sénégal, Gabon et Burkina-Faso* » in RIDC 1999. N°51-2.
- **Boumakani (B),** « *les médiateurs de la République en Afrique Noire francophone : Sénégal, Gabon et Burkina-Faso* » in RIDC 1999. N°51-2. P. 325
- **Boungou Bazika (J-C),** « *L'Etat et la construction de l'économie nationale* », in Identity culture and politic an Afro-Asian dialogue, Vol 5, n°1, Codesria, 2004.
- **Boungou Bazika (J-C),** « *Le rôle de l'Etat dans le développement économique : une comparaison Afrique-Asie-Amérique Latine* », in *Repenser les économies africaines pour le développement*, (dir) J.C Boungou Bazika et Abdelali Bensaghir Nacir, Dakar, Cadaesra 2010.
- **Boungou Bazika (J-C) et Abdelali Bensaghir Nacir** « *Les économies africaines et l'impératif de nouvelles alternatives pour le développement* », in Repenser les économies africaines pour le développement, Boungou Bazika (J-C) et Abdelali Bensaghir Nacir, Dakar, Cadesra 2010.
- **Bouoiyour (J),** « *l'ouverture améliore-t-elle les performance économique des pays du Nord ? l'exemple du Maroc* », in l'Année du Magrhreb, Dossier : la fabrique de la mémoire, 2008.
- **Bourgi (A),** « *L'évolution du constitutionnalisme en Afrique : du formalisme à l'effectivité* », RFDC, 2002, n°52.
- **Boutaleb (K),** « *Démocratie, Etat de droit et bonne gouvernance en Afrique : le cas de l'Algérie* » in colloque de Ouagadougou sur la Bonne Gouvernance en Afrique, 2015.
- **Boy (L),** « *Quel droit de la concurrence pour l'Afrique francophone subsaharienne ?* » in Revue Internationale de droit Economique 2010.

- **Braconnier (S),** « *l'apparition des contrats de partenariat dans le champ de la commande publique* », JCP, semaine juridique (édition générale), novembre 2004.
- **Braconnier (S),** « *les contrats de la private finance initiative* », BJCP 2002, p. 174.
- **Broad (R)et Cavanagh (J),** "*The death of Washington consensus: An introduction*", in world policy journal, 1999, n°13(3).
- **Bunod (M),** « la *responsabilité des fonctionnaires centraux chargés des finances publiques à l'ère du gouvernement ouvert* », in Revue internationale des gouvernements ouverts 2007.
- **Burdeau (F)**, « *Interventionnisme et droit commun. Esquisse d'une histoire* », EDCE, 2002, n°53.
- **Byé (M),** « *le conseil économique et social* », in revue économique 1962.
- **Caillosse (J),** « *le droit administratif français saisi par le concurrence* ? », AJDA 2000.
- **Canal-Forgues (E),** « *le système de règlements des différends de l'OMC* », in AFDI, 1996.
- **Cas (G),** « *les techniques de protection du consommateur en régime occidental* », in Revue d'études comparatives Est-Ouest, 1976.
- **Castaneda (J),** « *La Charte des droits et des devoirs économiques des Etats. Note sur son processus d'élaboration* », in Annuaire Française de droit International, 1974, p. 32.
- **Champaud (Cl),** « *contribution à la définition du droit économique* », in D. 1967, chr. XXIV.
- **Cherot (J.Y)** « *Constitution et économie* » in Traité International de Droit Constitutionnel, tome 3, 310 TROPER (M.) et CHAGNOLLAUD, Paris Dalloz 2012.
- **Cherot (J-Y),** « *la protection de la propriété dans la jurisprudence du conseil constitutionnel* », in Mélange Christian Mouly, paris, Litec, 1998, t.1.
- **Cherot (J-Y),** « *la protection de la propriété dans la jurisprudence du Conseil* constitutionnel », in Mélanges Christian Mouly, Paris, Litec, 1998, t.1.
- **Chérot (J-Y),** « *Trois thèses de l'analyse économique du droit* », in RRJ 1957, n°2.
- **Chevallier (J),** « *L'Etat régulateur* », RFAP 3/220 n° 111.
- **Chevallier (J),** « *L'Etat stratège* », in Le temps de l'Etat, Mélanges Birnbaum, Fayard, 2007.
- **Chevallier (J),** « *la gouvernance, un nouveau paradigme étatique* ? », in RFAP, n°105/106, 2003.
- **Chevallier (J),** « *La place de l'établissement public en droit administratif français* », in Rev.de l'Unv D'Amiens, 1972.
- **Chevallier (J),** « *les enjeux de la déréglementation* », in RDP, 1987.
- **Chevallier (J),** « *Les transformations du statut d'établissement public* », in JCP, 1972.
- **Clamour (G)**, « Libertés professionnelles et liberté d'entreprise », in JurisCl. Libertés, 2017, fasc.
- **Conac (G),** « *le juge constitutionnel en Afrique, censeur ou pédagogue* ? », in les cours suprêmes en Afrique, Tome 2, économico, 1989.
- **Conac (G),** « *le juge de l'Etat en Afrique francophone* », in Afrique contemporaine 1990, n° spécial.
- **Constantinesco (J-L)** « *La constitution économique de laRépublique Fédérale Allemande* », Revue éco 1960, Vol. 11.

- **Contamin(B) et Faure (Y.A)** « *Des économies et des Etats en Afrique francophone : Pour comprendrel'interventionnisme* » in Cahier des Sciences Humaines, n°28(2), 1992.
- **Coussy (J),** « Etats *africains, programme d'ajustement et consensus de Washington* » in l'économie politique, 2006/4, n°32.
- **Dainth (T) et Sah (M)**« *privatization and the economic neutrality of constitution* » public law review.
- **Daintith (T)** « *The constitutional protection of economics rights* », International Journal of constitutionnal Law, 2004 n°2.
- **De Decker (H),** « *droits de l'homme et droit au développement : concurrence ou complémentarité ?*», in Actes du Colloque de Yaoundé (9-11novembre 1994), Droit de l'homme en Afrique centrale, D. Maugement et P.G Pougoué (dir), éd. UCAC/ et KARTALA/Paris, 1995.
- **De Lattre (J-M)**, « *Organisation africaine et Malgache de coopération économique* » in Politique étrangère, n°6, 1961.
- **Delaunay (B),** « *la transparence de la vie économique* », in Les Nouveaux Cahiers du Conseil constitutionnel, 2018/2 (N°59).
- **Delaunay (B)**, « *les protections non juridictionnelles des droits subjectifs des administrés* », in les droits subjectifs des administrés. Actes du colloque organisé les 10 et 11 juin2010 par l'association française pour la recherche de droit administratif au pôle universitaire de gestion de l'université de Bordeaux, 2011, Litec, Paris.
- **Delzangles (H) et Chamming's (G),** « *Le contrat de partenariat en France : sujet de controverses et objet deparadoxes* », in XII ème symposium international, MDI Business school, « *partenariat public privé : entre nécessité publique et expertise privée* », Alger 2013.
- **Dhafer Saidane et Veronick Ezo'o**, « *Mondialisation en Afrique : véritable intégration ou simple vue d'esprit ?* », in Techniques Financière et développement, n°118, 2015/I.
- **Diarra (G) et Plane (P)**, « *La Banque mondiale et la genèse de la notion de bonne gouvernance* », in Monde en développement n°158, 2012/2.
- **Djuidje (B)**, « *le statut du juge judiciaire camerounais : un tableau contrasté* », AFSJP/Uds, Tome 3, Yaoundé, P.U.A., 1999.
- **Douence (J.C),** « *La spécificité des personnes publiques en doit administratifs français* », in RDP, 1972.
- **Doumbe-Bille (S),** « *la charte africaine des droits de l'homme et des peuples* », in Annuaire International des droits de l'Homme, vol. 1/2006.
- **Drago (G),** « *Droit de propriété et liberté d'entreprendre dans la jurisprudence du Conseil constitutionnel : une relecture* », CRDF, n° 9, 2011.
- **Drago (G)**, « *droit de propriétéet liberté d'entreprendre dans la jurisprudence du Conseil constitutionnel : une relecture* », CRDF, n°9,2011.
- **Drago (G),** « *droit de propriété et liberté d'entreprendre dans la jurisprudence du Conseil constitutionnel : une relecture* », in CRDF, n°9, 2011.
- **Du Bois de Gaudusson (J) et Médard (J-F)** (dir), « *l'Etat en Afrique* entre *le global et le local, Afrique contemporaine* », n°199, paris : la documentation française, juillet-septembre 2001.

- **Du Bois De Gaudusson (J),** « crise de l'Etat interventionniste et libéralisation de l'économie en Afrique », RJPIC, n°38, janvier 1984.
- **Dubout (E),** « *Principe d'égalité et droit de la non-discrimination* », Jurisclasseur, les libertés, fasc. N°500, 2009.
- **Dugrip (O),** « *La notion de « règles concernant la création des catégorie d'établissement public » dans la jurisprudence du conseil constitutionnel et du Conseil d'Etat* », In mélange en hommage à Roland Drago, l'unité du droit, économica, 1996.
- **Duhamel (J-C), Fasterling (B) et Refait-Alexandre (C),** « *la transparence : outilde conciliation de la finance et du management* » in Revue Française de Gestion 2009/8-9 (n°198-199).
- **Durand (C),** « *la signification politique de l'action syndicale* », in Revue Francaise de Sociologie n°IX, 1968.
- **Easterly (W),** "*The lost decades: explaining developing countries'stagnation in spide of policy reform 1980-1998*", in journal of economic grwth, 2001, 6(2).
- **El Malki (H) et Doumou (A),** « *l'interventionnisme de l'Etat marocain à l'épreuve de l'ajustement* », in annuaire de l'Afrique du Nord, éd. Du CNRS, tomme XXVI ? 1987.
- **El Malki (H),** « *l'interventionnisme de l'Etat marocain à l'épreuve de l'ajustement* », in annuaire de l'Afrique du Nord, éd. Du CNRS, tomme XXVI ? 1987.
- **Eraly (A) et Hindrink (J),** « *Le principe de responsabilité dans la gestion publique* », in Reflets et perspective de la vie économique, tome XLVI, 2007/1.
- **Escaffre (J-P), Jojkine (J) et Suarez (C),** « *L'Etat social, Mythe et Réalités* », in Nouvelles fondations, n°5, 2007/1.
- **Escaffre (J-P), Lojkine (J) et Suarez (C),** « *l'Etat social, Mythe et Réalités* », in Nouvelles Fondations, n°5, 2007/1.
- **Euzéby (A),** « *le rôle de la sécurité sociale dans la dynamique du développement* » in Revue du tiers monde, n°72, 1977.
- **Euzéby (A),** « *Le rôle de la sécurité sociale dans la dynamique dudéveloppement* », in Revue du Tiers Monde, n°72, 1977.
- **Farjat (G),** « *La constitution économique de l'Europe et le couplage droit-économie* », in la constitution économique de l'union européenne, 2e rencontre du GIEDI, Bruxelles, BRUYLANT, 2008.
- **Feral (F),** « *contrat public et action publique : au cœur d'une administration régulatrice* », in Contrats publics : Mélanges en l'honneur du Professeur Michel Guibal., Montpellier, Presse de la Faculté de droit de Montpellier, 2006, vol. 1.
- **Feral (F),** « *Le concept juridique de développement* durable » in Némésis, n°6, Année 2004.
- **Fernandez_Bollo (E),** « *l'articulation de la régulation ex ante et ex post dans le domainebancaire* », in M.A Frisson-Roche (dir), *Droit et économie de la régulation*, Presses de Sciences Po et Dalloz, 2006.
- **Figuière (C) et Guilhot (L),** « *Des nouveaux pays industrialisés aux pays émergents majeurs : la récurrence du focus asiatique* », in Monde en Développement, n° 169, 2015/1.
- **Fremont (M),** « *le droit de propriété et la constitution en Allemagne et en France* », in L'interventionnisme économique de la puissance publique : Etudes en l'honneur du Doyen Georges Péquinot, Montpellier, CERAM 1985.

- **Gaden (H),** « *Du régime des terres de la vallée du Sénégal au Fouta antérieurement à l'occupation française* », in Bulletin du Comité d'études de l'AOf, 1935.
- **Galletti (F),** « *le développement durable dans les stratégies évolutives de coopération : Contribution à l'étude d'un concept en droit de l'environnement et en droit internationale du développement en Afrique de l'Ouest* », in Némésis, n°6, 2004.
- **Gaud (M),** « *Le secteur public en Afrique noire* », in les Annales de l'économie collective, Liège 1968, n°3.
- **Gazier (F),** « *Etudes sur les établissements publics. Réflexion sur les catégories et les spécificités des établissements publics nationaux* », In EDCE, 1984-1985.


- **Gazier (F),** « *Etudes sur les établissements publics. Réflexion sur les catégories et les spécificités des établissements publics nationaux* », In EDCE, 1984-1985.


- **Gbagbo (L),** « *les Entreprises coloniales en Côte d'Ivoire à la veille de la seconde guerre mondiale* », in Entreprises publiques et changement politique (dir) F. Constantin, Parsi, l'Harmattan, 1983, tome 1.
- **Gerber (D-J)** « *Constitutionalizing the Economy German Neo-liberalism competition law and the ''New Europe''* », AJCL, 402-442, 1994.
- **Gervais (M),** « *dimension politique de l'ajustement et redéfinition du rôle de l'Etat africain : position de l'aide canadienne* », in l'Etat en Afrique : indigénisation et modernités, Cahiers du Gemdev, paris 1996.
- **Gilbert (G),** « *La péréquation financière entre collectivités locales* ». Actes du colloque international « *Ala recherche de la péréquation* », limoges,12-13 octobre 1995, paris, PUF, 1996.
- **Gugliemi (G.J),** « *La concession française et l'émergence de nouvelles formescontractuelles* » in JCP, Administration et collectivités territoriales, 2012.
- **Guibal (M),** « *commerce et industrie* », répertoire de droit commercial, Dalloz, février 2003.
- **Guibal (M),** « *la justification des atteintes à la liberté du commerce et de l'industrie* », AJDA, 1972.
- **Guibla (M),** « *droit public des contrats et concurrence : le système européen* », in DCPA, 1993, n°15.
- **Guillaume (P),** « *la naissance de l'Etat providence* », in Revue économique, n°51-2, 2000.
- **Guimdo (B-R),** « *Droit au développement et dignité humaine* », in Les droits fondamentaux, Actes des premières Journées-scientifiques du réseau Droits fondamentaux de l'AUPELF-UREF, tenues à Tunis du 09 au 12 octobre 1996, J-Y Morin (dir) Bruxelles, Bruylant, 1997.
- **Guimdo (B-R**), « *Droit au développement et dignité humaine* », in Les droits fondamentaux, Actes des premières Journées-scientifiques du réseau Droits fondamentaux de l'AUPELF-UREF, tenues à Tunis du 09 au 12 octobre 1996.
- **Guitian (M),** « *Ajustement structurel et conditionnalité* », in Révue d'économie fiancière, 1994, H-S 4.
- **Guive Khan-Mohammad**, « *le retour de l'Etat développementiste en Afrique : Une lecture paradigmatique* », in Working Paper « development State strikes back ? », 1/2017.

- **Hafsi (T),** « *Partenariat public –privé et management de la complexité : les nouveaux défis de l'Etat* », in Revue française d'administration publique, n° 130.
- **Hans W. Singer**, « *La création du CNUCED et l'évolution de la pensée contemporaine sur le développement* », in revue du tiers Monde, 1994, p.490.
- **Hansjorg Blonhliger et claire Charbit**, « *Péréquation financière* » in Revue économique de l'OCDE n° 44, 2008/1.
- **Henkin (L)** « *Les droits économiques dans la constitution américaine* » RIDC, 1993.
- **Hermery (V),** « *Le partenariat, une notion juridique enconstruction ?* », in RFDA 1998.
- **Hervet (F),** « *L'utilité de la notion d'aménagement spécial dans la théorie du domaine public* », RDP 1983.
- **Heurte (A),** « *Les nouveaux modes d'utilisation des établissements publics* », in RFAP, 1977.
- **Hibou (B)**, « *Economie politique du discours de la Banque Mondiale en Afrique sub-saharienne : Du catéchisme économique au fait (et méfait) missionnaire* ». Etudes du CERI 1998.
- **Hourquebie (F),** « *L'indépendance de la justice dans les pays francophones* », in les Cahiers de la justice, 2012/2, n°2.
- **Hugon (Ph) et Sidrie (O),** « *la crise de la planification africaine. Diagnostique et remèdes* », in Revue du Tiers Monde 1988.
- **Hugon (Ph) et Sidrie (O),** « *la crise de la planification africaine. Diagnostique et remèdes* », in Revue du Tiers Monde, 1987.
- **Hugon (Ph),** « *la crise économique à Madagascar et l'intervention du Fonds Monétaire International* », in RMD 1996.
- **Ibrahim Thione Diop,** « *La monnaie unique africaine : contribution à l'étude du problème des Etats unis d'Afrique* » in reconnexion de l'Afrique à l'économie mondiale : défis de la mondialisation.
- **Idot (L),** « *la liberté de concurrence en France* », petites aff., 23 mars 2000, n°59.
- **Ionasco (A),** « *considérations générales sur le droit de propriété socialiste d'Etat et sur le régime juridique préférentiel de sa défense par la voie de la revendication* », Revue des sciences sociales, série économie-science juridique, n°2, Bucarest, t ; T III, 1959.
- **Ionasco (A),** « *Les types et les formes de propriété en droit socialiste* », in Revue internationales de droit comparé, 1969.
- **J. R Nellis (J.R),** « *Public enterprises in sub-Saharan Africa* », Washington 1986, World Bank Discussion Paper. N°1
- **JAmadei (J-P),** « *Vers la constitutionnalisation du domaine public* », LPA, 8 Aout 1995.
- **Jamin (C),** « *Economie et droit* », in DALLOND et S. Rials (Dir), Dictionnaire de la culture juridique, Paris, PUF, 2003.
- **J-P Henry**, « *vers la fin de l'Etat de droit ?* », in RDD 1977, p. 1207.
- **Junod (C-A)** « *Problèmes actuels de la Constitution économique suisse* », in Rapport et communication de la société suisse des juristes, BASEL, VERTAG Helbing Guchtennahn, 1970.
- **Kako Nubukpo entretien avec Boris Samuel** « *Entre les plans d'émergence sans vision et des visions sans émergence : la difficile appropriation par l'Afrique de ses trajectoires de développement* », in les politiques africaine, 2017/1, n°145.

- **Kaleb Mideksa et Gebremedhin Tadesse,** « *Institutions et prestation de services dans un Etatdéveloppementaliste* » in CEA, des Nations Unies, Note d'orientation de la CEA, n° ECA/16/103, 2016.
- **Kamara (L)et D'Hauteville (B),** « *Aspect juridiques de l'intégration économique en Afrique* », in Revue du Tiers-Monde, n°51juillet-septembre 1972.
- **Kamto (M),** « *La communauté économique des Etats de l'Afrique centrale : une communauté de plus* ? », in clunet, 1987.
- **Kamto (M),** « *Les mutations de la justice à la lumière du développement constitutionnel de 1996* », exposé tenu le 25 oct. 199 lors de l'ouverture des premières journées portes ouvertes de la justice. Extrait in « *Cameroun Tribune* » du 26 oct. 1999.
- **Keba. M'Baye,** « *droit de l'homme et pays en développement* », in Humanité et droit international. Mélange René-Jean Dupuy, éd. A. Pedone, Paris 199.
- **Keba M'Baye**, « *le régime des terres au Sénégal* » in J-L Clavier (dir), Le droit de la terre en Afrique (au sud du Sahara) ; Etudes préparées à la requête de l'Unesco, Paris, Maisonneuve et Larose, 1971.
- **Keutcha Tchapnga (C),** « *le juge constitutionnel, juge administratif au Bénin et au Gabon* », in RFDC, N°75, 2008/3.
- **Kiavi Liman Tinguiri**, « *Crise économique et ajustement structurel (1982-1988)* » RNSJ, 1990.
- **Kiavi Liman Tinguiri,** « *Crise économique et ajustement structurel (1982-1988)* » RNSJ, 1990.
- **Kiss (A),** « *Législation sanitaire et environnement* », in RILS, 49, 1 :203-214 n° spécial la législation sanitaire à l'aube du XXI siècle, Genève, OMS, 1998, p.2.
- **Konan Banny (C),** « *L'avenir de l'union monétaire ouest-africaine* », in Revue de l'économie financière, n°5 sur les systèmes de changes fixes : la zone franc, 2004, p.237.
- **Koua (E.S)** « *La prescription de la cour des comptes comme institution supérieure de contrôle des finances publiques par le droit communautaire cemac aux Etats-membres : le cas du Cameroun* », in RAFIP, numéro double (3 et 4), 2018.
- **Koubi (G),** « *de l'article 2 à l'article 17 de la déclaration de 1789 : la brèche dans le discours révolutionnaire* », in G. koubi (dir), *propriété et révolution*, Toulouse, PUSS, 1990.
- **Kountchou Kouomegni (A),** « *vers un nouveau modèle de contrôle de la constitutionnalité des lois au Cameroun* », in les cours suprêmes en Afrique, Economica, 1989.
- **Kpodar (M),** « *Réflexions sur la justice constitutionnelle à travers le contrôle de constitutionnalité de la loi dans le nouveau constitutionnalisme : le cas du Bénin, du Mali, du Togo et du Sénégal* » in Béninoise des sciences juridiques et administrative 2006, n°16.
- **Kuate Temeghe (S) et Loumingou Sambou (R),** « *l'Etat et l'internationalisation des activités non gouvernementales* », in Cahier africain des droits de l'homme, n° 4.
- **Laferriere (J),** « *la dualité de juridiction, un principe fonctionnel ?* », in Mélanges Drago, 1996.
- **Lajoye (Ch),** « *de la valeur constitutionnelle de la liberté contractuelle* », in CRDF, n°1/2002.
- **Lamy (P),** « *La gouvernance, utopie ou chimère ?* », in études (février 2005) n°4022.

- **Lavialle (C),** « *Existe-t-il un domaine public naturel* ? » CJEG 1987.
- **Le Galès (P),** « *Aspects idéologiques et politiques du partenariat public*-privé », in Revue d'économie financière, 1995.
- **Lestienne (M) et Marlier (P),** « *les commandes publiques, instruments de la politique économique ?* » in Courrier Hebdomadaire du CRISP, 180/11-12, n°876-877.
- **Levade (A),** « *discrimination positive et principe d'égalité en droit français* », pouvoirs, n°111,2004.
- **Linotte (D),** « *existe-t-il un principe général du droit à la concurrence ?* », AJDA 2005.
- **Lombard (M),** « *actualité du droit de la concurrence et de la régulation* » AJDA 201.
- **Loschak (D),** « *Les problèmes juridiques posés par la concurrence des services publics et des activités privées* », in AJDA 197.
- **Luchere (F),** « *les contrats de partennariat, fausse nouveauté ou vraie libéralisation dans la commande publique* ? », in RDP, 2004, n°6.
- **M. Delarozière (M),** « *Institutions politiques et sociales des populations Bamiléké* » in études Camerounaise, n°25, 1949.
- **Marcou (G),** « *L'ordre public économique aujourd'hui : un essai deredéfinition* », Annales de la Régulation, 2009, n°17.
- **Marcou (G),** « *Le partenariat public-privé : retrait ou renouveau de l'intervention publique.* » in les partenariat public privé et les collectivités territoriales, La documentation française, 2002.
- **Marques (M-L),** « *Laconstitution économique portugaise après 1989* », RIO éco 1990.
- **Mathlouthi (Y) et Bouhari (M),** « *déréglementation des télécommunication et performances des opérateurs dans les pays en développement* », in le Maghreb dans l'économie numérique, Mihoub Mezouaghi (dir), IRMC, 2007.
- **Matip (B),** « *le syndicalisme en Afrique noire : Aperçu des mouvements ouvriers dans les pays d'origine coloniale française* », in Africa : Rivista trimestrale di studi e documentazione dell' istituto italiano per l'africa e l'oriente ; Anno 14, No. 2.
- **Mbembe (A),** « *tradition de l'autoritarisme et problèmes de gouvernement en Afrique subsaharienne* », in Revue Afrique et développement, vol. XVI., n°1, 1992.
- **Mbendang Ebongué (J),** « la *constituttion du 18 janvier 1996 et le droit du travail* » in la forme constitutionnelle du 18 janvier 1996, Aspect juridiques et politiques. Fondation Friedrich Ebert.
- **Meghir (R),** « *Les institutions de protection sociale dans les PED : un instrument supplémentaire de mobilisation de l'épargne* » in Revue d'économie financière, 1991.
- **Merrien (F-X)** « *L'institutionnalisation des modèles d'Etat*-providence » in l'Etat-providence, 2007.
- **Merrien (F-X),** « *Introduction* », in L'Etat-providence, 2007.
- **Mestre (J-L),** « *la Conseil constitutionnel, la liberté d'entreprendre et la propriété* », D. 1984. Chron. 1-8 ; B. GOLDMAN, les décisions du Conseil Constitutionnel relatives aux nationalisations et le droit international », journal du droit international, 1982.
- **Mestre (J-L),** « La propriété, liberté fondamentale pour la constitution de 1789 », in RFDA, 2004.
- **Metougue Nang (P),** « *Réformes économiques et dynamisme des marchés en Afrique subsaharienne* », in Marché et Organisations 2011/2, n°14.

- **Milanovic (B),** "*The two faces of globalization: against globalization as we* know it" in Worlddevelopment, 2003, 31(4).
- **Millard (E),** « *Hauriou et la théorie de l'institution* », in Droit et société, numéro thématique sur l'environnement et le droit, n°30-31,1995.
- **Miranda (J),** « *Constitution économique, rapport portugais* », in, Etudes de Droit constitutionnel franco-portugais, Economica, 1992.
- **Mkandawire (T),** « *Thinking about development states in Africa* », in Cambridge journal of economics, 2001, 25(3).
- **Moderne (F),** « *l'évolution des juridictions constitutionnelle dans les Etats d'Afrique francophone et la République malgache* », in G. CONAC (Dir) les institutions constitutionnelles des Etats d'Afrique et de la République Malgache, Paris, Economica 1979.
- **Moderne (F),** « *les juridictions constitutionnelles en* Afrique », in G. CONAC(Dir), Les Cours suprêmes en Afrique, Tome II, Economica, paris 1989.
- **Mongouachon (C)** « *Les débats sur la constitution économiqueen Allemagne* », RFDC, 2012 n°2.
- **Mongouachon (C),** « *le principe d'égalité et concurrence dans la jurisprudence du conseil constitutionnel* », in la revue des droits de l'homme, centre de recherche et d'études sur les droits fondamentaux (Nanterre),2017.
- **Morange (J),** « *la déclaration et le droit de propriété* », in Droit, n°8, 1988.
- **Moudoudou (P),** « *les tendances du droit administratif dans les Etats d'Afrique noire francophone* », in Annales de l'Université Marien NGOUABI, 2009,10(3), Sciences juridiques et politiques.
- **Mouhamadou (D),** « *les privatisations, une solution pour l'Afrique* », in Politiques et Management public, N°13-2, 1995.
- **Nach Mbach (C),** « *La seconde chambre dans les nouveaux parlements* africains », SOLON, vol.1 ; n°1 ; 1999.
- **Négib Bouderbala**, « *Les systèmes de propriété foncière au Maghreb. Le cas du Maroc* » in A-M. Jouve, et N. Bouderbala (dir) politiques foncières et aménagement des structures agricoles dans les pays méditerranéens : à la mémoire de Pierre Coulomb, CIHEAM ; n°36, 1999.
- **Nyembwe Musungaie (A),** « *L'intégration monétaire en Afrique : particularité et rationalité économique* », in Reflets et perspectives de la vie économique, 2010/4 (Tome XLIX).
- **Nzongola Ntalaja,** « *Gouvernance et développement* », in FAFO, Oslo, 2004.
- **Nzouankeu,** « *Remarques sur quelques particularités du droit administratif* sénégalais », Revue des institutions politiques et administratives du Sénégal, Jan-Mars 1984, n°9.
- **Ochozias A. Gbaguidi**, « *Cinquante ans d'intégration régional en Afrique : un bilan global* », in techniques financières et développement, 2013 n°111.
- **Onana Etoundi (F),** « *la pratique de la loi n°90/053 du 19. 1990 portant liberté d'association au Cameroun* », in Cahier africain des droits de l'homme, n° 4. P 231
- **Ondoa (M),** « *le droit public des Etats Africains sous ajustement structurel : le cas du Cameroun* », in Mondialisation, exclusion et développement : stratégies des acteurs publics et privés, Tome 2.

- **Osei-Boatng (O),** « *Pour la création d'une protection et d'une sécurité sociale selon le genre : le cas de l'Afrique* ». In analyse de politique internationale, Friedrich Ebert Stiftung, Aout 201.
- **Owona (J),** « *la nouvelle constitution camerounaise du 2 juin 1972 :de l'Etat fédéral à l'Etat unitaire* », in RJPIC, 1973.
- **Pallemaers (M),** « *La conférence de Rio/ grandeur et décadence du droit international de l'environnement* », RBDI, 1995, n°1, 175, p. 183.
- **Pan (J),** « *Les séparations des pouvoirs* », in *Constitutions et pouvoirs,* Mélanges en l'honneur de Jean Gicquel, Paris, Montchrestien.
- **Pauliat (H),** « *le droit de propriété devant le conseil constitutionnel et la Cour européenne des droits de l'homme* », RD publi. 1995.
- **Pekassa Ndam (G. M),** « *la réforme du secteur des poste et télécommunication au Cameroun »,* in RSJ, vol 1.
- **Pekassa Ndam (G-M), «** *La consolidation de l'idéologie libérale dans le domaine des services public au Cameroun* » in Magloire Ondoa et Patrick E. Abané Engolo (dir), Les fondements du droit administratif camerounais, L'harmattant, 2016.
- **Pekassa Ndam (G-M),** *« Doctrine et diffusion du Droit dans l'espace africain francophone* », in SILLO Fabrice Hourquebie, La doctrine dans l'espace africain francophonie, 2004.
- **Pekassa Ndam (G-M),** *« les comptes spéciaux du trésor dans les Etats d'Afrique francophone* » revue université de N'Gaoundéré ; 2008.
- **Pekassa Ndam (G-M),** *« Les établissement publics indépendants : une innovation fondamentale du droit administratif camerounais* », in RASJ, 2001.
- **Pellet (A),** « *Coopération économique et sociale internationale, article 55* », In La Charte des Nations Unies, commentaire article par article, J-P Cot et a ; pellet (S/D).
- **Perrot (A),** « *la frontière entre régulation et politique de la concurrence* », in RFD éco. Vol XVI.n°4, avril 2002.
- **Petit (J)**, « *les armes du juge administratif dans la protection des libertés fondamentales* », Colloque : la guerre des juges aura-t-elle lieu ? RGD on line, 2016, numéro 23356.
- **Peyrical (J-M),** « *L'émergence du droit de la commande publique* », Le Moniteur-Contrats publics, *2010, n°100.*
- **Plane (P),** « *la privatisation de services publics en Afrique subsaharienne. Enjeux et incertitudes* », in Revue économique° spécial les privatisations un état des lieux, 1996.
- **Prieur (M),** *« le droit de l'environnement et les citoyens : la participation* », in RJE 1988.
- **Privat Mel (A),** « *La réalité du bicéphalisme du pouvoir exécutif ivoirien* », in Revue française de droit constitutionnel, n075, 2008/3.
- **Protière (G),** « *le parlement et dépenses publiques* », communication orale prononcée lors des X rencontres juridiques, organisées par la faculté de droit et sciences politiques (Université Lumière Lyon II).
- **Puel (H),** « *Le néolibéralisme, modèle économique dominant* », in revue d'éthique et de théologie morale, n°233, 2005.
- **Rabault (H)** « La *constitution économique de la France* », RFDC n°44, 2000.
- **Rabault (H),** « *la constitution économique de la France* », in RFDC, n°44, 2000, p.709.

- **Rabourg (M),** « *l'échec des reformes en Afrique : le cas des pays francophones au sud du Sahara* », in RFAP, n°87, juillet-septembre, 1987.
- **Rabrauth (R),** « *la constitution économique de la France* », RFDC, n°44, 200.
- **Reto Thonen,** « *les partenariats public-privé en Afrique* », in La vie économique, Revue de politique économique, 10-2005.
- **Rivero (J),** « *les notions d'égalité et de discrimination en droit public français* », in les notions d'égalité et de discrimination en droit interne et en droit international, travaux de l'association Henri-Capitant, tome XIV, Paris, Dalloz, 1965.
- **Rivero (J),** « *ni lu, ni compris* », commentaire de la décision du 16 janvier 1982, AJDA 1982.
- **Robert (A-C),** « *Le plan de Lagos* », in Le Monde diplomatique, libre échange, la déferlante, « manière de voir », n°14, juin 2015.
- **Rousseau (D)**, « *Question de constitution* », in Mélanges en l'honneur de Gérard CONAC.
- **Savatier (R),** « *l'inflation législative et indigestion du corps social* », in Droit 1977, Chro.
- **Savy (R),** « *La constitution des juges* », D. 1983.
- **Savy (R),** « La *notion de droit public économique en droit français* », AJDA, 1971.
- **Savy(R),** « *le contrôle juridictionnel de la légalité des décisions économiques de l'administration* », AJDA, 1972.
- **Savy (R),** « *Les pouvoirs économiques exceptionnels* », In Pouvoirs, n°10, 1979.
- **Schidlin (B),** « *Le mien, le tien et le nôtre. Quelques réflexions philosophiques sur les limites du droit fondamental de la propriété* », in présence et actualité de la constitution dans l'ordre juridique. Mélanges offerts à la société suisse des juristes pour le congrès 1991 à Genève, Bale, Het L, coll. « genevoise », 1991.
- **Schmidt (V.A),** « *l'Etat, l'économie et la protection sociale aux Etats Unis et en Europe* » in Critique internationale, 2005/2 (n°27).
- **Schrameck (O),** préface à « *La valorisation économique des personnes publiques* », Droits et débats, n°3, actes du colloque organisé par le Conseil d'Etat le 06 juillet 2011 à l'Ena, La documentation française, Paris, 2012.
- **Sermet (L),** « *(Droit de -) propriété et biens* », in J. Andriantsimbazovina et al., dictionnaire des droits de L'Homme, Paris, PUF, coll. « Quadrige dicos poche », 2008.
- **Singer (J),** « la *propriété des dépendances des voies publiques* », AJ 1965.
- **Sorel (J-M),** « *Sur quelques aspects juridiques de la conditionnalité du FMI et leurs conséquences* », in European journal of international law, 1996, vol.7, n°1.
- **Sueur (J-J),** « *Les conceptions économiques des membres de la constituante (1789-1791)* », in RD publ. 1989.
- **Sueur (J-J),** « *Pour une autre analyse économique du droit* », RIEJ, n°68, 2012.
- **Svea Koch,** « *A typology of political conditionnality beyond Aid: Conceptual horizons based on lesson from the European union* », World development, 2015, vol. 75,
- **Tang Essomba (A.C), Forbah Tanjong (M) et Ndongo (A.M),** « *La décentralisation au Cameroun : un grand Chantier démocratique* » in télescope, vol 11, n°3, juin 2014.
- **Tcheuwa (J-C),** « *Les préoccupations environnementales en droit positif camerounais* », in Revue juridique de l'environnement, n°1, 2006.

- **Théron (J-P),** « *Sur un postulat libéral : la liberté d'entreprendre, limite à l'intervention publique* », in Propriété et Révolution, Toulouse, ed. Du CNRS 1991.
- **Trardivel (B),** « *La place du contrat de partenariat dans l'ordre des contrats publics* », in contrats publics, Mélanges Guibal, PU de Montpellier, 2006.
- **Tsimsit (G),** « *Eléments pour une analyse des systèmes d'administration publique. Le cas de l'administration du développement* », Recueil d'études en hommage à Charles Eisenman, éd. CUJAS, 1997.
- **Vasak (K),** « *les différentes catégories des droits de l'homme* », in A. Lapeyre, F. De Tinguy et K. Vask (dir), les dimensions universelles des droits de l'homme, vol 1, Bruyant, Bruxelles, 1990.
- **Vedel (G),** « *les bases constitutionnelles du droit administratif* », in Etudes et documents du conseil d'Etat, 1954.
- **Vignolles (B),** « le *capital humain : du concept aux théories* », in regard croisés sur l'économie, n°12, 2012.
- **Vignon (Y-B),** « *la protection des droits fondamentaux dans les nouvelles constitutions africaines* », in Revue nigérienne de droit, n°3, déc. 2000.
- **Virally (M),** « *La Charte des droits et des devoirs économiques des Etats. Note de lecture* » in Annuaire Française de droit International, 1974.
- **Voisset (M),** « *les mirages de la déréglementation* », in Echanges et projets, n° 43. 1983.
- **Wade (H.R),** *"Is globalization reducing poverty an inequality?"* In, World Development, 2004.
- **Waller-Hunter (J),** « *la gouvernance au service du développement durable dans le contexte de lamondialisation* », in reflet et perspectives de la vie économique, 2002/1, Tome XLI.
- **Wathelet (J-C),** « *Reddition des comptes et gouvernance des collectivités territoriales française* » in politiques et management public, vol. 21, n°4, 2003.
- **Weisbrot (M) et Baker (D),** "*The relative impact of trade liberalization on developing countrie*". In Investigacion economica, 20013.
- **Yoka Lye Mudaba**, « *la dimension culturelle dans le programme de gouvernance de la RDC, 2007-2011 »,* in Congo-Afrique, Septembre 2007, n°417.
- **Zénati-castaing (F)**, « *la propriété, mécanisme fondamental du* droit » in RTD civ, 2006.

**IV- ETUDES ET RAPPORTS**

- **Banque Mondiale**, « *Governance and Development* », Washington D.C., 1992.
- **Banque Mondiale,** *Rapport sur le développement dans le monde. 1991, le défi du développement*, Publication de la Banque Mondiale, economica.
- **Banque Mondiale,** *Rapport sur le développement du monde 1980*, Washington DC.
- **Banque Mondiale,** *Use of country procurement systems in Bank-supported operation.* Proposed piloting program, Board Document R2008-0036/1, Washington DC, Banque Mondiale, 2009.
- **CNUCD,** *le développement économique en Afrique, Retrouver une marge d'action, La mobilisation des ressources intérieures et l'Etat developpementiste*, Nations Unies 2007.

- **Conseil d'Etat**, « *Rapport d'étude sur les établissements publics* », document du Conseil d'Etat, 15 octobre 2009.
- **Conseil Economique et Social des Nations Unies et Commission de l'Union Africaine**, *Gérer ledéveloppement en Afrique : le rôle de l'Etat dans la transformation économique*, Addis-Abeba (Ethiopie), 24-27 mars 2001.
- **Elli Linder,** *Etude sur les conseils économiques dans les différents pays du monde*, SDN., Genève, 1932.
- **Gélard(P),** *Les autorités administratives indépendantes*, Rapport d'information n°404 fait au nom de l'office parlementaire d'évaluation de la législation, tome I, 2006-2007.
- **Guide du FMI,** *Qu'est-ce que le Fonds monétaire international* ? Fonds monétaire international, Washington, 2004.
- **Mabire (J) et** Graute **(Ul.),** *Structures et stratégies des conseils économiques et sociaux en Afrique*. UNDESA 2004.
- **NAREN PRASAD**, *Régimes fonciers et développement économique dans le pacifique,* études et rapport de la section de recherche UNESCO, 1999.
- **OCDE**, *« défis à l'horizon 1995 »*, Paris, Centre de développement de l'OCDE, janvier 1993.
- **OCDE,** « *L'investissement dans le capital humain : une comparaison internationale* », vol. 1998.
- **PNUD,** *rapport mondial sur le développement humain*, 1997.
- **Rapport 2002 de l'OMC**, *Marché et concurrence globalisation et transparence*
- **Rapport du PNUD,** *vaincre la pauvreté humaine,* 2000.
- **Rapport du groupe de travail** présidé par **Henri de Castries** et **Nicolas Molfessis** sur la *Sécurité juridique et initiative économique*, Le Club des Juristes, Mare et Martin 2015.
- **V- OUVRAGES METHODOLOGIQUES ET THEORIQUES**
- **Beau (M)**, *L'art de la thèse, Guide*, Repères, La Découverte, Février 2003, 196 pages.
- **Bergel (J-L),** *Méthodologie juridique*, 1ère éd., PUF, 2001, 408 pages.
- **Bergel (J-L),** *Théorie générale du Droit*, Paris, Dalloz, 4e éd, 2003,346pages
- **Grawitz (M)**, *Méthodes des sciences sociales*, Dalloz, Paris 1987, 5e éd. 1025 pages.
- **Kelsen (H),** *Théorie pure du Droit*, Paris, Dalloz, 1964, 496 pages.
- **Ondoa (M)**, *Cours polycopié de méthodologie de la recherche*, Université de Yaoundé II, DEA Droit Public 2010.
- **Schmith (C),** *Théorie de la constitution*, Paris, PUF, 1993, 576 pages ;
- **Troper (M),** La théorie du droit, le droit, l'Etat, Paris, PUF, 2001,334 pages.
- **V-DICTIONNAIRES ET LEXIQUES**
- **Avril (P) et Gicquel (J),** Lexique de droit contitutionnel, Paris, PUF, 8è éd., 145 pages.
- **Cornu (G),** Vocabulaire juridique, coll. Quadrige, Paris, 2011,1095 pages.
- **Guinchard (S) et Debard (Th),** Lexiques des termes juridiques, Paris 25 ed. Dalloz 2017-2018, 2158 pages.
- **Silem (A) et Albertini (J.M) (dir)**, lexique d'économie, Paris, Dalloz, 11ème éd., 2010, 886 pages.
- **Bernard (Y) et Colli (J-C)**, Vocabulaireéconomique et financier, Paris Seuil 3ème éd., 1976, 373 pages.
- **Devilliers (M) et Le Divelles (A),** Dictionnaire du Droit constitutionnel, Paris, Sirey, 7e éd, 2009, 407 pages.

## TABLE DES MATIERES

www.ingramcontent.com/pod-product-compliance
Lightning Source LLC
LaVergne TN
LVHW052212200926
848481LV00001B/87
* 9 7 9 8 8 9 9 6 6 6 7 2 8 *